Management-Reihe Corporate Social Responsibility

Herausgegeben von
René Schmidpeter
Dr. Jürgen Meyer Stiftungsprofessur für
Internationale Wirtschaftsethik und CSR
Cologne Business School (CBS)
Köln, Deutschland

Das Thema der gesellschaftlichen Verantwortung gewinnt in der Wirtschaft und Wissenschaft gleichermaßen an Bedeutung. Die Management-Reihe Corporate Social Responsibility geht davon aus, dass die Wettbewerbsfähigkeit eines jeden Unternehmens davon abhängen wird, wie es den gegenwärtigen ökonomischen, sozialen und ökologischen Herausforderungen in allen Geschäftsfeldern begegnet. Unternehmer und Manager sind im eigenen Interesse dazu aufgerufen, ihre Produkte und Märkte weiter zu entwickeln, die Wertschöpfung ihres Unternehmens den neuen Herausforderungen anzupassen sowie ihr Unternehmen strategisch in den neuen Themenfeldern CSR und Nachhaltigkeit zu positionieren. Dazu ist es notwendig, generelles Managementwissen zum Thema CSR mit einzelnen betriebswirtschaftlichen Spezialdisziplinen (z.B. Finanz, HR, PR, Marketing etc.) zu verknüpfen. Die CSR-Reihe möchte genau hier ansetzen und Unternehmenslenker, Manager der verschiedenen Bereiche sowie zukünftige Fach- und Führungskräfte dabei unterstützen, ihr Wissen und ihre Kompetenz im immer wichtiger werdenden Themenfeld CSR zu erweitern. Denn nur, wenn Unternehmen in ihrem gesamten Handeln und allen Bereichen gesellschaftlichen Mehrwert generieren, können sie auch in Zukunft erfolgreich Geschäfte machen. Die Verknüpfung dieser aktuellen Managementdiskussion mit dem breiten Managementwissen der Betriebswirtschaftslehre ist Ziel dieser Reihe. Die Reihe hat somit den Anspruch, die bestehenden Managementansätze durch neue Ideen und Konzepte zu ergänzen, um so durch das Paradigma eines nachhaltigen Managements einen neuen Standard in der Managementliteratur zu setzen.

Weitere Bände in dieser Reihe
http://www.springer.com/series/11764

Patrick Bungard
(Hrsg.)

CSR und Geschäftsmodelle

Auf dem Weg zum zeitgemäßen
Wirtschaften

Herausgeber
Patrick Bungard
Center for Advanced Sustainable Management
(CASM)
Cologne Business School
Köln, Deutschland

ISSN 2197-4322 ISSN 2197-4330 (electronic)
Management-Reihe Corporate Social Responsibility
ISBN 978-3-662-52881-5 ISBN 978-3-662-52882-2 (eBook)
https://doi.org/10.1007/978-3-662-52882-2

Die Deutsche Nationalbibliothek verzeichnet diese Publikation in der Deutschen Nationalbibliografie; detaillierte bibliografische Daten sind im Internet über http://dnb.d-nb.de abrufbar.

Springer Gabler
© Springer-Verlag GmbH Deutschland 2018
Das Werk einschließlich aller seiner Teile ist urheberrechtlich geschützt. Jede Verwertung, die nicht ausdrücklich vom Urheberrechtsgesetz zugelassen ist, bedarf der vorherigen Zustimmung des Verlags. Das gilt insbesondere für Vervielfältigungen, Bearbeitungen, Übersetzungen, Mikroverfilmungen und die Einspeicherung und Verarbeitung in elektronischen Systemen.
Die Wiedergabe von Gebrauchsnamen, Handelsnamen, Warenbezeichnungen usw. in diesem Werk berechtigt auch ohne besondere Kennzeichnung nicht zu der Annahme, dass solche Namen im Sinne der Warenzeichen- und Markenschutz-Gesetzgebung als frei zu betrachten wären und daher von jedermann benutzt werden dürften.
Der Verlag, die Autoren und die Herausgeber gehen davon aus, dass die Angaben und Informationen in diesem Werk zum Zeitpunkt der Veröffentlichung vollständig und korrekt sind. Weder der Verlag noch die Autoren oder die Herausgeber übernehmen, ausdrücklich oder implizit, Gewähr für den Inhalt des Werkes, etwaige Fehler oder Äußerungen. Der Verlag bleibt im Hinblick auf geografische Zuordnungen und Gebietsbezeichnungen in veröffentlichten Karten und Institutionsadressen neutral.

Einbandabbildung: Michael Bursik

Gedruckt auf säurefreiem und chlorfrei gebleichtem Papier.

Springer Gabler ist Teil von Springer Nature
Die eingetragene Gesellschaft ist Springer-Verlag GmbH Deutschland
Die Anschrift der Gesellschaft ist: Heidelberger Platz 3, 14197 Berlin, Germany

Vorwort des Reihenherausgebers: Die Zeit des Zauderns ist vorbei – Neue Geschäftsmodelle braucht das Land!

Märkte verändern sich, Kundenwünsche verändern sich, technische Möglichkeiten verändern sich. All diese Veränderungen haben dazu geführt, dass ein altes reaktives Corporate-Social-Responsibility-Verständnis nicht länger haltbar ist. Der Wandel von einem rein spenden- und compliance-orientierten Ansatz hin zu einer systematischen Integration von CSR in das Kerngeschäft ist in vielen Unternehmen bereits im vollen Gange.

Gerade erst ist die Integration von CSR in die betrieblichen Strukturen erkannt – und schon kommt die nächste, viel weitreichendere Stufe von Nachhaltigkeit auf die Unternehmensentscheider zu. Denn es wird kein Unternehmen länger erfolgreich sein, welches alte Geschäftsmodelle mehr schlecht als recht auf Nachhaltigkeit trimmt – vielmehr braucht es oft ganz „neue", von Grund auf nachhaltige Geschäftsmodelle! Die aktuellen Disruptionen, die mit Ressourcenknappheit, Klimawandel, sozialen Spannungen, demografischem Wandel, technologischer Entwicklung einhergehen, bedürfen eines grundlegend neuen Blicks darauf, wie Geschäftsmodelle entwickelt und umgesetzt werden.

Das Thema CSR ist damit aktuell wieder an einer Weichenstellung angelangt. Unternehmen, die erkennen, dass sie ihre gegenwärtigen „Cashflows" dazu nutzen müssen, neue nachhaltige Geschäftsmodelle und Märkte aufzubauen, gewinnen in der Diskussion an Einfluss. Gleichzeitig findet das Thema Sustainable Entrepreneurship in der Gründerszene immer mehr Zuspruch. Denn um den gegenwärtigen gesellschaftlichen und ökologischen Herausforderungen erfolgreich zu begegnen, bedarf es vermehrter ökologischer und sozialer Innovationen. Unternehmerische Kreativität und nachhaltige Wertschöpfung sind die Leitplanken für den wirtschaftlichen Erfolg sowie die nachhaltige Entwicklung unserer Gesellschaft.

Visionäre Unternehmer und Wirtschaftslenker erkennen die Zeichen der Zeit und generieren neue Geschäftsmodelle, die Lösungen für drängende gesellschaftliche Probleme aufzeigen. Der Ansatz „unternehmerischer Wertschöpfung" verbunden mit „nachhaltiger Innovation" läutet ein neues Paradigma ein, welches nicht nur jedes Unternehmen als Einzelnes, sondern ganze Branchen, Regionen und Wirtschaftsbereiche betrifft. Wir befinden uns in einer der größten wirtschaftlichen und gesellschaftlichen Transformationen seit der Industrialisierung. Die vorliegende Publikation und die darin enthaltenen Beispiele zeigen die Weichenstellung im Bereich des nachhaltigen Managements auf. Die Frage wird sein, reicht CSR überhaupt aus, um die Veränderungen zu managen? Oder bedarf es nachhaltiger Wirtschaftstransformationen (Sustainable Business Transformation) über ganze Branchen und Märkte hinweg? Ist CSR als neues Managementparadigma sozusagen der Wegbegleiter eines komplett neuen Verständnisses von Wirtschaft? Trifft dies zu, dann sind die Unternehmen, die CSR mit der Neuausrichtung und Rekonstruktion ihrer Geschäftsmodelle verbinden, die ersten Vorboten ganz neuer Branchen, Märkte und eines neuen Wirtschaftsverständnisses. Dieser Quantensprung – gleichbedeutend mit einer ganz neuen Qualität von Management und Unternehmertum – spiegelt sich auch in einer radikal veränderten Arbeitswelt, massiv beschleunigten Innovationsprozessen sowie neuen agilen Organisationsstrukturen wider.

Es ist das Verdienst des Herausgebers sowie der vorausschauenden Autoren dieses Bandes, diese neue Weiche in der Entwicklung von Nachhaltigkeit nicht nur erkannt, sondern mit konkreten Strategien und Projekten mit auf den Weg gebracht zu haben. Dies wird nicht nur die Sichtweise auf Geschäftsmodelle grundlegend verändern, sondern auch die Art und Weise, wie wir nachhaltiges Management definieren.

Wenn es gelingt, gesellschaftliche und ökologische Themen als unabdingbaren Teil des unternehmerischen Geschäftsmodells zu begreifen, entstehen die Lösungen, die wir brauchen, um die gegenwärtigen Herausforderungen in Wirtschaft und Gesellschaft zugleich zu lösen. Verantwortung und Unternehmertum sind so gesehen zwei Seiten einer Medaille. Die Transformation unserer Geschäftsmodelle ist daher nicht nur ethisch geboten, sondern ökonomisch notwendig und am Ende auch lukrativ für die Unternehmen.

In der Managementreihe Corporate Social Responsibility überwindet die nun vorliegende Publikation mit dem Titel *CSR und Geschäftsmodelle* damit endgültig die öffentliche Schwarz-Weiß-Diskussion zum Thema Nachhaltigkeit: zum einem durch ein neues Unternehmensverständnis, zum anderen durch erfolgreiche Praxisbeispiele, die dem Leser einen Blick in die nachhaltige Wirtschaftswelt von morgen erlauben. Alle Leser sind herzlich eingeladen, diese grundlegend neuen Gedanken aufzugreifen und für die Transformation des eigenen Unternehmens zu nutzen sowie mit den Herausgebern, Autoren und Unterstützern dieser Reihe intensiv zu diskutieren. Ich möchte mich last, but not least sehr herzlich beim Herausgeber, meinem geschätzten Kollegen Herrn Patrick Bungard, für sein großes Engagement bedanken. Es bedarf der besonderen Erwähnung, dass er ein Pionier in der Weiterentwicklung von CSR hin zu einem transformatorischen Nachhaltigkeitsverständnis (Sustainable Business Transformation) ist, welches unsere gesamte Wirtschaft von Grund auf verändern wird. Bedanken möchte ich mich auch bei Janina Tschech und Eva-Maria Kretschmer vom Springer-Gabler-Verlag für die gute Zusammenarbeit sowie bei allen Unterstützern dieser Reihe, die durch ihr kontinuierliches Engagement diese neue Art des Wirtschaftens erst ermöglicht haben. Es bleibt mir nun nur, Ihnen, werte Leser, eine interessante Lektüre und einen spannenden Blick in die Zukunft unseres Wirtschaftsverständnisses zu wünschen.

Prof. Dr. René Schmidpeter

Vorwort des Herausgebers: CSR als Treiber nachhaltiger Geschäftsmodelle

In diesem Buch haben Experten zusammengeführt, was zusammengehört: die vielen ganz unterschiedlichen Erfahrungen in der Gestaltung nachhaltiger Geschäftsmodelle – aus der Perspektive von Sozialunternehmern, Wirtschaftsunternehmen und Wissenschaftlern. Diese Vielzahl von innovativen Geschäftsmodellen von Start-ups und Sozialunternehmern, die enormen Potenziale von Großunternehmen, diese Innovationen zu skalieren, sowie der konzeptionelle Rahmen aus der Wissenschaft bilden zusammen den Nährboden für eine neue Generation von nachhaltigen Geschäftsmodellen. Nur mithilfe der heterogenen Autorenschaft und mit dem Einbezug unterschiedlicher Blickwinkel war es möglich, die nunmehr vorliegende Publikation zur weiteren Entwicklung und Verstetigung nachhaltiger Geschäftsmodelle zu veröffentlichen. Dafür sei allen Autoren an dieser Stelle ganz ausdrücklich und herzlich gedankt.

In den letzten Jahren wurde das Themenfeld der Corporate Social Responsibility kontinuierlich weiterentwickelt und ausdifferenziert. In einem Zusammenspiel von Theorie und Praxis hat sich CSR zu einem proaktiven und chancenorientierten Managementansatz entwickelt, der auf internationaler Ebene sämtliche Branchen erreicht hat. Außerdem hat sich CSR zu einer Schnittstellendisziplin ausgebildet und ist in die DNA unterschiedlicher Unternehmensbereiche eingezogen. Von nachhaltiger Beschaffung über Logistik, Produktion und Vertrieb bis hin zu den unterstützenden Unternehmensfunktionen wie Personal, Controlling oder Marketing sind zahlreiche CSR-Spezialisierungen entstanden. Einen wesentlichen Beitrag zu dieser Entwicklung hat die Managementreihe Corporate Social Responsibility von Prof. Dr. René Schmidpeter und dem Springer-Gabler-Verlag mit dem Input und dem Know-how zahlreicher Autoren geleistet.

Fasst man die facettenreichen Publikationen dieser Managementreihe und die vielen Best-Practice-Beispiele aus der Unternehmenswelt zusammen, lässt sich feststellen, dass Unternehmen und Unternehmensgründer zunehmend über die bisherigen CSR-Grenzen hinausdenken und große Potenziale darin sehen, Geschäftsmodelle ganzheitlich zu hinterfragen. Der Grund dafür scheint darin zu liegen, dass bisherige CSR-Ansätze sich zwar als unternehmerisch sinnvoll herausgestellt haben, aber in ihrer Wirkung oft an ihre Grenzen stoßen. Zu massiv wirken die Megatrends der Nachhaltigkeit und Digitalisierung auf das Wirtschaftssystem ein und führen zu strukturellen Veränderungen ganzer Branchen und ihrer systemischen Zusammenhänge. Der Druck, den die Entwicklungen zum autonomen Fahren und der klimafreundlichen Mobilität auf herkömmliche Automobilhersteller ausüben, steht exemplarisch für die Herausforderungen, die zwangsläufig auf alle Unternehmen zukommen.

Die nächste Stufe des CSR-Managements wird allem Anschein nach darin bestehen, neue innovative Geschäftsmodelle zu entwickeln und zu implementieren, die an gesellschaftlichen Bedürfnissen ausgerichtet sind und im Einklang mit den systemischen Veränderungen innerhalb ganzer Branchen stehen. An dieser Stelle entsteht die Frage, wie ein Unternehmen einen solchen Strukturwandel innerhalb einer Branche meistern und die Entwicklung bzw. Transformation von nachhaltigen Geschäftsmodellen umgesetzt werden kann. An genau diesem Punkt setzt der vorliegende Sammelband an. Das Buch besteht aus Artikeln von Autoren, die sich mit den unterschiedlichen Facetten von Geschäftsmodellen auseinandersetzen. Es beinhaltet Grundlagenbeiträge, Praxisbeispiele und Handlungsempfehlungen für die Veränderung bestehender sowie die Gründung neuer Geschäftsmodelle. Dabei können jeder Beitrag und jedes Kapitel für sich und in beliebiger Reihenfolge gelesen werden.

Der Entschluss, dieses Buch zu verfassen, ist auf die zahlreichen und innovativen Geschäftsideen sowie inspirierenden Persönlichkeiten zurückzuführen, die ich während meiner bisherigen beruflichen Laufbahn im Profit-Sektor als auch im Non-Profit-Sektor kennenlernen durfte. Dabei habe ich mir stets vorgestellt, welche großartigen Ideen wohl entstehen würden, wenn betriebswirtschaftliche Kompetenzen mit sozialen Innovationen fusionieren und ein gegenseitiger Wissens- und Erfahrungstransfer stattfinden würde. Dass die aktuelle CSR-Debatte sich an genau dieser Schwelle befindet und gegenwärtig ein Managementparadigma entsteht, in dem Profitorientierung und gesellschaftliche Wertschöpfung im Rahmen von Geschäftsmodellen zusammengedacht und umgesetzt werden, begeistert mich. Es ist meine feste Überzeugung, dass nachhaltige Geschäftsmodelle das Potenzial besitzen, Lösungen für die dringendsten Herausforderungen unserer Zeit aufzuzeigen, und einen wesentlichen Beitrag zu einem neuen Wirtschaftsverständnis leisten werden.

Neben den Autoren und beruflichen Wegbegleitern der letzten Jahre möchte ich mich in aller Ausführlichkeit bei René Schmidpeter bedanken, der mir das Veröffentlichen dieses Buches ermöglicht hat, als Sparringspartner wertvolle Hinweise zu Ausrichtung und Umsetzung des Buches geben konnte und mir durchgehend inspirierend zur Seite stand. Seine Bemühungen, die Betriebswirtschaft neu und zeitgemäß zu denken, sind besonders wertzuschätzen und ein wesentlicher Bestandteil der stetigen Weiterentwicklung des nachhaltigen Managements.

Des Weiteren möchte ich mich beim gesamten Team des Centers for Advanced Sustainable Management (CASM) der Cologne Business School, namentlich Monika Kolb, Anika Lotter, Marina Schmitz, Matthias Mühlen, Rodrigo Mello, Levent Saran und Marc Werheid, bedanken. Der unermüdliche Einsatz, im Rahmen verschiedener Formate Unternehmen, Studenten und Kollegen für das Themenfeld des nachhaltigen Managements zu begeistern, konzeptionelle Grundlagen zu entwickeln und innovative Projekte umzusetzen, stellt einen großen Beitrag zur Verstetigung und Verbreitung der Grundidee nachhaltiger Geschäftsmodelle dar. Ein besonderer Dank geht an die Präsidentin der Cologne Business School, Elisabeth Fröhlich, die die Gründung des CASM ermöglicht hat und dem Team stets unterstützend und mitgestaltend zur Seite steht. Ein weiteres Dankeschön geht an die Studenten, mit denen ich im Rahmen von Vorlesungen zusammenarbeite, von denen ich wertvolles Feedback erhalte und inspiriert werde.

Abschließend möchte ich zum Ausdruck bringen, dass ich dieses Buch Annika und Emmeline widme. Annika, die mich bei diesem Buchprojekt und meiner Arbeit mit Begeisterung unterstützt und inhaltlich wie persönlich meine wertvollste Ansprechpartnerin ist. Emmeline, die mir tagtäglich vor Augen führt, wie unabdingbar wichtig es ist, nachfolgenden Generationen einen lebenswerten Planeten zu überlassen.

Ich wünsche nun allen Lesern eine anregende Lektüre und viele neue Impulse zur Gestaltung und Weiterentwicklung innovativer Geschäftsmodelle.

Köln, im Frühling 2017   Patrick Bungard

Vorwort

Bücher zur Unternehmensverantwortung für Nachhaltigkeit sind so nötig wie diese selbst. Das eigene Tun erst qualifiziert das Reden über Nachhaltigkeit und macht aus ihm mehr als einen zumeist hohl bleibenden Appell. Im schädlichen Fall kann das Fehlverhalten (XY-Gate) eines Konzerns oder einer Organisation die Kultur der Unternehmensethik vorübergehend in Bann schlagen oder in Teilen gefährden. Umgekehrt kann aber auch das gute Beispiel des gelebten unternehmerischen Nachhaltigkeitsmanagements viel mehr über Kultur und Politik aussagen, als sich im ersten Moment erschließt.

Dass man Nachhaltigkeit mit wirtschaftlichem Erfolg zusammenbringen kann, ist eine junge Entwicklung. Bis vor ca. zehn Jahren hielt das unternehmerische Denken die Nachhaltigkeit für eine Veranstaltung zum Geldausgeben, in keinem Fall zum Geldverdienen. Die aufgeklärteren Meinungen akzeptierten und protegierten das Geldausgeben für einen guten Zweck. Aber auch für sie war Nachhaltigkeit bestenfalls eine Sache der Moral. Heute ist das in einer immer relevanter werdenden Nische anders. Dort wird die Idee der Nachhaltigkeit zum Thema von Unternehmensstrategie und Geschäftsentwicklung. Grund dafür ist eine vielfältige Mischung von Eigeninteresse, Stakeholder-Diskurs, Marktbeobachtung und Innovation sowie – am Ende auch – regulativem Wettbewerb der Länder und Wirtschaftsblöcke.

Weder ist dieser Prozess selbst laufend noch hat die Nische das Tor zur Mitte der Unternehmenswelt bereits weit aufgestoßen. Wichtig und durchaus empfehlenswert für die Nachhaltigkeitsstrategien von Unternehmen wie in der Politik erscheint mir, dass wir Maßstäbe und Vergleichsparameter überprüfen und im Dialog immer wieder erneut justieren. Best-Practice-Modelle sind innerhalb von Branchen und im Wettbewerb interessant. Darüber hinaus müssen aber auch andere Maßstäbe Beachtung finden, wie zum Beispiel die problematische gegenwärtige Zinspolitik oder die von der üblichen betrieblichen Kalkulation externalisierten Kosten für Umwelt und Soziales. Die Pause, die Globalisierung und Industrialisierung weltwirtschaftlich gegenwärtig einlegen, verlangt gleichfalls einen besonderen Blick. Deutschlands Unternehmensentscheidungen führen allenthalben zu Investitionsschwächen und Fehlanreizen, wenn es um Investitionen in nachhaltiges Anlagevermögen, die Geschäftsmodelle der Next Economy und nachhaltige Infrastruktur geht. Der Außenhandel bringt keine Nachhaltigkeitsdividende (obwohl diese im Prinzip möglich und sinnvoll wäre); in den gesättigten Binnenmärkten richten sich die Wettbewerber zu sehr auf kleinteilige Verdrängung statt auf mutige disruptive Veränderung mit Nachhaltigkeitspotenzial ein. Das Kapitalvermögen der Wirtschaft entfällt verstärkt auf immaterielle Werte aus geistigem Eigentum, Organisationsplattformen, Geschäftsprozessen und Kohärenz der Produktionsverfahren; und es wird immer stärker von Inhalten abhängig, die nicht das Unternehmen, sondern dessen Kunden generieren. Über diese Wertquellen des nachhaltigen Wirtschaftens wissen wir in vieler Hinsicht weniger als über die Wertquellen der ersten Autos. Was bedeutet das alles für die Zukunft zum Beispiel einer wirklichen Kreislaufwirtschaft, für die Endkonsumentenkommunikation, für Innovation und Forschung?

Der Nachhaltigkeitskodex liefert hierzu eine(!) Plattform für Antworten und experimentelles Ausprobieren. Er bietet den Unternehmen an, dass sie ihre Ansätze und Praktiken zu den nichtfinanziellen Leistungsparametern darlegen und vergleichbar machen. Seine Anwendung ist freiwillig. Der Nachhaltigkeitsrat hat ihn im Rahmen seines ihm vom Bundeskanzleramt gegebenen Mandates mit öffentlichen Mitteln erstellt. Er steht den Unternehmen kostenlos zur Verfügung. Transparenz, Kompetenz und die Offenheit zum Dialog mit den Stakeholdern sind die Schlüssel.

Wir leben in sich wandelnden Zeiten. Das Wort Wandel kennen die deutsche Sprache und Kultur nur als Singular, tatsächlich wirkt er als multipler Plural. Um den Wandel aber zu erkennen und zu bewerten, vor allem aber um ihn im Sinne eines Nachhaltigkeitsmanagements gestalten zu können, braucht man für einen Moment den besonnenen Blick aus der Distanz. Dafür sind Bücher da. Bücher müssen sich Lesezeit erobern und sie hartnäckig gegen die allgegenwärtigen Angriffe des Aktualismus verteidigen. Das wünsche ich diesem Buch.

Günther Bachmann

Vorwort

WOFÜR/WARUM?
Was haben „CSR" und „Geschäftsmodelle" gemeinsam, was verbindet sie? Was sind wichtige Unterschiede, welche Chancen bieten diese und wie setzen wir dies ganz praktisch um?

Der Trend zur „Refokussierung" der Aufmerksamkeit auf alle drei Säulen der Nachhaltigkeit

Ausgehend von drei Säulen der Nachhaltigkeit (der Tripple Bottom Line) – der ökonomischen, ökologischen und sozialen – lässt sich das „neutrale" Entwickeln von Geschäftsmodellen an sich auf alle Dimensionen anwenden.

Aktuell legen viele Unternehmen den Fokus allerdings (noch) stark auf die ökonomische Perspektive und messen den Erfolg des Unternehmens fast nur an (vor allem kurzfristigen) finanziellen Kriterien, wenn es um die Entwicklung neuer Geschäftsmodelle geht.

Dies trifft in der Gesellschaft als auch bei Mitarbeitenden auf Widerstand. In Zeiten zunehmender Transparenz und globaler Vernetzung stellen sich „Stakeholder" der Unternehmen als auch die Menschen darin vermehrt die Frage nach dem „Sinn" der Arbeit und der mittel- bis langfristigen Rolle des Unternehmens in der Gesellschaft. Dem Beitrag zu einer guten Gesellschaft. Eine reine „Profitorientierung" als Selbstzweck überzeugt viele nicht mehr. Bei Mitarbeitenden und speziell der „Generation Y" erzeugt sie Skepsis oder „Dienst nach Vorschrift" bis hin zur „inneren Kündigung".

Wenn Unternehmen die Akzeptanz in der Gesellschaft und die intrinsische Motivation der Mitarbeitenden verloren geht, schnüren sie sich auf Dauer quasi selbst die Luft zum Atmen ab. Das macht das Überleben im harten globalen Wettbewerb nicht leicht.

WAS? – *CSR als „Inkubator" für den Wandel im Kerngeschäft*
Was also tun? Was bedeutet es, wenn wir annehmen – wie es die Beiträge in diesem Buch betonen –, dass eine „Refokussierung" der Aufmerksamkeit hin zu einer balancierteren Sichtweise auf alle drei Säulen – auch und vor allem im Kerngeschäft von Unternehmen – erforderlich bzw. sinnvoll für das Überleben von Unternehmen ist?

CSR bietet die Chance, neue Wege zu beschreiten, diese stärkere Verbindung von ökonomischen, ökologischen und sozialen Zielen zu testen und, wo erfolgreich, zu skalieren.

Denn im Kerngeschäft von Unternehmen verbindet CSR diese „innere Sinnfrage" mit der Notwendigkeit ökonomisch tragfähiger Geschäftsmodelle. CSR – sofern man es ernst meint – zwingt dazu, den sozialen und ökologischen Beitrag des Unternehmens von Beginn an in die Konzeption von Geschäftsmodellen mitzudenken.

WIE? – *Mut, Werte und Balance für einen erfolgreichen Wandel*
Wie kann dies gelingen? Für die Entwicklung „CSR-basierter" Geschäftsmodelle braucht es gute Zutaten: Mut, wertebasierte Antworten auf die „Sinnfrage" und balancierte Transformation.

Um im Kontext alter „Denkmuster" und KPIs neue Wege zu betreten, braucht es vor allem **Mut**, Menschen, die es trotz Skepsis wagen, sich auf Neues einzulassen, die wie im Improvisationstheater „Au ja!" sagen, weil sonst die Szene zu Ende ist. Mut zu „entlernen" und dadurch Raum für das Lernen neuer Prozesse zu schaffen. Wenn es sich gerade komisch anfühlt..., dann entsteht das Neue. Wie im Tanzkurs oder auf Reisen.

Zudem braucht es neben IT und Maschinen den Menschen. Nur er kann – aufbauend auf Daten und Informationen – **wertebasierte Entscheidungen** treffen, die verschiedenen Ziele subjektiv abwägen und dabei den Kopf mit der Intuition, dem „Bauchgefühl" integrieren. Denn soziale Wirkung ist komplex und nicht so leicht „messbar" wie beispielsweise die Anzahl verkaufter Produkte oder die produzierten Tonnen CO_2. Wirkung in der Gesellschaft lässt sich abschätzen bzw. „messen", indem Menschen im Dialog aushandeln, was „gut" ist, was „Erfolg" für sie und Betroffene bedeutet, indem sie sich – in ihrem Kontext (z. B. je nach Branche oder Land) – auf passende Indikatoren/KPIs entlang ihrer „Wirkungslogik" einigen. Indikatoren, die wirklich das „messen", was wichtig ist, und nicht nur das, was leicht messbar ist. Sonst suchen wir den Schlüssel unter der hellen Laterne, obwohl wir ihn doch zehn Meter entfernt verloren haben. Sonst orientieren wir uns rein an Ergebnissen (z. B. der Anzahl von Schulstunden, Büchern oder Behandlungen) und nicht an der Wirkung, um die es uns eigentlich geht (z. B. den Grad der Bildung oder die Gesundheit der Menschen).

Und dann müssen die Menschen in Unternehmen (und um sie herum) den Weg, der sich ihnen aufzeigt, auch noch gehen. Leichter gesagt als getan. Wie so oft im Leben, wenn wir alte Routinen anpassen und neue schaffen bzw. verstetigen wollen. Dazu braucht es Geduld und einen **balancierten wertschätzenden Wandel**, der wertschätzt, dass nicht alles schlecht war bisher, der auf die „alten Hasen" hört und so Bewährtes bewahrt, Grundwerte und Traditionen zum Beispiel, einen Wandel, der gleichzeitig das Neue begrüßt und den „jungen Wilden" eine Stimme gibt, also die Balance aus Gewohntem, um Halt und Sicherheit zu spüren (wie die Noten im Orchester), und dem Innovativen (das, was „zwischen den Noten" steht, wodurch jedes Konzert anders wird).

Dass das geht, zeigen die vielen Praxisbeispiele in diesem Buch. Mut hatten also schon einige. Ideen umgesetzt haben sie auch. Mehr davon wäre noch besser – mit Blick auf die gesellschaftlichen Herausforderungen, denen unsere Generation sich stellen darf. Au ja!

Cornelius Schaub (Leiter Beratung, PHINEO gAG)

Der Herausgeber

Patrick Bungard ist Director des Center for Advanced Sustainable Management (CASM) der Cologne Business School und Geschäftsführer der M3TRIX GmbH. Er ist an unterschiedlichen Universitäten und Fachhochschulen (u. a. Cologne Business School, Donau Universität Krems) Dozent für Wirtschaftsethik, nachhaltige Geschäftsmodelle, Sustainable Management, Corporate Social Responsibility und Social Entrepreneurship. Er hat langjähre Erfahrung in der Leitung, Konzeption und Umsetzung von Beratungsprojekten im Bereich der Corporate Social Responsibilty sowie im Nonprofit-Sektor.

Inhaltsverzeichnis

Einführung und Überblick

CSR und Geschäftsmodelle: Auf dem Weg zum zeitgemäßen Wirtschaften. 3
Patrick Bungard

Neue Arbeitswelten und zukunftsfähige Geschäftsmodelle 15
René Schmidpeter und Patrick Bungard

Konzeptionelle Grundlagen

**Unternehmerische Verantwortung und Nachhaltigkeit –
Welche Rolle spielen Geschäftsmodelle?** 29
Florian Lüdeke-Freund

Ressourcenschöpfende Mehrwertkreisläufe 57
Friedrich Glauner

Das Unternehmen der Zukunft als eierlegende Wollmilchsau? 101
Linda Kleemann

**Circular Economy – Deutsche Unternehmen auf dem Weg
zu transformativen Geschäftsmodellen** 113
Alexander Holst, Philipp Buddemeier und Wolfgang Machur

**Geschäftsmodell Circular Economy: Gegenwart und Zukunft
der (erweiterten) Kreislaufwirtschaft** 123
Christian Rudolph

Wettbewerbsvorteil Nachhaltigkeit 139
Hakan Lucius

**Nachhaltige Geschäftsmodelle von etablierten Unternehmen:
Die Bedeutung von CSR-Reputation** 153
Nick Lin-Hi, Karsten Müller und Alexander Meier

Geschäftsmodelle von Sozialunternehmen und mittelständischen Unternehmen

Geschäftsmodelle von Sozialunternehmen 167
Dirk Sander, Thorsten Jahnke und Clemens Binder

Wertebasierte Geschäftsmodellinnovation am Beispiel Aravind Eye Care System 183
Inga Gerckens, Florian Lüdeke-Freund und Henning Breuer

Pionier ohne Gier: Die Entdeckung des nachhaltigen Unternehmertums 205
Alexandra Hildebrandt

Verantwortung für den Menschen – mehr als eine CSR Strategie 217
Thomas Jorberg

Vom Brückenbau zwischen Social Entrepreneurs und Impact Investors 231
Markus Freiburg und Christina Moehrle

Die Miamed-Gründungsgeschichte: Für eine bessere Medizin weltweit 247
Alban Quast und Jasper Weiss

VAUDE – nachhaltiges Geschäftsmodell als Beitrag zu einer lebenswerten Welt 263
Lisa Fiedler

**CSR-orientierte Unternehmensführung der Biogena-Gruppe
entlang des 3. nachhaltigen Entwicklungsziels** 281
Albert Schmidbauer und Julia Ganglbauer

Geschäftsmodell Familie 293
Johanna Jung

**Der Mensch steht im Mittelpunkt – Zum Geschäftsmodell
der Genossenschaftsbanken** 307
Antje Kuttner und Larissa Klaus

**Corporate Social Responsibility als Geschäftsmodell im Fußball –
Der Zusammenhang zwischen Wirtschaftlichkeit, sozialem Engagement,
Markenidentität und sportlichem Erfolg** 317
Matthias Mühlen und Marc Werheid

Bedingungen für Business Cases in der Bekleidungsindustrie 327
Ortansia Capitao, Monika Eigenstetter und Martin Wenke

Geschäftsmodelle von Großunternehmen

**Megatrends: Die Integration von globalen Herausforderungen
in das unternehmerische Nachhaltigkeitsmanagement** 351
Maximilian Steiner und Daniela Rathe

Nachhaltige Geschäftsmodelle im Einkauf: Eine Fallstudie 363
Vitali Gretschko und Florian Haas

**Grüne Logistik: Der gesellschaftliche Wertbeitrag von Unternehmen
als Wettbewerbsfaktor am Beispiel von Deutsche Post DHL Group** 377
Katharina Tomoff

**Unternehmensverantwortung in der Tabakindustrie:
Strategische Herausforderungen und Lösungsansätze** 393
Ulf Henning Richter und Milan Klopprogge

Handlungsempfehlungen

**Wertebasierte Geschäftsmodellierung – Ein Werkzeugkasten
für nachhaltigkeitsorientierte Gründer und Innovatoren** 409
Henning Breuer und Florian Lüdeke-Freund

**Mit dem Sustainable Business Model Canvas Geschäftsmodelle
nachhaltig gestalten** 433
Maximilian Faust und Dennis Lotter

**CSR in Start-ups: Entwicklung nachhaltiger Geschäftsmodelle
und neuer Formen der Zusammenarbeit** 445
Katharina Pötz

**Gleichklang von Vision, Strategie und Unternehmenskultur – Ein Blick auf CSR
anhand der Mobilitätsberatung EcoLibro GmbH** 459
Sabine Stoverock, Michael Schramek und Marcus Heidbrink

**Nachhaltige Managementausbildung in Business Schools:
Beispiel der Implementierung einer zukunftsfähigen Managementlehre
an der Cologne Business School** 471
Monika Kolb

Mindset als Form der Implementierung von CSR in das Business Model 485
Klaus Motoki Tonn und Manaén Yosef Stürenberg Herrera

**Neue Geschäftsmodelle und kooperative Innovation –
vom Crowdfunding zum Crowd Founding** 499
Franz Wenzel und René Schmidpeter

**Wertebasiertes Design Thinking – nachhaltige Innovation
und neue Geschäftsmodelle** 517
Martina Uster und René Schmidpeter

Autorenverzeichnis

Clemens Binder Social Impact Labs Duisburg, Duisburg, Deutschland

Henning Breuer HMKW Hochschule für Medien, Kommunikation und Wirtschaft, Berlin, Deutschland, UXBerlin – Innovation Consulting, Berlin, Deutschland

Philipp Buddemeier Accenture GmbH, Berlin, Deutschland

Patrick Bungard Center for Advanced Sustainable Management (CASM), Cologne Business School, Köln, Deutschland

Ortansia Capitao Hochschule Niederrhein, Mönchengladbach, Deutschland

Monika Eigenstetter Hochschule Niederrhein, Mönchengladbach, Deutschland

Maximilian Faust Hochschule Fresenius, Idstein, Deutschland

Lisa Fiedler VAUDE GmbH &Co. KG, Tettnang, Deutschland

Markus Freiburg Finanzierungsagentur für Social Entrepreneurship (FASE), München, Deutschland

Julia Ganglbauer Biogena Management Holding GmbH, Wien, Österreich

Inga Gerckens Hamburg, Deutschland

Friedrich Glauner CULTURAL IMAGES – Wertemanagement, Grafenaschau, Deutschland, Weltethos-Institut Universität Tübingen, Tübingen, Deutschland

Vitali Gretschko TWS Partners AG, München, Deutschland

Florian Haas TWS Partners AG, München, Deutschland

Marcus Heidbrink HPO Research & Consulting PartG, Köln, Deutschland

Alexandra Hildebrandt Burgthann, Deutschland

Alexander Holst Accenture GmbH, Berlin, Deutschland

Thorsten Jahnke iq consult GmbH, Berlin, Deutschland

Thomas Jorberg GLS Gemeinschaftsbank eG, Bochum, Deutschland

Johanna Jung JJ Sustainability Consultancy, München, Deutschland

Larissa Klaus Münchner Bank eG, München, Deutschland

Linda Kleemann Institut für Weltwirtschaft, Kiel, Deutschland

Milan Klopprogge Airbus Defence and Space, München, Deutschland

Monika Kolb CBS/CASM, Köln, Deutschland

Antje Kuttner Münchner Bank eG, München, Deutschland

Nick Lin-Hi Universität Vechta, Vechta, Deutschland

Dennis Lotter Hochschule Fresenius, Idstein, Deutschland

Hakan Lucius Paris, Frankreich

Florian Lüdeke-Freund ESCP Europe Business School, Berlin, Deutschland, Professur für Kapitalmärkte und Unternehmensführung, Universität Hamburg, Hamburg, Deutschland

Wolfgang Machur Accenture GmbH, Berlin, Deutschland

Alexander Meier Universität Osnabrück, Osnabrück, Deutschland

Christina Moehrle Finanzierungsagentur für Social Entrepreneurship (FASE), München, Deutschland

Klaus Motoki Tonn CBS, Köln, Deutschland

Matthias Mühlen CBS/CASM, Köln, Deutschland

Karsten Müller Universität Osnabrück, Osnabrück, Deutschland

Katharina Pötz Strategic Management, Wien, Österreich

Alban Quast Miamed GmbH, Köln, Deutschland

Daniela Rathe Dr. Ing. h.c. F. Porsche AG, Stuttgart, Deutschland

Ulf Henning Richter Tongji University, Shanghai, China

Christian Rudolph Nextcycle Consulting, Köln, Deutschland

Dirk Sander Social Impact Lab Duisburg, Duisburg, Deutschland

Albert Schmidbauer Biogena Management Holding GmbH, Wien, Österreich

René Schmidpeter Dr. Jürgen Meyer Stiftungslehrstuhl, Internationale Wirtschaftsethik und CSR, Cologne Business School, Köln, Deutschland

Michael Schramek EcoLibro GmbH, Troisdorf, Deutschland

Maximilian Steiner Dr. Ing. h.c. F. Porsche AG, Stuttgart, Deutschland

Sabine Stoverock HPO Research & Consulting PartG, Köln, Deutschland

Manaén Yosef Stürenberg Herrera CBS, Köln, Deutschland

Katharina Tomoff Deutsche Post DHL Group, Bonn, Deutschland

Martina Uster Wirtschaftsethik Institut WEISS GmbH, Klagenfurt am Wörthersee, Österreich

Jasper Weiss Miamed GmbH, Köln, Deutschland

Martin Wenke Hochschule Niederrhein, Mönchengladbach, Deutschland

Franz Wenzel Digital Frontier Academy, Ingolstadt, Deutschland

Marc Werheid CBS/CASM, Köln, Deutschland

Einführung und Überblick

CSR und Geschäftsmodelle: Auf dem Weg zum zeitgemäßen Wirtschaften.

Einführung in die Thematik und Überblick des Buchaufbaus

Patrick Bungard

1 Einleitung

Für Unternehmenslenker[1], Fach- und Führungskräfte sowie Mitarbeiter aus sämtlichen Unternehmensebenen ist bereits heute spürbar, dass sich die Art und Weise, wie Unternehmen fungieren, in einem grundlegenden Strukturwandel befindet: Was bedeutet Wertschöpfung und wie entsteht sie? Wie verwenden Unternehmen ihre Ressourcen, wenn diese zunehmend knapper werden? Wie können Unternehmen in Zeiten des Klimawandels ihre Wertschöpfungskette so gestalten, dass sie umweltsensible Kunden, Mitarbeiter und andere kritische Stakeholder gewinnen und halten können? Wie können Unternehmen sich positionieren, wenn ihre Märkte zunehmend disruptiert werden? Wie können Unternehmen in neu entstehende Märkte eintreten und sich dort behaupten? Welche Risiken und Chancen gehen mit den komplexen und facettenreichen Auswirkungen des Klimawandels für bestimmte Branchen und Standorte einher?

Beim Beantworten dieser Fragen scheint die herkömmliche und in erster Linie auf Profit ausgerichtete Betriebswirtschaftslehre zunehmend an ihre Grenzen zu stoßen. Viele auf diesem gängigen Ansatz ausgerichtete Geschäftsmodelle wirken bei näherer Betrachtung nicht mehr vereinbar mit den Anforderungen und Megatrends des 21. Jahrhunderts, schlicht nicht mehr zeitgemäß. Zahlreiche Beispiele innovativer Geschäftsmodelle zeigen dies auf eindrucksvolle Weise. Durch Einsetzen neuer Technologien und mit weiterentwickelten Managementparadigmen ausgestattet, ziehen Organisationen an Industrien und Branchen vorbei, die über mehrere Jahrzehnte als unantastbar galten. Verbindungen zwi-

---

[1] Aus Gründen der besseren Lesbarkeit verwenden wir in diesem Buch überwiegend das generische Maskulinum. Dies impliziert immer beide Formen, schließt also die weibliche Form mit ein.

P. Bungard (✉)
Center for Advanced Sustainable Management (CASM), Cologne Business School
Hardefuststraße 1, 50677 Köln, Deutschland
E-Mail: p.bungard@cbs.de

© Springer-Verlag GmbH Deutschland 2018
P. Bungard (Hrsg.), *CSR und Geschäftsmodelle*, Management-Reihe Corporate Social Responsibility, https://doi.org/10.1007/978-3-662-52882-2_1

schen Produzenten und Konsumenten, zwischen Ressourceneinsatz und Produktion oder von Business und Gesellschaft verändern sich grundlegend. Die Opfer dieser Entwicklungen sind deutlich erkennbar, sie alle wurden von den Marktdisruptionen offenbar im Schlaf überrascht und die überlebensnotwendigen Anpassungen ihrer Geschäftsmodelle stellen sie vor enorme Herausforderungen (vgl. Oldenburg 2015). Die Enzyklopädiebranche steht vor dem Aus, zahlreiche Medien-, Strom- und Fast-Food-Konzerne erleben schwere Krisen. Automobilunternehmen und Hotels haben es mit neuen Konkurrenten zu tun, die mit digitalen und nachhaltigen Geschäftsmodellen die Gesetzmäßigkeiten der Branchen verändern und sogar neue lukrative Alternativmärkte, wie zum Beispiel P2P Lodging oder Carsharing, etabliert haben. In der Finanzbranche müssen Manager sich damit auseinandersetzen, dass Themen wie „Socially Responsible Investments" (SRI) oder „Impact Investing" zunehmend an Bedeutung gewinnen und sich die bisherigen Sichtweisen stark verändern (vgl. Baumast 2015). Auf der anderen Seite bieten diese Entwicklungen unverkennbare Chancen und Potenziale. Fast täglich treten Organisationen in Erscheinung, die mit innovativen Geschäftsmodellen und geprägt von diesem Mindset ökologische, soziale und ökonomische Wertschöpfung verknüpfen. Dabei schaffen sie es, gleichzeitig und effektiv soziale oder ökologische Probleme zu lösen und dabei profitabel zu sein (vgl. Ahrend 2016). Stellvertretend für dieses Mindset steht das US-Unternehmen Tesla, das auf einem guten Weg ist, einen signifikanten Beitrag zum Klimaschutz zu leisten, und gleichzeitig enorme Wachstumszahlen vorweisen kann.

Als grundlegender Treiber für die Veränderung von Geschäftsmodellen, den damit einhergehenden Paradigmenwechsel in der Wirtschaft und die Bedrohungen und Chancen für Unternehmen steht ein Megatrend im Fokus der Überlegungen dieses Buches: die Verschmelzung von Wirtschaft und einer nachhaltigen Entwicklung. Dieser Megatrend beeinflusst verstärkt die Arbeitswelt, erfordert neue Denk- und Verhaltensweisen und zwingt zu unternehmerisch neuem Denken.

2 CSR und Geschäftsmodelle: Eine notwendige Weiterentwicklung

Die Bedeutung, Nachhaltigkeitsthemen in die DNA von Unternehmen zu integrieren, ist kein neues Phänomen und mit dem Vormarsch der Corporate Social Responsibility (CSR) längst in der Unternehmenswelt angekommen. Dabei scheint sich CSR kontinuierlich von einem reaktiven, auf Reputationsschutz ausgerichteten Ansatz zu einer etablierten proaktiven Managementdisziplin zu entwickeln (vgl. Schneider und Schmidpeter 2015). Zahlreiche Reportingstandards, wie beispielsweise die Global Reporting Initiative oder Managementprinzipien des UN Global Compact, bieten Unternehmen Orientierung und konzeptionelle Unterstützung bei der Ausrichtung und Implementierung von CSR (vgl. UN Global Compact 2015). Fast alle Großunternehmen berichten jährlich über ihre CSR- und Nachhaltigkeitsaktivitäten oder integrieren diese bereits in ihre Geschäftsberichte (Integrated Reporting). Bei strategischer Konzeption geht der Horizont von CSR mittlerweile über die Unternehmensgrenzen hinaus. Neben den eigenen Mitarbeitern werden Kunden, Lieferanten, Investoren und weitere Stakeholder systematisch in die Entwicklung und Umsetzung der CSR-Strategien eingebunden. Im Rahmen von Materialitätsanalysen werden beispielsweise Nachhaltigkeitsthemen von gesellschaftlicher Relevanz und hinsichtlich der Wichtigkeit für die Unternehmen strukturiert und im Idealfall in strategische Entscheidungen eingebunden (vgl. Serafeim et al. 2015). Das alte Trade-off-Denken, dass Nachhaltigkeit auf Kosten der Profitabilität geht, scheint langsam durch die Einsicht ersetzt zu werden, dass die Verbindung von Profitorientierung und Nachhaltigkeit kein Widerspruch ist, sondern diese sogar fördert und zu Wettbewerbsvorteilen führt (Blumberg und Lin-Hi 2015). Das bisherige CSR-Verständnis verfolgt tendenziell das übergeordnete Ziel, bestehende Strukturen und Prozesse „nachhaltiger" zu gestalten (vgl. Schneider und Schmidpeter 2015). Das bedeutet zum Beispiel den Versuch, den CO_2-Abdruck unternehmensweit zu reduzieren, bei der Auswahl von Lieferanten Sozialstandards zu berücksichtigen oder Mitarbeitern eine bestmögliche Vereinbarkeit von Familie und Beruf zu ermöglichen. In Theorie und Praxis herrscht die vorwiegende Meinung, dass solche Maßnahmen, wenn sie in Bezug zum Kerngeschäft des Unternehmens stehen, vielseitige Möglichkeiten bieten, unternehmerischen Mehrwert zu schaffen (vgl. Schreck 2012).

Auch wenn Entwicklung und Professionalisierung von CSR auf dem Vormarsch sind, stehen dem gegenüber die zu Anfang dieses Artikels skizzierten Beispiele disruptiver Märkte und scheiternder Unternehmen. Immer wieder gibt es Verweise auf Unternehmen, die zwar über CSR-Abteilungen mit ausgezeichnetem Ruf und direkter Anbindung an die Unternehmensführung verfügen, aber trotzdem mit den sich rasant veränderten Märkten und gesellschaftlichen Anforderungen überfordert sind. Aus diesem Grund muss zumindest hinterfragt werden, ob das vorherrschende CSR-Paradigma ausreicht und vor allem wie es weitergedacht werden muss, damit Unternehmen sich in wandelnden Zeiten behaupten können.

An genau dieser Stelle entsteht die Verbindung von „CSR und Geschäftsmodellen". Ob ein Unternehmen seine Ziele erreichen kann, wird maßgeblich davon abhängen, ob es ihm gelingt, sich an Veränderungen im Gesamtsystem anzupassen und die Geschäftsmodelle neu zu denken. Ein Automobilhersteller kann zwar durch eine grünere Wertschöpfungskette Kosten einsparen, Reputationsgewinne erzielen oder die Identifikation der Mitarbeiter erhöhen. Um mit Veränderungen im System – wie der stark anwachsenden Nachfrage nach Elektromobilität, autonomem Fahren oder neuen Märkten wie Carsharing – umzugehen, bedarf es einer Neuausrichtung des Geschäftsmodells. So ist in vielen Branchen beispielsweise noch zu klären, ob lineare Wertschöpfungsketten langfristig profitabel sein können und welche Potenziale mit Ansätzen und Strategien der Kreislaufwirtschaft oder Circular Economy einhergehen. In zahlreichen Branchen steigt die Anzahl an Akteuren, die nachhaltige Geschäftsmodelle etablieren, um einerseits betriebswirtschaftlich erfolgreich zu sein und andererseits einen großen potenziellen Mehrwert für die Gesellschaft zu schaffen (vgl. Schaltegger und Lüdeke-Freund 2013).

Das Konzept der Geschäftsmodelle stammt ursprünglich aus dem Jahr 1954. Im Laufe der Jahre wurde es kontinuierlich weiterentwickelt und hat sich schließlich in der Organisationstheorie und im strategischen Management etabliert (Ahrend 2016). Zahlreiche Autoren definieren das Geschäftsmodell als Abbild der Unternehmensstrategie und erläutern, dass das Geschäftsmodell die benötigten Aktivitäten einer Organisation beschreibt, um die Unternehmensstrategie zu implementieren (Osterwalder und Pigneur 2011). Das Konzept der nachhaltigen Geschäftsmodelle stellt dabei keinen Gegensatz zu diesem traditionellen Verständnis dar. Vielmehr ist es als Erweiterung zu verstehen, die einen Rahmen anbietet, um die Zielsetzungen, Gewinne zu erwirtschaften und gesellschaftlichen Mehrwert zu generieren, zusammenzuführen (vgl. Lüdeke-Freund 2017).

Unbestreitbar ist, dass es bei der Realisierung eines nachhaltigen Geschäftsmodells noch einen großen Unterschied zwischen Unternehmensgründern und bereits etablierten Unternehmen gibt. Für Gründer ist der Weg einfacher; sie können das Geschäftsmodell schon von Beginn an nachhaltig aufbauen und gesellschaftliche wie ökonomische Wertschöpfung verbinden. Zahlreiche Sozialunternehmer zeigen dies beispielhaft. Im Gegensatz dazu müssen etablierte Unternehmen ihr bereits existierendes Geschäftsmodell umstellen, was einen erheblichen Mehraufwand bedeutet. Trotzdem sehen viele dieser Unternehmen die Notwendigkeit und haben infolgedessen Transformationsprozesse eingeleitet (vgl. Berthon und van't Noordende 2016). An dieser Stelle kommen Gründer und etablierte Unternehmen zusammen. Auf der einen Seite können die innovativen Geschäftsmodelle von Start-ups eine große Inspirationsquelle für etablierte Unternehmen darstellen. Sie zeigen auf, dass Geschäftsmodelle neu gedacht werden können, profitabel sind und gesellschaftlichen Mehrwert schaffen. Auf der anderen Seite können Großunternehmen enorme Hebel darstellen, um die Ansätze von Gründern zu skalieren. Das Voneinanderlernen und der Erfahrungsaustausch können dazu beitragen, die Art und Weise, wie wir Wirtschaft begreifen, neu zu gestalten.

3 Über den vorliegenden Sammelband

Dieses Buch beschäftigt sich mit der Frage, ob und inwiefern Geschäftsmodelle vor dem Hintergrund der gesellschaftlichen Herausforderungen des 21. Jahrhunderts gestaltet werden müssen. Das Buch zielt darauf ab, eine Brücke zwischen etablierten Unternehmen, kleinen und mittelständischen Organisationen sowie sozialen Innovatoren und Start-ups zu bauen und sie zum Erfahrungsaustausch und gegenseitigen Lernen anzuregen. Diese Verbindung dient der Inspiration untereinander und ermöglicht einen gegenseitigen Wissenstransfer. Das Buch verdeutlicht, dass Geschäftsmodelle einen enormen Hebel darstellen, gesellschaftlichen Mehrwert und gleichzeitig unternehmerischen Erfolg zu generieren. Die Zusammenstellung der Artikel dient dazu, Trade-off-Denken zwischen Profitorientierung und einer nachhaltigen Entwicklung aufzulösen. Am Ende zielt dieses Buch darauf ab, zu begeistern, gemeinsam zeitgemäßes Wirtschaften zu gestalten und Geschäftsmodelle neu zu denken.

Um der eingehenden Frage nachzugehen, haben Autoren aus Wissenschaft und Wirtschaft in einem Band Fachwissen und Praxiserfahrungen zusammengetragen. In vier Tei-

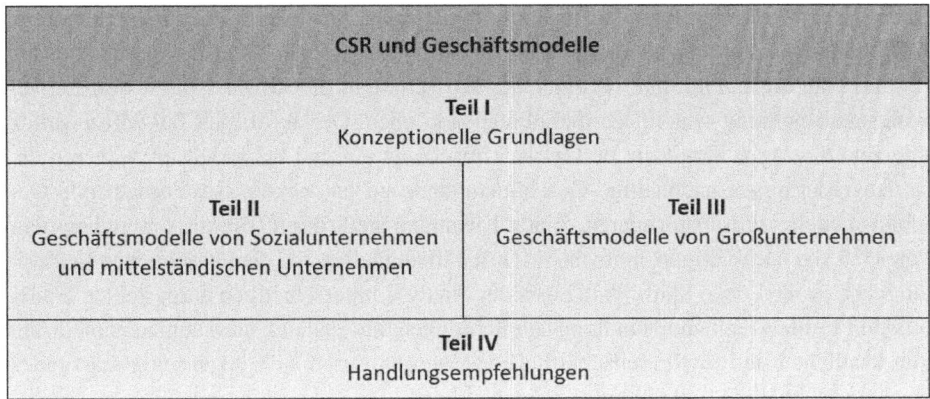

Abb. 1 Überblick des Buchaufbaus

len werden die Autoren die folgenden Aspekte beleuchten (vgl. Abb. 1): Im ersten Buchteil werden die konzeptionellen Grundlagen gelegt. Im zweiten und dritten Teil schaffen Beispiele aus der Praxis Verständnis für Geschäftsmodelle von Sozialunternehmen, mittelständischen und großen Unternehmen. Im abschließenden vierten Teil werden Handlungs- und Umsetzungsempfehlungen ausgesprochen.

4 Teil I: Konzeptionelle Grundlagen

Der erste Teil dieses Sammelbandes enthält Beiträge, die als Einstieg in die Buchthematik dienen und eine konzeptionelle Basis darstellen. Ein Schwerpunkt liegt darin, die Rolle und Logik von Geschäftsmodellen im Rahmen der Diskussion um das Thema des nachhaltigen Unternehmertums zu skizzieren und damit einhergehende Chancen und Grenzen aufzuzeigen. Ein weiterer Schwerpunkt ist das Konzept Circular Economy, welches stellvertretend für ein Umdenken von herkömmlichen Geschäftsmodellen zu zeitgemäßen Konzepten steht und sowohl die nachhaltige Entwicklung der Gesellschaft fördert als auch enorme unternehmerische Potenziale bietet. Abgerundet wird dieser Buchteil mit der Frage nach der strategischen Relevanz von Nachhaltigkeit für unternehmerischen Erfolg sowie der Bedeutung von Reputation von CSR und Geschäftsmodellen.

In dem ersten Beitrag skizziert Florian Lüdeke-Freund die diesem Buch zugrunde liegende Fragestellung nach der Rolle von Geschäftsmodellen im Rahmen unternehmerischer Verantwortung. Dabei geht er den Ursprüngen der Verknüpfung von CSR, Nachhaltigkeit und Geschäftsmodellen nach. Florian Lüdeke-Freund zeigt anhand von aktuellen Instrumenten und Fallbeispielen unterschiedliche Möglichkeiten für die (Weiter-)Entwicklung von Geschäftsmodellen für unternehmerische Verantwortung und Nachhaltigkeit. Im Anschluss wagt Friedrich Glauner einen Blick in die Zukunft und diskutiert, wie die Logik zukunftsfähiger Geschäftsmodelle seiner Meinung nach aussehen sollte.

Dabei fordert er systemische Lösungen und ein neues mentales Modell der Ökonomie. Aufgrund der Gestaltungsmöglichkeiten von Geschäftsmodellen sieht er Unternehmen als zentrale Akteure, die mit ihren Formen des Wirtschaftens die Abwärtsspirale destruktiver Wohlstandsmehrung systemisch durchbrechen können. Der auf diesen Zukunftsausblick folgende Beitrag geht auf die praktische Umsetzung ein und behandelt im Weiteren die Herausforderungen, nachhaltige Geschäftsmodelle zu entwickeln bzw. bestehende Geschäftsmodelle zu transformieren. Linda Kleemann stellt darin fest, dass zwischen dem Potenzial von nachhaltigen, innovativen Geschäftsmodellen und der tatsächlichen Verbreitung eine große Lücke klafft. Auf Basis der Analyse unterschiedlich dargestellter Trade-offs gibt Linda Kleemann Handlungsempfehlungen, mit denen Unternehmen gemeinsam mit staatlichen und zivilgesellschaftlichen Akteuren durch sich gegenseitig stärkendes Handeln nachhaltige Entwicklung erreichen können.

Ein grundlegendes Konzept nachhaltiger Geschäftsmodelle basiert auf dem Ansatz der Circular Economy. Alexander Holst, Philipp Buddemeier und Wolfgang Machur beschreiben verschiedene Gestaltungsmöglichkeiten und erläutern fünf wesentliche Geschäftsoptionen für die Circular Economy. In einem weiteren Beitrag zu diesem Thema beschreibt Christian Rudolph Grundgedanken zu zentralen Geschäftsmodellen, wie z. B. Sharing, Repair/Reuse, Product as a Service, Remanufacturing und Recycling. Christian Rudolph hinterlegt diese Modelle mit einer Vielzahl an profitablen Fallbeispielen.

Anschließend an das Thema der Circular Economy, zeigt Hakan Lucius in seinem Beitrag sowohl konzeptionell als auch anhand von zwei Fallbeispielen auf, wie die Einbindung der Nachhaltigkeit in die operative Strategie eines Unternehmens zu Wettbewerbsvorteilen führt. Dabei beschreibt er, dass Unternehmen, die sich auf die wesentlichen Nachhaltigkeitsaspekte ihres Geschäftsbereiches konzentrieren, auch bessere finanzielle Resultate erzielen und ihre Konkurrenz übertreffen.

Nick Lin-Hi, Karsten Müller und Alexander Meier runden den ersten Teil des Buches mit ihrem Artikel über die Bedeutung einer positiven Reputation nachhaltiger Geschäftsmodelle ab. Sie arbeiten das Argument der Anbieterrelevanz für erfolgreiche Geschäftsmodelle in Nachhaltigkeitsmärkten heraus. Darauf aufbauend beschreiben sie Bedingungsfaktoren einer positiven CSR-Reputation und stellen die damit verbundenen Managementimplikationen dar. Abschließend spannen sie den Bogen zur der Bedeutung der Einbindung von Mitarbeitenden und thematisieren dabei insbesondere das Thema Veränderungsprozesse.

5 Teil II: Geschäftsmodelle von Sozialunternehmen und mittelständischen Unternehmen

Der zweite Teil des Buches beinhaltet Erfahrungsberichte und Fallstudien aus der Praxis von Sozialunternehmen sowie von kleinen und mittelständischen Unternehmen. Es werden Geschäftsmodelle von Pionierunternehmen vorgestellt, die bei ihrer Unternehmensgründung innerhalb ihrer Geschäftsmodelle auf die Verknüpfung von sozialer, ökologischer und ökonomischer Wertschöpfung setzen und dabei eindrucksvoll unter Beweis stellen, dass dieses Paradigma umfangreiche Chancen für Gesellschafft und Unternehmen hervorbringt. Des Weiteren setzt sich dieser Teil des Buches mit Unternehmen und Branchen auseinander, die sich auf den Weg begeben, ihre Geschäftsmodelle zu hinterfragen, neu zu denken und entsprechende Transformationsprozesse anzustoßen.

Eingeleitet wird dieser Buchteil mit einem Grundlagenbeitrag zum Thema Sozialunternehmen in der Praxis. Anhand von Fallbeispielen, wie Discovering Hands, DORV und der Projektwerkstatt, schildern Dirk Sander, Thorsten Jahnke und Clemens Binder unterschiedliche Typologien und Ansätze von sozialunternehmerischen Geschäftsmodellen. Aufbauend auf diesem Einstieg in die Welt der Sozialunternehmen setzen sich Inga Gerckens, Florian Lüdeke-Freund und Henning Breuer mit der Fallstudie des Sozialunternehmens Aravind auseinander. Das Unternehmen umfasst mehrere große Augenkliniken, die jährlich über 400.000 Operationen durchführen. Mithilfe dieses Unternehmens wird verdeutlicht, wie ein „soziales Freemium"-Geschäftsmodell erfolgreich in der Praxis umgesetzt werden kann und darüber hinaus, dass wertebasierte Geschäftsmodellinnovationen in Prozessen, Produkten, Dienstleistungen, Geschäftsmodellen und Netzwerken möglich und sogar der Schlüssel zu unternehmerischem Erfolg sein können.

Anhand der memo AG beschäftigt sich Alexandra Hildebrandt mit der Ökopioniergeneration und weist in ihrem Beitrag nach, dass richtiges Nachhaltigkeitsmanagement sowie eine sinnvolle Neubesinnung in unserer Lebens- und Wirtschaftsweise neben Anfängergeist auch professionelle Nachhaltigkeitsmaßstäbe und Standards braucht. Hierauf folgt die Fallstudie eines weiteren Pionierunternehmens. Thomas Jorberg argumentiert anhand der GLS Bank, dass Unternehmen ein Nachhaltigkeitsverständnis benötigen, das über die Einführung von CSR-Maßnahmen hinausgeht und das Kerngeschäft einbezieht. Dabei erläutert er, wie die GLS Bank als ein ganzheitlich sozialökologisches Geschäftsmodell aufgebaut ist. Das Thema „Finance" und Sozialunternehmer stellen Markus Freiburg und Christina Moehrle in den Fokus. Die beiden Autoren illustrieren den Brückenbau zwischen Social Entrepreneurs und Impact-Investoren, Aktivitäten und Ansätzen für die Entwicklung und Verbesserung einer Social-Finance-Architektur. Dabei heben sie hervor, dass hybride Finanzierungsmodelle, Pay-for-results-Lösungen, spezielles Know-how für soziale Unternehmer und Investoren sowie innovative Fondskonstrukte, Kooperationen und Plattformen wirkungsvolle Komponenten in der Praxis sein können. Wie ein sozialer Wirkungsanreiz konkret in ein hybrides Finanzierungsmodell eingebettet werden kann, zeigt ihr Fallbeispiel DORV. Jasper Weiss und Alban Quast beschreiben im Rahmen ihres Praxisbeitrags „Die Miamed-Gründungsgeschichte: Für eine bessere Medizin weltweit", welche innovativen Hebel das Pionierunternehmen Miamed in Gang gesetzt hat, um Medizinern weltweit ein Begleiter zu sein, die Qualität ihrer Ausbildung zu erhöhen, und wie auf diese Weise ein nachhaltiges Unternehmen entstehen kann.

Ein weiterer Themenschwerpunkt liegt auf Vorzeigeunternehmen aus dem Mittelstand, die deutlich machen, wie nachhaltige Geschäftsmodelle erfolgreich gestaltet, realisiert und gemanagt werden können. Mit dem Unternehmen VAUDE gibt Lisa Fiedler einen fundierten Überblick über das nachhaltige Geschäftsmodell und legt die ambitionierte

Unternehmensvision dar. Sie erläutert die Umsetzung und Steuerung des Geschäftsmodells sowie die Erfolge und Herausforderungen hinsichtlich der ökologischen, sozialen und wirtschaftlichen Leistung des Unternehmens. Der darauf folgende Beitrag befasst sich mit der CSR-orientierten Unternehmensführung von Biogena, einem international anerkannten Player im Bereich „Good health and well-being". Dieser Beitrag von Albert Schmidbauer und Julia Ganglbauer skizziert das integrierte Unternehmensleitbild und geht auf die für das Unternehmen relevanten gesellschaftlichen, ökologischen und ökonomischen Herausforderungen ein. Das nachfolgende Praxisbeispiel der Nölken Hygiene Products GmbH zeigt, wie Geschäftsmodelle von mittelständischen Unternehmen im Hinblick auf wandelnde Marktgegebenheiten und steigende Anforderungen an die globale Wertschöpfungskette eingestellt werden müssen. Johanna Jung skizziert hierbei systematisch, dass Unternehmen sich mit einem nachhaltigen Geschäftsmodell differenzieren und Wettbewerbsvorteile erlangen können. Dabei liefert sie einen fundierten und praxisbezogenen Überblick über Instrumente, Möglichkeiten und Prozesse in der Entwicklung und Implementierung des Geschäftsmodells dieses CSR-Vorzeigeunternehmens. Zum Geschäftsmodell der Genossenschaftsbanken stellen die Autoren Antje Kuttner und Larissa Klaus den „Mensch in den Mittelpunkt". In ihrem Beitrag gehen sie auf die Herausforderungen des Geschäftsmodells der Münchner Bank ein und arbeiten heraus, welche Veränderungsbedarfe notwendig sind und wie diese Bedarfe angegangen werden können.

Auch in der Fußballbundesliga sind die Vereine, die größtenteils als mittelständische Unternehmen geführt werden, mit sich verändernden Rahmenbedingungen konfrontiert. Aus Sicht von Matthias Mühlen und Marc Werheid ist daher eine Anpassung der bisherigen Geschäftsmodelle im Fußball notwendig. Basierend auf ihren Forschungserkenntnissen skizzieren die Autoren eine neue Betrachtungsweise des Themas „CSR im Fußball" und erläutern ein konzeptionelles Modell, das die Zusammenhänge von sportlichem Erfolg, Markenposition, gesellschaftlichen Engagements und der Wirtschaftlichkeit von Bundesligavereinen darstellt.

Im letzten Beitrag dieses Buchteils werden mit einer Fokussierung auf die Textil- und Bekleidungsindustrie die Zusammenhänge zwischen Geschäftsmodell, Geschäftsstrategie und Business Cases for CSR (Erfolgsmodell) abgebildet. Für diesen Zweck diskutieren Ortansia Capitao, Monika Eigenstetter und Martin Wenke reale Business Cases für CSR aus der Bekleidungsindustrie.

6 Teil III: Geschäftsmodelle von Großunternehmen

Der dritte Buchteil enthält Erfahrungsberichte und Fallstudien von Großunternehmen. Anhand von Beispielen aus der Automobilindustrie, der Logistikbranche sowie dem Bereich Handel und Dienstleistungen wird die Bedeutung und Notwendigkeit nachhaltiger Geschäftsmodelle diskutiert sowie auf die Herausforderungen eingegangen, die im Rahmen von Veränderungsansätzen bei etablierten Modellen auftreten. Im Hinblick auf die Tabakindustrie wird exemplarisch auf eine weitere Branche eingegangen, die vor großen Umbrüchen zu stehen scheint und besondere CSR-Ansätze erfordert.

Zu Beginn befassen sich zwei Beiträge mit den Herausforderungen in der Automobilindustrie, wo Megatrends, wie Digitalisierung, Elektromobilität, Urbanisierung oder gesellschaftlicher Wandel, schon heute massiven Druck auf die Geschäftsmodelle ausüben. Für Unternehmen ergeben sich hieraus eine Vielzahl an Chancen und Risiken, die ihr wirtschaftliches Handeln langfristig beeinflussen können. Carolyn Hutter und Maximilian Steiner stellen in dem ersten Beitrag aus diesem Buchteil dar, wie der Sportwagenhersteller Dr. Ing. h.c. F. Porsche AG daraus resultierende Herausforderungen in sein strategisches Nachhaltigkeitsmanagement, seine Geschäftstätigkeiten und sein unternehmerisches Denken integriert. Nachfolgend beschreiben Vitali Gretschko und Florian Haas anhand einer Fallstudie bei AutoCom, einem weltweit führenden Automobilkonzern, wie Nachhaltigkeitsziele durch einen strukturierten Einkaufsprozess erreicht werden können. Da in den meisten Branchen die Beschaffung einen großen Teil der Wertschöpfung ausmacht, beginnen nachhaltige Geschäftsmodelle bereits in der Einkaufsorganisation.

Das Thema CSR und Geschäftsmodelle wird nicht nur in der Automobilbranche diskutiert. In fast allen Branchen werden aktuell Konzepte entwickelt, um Geschäftsmodelle mit gesellschaftlichen Entwicklungen in Einklang zu bringen. So ist beispielsweise in der Logistikbranche ein Umdenken in der Ausrichtung der Geschäftsmodelle zahlreicher Unternehmen zu beobachten. Stellvertretend dafür steht der Artikel von Katharina Tomoff. Sie beschreibt das Ziel der Deutschen Post DHL, dass Corporate Social Responsibility ein integraler Teil des Geschäfts und des Geschäftsmodells sein wird, und wie das Unternehmen dieses Ziel versucht zu verwirklichen.

Die Tabakindustrie versucht sich seit vielen Jahren als sozialverantwortliche Branche zu positionieren. Dies stößt allerdings auf starken Widerstand und Kritik in der Öffentlichkeit. Insbesondere Antitabakaktivisten und die Weltgesundheitsorganisation (WHO) sehen keinerlei Vereinbarkeit von Corporate Social Responsibility und Tabakunternehmen. Ulf Henning Richter und Milan Klopprogge diskutieren in ihrem Beitrag, wie der CSR-Ansatz eines Tabakunternehmens aussehen kann, welches permanent mit dem Misstrauen gegen die gesamte Branche konfrontiert wird. Die Autoren unterscheiden dabei zwischen transaktionalen und transformativen Formen der CSR.

7 Teil IV: Handlungsempfehlungen

Die Artikel im abschließenden Buchteil beschäftigen sich mit Handlungsempfehlungen zur Implementierung und Veränderung von Geschäftsmodellen. Dafür werden Tools, Instrumente und Implementierungshilfen vorgestellt. Des Weiteren enthält dieser letzte Teil Beiträge zu innovativen Konzepten wie einer nachhaltigen Hochschulausbildung, Crowd Founding und werteorientiertem Design Thinking.

Zu Beginn stellen Henning Breuer und Florian Lüdeke-Freund eine Art Werkzeugkasten vor: das Business Innovation Kit. Es besteht aus Methoden der wertebasierten

Geschäftsmodellierung und Innovation und ist so aufbereitet, dass die Inhalte nachhaltigkeitsorientierte Gründer, Innovatoren und Studierende bei der Geschäftsmodellierung unterstützen und sie durch einen selbsterklärenden Prozess führen. Eine weitere Unterstützung, um Geschäftsmodelle nachhaltig zu gestalten, bieten Maximilian Faust und Dennis Lotter mit dem neu entwickelten Werkzeug, dem „Sustainable Business Model Canvas". Ihr Modell ermöglicht eine umfängliche Betrachtung eines nachhaltigen Geschäftsmodells und greift die Überlegungen des Business Model Canvas auf sowie des Shared-Value-Ansatzes nach Porter und Kramer. Unternehmen kann mit dem Sustainable Business Model Canvas geholfen werden, Geschäftsmodelle für die Diskussion visuell darzustellen, um im Anschluss Maßnahmen und Strategien daraus ableiten zu können.

Der Beitrag zu dem Thema „nachhaltige Geschäftsmodelle von Start-ups" von Katharina Pötz verweist auf aktuelle Handlungsansätze im Bereich Soziales und institutionelles Unternehmertum und thematisiert insbesondere die Spannungsfelder, auf denen „nachhaltige" Start-ups aufgebaut werden. Durch die Entwicklung innovativer Geschäftsmodelle können Start-ups einen wichtigen Beitrag zur Erreichung globaler Nachhaltigkeitsziele leisten.

Der anschließende Artikel von Sabine Stoverock, Michael Schramek und Marcus Heidbrink stellt den Ansatz der Mobilitätsberatung EcoLibro dar und befasst sich mit der Wirksamkeit von nachhaltigen Aktivitäten auf den Ebenen Geschäftsmodell, Unternehmenskultur und überbetriebliches Engagement. Auf Basis der praktischen Erfahrungen der Autoren enthält der Beitrag konkrete Handlungsempfehlungen, mit denen das CSR-Konzept praktisch genutzt und implementiert werden kann.

Zur Realisierung von nachhaltigen Geschäftsmodellen sind entsprechend ausgebildete Fach- und Führungskräfte von höchster Bedeutung. Doch wo werden die Manager der Zukunft ausgebildet, die das neue Paradigma zeitgemäßer Führungsstile beherrschen? Eine Antwort auf diese Frage liefert Monika Kolb. Sie hinterfragt das Geschäftsmodell von Business Schools und diskutiert den Ansatz einer nachhaltigen Managementausbildung am Beispiel der Cologne Business School. Der Aufsatz dient dazu, Ansatzpunkte oder Inspirationen für andere Institutionen zu liefern, welche die Mitarbeiter dazu befähigen, eine nachhaltige und verantwortungsvolle Unternehmenspraxis umzusetzen.

Neben harten Faktoren, Werkzeugen und Konzeptionsmodellen sind für die Realisierung von Geschäftsmodellen auch sogenannte weiche Faktoren von unabdingbarer Bedeutung. Der Beitrag von Klaus Motoki Tonn und Manaén Yosef Stürenberg Herrera setzt an diesem Punkt an und soll dabei helfen, die Zusammenhänge zwischen Nachhaltigkeit, Mindset und Businessmodell zu erkennen. Er zeigt die dafür notwendigen Prozesse auf und beschreibt die wesentlichen Phasen einer erfolgreichen Implementierung eines neuen Mindset als Basis für nachhaltige Geschäftsmodelle.

Aufgrund der Globalisierung und Digitalisierung wandelt sich unsere Wirtschaft mit einer hohen Dynamik. Big Data, Internet der Dinge, weltweite Supply Chains, globale Märkte und Industrie 4.0 beschäftigen derzeit die Unternehmer und Politiker gleichermaßen. Unternehmen und ihre Geschäftsmodelle befinden sich in tief greifenden Veränderungsprozessen und es entsteht derzeit eine neue Gründerszene, die mit innovativen Geschäftsmodellen versucht sich erfolgreich am Markt zu platzieren.

Die letzten beiden Artikel des Buches widmen sich dem Thema „Digitalisierung" und der Fragestellung, wie nachhaltige Geschäftsmodelle weiterentwickelt werden können. René Schmidpeter und Frank Wenzel schildern das Konzept des Crowd Founding als innovativen Gründungsansatz. Nachfolgend führen Martina Uster und René Schmidpeter die Themen „nachhaltiges Management" und „Design Thinking" zusammen und erläutern ihr Konzept des werteorientierten Design Thinking.

Die vorliegenden Perspektiven geben eine Zusammenschau der vielfältigen Gestaltungsmöglichkeiten von Geschäftsmodellen. Auch wenn dabei, je nach Kontext, unterschiedliche Grundverständnisse zum Thema „CSR" vorliegen, verbindet die Autoren die Einsicht, dass zeitgemäße Geschäftsmodelle ökologische, soziale und ökonomische Wertschöpfung gewinnbringend miteinander in Einklang bringen und nicht auf Kosten voneinander gehen. Die dargelegte Übersicht soll einen Beitrag dazu leisten, dass Manager und Unternehmensgründer Geschäftsmodelle auf die Anforderungen des 21. Jahrhunderts entwickeln und somit Wertschöpfung zum Wohle der Gesellschaft und der eigenen Unternehmen schaffen.

Literatur

Ahrend K-M (2016) Geschäftsmodell Nachhaltigkeit. Ökologische und soziale Innovationen als unternehmerische Chance. Springer, Heidelberg

Baumast A (2015) Finanzmarkt und CSR. In: Schneider A, Schmidpeter R (Hrsg) Corporate Social Responsibility. Verantwortungsvolle Unternehmensführung in Theorie und Praxis. Springer, Berlin, Heidelberg

Berthon B, van't Noordende S (2016) The UN Global Compact-Accenture CEO Study on Sustainability 2013. Accenture 2013

Blumberg I, Lin-Hi N (2015) Business case-driven management of CSR. Bus Fre Ethics J 33(4):321–350

Lüdeke-Freund F (2017) Geschäftsmodelle für unternehmerische Nachhaltigkeit – Eckpunkte eines nachhaltigkeitsorientierten Geschäftsmodellmanagements. In: Wunder T (Hrsg) CSR und strategisches Management. Springer, Berlin

Oldenburg F (2015) Wegbereiter von Milliardenmärkten, in Harvard Business Manager. Sonderdruck aus Heft 6/2015

Osterwalder A, Pigneur Y (2011) Business model generation – Ein Handbuch für Visionäre, Spielveränderer und Herausforderer. Campus, New York

Schaltegger S, Lüdeke-Freund F (2013) Von sozialer Verantwortung zu unternehmerischer Nachhaltigkeit: Bedeutung und Ausgestaltung von „Business Cases for Sustainability". In: Keuper F, Neumann F (Hrsg) Sustainability Management: Nachhaltige und Stakeholder-orientierte Wertsteigerung. Logos, Berlin, S 51–68

Schneider A, Schmidpeter R (2015) Corporate Social Responsibility. Verantwortungsvolle Unternehmensführung in Theorie und Praxis. Springer, Berlin, Heidelberg

Schreck P (2012) Der Business Case for CSR. In: Schneider A, Schmidpeter R (Hrsg) Corporate Social Responsibility: Verantwortungsvolle Unternehmensführung in Theorie und Praxis. Springer, Heidelberg

Serafeim G et al (2015) Corporate Sustainability: First Evidence on Materiality. Harvard Business School Working Paper Number: 15–073

UN Global Compact Office (2015) Supply chain sustainability: a practical guide for continuous improvement, 2. Aufl. United Nations Global Compact and BSR, New York

Patrick Bungard ist Director des Center for Advanced Sustainable Management (CASM) der Cologne Business School und Geschäftsführer der M3TRIX GmbH. Er ist an unterschiedlichen Universitäten und Fachhochschulen (u. a. Cologne Business School, Donau Universität Krems) Dozent für Wirtschaftsethik, nachhaltige Geschäftsmodelle, Sustainable Management, Corporate Social Responsibility und Social Entrepreneurship. Er hat langjährige Erfahrung in der Leitung, Konzeption und Umsetzung von Beratungsprojekten im Bereich der Corporate Social Responsibilty sowie im Nonprofit-Sektor.

Neue Arbeitswelten und zukunftsfähige Geschäftsmodelle

Wie nachhaltiges Unternehmtertum gesellschaftlichen Mehrwert schafft

René Schmidpeter und Patrick Bungard

Nachhaltigen Geschäftsmodellen gehört die Zukunft. Darauf deutet zumindest ihr Erfolg in der Gegenwart hin. Immer mehr Unternehmen schreiben Erfolgsgeschichten basierend auf einem Managementparadigma, welches Nachhaltigkeit und Profitabilität in Einklang bringt und nicht als Gegensatz versteht (s. Beiträge in Bungard 2017). Nachhaltige Geschäftsmodelle zeichnen sich dadurch aus, dass sie soziale, ökologische und ökonomische Faktoren in einem Modell zusammenführen, unternehmerische Lösungen für die gesellschaftlichen Herausforderungen des 21. Jahrhunderts aufzeigen und dadurch profitabel sind (s. Beiträge in Schneider und Schmidpeter 2015). Insbesondere zwei Megatrends sind dabei von Bedeutung: die unaufhaltsam voranschreitende Digitalisierung sowie eine nachhaltige Entwicklung (s. Beiträge in Hildebrandt und Landhäußer 2017).

Beide Trends sind dabei untrennbar miteinander verknüpft. So bieten Nachhaltigkeitsthemen enorme unternehmerische Potenziale und die digitale Transformation unvorhersehbar große Umsetzungsmöglichkeiten. Die Fusion dieser beiden globalen Megatrends führt zu Veränderungen von wirtschaftlichen Systemen und einem tief gehenden Wandel in der Arbeitswelt (s. Beiträge in Spieß und Fabisch 2017). Unternehmen und Unternehmensgründer stehen vor der Entscheidung, ob sie die Auswirkungen dieser Veränderungen auf ihr Unternehmen im Rahmen der Ausrichtung ihrer Geschäftsmodelle berücksichtigen. In diesem Zusammenhang stellt sich gleichzeitig die Frage, wie diese ambitionierten Herausforderungen umgesetzt werden können.

R. Schmidpeter (✉)
Dr. Jürgen Meyer Stiftungslehrstuhl, Internationale Wirtschaftsethik und CSR, Cologne Business School
Hardefusstr. 1, 50677 Köln, Deutschland
E-Mail: r.schmidpeter@cbs.de

P. Bungard
Center for Advanced Sustainable Management (CASM), Cologne Business School
Hardefuststraße 1, 50677 Köln, Deutschland

1 Der Wandel der Wirtschaft beeinflusst zunehmend die Arbeitswelt

Unsere Wirtschaft wandelt sich aufgrund der Digitalisierung in rasender Geschwindigkeit. Internet der Dinge, Big Data, Roboter und Industrie 4.0 werden zunehmend real (vgl. die folgenden Ausführungen auch in Schmidpeter 2017b). Werden diese Veränderungen auch zum Wohle der Menschen sein? Wir wissen schon heute, dass sich viele Berufe – insbesondere in der Produktion, im Vertrieb, in der Verwaltung, aber auch in kreativen Bereichen wie Redaktion und Design – stark wandeln oder sogar ganz von der Bildfläche verschwinden werden. Insbesondere der potenzielle Rückgang der Beschäftigung für mittlere Qualifikationen stellt eine der größten Herausforderungen für die Arbeitswelt dar. Parallel dazu werden immer mehr Daten rund um den Job erhoben und gespeichert.

Mittels Biodetektoren werden Motivation und Stimmungen der Mitarbeiter immer transparenter. Gesundheitsdaten werden zunehmend systematisch erfasst. Diese Zusammenführung von Daten aus unterschiedlichen Bereichen ermöglicht durch Human-Resource-Analysen weitreichende Vorhersagen über Arbeitszeit, Ressourcenaufwand und tatsächlichen Output. Auf Basis von Algorithmen können so einzelne Mitarbeiter oder auch Mitarbeitergruppen und deren Verhalten kontinuierlich analysiert und deren Arbeitsleistung laufend beurteilt werden. Die berufliche und private Sphäre verschmelzen mehr und mehr und ehemals persönliche Freiheitsräume drohen zu verschwinden. Diese systematische Beurteilung der Arbeitnehmer wird einen erheblichen Einfluss auf die Unternehmenskultur haben. Daher ist es notwendig, den Prozess positiv und mit klaren Regeln zu begleiten. Die damit gewonnene Transparenz und das erlangte Wissen erlauben eine weitere Flexibilisierung der Arbeitswelt und erhöhen dabei den Effizienzdruck auf den Einzelnen in der Wirtschaft.

Dieser Druck nach Automatisierung und Steigerung der Arbeitseffizienz wird durch den demografischen Wandel in Europa weiter verstärkt. Denn die Arbeitswelt der Zukunft ist gekennzeichnet durch einen geringeren Anteil an jungen Leistungsträgern, Verlängerung der Lebensarbeitszeit und flexible Arbeitsverhältnisse. Viele Tätigkeiten werden nicht mehr auf Basis eines Angestelltenverhältnisses durchgeführt, sondern in kleinteilig strukturierten Netzwerken von Freelancern bearbeitet.

Aufträge werden immer öfter über Plattformen im Internet abgewickelt, wo sie von weltweit operierenden „Crowd Workern" ausgeführt werden. Zeit und Ort der Leistungserbringung spielen nur noch eine untergeordnete Rolle. Externe, aber auch interne Mitarbeiter können jederzeit und ortsunabhängig virtuell präsent sein. Das hat eine voranschreitende Globalisierung der Arbeitsprozesse und damit einen erhöhten Wettbewerbsdruck zwischen den Mitarbeitern zur Folge. Gleichzeitig erhöht diese Entgrenzung der Arbeit die Eigenverantwortung jedes Einzelnen bezüglich seiner Work-Life-Balance.

Die weitreichenden Veränderungen dieser entgrenzten Arbeitsweisen treffen auf ganz unterschiedliche Sozialisationen der Generationen. Die junge Generation zeichnet sich durch einen starken Wunsch nach mehr individuellen Freiräumen für selbstbestimmtes Arbeiten aus. Aufgrund der Verschmelzung von Privatleben und Beruf begreift sie die Arbeit oft als „einzigen" Weg zur Selbstverwirklichung und möchte daher in ihrer Arbeit einen Beitrag für drängende gesellschaftliche Ziele liefern und so einen Sinn für ihr Leben finden (vgl. verschiedene Studien zur Generation Y). Sie ist meist hochmotiviert und hinterfragt die bisherigen Prozesse und Geschäftsmodelle kritisch. Zum Beispiel werden Hierarchien als nicht mehr zeitgemäß angesehen und die Berücksichtigung der eigenen Bedürfnisse auch in der Arbeit massiv eingefordert.

Die ältere Generation hat über die letzten Jahre die bestehenden Strukturen und Abläufe nach ihren Vorstellungen aufgebaut und dabei Beruf und Privatleben oft strikt voneinander getrennt. Die erfolgreiche Karriere ging einher mit traditionellen Werten eines stabilen Familienlebens mit klar verteilten Rollenbildern von Mann und Frau und ebenso von Jung und Alt. Der bevorstehende dynamische Wandel scheint vermeintlich ihr Lebenswerk zu bedrohen, sodass Widerstände dagegen zwar nachvollziehbar, aber nicht immer förderlich sind. Nur eine partnerschaftliche Zusammenarbeit zwischen Jung und Alt kann unsere Wirtschaft fit für die Zukunft machen. Eine entscheidende Frage dabei ist, wie beide Generationen Chancen gemeinsam nutzen und Risiken gemeinsam tragen können.

2 Neue Denk- und Verhaltensweisen sind notwendig

Weitreichende technologische Möglichkeiten – insbesondere in den Bereichen künstliche Intelligenz, neue Energie- und Mobilitätskonzepte, digitale Vernetzung und leistungsfähige Roboter – beeinflussen die Geschäftsmodelle und Wertschöpfungsprozesse der Unternehmen in hohem Maße. Führende Unternehmen gehen davon aus, dass 30–40 % ihrer Wertschöpfung neu strukturiert bzw. komplett neu aufgesetzt werden müssen. Das bedeutet zugleich, dass fast jeder zweite Job in Zukunft neu definiert bzw. ersetzt werden wird. In Anbetracht dieser dynamischen Entwicklungen bedarf es neuer Denk- und Verhaltensweisen sowie eines individuellen und kollektiven Lernprozesses, welcher die vermeintlichen Widersprüche zwischen klassischem und zukünftigem Wirtschaften auflöst.

Diese neue Arbeitskultur ist geprägt durch Vernetzung, flache Hierarchien, eine hohe Innovationsgeschwindigkeit und hohe Fehlertoleranz. Daraus könnte folgen, dass Führung keine auf Dauer vergebene Position mehr sein kann, sondern eine Funktion, die im Wechsel mit verschiedenen Mitarbeitern auf Zeit ausgefüllt wird. Zudem wird die Entscheidungsfindung in Zukunft näher am Problem verortet werden. Das heißt, dass *der* Mitarbeiter, welcher mit einer konkreten Herausforderung konfrontiert ist, mehr Freiheit und Verantwortung in der Entscheidungsfindung und Lösung erhält. So können Entscheidungen schneller und lösungsorientierter getroffen werden. Dazu bedarf es jedoch einer kooperativen, offenen und toleranten Arbeitsweise, die den gemeinsamen Erfolg aller Mitarbeiter in den Mittelpunkt stellt.

3 Wissenstransfer und generationenübergreifende Zusammenarbeit zentral

Neue Methoden des Wissenstransfers und der innovativen Informationsgewinnung und -verarbeitung gewinnen immer weiter an Bedeutung. Als Basis eines freien Wissenstransfers und des Empowerment der Mitarbeiter ist eine hohe Bereitschaft bei der Wissensweitergabe im Unternehmen und bei gemeinsamen Problemlösungsansätzen notwendig. Dabei sind Jobrotationen und Gruppenarbeit hilfreiche Instrumente, um ein kollektives Wissen aufzubauen und dieses auch im Unternehmen systematisch zu verteilen. Auch systematisches Coaching und Mentoring sowie Arbeiten im Tandem helfen dabei, Wissen über Abteilungsgrenzen hinweg zu transferieren. Dabei gewinnt auch die generationenübergreifende Zusammenarbeit an Bedeutung.

Dies ist jedoch keine Einbahnstraße und mittlerweile können auch erfahrene Mitarbeiter viel von den jungen Mitarbeitern lernen. Es ergeben sich auch neue bzw. veränderte Anforderungen an die Kompetenz von Fach- und Führungskräften und insbesondere an die Qualität des Leaderships in einem Unternehmen (vgl. Beiträge in Doye 2016). So werden sich Führungskräfte auch immer öfter selbst führen lassen. Immer dann, wenn die Kompetenzen und Fähigkeiten für eine Problemlösung im Team oder bei anderen Mitarbeitern liegen, zeichnet sich gute Führung (Shared Leadership) durch Wertschätzung und das Zurückstellen der eigenen Meinung aus.

Ein solches gesundes Führungsverhalten und eine werteorientierte Führungskultur werden in Zukunft unverzichtbar, um in einer immer stärker vernetzten Welt sowohl unternehmerischen als auch gesellschaftlichen Mehrwert zu generieren (vgl. Beiträge in Hänsel und Kaz 2016). Dabei spielt das Thema einer gemeinsamen Qualifizierung, Aus- und Weiterbildung sowie Lifelong Learning über alle Generationen hinweg eine besondere Rolle. Das Thema „Team Development" wird immer wichtiger. Es geht nicht nur um individuelle Lernprozesse, sondern um kollektives Wissensmanagement. Denn alle fünf Jahre verdoppelt sich das weltweit verfügbare Wissen und die Hälfte des erworbenen Wissens bleibt nur vier Jahre aktuell.

4 Herausforderung: derzeitiges Management noch von überholten Theorien geprägt

Umso erstaunlicher ist es, dass das gegenwärtige strategische Managementhandeln oft noch durch das in den Führungsschmieden der 1990er-Jahre gelehrte und damit oft überholte Wissen beeinflusst wird. Die alten Theorien zeichnen sich durch eine oft eindimensionale Orientierung an monetären Zielen bzw. „Profitability" (Shareholder Value) aus, anstatt sich an nachhaltigem Wachstum bzw. „Prosperity" zu orientieren. Dieses neue Managementparadigma skizziert eine ökonomische Vernunft, welche soziale, ökologische und wirtschaftliche Wirkungen gleichermaßen in den Managemententscheidungen berücksichtigt (vgl. Beiträge in Wunder 2017).

Überholtes Denken sowie verkrustete Hierarchien und unflexible Arbeits- und Entscheidungsstrukturen in den Unternehmen verhindern, dass zum einen die Eigenverantwortung der Mitarbeiter und zum anderen die Kooperationsfähigkeit zwischen den Abteilungen weiter erhöht werden. Das meist durch interne Konkurrenz und falsche Anreizsysteme (z. B. hohe Individualboni) entstandene Silodenken und auch das oft für eigene Interessen instrumentalisierte Herrschaftswissen sollten daher schnellstmöglich durch eine abteilungsübergreifende Zusammenarbeit, Vielfalt im Denken und breite Diversität der Mitarbeiter über alle Hierarchieebenen hinweg aufgebrochen werden. So werden die dringend notwendigen vernetzten Lernprozesse sowie kollektiven Entscheidungsfindungen systematisch ermöglicht und das volle Potenzial eines jeden einzelnen Mitarbeiters für den Unternehmenserfolg genutzt. Dazu notwendig ist ein fundamentaler Kulturwandel, der Vertrauen, Eigenverantwortung und eine nachhaltige Unternehmensausrichtung entlang der menschlichen Bedürfnisse in den Mittelpunkt der Unternehmensstrategie stellt (vgl. Schram und Schmidpeter 2017).

Klar ist, dass ein solcher Kulturwandel das Aufgeben von lieb gewonnenen Abläufen und Prozessen bedeutet und mit großen Unsicherheiten und Akzeptanzproblemen einhergeht. Die Sicherstellung der Akzeptanz dieser Veränderungen wird ein Schlüsselfaktor für Fach- und Führungskräfte darstellen, der nicht hoch genug auf der Prioritätenliste der Unternehmen aufgehängt werden kann. Die Fach- und Führungskräfte sowie die Mitarbeiter müssen den Wandel vollziehen „wollen" und „können". Partizipationsprogramme, Kommunikationsmaßnahmen sowie Weiterbildungskonzepte werden daher weiter an Wichtigkeit gewinnen (vgl. Bungard 2015).

5 Globale Herausforderungen verändern derzeit alle Branchen

Dieses neue Primat des „nachhaltigen Managements" wird auch in Anbetracht der globalen Herausforderungen immer notwendiger. Nicht nur führt einseitiges Shareholder-Value-Denken zu internen Kollateralschäden, sondern auch externe Stakeholder werden unzureichend berücksichtigt. Die immer knapper werdenden Ressourcen, die demografischen Veränderungen und nicht zuletzt die hohen Verluste in der Finanzkrise dürfen dabei nicht länger unbeachtet bleiben. Denn Gewinne in einer zunehmend globalisierten Wirtschaft können auf Dauer nicht zulasten der Menschen bzw. der Umwelt gemacht werden, ohne dass dieses System kollabiert.

Besonders betroffen von dieser zunehmenden Transparenz der unternehmerischen Auswirkungen sind die Banken, denen es im Zuge der Digitalisierung nach wie vor an Geschäftsmodellen mit positivem Bezug zur Realwirtschaft mangelt. Zunächst suchten sie die Flucht in neu geschaffene (selbstreferenzielle) Finanzmärkte, welche jedoch durch Blasenbildung immer volatiler und instabiler wurden. In Zukunft werden daher die Themen „nachhaltige Finance", „nachhaltiges Investment" und „Finanzierung von nachhaltigen Start-ups" an Bedeutung gewinnen, um eine tragfähige Brücke zwischen gewünschtem gesellschaftlichen Impact und notwendigem unternehmerischen Erfolg zu schlagen (vgl. Beiträge in Schulz und Bergius 2014).

Die Energiebranche steht vor nicht minder großen Herausforderungen. Sie muss Antworten auf die Dezentralisierung der Energiegewinnung und Demokratisierung des Energiemarktes finden (vgl. Hildebrandt und Landhäußer 2016). Statt großer zentraler Kraftwerke wird es dank Digitalisierung immer stärker auf die Vernetzung und Zusammenarbeit dezentraler Energieerzeugung ankommen. Hierbei werden sich die Hierarchien großer Energiekonzerne immer mehr in kollaborative Netzwerke wandeln müssen. Auch die Medienbranche sieht sich schon lange mit den neuen Vernetzungs- und Kommunikationsmöglichkeiten des Internets konfrontiert, welche ehemals hoch lukrative Geschäftsmodelle des Publizierens ad absurdum führten. Neue Open-Access-Modelle und interaktive Publikationsmedien werden hier die klassischen Top-down-Prozesse sukzessive ersetzen und so die Zusammenarbeit zwischen Künstlern, Autoren, Redakteuren und dem Publikum neu gestalten.

Und auch der wohl wichtigste deutsche Industriezweig, die Automobilbranche, wird sich stark wandeln müssen. So wird bereits bei zahlreichen namhaften deutschen Zulieferern vermehrt über die verstärkte Zusammenarbeit mit großen amerikanischen IT-Unternehmen spekuliert. Die Automobil- und Unterhaltungsbranche nähern sich dabei immer weiter an und stellen weitreichende Neuheiten und Konzepte im Bereich „Smart Cars" (z. B. autonomes Fahren, vernetzte Informationssysteme, Auto-Büro, neue Mobilitätskonzepte wie Car Sharing) vor. Zudem werden die fortschreitende Digitalisierung als auch die gesellschaftlichen Diskussionen um Klimawandel, Abgaswerte und Urbanisierung die Einführung emissionsfreier Antriebe weiter forcieren und so die Geschichte der Mobilität neu schreiben. Dies hat auch weitreichende Auswirkungen auf die Arbeitswelt, in welcher immer mehr IT-Know-how statt klassischer Ingenieurskunst benötigt wird und so die interne Arbeitswelt auch durch externe Veränderungen zunehmend verändert wird.

Aus all diesen Entwicklungen ergaben sich in den letzten Jahren für die Unternehmen weitreichende Herausforderungen in der Gestaltung ihrer Wertschöpfungsstrategien und -prozesse (vgl. D'heur 2013). Insbesondere die eingangs beschriebene Digitalisierung verstärkt diese längst notwendige Entwicklung und Implementation neuer nachhaltiger Unternehmensansätze im positiven Sinne. Die Digitalisierung schafft Transparenz über die realen Auswirkungen und den tatsächlichen Nutzen ganzer Branchen. Sie fördert ein anderes Denken und die Entwicklung neuer Unternehmen, die ganz auf den Kundennutzen und den menschlichen Bedürfnissen ausgerichtet sind.

6 Nachhaltigkeit muss unternehmerisch gedacht werden

Zwar wurden in den letzten Jahrzehnten immer höhere betriebliche Nachhaltigkeitsziele definiert, um die Umwelt- bzw. Sozialbelastung zu verringern, jedoch wurde der positive Beitrag (Positive Impact) dieser Verantwortungsübernahme oft nicht ausreichend für die Wertschöpfungsidee des Unternehmens genutzt. Vielmehr wurde Nachhaltigkeit oft als rein defensives und limitierendes Konzept gesehen, welches die ökonomische Leistungsfähigkeit bremst. Denkt man Nachhaltigkeit aus einer konsequent unternehmerischen Perspektive, geht diese weit über eine reine Vermeidungslogik hinaus (vgl. Schmidpeter 2017a). Denn für Unternehmer ist es wichtig, die positiven Auswirkungen ihres Handelns zu managen bzw. zu steigern. Bei dieser progressiven Sichtweise geht es nicht mehr zentral darum, den Schaden unternehmerischen Handelns zu minimieren, sondern die Wertschöpfung des Unternehmens für die Gesellschaft zu erhöhen. Zusätzlich zu dem Paradigma der Schadenvermeidung bedarf es daher des neuen Paradigmas der „positiven Wertschöpfung" – dieses neue CSR-Paradigma ist auch Basis für die notwendigen Innovationsprozesse in der Wirtschaft.

Verbindet man nun diese beiden CSR-Paradigmen, auf der einen Seite das Vermeiden von negativen Einflüssen der Geschäftstätigkeiten (Avoiding Negative Impact) und auf der anderen Seite das Erzeugen von positiver Wirkung (Creating Positiv Impact), so lassen sich unterschiedliche Typen von Geschäftsmodellen kategorisieren: Geschäftsmodelle, die darauf ausgerichtet sind, weder positive gesellschaftliche Wirkung zu entfalten noch negative Einflüsse zu vermeiden, Modelle, die keine positive Wirkung entfalten sollen, möglichst aber geringe negative Auswirkungen auf die Gesellschaft haben, Modelle, die zwar auf eine positive Wirkung fokussiert sind, die aber durch negative „Nebeneffekte" neutralisiert werden, Geschäftsmodelle, die sowohl positive Wirkung entfalten als auch darauf ausgerichtet sind, möglichst geringe negative Auswirkung zu haben.

Das in Abb. 1 aufgeführte Modell „CSR-Typologie der Geschäftsmodelle" führt diese Grobunterscheidung der Geschäftsmodelltypen auf. Dabei beschreibt die X-Achse die grobe Ausrichtung, ob negative Auswirkungen minimiert werden, und die Y-Achse, ob positive Wertschöpfung erzielt werden soll. Daraus ergeben sich vier Gruppen. In Gruppe I befinden sich Unternehmen, deren Geschäftsmodelle weder darauf ausgerichtet sind,

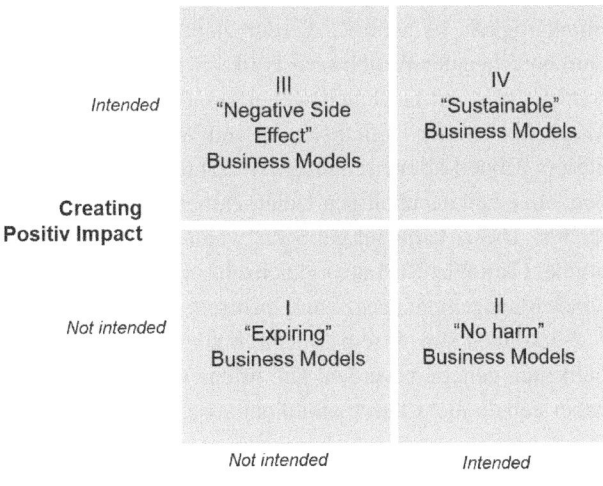

Abb. 1 CSR-Typologie der Geschäftsmodelle. (Eigene Darstellung)

gesellschaftliche Probleme zu lösen, noch das Ziel verfolgen, die negativen Auswirkungen zu minimieren. Geschäftsmodelle dieser Kategorie werden in dem Modell als Auslaufmodelle „Expiring Business Models" bezeichnet. Auslaufend dahin gehend, dass Unternehmen aus dieser Kategorie zunehmend von Märkten verschwinden, weil die Gesellschaft ihnen die Licence to Operate entzieht. In Energie- und Automobilbranchen lassen sich zahlreiche Unternehmensbeispiele dieser Kategorie finden.

Kategorie II wird mit „No harm Business Models" bezeichnet, weil Unternehmen dieser Kategorie das Ziel verfolgen, ihren negativen Impact auf die Gesellschaft zu minimieren. Unternehmen dieser Gruppe haben die Bedeutung des klassischen CSR-Paradigmas begriffen und sehen die Verbindung von Nachhaltigkeit und unternehmerischem Erfolg. Ein Blick in die von den meisten Großunternehmen veröffentlichten CSR- oder Nachhaltigkeitsberichte zeigt, dass genau dieser Ansatz verfolgt wird. Anhand unterschiedlichster Kennzahlen und Reportingstandards wird systematisch verdeutlicht, inwiefern das Unternehmen seine negativen Einflüsse reduziert.

In Kategorie III fallen Akteure, die das Ziel verfolgen, mit ihrer Organisation ein konkretes gesellschaftliches Problem zu lösen. Leider geschieht dies nicht ohne Nebeneffekte, sodass möglicherweise der gewünschte gesellschaftliche Mehrwert, aber auch negative Effekte entstehen. Als Beispiel für diese Gruppe der „Negative Side Effect Business Models" lassen sich Geschäftsmodelle aus dem Bereich des Carsharings heranziehen. Einerseits soll das Teilen von Autos positive Umwelteffekte und Effizienzsteigerungen bewirken, andererseits führt es aber dazu, dass die Anzahl an Kurzstreckenfahrten in Großstädten zunimmt.

In Kategorie IV „Sustainable Business Models" befinden sich Unternehmen, die das neue CSR-Paradigma verfolgen und im Rahmen ihrer Organisation so aufsetzen, dass sie keinen Schaden anrichten und gleichzeitig positiv auf die Gesellschaft wirken.

Dabei steht bei dem in Abb. 1 aufgeführten Modell nicht das moralische Motiv des altruistischen Gebens im Vordergrund, sondern die ökonomische und gesellschaftliche Sinnhaftigkeit. Es geht bei diesem „neuen" CSR-Ansatz aus Kategorie IV nicht um das Durchbrechen der Wettbewerbslogik – wie von Sozialromantikern oft gerne dargestellt –, sondern ganz im Gegenteil weitet sie die Marktmöglichkeiten durch die immer neuen Möglichkeiten der Digitalisierung und Win-win-Logik systematisch aus. Aufbauend auf diesem Modell können nunmehr verschiedene Wertschöpfungsstrategien abgeleitet werden, um einen nachhaltigen Unternehmenswandel „Sustainable Business Change" zu erreichen. Dieser kann nur gelingen, wenn alle drei Dimensionen der Nachhaltigkeit (Ökonomie, Ökologie, Soziales) gleichzeitig positiv entwickelt werden. Zudem gilt es, bestehende Managementansätze und -instrumente aus dieser Perspektive heraus neu zu denken.

So können sowohl ein Mehrwert für die Gesellschaft als auch neue Geschäftsmöglichkeiten generiert werden. Die offene Gesellschaft und soziale Marktwirtschaft sollen dabei gerade nicht durch antiökonomische Ansätze ersetzt werden. Ganz im Gegenteil: Die Potenziale des freien Unternehmertums können im Wandel der Digitalisierung effizient und effektiv genutzt werden, um die drängenden gesellschaftlichen Herausforderungen unternehmerisch zu lösen. Davon profitieren sowohl unsere Gesellschaft als auch die Unternehmen. Die Digitalisierung und die nachhaltige Entwicklung sind damit eine große Chance, Freiheit und Verantwortung neu zu denken, schaffen aber zugleich auch neue Risiken durch die Vermischung von Beruf und Privatem, welche neue Anforderungen an das Selbstmanagement des Einzelnen und die Fürsorgepflicht der Führungskraft stellt. Denn einhergehend mit der Digitalisierung entsteht auch zunehmender Geschwindigkeitsdruck.

Immer mehr Entscheidungsträger und Mitarbeiter erkennen, dass mit unternehmerischer Verantwortung nicht nur der defensive compliance-orientierte Ansatz, sondern immer öfter auch ein proaktiver an den menschlichen Bedürfnissen orientierter Managementansatz gemeint ist. CSR bedeutet nicht nur, „füge keinen Schaden zu", sondern „generiere Mehrwert für dein Umfeld". Das heißt auch: „Gestalte das Geschäftsmodell und die Arbeitswelt so, dass alle davon profitieren!" Es gilt, dabei die für das Geschäftsmodell wesentlichen Themen zu identifizieren. Damit sind vor allem gesellschaftliche Themen gemeint, die das Unternehmen im Vergleich zu anderen Akteuren möglichst effektiv lösen und gleichzeitig unternehmerisch davon profitieren kann.

7 CSR als Managementparadigma zur Gestaltung zukunftsfähiger Geschäftsmodelle

Dieses neue CSR-Verständnis entwickelt sich im Bezug zur Gestaltung zeitgemäßer Geschäftsmodelle zum einschlägigen Managementansatz, der immer mehr Zuspruch in der Unternehmenspraxis findet. Denn aus der CSR-Perspektive betrachtet spielen nachhaltige Geschäftsmodelle eine herausragende Rolle für den Unternehmenserfolg. Zum einen sind sie Träger der Verantwortung in den täglichen unternehmerischen Prozessen, zum anderen beschreiben sie, wie Unternehmen ihre sozialen, ökologischen und ökonomischen Wirkungsdimensionen mit den Anforderungen der Stakeholder und den komplexen globalen Herausforderungen zusammen wirken können. Geschäftsmodelle stellen somit die Basis einer nachhaltigen Unternehmensführung.

All diese Perspektiven wurden in der Diskussion um Nachhaltigkeit, CSR und Digitalisierung bis dato oft vernachlässigt. Was daher dringend notwendig erscheint, ist ein systematischer Diskurs zwischen der aktuellen CSR-Diskussion und den zugegebenermaßen spannenden Fragen rund um Industrie 4.0, Digitalisierung und nachhaltige Geschäftsmodelle. Nur so kann die Arbeitswelt von morgen zugleich effizient, effektiv und entlang der menschlichen Bedürfnisse gestaltet werden. Damit wird die Digitalisierung als Aufwind für nachhaltiges Wirtschaften genutzt. Gleichzeitig bildet das Managementparadigma des nachhaltigen Wirtschaftens den dringend benötigten Anker im ruhigen Auge des Hurrikans der Digitalisierung.

Alle Literaturhinweise und weitere einschlägige Werke sind erschienen in der Managementreihe CSR (Reihenherausgeber René Schmidpeter): http://www.springer.com/series/11764.

Literatur

Bungard P (2015) Grundvoraussetzung erfolgreicher CSR: Die Energie der Mitarbeiter. In: CSR und Energiewirtschaft. Springer, Berlin, Heidelberg

Bungard P (2017) CSR und Geschäftsmodelle. Springer, Berlin, Heidelberg

D'heur M (2013) CSR und Value Chain Management. Springer, Berlin, Heidelberg

Doye T (Hrsg) (2016) CSR und Human Resource Management – Die Relevanz von CSR für modernes Personalmanagement. Springer, Berlin, Heidelberg

Hänsel M, Kaz K (Hrsg) (2016) CSR und gesunde Führung – Werteorientierte Unternehmensführung und organisationale Resilienzsteigerung. Springer, Berlin, Heidelberg

Hildebrandt A, Landhäußer W (Hrsg) (2016) CSR und Energiewirtschaft. Springer, Berlin, Heidelberg

Hildebrandt A, Landhäußer W (Hrsg) (2017) CSR und Digitalisierung – Der digitale Wandel als Chance und Herausforderung für Wirtschaft und Gesellschaft. Springer, Berlin, Heidelberg

Schmidpeter R (2017a) Corporate Social Responsibility – Neue Perspektiven in der Betriebswirtschaftslehre. In: Wunder T (Hrsg) CSR und Strategisches Management. Springer, Berlin, Heidelberg, S 381–390

Schmidpeter R (2017b) Die digitale Arbeitswelt und der Mensch. Im+io Das Mag Für Innov Organisation Manag 32 Jahrg 2017(1):71–73

Schneider A, Schmidpeter R (Hrsg) (2015) Corporate Social Responsibility Verantwortungsvolle Unternehmensführung in Theorie und Praxis, 2. Aufl. Springer, Berlin, Heidelberg

Schram B, Schmidpeter R (Hrsg) (2017) CSR und Organisationsentwicklung. Springer, Berlin, Heidelberg

Schulz T, Bergius S (Hrsg) (2014) CSR und Finance. Springer, Berlin, Heidelberg

Spieß B, Fabisch N (Hrsg) (2017) CSR und neue Arbeitswelten – Perspektivwechsel in Zeiten von Nachhaltigkeit, Digitalisierung und Industrie 4.0. Springer, Berlin, Heidelberg

Wunder T (Hrsg) (2017) CSR und Strategisches Management. Springer, Heidelberg

Prof. Dr. René Schmidpeter ist ein international anerkannter Stratege für neue Managementansätze, insbesondere für Corporate Social Responsibility (CSR), Berater und Bestsellerautor. Er hat den Dr. Jürgen Meyer Stiftungslehrstuhl für internationale Wirtschaftsethik und CSR an der Cologne Business School (CBS) inne. Seit über 15 Jahren arbeitet und forscht er im Bereich gesellschaftliche Verantwortung von Unternehmen. Dafür bereiste er alle Kontinente und über 30 Staaten, um die länderspezifischen Unterschiede einer nachhaltigen Unternehmensführung zu beleuchten. René Schmidpeter vermittelt den Zuhörern in seinen praxisbezogenen Vorträgen, Referaten und Workshops neue Sichtweisen auf aktuelle Herausforderungen im Management. Er arbeitete bereits mit namhaften Unternehmen aus der Finanz-, Medien- und Technologiebranche sowie mit Wirtschaftsverbänden zusammen. René Schmidpeter ist Gastlektor/-professor an renommierten Universitäten im In- und Ausland (Krems, Nanjing, Perth, London). Als Herausgeber der innovativen Managementreihe Corporate Social Responsibility bei Springer Gabler gehört René Schmidpeter zu den jungen Vordenkern der modernen Managementlektüre.

Patrick Bungard ist Director des Center for Advanced Sustainable Management (CASM) der Cologne Business School und Geschäftsführer der M3TRIX GmbH. Er ist an unterschiedlichen Universitäten und Fachhochschulen (u. a. Cologne Business School, Donau Universität Krems) Dozent für Wirtschaftsethik, nachhaltige Geschäftsmodelle, Sustainable Management, Corporate Social Responsibility und Social Entrepreneurship. Er hat langjähre Erfahrung in der Leitung, Konzeption und Umsetzung von Beratungsprojekten im Bereich der Corporate Social Responsibilty sowie im Nonprofit-Sektor.

Konzeptionelle Grundlagen

Unternehmerische Verantwortung und Nachhaltigkeit – Welche Rolle spielen Geschäftsmodelle?

Florian Lüdeke-Freund

1 Einleitung

Abteilungen und Verantwortliche für Corporate Social Responsibility (CSR) und Nachhaltigkeit finden sich in einer stetig wachsenden Zahl in Unternehmen sowohl in Deutschland als auch weltweit, was auf ein zunehmendes Verständnis für gesellschaftliche Anliegen und deren Bedeutung hindeutet (Schaltegger et al. 2012a, 2013). Im direkten Gespräch mit CSR- und Nachhaltigkeitsverantwortlichen treten jedoch häufig zwei grundlegende Sorgen zutage: zum einen die oft gegebene Abhängigkeit von jährlich neu zu verhandelnden Budgets für CSR- und Nachhaltigkeitsaktivitäten sowie die Abhängigkeit von Marktmoden und Veränderungen in den gesetzlichen Rahmenbedingungen. Zum anderen wird die oft fehlende Verknüpfung zum Kerngeschäft beklagt. Ein bekanntes Beispiel für ein umfassendes, am Ende aber doch unzureichend im Unternehmen verankertes Nachhaltigkeitsengagement ist der britische Öl- und Gaskonzern BP. Nach dem jahrzehntelangen Aufbau einer eigenen und zwischenzeitlich sehr erfolgreichen Solarenergiesparte und dem offiziellen Rebranding von BP als „Beyond Petroleum" hat sich der Konzern schließlich wieder auf sein altes Kerngeschäft besonnen und die Sparte der erneuerbaren Energien mehr oder weniger abgewickelt (Lüdeke-Freund 2014; Lüdeke-Freund und Zvezdov 2013).

Ein Einzelfall? Legt man bspw. das „International Corporate Sustainability Barometer" zugrunde, zeigt sich, dass der Großteil der befragten Unternehmen scheinbar sehr aktiv und sehr gezielt an der Verknüpfung von Kerngeschäft und ökologischen und sozialen Themen arbeitet. Von 457 befragten Unternehmen in elf Ländern geben je nach

---

F. Lüdeke-Freund (✉)
Lehrstuhl für Corporate Sustainability, ESCP Europe Business School
Heubnerweg 8–10, 14059 Berlin, Deutschland
Professur für Kapitalmärkte und Unternehmensführung, Universität Hamburg
Von-Melle-Park 9, 20146 Hamburg, Deutschland
E-Mail: fluedeke-freund@escpeurope.eu

Land 54 bis 83 % an, Nachhaltigkeitsthemen mit allen oder den meisten Aspekten ihres Kerngeschäfts zu verknüpfen (Schaltegger et al. 2013). Wie umfassend diese Integration tatsächlich stattfindet, kann zwar nur im Einzelfall geprüft werden, die Autoren der Studie werten diese Zahlen jedoch als gutes Zeichen und räumen ein, dass die Verknüpfung von Kerngeschäft und Nachhaltigkeitsmanagement Zeit braucht. Schließlich geht es um nicht weniger als die Integration des Managements von ökologischen und sozialen Themen in alle Aktivitäten des Tagesgeschäfts und jeden Teil eines Unternehmens. Gelingt dies, werden Unternehmen in die Lage versetzt, regelmäßig sogenannte Business Cases for Sustainability zu schaffen (Schaltegger et al. 2012b).

Auch in dem seit über 70 Jahren geführten theoretischen und praktischen CSR-Diskurs wird gezielt nach Möglichkeiten gesucht, die Übernahme gesellschaftlicher Verantwortung mit positiven Beiträgen zum Geschäftserfolg zu verknüpfen. Hier wird der sogenannte Business Case for Corporate Social Responsibility gesucht (Carroll und Shabana 2010). Positive Beiträge zum Geschäftserfolg, so auch hier die theoretische und praktische Logik (Garriga und Melé 2004), machen die beiden Achillesfersen der Übernahme gesellschaftlicher Verantwortung – zeitliche Konstanz und Verknüpfung mit dem Kerngeschäft – weniger anfällig.

In diesem Zusammenhang rückt ein eher junges Managementkonzept zunehmend in den Fokus: das Geschäftsmodell (Lüdeke-Freund 2009, 2017; Lüdeke-Freund und Dembek 2017; Schaltegger et al. 2016). Welche Rolle können Geschäftsmodelle und Geschäftsmodellinnovationen spielen, wenn es um die Wahrnehmung gesellschaftlicher Verantwortung und Beiträge zu einer nachhaltigen Entwicklung von Umwelt, Gesellschaft und Wirtschaft geht? Eine kritische und nicht zu unterschätzende Rolle. Ob und wie Unternehmen gesellschaftlich verantwortlich und in ihrem Handeln nachhaltig sind, hängt untrennbar damit zusammen, *wie* sie Wert schaffen (engl. „value creation"). Konzepte wie die „triple bottom line", „enlightened self-interest" oder „shared value creation" (z. B. Carroll und Shabana 2010; Elkington 2004; Porter und Kramer 2011) drücken im Grunde nichts anderes aus als das übergeordnete Ziel, die unternehmerische Wertschöpfung direkt mit positiven ökologischen und sozialen Beiträgen zu verbinden.

Die Logik der Wertschöpfung von Unternehmen, Geschäftseinheiten oder auch einzelnen Unternehmern wird seit gut zwei Jahrzehnten unter dem Begriff des Geschäftsmodells diskutiert. Geschäftsmodelle können als vereinfachte Darstellung der Komponenten (z. B. Finanzmodelle) und Aktivitäten (z. B. Produktentwicklung) verstanden werden, die für die unternehmerische Wertschöpfung benötigt werden (z. B. Wirtz et al. 2016; Zott et al. 2011). Besonderes Augenmerk wird auf das Zusammenspiel dieser Komponenten und Aktivitäten gelegt, was dazu führt, dass Geschäftsmodelle in der Regel einen systemischen Charakter haben und über die isolierte Betrachtung von Produktionsprozessen, Produkten oder Kundensegmenten deutlich hinausgehen. Forschung und Praxis interessieren sich in diesem Zusammenhang zunehmend dafür, wie Geschäftsmodelle gezielt und systematisch genutzt werden können, um über ökonomischen Wert hinaus auch ökologischen und sozialen Wert zu schaffen (z. B. Beltramello et al. 2013; Boons et al. 2013; Clinton und Whisnant 2014).

Die These, die hierbei oft unausgesprochen zugrunde gelegt wird, ist, dass Unternehmen insbesondere dann in die Lage versetzt werden, Business Cases for Corporate Social Responsibility oder Business Cases for Sustainability zu schaffen, wenn sie sich gezielt und bewusst mit ihren Geschäftsmodellen auseinandersetzen. Je besser es gelingt, Anliegen der CSR und Nachhaltigkeit mit tragfähigen und profitablen Geschäftsmodellen aufzugreifen, desto größer die Wahrscheinlichkeit einer umfassenden Integration von CSR und Nachhaltigkeit in das Kerngeschäft und desto größer die Wahrscheinlichkeit ihrer Verstetigung (Schaltegger et al. 2012b). Budgetsorgen, die Anfälligkeit für Modeerscheinungen sowie das Fristen eines Satellitendaseins sollten hiermit überwunden werden können.

Vor dem Hintergrund dieser viel diskutierten Erwartungen und Hoffnungen geht der folgende Beitrag der Frage nach, wie CSR und Nachhaltigkeit durch Geschäftsmodelle unterstützt werden können. Hierzu werden im Folgenden zentrale Begriffe und Konzepte eingeführt (Abschn. 2), ein allgemeiner Prozess zur Geschäftsmodellentwicklung vorgestellt (Abschn. 3) und schließlich konkrete Fallbeispiele diskutiert (Abschn. 4).

2 Geschäftsmodelle für unternehmerische Verantwortung und Nachhaltigkeit – Zentrale Begriffe und Konzepte

Dieser Abschnitt führt zentrale Begriffe ein, die für das Verständnis der Zusammenhänge zwischen CSR, unternehmerischer Nachhaltigkeit und Geschäftsmodellen benötigt werden. Abschn. 2.1 stellt Gemeinsamkeiten und Unterschiede zwischen den Konzepten der CSR und dem unternehmerischen Nachhaltigkeitsmanagement dar, Abschn. 2.2 zeigt wesentliche Integrationspfade zur Verknüpfung von Gesellschaftsanliegen und Kerngeschäft auf und Abschn. 2.3 definiert schließlich den Begriff des Geschäftsmodells und leitet über zur Idee des Geschäftsmodells für Nachhaltigkeit.

2.1 CSR und unternehmerische Nachhaltigkeit

Die Gemeinsamkeiten und Unterschiede zwischen den Konzepten der unternehmerischen Gesellschaftsverantwortung (Corporate Social Responsibility, CSR) und der unternehmerischen Nachhaltigkeit bzw. dem unternehmerischen Nachhaltigkeitsmanagement werden hier kurz und knapp dargestellt (ausführlichere Diskussionen finden sich bspw. in Schaltegger und Lüdeke-Freund 2013; Schaltegger und Müller 2008). Grundsätzlich teilen CSR und unternehmerische Nachhaltigkeit das Basiswerturteil, dass Unternehmen trotz ihres Wesens als ökonomisch handelnde und nach Profit strebende Organisationen eine gesellschaftliche Verantwortung haben, die über rein ökonomische Interessen hinausgeht (z. B. Carroll und Shabana 2010; Hansen und Schrader 2005).

Wesentliche Unterschiede zwischen CSR und unternehmerischer Nachhaltigkeit lassen sich zum Teil geschichtlich erklären. Während CSR ursprünglich ein US-amerikanisch geprägtes Konzept war, dessen moderne Varianten bis in die 1950er-Jahre zurückverfolgt werden können (Carroll 1999; Davis 1960), basiert die Idee der unternehmerischen Nachhaltigkeit auf dem seit den 1980er-Jahren geführten und eher europäisch geprägten Diskurs zum Leitbild einer nachhaltigen Entwicklung von Umwelt, Wirtschaft und Gesellschaft (BMU et al. 2007). Die Grundidee der CSR besagt, dass Unternehmen eine gesellschaftliche Verantwortung und hiermit soziale Aufgaben übernehmen sollen, die durch den Staat nicht bzw. von Unternehmen besser erfüllt werden können.[1] Das Konzept der unternehmerischen Nachhaltigkeit kann hingegen als stärker auf soziale Anliegen eingehende Weiterentwicklung des betrieblichen Umweltmanagements gesehen werden (Schaltegger und Burritt 2005).

Das unternehmerische Nachhaltigkeitsmanagement kann auf dieser Basis verstanden werden als das systematische und integrative Management von ökologischen, sozialen und ökonomischen Themen sowie deren Auswirkungen auf die natürliche Umwelt, die Gesellschaft und das Unternehmen selbst (vgl. Dyllick und Hockerts 2002; Schaltegger 2013; Schaltegger und Burritt 2005; van Marrewijk 2003). Unternehmen sollen derart geführt werden, dass sie über finanziellen Erfolg hinaus substanzielle Beiträge zu einer nachhaltigen Entwicklung von Umwelt, Wirtschaft und Gesellschaft leisten. Dieses Verständnis von unternehmerischem Nachhaltigkeitsmanagement deckt sich in einigen Punkten mit dem Konzept der CSR. Eine genauere Durchsicht der Literatur lässt jedoch wesentliche konzeptionelle und auch für die Praxis wichtige Unterschiede erkennen (Schaltegger und Müller 2008).

Un-/Freiwilligkeit: CSR bezieht sich überwiegend auf freiwillige ethische und philanthropische Unternehmensaktivitäten, die über die ökonomische und gesetzlich geregelte Verantwortung von Unternehmen hinausgehen (z. B. Carroll und Shabana 2010). Das Nachhaltigkeitsmanagement setzt sich zusätzlich auch mit unfreiwillig auszuführenden Umwelt- und Sozialaktivitäten auseinander (z. B. aufgrund von Stakeholder-Druck, der öffentlichen Exponiertheit eines Unternehmens oder regulatorischer Anforderungen). Es lässt sich folglich argumentieren, dass das Nachhaltigkeitsmanagement im Vergleich zur CSR ein umfassenderes Spektrum an gesellschaftlich relevanten Aktivitäten abdeckt.

Responsivität/Proaktivität: Ein weiterer Unterschied besteht darin, dass dem Konzept der unternehmerischen Nachhaltigkeit eine proaktive Grundhaltung zugeschrieben wird. CSR-Maßnahmen hingegen basieren oft auf der Reaktion auf gesellschaftliche Anliegen, wodurch Unternehmen zu Rezipienten werden (dieser Umstand wird bspw. durch den verwandten Begriff „Corporate Social Responsiveness" ausgedrückt, der auch als „CSR_2" bezeichnet wird; Carroll und Shabana 2010; Frederick 1994). Das Nachhaltigkeitsmanagement und insbesondere das nachhaltige Unternehmertum sind hingegen durch Proaktivität gekennzeichnet, die in extremer Form strukturpolitische Wirkungen entfalten kann (Schneidewind 1998) und sich u. a. durch radikal neue Prozesse, Produkte und Geschäftsmodelle ausdrückt (Schaltegger und Wagner 2011). Nachhaltige, grüne und soziale

---

[1] Für eine ausführliche Diskussion zum Für und Wider der CSR siehe Carroll und Shabana (2010).

Unternehmer bieten Zukunftsdesigns an, die gängige gesellschaftliche Erwartungen übertreffen können (z. B. Petersen 2003).

Business Case: Es gibt Strömungen innerhalb des CSR-Diskurses, die die Legitimität der Verfolgung unternehmerischer Eigeninteressen im Rahmen der Übernahme gesellschaftlicher Verantwortung anerkennen. Dennoch finden sich in der CSR-Literatur häufig Argumentationslinien, die die Ziele der Geschäftstätigkeit mit jenen der Übernahme gesellschaftlicher Verantwortung als Trade-off-Beziehung darstellen, bei der die Übernahme gesellschaftlicher Verantwortung den Unternehmenserfolg schmälert. Das übergeordnete und unstrittige Ziel des Nachhaltigkeitsmanagements ist hingegen die Integration der gesellschaftlichen und unternehmerischen Zieldimensionen. Ausgehend vom Leitbild einer nachhaltigen Entwicklung von Umwelt, Wirtschaft und Gesellschaft, dessen Bezüge i. d. R. ökonomische, ökologische und soziale Ziele enthalten (z. B. Grunwald und Kopfmüller 2012), strebt das unternehmerische Nachhaltigkeitsmanagement die Realisierung von sog. Business Cases for Sustainability an (z. B. Salzmann et al. 2005; Schaltegger et al. 2012b).

Das Ziel des unternehmerischen Nachhaltigkeitsmanagements ist folglich die proaktive Integration von freiwillig und unfreiwillig zu berücksichtigenden Gesellschaftsanliegen in das Kerngeschäft eines Unternehmens, wobei diese Anliegen nicht nur von außen an das Unternehmen herangetragen, sondern proaktiv vom Unternehmen gesucht und angegangen werden. Des Weiteren sollen Geschäftserfolge durch und nicht nur mit Nachhaltigkeit erzielt werden. Der Unterschied zwischen Erfolg *durch* und Erfolg *mit* Nachhaltigkeit besteht darin, dass im ersten Fall versucht wird, das Kerngeschäft eines Unternehmens zu nutzen, um gezielt nichtnachhaltige Zustände zu verbessern (z. B. durch eine 100 % CO_2-freie Energieversorgung), während im zweiten Fall Nachhaltigkeitsthemen eher als kurzfristige Marktchance genutzt werden (z. B. das Hinzufügen eines grünen Stromprodukts zu einem ansonsten konventionellen Portfolio). Auch ein bloßes Einhalten rechtlicher (z. B. Kreislaufwirtschaftsgesetz) oder anderweitig normierter Vorgaben (z. B. ISO 26000) ist ebenfalls nicht ausreichend für einen Business Case im hier gemeinten Sinne (Schaltegger et al. 2012b). Wird die Übernahme gesellschaftlicher Verantwortung derart umfassend und integrativ betrieben, wird aus CSR unternehmerisches Nachhaltigkeitsmanagement.

Es existieren natürlich auch „hybride" Varianten des Nachhaltigkeitsmanagements und nachhaltigen Unternehmertums, die durchaus bewusst ökologische und soziale Ziele über den ökonomischen Erfolg stellen. Extremformen sind z. B. Non-Profit- oder gar rein spendenbasierte Geschäftsmodelle zur Einbindung benachteiligter sozialer Gruppen (z. B. Michelini und Fiorentino 2012; Yunus et al. 2010). Auch diese Varianten gehören zum Diskurs zu gesellschaftlich verantwortungsvollen und nachhaltigen Geschäftsmodellen, sind jedoch von jenen Formen, die auf wirtschaftlichen Erfolg mit dem (Kern-)Geschäft eines Unternehmens und somit auf Business Cases ausgerichtet sind, zu unterscheiden. Neben weiteren Eigenschaften liegen wichtige Unterschiede in der Motivation und den Zieldefinitionen (Upward und Jones 2016) z. B. von ökonomisch ausgerichteten Ökunternehmern und Formen des sozialen Unternehmertums, bei denen Geld und Gewinn lediglich Mittel zum Zweck sind. Die zugrunde liegenden Werte und Normen spielen hierbei eine zentrale Rolle (Breuer und Lüdeke-Freund 2017; siehe auch den Beitrag von Gerckens, Lüdeke-Freund und Breuer in diesem Band).

2.2 Varianten der Verknüpfung von Kerngeschäft und Nachhaltigkeit

Die Verknüpfung von ökologischen, sozialen und weiteren Gesellschaftsanliegen mit dem Kerngeschäft kann auf drei grundsätzliche Arten („Pfade") erfolgen. Diese werden in Abb. 1 vereinfacht dargestellt.

1. *Pfad 1:* Die Lösung ökologischer und/oder sozialer Probleme wird in das bestehende Kerngeschäft integriert. Bleibt der bisherige Geschäftserfolg erhalten oder erweitert er sich, kann von einem Business Case gesprochen werden.
2. *Pfad 2:* Die Lösung ökologischer und/oder sozialer Probleme erfordert die Entwicklung eines neuen Kerngeschäfts. Stellt sich hiermit unternehmerischer Erfolg ein, kann ebenfalls von einem Business Case gesprochen werden.
3. *Pfad 3:* Die Lösung ökologischer und/oder sozialer Gesellschaftsprobleme wird weder voll in das bestehende Kerngeschäft integriert (Pfad 1) noch führt sie zu einem komplett neuen Kerngeschäft (Pfad 2). Das bestehende Kerngeschäft wird um ökologisch und sozial orientierte Bereiche erweitert.

Das Verfolgen dieser Pfade wird regelmäßig größere Anpassungen als Prozessoptimierungen oder neue Produktvarianten erfordern. Es wird regelmäßig um das Überdenken der grundlegenden Wertschöpfungslogik gehen.

Ein exemplarisches Pfad-1-Unternehmen ist der US-amerikanische Teppichhersteller Interface, der Mitte der 1990er-Jahre damit begonnen hat, sich zu einem hocheffizienten Serviceanbieter weiterzuentwickeln. Bodenbelag wird bei Interface nicht mehr als materielles Produkt, sondern als hochwertige Dienstleistung definiert, bei der die Verantwortung für den Bodenbelag, dessen Herstellung und Entsorgung komplett beim Unternehmen verbleibt (Produkt-Service-System). Zudem gab sich das Unternehmen eine „Mission Zero" zur Vermeidung sämtlicher Schadstoffemissionen. Interface hat es geschafft, sein Kerngeschäft im laufenden Betrieb auf höchste Effizienz zu trimmen und ökologische Designkonzepte wie Cradle to Cradle marktfähig umzusetzen.

Ein aktuelles Beispiel für ein potenzielles Pfad-2-Unternehmen ist der deutsche Energiekonzern RWE mit seiner Tochter RWE Innogy, in der die umweltfreundlichen und „smarten" Energieangebote des Konzerns gebündelt und verselbstständigt wurden. Neben das bestehende Kerngeschäft von RWE, vor allem Stromgewinnung und -vertrieb auf Basis von Atomkraft, Gas und Kohle, treten neue und klar positionierte Geschäftstätigkeiten, die das bestehende Kerngeschäft langfristig ersetzen könnten. RWE und RWE Innogy sind jedoch erst auf halbem Wege dorthin und sind daher noch ein Pfad-3-Unternehmen.

Pfad-3-Unternehmen ergänzen ihr bisheriges Kerngeschäft um Aktivitäten, Prozesse, Produkte, Unternehmensteile oder Geschäftsfelder, die Nachhaltigkeitsthemen explizit

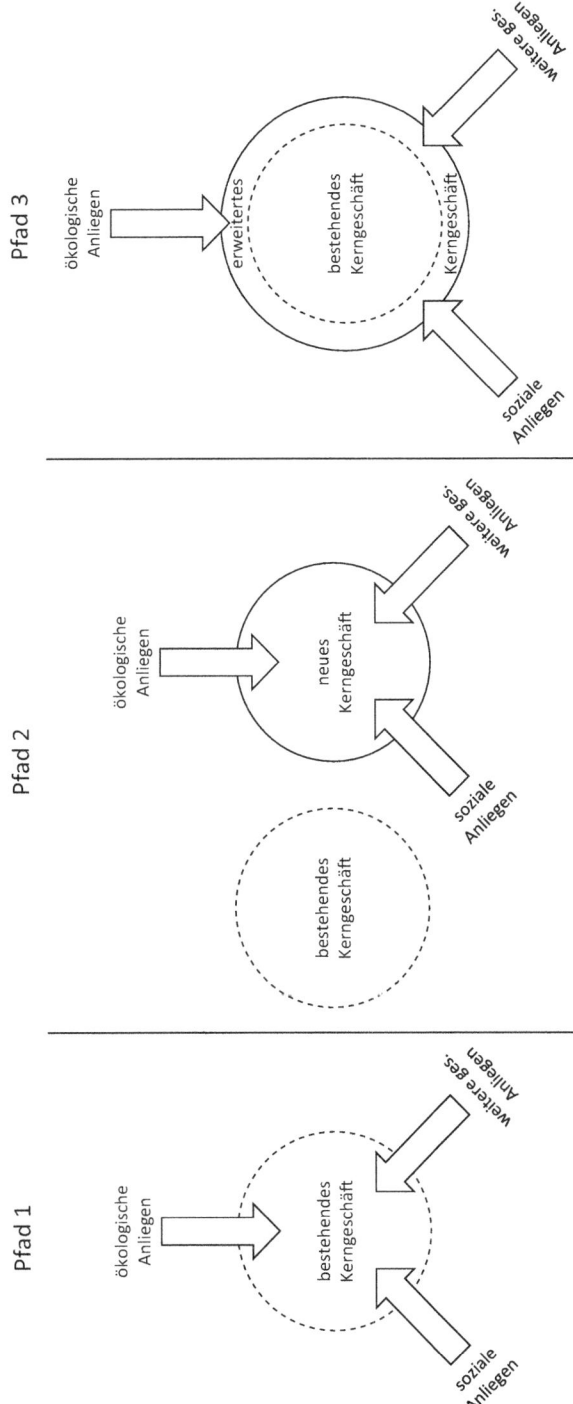

Abb. 1 Verknüpfung von Kerngeschäft und Nachhaltigkeit – drei mögliche Pfade

aufgreifen, das bisherige Kerngeschäft aber nicht ersetzen. Unternehmen wie Unilever, die mit umfassenden Nachhaltigkeitsprogrammen zeitgleich auf verschiedene Aspekte wie Herstellungsverfahren, Produkteigenschaften und Zielgruppen eingehen, im Kern aber (noch) ihrem alten Geschäftsmodell und ihrer alten Wertschöpfungslogik folgen, können als Pfad-3-Unternehmen gelten. In der Praxis findet man diesen Pfad sowohl als Endzustand als auch als Übergangszustand bei Unternehmen, die sich auf Pfad 1 oder 2 befinden.

Alle Pfade erfordern Geschäftsmodellanpassungen oder sogar grundlegende Geschäftsmodellinnovationen (z. B. Sommer 2012). Gelingt dies, so können Business Cases verstetigt und regelmäßig geschaffen werden (Schaltegger et al. 2012b). Das Aufgreifen ökologischer und sozialer Gesellschaftsanliegen erfolgt dann durch mehr als reine CSR-Programme. Es wird zu einem Teil des Kerngeschäfts und des Unternehmenserfolgs. *Die hier vertretene These ist, dass Geschäftsmodellen beim Übergang von sporadischen CSR-Aktivitäten zu einem integrierten Nachhaltigkeitsmanagement eine entscheidende Rolle zukommt. Business Cases for Sustainability erfordern angepasste oder neue Logiken der unternehmerischen Wertschöpfung. Letztere wiederum lassen sich durch Geschäftsmodelle und deren Innovation gezielt anpassen und entwickeln.* Im Folgenden ist daher der Begriff des Geschäftsmodells zu erläutern.

2.3 Von der Wertschöpfungslogik zum Geschäftsmodell für Nachhaltigkeit

Die wohl bekannteste Definition des Begriffs „Geschäftsmodell" stammt von Osterwalder und Pigneur (2011, S. 18): „Ein Geschäftsmodell beschreibt das Grundprinzip, nach dem eine Organisation Werte schafft, vermittelt und erfasst." Ein Geschäftsmodell ist diesen Autoren zufolge somit eine vereinfachte, abstrakte Darstellung (ein Modell) des Wertschöpfungsprinzips einer Organisation bzw. eines Unternehmens – oben auch als Wertschöpfungslogik bezeichnet. Es folgt unmittelbar, dass es ebenso vielfältige und unterschiedliche Wertschöpfungsprinzipien oder -logiken wie Unternehmen gibt. Amazon, Bayer und VW schaffen auf ganz unterschiedliche Art und Weise Wert. Da die Analyse und der Vergleich von Wertschöpfungslogiken jedoch sowohl wissenschaftlich als auch praktisch von großer Bedeutung sind, existieren zahlreiche Vorschläge, wie man die Wertschöpfungslogik von Unternehmen trotz ihrer Vielfalt erfassen und vergleichen kann. Vor allem visuelle, komponentenbasierte Darstellungsformen haben sich hierfür durchgesetzt. Als bekannteste Form kann wohl der „Business Model Canvas" (Osterwalder und Pigneur 2011) gelten. Zahlreiche Alternativen und Weiterentwicklungen auf Basis dieses Instruments wurden vorgeschlagen (für eine Vorstellung und Anwendung des sog. Business Innovation Kit siehe die Beiträge von Gerckens, Lüdeke-Freund und Breuer sowie Breuer und Lüdeke-Freund in diesem Band).

Die obige Definition ist zwar kurz, knapp und prägnant, sagt aber noch nicht viel z. B. über die wichtigsten Funktionen und Komponenten von Geschäftsmodellen. Auch hier bietet die Literatur eine große Menge an Vorschlägen (z. B. Wirtz et al. 2016; Zott et al.

2011). Eine etwas ausführlichere und hilfreiche Definition hat z. B. Teece (2010, S. 179) vorgeschlagen, die übersetzt lauten könnte: *Ein Geschäftsmodell beschreibt die Architektur der Wertschaffung, Wertvermittlung und Wertaneignung eines Unternehmens. Es spiegelt die Bedürfnisse und Zahlungsbereitschaft bestimmter Kundensegmente wider und beschreibt, wie ein entsprechendes Wertangebot geschaffen und vermittelt wird und wie die Elemente der Wertschöpfungskette gewinnbringend gestaltet werden.* Neben den Begriffen der Wertschaffung (oder -schöpfung), -vermittlung und -aneignung finden sich nun Hinweise auf wichtige Funktionen (u. a. Erkennen von Kundenbedürfnissen, -segmenten und deren Zahlungsbereitschaft, Beschreibung der Schaffung und Vermittlung eines Wertangebots, Gestaltung der Wertschöpfungskette). Es finden sich auch erste Komponenten, die zu Geschäftsmodellen zusammengefasst werden und bei der Modellierung zu berücksichtigen sind (u. a. Wertangebot, Kundensegmente, Wertschöpfungskette, finanzielle Größen), sowie das Ziel, das durch Geschäftsmodelle unterstützt werden soll, nämlich ein gewinnbringendes Arrangement der Wertschöpfungsarchitektur zu ermöglichen.

In den letzten gut 15 Jahren hat man zunehmend verstanden, dass die Fähigkeit, die Wertschöpfungsarchitektur von Unternehmen bewusst zu gestalten, anzupassen und neu zu erfinden, zu erheblichen Wettbewerbsvorteilen führen und Ansätze wie Prozess-, Produkt- oder Absatzmarktinnovationen in den Schatten stellen kann (Afuah 2004; Zott und Amit 2010). Geschäftsmodellinnovationen sind daher zu einem zentralen Thema in Forschung und Praxis geworden (z. B. Gassmann et al. 2013). Geschäftsmodellinnovationen, also das Entwickeln und Einführen neuer Wertschöpfungslogiken, spielen erwartungsgemäß auch eine große Rolle aus Sicht des CSR- und Nachhaltigkeitsmanagements.

Unternehmen, die sich fragen, wie sie ihre Wertschöpfungsarchitektur derart (um-)gestalten können, dass sie auch für die natürliche Umwelt und die Gesellschaft „gewinnbringend" ist, fügen dem ohnehin komplexen Konstrukt des Geschäftsmodells weitere – aber notwendige – Komplexität hinzu. Diese Unternehmen fragen sich, wie sie ihr Geschäftsmodell im Sinne der „triple bottom line", des „enlightened self-interest" oder der „shared value creation" (siehe oben) (weiter-)entwickeln können. Exemplarisch wird dies in Abschn. 4 anhand von konkreten Beispielen für die oben definierten Pfade der Integration von Kerngeschäft und Nachhaltigkeit gezeigt.

Die Entwicklung gesellschaftlich verantwortungsvoller und nachhaltiger Geschäftsmodelle bedarf wertebasierter und normativer Leitlinien. Nachhaltigkeit stellt sich nicht von allein in Prozessen, Produkten oder Geschäftsmodellen ein, sondern muss bewusst und entschieden verfolgt werden. Dies wiederum erfordert Klarheit über die Motive, Ziele und somit Werte und Normen der Gesellschaft, des betroffenen Unternehmens, der Geschäftsführung und Mitarbeiter (Breuer und Lüdeke-Freund 2017). Der Versuch, unternehmerische Nachhaltigkeit durch Geschäftsmodelle zu erreichen, kann nur gelingen, wenn eine bewusste Entscheidung für das Befolgen entsprechender Werte und normativer Leitlinien getroffen wird. Diese Entscheidung ist in jedem Fall individuell zu treffen und muss die jeweiligen zeitlichen und räumlichen Gegebenheiten berücksichtigen. Es können jedoch übergeordnete Leitplanken formuliert werden.

Ein Geschäftsmodell für Nachhaltigkeit könnte demnach wie folgt definiert werden (Schaltegger et al. 2016, S. 6): *Ein Geschäftsmodell für Nachhaltigkeit unterstützt die Beschreibung, Analyse, das Management und die Kommunikation des nachhaltigen Wertangebots für Kunden und weitere Stakeholder, wie dieses Wertangebot erstellt und vermittelt wird und wie das Unternehmen hiermit ökonomisch erfolgreich ist, während es den Erhalt oder die Regeneration des ökologischen, sozialen und ökonomischen Kapitals der Gesellschaft fördert.* Eine zugegeben komplexe und streitbare Definition. Aber genau hierum muss es gehen: das Aushandeln und Klären der wertebasierten und normativen Motivationen und Ziele, die gesellschaftlich verantwortungsvollen und nachhaltigen Geschäftsmodellen zugrunde liegen.

Wie derartige Geschäftsmodelle entwickelt werden können und welche Aspekte hierbei zu berücksichtigen sind, wird im Folgenden anhand eines prototypischen Prozesses illustriert.

3 Eckpunkte eines Prozesses zur Geschäftsmodellentwicklung[2]

An anderer Stelle wurde ein erster Vorschlag für die nachhaltigkeitsorientierte Geschäftsmodellentwicklung gemacht (Lüdeke-Freund 2017). Dieser Ansatz wird hier zusammengefasst und stellenweise weiterentwickelt, um eine Orientierung für den Umfang und die Facetten der Geschäftsmodellentwicklung zu geben. Hierbei werden drei Phasen unterschieden:

- die *Geschäftsmodellanalyse* für das Verstehen der Ausgangssituation und des Erfolgspotenzials der Integration von Nachhaltigkeit und Kerngeschäft,
- die *Geschäftsmodellausrichtung* für die bewusste Ausrichtung von Geschäftsmodellen anhand wertebasierter und normativer Prinzipien und Leitbilder,
- die *Geschäftsmodellgestaltung* für die Anpassung oder Innovation von an Nachhaltigkeitsprinzipien ausgerichteten Wertschöpfungslogiken.

Zur gezielten Gestaltung entsprechender Wertschöpfungslogiken wird ein iterativer Prozess skizziert, der diese Phasen umfasst. Dieser Prozess, insbesondere Phase 2 und 3, folgt jedoch keinem geradlinigen Verlauf. Die Phasen beeinflussen sich gegenseitig und sind mehrfach zu durchlaufen, bis ein zufriedenstellendes Ergebnis erzielt wird (Abb. 2).

Bei diesem Prozess handelt es sich noch um ein Vorläufermodell für etwas, das in Zukunft vielleicht als *nachhaltiges Geschäftsmodellmanagement* bezeichnet werden könnte.

---

[2] Teile dieses Abschnitts wurden der folgenden Publikation entnommen und teilweise grundlegend überarbeitet: Lüdeke-Freund (2017).

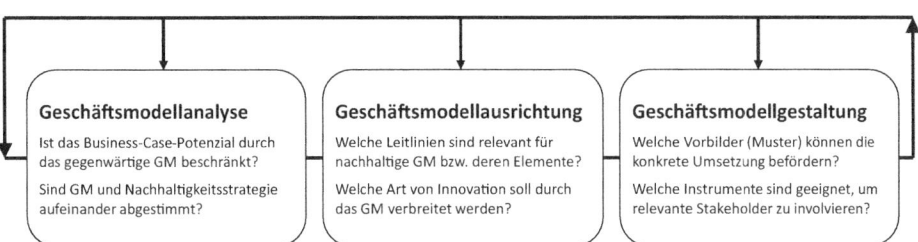

Abb. 2 Idealtypische Phasen der Geschäftsmodellentwicklung. (Basierend auf Lüdeke-Freund 2017)

3.1 Geschäftsmodellanalyse

In der ersten Phase geht es darum, das bestehende Kerngeschäft und dessen Geschäftsmodell dahin gehend zu untersuchen, ob das Potenzial gegeben ist, Geschäftserfolg mit wirksamen Beiträgen zu einer nachhaltigen Entwicklung zu verknüpfen. Zwei grundsätzliche Fragen sollten beantwortet werden:

- Ermöglicht oder verhindert das Geschäftsmodell Business Cases for Sustainability?
- Sind Geschäftsmodell und Nachhaltigkeitsstrategie aufeinander abgestimmt?

Wie oben dargestellt, erfordert ein Business Case das sich gegenseitig bedingende Erreichen von Geschäftserfolg und positiven Beiträgen zu einer nachhaltigen Entwicklung von Wirtschaft und Gesellschaft. Es geht um das Erreichen von Unternehmenszielen *durch* die freiwillige und bewusste Berücksichtigung von Nachhaltigkeitsthemen – also mehr als Geschäftserfolg *mit* Nachhaltigkeitsthemen. Das bestehende Geschäftsmodell ist folglich daraufhin zu untersuchen, ob es derart angepasst werden kann, dass Aktivitäten zur Lösung ökologischer und sozialer Probleme integriert werden können, die zugleich einen positiven Effekt auf den Geschäftserfolg haben. Drei Aspekte gilt es zu berücksichtigen.

1. Das Geschäftsmodell muss *freiwillige oder überwiegend freiwillige Aktivitäten* integrieren, die unmittelbar zur Lösung eines gesellschaftlichen Problems beitragen. Dies sind Maßnahmen, die der natürlichen Umwelt und/oder Gesellschaft helfen.
2. Von diesen freiwilligen Aktivitäten sollte ein *positiver Beitrag zur Geschäftstätigkeit und zum Geschäftserfolg* des Unternehmens ausgehen. Zudem muss der Zusammenhang zwischen Aktivität und Erfolg klar erkennbar und begründbar sein.
3. Diese positiven Beiträge müssen in jedem Fall durch eine betriebswirtschaftliche Argumentation begründbar und auf *spezifische Unternehmer- oder Manageraktivitäten* zurückzuführen sein, d. h., sie dürfen nicht zufällig oder unbewusst entstehen.

Neben der Frage, ob angepasste oder neue Aktivitäten mit dem bestehenden Kerngeschäft und Geschäftsmodell vereinbar sind oder ob sie die Entwicklung eines gänzlich neuen Modells erfordern, ist zu berücksichtigen, ob die Anpassungen zu der Nachhaltigkeitsstrategie des Unternehmens passen. Nachhaltigkeitsstrategien werden hierbei als Handlungsprogramme für die Entwicklung individueller Erfolgsfaktoren von Unternehmen interpretiert (z. B. niedrige Kosten, hohe Umsätze, ausgezeichnete Reputation). Die positive Entwicklung von Erfolgsfaktoren kann in einem gegebenen Geschäftsmodell jedoch nicht beliebig umgesetzt werden, da die Grenzen eines jeden Geschäftsmodells zu Widersprüchen bzw. Trade-offs zwischen den ökonomischen, sozialen und ökologischen Leistungen eines Unternehmens führen können (vgl. Hahn et al. 2010). Geschäftsmodellinnovationen können hierbei wie ein zusätzlicher Hebel genutzt werden, um die Wirksamkeit von Nachhaltigkeitsstrategien zu verbessern, indem die Begrenzungen von gegebenen Geschäftsmodellen durch angepasste oder neue Aktivitäten gezielt aufgebrochen werden (Boons und Lüdeke-Freund 2013; Hansen et al. 2009).

Die Phase Geschäftsmodellanalyse erfordert folglich Methoden und Instrumente zur Abbildung des Geschäftsmodells, zur Untersuchung der Zusammenhänge zwischen Geschäftsmodellanpassungen oder -innovationen und den spezifischen Erfolgsfaktoren eines Unternehmens. Schließlich gilt es, die Zusammenhänge zwischen Nachhaltigkeitsstrategie und Geschäftsmodell zu verstehen. Folgende beispielhafte Instrumente können genutzt werden.

- *Geschäftsmodellabbildung und -analyse:* z. B. Business Innovation Kit und Sustainability Innovation Pack (Beitrag von Breuer und Lüdeke-Freund in diesem Band), Flourishing Business Canvas (Upward und Jones 2016) oder Triple-Layered Business Model Canvas (Joyce und Paquin 2016)
- *Strategieanalyse und -abstimmung, Erfolgsfaktorenanalyse:* z. B. Sustainability Balanced Scorecard (Hansen und Schaltegger 2016), SWOT-Analyse, 7-S-Modell, Strategy Map (z. B. Wunder 2013, 2014, 2016)

Insbesondere die erstgenannten Instrumente zur Geschäftsmodellabbildung und -analyse spielen auch eine zentrale Rolle in den folgenden Phasen.

3.2 Geschäftsmodellausrichtung

In der zweiten Phase sind Gestaltungsprinzipien und Zielorientierungen zu formulieren, um die Wahrscheinlichkeit effektiver Nachhaltigkeitsbeiträge zu erhöhen. Zwei Fragen sollten beantwortet werden:

- Welche Leitlinien sind relevant für die Gestaltung nachhaltiger Geschäftsmodelle?
- Welche Art von Nachhaltigkeitsleistung soll hierdurch unterstützt werden?

Das Leitbild einer nachhaltigen Entwicklung und die Gesellschaftsverantwortung von Unternehmen können inhaltlich nicht pauschal und final definiert werden (z. B. Faber et al. 2005; Lélé 1991). Nachhaltige Entwicklung, CSR und andere normative Rahmungen wie soziale Gerechtigkeit und Inklusion dienen als übergeordnete Leitbilder für die Geschäftsmodellentwicklung und sind in individuellen Unternehmens- und Projektkontexten auszuhandeln und zu spezifizieren (Breuer und Lüdeke-Freund 2017). Geht man von einer flankierenden und prozessleitenden Funktion normativer Prinzipien aus, lassen sich jedoch allgemeine Anforderungen an die Eigenschaften zentraler Geschäftsmodellkomponenten formulieren. Dies kann z. B. entlang der vier generischen Komponenten Wertangebot, Lieferkette, Kundenschnittstelle und Finanzmodell erfolgen, die sich aus dem bekannten Business Model Canvas ableiten lassen (Boons und Lüdeke-Freund 2013).

1. Das *Wertangebot* sollte vielfältige Werte für verschiedene Kunden- und Stakeholder-Gruppen vermitteln und über rein finanzielle Werte hinausgehen. Diese Werte sollten erfahrbar und messbar sein. Die Gestaltung des Wertangebots sollte zudem einen Dialog zwischen dem Unternehmen und seinen Stakeholdern widerspiegeln, in dem die jeweiligen kulturell, räumlich und zeitlich bedingten Wertvorstellungen ausgehandelt und balanciert werden.
2. Die *Lieferkette* basiert auf Zulieferern und weiteren Partnern, die aktiv Verantwortung für ihre Anspruchsgruppen übernehmen. Das Unternehmen wiederum vermeidet die Verlagerung eigener negativer Effekte auf andere Bereiche der Lieferkette. Dies erfordert, dass sämtliche Akteure entlang der Lieferkette in ein nachhaltiges Lieferkettenmanagement eingebunden werden, das sich bspw. gezielt um soziale Belange oder die Reduktion von Ressourcenverbräuchen bemüht.
3. Die *Kundenschnittstelle,* d. h. die Gestaltung der kundenseitigen Kommunikations- und Lieferkanäle, motiviert die Kunden zu einer aktiven Verantwortungsübernahme für die ggf. negativen Effekte ihres Konsums sowie gegenüber den weiteren Stakeholdern des Unternehmens. Das fokale Unternehmen wiederum vermeidet die Verlagerung eigener negativer Effekte auf seine Kunden. Kundenbeziehungen werden unter Berücksichtigung des Entwicklungsstandes der jeweiligen Märkte und ihrer Nachhaltigkeitsherausforderungen aufgebaut.
4. Das *Finanzmodell* basiert auf dem Grundsatz einer gerechten bzw. verursacherorientierten Allokation finanzieller Kosten und Erträge unter den in den Wertschöpfungsprozess eingebundenen Akteuren. Das zugrunde liegende Bewertungssystem sollte zudem mehrdimensional gestaltet werden, um die gezielte Messung und Bewertung von nichtfinanziellen und ggf. „weichen" Effekten zu ermöglichen.

Diese Prinzipien sind bewusst offen und allgemein („generisch") formuliert. Zu komplex und weitreichend wäre eine detaillierte Beschreibung eines Geschäftsmodells in all seinen Komponenten und Beziehungen. Derartige Prinzipien geben eine Richtung vor, lassen jedoch genügend Spielraum für einzelfallspezifische Anpassungen (Breuer et al. im Druck).

Neben der Ausrichtung an wertebasierten und normativen Prinzipien spielt eine wichtige Rolle, welche Art von Veränderung oder Innovation mit einem angepassten oder neuen Geschäftsmodell unterstützt werden soll. Nachhaltigkeitsorientierte Geschäftsmodelle können drei wesentliche Ziele verfolgen (Breuer et al. im Druck):

- die Verbreitung neuartiger Technologien,
- die Lösung sozialer Probleme,
- die Umsetzung alternativer Organisationsformen.

Die Durchsetzung *technologischer Innovationen* – hierunter können in einer weitgefassten Auslegung neue Produktionstechniken, Prozesse und auch Produkte verstanden werden – erfordert klar formulierte Strategien und entsprechend gestaltete Geschäftsmodelle (Teece 2010). Nachhaltige Unternehmer finden im Geschäftsmodell einen zusätzlichen Hebel, mit dem sie die Verbreitung technologischer Lösungen für Nachhaltigkeitsprobleme unterstützen können. Die zweite Zielorientierung nimmt soziale Probleme als Anlass für angepasste oder neue Geschäftsmodelle. *Soziale Innovationen* können dadurch charakterisiert werden, dass es um die direkte Lösung der Probleme spezifischer sozialer Gruppen geht (z. B. ausgeschlossene Minderheiten). Die Unterscheidung zwischen technologischen und sozialen Zielsetzungen ist oftmals lediglich eine Frage des Blickwinkels. Soziale Innovationen können einen direkten Bezug zu technologischen Innovationen haben. Zum Beispiel stellen neue und vor allem kostengünstige Informationsinfrastrukturen eine wichtige Voraussetzung für soziale Verbesserungen dar. In der Praxis können sich beide Orientierungen folglich ergänzen und zugleich auch ökologische Aspekte beinhalten.

In ihren Studien zu *organisationalen Innovationen* haben Birkin et al. (2009a, 2009b) untersucht, ob und inwieweit gesellschaftliche und kulturelle Ansprüche, die sich aus einer Orientierung am Leitbild einer nachhaltigen Entwicklung ableiten, organisationalen Wandel in Unternehmen hervorrufen. Die Autoren gehen davon aus, dass die sich in gesellschaftlichen und kulturellen Ansprüchen ausdrückenden Vorstellungen einer nachhaltigen Entwicklung zu neuen Anforderungen an Unternehmen führen, die daraufhin ihre Wirtschaftsweise und die zugrunde liegende Organisation verändern müssen. Ein einfaches Beispiel ist die Einführung eines expliziten Umwelt- und Sozialmanagements zur Sicherung der Legalität und Legitimität. Derartige organisationale Anpassungen können sich u. U. auch auf das Geschäftsmodell auswirken.

3.3 Geschäftsmodellgestaltung

In der dritten Phase stehen die konkreten Entwicklungsmöglichkeiten im Fokus. Nach Einschätzung des Erfolgspotenzials (Phase 1) und der Festlegung von übergeordneten Leitlinien und Zielen (Phase 2) stellt sich die Frage nach konkreten Gestaltungsoptionen. Hierzu können verschiedene Instrumente zur Geschäftsmodellierung und erfolgreiche Vorbilder aus der Praxis herangezogen werden. Auch hier bieten zwei Leitfragen Orientierung:

- Welche Vorbilder bzw. Muster können die konkrete Umsetzung befördern?
- Welche Instrumente sind geeignet, um relevante Stakeholder zu involvieren?

Es existieren mittlerweile Studien, die *spezifische Ausprägungen von Geschäftsmodellinnovationen* als Typen erfassen. Diese werden oft als Muster (engl. „patterns") oder Archetypen bezeichnet (z. B. Gassmann et al. 2013; Kortmann und Piller 2016). Ein Blick in wissenschaftliche Artikel und Praxisstudien zeigt, dass eine Vielzahl an Fallbeispielen und Mustern beschrieben wird, die als Orientierung im konkreten Fall dienen können (Lüdeke-Freund et al. 2017). Die folgende Tab. 1 führt beispielhaft Studien auf, die in der Praxis hilfreich sein könnten.

Abschließend werden zwei Instrumente vorgestellt, die für die Gestaltung und die Vorbereitung der Umsetzung von Geschäftsmodellen genutzt werden können. Diese Instrumente setzen unterschiedliche Schwerpunkte bei der Geschäftsmodellierung. Ihnen ist jedoch eine Betonung von visuellen Komponenten gemeinsam, was auf den Einfluss des Business Model Canvas von Osterwalder und Pigneur (2011) zurückgeführt werden kann. In einer Studie der Strategyzer AG wurde u. a. festgestellt, dass visuelle Instrumente vor allem deshalb bevorzugt für die Geschäftsmodellierung eingesetzt werden, weil sie die Kommunikation über Strategien erleichtern und eine gemeinsame Sprache für alle Beteiligten schaffen (Strategyzer 2015).

Eine direkte Weiterentwicklung des Business Model Canvas ist der bereits genannte *Flourishing Business Canvas* (Abb. 3). Die neun Geschäftsmodellelemente des Business Model Canvas wurden ergänzt, teilweise ersetzt und neu interpretiert. So wird bspw.

Tab. 1 Ausgewählte Studien und Übersichten zu grünen und sozialen Geschäftsmodellmustern

Autoren, Jahr	Titel	Art und Anzahl der Muster
Bisgaard et al. 2012	Green business model innovation – conceptualisation, next practice and policy	8 Geschäftsmodellmuster in den Kategorien „Incentive Models" und „Life-Cycle Models"
Clinton und Whisnant 2014	Model behavior – 20 business model innovations for sustainability	20 Geschäftsmodellmuster in den Kategorien „Environmental Impact", „Social Impact", „Financial Innovation", „Base of the Pyramid" und „Diverse Impact"
Jenkins et al. 2011	Accelerating inclusive business opportunities: business models that make a difference	7 Geschäftsmodellmuster: „Micro Distribution and Retail", „Experience-Based Customer Credit", „Last-Mile Grid Utilities", „Smallholder Procurement", „Value-for-Money Degrees", „Value-for-Money Housing", „e-Transaction Platforms"
Kiørboe et al. 2015	Moving towards a circular economy – successful nordic business models	6 Geschäftsmodellmuster: „Product Design", „Service and Function-Based Models", „Collaborative Consumption", „Reuse", „Repair", „Recycling and Waste Management"

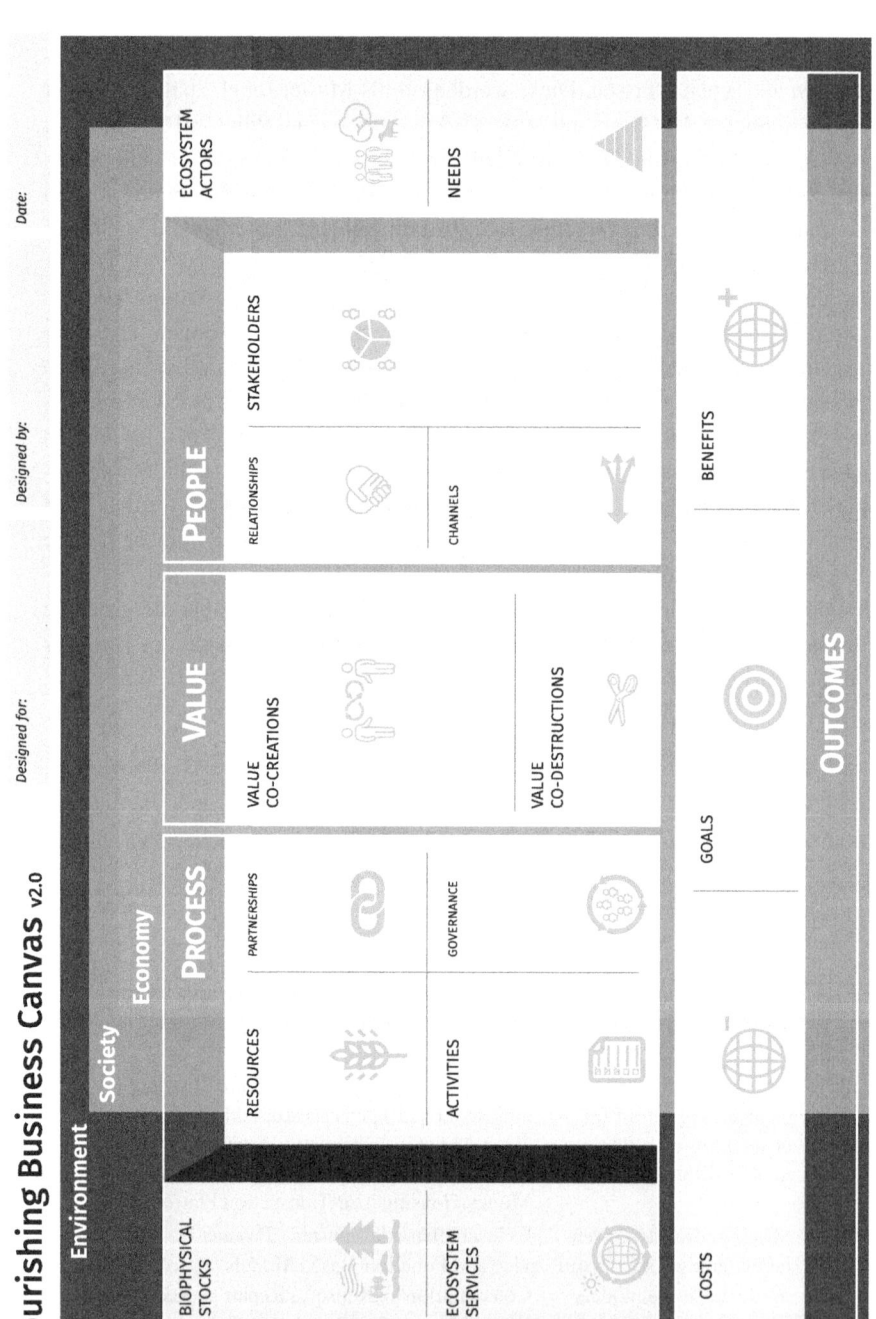

Abb. 3 Flourishing Business Canvas. (© Antony Upward http://www.flourishingbusiness.org/)

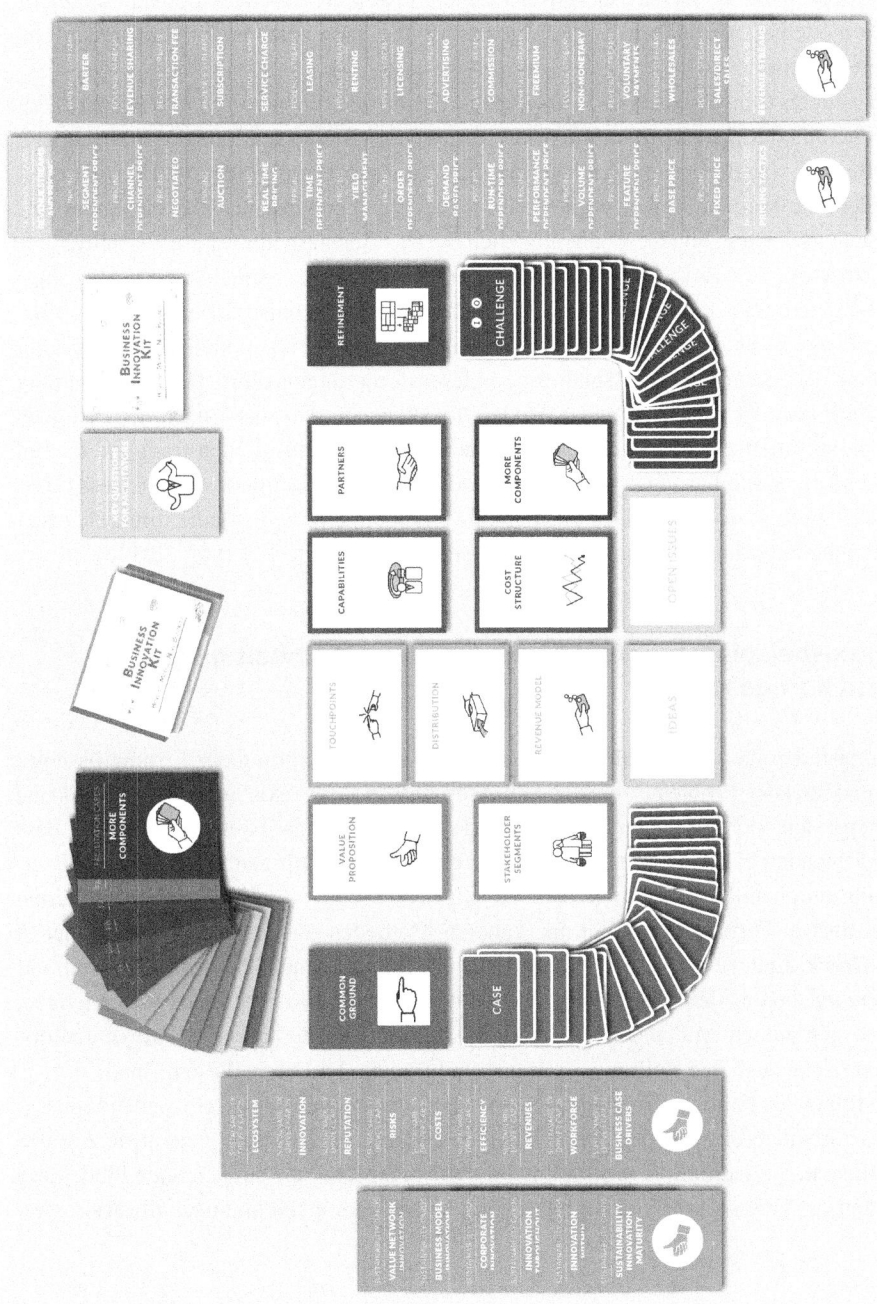

Abb. 4 Business Innovation Kit und Sustainability Innovation Pack. (http://www.uxberlin.com)

eine Stakeholder- statt Kundenperspektive eingenommen und neben der positiven Wertschöpfung werden auch zerstörte Werte, also aus Sicht einzelner Stakeholder als negativ wahrgenommene Effekte, berücksichtigt. Vor allem wurde der Flourishing Business Canvas entwickelt, um Wirtschaft, Gesellschaft und Umwelt als Geschäftsmodellbestandteile explizit modellieren zu können; eine Eigenschaft, die allen bekannten „Mainstream"-Instrumenten fehlt.

Ein weiteres Canvas-basiertes Instrument ist das *Business Innovation Kit* (Breuer 2013) in Verbindung mit dem *Sustainability Innovation Pack* (Breuer und Lüdeke-Freund 2017; siehe Beitrag von Breuer und Lüdeke-Freund in diesem Band) (Abb. 4). Dieses Instrument dient der Moderation heterogener Gruppen, deren gemeinsames Ziel die Anpassung oder Neuentwicklung von Geschäftsmodellen ist. Das Business Innovation Kit führt durch einen strukturierten Prozess, der von der Identifikation eines gemeinsamen Ausgangspunkts der Teilnehmer (z. B. gemeinsame Wertvorstellungen, entsprechend der oben skizzierten Phase 2) über die Modellierung der einzelnen Geschäftsmodellelemente bis zur Ableitung von Szenarien und zukünftigen Herausforderungen führt. Das Sustainability Innovation Pack ist ein ergänzendes Moderationskonzept, das zuerst nach der Fähigkeit einer Organisation zur Durchführung von Nachhaltigkeitsinnovationen fragt und hierauf aufbauend die Modellierung systematisch an den wichtigsten Treibern von Business Cases for Sustainability ausrichtet. Das Sustainability Innovation Pack ist eine direkte Umsetzung der theoretischen und konzeptionellen Arbeit von Schaltegger et al. (2012b).

4 Praxisbeispiele für die Verknüpfung von Nachhaltigkeit und Kerngeschäft

Abschließend zeigen ausgewählte Beispiele, wie die Verknüpfung der Lösung ökologischer und sozialer Probleme mit dem Kerngeschäft in der Praxis angegangen wird und zu angepassten oder gar neuen Geschäftsmodellen führen kann. Es ist anzunehmen, dass in den folgenden Fällen kein strukturierter Prozess der nachhaltigen Geschäftsmodellentwicklung durchlaufen wurde, wie er oben skizziert wurde. Noch fehlt es an etablierten „Standards" in Form von weithin anerkannten Methoden und Instrumenten (Breuer et al. im Druck; Lüdeke-Freund und Dembek 2017). Unternehmen, die sich in Zukunft auf den Weg machen wollen, ihr Nachhaltigkeitsengagement im Kerngeschäft zu verstetigen, könnten sich jedoch an den skizzierten Prozessphasen, Methoden und Instrumenten orientieren (siehe auch den Beitrag von Breuer und Lüdeke-Freund in diesem Band).

Die folgenden Fälle zeigen, dass verschiedene Unternehmen in verschiedenen Industrien daran arbeiten, ihre Wertschöpfungslogiken anzupassen, und auch ganz neue Ansätze ausprobieren. Sie wurden so ausgewählt, dass die in Abschn. 2.2 aufgezeigten Pfade bzw. Varianten der Verknüpfung von Kerngeschäft und Nachhaltigkeit praktisch illustriert werden.

4.1 Pfad 1: Vom Produzenten zum Serviceanbieter – Interface[3]

Ein häufig zitiertes Beispiel ist das amerikanische Unternehmen Interface, welches als Spezialist für ökologisch nachhaltige Bodenbeläge gilt. Interface hat sein Kerngeschäft und die damit verbundenen Prozesse, Produkte und Services in den vergangenen 20 Jahren umfassend auf die Prinzipien geschlossener Stoffkreisläufe, den Ersatz von Produkten durch Services (d. h. eine Nutzenorientierung) sowie maximale Ökoeffizienz und Ökoeffektivität umgestellt. Die Ziele von Interfaces „Mission Zero" bestehen u. a. in einer Umstellung auf 100 % erneuerbare Energien sowie die vollständige Vermeidung von Abfällen entlang der gesamten Lieferkette. Mit Umsätzen in einer Größenordnung von 900 Mio. Dollar pro Jahr und zweistelligen Millionengewinnen scheint Interface ein Modell entwickelt zu haben, das durchaus radikale und ökologisch getriebene Veränderungen des Unternehmens mit finanziellem Erfolg zu einem Business Case vereinen kann. Auch die oben genannten Prinzipien nachhaltiger Geschäftsmodelle, z. B. die Verantwortungsübernahme entlang der gesamten Lieferkette sowie die Verknüpfung von Kundennutzen und ökologischem Mehrwert, finden sich bei Interface wieder.

Die ursprüngliche Wertschöpfungslogik des Unternehmens basierte auf einem linearen Modell, das die Herstellung und den Vertrieb von Bodenbelägen umfasste. Dieser Logik folgend lag das Bestreben darin, möglichst hohe Stückzahlen bzw. Quadratmeter an Bodenbelag zu verkaufen. Die wichtigsten ökonomischen Erfolgstreiber waren somit Absatzvolumen und -frequenz. Nachdem sich der Gründer und CEO von Interface Mitte der 1990er-Jahre dazu entschlossen hatte, das Unternehmen von Grund auf ökologisch nachhaltig auszurichten, wurde diese Wertschöpfungslogik grundlegend hinterfragt und angepasst (Anderson 2009). Interface entwickelte ein Geschäftsmodell, das auf dem Verleasen von hochgradig recyclingfähigen Bodenbelägen basiert. Das Produkt-Service-Modell beinhaltet unter anderem, dass Interface über den gesamten Produktlebenszyklus für die Qualität des Bodenbelags verantwortlich ist, ausgetretene Beläge beim Kunden ersetzt und diese anschließend entsorgt (d. h. als Rohstoff wiederverwertet). Kunden kaufen somit keine Bodenbeläge und werden auch nicht Eigentümer eines materiellen Gutes, sondern zahlen für einen produktbasierten Service, der ihnen jegliche Sorgen rund um Nutzung, Pflege und Instandhaltung nimmt, die man als Eigentümer normalerweise hätte.

Diese grundlegende Geschäftsmodellrevision – vom Produktverkauf zum Produkt-Service-Modell inklusive Materialrücknahme und Recycling – wurde von einer Vielzahl flankierender Maßnahmen begleitet. Hierzu gehören neben der oben genannten und bereits 1994 eingeführten „Mission Zero" z. B. der sukzessive Ersatz von erdölbasierten Materialien durch Recycling- und Naturmaterialien, die Einführung extrem gewichtsreduzierter

---

[3] Teile dieses Abschnitts wurden der folgenden Publikation entnommen und teilweise grundlegend überarbeitet: Lüdeke-Freund (2017).

Produktvarianten oder die Etablierung natürlicher Designs. Letztere basieren auf „Zufallsdesigns", die sich durch eine natürliche und weniger künstliche Ästhetik auszeichnen. Die Offenheit für zufällige Texturen und Farbkompositionen ermöglicht einen weitaus sparsameren Materialeinsatz und reduziert den Produktionsausschuss. Zugleich erfordert dieser Ansatz jedoch auch, Kunden von eher ungewohnten Designs zu überzeugen. Interface ist dies gelungen.

Allein anhand dieser kurzen Fallschilderung wird deutlich, dass Interface sein altes Kerngeschäft und Geschäftsmodell im laufenden Betrieb durch die Berücksichtigung gesellschaftlicher Anliegen radikal überarbeitet hat und somit als Pfad-1-Unternehmen gelten kann.

4.2 Pfad 2: Parallelwelten – RWE und RWE Innogy

Die Annahme, dass die Berücksichtigung von ökologischen und sozialen Anliegen zum Aufbau neuer Kerngeschäfte und Geschäftsmodelle führen kann, lässt sich auch durch den Fall des zweitgrößten deutschen Energiekonzerns, RWE, illustrieren. RWE hatte seine Aktivitäten in den Bereichen erneuerbare Energien, Vertrieb, Netz und Infrastruktur in der Vergangenheit in der RWE International gebündelt. Seit Mitte 2016 ist hierfür die Konzerntochter RWE Innogy zuständig, die im Oktober 2016 an die Börse gebracht wurde, um Mutterkonzern und Tochterunternehmen mit frischem Kapital auszustatten. Die Abgrenzung des Kerngeschäfts der RWE Innogy von Bereichen wie der RWE Generation (Stromerzeugung u. a. aus Gas, Braunkohle und Atomkraft) wird von Beobachtern als ein strategischer Zwischenschritt interpretiert, um in Zukunft einfacher aus der Braunkohle- und Atomenergienutzung aussteigen zu können (Hennersdorf 2015).

Wenn man die durchaus diskussionswürdigen Ziele (Abspaltung und ggf. Externalisierung teurer Altlasten) und Motive (politische Signalwirkung zur Reduzierung der zu übernehmenden Kosten für den Atomausstieg) für den Moment außer Acht lässt, so kann dieser Fall illustrieren, dass die Verstetigung und der Ausbau umweltfreundlicherer Geschäftsaktivitäten zu einem neuen Kerngeschäft führen können. Die Umstrukturierung des Konzerns erfolgte derart, dass der ganz überwiegende Teil der Mitarbeiter und des Konzernumsatzes bei RWE Innogy liegen. Dies eröffnet die Möglichkeit, die Geschäftstätigkeiten in den Bereichen erneuerbare Energien, Vertrieb, Netz und Infrastruktur auszubauen, während wirtschaftlich und politisch riskant gewordene Geschäftsfelder wie der Betrieb von Braunkohle- und Atomkraftwerken sukzessive abgewickelt werden können (im Gesamtbild ist hierbei die kritisch zu führende Diskussion zur Übernahme der Verantwortung und Kosten für die Altlasten des Konzerns zu berücksichtigen).

Natürlich wird aus einem der größten europäischen CO_2-Emittenten durch eine neue Tochtergesellschaft noch lange kein nachhaltiges Unternehmen. Die Geschäftsfelder von RWE Innogy sind jedoch allesamt dadurch gekennzeichnet, dass sie Geschäftsmodelle erfordern, die sich teilweise sehr deutlich von dem alten Stromerzeugungs- und -vertriebsmodell des Konzerns unterscheiden. Allein schon deshalb ist der Aufbau eines neuen, alternativen Kerngeschäfts mit neuen Geschäftsmodellen ein wichtiger Schritt. Zu groß wäre die Gefahr, dass die dominante Logik des bestehenden Geschäfts neue Impulse und Entwicklungsrichtungen unterdrückt (vgl. z. B. Chesbrough 2010 zum Problem dominanter Logiken).

RWE Innogy umfasst Geschäftsfelder wie den Betrieb von On- und Offshore-Windkraftanlagen, Wasserkraftwerken, Solar-, Biogas- und Biomasseanlagen. Neue Netztechnologien (sog. Smart Grids) und Energiespeicher gehören ebenso zum Tätigkeitsbereich wie Effizienzdienstleistungen und die Entwicklung sogenannter Prosumer-Modelle, bei denen private Energiekonsumenten zu aktiven Energieproduzenten werden können (z. B. durch Solaranlagen gekoppelt mit Energiespeichern und intelligenten Stromzählern). Solche kundenseitigen Ansätze erfordern neue technische Infrastrukturen (z. B. im Niederspannungsnetz), neue Partnerschaften (z. B. mit Start-ups wie EasyOptimize, die Technologien zur Steuerung von Stromproduktion und -verbrauch in privaten Haushalten entwickeln), neue Schnittstellen zu den Kunden (z. B. über Installateure) und schließlich auch neue Kosten- und Umsatzstrukturen – sprich: ein komplett neues Geschäftsmodell (vgl. Richter 2012, 2013).

Mit den parallel existierenden alten und neuen Geschäftsfeldern und Geschäftsmodellen ist RWE ein Beispiel für ein Pfad-2-Unternehmen, das sich langfristig von seinem traditionellen, nichtnachhaltigen Kerngeschäft trennen könnte und auf diesem Weg eine ganze Reihe neuer Geschäftsmodelle hervorbringen muss.

4.3 Pfad 3: Vom Rand ins Zentrum – G-Star „Raw for the oceans"

Seit einigen Jahren ist die Kreislaufwirtschaft (engl. „circular economy") in aller Munde. Zunehmend versuchen Unternehmen, sich strategisch und operativ mit den Chancen und Risiken von kommerziellen Kreislaufansätzen wie Reparatur und Wartung, Mehrfachnutzung, Secondhand-Märkten, Recycling und kaskadischen Nutzungssystemen auseinanderzusetzen (Ellen MacArthur Foundation 2012). Das niederländische Modelabel G-Star hat in diesem Kontext ein Projekt namens „Raw for the oceans" ins Leben gerufen, bei dem Plastikmüll (vor allem Plastikflaschen) aus den Ozeanen als Rohstoff für Recyclinggarn verwendet wird. Wichtigster Partner ist Bionic, ein Unternehmen des bekannten Musikers und Designers Pharrell Williams. Die Aufgaben von Bionic umfassen die Beschaffung geeigneten Plastikmülls, was zusammen mit Sammelorganisationen erfolgt, sowie die Herstellung eines Mischgarns aus Frischfasern und Recyclingmaterial.

G-Star hat mit „Raw for the oceans" vorerst am Rande seines Kerngeschäfts experimentiert. Nachdem das Unternehmen zwei Jahre lang Erfahrungen mit den Möglichkeiten der Nutzung von Plastikmüll und dem Einsatz von Recyclinggarn gesammelt hat, steht nun die Verstetigung und Ausweitung dieses Ansatzes bevor. G-Star macht hierzu die folgende Angabe (G-Star 2016): „RAW for the Oceans ist von 2014 bis 2016 mit 4 Kapsel-Kollektionen in den Stores erhältlich gewesen … Ab August 2016 wird RAW for the Oceans in diesem Sinne nicht mehr erhältlich sein. Stattdessen wollen wir [die] Idee in größerem Rahmen weiterführen und in der gesamten Kollektion den konventionellen Polyester durch recycelte Alternativen ersetzen. Bis 2020 haben wir uns nun das Ziel gesetzt, den gesamten konventionellen Polyester durch recycelten Polyester (inkl. Bionic Yarn) zu ersetzen."

Das vielleicht eher als strategische CSR- und Kommunikationsmaßnahme zu bewertende „Raw for the oceans"-Projekt (Kritiker würden vielleicht auch von „Windowdressing" oder sogar von „Greenwashing" sprechen) begann als Experiment am Rande des Kerngeschäfts (Pfad 3). Dieser Ansatz könnte jedoch das Potenzial haben, das Kerngeschäft und das Geschäftsmodell von G-Star tiefer gehend zu verändern, wenn G-Star seinen Ankündigungen Taten folgen lässt. Es bleibt abzuwarten, ob dies gelingt und zu einer Pfad-1-Entwicklung führt – und ob es sich um mehr als eine medienwirksam inszenierte Partnerschaft handelt.

5 Schlussbetrachtung – Verstetigung von CSR und unternehmerischer Nachhaltigkeit durch Geschäftsmodelle

Ausgehend von Entwicklungen in der aktuellen Forschung zur CSR und zum unternehmerischen Nachhaltigkeitsmanagement sowie Beobachtungen in verschiedenen Unternehmen geht der vorliegende Beitrag der Frage nach, welche Rolle Geschäftsmodelle für die *Verstetigung von CSR- und Nachhaltigkeitsmaßnahmen* spielen. Hierbei wurde die These zugrunde gelegt, dass Unternehmen insbesondere dann in die Lage versetzt werden, „Business Cases for Corporate Social Responsibility" oder „Business Cases for Sustainability" zu schaffen, wenn sie sich gezielt und bewusst mit ihren Geschäftsmodellen auseinandersetzen. Je besser es gelingt, ökologische und soziale Gesellschaftsanliegen mit tragfähigen und profitablen Geschäftsmodellen aufzugreifen, desto größer sollte die Wahrscheinlichkeit sein, CSR und Nachhaltigkeit in das Kerngeschäft zu integrieren und zu verstetigen. Budgetsorgen, die Anfälligkeit für Moden sowie das Fristen eines Satellitendaseins sollten hiermit überwunden werden können.

Es wurde diskutiert, dass die Integration in das Kerngeschäft verschiedenen Pfaden folgen kann. Es wurden drei grundsätzliche *Varianten der Integration* unterschieden: 1. Die Lösung ökologischer und/oder sozialer Probleme wird in das bestehende Kerngeschäft integriert; 2. die Lösung ökologischer und/oder sozialer Probleme erfordert die Entwicklung eines neuen Kerngeschäfts; 3. die Lösung ökologischer und/oder sozialer Probleme wird weder voll in das bestehende Kerngeschäft integriert noch führt sie zu einem neuen Kerngeschäft – das bestehende Kerngeschäft wird stattdessen um ökologische und soziale Aspekte erweitert. Diese Pfade wurden mit ausgewählten Praxisbeispielen illustriert (Interface, RWE und G-Star).

Im Zentrum des Beitrags steht auch die Frage, wie entsprechende Geschäftsmodelle systematisch entwickelt werden können. Hierzu wurde ein allgemeiner *Prozess zur Entwicklung von Geschäftsmodellen* vorgeschlagen, der die Phasen der Geschäftsmodellanalyse, -ausrichtung und -gestaltung umfasst. Die Logik dieses Prozesses besteht darin, nach der Einschätzung des grundsätzlichen Potenzials für die Schaffung von Business Cases (Phase 1) und der Festlegung von wertebasierten und normativen Leitlinien und Zielen (Phase 2) konkrete Gestaltungsoptionen zu entwickeln (Phase 3). In allen Phasen spielen Methoden und Instrumente zur nachhaltigen Geschäftsmodellentwicklung eine zentrale Rolle, wobei es darum geht, solche Methoden und Instrumente zu identifizieren, die über die „konventionelle" Geschäftsmodellierung hinaus dabei helfen, ökologische und soziale Aspekte gezielt aufzugreifen und für Anpassungs- und Innovationsprozesse zugänglich zu machen. Die Literatur bietet mittlerweile eine Handvoll Instrumente, die in der Unternehmenspraxis durchaus eine wichtige Hilfestellung bieten könnten (siehe auch den Beitrag von Breuer und Lüdeke-Freund in diesem Band).

Zur *Verstetigung von CSR und Nachhaltigkeitsmaßahmen durch Geschäftsmodellanpassungen und -innovation* kann abschließend nochmals auf die illustrativen Fallbeispiele verwiesen werden. Häufig hört man den Vorwurf, dass Unternehmen, die z. B. „grüne" Produkte zu ihrem Angebot hinzufügen, das Thema Nachhaltigkeit nicht ernst genug angehen (können oder wollen). Oft wurde dies gegenüber Energiekonzernen wie E.ON oder RWE geäußert, wenn sie mit Wind- oder Sonnenstrom und grünen Tarifen warben. Gerade in diesen Fällen können wir derzeit wichtige Umbrüche beobachten, die vor allem gesellschaftlich und politisch getrieben werden. Was vormals vielleicht als CSR- oder Kommunikationsmaßnahmen oder als Add-on abgetan wurde, muss sich in Zukunft zu einem fundamentalen Umbau der entsprechenden Unternehmen und ihrer Industrie auswachsen. Hierbei reichen Produktvariationen nicht mehr aus. Es gilt, die Wertschöpfungslogiken dieser Unternehmen und Industrien komplett zu überholen. In manchen Fällen ist dies bereits gelungen (Interface), in manchen findet derzeit eine „Operation am offenen Herzen" statt (RWE) und in wieder anderen Fällen bleibt abzuwarten, wie sehr das bestehende Kerngeschäft tatsächlich überarbeitet wird (G-Star). Was diese Fälle aber gemeinsam haben, ist, dass es mit neuen Prozessen, Produkten oder Services allein nicht getan ist. In diesen Fällen wird an neuen Geschäftsmodellen gearbeitet, um das Kerngeschäft stärker auf die Lösung ökologischer und sozialer Probleme auszurichten.

Literatur

Afuah A (2004) Business models. A strategic management approach. McGraw-Hill, Boston

Anderson R (2009) Confessions of a radical industrialist. Profits, people, purpose: Doing business by respecting the earth. St. Martin's Press, New York

Beltramello A, Haie-Fayle L, Pilat D (2013) Why New Business Models Matter for Green Growth. OECD Publishing, Paris

Birkin F, Cashman A, Koh S, Liu Z (2009a) New sustainable business models in China. Bus Strategy Environ 18(1):64–77

Birkin F, Polesie T, Lewis L (2009b) A new business model for sustainable development: an exploratory study using the theory of constraints in Nordic organizations. Bus Strategy Environ 18(5):277–290

Bisgaard T, Henriksen K, Bjerre M (2012) Green Business Model Innovation – Conceptualisation, Next Practice and Policy. Nordic Innovation, Oslo

BMU, Econcense & CSM (2007) Nachhaltigkeitsmanagement in Unternehmen. Von der Idee zur Praxis: Managementansätze zur Umsetzung von Corporate Social Responsibility und Corporate Sustainability. BMU, Econsense, CSM, Berlin, Lüneburg

Boons F, Lüdeke-Freund F (2013) Business models for sustainable innovation: state-of-the-art and steps towards a research agenda. J Clean Prod 45:9–19

Boons F, Montalvo C, Quist J, Wagner M (2013) Sustainable innovation, business models and economic performance: an overview. J Clean Prod 45:1–8

Breuer H (2013) Lean Venturing: Learning to Create New Business Through Exploration, Elaboration, Evaluation, Experimentation, and Evolution. Int J Innov Manag 17(3):Article 1340013

Breuer H, Lüdeke-Freund F (2017) Values-based innovation management. Innovating by what we care about. Palgrave Macmillan, London

Breuer H, Fichter K, Lüdeke-Freund F, Tiemann I (im Druck) Sustainability-Oriented Business Model Development: Principles, Criteria, and Tools. Int J Entrep Vent

Carroll A (1999) Corporate Social Responsibility: Evolution of a Definitional Construct. Bus Soc 38(3):268–295

Carroll A, Shabana K (2010) The business case for corporate social responsibility: a review of concepts, research and practice. Int J Manag Rev 12(1):85–105

Chesbrough H (2010) Business model innovation: opportunities and barriers. Long Range Plann 43(2/3):354–363

Clinton L, Whisnant R (2014) Model Behavior – 20 Business Model Innovations for Sustainability. SustainAbility, London

Davis K (1960) Can Business Afford to Ignore Social Responsibilities? Calif Manage Rev 2(3):70–76

Dyllick T, Hockerts K (2002) Beyond the Business Case for Corporate Sustainability. Bus Strategy Environ 11(2):130–141

Elkington J (2004) Enter the triple bottom line. In: Henriques A, Richardson J (Hrsg) The triple bottom line, does it all add up? Earthscan, London, S 1–16

Ellen MacArthur Foundation (EMF) (2012) Towards the Circular Economy Vol. 1: An economic and business rationale for an accelerated transition. EMF, Cowes

Faber N, Jorna R, van Engelen J (2005) The sustainability of „sustainability" – A study into the conceptual foundations of the notion of „sustainability". J Environ Assess Policy Manag 7(1):1–33

Frederick W (1994) From CSR1 to CSR2: The Maturing of Business-and-Society Thought. Bus Soc 33(2):150–164

G-Star (2016) Raw for the oceans: So sieht der Produktionsprozess aus. https://www.g-star.com/de_de/corporate/responsibility/news/raw-for-the-oceans-production-process.htm. Zugegriffen: 17. Sept. 2016

Garriga E, Melé D (2004) Corporate Social Responsibility Theories: Mapping the Territory. J Bus Ethics 53(1/2):51–71

Gassmann O, Frankenberger K, Csik M (2013) Geschäftsmodelle entwickeln: 55 innovative Konzepte mit dem St. Galler Business Model Navigator. Hanser, München

Grunwald A, Kopfmüller J (2012) Nachhaltigkeit, 2. Aufl. Campus, Frankfurt a. M.

Hahn T, Figge F, Pinkse J, Preuss L (2010) Trade-Offs in Corporate Sustainability: You Can't Have Your Cake and Eat It. Bus Strategy Environ 19(4):217–229

Hansen E, Schaltegger S (2016) The Sustainability Balanced Scorecard: A Systematic Review of Architectures. J Bus Ethics 133(2):193–221

Hansen U, Schrader U (2005) Corporate Social Responsibility als aktuelles Thema der Betriebswirtschaftslehre. Die Betriebswirtschaft 65(4):373–395

Hansen E, Große-Dunker F, Reichwald R (2009) Sustainability Innovation Cube – A Framework to Evaluate Sustainability-Oriented Innovations. Int J Innov Manag 13(4):683–713

Hennersdorf A (2015) Teriums Aufspaltungsplan ist das Ende der Braunkohle, WirtschaftsWoche, 06.12.2015. http://www.wiwo.de/unternehmen/energie/rwe-teriums-aufspaltungsplan-ist-das-ende-der-braunkohle/12671912.html. Zugegriffen: 17. Sept. 2016

Jenkins B, Ishikawa E, Geaneotes A, Baptista P, Masuoka T (2011) Accelerating Inclusive Business Opportunities: Business Models that Make a Difference. IFC, Washington, DC

Joyce A, Paquin R (2016) The triple layered business model canvas: A tool to design more sustainable business models. J Clean Prod, online first 15 June 2016

Kiørboe N, Sramkova H, Krarup M (2015) Moving towards a circular economy – Successful Nordic business models. Norden – Nordic Council of Ministers, Copenhagen

Kortmann S, Piller F (2016) Open Business Models and Closed-Loop Value Chains: Redefining the Firm-Consumer Relationship. Calif Manage Rev 58(3):88–108

Lélé S (1991) Sustainable Development: A Critical Review. World Dev 19(6):607–621

Lüdeke-Freund F (2009) Business model concepts in corporate sustainability contexts. From rhetoric to a generic template for ‚business models for sustainability'. Centre for Sustainability Management, Lüneburg

Lüdeke-Freund F (2014) BP's Solar Business Model – A Case Study on BP's Solar Business Case and its Drivers. Int J Bus Environ 6(3):300–328

Lüdeke-Freund F (2017) Geschäftsmodelle für unternehmerische Nachhaltigkeit – Eckpunkte eines nachhaltigkeitsorientierten Geschäftsmodellmanagements. In: Wunder T (Hrsg) CSR und strategisches Management. Springer, Berlin

Lüdeke-Freund F, Dembek K (2017) Sustainable Business Model Research and Practice: New Field or Passing Fancy? J Clean Prod. doi: https://doi.org/10.1016/j.jclepro.2017.08.093

Lüdeke-Freund F, Zvezdov D (2013) The Manager's Job at BP: Decision Making and Responsibilities on the High Seas. Int J Case Stud Manag 11(2):1–32

Lüdeke-Freund F, Carroux S, Joyce A, Massa L, Breuer H (2017) A Sustainable Business Model Pattern Language – 45 Patterns to Support Sustainability-Oriented Business Model Innovation. 2nd International Conference on New Business Models, 21–22 June 2017, Graz, Austria

van Marrewijk M (2003) Concepts and definitions of CSR and corporate sustainability: Between agency and communion. J Bus Ethics 44(2):95–105

Michelini L, Fiorentino D (2012) New business models for creating shared value. Social Responsibility Journal 8(4):561–577

Osterwalder A, Pigneur Y (2011) Business Model Generation. Ein Handbuch für Visionäre, Spielveränderer und Herausforderer. Campus, Frankfurt

Petersen H (2003) Ecopreneurship und Wettbewerbsstrategie. Verbreitung ökologischer Innovationen auf Grundlage von Wettbewerbsvorteilen, Theorie der Unternehmung Bd. 20. Metropolis, Marburg

Porter M, Kramer M (2011) Creating Shared Value. Harv Bus Rev 89(1/2):62–77

Richter M (2012) Utilities' business models for renewable energy: A review. Renew Sustain Energy Rev 16(5):2483–2493

Richter M (2013) German utilities and distributed PV: How to overcome barriers to business model innovation. Renew Energy 55:456–466

Salzmann O, Ionescu-Somers A, Steger U (2005) The business case for corporate sustainability: literature review and research options. Eur Manag J 23(1):27–36

Schaltegger S (2013) Sustainability Management. In: Idowu S, Capaldi N, Zu L, Das Gupta A (Hrsg) Encyclopedia of corporate social responsibility. Springer, Berlin, Heidelberg, S 2384–2388

Schaltegger S, Burritt R (2005) Corporate Sustainability. In: Folmer H, Tietenberg T (Hrsg) International Yearbook of Environmental and Resource Economics 2005/2006. Edward Elgar, Cheltenham, S 185–222

Schaltegger S, Lüdeke-Freund F (2013) Von sozialer Verantwortung zu unternehmerischer Nachhaltigkeit: Bedeutung und Ausgestaltung von „Business Cases for Sustainability". In: Keuper F, Neumann F (Hrsg) Sustainability Management: Nachhaltige und Stakeholder-orientierte Wertsteigerung. Logos, Berlin, S 51–68

Schaltegger S, Müller M (2008) CSR zwischen unternehmerischer Vergangenheitsbewältigung und Zukunftsgestaltung. In: Müller M, Schaltegger S (Hrsg) Corporate Social Responsibility. Oekom, München, S 17–35

Schaltegger S, Wagner M (2011) Sustainable entrepreneurship and sustainability innovation: categories and interactions. Bus Strategy Environ 20(4):222–237

Schaltegger S, Hörisch J, Windolph S, Harms D (2012a) Corporate Sustainability Barometer 2012: Praxisstand und Fortschritt des Nachhaltigkeitsmanagements in den größten Unternehmen Deutschlands. Centre for Sustainability Management, Lüneburg

Schaltegger S, Lüdeke-Freund F, Hansen E (2012b) Business cases for sustainability: the role of business model innovation for corporate sustainability. Int J Innov Sustain Dev 6(2):95–119

Schaltegger S, Harms D, Hörisch J, Windolph S, Burritt R, Carter A, Truran S, Crutzen N, Ben Rhouma A, Csutora M, Tabi A, Kokubu K, Kitada H, Haider B, Kim J-D, Lee K-H, Moneva J, Ortas E, Álvarez-Etxeberria I, Daub C-H, Schmidt J, Herzig C, Morelli J (2013) International Corporate Sustainability Barometer: A Comparative Study of 11 Countries. Centre for Sustainability Management, Lüneburg

Schaltegger S, Hansen E, Lüdeke-Freund F (2016) Business Models for Sustainability: Origins, Present Research, and Future Avenues. Organ Environ 29(1):3–10

Schneidewind U (1998) Die Unternehmung als strukturpolitischer Akteur. Metropolis, Marburg

Sommer A (2012) Managing green business model transformations, Sustainable production, life cycle engineering and management. Springer, Heidelberg, Lüneburg

Strategyzer (2015) The Business Model Canvas – Why and how organizations around the world adopt it. Strategyzer, Zürich

Teece D (2010) Business Models, Business Strategy and Innovation. Long Range Plann 43(2-3):172–194

Upward A, Jones P (2016) An Ontology for Strongly Sustainable Business Models: Defining an Enterprise Framework Compatible With Natural and Social Science. Organ Environ 29(1):97–123

Wirtz B, Pistoia A, Ullrich S, Göttel V (2016) Business Models: Origin, Development and Future Research Perspectives. Long Range Plann 49(1):36–54

Wunder T (2013) Geschäftsmodelle – Die Erfolgslogik des Geschäfts verstehen und gestalten. zfo 82(5):354–360

Wunder T (2014) Strategisches Management: Integration ökologischer Nachhaltigkeit in den Strategieprozess. In: Schulz T, Bergius S (Hrsg) CSR und Finance. Management-Reihe Corporate Social Responsibility. Springer, Berlin, Heidelberg, S 65–81

Wunder T (2016) Fundamentals of Strategic Management. Schäffer-Poeschel, Stuttgart

Yunus M, Moingeon B, Lehmann-Ortega L (2010) Building Social Business Models: Lessons from the Grameen Experience. Long Range Plann 43(2/3):308–325

Zott C, Amit R (2010) Business model design: an activity system perspective. Long Range Plann 43(2/3):216–226

Zott C, Amit R, Massa L (2011) The Business Model: Recent Developments and Future Research. J Manage 37(4):1019–1042

Dr. Florian Lüdeke-Freund leitet den Lehrstuhl für Corporate Sustainability an der ESCP Business School in Berlin und ist Habilitand an der Professur für Kapitalmärkte und Unternehmensführung der Universität Hamburg. Als Research Fellow ist er zudem mit dem Centre for Sustainability Management (CSM), der Leuphana Universität Lüneburg und der Copenhagen Business School, Dänemark, verbunden. Er promovierte zum Thema „Business Models for Sustainability Innovation". Die Forschungsinteressen von Florian Lüdeke-Freund liegen u.a. in den Themenbereichen nachhaltiges Unternehmertum, Geschäftsmodelle sowie wertebasiertes Innovationsmanagement. Neben Forschungs- und Lehrtätigkeiten baut er die Themenplattform www.SustainableBusinessModel.org auf und ist Mitglied der Strongly Sustainable Business Model Group an der OCAD University, Toronto, Kanada.

Ressourcenschöpfende Mehrwertkreisläufe

Die Logik zukunftsfähiger Geschäftsmodelle

Friedrich Glauner

1 Das Paradoxon destruktiver Wohlstandsmehrung: Der Rahmen zukunftsfähigen Wirtschaftens

Der Ruf nach einer unternehmerischen Verantwortung, die nicht nur den Belangen von Unternehmen, sondern auch denen der Gesellschaft und der Natur gerecht wird (Elkington 1997; Fisk 2010; Küng 2010, 2012; Sen 1997, 2000, 2009), unterstreicht das *Paradoxon der modernen Ökonomie*: Unternehmen stehen in einer scheinbaren Zwangslogik des Handelns, die zunächst und zuvörderst der Logik der Ökonomie und nicht der der Gesellschaft verpflichtet ist. Diese Zwangslogik fordert Unternehmen auf, im Wettbewerb um

---

[1] Folgen wir dem „klassischen" Bild der Ökonomie, wie es exemplarisch in Joseph Schumpeters Begriff der kreativen Zerstörung zum Ausdruck kommt (Schumpeter 1994), gilt in dieser Marktlogik das Gesetz, dass bei der Erstellung von Produkten und Dienstleistungen das Bessere des Guten Feind sei. Dahinter steht die Vorstellung, dass nur jene Unternehmen im Markt erfolgreich sind, die die Bedürfnisse des Kunden besser befriedigen als der Rest der Marktbegleiter. Dies gelingt durch einen oder die Kombination von folgenden Erfolgsfaktoren: *erstens* durch gesteigerte Innovationsfähigkeit, *zweitens* durch die Erschließung von Ressourcen, welche entweder exklusiv gehalten werden oder das Unternehmen nichts kosten, *drittens* durch die Fähigkeit, bei Kunden neue Bedürfnisse zu wecken, für die nur sie geeignete Lösungen anbieten. Ein Beispiel für die erste und die dritte Form solcher Wettbewerbsvorteile ist Apple, das mit der Entwicklung der Smartphones den Markt für Mobiltelefone über Nacht arrondierte. Ein Beispiel für die Erschließung exklusiv gehaltener Ressourcen ist Nestlé, das sein Wassergeschäft in Indien durch langjährige exklusive Quellrechte absichern konnte, die ihm nicht nur Exklusivität sichern, sondern auch erhebliche Kostenvorteile bei der Abfüllung von Wasser im indischen Markt.

F. Glauner (✉)
Weltethos-Institut Universität Tübingen
Hintere Grabenstraße 26, 72070 Tübingen, Deutschland
CULTURAL IMAGES – Wertemanagement
Aufackerweg 2, 82445 Grafenaschau, Deutschland
E-Mail: friedrich.glauner@culturalimages.de, glauner@weltethos-institut.org

© Springer-Verlag GmbH Deutschland 2018
P. Bungard (Hrsg.), *CSR und Geschäftsmodelle*, Management-Reihe Corporate Social Responsibility, https://doi.org/10.1007/978-3-662-52882-2_4

knappe Güter und Ressourcen Produkte und Dienstleistungen anzubieten, die das Unternehmen auf lange Sicht gesteigert ertragsfähig halten.[1] In dieser Wettbewerbslogik fallen die ertragsfixierte Mikrologik unternehmerischen Handelns und die Verantwortung für die Makroeffekte, die aus diesem Handeln entstehen, oft auseinander. Das mikroökonomisch auf die Bedürfnisbefriedigung der relevanten Stakeholder ausgerichtete[2], individuell rationale und als solches oft höchst erfolgreiche unternehmerische Handeln führt so auf der Makroebene von Wirtschaft und Gesellschaft zu *zwei sich aufschaukelnden Effekten*: *erstens* zur *ressourcenzerstörenden Abwärtsspirale aus Konzentration, Beschleunigung, disruptiven Geschäftsmodellen und Ressourcenraubbau, zweitens zum paradoxen Phänomen der destruktiven Wohlstandsmehrung*, d. h. zu einem Wachstum, das global gesehen zerstörerisch wirkt (Glauner 2016b, 2017).

Das *Paradox der destruktiven Wohlstandsmehrung* besteht darin, dass der ungebrochene Erfolg der heutigen technologiebasierten Geschäftsmodelle zu ungeahnten Chancen und Möglichkeiten individueller Wohlstandsmehrung sowie einem bisher noch nie dagewesenen Wohlstand vieler geführt hat – einem Wohlstand, der zugleich mehr und mehr die politischen, ökologischen und sozialen Ressourcen dieser Wohlstandsmehrung erodieren lässt. Diese Erosion der Grundlagen unserer heutigen ökonomischen Wohlstandsmehrung zeigt sich in drei sich wechselweise verstärkenden Dimensionen:

Auf der *politischen Ebene* zeigt sich die Destruktivität heutiger Wohlstandsmehrung darin, dass es zwischen den Bereichen der Wirtschaft, der Politik und der Gesellschaft zu einer kontinuierlichen Verschiebung von Macht und Einfluss kommt. Mit ihren Einflussmöglichkeiten sowie den sich abzeichnenden Monopolen an Wissensressourcen und in der Ausübung von Marktzugangsbeschränkungen[3] führt diese Machtverschiebung nicht

---

[2] Je nach Perspektive und Ausrichtung des Strategiefokus – Porter sowie Hamel und Prahalad stellen den Kunden ins Zentrum, Rappaport dagegen den Shareholder (Porter 1985, 1996; Rappaport 1995) – sind in der Stakeholder-Analyse „interne" und „externe" Stakeholder auseinanderzuhalten: *Interne Stakeholder* sind alle Anspruchsgruppen, die berücksichtigt werden müssen, wenn das Unternehmen seine Nutzenfunktion erfüllen soll – konkret also Eigner, Kapitalgeber, Mitarbeiter, Kunden, Lieferanten, Geschäftspartner sowie auch der Gesetzgeber als relevanter Einflussfaktor für die Geschäftsgestaltung. Interne Stakeholder sind somit alle Interessengruppen, die direkt auf den Geschäftserfolg Einfluss nehmen können. *Externe Stakeholder* sind dagegen Interessengruppen, die in den Augen der Unternehmung nicht berücksichtigt werden müssen, weil sie weder eine Rolle bei der unternehmerischen Leistungserstellung spielen noch unmittelbaren Einfluss auf den Geschäftserfolg haben oder nehmen können (beispielsweise die Bewohner von Fidschi für schädliche Treibhausgase emittierende Unternehmen). Gemäß der bestehenden Marktlogik bleiben sie deshalb in den herkömmlichen Strategieüberlegungen zumeist als irrelevante Steuerungsgrößen ausgeblendet (Glauner 2016b).

[3] Das Streben nach Marktbeherrschung durch Ausübung von Zugangsbeschränkungen kann als das Streben nach *inverser Monopolbildung* bezeichnet werden (Glauner 2016b). Wie solche inversen Monopolbildungen funktionieren, wird an den Marktstrategien und der Einkaufsmacht im Handel deutlich. So wird beispielsweise der deutsche Lebensmittelhandelsmarkt laut der vom Bundeskartellamt am 29.04.2014 veröffentlichten Sektoruntersuchung im Lebensmitteleinzelhandel zu 85 % von vier Unternehmen, Aldi, Edeka, Lidl/Kaufland und REWE dominiert. Ihre Einkaufsmacht nutzen sie dazu aus, Lieferanten in immer weitere Abhängigkeiten zu bringen. Parallel dazu fahren

nur zur Aushöhlung des Konzeptes freier Märkte, sondern auch zur Unterwanderung demokratisch legitimierter Entscheidungsprozesse. Diese Bedrohung entspringt dem Umstand, dass insbesondere mit Blick auf trans-, multi- und supranationale Unternehmen staatliche Einrichtungen, politische Parteien und der Gesetzgeber kontinuierlich an Einfluss verlieren, da Marktentwicklungen und die Interessen relevanter Marktteilnehmer die Entscheidungsagenda bestimmen. In ihren avanciertesten Formen – Shoshona Zuboff spricht hier von den sich herausbildenden Formen des heutigen Überwachungskapitalismus (Zuboff 2016) – beeinflussen die Algorithmen von Google und Facebook sogar das Verhalten der breiten Masse, die dann entsprechend Einfluss auf Wahlen und die Entscheidungen der Politik nehmen. Dabei liefern die Kunden von Apple, Google, Facebook und Co. gerade jene Daten, mit denen individualisierte Wirklichkeitskulissen geschaffen werden, die den politischen Diskurs bestimmen. Wie Facebook in einem Experiment aus dem Jahr 2013 zeigte, kann jeder Nutzer durch die willkürliche Veränderung der Algorithmen der Newsfeeds in seinem Verhalten gelenkt und beeinflusst werden. Dadurch lassen sich nicht nur Märkte und Produktpräferenzen lenken, sondern auch Wahlen, wie die Diskussion um Facebooks Einfluss auf die Präsidentenwahlen verdeutlicht (Lobe 2016).

Auf der *sozialen Ebene* zeigt sich die Gefahr destruktiver Wohlstandsmehrung im Auseinanderdriften von Wohlstandsgewinnern und Wohlstandsverlierern, welches durch die heutigen „Gewinner nehmen alles"-Märkte (Seba 2006, 2014) beschleunigt wird. Dabei teilt sich die Welt zunehmend in eine Handvoll Leistungsträger und Nutznießer, die Zugang zum heutigen Überfluss, zu Wohlstand, Informationen und Chancen haben, und eine breite Mehrheit, der trotz eines scheinbar erheblichen Wohlstandszuflusses[4] diese Chan-

---

sie eine forcierte Strategie der gespreizten Entwicklung von günstigen bis hochwertigen Eigenmarken. Markenunternehmen sehen sich hierbei einem dreifachen Druck ausgesetzt, der zu einer kontinuierlich sich steigernden Einkaufsmonopolmacht der Handelsketten führt: Erstens können insbesondere kleine und mittelständische Produzenten ihre Waren und Produkte nur noch dann an die Handelsketten verkaufen, wenn sie die vom Handel eingeforderten Rabatte, Bonuszahlungen und Werbekostenzuschüsse für die Listung, die Regalstellfläche sowie die vom Handel geforderten Kundenaktionen bezahlen. Da diese Rabatte und Zahlungen für die vom Handel entwickelten Eigenmarken nicht erhoben werden, sind die freien Handelspartner in einer strukturell benachteiligten Wettbewerbslage. Diese wird durch eine dritte Facette der Geschäftsstrategien der großen Handelsketten noch erhöht. Denn die Eigenmarkenentwicklung geht häufig mit der vertikalen Integration der Supply Chain einher, d. i. von handelseigenen Produktions- und Verarbeitungsstätten. Dies führt zu weiteren Kostenvorteilen aufseiten des Handels, die die Handelspartner der großen Ketten zusätzlich unter Druck setzen. Wie die jüngste Kampagne „Du hast die Wahl. Starke Marken und Starke Eigenmarken" von Lidl zeigt, führen die großen Handelsketten mit ihren Eigenmarken inzwischen den offenen Preiskrieg selbst gegen Markenartikel, die in den eigenen Märkten vertrieben werden. So werden beispielsweise in einem Radiospot die 1,5-Liter-Flasche Liptons Eistee und der Eistee von Lidl mit einem akustisch gleichen Geräusch unterlegt und festgestellt, dass beide identisch seien. „Wo ist der Unterschied?", fragt die freundliche Stimme und antwortet: „Lipton Eistee, 1,5 Liter für ein Euro fünfzig, Lidl Eistee, 1,5 Liter für neunundvierzig Cent."

[4] „In 1990, 1,9 billion were living in extreme poverty. By 2015 that number had been cut by more than half, to 830 million, while in parallel the global middle class had almost tripled. And most citizens of advanced economics today command goods and services that were beyond the reach of even kings and emperors only 200 years ago" (Stuchtey et al. 2016, S. 8). Auch wenn diese

cen verwehrt bleiben. So stellt beispielsweise die Studie „Global wealth 2015: winning the growth game" von Boston Consulting (BCG 2015) fest, dass der private Wohlstandsindex trotz historisch niedriger Zinsraten in 2013 und 2014 um 12,3 und 11,9 % gestiegen ist. Da das globale Wachstum in diesen Jahren lediglich um 3,41 % (2013) und 3,39 % (2014) gewachsen ist, gehen die Autoren davon aus, dass diese signifikante Wohlstandsmehrung auf die Wertsteigerung von sehr ungleich verteilten Gütern (Aktien, Immobilien und sonstigen Assets) zurückzuführen ist. Diese Studie wird gespiegelt durch die Studie „Work crisis – a divided tale of labor markets" von Aleksandar Kocic, Managing Director Research Deutsche Bank in New York (Kocic 2015). In Bestätigung einer McKinsey-Analyse der Autoren Lowell Bryan und Diana Farrell aus dem Jahr 1996 (Bryan und Farrell 1996) geht die Deutsche Bank davon aus, dass erstmals in der Geschichte der Wirtschaft die signifikanten Fortschritte zu keinem „trickle down"-Effekt sowie der Schaffung eines breiteren Wohlstandes und neuer Arbeitsplätze führen. „For the first time since the industrial revolution new technology is destroying more jobs that it is able to remobilize. And as ever less labor is needed to produce the same output, it is becoming clear in some countries that growth is now possible without rising employment and wages. Such a profound change is bound to have immense economic and social implications" (Bryan und Farrell 1996, S. 47). Diese Analyse wird unterstrichen von einer Studie der ING-Diba-Bank, die davon ausgeht, dass die technologiegetriebenen disruptiven Geschäftsmodelle von heute die Kluft von Gewinnern und Verlierern verbreitern. Die ökonomische Wohlstandsmehrung führt so zu einem Prozess, der, so die Autoren Erik Brynjolfsson, Carl Frey, Andrew McAfee and Michael Osborn, nicht nur zum Verlust von möglicherweise fast der Hälfte aller heutigen Arbeitsplätze führt, sondern zur Erosion einer breiten sich selbst tragenden ökonomischen Wohlstandsbasis (Brynjolfsson und McAfee 2014; Frey und Osborne 2013).

Auf der *ökologischen Ebene* kommt das Faktum der Erosion einer breiten ökonomischen Wohlstandsbasis schließlich im Phänomen des globalen Ressourcenraubbaus und der damit einhergehenden zunehmenden Zerstörung der ökologischen Lebensgrundlagen zum Ausdruck. Denn jenseits aller ideologischen Debatten um den globalen Ressourcenverbrauch, die Erderwärmung und das menschgemachte sechste globale Artensterben (Wilson 1992, S. 30) ist zu konstatieren, dass diese Prozesse zunehmend auch die ökonomischen Grundlagen der Wohlstandsmehrung gefährden. Und dies nicht nur deshalb,

---

Fakten in absoluten Zahlen sehr positiv klingen, sind sie doch deutlich zu relativieren. Wie Pew-Research-Center-Autoren Rakesh Kochhar und Russ Oats in ihrer Studie „A global middle class is more promise than reality" feststellen, definiert sich Armut als ein Einkommen von ≤ 2 US-$ pro Tag, unteres Einkommen mit 2,01–10 US-$ je Tag, mittleres und oberes mittleres Einkommen mit 10,01–20 US-$ je Tag bzw. 20,01–50 US-$ je Tag sowie hohes Einkommen mit > 50 US-$ je Tag. Menschen jenseits der globalen Armutsgrenze bis hin zur globalen Mittelklasse verfügen somit über ein Jahreseinkommen zwischen 730 US-$ pro Jahr und 7300 US-$ pro Jahr: „Even those newly minted as middle class enjoy a standard of living that is modest by Western norms. As defined in this study, people who are middle income live on $10–20 a day, which translates to an annual income of $14,600 to $29,200 for a family of four. That range merely straddles the official poverty line in the United States – $23,021 for a family of four in 2011" (Kochhar und Oats 2015, S. 6).

weil unsere ökonomische Wohlstandsmehrung neben den Faktoren Arbeit und Kapital insbesondere vom Faktor Ressourcennutzung lebt und, so die McKinsey-Autoren Stuchtey et al. (2016), die heutige Übernutzung dieses dritten zentralen Faktors der ökonomischen Wohlstandsmehrung die Grundlage entzieht[5], sondern weil die Übernutzung des Ressourcenfaktors auch die politischen und sozialen Grundlagen unserer heutigen Gesellschaften zu zerstören droht. Am Phänomen der Erderwärmung kann dies verdeutlicht werden: „Global warming is likely to uproot hundreds of millions, perhaps even billions of people, forcing them to leave their homes and creating severe global political and economic challenges. ... Of the 6 billion-plus humans ... nearly a fifth are threatened directly or indirectly by desertification. China, India, Pakistan, Central Asia, Africa, and parts of Argentina, Brazil, and Chile all have areas with low rainfall and high evaporation that account for more than 40 % of Earth's cultivated surface. ... Because such a large portion of the Earth's people live near sea level, a significant rise, even by a foot or two, could cause forced migrations of tens or even hundreds of millions of people. ... The Christian development agency Tearfund has estimated that there will be as many as 200 million climate refugees by 2050 and as many as 1 billion by the end of the century if global warming and its impact continue" (Watts 2007, S. 101).

Im Kern führt dieses dreifache Paradox destruktiver Wohlstandsmehrung zu der Einsicht, dass unsere ökonomischen Ziele und Verfahren gerade deshalb an sich selbst zu kollabieren scheinen, weil unser individuell rationales und als solches scheinbar äußerst erfolgreiches Verhalten auf der Ebene des Gesamtsystems zu Ergebnissen führt, die hochgradig zerstörerisch wirken.[6]

---

[5] Mit Bezug auf Ayres und Warr (2005, 2009) zeigen Stuchtey et al. (2016), dass das seit der industriellen Revolution exponentiell steigende Wachstum zu beträchtlichen Teilen der Ausbeutung von Energie- und anderen natürlichen Ressourcen geschuldet ist. „Taming wind and hydro energy, and inputting them into the economy, once allowed mechanization of grinding, pumping, sawing, irrigation and many other laborious tasks ... Taming coal and vastly increasing the amount of energy put into the economy was crucial for the first industrial revolution. While our modern economy has of course moved on from horses and steam engines, it is still striking how many industries continue to depend heavily on natural resources: food, transport, construction and all primary material production, for instance" (Stuchtey et al. 2016, S. 59). Die Einsicht, „that the success [of modern day wealth creation, FG] is largely built on transforming natural capital, the economist's word for natural resources, into other forms of capital" (Stuchtey et al. 2016, S. 9), führt sie deshalb zum Schluss, dass die heutige Ressourcenübernutzung dazu führen kann, dass das bisher gängige ökonomische Modell der Wohlstandsmehrung an sich selbst kollabieren wird: „since the mid-1980s and with ever-increasing speed, environmental depletion has reached a global scale and scope where it acutally starts to threaten the viability of our model of wealth creation itself. Our economy has grown so big, so fast, that it is quickly depleting the very same natural capital on which it thrives. In a way, it is falling victim to its own success" (Stuchtey et al. 2016, S. 11).
[6] Robert Frank bezeichnet dies als das Phänomen der „Darwin Economy". Es ist gekennzeichnet durch das Faktum, dass individuell rationales Verhalten im Wettbewerb um relative Vorteile auf der Gesamtebene zu einem Ergebnis führen kann, dass für alle Beteiligten negativ ist (Frank 2011). Da laut Frank in den meisten ökonomischen Wettbewerbssituationen um relative Vorteile gekämpft wird, diese „Spiele" also nicht darauf ausgerichtet sind, den absoluten Vorteil für alle Teilneh-

Gespeist wird dieses Paradox aus der Handlungslogik unternehmerischer Entscheidungen, die sich an einem Wettbewerbsverständnis orientiert, welches die Abwärtsspirale aus Wachstum, Konzentration, Beschleunigung und Ressourcenraubbau antreibt. Diese Spirale erwächst aus den zentralen Prämissen, die das Handlungsmodell ökonomisch rational handelnder Unternehmen prägen:

Prämisse 1: Menschen und Unternehmen sind rationale Nutzenmaximierer.
Prämisse 2: Güter und Mittel (Ressourcen) sind knapp.
Prämisse 3: Im Kampf um knappe Güter und Mittel stehen sowohl Menschen als auch Unternehmen im Wettbewerb.
Prämisse 4: Die optimale Form des Austauschs knapper Güter erfolgt in Wettbewerbsarenen (Märkten), die nach den freien Regeln von Angebot und Nachfrage organisiert sind.
Prämisse 5: Wettbewerbsvorteile im profitorientierten Kampf um knappe Güter und Mittel generieren gesteigerte Profite, die wiederum als Mittel im Wettbewerb einsetzbar sind.
Prämisse 6: Kreativität und Intelligenz können Mittelknappheit ersetzen, sodass die Entwicklung neuer, disruptiver Geschäftsmodelle selbst angestammte „Platzhirsche" vom Markt fegen kann.

Verdichten wir diese Prämissen zu einem Aktionsfeld, mit dem die heute gängige Wirtschaftspraxis beschrieben werden kann, ergibt sich folgende Rückkopplungsschleife, die das Handeln der ökonomischen Akteure leitet und den Prozess der Ökonomisierung der Lebenswelt immer weiter vorantreibt:

- Der Wettbewerb um knappe Güter führt in der wiederkehrenden Rückkopplung von Gewinn und Verlust zur *Konzentration* der Mittel in der Hand weniger Player, wobei der technologische Wandel diesen Konzentrationsprozess globalisiert und beschleunigt.
- Konzentration führt bei den großen Playern zu *zusätzlichen Wettbewerbschancen* (Vorteile durch „economies of scale" sowie durch horizontal und vertikal integrierte Wertschöpfungsketten), die nach Möglichkeit zu *marktabschottenden Dominanzstrategien* verdichtet werden.
- Der Wettbewerb in Märkten, die von marktabschottenden Dominanzstrategien geprägt sind, führt zur Suche nach *disruptiven Geschäftsmodellen*, da nur sie neuen und kleineren Playern Wettbewerbsvorteile eröffnen.
- Global wirksame disruptive Geschäftsmodelle (beispielsweise Industrie 4.0) führen zur weiteren *Konzentration*.

---

mer bzw. das System als Ganzes zu beflügeln, führt dieser Wettbewerb um relative Vorteile nicht nur zu zerstörerischen Effekten auf der Systemebene (beispielsweise der Ressourcenraubbau bei Allgemeingütern wie etwa in der Allmendelandwirtschaft), sondern auch zu systemischem Marktversagen wie Blasenbildungen oder einem „Wettrüsten", das am Ende selbst für die Gewinner nur noch Nachteile bietet (Frank 2011, S. 30 ff.).

- In der Folge dieser Konzentration kommen auf breiter Basis Arbeitsplätze sowie eine breite, kleinstrukturierte Unternehmenslandschaft unter Druck, was im Markt zu erhöhtem *Preisdruck* beim Angebot von Produkten und Dienstleistungen führt.
- Der steigende Preisdruck beim Angebot von Produkten und Dienstleistungen kann nur durch *neue disruptive Geschäftsmodelle* oder noch weitere *Senkung der Produktionskosten* ausgeglichen werden (Reduktion der Faktoren Arbeit und Ressourcen, Auslagerung in die nachgelagerte Supply Chain, Billiglohnfertigung an Standorten mit keinen oder geringen Sozialstandards und Umweltauflagen).
- Der steigende Preisdruck beschleunigt auf globaler Ebene sowohl die *Erosion der Ressourcenbasis* als auch der *Einkommensbasis* einer breiten Schicht an Zuliefererbetrieben und im Arbeitsprozess Beschäftigten.
- Diese Erosion der globalen Ressourcen- und einer breiten Einkommensbasis treibt die Spirale weiter voran.

In der Folge sind alle Unternehmen gefordert, ihre Geschäftsmodelle in immer schnelleren Zyklen zu transformieren. Dieses individuell rationale, kollektiv jedoch zerstörerische Verhaltensmuster befeuert nicht nur den Ressourcenraubbau, sondern auch die Erosion der ökonomischen und sozialen Grundlagen des heutigen Wirtschaftens.

Was dies für einzelne Unternehmen sowie die Gesellschaft bedeutet und weshalb der Ruf nach verantwortlichem, ressourcenschonendem Wirtschaften alleine keine Lösung für die globalen Probleme ist, kann an den Konzepten des Social Entrepreneurships sowie der Kreislaufwirtschaft verdeutlicht werden. Denn beide sind der scheinbar gelungene Reflex auf das Paradox der destruktiven Wohlstandsmehrung. Analysieren wir diesen Reflex jedoch näher, verdeutlichen sowohl der Ruf nach sozialem Unternehmertum als auch der nach nachhaltigem Wirtschaften, warum auch Social Entrepreneurs und die heute gängigen Kreislaufmodelle den zentralen Begriffen des ökonomischen Mantras verpflichtet bleiben. Auch sie stehen im Bann der Überzeugung, dass substanzielle menschliche Bedürfnisse am besten durch das freie Spiel der Märkte befriedigt werden, wenn dieses Spiel sich den Bedingungen von Knappheit und Wettbewerb stellt.

Ausgehend von den Konzepten des Social Entrepreneurships (Abschn. 2) und der Kreislaufwirtschaft (Abschn. 3) entfaltet die nachfolgende Argumentation in drei Schritten, wie das auf Knappheit und Wettbewerb fixierte mentale Modell der Ökonomie durch ein anderes Modell, das *Modell ressourcenschöpfender Mehrwertkreisläufe*, ersetzt werden kann. Dabei werden die Konzepte von Knappheit und Wettbewerb ausgetauscht. An ihre Stelle treten die Vorstellungen von symbiotischen Ressourcenschöpfungs- und Befähigungskreisläufen, welche das Paradox der destruktiven Wohlstandsmehrung auflösen. *In der Ausgestaltung von Geschäftsmodellen, die symbiotische Ressourcenschöpfungs- und Befähigungskreisläufe in Gang setzen, entpuppen sich Unternehmen als die zentralen Akteure einer Zivilgesellschaft, die in und mit ihren Formen des Wirtschaftens die beschriebene Abwärtsspirale durchbrechen können.*

2 Social Entrepreneurship: Der moralische Fehlschluss zu den psychologischen Treibern unternehmerischer Verantwortung

Vergegenwärtigen wir uns nochmals das einleitend beschriebene Paradox der destruktiven Wohlstandsmehrung, stellt sich die Frage, mit welcher Form der Unternehmung die derzeit wirkende Abreicherungsspirale aus Konzentration, Beschleunigung und Ressourcenraubbau durchbrochen werden kann. Eine Antwort bietet das Konzept des sozialen Unternehmers, wie es in Form vielfältiger positiver Beispiele sowohl in der Praxis als auch in der wissenschaftlichen Diskussion zu CSR, ethischer Unternehmensführung, nachhaltigem Wirtschaften und Social Entrepreneurship Schule macht. *Der Ruf nach sozialem Unternehmertum ist der scheinbar gelungene Reflex auf ein zweifaches Versagen des heutigen Wirtschaftens: erstens das Versagen der Märkte, wirtschaftliche Lösungen für Probleme zu finden, die aus den heutigen Formen des Wirtschaftens entstehen, sowie zweitens das Versagen des Staates, der nicht in der Lage ist, diese Probleme wirtschaftlich tragfähig zu lösen.* Dieses doppelte Versagen wird von Ann-Kristin Achleitner, Peter Heister und Erwin Stahl wie folgt formulieren:

> Im freien, funktionierenden Markt führt das Verfolgen von Eigeninteressen langfristig zu positiven Wohlfahrtseffekten bei allen Marktteilnehmern. Der Profit, den ein Unternehmen erwirtschaftet, ist das Resultat einer effizienten Kapitalallokation und einer Approximation für den Wert, den es geschaffen hat. Dem Unternehmer gelingt es aufgrund seines Profits, weitere Ressourcen anzuziehen und so sein Angebot auszudehnen. Verluste erwirtschaftende, ineffiziente Unternehmen werden aus dem Markt gedrängt und die freigesetzten Ressourcen fließen den erfolgreichen Unternehmern zu. Dieser Mechanismus führt in Ländern mit einer freien Marktwirtschaft zu einer allgemeinen Wohlstandsmehrung.
>
> Dieser Wohlstand behebt viele gesellschaftliche Probleme, schafft aber auch neue. Zudem gibt es Aufgaben, die der freie Markt nicht zu lösen vermag. Man spricht in diesem Zusammenhang von Marktversagen. Beispielsweise werden öffentliche Güter auf einem freien Markt nicht bereit gestellt, externe Effekte [beispielsweise auf die Allgemeinheit abgewälzte Kosten für die Beseitigung von Umweltverschmutzungen, FG] in Preisen nicht berücksichtigt und benachteiligte Menschen nicht vom Markt bedient. Um diese Defizite der Marktwirtschaft auszugleichen, wird der Staat aktiv. Doch es zeigt sich, dass der Staat träge und bisweilen wenig innovativ ist, um Lösungen für die sich immer schneller ändernden gesellschaftlichen Probleme herbeizuführen. Es fehlt ein Mechanismus, der ineffiziente Lösungsansätze des Staates automatisch aus dem Markt drängt und effiziente Lösungsansätzen zum Wachstum verhilft. Mit [Social, FG] Entrepreneurship im Dritten Sektor könnte dieses Problem teilweise behoben werden, so die Meinung vieler (Achleitner et al. 2007, S. 2).

Wie aber können und weshalb sollen Social Enterpreneurs die geeignete Antwort auf dieses Versagen freier, funktionierender Märkten sein? Vier Fragen stehen im Raum, die zu beantworten sind, wenn wir das Konzept des sozial verantwortlichen Unternehmertums gegen die Abreicherungsspiralen destruktiver Wohlstandsmehrung ins Feld führen wollen:

Erstens: Was ist der Anreiz für Social Entrepreneurs und worin unterscheidet er sich von den Anreizen, die herkömmliche Unternehmen leiten?

Zweitens: Warum kommt es überhaupt zu diesem Marktversagen, d. h. der Schaffung von gesellschaftlichen Problemen, deren Ursache das rationale Handeln von Unternehmen in funktionierenden Märkten ist?

Drittens: Warum und auf welcher Grundlage sollen Unternehmen „Lösungen für die sich immer schneller ändernden gesellschaftlichen Probleme" herbeiführen, die „der freie Markt" einerseits „nicht zu lösen vermag" und für deren Lösung andererseits der Staat „zu träge" und bisweilen zu „wenig innovativ ist"?

Und schließlich *viertens*: Wie verhält sich das Label „sozial" zum Label „Unternehmer", wenn sich die ersten drei Fragen sinnvoll beantworten lassen?

Die gängige Antwort auf diese Fragen ergibt sich, wenn wir den Unterschied von sozial orientiertem und profitgetriebenem Unternehmertum anhand der beiden Zentralbegriffe der Ökonomie und Unternehmensführung – den Begriffen *Knappheit* und *Verantwortung* – herausarbeiten. Profitorientiertes Wirtschaften, so die Überzeugung, zielt im ertragsfixierten Austausch knapper Güter zunächst und zuerst auf die eigene Gewinnmaximierung? Sozial orientierte Unternehmen organisieren Knappheiten dagegen unter dem Gesichtspunkt einer ganzheitlichen Verantwortung, die alle in den Blick nimmt, die vom unternehmerischen Handeln betroffen sind.

Der erste Unterschied zwischen sozial und profitorientiertem Unternehmertum scheint so ein Unterschied der wahrgenommenen Verantwortlichkeit zu sein. Aus Sicht eines ganzheitlich sozial orientierten Unternehmertums wird rein profitgetriebenen Unternehmen vorgeworfen, dass sie eine nur eingeschränkte Auffassung von Verantwortung leben würden. Sie würden sich ausschließlich verpflichtet fühlen gegenüber all jenen Anspruchsgruppen, die unmittelbar Einfluss auf den Geschäftserfolg nehmen können. Das sind insbesondere die Eigner und Kapitalgeber, weiterhin Mitarbeiter, Kunden, Lieferanten, Geschäftspartner, der Gesetzgeber als relevanter Einflussfaktor für die Geschäftsgestaltung und am Ende jene „breite" Öffentlichkeit, die über mediale Macht den Unternehmensgang beeinflussen kann. Nicht berücksichtigt bleiben in dieser Sichtweise dagegen all jene, die als externe Stakeholder vom Verhalten des Unternehmens zwar betroffen sein mögen, jedoch keinen Einfluss auf den unmittelbaren Erfolg und das Handeln des Unternehmens nehmen können.[7] Zweitens wird rein profitgetriebenen Unternehmen vorgeworfen, dass deren Geschäftsmodelle oft von der Externalisierung von Kosten und Risiken und damit von einer einseitigen Auslegung des Nutzens leben würden, den das Unternehmen stiftet. So würden solche Unternehmen beispielsweise Ressourcen verbrauchen, die nicht nur anderen oder der Allgemeinheit gehören, welche an der geschäftlichen Nutzung nicht partizipieren, sondern die zudem noch die Folgekosten dieser Nutzung zu

---

[7] *Externe Stakeholder* sind in dieser Lesart alle Interessengruppen, die in den Augen der Unternehmung nicht berücksichtigt werden müssen, weil sie keine Rolle bei der eigenen Leistungserstellung spielen. Zu ihnen zählen die vielfältigen lokalen bis globalen Meso-, Makro- und Supraebenen von Kommunen, Staaten, Gesellschaften und der Natur, etwa die Einwohner von Mikro- und Polynesien, die von der Treibhausgasemission betroffen sind, aber auf deren Verursacher keinen Einfluss haben.

tragen haben. Zudem würden sie einseitig Risiken und Kosten in die Supply Chain auslagern, z. B. die Vermeidung von Arbeitsschutzmaßnahmen durch Outsourcing in Länder mit geringeren Auflagen und Standards.

Social Entrepreneurs verhalten sich scheinbar diametral entgegengesetzt zu diesem negativ skizzierten Bild eines rein profitgetriebenen Unternehmertums. Nicht nur handeln sie nach Maßgaben einer ganzheitlichen Triple-Bottom-Line-Betrachtung, bei der Kosten und Nutzen verantwortlich geteilt und auch die Belange externer Stakeholder berücksichtigt werden, sondern oft verfolgen sie auch Geschäftszwecke, die im Spannungsfeld von sozialer Wirkung und unternehmerischem Profit den Profit als eine nachgelagerte und im besten Fall lediglich funktional notwendige Größe begreifen. Der zweite fundamentale Unterschied zwischen den Geschäftsformen profitorientierter und sozial orientierter Unternehmen scheint somit darin zu liegen, dass diese einen anderen Fokus auf die Wirkung legen, die mit ihrem jeweiligen Geschäftsmodell erzielt werden soll: Herkömmliche Unternehmen zielen in der Allokation von Knappheit zunächst und zuerst auf Profit, soziale Unternehmen dagegen zuerst einmal auf soziale Effekte.

Was aber ist der Auslöser und fundamentale Treiber dieser vermeintlich offensichtlichen Unterschiede im Fokus auf die Wirkung und die Übernahme von Verantwortung im unternehmerischen Handeln? Folgt man einschlägigen Texten zur Ethik und Verantwortung von Unternehmen, wie beispielsweise Schmidpeter (2012), Schneider und Schmidpeter (2015), Tuleja (1985, 1987), Hans Ulrich (1970), Peter Ulrich (1986, 1997, 2013), Wieland (2002), Suchanek (2001), ist es eine Frage der Moral. Moralische Bildung und eine moralische Ausrichtung des Geschäftsmodells seien deshalb der dritte und alles entscheidende Unterschied zwischen Social Entrepreneurs und einem rein profitgetriebenen Unternehmertum.

Genau diese Einstufung einer unterschiedlichen Moralkodierung als zentrale Quelle für den vermeintlichen Unterschied von Social Entrepreneurs und herkömmlichen Unternehmen kann jedoch bei nüchterner Betrachtung in Zweifel gezogen werden. Der erste Grund dafür ist, dass auch in herkömmlichen Unternehmen „Moral" ein zentraler Faktor gelingenden Erfolgs ist. Wie Peter Drucker lange schon vor dem Aufkommen von Social Entrepreneurs feststellt, sind Unternehmen keine mechanistisch-funktionalen Systeme, sondern menschgemachte Systeme. „A business enterprise is created and managed by people and not by forces" (Drucker 1977, S. 88). Deshalb ist für ihn alles Management „about human beings. Its task is to make people capable of joint performance, to make their strengths effective and their weaknesses irrelevant. This is what organization is all about, and it is the reason that management is the critical, determining factor" (Drucker 2001, S. 11). Und genau dieser menschliche Faktor als treibende Kraft für das Management erfordert auch innerhalb herkömmlicher Unternehmen ein Mindestmaß an Moralität, sei es in Form von Shared-Value-Visionen, wie sie Michael Porter und Mark Kramer für die strategische Entwicklung von Geschäftsmodellen propagieren (Porter und Kramer 2011), oder auch in Form von integren Umgangsformen, die den Zusammenhalt im Unternehmen stärken. Deshalb reden heute selbst Autoren wie Michael Jensen mehr von Integrität und Moral anstelle davon, wie Fehlverhalten auf optimale Weise kontrolliert und wirkungsvoll sanktioniert werden kann. Als einer der Begründer der Principal-

Agent-Theorie, welche unterstellt, dass im wirtschaftlichen Austausch dem Gegenüber nicht zu trauen sei, weshalb die stets lauernde Gefahr einseitiger Vorteilsnahme vertragstechnisch unterbunden werden muss, argumentiert Jensen heute, dass Moral und Integrität den größeren Hebel bieten für „[a] powerful access to increased performance for individuals, groups, organizations, and societies" (Jensen 2009, S. 2; vgl. Erhard et al. 2009, 2016). Denn nur Moral und Integrität schaffen das notwendige Sozialkapital aus Vertrauen, Loyalität und Kooperationswillen, welches benötigt wird, wenn Unternehmen, so Elinor Ostrom und Richard Sennett, herausragende Leistungen erzielen wollen (Ostrom 2000; Sennett 2006).

Der zweite Grund, weshalb die Berufung auf Moral und Ethik nicht den Kern markiert, mit dem eine grundlegende Differenz zwischen Social Entrepreneurs und profitorientierten Unternehmen aufgezogen werden kann, ergibt sich aus dem Blick auf zwei an Bernd Banke und an Konstanze Frischen und Angela Lawaldt angelehnte Grafiken zur Analyse moralischer Dilemmasituationen (Abb. 1) und zur Einordnung von Social Entrepreneurs in den Reigen anderer Unternehmensformen (Abb. 2).

Liest man beide Grafiken zusammen, scheint „Social Entrepreneurship" nichts anderes zu sein als die in konkrete Geschäftstätigkeit umgewandelte praktische Übernahme einer moralischen Verantwortung für jene Benachteiligten, die aus dem von Achleitner et al. (2007) genannten Versagen der Märkte und der Politik erwachsen. *Die Logik des sozial verantwortlichen Unternehmertums wäre somit sowohl Motor als auch Inkubator für innovative Geschäftsmodelle und Social Entrepreneurship, die scheinbar wirkmächtige Bestätigung einer der zentralen Aussagen der ökonomischen Theoriebildung: Wo grundlegende Bedürfnisse bestehen, entstehen unternehmerische Chancen.* Bestes Beispiel für diese These ist die erfolgreiche Gestaltung von innovativen Geschäftsmodellen in unvollkommenen Märkten. Wie Umair Haque in *The new capitalist manifesto: building a disruptively better business* (Haque 2011) darlegt, können die reale Einkommens-

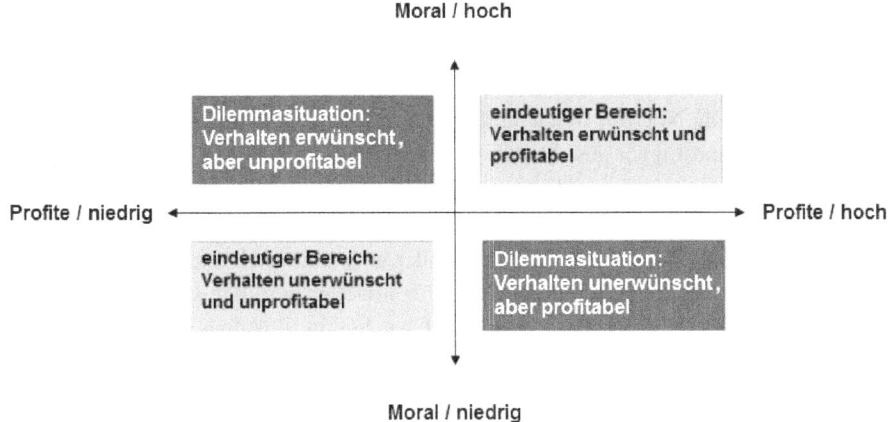

Abb. 1 Wirtschaftsethische Dilemmata. (In Anlehnung an Banke 2008)

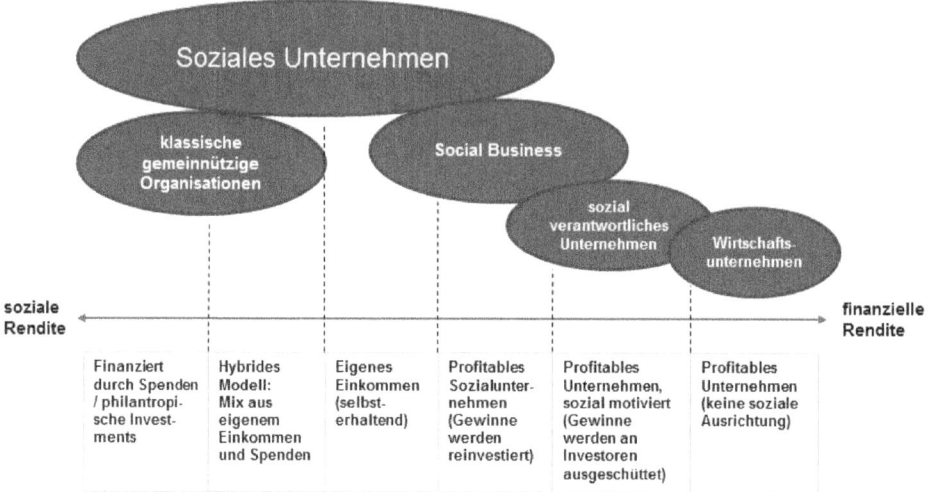

Abb. 2 Sozial orientierte Unternehmensformen. (Nach Frischen und Lawaldt 2008)

und Vermögensungleichheit in unvollkommenen Märkten den Ansatzpunkt für hocherfolgreiche disruptive Geschäftsmodelle liefern. Er nennt den Automarkt und dort den Sachverhalt, „[that] the global rich had plenty of choice in autos, while the global poor hat none" (Haque 2011, S. 124). Während die Automobilkonzerne aus Amerika, Europa, Japan und Korea zum Schluss gekommen waren, dass es nicht möglich sei, Autos für die Armen der Welt zu fertigen, nutzte TATA diese Unvollkommenheit des Marktes ganz anders. „It focused on inequity – an incomplete marketplace for autos – like a laser beam. Tata asked, ‚How can we serve people, communities, and societies that are chronically and consistently underserved, marginalized, or ignored by automakers?' Its simple, world-changing answer was, ‚What if we can make a low-cost car for the poor?'" (Haque 2011, S. 124).

Ordnet man TATA in die Systematiken von Banke (2008), Frischen und Lawaldt (2008) ein, könnte man es als sozial motiviertes profitables Unternehmen begreifen. Denn es lindert die substanzielle Not von Benachteiligten und schüttet die dabei erzielten Gewinne an die Investoren und Eigner aus. Mit dieser Einordnung käme TATA folglich im rechten oberen Quadranten von Abb. 1 zu liegen, da das Geschäftsmodell sowohl moralisch hochstehend als auch hoch profitabel ist. Kann das Geschäftsmodell von TATA aber wirklich so eingeordnet werden und wird mit TATA und anderen dem Bereich sozial verantwortlicher Unternehmensführung zuzuordnenden Geschäftsmodellen wirklich die These bestätigt, dass, wo grundlegende Bedürfnisse bestehen, Chancen und Lösungen sich anbieten, die am besten von Unternehmen und nicht vom Staat gelöst werden können? Die provokative Antwort auf diese beiden Fragen lautet: „Wohl eher nein!". Analysieren wir nämlich das Geschäftsmodell von TATA vor dem Hintergrund der im ersten Abschnitt erläuterten Abwärtsspirale destruktiver Wohlstandsmehrung, ändert sich das Bild von dessen Wirkung schlagartig. Denn der springende Punkt beim Geschäftsmodell von TATA ist nicht, dass TATA den Markt gemäß der ökonomischen Logik des Wettbewerbs vervollständigte, indem es Autos auch für jene fertigte, die sich bisher kein Auto leisten konnten, sondern dass diese Lösung die Konzentrationsspirale noch weiter anheizt, indem in weitestgehend automatisierten Fertigungsprozessen Produkte für Menschen geschaffen werden, die auf keiner Stufe der Supply- und Fertigungskette an der Wertschöpfung des Fertigungsprozesses teilhaben.[8]

Aus dem Beispiel von TATA sowie dem oben angerissenen Sachverhalt, dass auch profitorientierte Unternehmen ein Mindestmaß an Moral mitbringen müssen, wenn sie langfristig am Markt bestehen wollen, lassen sich mit Blick auf das Verhältnis von Social Entrepreneurs und profitorientierten Unternehmen deshalb mehrere Ableitungen treffen:

Erstens: Selbst scheinbar moralisch rechtfertigbare, sozial motivierte Geschäftsmodelle können massiv zur heutigen Abreicherungsspirale destruktiver Wohlstandsmehrung beitragen.

Zweitens: Ob ein Unternehmen moralisch handelt oder nicht, ist bis auf offensichtliche Ausnahmen an den Rändern eines Kontinuums zwischen rein wohlfahrtsorientierten, gemeinnützigen Unternehmen und rein ausbeuterischen Geschäftsmodellen weniger eine Frage der Sozial- oder Profitorientierung des Geschäftsmodells, sondern eine Frage der persönlichen Haltung der relevanten Manager und Unternehmer. Hierbei ist zu konstatieren, dass es auch Unternehmen mit einem moralisch hochstehenden wohlfahrtsorientierten Unternehmenszweck geben kann, die in der Umsetzung des Geschäftsmodells oder im Umgang etwa mit Kunden, Lieferanten und Mitarbeitern trotzdem moralisch fragwürdig handeln. Auch bei Social Entrepreneurs findet sich zuweilen der Phänotyp des von Paul Babiak und Robert Hare analysierten Soziopathen (Babiak und Hare 2007), der seine

---

[8] Noch kritischer fällt der Befund für scheinbar sozial orientierte Geschäftsmodelle aus, wenn wir uns den Unternehmen der Social-Media-Szene zuwenden. Nimmt man etwa Facebook als Prototyp, kann einerseits positiv für Facebook argumentiert werden, dass dieses Unternehmen eine offene Plattform bietet, bei der jeder die gleichen Zugangsmöglichkeiten besitzt, sodass sich jeder mit jedem vernetzen und aktiv werden kann. Andererseits kann dem Unternehmen nicht nur der schon oben zitierte Vorwurf gemacht werden, dass es auf einseitige und ausbeuterische Weise Daten von den Nutzern sammelt, die zu einer einseitigen und unbewussten Manipulation derselben genutzt werden, sondern dass Facebook mit seinen idiosynkratischen Vorstellungen von Freiheit, Moral und Zensur ganze Gesellschaften indoktriniert. Deutlich wird das am derzeit diskutierten Fall von Phan Thi Kom Phuc, dem „Napalm-Mädchen aus Vietnam", das Facebook mit dem Argument gelöscht hat, dass jegliches Foto mit nackten Frauen moralisch gesehen sexistisch sei und vom Netz verbannt werden müsse. Zugleich lässt Facebook im Namen der freien Meinungsäußerung im Netz menschenverachtende Hetzkampagnen zu sowie mit Videomaterial unterstützte Aufrufe, Gegner auf bestialische Weise zu vergewaltigen, zu verstümmeln und zu enthaupten. Mit dem von Jonas Jansen in seinem Beitrag „Die Moral der Netz-Beherrscher" zitierten Würzburger Anwalt Chan-Jo Jun ist deshalb grundsätzlich zu fragen, ob es moralisch richtig und gerechtfertigt ist, wenn „wir die Communitystandards eines Unternehmens für einen ganz wesentlichen Teil des gesellschaftlichen Lebens" adoptieren (Jansen 2016, S. 21).

persönlichen Ziele auf Kosten anderer durchzusetzen sucht. Ebenso finden sich zahllose Unternehmen, welche eindeutig profitorientiert sind und von einer ganzheitlich orientierten Unternehmensphilosophie und Verantwortungskultur getragen, weil in ihren Augen nur solche eine Verantwortungskultur die angestrebten Renditeziele möglich macht. Namhafte Beispiele hierfür sind Unternehmen wie dm, Hipp, Hilti oder auch Interface.

Drittens und mit Blick auf die vier Eingangsfragen zu diesem Abschnitt ist am bedeutsamsten: Der Beweggrund sowohl für das eigentliche Geschäftsmodell als auch für die Ausgestaltung seiner Umsetzung in Form der jeweiligen Unternehmenskultur ist weniger eine Frage von Ethik und Moral, sondern vielmehr eine Frage persönlicher Motive. Unter dem Begriff „Motiv" wird hier der Nutzen verstanden, der von den relevanten Akteuren mit ihrem Geschäftsmodell verknüpft ist. Mit Blick auf diesen Nutzen ist Moral immer nur eine Begleitkategorie, nicht aber der eigentlich treibende Faktor. Wie die Grafik von Konstanze Frischen und Angela Lawaldt anschaulich verdeutlicht (Frischen und Lawaldt 2008, vgl. Abb. 2), kann dieser Nutzen losgelöst von Moralkategorien verschiedene Formen annehmen, die auf einem Kontinuum zwischen sozialer und finanzieller Rendite angesiedelt sind. Zusätzlich zu diesem Kontinuum von sozialer und finanzieller Rendite kann der Nutzen eines Geschäftsmodells noch auf zwei weiteren Renditeachsen angesiedelt sein: erstens auf dem Kontinuum zwischen einer politischen und finanziellen Rendite sowie zweitens auf dem Kontinuum zwischen einer ökonomischen und einer ökologischen Rendite. Welchen Nutzen und Profit ein spezifisches Geschäftsmodell stiften soll und von wem es beflügelt wird, ist somit immer Ausdruck von Präferenzen aufseiten derjenigen, die ein Unternehmen und sein Geschäftsmodell begründen. Damit aber sind bei allen Geschäftsmodellen die spezifischen Renditeziele, die ein Unternehmen verfolgt, von persönlichen Überzeugungen, Zielen und Zwecken und damit von einer höchst *individuellen psychologischen Disposition* abhängig.

Viertens: Verknüpfen wir die zweite und dritte Ableitung zu einem einheitlichen Befund, ergibt sich der *moralische Fehlschluss* in der Bewertung von Geschäftsmodellen. Denn Moral und Ethik sind nicht so sehr Treiber als vielmehr das unerlässliche Schmiermittel für die Umsetzung einzelner Geschäftsmodelle. Sie werden bei allen Renditeformen benötigt, um innerhalb des jeweiligen Geschäftsmodells das Vertrauens- und Sozialkapital zu schöpfen, mit dem erst das Unternehmen hoch erfolgreich agieren kann. Damit aber sind Moral und Ethik ein funktionales Moment operativer Performance und weniger ein substanzielles Element, mit dem die jeweiligen Geschäftsmodelle in ihrer Nutzenprofilierung und Wirkungsorientierung unterschieden werden können.

Fünftens: Bündeln wir diese vier Ableitungen, wird deutlich, warum die von Achleitner, Heister und Stahl (Achleitner et al. 2007) formulierte Kritik am Staat zu kurz greift, nämlich dass er Mittel nicht effizient einsetzen würde und träge sowie bisweilen wenig innovativ bei der Lösung von Problemen sei, die der freie Markt nicht zu lösen vermag. Sie greift zu kurz, weil erstens jedes Geschäftsmodell, auch das von öffentlichen Körperschaften, von Verwaltungen und von der Politik von einem Trade-off aus allen vier Renditeformen lebt: der sozialen, der ökonomischen, der politischen und der ökologischen

Rendite. Betrachtet man die Wege und Ergebnisse politischer Entscheidungsfindungen, werden deshalb häufig Entscheidungen getroffen, die aus Sicht der anderen Renditeziele bestenfalls suboptimal, schlimmstenfalls kontraproduktiv sind. Konkreter: Logischerweise dominiert im Bereich des Politischen der politische Profit über den finanziellen oder, im Bereich sozialer oder ökologischer Profite, diese über ökonomische. Deshalb auch geht der Bereich des Social Entrepreneurships bis dorthin, wo unter ökonomischen Gesichtspunkten eindeutig unprofitable Geschäftsmodelle ausschließlich mit Spenden und aus anderen altruistischen Gründen gegebenen Mitteln finanziert werden.

Sechstens: Mit der Einsicht, dass die Präferenzenlogik von Geschäftsmodellen von der angestrebten Rendite – sprich dem zu erzielenden Profit – abhängt, relativiert sich auch der Vorwurf der ineffizienten Mittelverwendung. Effizienz bemisst sich nämlich ausschließlich am mit dem Geschäftsmodell angestrebten Profit. Ist dieser primär auf eine soziale, politische, ökologische oder ökonomische Rendite ausgerichtet, werden alle anderen Renditeformen dieser präferierten Profitlogik untergeordnet. *Der Staat handelt deshalb nicht so sehr unökonomisch oder ineffizient, sondern setzt die ihm zur Verfügung stehenden Mittel lediglich nach anderen Präferenzkriterien ein. Damit aber handelt auch der Staat im mentalen Modell der Ökonomie, d. h. nach der gängigen Logik der Unternehmensführung. Es ist die Logik der Knappheit, in der Mittel so eingesetzt werden, dass das angestrebte Profitziel optimal realisiert werden kann.* Der Unterschied zwischen den einzelnen Geschäftsmodellen schrumpft so auf die schon genannte psychologische Präferenz zusammen, d. i. das mentale Modell des Unternehmenszweckes, der das Geschäftsmodell beflügelt: Beim herkömmlichen Unternehmen ist es der Profit, bei den Spielen und Geschäftsmodellen der Politik die Macht und bei Social Entrepreneurs eine benevolente Nutzenstiftung, die sowohl von der Politik als auch von der Wirtschaft entgegen vielfachen Lippenbekundungen allzu oft als irrelevantes Randphänomen behandelt wird, auf das in deren eigener Handlungslogik nicht eigens reagiert werden muss.

Anhand dieser sechs Ableitungen können die oben formulierten Fragen nun wie folgt beantwortet werden:

Ad 1.) Der grundlegende Anreiz für sozial motivierte wie profitorientierte Unternehmensformen ist strukturell und funktional gesehen der gleiche: Mit einem möglichst unverwechselbaren Geschäftsmodell wollen beide Geschäftsformen etwas gestalten, sprich einen Nutzen stiften und eine Wirkung erzielen, die für die relevanten Akteure des Unternehmens wichtig sind. „Nutzen" bezeichnet dabei das spezifische Problem, welches durch das Geschäftsmodell gelöst werden soll, „Wirkung" (Impact) den angestrebten Profit.

Ad 2.) Das rationale Handeln von Unternehmen in funktionierenden Märkten führt zu einem systematischen Marktversagen und zu gesellschaftlichen Problemen, weil die meisten Unternehmen im oben beschriebenen mentalen Modell der Ökonomie gefangen sind. Es lenkt das individuell rationale und als solches oft höchst erfolgreiche Handeln der Einzelnen in eine kollektive Rückkopplungsschleife des Wettbewerbs um relative Vorteile, die auf der Ebene des Gesamtsystems zu den negativen Effekten der oben beschriebenen Abreicherungsspirale destruktiver Wohlstandsmehrung führen.

Ad. 3.) Solange der Begriff des Unternehmens dem heutigen mentalen Modell der Ökonomie mit seinen Konzepten der Knappheit, des Wettbewerbs sowie der Effizienz in der Umsetzung angestrebter Renditeziele verpflichtet bleibt, sind auch Social Entrepreneurs in einer Anreizlogik gefangen, die den Verteilungswettbewerb um knappe Ressourcen beflügelt. Deshalb können sozial orientierte Unternehmen selbst im besten Fall keine andere als lediglich punktuelle, d. h. eine individualpsychologisch befriedigende, nicht jedoch eine systemisch strukturell zielführende Lösung für die Probleme anbieten, die durch das heutige Wirtschaften verursacht werden.

Ad 4.) Außer dem Unterschied in der Ausrichtung der Geschäftsmodelle – also der spezifischen Nutzenprofilierung und Wirkungsorientierung – gibt es keinen nennenswerten Unterschied zwischen Social Entrepreneurs und profitorientierten Unternehmen. Dieses überraschende Ergebnis verdankt sich der oben skizzierten Einsicht, dass die Wahl eines Geschäftsmodells primär von individuellen Wünschen und Zielen getragen wird. Diese können von Geschäftsmodell zu Geschäftsmodell inhaltlich sehr voneinander abweichen, ihre psychologische Funktion bei der Ausgestaltung des Geschäftsmodells ist jedoch strukturell und funktional identisch. Auch bei der Frage der Moralfähigkeit können beide Formen der Geschäftstätigkeit analog eingestuft werden. Denn beide Ausrichtungen der Geschäftstätigkeit können sowohl in der Ausgestaltung der Unternehmenskultur als auch in der Umsetzung des Geschäftsmodells ganzheitlich verantwortlich und menschorientiert ausgerichtet sein oder eben auch nicht. Gleiches gilt für die Einstufung ihrer Nachhaltigkeit. Jeder Haushalt – selbst der politische – widmet sich dem Diktat von Knappheit und Effizienz, d. i. dem Umstand, dass mit begrenzten Mitteln ein auf die angestrebten Ziele (Nutzenprofilierung und Wirkungsorientierung) abgestimmtes optimales Ergebnis erzielt werden soll. Deshalb nochmals: Der Vorwurf gegen die Politik, sie könne nicht wirtschaften, ist genauso wohlfeil wie der gegenüber herkömmlichen profitorientierten Unternehmen, sie seien nicht effektiv in der Ausübung sozialer Verantwortung. Per definitionem orientieren sich die Geschäftsmodelle der Politik prioritär an der politischen Rendite und nicht an finanziellen Ergebnissen. Und ebenso gilt per definitionem, dass sich ökonomische Geschäftsmodelle zuerst an finanziellen und nicht an sozialen Renditen orientieren. Ebenso leben ja auch ökologische und soziale Geschäftsmodelle von einem Trade-off zu finanziellen Erträgen. Und selbst zwischen ökologischen und sozialen Renditezielen kann es zu Trade-offs kommen, welche in moralische Dilemmata führen, beispielsweise dann, wenn aus ökologischen Gesichtspunkten das Recht indigener Völker beschnitten werden soll, ihre tradierten Jagdkulturen zu leben. Aus all diesen Gründen sind Social Entrepreneurs nicht per se moralisch höher stehend oder ökologisch weniger verschwenderisch als herkömmliche Unternehmen.

Als Fazit bleibt deshalb folgende Frage im Raum: Können Social Entrepreneurs den zentralen Unterschied machen, mit dem die Abreicherungsspirale destruktiver Wohlstandsmehrung durchbrochen werden kann? Die unbefriedigende Antwort lautet: Nein! Der Grund ist: *Auch Social Entrepreneurs bleiben bei der Ausgestaltung ihrer Nutzen- und Wirkungsziele in der heutigen Knappheitslogik gefangen. Solange sie am Narrativ festhalten, dass Wohlstand und soziale Missstände nur dann geschöpft bzw. gelindert werden können, wenn sich Unternehmen im Wettbewerb um knappe Güter moralisch anständig und verantwortlich verhalten, können sie weder eine notwendige noch eine hinreichende Antwort auf die strukturell systemische Problematik geben, die durch das mentale Modell der Ökonomie hervorgerufen wird.* Mit Blick auf diese Probleme ist Social Entrepreneurship deshalb nichts anderes als der menschlich nachvollziehbare, gesellschaftlich begrüßenswerte und moralisch höchst positiv zu bewertende psychologische Reflex auf offensichtliche menschliche Nöte. Damit aber steht diese Form der Geschäftsgestaltung in der langen Tradition anderer wohltätiger Unternehmungen, wie beispielsweise das von den Stiftern Nicolas Rolin und Guigone de Salins 1443 gegründete und bis 1971 als Hospital betriebene Hôtel-Dieu in Beaune.

Wollen wir das Wirtschaften grundlegend ändern und die Abreicherungsspirale destruktiver Wohlstandsmehrung effektiv durchbrechen, benötigt die gängige Logik der Unternehmensführung ein anderes mentales Modell des Wirtschaftens als der knappheitsfixierte Fokus auf Ertrag, Wachstum, Wettbewerb und unternehmerische Verantwortung. Will es erfolgreich sein, muss es zumindest folgenden *drei Anforderungen* genügen: *In der psychologischen Perspektive menschlicher Motivation müsste es „anziehend" sein, indem es die grundlegenden Treiber unseres Strebens und Handelns erfolgreich befriedigt; in der ökonomischen Ratio profitorientierter Unternehmensführung müsste es zweitens Wege und Möglichkeiten für erfolgreiche Geschäftsmodelle eröffnen, mit denen Unternehmen gesunde Erträge generieren können; drittens schließlich müsste dieses Modell derart gestaltet sein, dass unser individuelles Streben nach Wohlstand und Erfolg die derzeitige Abwärtsspirale destruktiver Wohlstandsmehrung durchbricht und damit das Paradox aufhebt, welches dem heutigen mentalen Modell der Ökonomie entspringt.*

3 Systemversagen: Kreislaufmodelle und der Catch 22 destruktiver Wohlstandsmehrung

Rekapitulieren wir den soeben skizzierten Befund, dass Social Entrepreneurs bestenfalls eine punktuelle Lösung für soziale Not liefern können, dass sie jedoch nicht die grundlegenden Treiber und Ursachen verändern, die diese Not beflügeln, stellt sich erneut die Frage, wie die Probleme lösbar werden, die aus dem Paradox der destruktiven Wohlstandsmehrung erwachsen. Hierzu ist es notwendig, mehrere Dimensionen und Ebenen zu unterscheiden, die in diesem komplexen Paradox zusammenwirken (Abb. 3): erstens die *Mikroebene* einzelmenschlicher und unternehmerischer Handlungen. Hier wirken die jeweiligen Akteure als einfache (Menschen) bzw. komplexe Monaden (Unternehmen), die mit ihren individuellen Aktivitäten die komplexe Dynamik wirtschaftlicher und gesellschaftlicher Austauschprozesse beflügeln. Von dieser Ebene individueller Handlungen

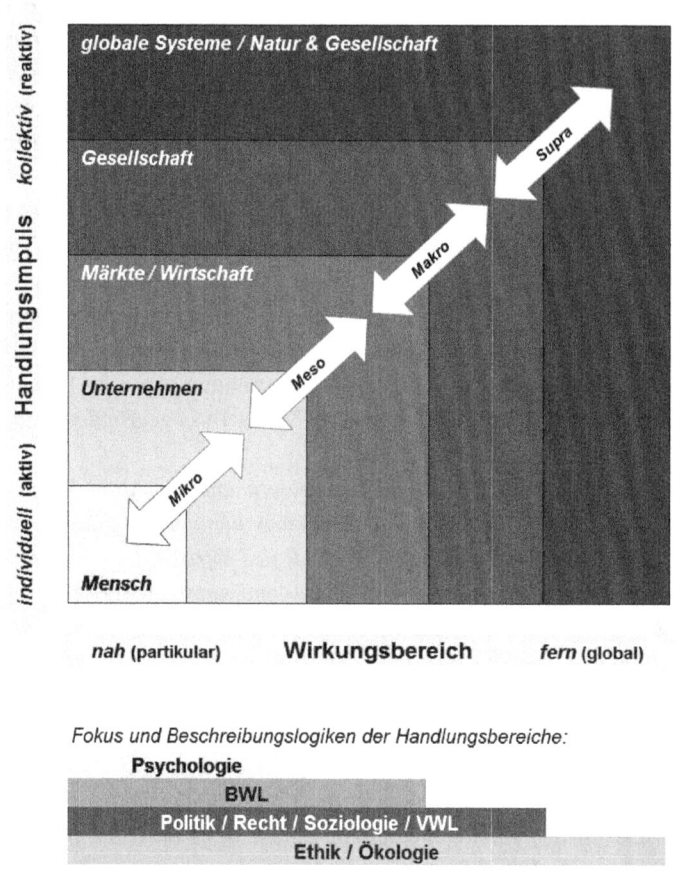

Abb. 3 Die Wirkungsebenen menschlichen Handelns

sind die *Mesoebene* des Zusammenspiels von Unternehmen und Märkten sowie die *Makroebene* des Zusammenspiels von Märkten und Gesellschaften zu unterscheiden. Erstere repräsentiert alle Dynamiken, die aus dem Austausch und Zusammenspiel der verschiedenen Unternehmen, ihrer Kunden und Lieferanten entstehen. Die Makroebene repräsentiert dagegen alle gesellschaftlichen Prozesse, die innerhalb einzelner (staatlicher) Körperschaften die wirtschaftliche, politische und gesellschaftliche Beziehungsdynamik zwischen Märkten, der Wirtschaft und einzelnen Gesellschaften prägen. Als vierte Ebene finden wir schließlich die *Supraebene* der globalen Rückkopplungssysteme aus Wirtschaft, Gesellschaft und der Natur.

Zieht man diese vier Ebenen der verschiedenen Austauschbeziehungen zwischen Menschen, Unternehmen, Wirtschaft, Gesellschaft und Natur zu einer sich wechselweise beeinflussenden Wirkungsdynamik zusammen, ergibt sich folgendes Bild. Auf der Mikroebene individuellen und unternehmerischen Handelns agieren Menschen und Unternehmen in den Handlungslogiken der Psychologie bzw. der Betriebswirtschaft. Dabei orientieren sich Menschen an kollektiv geprägten Werten und Präferenzen und Unternehmen an den Werten des mentalen Modells der Ökonomie. Die Klammer für beide Handlungslogiken ist ein in der Regel auf den Nahbereich ausgerichtetes Denken in Präferenzen und Vorteilen, dass auf persönliche Ziele ausgerichtet ist. Die menschliche Psyche konzentriert sich in diesen mit Abraham Maslow als Bedürfnispyramide darstellbaren Bestrebungen (Maslow 1954, 2011) dabei eher auf kurzfristige als auf langfristige Bedürfnisbefriedigungen. Deshalb ziehen Menschen und Unternehmen zumeist eine kurzfristige kleine Belohnung der langfristig erreichbaren großen Belohnung vor (Mischel et al. 1989; Shoda et al. 1990; Mischel 2015).

Das menschliche Streben nach kurzfristigen Belohnungen spiegelt sich in der unternehmerischen Entscheidungslogik insbesondere dort, wo Unternehmen quartalsgetrieben Zahlen folgen, sowie im Mantra der Strategieentwicklung, das die Dominanz und absolute Marktbeherrschung zum Ziel hat. Hierbei suchen die einzelnen Akteure in ausgeklügelten Differenzierungsstrategien den relativen Vorteil gegenüber anderen, mit denen sie im Wettbewerb stehen und die sie nach Möglichkeit monopolartig zu dominieren trachten. Die marken- und unternehmensstrategischen Schlagworte für diese strategische Ausrichtung sind die geflügelten Worte des 3O, „*Outwit, Outsmart, Outperform!*", des „*Be different, or die!*" sowie des „*Be better, or vanish!*" Da sich auf der psychologischen und der betriebswirtschaftlichen Ebene alle Akteure dieser Logik beugen, führt das scheinbar höchst rationale individuelle Handeln zum Schwarmphänomen kollektiver Dummheit. *Schwarmdummheit ist ein Phänomen kollektiver Verhaltensrückkopplungen* (Glauner 2016b, S. 96, 2017). *Sie entsteht aus vorgreifenden Erwartungen, mit denen Individuen die Interessen und das Handeln anderer Akteure beschreiben, sowie aus vorauseilenden Handlungen, mit denen sie auf diese Erwartungen reagieren.* Dabei setzen die einzelnen Akteure eine Rückkopplungsschleife wechselweiser Verhaltensreaktionen in Gang[9],

---

[9] Wie Juan Elegido in seiner Querschnittstudie „Business education and erosion of character" mit Bezug auf Simon (1985), Jensen und Meckling (1994) und Tetlock (2000) schreibt, produzieren unsere mentalen Modelle und Zuschreibungen, was der Mensch ist und wie er handelt, tief greifende Konsequenzen. Denn begreift sich der Mensch im Modell der neoklassischen Ökonomie als rationaler Nutzenmaximierer, dann richtet er sein Verhalten an der Erwartung aus, die die ökonomischen Konzepte der Knappheit und des Wettbewerbs triggern, nämlich: dass es dort, wo keine gemeinsame Win-win-Situation hergestellt werden kann, darum geht, den eigenen Vorteil auf Kosten anderer durchzusetzen. Da wir aber nie mit letzter Sicherheit wissen können, ob der andere wirklich partnerschaftlich kooperieren wird, stehen alle wirtschaftlich geprägten Austauschbeziehungen immer schon im Bann des Misstrauens. Dieses Misstrauen wird durch die mentalen Modelle der Ökonomie – etwa das von Jenkins mitentwickelte Principal-Agent-Problem der Gestaltung von Vertragsbeziehungen (Jensen und Meckling 1976) – noch gesteigert. Denn in fast allen Facetten des Wettbewerbsdenkens herrscht der Gedanke vor, dass der Mensch im Kern primär selbstbezogen handelt, faktisch also egoistisch sei. Am Beispiel der Studenten der Wirtschaftswissenschaften verdeutlicht: „Students will come to expect that other people will act that way [i. e. selfishly, FG]. This has clear practical consequences because it is well established in prisoner dilemma experiments that most subjects will defect if they are told that their partners are going to defect (Dawes 1980). In

die zu sich selbst erfüllenden Prophezeiungen werden. Diese tragen so lange, bis die Blasen platzen.[10]

Relevanter als die Schwarmdummheit kollektiver Erwartungen, darauf abgestimmter individueller Verhaltensweisen sowie daraus resultierender Moden und Blasenbildungen ist aber ein anderes Faktum. Die Dynamik des Schwarms wirkt nicht nur auf der Ebene individuellen menschlichen Handelns, sondern kaskadenförmig auch auf den Meso- und Makroebenen von Märkten und Gesellschaften. Dabei kommt es auf der Makroebene zwischen Gesellschaften, Staaten oder auch politischen Blöcken zu einem Wettbewerb, der den ökonomischen Prinzipien von Knappheit und Wachstum verpflichtet bleibt. Das führt dazu, dass selbst einzelne Staaten nur sehr schwer aus der bestehenden Logik aussteigen können, sodass der auf der Mikro-, Meso- und Makroebene ausgetragene Wettbewerb auf globaler Ebene zum oben beschriebenen Paradox destruktiver Wohlstandsmehrung führt. Erschwert wird dieser Umstand noch durch kulturelle Unterschiede, die unsere Wahrnehmung des kulturellen und politischen Gegenübers prägen. Sie führen dazu, dass man anderen Staaten und Kulturen nicht nur im Modus des Wettbewerbs begegnet, sondern ihnen und ihren Bürgern allzu oft auch die Vertrauenswürdigkeit abspricht, die man Akteuren derselben kulturellen Prägung selbst im harten Wettbewerb noch zubilligen mag.

Vor dem Hintergrund dieser vier Ebenen einer durch unser individuelles wirtschaftliches Handeln ausgelösten kollektiven Rückkopplungsdynamik kann nun der Catch-22 des Paradoxons destruktiver Wohlstandsmehrung beschrieben werden. Die scheinbare Ausweglosigkeit aus diesem Teufelskreis ergibt sich aus den sich immer schneller aufschaukelnden Gefahren eines globalen Kollapses, wie er von den drei NASA-Wissenschaftlern Safa Motesharrei, Jorge Rivas und Eugenia Kalnay analysiert worden ist. In ihrer bahnbrechenden HANDY-Studie „Human And Nature DYnamics (HANDY): modeling inequality and use of resources in the collapse or sustainability of societies" (Motesharrei et al. 2014) analysieren Motesharrei, Rivas und Kalnay die strukturellen Gründe, weshalb Gesellschaften kollabieren. Damit reflektieren sie das Faktum, dass es in der bisherigen Menschheitsgeschichte immer wieder zum Kollaps von Gesellschaften gekommen ist (Diamond 2005; Woodard 2004). Folgt man ihren Einsichten zu den Ursachen dieser Katastrophen, kollabieren Gesellschaften aus ausschließlich zwei Gründen mit mathematisch vorhersagbarer Sicherheit. Entweder dann, wenn der gesellschaftliche Ressourcenverbrauch die natürliche Erneuerungsquote der genutzten Ressourcen übersteigt, oder wenn innerhalb der Gesellschaft bei der Verteilung von Gütern und Zugang zu Chancen ein Grad der Ungleichheit erreicht wird, der zu Aufständen und Umbrüchen führt (Motesharrei et al. 2014; Williams 2012).

Analysieren wir die globale Dimension des Paradoxons destruktiver Wohlstandsmehrung vor dem Hintergrund der HANDY-Befunde, unterscheidet sich der drohende globale

---

other words, the mere fact that people expect that others will behave selfishly will tend to make them behave selfishly (Miller 1999)" (Elegido 2009, S. 18).

[10] Die in der Subprime-Krise von 2007/2008 geplatzte Spekulationsblase auf dem amerikanischen Immobilienmarkt ist das jüngstes Beispiel dafür, wie Schwarmdummheit nicht nur Banken, sondern ganze Märkte und Staaten in die Krise stürzen kann.

Kollaps an entscheidender Stelle von den vielen vorangegangenen Katastrophen, die Gesellschaften hinwegfegten. Anders als bei früheren Zusammenbrüchen, wo in der Regel nur einer der beiden Gründe Auslöser für die Katastrophe war, wirkt heute global eine sich wechselweise aufschaukelnde Doppeldynamik (Abb. 4), die das globale Verhältnis von Wirtschaft, Gesellschaft und Natur prägt: Unser globales Wachstum ebenso wie unser heutiger Wohlstand leben von einem Ressourcenraubbau, der in allen Parametern wie etwa der Biodiversität oder der Verfügbarkeit einzelner Ressourcen die Erneuerungsraten für ein gesundes Wachstum bei Weitem überschreitet. Zugleich führt der auf Raubbau gegründete Zuwachs des globalen Wohlstandes trotz der Linderung absoluter Armut (Kochhar und Oats 2015) zur im ersten Abschnitt ausführlich mit Zahlen belegten Ausweitung der Schere von Wohlstandsgewinnern und Wohlstandsverlierern. Als sich wechselweise bedingende Phänomene beflügelt diese globale Doppeldynamik deshalb die oben beschriebene Abreicherungsspirale aus Wachstum, Beschleunigung, Preisdruck und Ressourcenraubbau.

Treiber für diese Doppeldynamik ist erneut das mentale Modell der Ökonomie mit seinem Mantra des Wachstums, welches als Ausweg aus der Knappheitsfalle gepriesen wird. Dabei können drei Quellen dieses Strebens nach Wachstum differenziert werden: erstens das menschliche Bestreben nach Differenzierung und Entwicklung, wie es von Pierre Bourdieu (1987) analysiert worden ist. Es triggert unsere kontinuierliche Suche nach immer neuen Produkten, mit deren Konsum wir uns von anderen unterscheiden wollen und die wir häufig nur deshalb kaufen, um zu zeigen, dass wir es können. Auf der Mikro- und Mesoebene von Menschen, Unternehmen und Märkten löst dieser auf Differenzierung angelegte Konsum jene Dynamik aus, die mit dem Begriff der Moden umschrieben ist. Die zweite und dritte Quelle des Wachstums sind der ökonomische Druck auf Preise und Innovation sowie die Notwendigkeit, dass sich eingesetztes Kapital in den Augen der Kapitalgeber stets rentieren muss (Glauner 2016b, S. 102 f.). Da alle drei Bestrebungen heute auf einer globalen Bühne stattfinden und, beflügelt durch die global wirksamen Informationstechnologien, nicht nur ein globaler Wettbewerb, sondern auch ein globales Bewusstsein darüber entstanden ist, wer wo wie und warum zu den Gewinnern bzw. Ver-

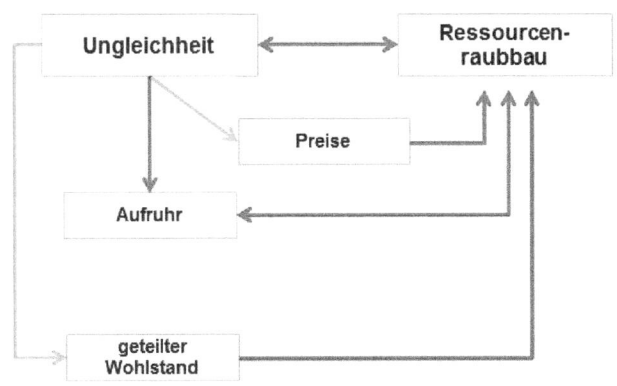

Abb. 4 Der Catch-22 destruktiver Wohlstandsmehrung

lierern zählt, beschleunigt sich der globale Wettlauf um Wohlstand und Teilhabe in einer Dynamik, die die Abreicherungsspirale destruktiver Wohlstandsmehrung scheinbar immer schneller drehen lässt.[11]

Wollen wir verstehen, weshalb wir in diesem Teufelskreis einer globalen Zwickmühle (Catch-22) gefangen scheinen, ist es notwendig, drei mentale Sackgassen unseres wirtschaftlichen Denkens auseinanderzuhalten. Die erste mentale Sackgasse besteht in der *physischen* Betrachtung des scheinbar unüberbrückbaren Gegensatzes, der zwischen Wachstum und Nachhaltigkeit besteht. Aus ökonomischer und teils auch aus sozialer Sicht benötigen wir auf der einen Seite ein kontinuierliches Wachstum, um soziale Not zu lindern, andererseits ruft dieses Wachstum gerade jene globalen Probleme hervor, die die heutigen ökologischen, gesellschaftlichen und auch ökonomischen Systeme bedroht. *Psychologisch* betrachtet scheinen wir dagegen im mentalen Gegensatz von Teilhabe und Ungleichheit gefangen, d. i. der motivationalen Dynamik, bei der das individuelle Streben nach persönlicher Glückseligkeit zu schwarmdummen Verhaltensweisen führt, die auf der kollektiven Ebene äußerst negativ wirken. Grundlage dieses Gegensatzes von individuell positiven und kollektiv negativen Wirkungen ist der Wettbewerb um relative Vorteile bei der Ausstattung von knappen Gütern. Drittens und *philosophisch* betrachtet gründet diese Zwickmühle in unseren Begriffen von Rationalität und Verantwortung. Die Interpretation von Rationalität und Verantwortung führt insofern in eine Sackgasse, als das rationale Verhalten von Unternehmen einer anderen Verantwortungslogik folgt, als die Ansprüche der Gesellschaft fordern. Diese als Verantwortungslücke markierbare Differenz zwischen einer unternehmerischen und einer gesellschaftlichen Verantwortung kommt zum Vorschein, wenn wir uns der Mikrologik des unternehmerischen Handelns zuwenden. Die Verantwortung einzelner Manager und Unternehmer ist primär eine Nahbereichsverantwortung, nämlich die Verantwortung gegenüber dem Unternehmen. Deshalb konzentriert sich die Unternehmensführung zunächst und zuerst auf die Aufgabe, das Unternehmen gesteigert wettbewerbsfähig zu halten. Hierzu richtet sich das rationale Verhalten der Akteure auf die Erzielung gesunder Erträge. Nur sie sichern das Unternehmen im Markt ab. Die ertragsorientierte Steigerung des Unternehmenswertes ist so der Kern unternehmerischer Verantwortung und das Ziel, an dem rationale Unternehmensführung ausgerichtet wird (Goedhart et al. 2015; Hamel und Prahalad 1997, 2000; Kaplan und Norton 1996; Porter 1985, 1996; Porter und Kramer 2011; Rappaport 1995; Wöhe und Döring 2002). Dieses Ziel der ertragsorientierten Steigerung des Unternehmenswertes leitet die Mikrologik unternehmerischer Entscheidungen. Deshalb spielen die Verantwortlichen nach den

---

[11] Auslöser für diese Entwicklung ist erneut unser individuell psychologisches sowie unser kollektiv betriebswirtschaftliches Denken in Knappheit, Wettbewerb und Wohlstandsmehrung. Bis auf wenige Ausnahmen, wie etwa bei den Vertretern der Postwachstumsökonomie (Paech 2012), ist dieses Denken an ein Wachstumsstreben gekettet, das trotz aller positiven Wohlstandseffekte, wie beispielsweise die in absoluten Zahlen gemessene Abnahme der weltweiten Armut, die zumindest gefühlte Ungleichheit eher beflügelt, anstatt sie zu lindern. Unser kollektives Streben nach Wachstum führt so zu jener Beschleunigung und unserem heutigen Ressourcenraubbau, der nicht nur einzelne Unternehmen, sondern auch unsere Gesellschaften als Ganzes im Kern bedroht.

Regeln des ökonomischen Modells der Unternehmensführung. Hierzu gehört, alles zu unternehmen, was notwendig und legal ist, um den angestrebten Vorsprung zu halten. Ist solches Verhalten auch ethisch tragfähig, ist das ein schöner Begleiteffekt, niemals aber das primäre Ziel unternehmerischer Entscheidungen.[12] Es ist aber genau diese Mikrologik unternehmerisch rationalen Handelns, die die kollektive Abwärtsspirale beschleunigt, welche aus einer übergeordneten Perspektive zum Catch-22 destruktiver Wohlstandsmehrung sowie zur moralischen Kritik der ökonomischen Logik der Unternehmensführung führt.

Kommen wir mit dieser Analyse des globalen Catch-22 destruktiver Wohlstandsmehrung zurück zum Konzept des Social Entrepreneurs und seiner Vision moralisch tragfähiger Geschäftsmodelle. Wie wir schon im letzten Abschnitt festgehalten hatten, können sozial fokussierte Geschäftsmodelle sehr wohl innovative Lösungen zur Linderung punktueller Not bieten. Hier sind sie ein unverzichtbarer und als solches nicht hoch genug zu rühmender Teil eines verantwortlichen und humanen Wirtschaftens, das sich in den Dienst der Menschheit stellt. Was sie jedoch nicht können, ist die grundlegende Logik des Wirtschaftens zu revidieren, die uns scheinbar zwangsläufig zum globalen Catch-22 destruktiver Wohlstandsmehrung führt. Und schlimmer noch. Selbst scheinbar sozial motivierte Geschäftsmodelle, die das Phänomen unvollständiger Märkte revidieren, indem sie wie TATA Produkte und Dienstleistungen für jene entwickeln, die von den bestehenden Märkten nicht bedient werden, beschleunigen sogar die systemische Abwärtsspirale destruktiver Wohlstandsmehrung. Denn die Weise, wie etwa TATA die offensichtliche individuelle Not benachteiligter Bedarfsgruppen lindern hilft, schreibt die ökonomische „winners take it all"-Logik der globalisierten Konzentrationsprozesse und damit das Auseinanderdriften von Gewinnern und Verlierern fort.

Anstelle psychologisch motivierter Ansätze in Richtung soziales Unternehmertum wird deshalb von den avancierten Vertretern der Nachhaltigkeit, wie etwa den Vertretern der Kreislaufwirtschaft (Braungart und McDonough 2002, 2013; Stuchtey et al. 2016), eine systemische Lösung gesucht. Sie fokussiert sich bevorzugt auf das Ressourcenproblem und nicht, wie Social Entrepreneurs, auf das Thema der Teilhabe von Wohlstandsverlierern sowie die Lösung von sozialen Problemen, die durch das heutige Wirtschaften verursacht werden. Dahinter steht die Überzeugung, dass die wirklich drängenden glo-

---

[12] Stellt man ein Unternehmen vor die Alternative, unter Inkaufnahme von Verlusten ethisch verantwortlich zu handeln, oder, zwar im Rahmen des Legalen, jedoch auf ethisch verwerfliche Weise, erfolgreich zu sein, wird es, wenn es knapp wird, immer den letzteren Weg beschreiten. Betriebswirtschaftlich orientiert es sich immer an den Steuerungsgrößen von Ertrag, Leistung, Wettbewerb sowie der Maxime der besten Leistung zum günstigsten Preis. Bestes Beispiel hierfür sind Betriebsverlagerungen. Steht ein Unternehmen im harten Wettbewerb und hat die Möglichkeit, teure Arbeitskräfte zu entlassen und die Produktionsstätte an einen Ort zu verlagern, wo deutlich geringere Löhne und Auflagen für Arbeits- und Umweltschutz gelten, wird es in der Mehrheit der Fälle diese legale, jedoch eher unethische Chance der Kostenreduktion nutzen. Steht ein Unternehmen mit dem Rücken zur Wand, wird es sie automatisch ergreifen, um sein Überleben zu sichern. Es ist dieser jedem Unternehmen eingeschriebene Steuerungsimpuls, der die Dynamik freisetzt, die dem modernen Wirtschaften innewohnt.

balen Probleme des Catch-22 destruktiver Wohlstandsmehrung, etwa die Erderwärmung, nur dann in der gebotenen Zeit gelöst werden können, wenn wir den Umgang mit knappen Ressourcen so gestalten, dass die gesellschaftlich negativen Folgen des Ressourcenraubbaus – etwa der ungleiche Zugang zu knappen, aber existenziell notwendigen Ressourcen – minimiert werden.

Trotz der bestechenden Logik, die diese Ansätze für sich verzeichnen können, greifen auch sie mit Blick auf die Lösung der globalen Probleme zu kurz, jedoch mit umgekehrten Vorzeichen. Denn *so, wie die sozial innovativen Geschäftsmodelle nicht die systemische Barriere der Abreicherungsspirale durchbrechen, gilt für die Cradle-to-Cradle-Systeme umgekehrt, sie durchbrechen nicht die psychologischen Barrieren, die uns an den Teufelskreis destruktiven Wachstums binden.* Analysieren wir die konzeptionellen Systeme der Kreislaufwirtschaft näher, sind auch sie geprägt von einem Denken, das den grundlegenden psychologischen Treibern menschlichen Handelns verpflichtet bleibt sowie daraus abgeleitet den ökonomischen Kernbegriffen des heutigen Wirtschaftens: Knappheit, Wettbewerb und Wachstum. Deshalb führt auch die propagierte Kreislauflogik zur potenziellen Beschleunigung des Catch-22. Auch sie befördert die Konzentration und damit die Zunahme jener Ungleichgewichte, die der Abreicherungsspirale zugrunde liegen.

Warum aber beflügelt auch die Kreislaufwirtschaft das destruktive Phänomen der Konzentration? Die Antwort hierauf finden wir, wenn wir uns den beiden grundlegenden Prinzipien der Kreislaufwirtschaft zuwenden: Das erste Prinzip besteht darin, Basisrohstoffe so aufzubereiten und zur Verfügung zu stellen, dass sie in immer neuen Nutzungskreisläufen wiederverwendet werden können. Das zweite Prinzip besteht darin, Geräte und Produkte so zu designen, dass deren Teile und Bestandteile wiederverwendet oder in den Basisrohstoffkreislauf zurückgeführt werden können. Nehmen wir als fiktives Beispiel das Unternehmen Miele und dessen Waschmaschinen. Heute kaufen Kunden Waschmaschinen, um ihren individuellen Bedarf an Wäsche zu reinigen. Miele fertigt seine Geräte in einem komplexen Fertigungsverfahren, bei dem von OEMs bis hin zu Tier 4 Lieferanten Teile beisteuern, die von Miele verbaut werden. Die Geräte werden nach Ablauf der garantierten Nutzungsdauer nicht mehr von Miele repariert oder gar zurückgenommen, sondern über die heute üblichen Entsorgungswege entsorgt. Dabei fließt nur wenig, etwa sortenreine Metalle und Kunststoffe, in den Ressourcenkreislauf zurück. Der Großteil landet dagegen auf Deponien oder wird verbrannt. Insbesondere bei nichterneuerbaren Ressourcen führt dies zu einem unwiederbringlichen Verlust. Durch entsprechende Produktdesigns und eine Überarbeitung der Geschäftsmodelle könnte dieser Abreicherungsprozess wie folgt aufgehalten werden. Auf der Ebene des Geschäftsmodells könnte Miele dazu übergehen, anstelle Waschmaschinen Waschzyklen zu verkaufen. Hierbei blieben die Maschinen Eigentum von Miele, das den Kunden die Geräte lediglich für eine spezifische Periode zur Verfügung stellt. Die Geräte könnten dann so gestaltet werden, dass ein Großteil oder sogar alle Basisrohstoffe und Geräteteile in neuen und anderen Geräten wiederverwendet werden bzw., wo das nicht mehr der Fall ist, sortenrein recycelt werden.

Dieses Kreislaufmodell würde mehrere Probleme lösen oder reduzieren und dabei zugleich die ökonomische Ertragslogik bedienen: erstens Ressourcen-, zweitens Kosten-

und drittens Innovationsprobleme. Der Kosten- und Ertragsvorteil von Kreislaufsystemen im Bereich Ressourcenbeschaffung und Ressourcenverbrauch ist offensichtlich. Unter Kostengesichtspunkten werden hier Beschaffungs- und Herstellkosten gesenkt. Zudem werden Transaktionskosten, etwa bei der Kundensicherung, reduziert. Denn der Verkauf von Waschzyklen führt bei entsprechender Vertragsregelung zu einer höheren Kundenbindung, etwa dadurch, dass Kunden bei gestaffelten Angeboten in regelmäßigen Abständen neue Geräte zur Verfügung gestellt und die alten, abgeschriebenen Geräte zu vergünstigten Vertragskonditionen angeboten werden. Auch hinsichtlich der Innovationsproblematik ergeben sich deutliche Vorteile. Viele der heutigen Innovationen dienen lediglich dazu, zur Sicherung von bestehenden Umsätzen und Renditen neue Produkte im Markt zu platzieren, ohne dass damit deutlich erhöhte Nutzenvorteile einhergehen. Verbleiben die Geräte dagegen im Besitz von Miele und erwirbt der Kunde lediglich das Ergebnis einer spezifischen Anzahl und Qualität von Waschzyklen, kann der innovations- und werbekostenaufwendige Run nach immer neuen Produkten, die in den Markt gedrängt werden, auf den Aspekt der Prozess- und Ressourcenoptimierung konzentriert werden. Dies birgt bei der Her- und Zurverfügungstellung der Geräte weitere Kostenvorteile, die für ein ernsthaftes grünes Marketing genutzt und an Kunden weitergegeben werden können. Zusätzlich ermöglicht solch ein Geschäftsmodell den Aufbau eines Netzes von Servicepartnern, die die Maschinen während ihres Lebenszyklus im Auftrag von Miele warten. Das Ideal von „shared value"-Netzwerken, wie sie von Michael Porter und Mark Kramer für die strategische Entwicklung von Geschäftsmodellen propagiert werden (Porter und Kramer 2011), wäre umgesetzt.

Wo also liegt der Haken in der überaus positiven Vision der Kreislaufwirtschaft? Darin, dass sie lediglich eine andere Form der Disruption in Gang setzt (Stuchtey et al. 2016), die die heutige Winners-take-it-all-Logik und damit das Paradoxon destruktiver Wohlstandsmehrung faktisch fortschreibt. Der Aufbau solcher aus ökologischer Sicht erstrebenswerten Kreislaufsysteme führt insbesondere bei der Zurverfügungstellung der Basisressourcen (etwa Stahl, chemische, pharmazeutische Grundstoffe, Saatgut, Düngemittel . . .), aber auch bei der Zurverfügungstellung komplexer Produkte und Dienstleistungen wie Waschmaschinen, elektronische Geräte oder Transport- und Informationstechnologielösungen zu einer immer größeren Konzentration der globalen Marktmacht in der Hand von immer weniger Anbietern. Das ist auch der Grund, weshalb insbesondere die heutigen globalen Spieler in der Kreislaufwirtschaft ein Modell sehen, wie sie ihre supranationale Marktdominanz absichern können. Das aber führt erneut zur Verschärfung der beschriebenen Zwickmühle. Denn getrieben von den psychischen Faktoren des Wettbewerbs, d. h. unserem Denken in Knappheit, Erfolg, Neid, Missgunst, Eitelkeit, Gier und Machtstreben, führen diese Geschäftsmodelle zu immer weniger Gewinnern und einem immer größeren Heer von Verlierern, die nur noch als Konsumenten oder Datenlieferanten benötigt werden, nicht aber als aktive Teilhaber einer regional intakten, vielfältigen, kleinteiligen und sowohl ökonomisch, ökologisch und sozial tragfähigen Gesellschaft.

Um dieser psychischen Falle eines individuell höchst erfolgreichen, kollektiv jedoch zerstörerischen Wettbewerbs entgehen zu können, ist eine Logik des Wirtschaftens zu entwickeln, die, wie schon erwähnt, drei Eigenschaften verbindet. Erstens muss sie dem menschlichen Streben nach Differenzierung und Wettbewerb gerecht werden, zweitens muss sie unsere psychischen Bedürfnisse nach aktiver Teilhabe und Anerkennung befriedigen und drittens sind diese beiden Anforderungen so zu lösen, dass sie zur Entwicklung von Geschäftsmodellen führen, die den Ressourcenraubbau und den Catch-22 der destruktiven Wohlstandsmehrung durchbrechen helfen. Hierzu benötigen wir ein mentales Modell des Wirtschaftens, das die Abwärtsspirale aus Disruption, Konzentration und Ressourcenraubbau durchbricht, indem es sich von den mentalen Hürden befreit, die unser ökonomisches Denken an Knappheit, Wettbewerb und Wachstum binden. Nur wenn wir uns von diesen Begriffen lösen können, können wir Geschäftsmodelle entwickeln, die die Abreicherungsspirale durchbrechen, indem sie ein teilhabeorientiertes Wachstum ermöglichen, das Ressourcen schöpft, anstatt sie zu zerstören. Wenn also unsere mentalen Modelle unser Handeln leiten, benötigt zukunftsfähiges Wirtschaften ein neues mentales Modell, mit dem wir die Ratio unseres ökonomischen Handelns beschreiben und beflügeln.

4 Ressourcenschöpfende Mehrwertkreisläufe: Die Logik zukunftsfähiger Geschäftsmodelle

Rekapitulieren wir, dass sowohl das Konzept eines sozial verantwortlichen Unternehmertums als auch das Konzept der Kreislaufwirtschaft im Bann des heutigen ökonomischen Modells gefangen bleiben, stellt sich die Frage nach dem archimedischen Punkt, mit dem das Denken in Knappheit, Wettbewerb und Wachstum aus den Angeln der Abwärtsspirale destruktiver Wohlstandsmehrung gehoben werden kann. Wir finden eine Antwort, wenn wir uns zunächst von Fragen der Nachhaltigkeit und Moral abwenden und untersuchen, was einzelne Unternehmen überleben lässt? Die bündige Antwort lautet: alles, was dazu beiträgt, dass sie für sich den „Größten Anzunehmenden Unfall" vermeiden können. Dieser GAU ist das zwangsweise Ausscheiden aus dem Markt, sei es durch Insolvenz, durch feindliche Übernahme oder aufgrund unfreiwilliger Geschäftsaufgabe, weil das Unternehmen nicht mehr marktfähig ist. Die Abwendung dieser Katastrophe ist die Ultima Ratio, der sich alle Entscheidungen der Unternehmensführung unterordnen.

Betrachten wir die Gefahr des zwangsweisen Ausscheidens aus dem Markt vor dem Hintergrund der ökonomischen Beschleunigungsspirale aus Wachstum, Konzentration und Disruption und setzen wir voraus, dass das Unternehmen über geeignete Perspektiven und Freiräume sowie die benötigten finanziellen und personellen Ressourcen verfügt, um auf diese Entwicklung reagieren zu können, bleiben angesichts des Paradoxons destruktiver Wohlstandsmehrung *zwei Basisstrategien*, wie Unternehmen dieses zwangsweise Ausscheiden abwenden können.

Die erste und zumindest kurzfristig höchst erfolgreiche Basisstrategie zur Vermeidung des GAUs folgt den drei strategischen Mantras des „Outwit, Outsmart, Outperform!", des „Be different, or die!" sowie des „Be better, or vanish!" Mit exklusiven Produkten und Geschäftsmodellen sollen dabei der Markt (Kunden und Wettbewerber), die Wertschöpfungskette (Lieferanten und Kunden) sowie die Kundenbeziehungen (Produkt und Preisgestaltung) möglichst monopolartig beherrscht werden. *Das ideale Vehikel für diese Bestrebungen sind disruptive Geschäftsmodelle.* Sie erlauben Unternehmen, ihre Märkte so zu monopolisieren, dass die eigene Existenz auf möglichst lange Sicht erfolgreich abgesichert werden kann.

Die Entwicklung disruptiver Geschäftsmodelle ist das *große Spiel der Strategieentwicklung*. In Szene gesetzt wird es insbesondere von den heutigen Technologieführern der Disruption, wie beispielsweise Google, Amazon oder Monsanto und Co. Auch für viele kleine Unternehmen und Start-ups, die mit kreativen neuen Geschäftsmodellen den einzigen Ausweg sehen, sich gegen die großen Wettbewerber zu behaupten, ist es das Vorbild. Das große Spiel der Disruption kann aber auch von den multinationalen Strategen der Kreislaufwirtschaft erfolgreich betrieben werden, nämlich dann, wenn der Aufbau geschlossener Wertstoffkreisläufe dazu genutzt wird, marktabschottende Dominanzstrategien zu verfolgen. Wie die Argumentation zur Spirale aus Disruption, Konzentration und Ressourcenraubbau verdeutlichte, führt dieses große Spiel der Strategieentwicklung am Ende dazu, dass auf globaler Ebene die ökonomischen, ökologischen und gesellschaftlichen Grundlagen des Wirtschaftens soweit erodieren, dass auch das eigene Geschäftsmodell zu kollabieren droht. Kennzeichen dieser Entwicklung ist die kontinuierliche Verringerung der Lebenszyklen von Unternehmen.[13] Sie geht einher mit dem sich beschleunigenden Wegfall bisher erfolgreicher Geschäftsmodelle.[14] Unternehmen, die das große Spiel der Strategieentwicklung spielen, laufen so Gefahr, mit immer neuen Disruptionen die ökonomische, ökologische und gesellschaftliche Basis zu zerstören, die sie für ihr eigenes Wirtschaften benötigen.

Da das große Spiel der Strategieentwicklung zugleich immer mehr bestehende Geschäftsmodelle bedroht und die Gefahr eines drohenden globalen Kollapses eher beschleunigt als mindert, ist die Frage nach der individuellen Überlebensfähigkeit von Unternehmen an entscheidender Stelle zuzuspitzen. Diese Zuspitzung versteckt sich in der Frage, mit welchen Geschäftsmodellen Unternehmen dazu beitragen, dass sie und ihr Wirtschaften zukunftsfähig werden. *Die Frage nach der Zukunftsfähigkeit des eigenen Wirtschaftens ist weitaus radikaler als jene nach der Überlebensfähigkeit einzelner Unternehmen. Sie berücksichtigt nämlich, dass es bei zukunftsfähigem Wirtschaften um mehr geht als nur die optimierte Absicherung eines rein selbstbezogenen Ertrags.* In der Frage nach der Zu-

---

[13] Laut Clark Gilbert, Mathew Eyring und Richard Foster reduzierte sich die durchschnittliche Lebensdauer der im Standard & Poor's gelisteten Unternehmen von 61 Jahren in 1958 auf 18 Jahre in 2012 (Gilbert et al. 2013, S. 44). Wie McKinsey-Berater schon 2002 prognostizierten, führt dieses Muster der Diskontinuität dazu, dass die durchschnittliche Lebensdauer der im S&P500 gelisteten Unternehmen sich 2020 auf wohl nur noch zehn Jahre reduzieren wird (Foster und Kaplan 2002, S. 13).
[14] Laut der jüngsten Commerzbank-Mittelstandsbefragung „Management im Wandel: Digitaler, effizienter, flexibler!" (Commerzbank 2015) sehen ein Viertel der in der Studie befragten 4000 Unternehmer ihr bestehendes Geschäftsmodell als bedroht an.

kunftsfähigkeit ist nämlich mitgedacht, dass das Streben nach individuellem Gewinn so gestaltet sein muss, dass es nicht nur das Überleben des eigenen Unternehmens absichert, sondern zugleich auch die Überlebensfähigkeit der Umgebungssysteme, in denen und aus denen heraus ein Unternehmen wirtschaftet.

Was also lässt insbesondere jene Unternehmen zukunftsfähig werden, die das große Spiel der Strategieentwicklung nicht spielen können oder nicht spielen wollen? Die Antwort auf diese Frage verweist uns auf das *kleine Spiel der Strategieentwicklung*. Es besteht darin, durch Vernetzung vielfältigster kleinteiliger Strukturen eine breite Teilhabebasis zu schaffen, die die eigene Geschäftstätigkeit langfristig absichern hilft. Zukunftsfähige Strategieentwicklung zielt deshalb auf die Entwicklung von Geschäftsmodellen für die *Bewusstseinsökonomie* (Glauner 2016, S. 72). Mit dem Terminus „Bewusstseinsökonomie" verbindet sich die Einsicht, dass die zentrale Ressource der Zukunft das Bewusstsein ist, mit dem sich Unternehmen organisieren, um die kundengetriebenen Märkte von morgen zu bedienen. Geschäftsmodelle der Bewusstseinsökonomie organisieren Nutzenstiftungskreisläufe, die die Abreicherungsspirale der destruktiven Wohlstandsmehrung erfolgreich durchbrechen. Hierzu werden die Kunden sowie alle an den Wertschöpfungsketten beteiligten Akteure in ihren individuellen Möglichkeiten so befähigt, dass sie als aktive Träger eines multidimensionalen Mehrwertschöpfungsprozesses in die ökonomischen, gesellschaftlichen und ökologischen Wertschöpfungsprozesse eingebunden bleiben. Und dies nicht nur als Konsumenten oder nachgelagerte Dienstleister, sondern als eigenständige Leistungsträger, die mit eigenen Mitteln und Fähigkeiten zu dieser Mehrwertschöpfung beitragen. *Das Prinzip der Bewusstseinsökonomie ist die aktive Gestaltung von ressourcen- und mehrwertschöpfenden Teilhabekreisläufen, die auf allen Ebenen von Menschen, Unternehmen, Gesellschaften und der Natur die Basis einer umfassenderen multidimensionalen Wertschöpfung bilden. Hierbei führt die Gesamtsumme der Transaktionen zwischen den einzelnen Teilnehmern dazu, dass unter dem Strich auf allen Ebenen von Menschen, Unternehmen, der Natur und der Gesellschaft mehr sowie neue und zusätzliche Ressourcen geschöpft als verbraucht werden. Dadurch entsteht ein natürlicher, multidimensionaler Ressourcenwachstumsprozess, aus dem sich das ganze System nährt, vervielfältigt, ausdifferenziert und entfaltet. Bewusstseinsökonomische Geschäftsmodelle gründen somit in einem Werteverständnis, das Folgendes begreift: Ertrag und Erfolg sind eine Funktion von Nutzenstiftungen, die sich nicht mit ökonomischen Performanzkennzahlen messen lassen. Deshalb gilt: Ökonomische Wertschöpfung ist eine Funktion von primär nichtökonomischer Wertschöpfung. Die Ausgestaltung zukunftsfähiger Wertekulturen ist daher der Kernwertschöpfungsprozess bei Geschäftsmodellen der Bewusstseinsökonomie. Mit dem Motto* „**Be valuable, or die!**" *weist er den Weg zu den Wettbewerbsvorteilen von morgen.*

„Werthaltig sein" bedeutet weitaus mehr, als ökonomisch ertragreich zu werden. Es bedeutet, in einem umfassenderen Sinn wertestiftend zu sein. Wertestiftend werden Unternehmen dann, wenn sie die Fähigkeit entwickeln, mit *substanziellen Nutzenstiftungen* multidimensionale Wert- und Werteschöpfungskreisläufe in Gang zu setzen. Der Begriff der substanziellen Nutzenstiftung ist deshalb gegen den in den Marketinghandbüchern üblichen Nutzenbegriff der Unique Selling Proposition (USP) abzugrenzen. USPs im heutigen ökonomischen Verständnis sind Sinn- und Nutzenversprechen, die es möglichst so zu positionieren gilt, dass bei den Kunden das Gefühl entsteht, es handele sich entweder um ein wertvolles und exklusives Gut, das man unbedingt haben will, oder um ein besonders günstiges und unwiderstehliches „Schnäppchen", das man nicht auslassen möchte. Bei nüchterner Analyse dienen die Entwicklung von USPs und Positionierungsclaims jedoch zumeist dazu, im Grunde austauschbare Produkte möglichst hochpreisig kaufwirksam im Markt zu platzieren. Folgt man Marketingexperten wie Rainer Großklaus (Großklaus 2015), sind Positionierungen von USPs höchst kreative Erfindungen, mit denen ein Produkt beworben werden soll, um es in den Köpfen der Adressaten zu verankern, und sei es durch Negativwerbung wie bei den Kampagnen Benettons, das in den 1990er-Jahren des letzten Jahrhunderts ihre Mode mit Schockbildern, wie etwa der blutverschmierten Kleidung eines getöteten Soldaten, bewarb. Großklaus zitiert dabei die Erfinder des Positionierungskonzeptes, Al Ries und Jack Trout. Für sie wie für Großklaus handelt es sich bei der Positionierung um „kosmetische Verschönerungen mit dem Ziel, eine gute Position in der Vorstellung der Kunden zu sichern", wobei man mit dem Produkt selbst eigentlich nichts unternimmt (Ries und Trout 1986, S. 19, zitiert nach Großklaus 2015, S. 2). „Die Positionierung ist somit die Reflektion des Eindrucks, den die Konsumenten von einem bestimmten Produkt haben bzw. gelernt haben" (Ries und Trout 1986, S. 19, zitiert nach Großklaus 2015, S. 2). Dabei handelt es sich bei dieser Alleinstellung lediglich um eine psychologische Schimäre, nämlich eine mit den Mitteln der Manipulation und Täuschung inszenierte Wertigkeit, mit der ein ansonsten austauschbares Produkt in übersättigten Märkten so aufgehübscht und positioniert wird, dass der Kunde es kauft. George Akerlof und Robert Shiller bezeichnen dies als „Phishing for Phools" (Akerlof und Shiller 2015). Das „Fischen nach Dummen" ist für sie das Kennzeichen einer degenerierten Ökonomie, die ihre Nutzenversprechen systematisch auf Manipulationen und Täuschungen aufbaut. Entgegen solchen emotional kreierten Wirklichkeitskulissen zur Auslobung von Produkten, die im Grunde austauschbar sind, setzen substanzielle Nutzenstiftungen auf reale Bedürfnisse, die es ohne Manipulation und Täuschung zu befriedigen gilt. Deshalb setzen Geschäftsmodelle der Bewusstseinsökonomie am Kern an, weshalb Menschen überhaupt ein Unternehmen gründen. Was aber ist dieser Kern? Es ist die Notwendigkeit zu kooperieren, um eine reale „Not" zu wenden, d. h. einen substanziellen Nutzen zu stiften, den einer alleine nicht bewerkstelligen kann.

Der Gründungsakt eines Unternehmens entspringt dem Wunsch, eine komplexe Aufgabe zu lösen, und der Einsicht, dass zur Bewältigung dieser Aufgabe das Zusammenspiel mehrerer Menschen erforderlich ist. Dies gilt für das Löschen großer Brände ebenso wie für die Herstellung und Reparatur von Autos, Brennstoffzellen, Maschinen oder Smartphones, für herz- oder hirnchirurgische Operation, für die Aufführung einer Oper oder Operette, für den Bau eines Hauses sowie für die Umsetzung sonstiger komplexer Dienstleistungen wie etwa die Aufbereitung von Wissen in Form von Büchern und Zeitschriften oder das Aussenden von Nachrichten und die Übermittlung von Paketen und Briefen. *Alle Unternehmen sind deshalb zuerst und zunächst Kooperationssysteme. Es sind soziale Sys-*

teme, in denen Menschen mit Menschen (Humans *with* Humans) *zusammenwirken müssen, wenn sie für Menschen* (Humans *for* Humans) *eine Not wenden, d. h. einen substanziellen Nutzen stiften wollen.*

Die Notwendigkeit der Kooperation von Menschen zum Nutzen für Menschen entspringt einer *dreigliedrigen Bedürfnislogik*. Sie leitet die jeweils spezifische Handlungslogik von Unternehmen und spiegelt sich in seiner Organisation. Anhand einer Metapher, der chemischen Formel H_2O für das Lebenselixier Wasser, kann dieser Zusammenhang versinnbildlicht werden: Wasser als der unverzichtbare Grundstoff des Lebens entsteht chemisch gesprochen durch die Verbindung von zwei Teilen Wasserstoff (H_2) mit einem Teil Sauerstoff (O). Übertragen wir die chemische Formellogik auf Unternehmen, lautet deren Substanzformel **H_3O**. Die ersten beiden H's stehen dabei für die *Kooperationskraft* des Humans *with* Humans, die im und vom Unternehmen entfaltet werden muss, wenn es eine nutzenstiftende Wertschöpfung in Szene setzen will. Das dritte H bezeichnet dagegen das substanzielle *Nutzenversprechen* des Humans *for* Humans, mit dem sich das Unternehmen für andere dienlich macht. Analog zu den beiden Wasserstoffteilen, die nur in Verbindung mit einem Teil Sauerstoff zu wirkmächtigem Wasser werden, können die Kooperationskraft und das Nutzenversprechen des Unternehmens sich nur dann materialisieren, d. h. als konkrete Nutzenstiftung real wirksam werden, wenn ein kritisches Element hinzukommt: die *Organisation*. Analog zum hochreaktiven Sauerstoff wirkt die Organisation eines Unternehmens als das kritische Medium, in dem und durch das sich das Unternehmen als nutzenstiftende Einheit materialisiert. Die Organisation wirkt so als Treiber dafür, dass sich die Dynamik des Humans *with* Humans und des Humans *for* Humans zu einer konkreten Wertschöpfung, dem dreigliedrigen „Humans *with* Humans *for* Humans", auskristallisiert. Das lässt sich auch ohne metaphorische Anleihen aus der Chemie in der Sprache der Mathematik formulieren: Unternehmen sind nichts anderes als spezifische Funktionen. Deren materialer Wert sind menschliche Bedürfnisse, die eine spezifische Form der Organisation benötigen, wenn sie befriedigt werden sollen. Die Handlungs-, Bedürfnis- und Organisationslogik des Unternehmens folgt deshalb dem Dreisatz: „*Form follows function. Function follows values. Values follow needs*". Die Form des Unternehmens ist dabei immer eine Variable seiner Funktion, d. h. Ausdruck der materialen Nutzenstiftung, die das Unternehmen als soziales System leistet. Deshalb sind Unternehmen mit Peter Drucker gesprochen keine mechanistisch-funktionalen Systeme, sondern hoch dynamische Systeme, die der Befriedigung menschlicher Bedürfnisse dienen. „A business enterprise is created and managed by people and not by forces" (Drucker 1977, S. 88). Das aber bedeutet: *Jede Organisation ist zunächst und primär ein Raum, der sich über Werte organisiert.* Entscheidungen der Organisationsentwicklung zur Hierarchisierung von Zwecken, zu Zweckkonflikten sowie zur strukturellen Gliederung und prozessualen Ausgestaltung des Unternehmens folgen deshalb keinen selbsterklärenden Notwendigkeiten. Sie gründen in Werteentscheidungen, die von außen in das Unternehmen hineingetragen werden (Glauner 2015).

Möchte ein Unternehmen zukunftsfähig werden, ist sein Werteraum und damit der menschliche Faktor so zu aktivieren, dass eine Bewusstseinskultur zur Schöpfung von

Mehrwertkreisläufen entsteht. Hierzu ist die Nutzenfunktion des Unternehmens so auszurichten, dass sie zwei Anforderungen erfüllt: Erstens muss die angestrebte Nutzenstiftung bei allen, die vom Geschäftsmodell tangiert werden, das menschliche Bedürfnissen nach Sinn, Leistung, Anerkennung und Respekt befriedigen.[15] Zweitens muss sie die Einsicht umsetzen, dass ein Geschäftsmodell nur dann zukunftsfähig ist, wenn es die Abreicherungsspirale destruktiver Wohlstandsmehrung durchbrechen hilft.

Hier schließt sich der Kreis. Die Erfüllung beider Bedingungen für zukunftsfähige Geschäftsmodelle erfordert ein anderes Denken, als es uns das moralisch-ethische Gewissen zunächst vorschreiben würde. Deutlich wird dies an den oben entfalteten Argumenten, dass selbst die avanciertesten Nachhaltigkeitsmodelle der Kreislaufwirtschaft sowie moralisch motiviertes Social Entrepreneurship die Abreicherungsspirale destruktiver Wohlstandsmehrung nicht durchbrechen können, weil sie in den Vorstellungen von Knappheit und Wettbewerb gefangen bleiben. Die zentrale Frage zur Ausgestaltung zukunftsfähiger Geschäftsmodelle lautet deshalb: *Gibt es ein mentales Modell des Wirtschaftens, das ohne die Begriffe von Knappheit und Wettbewerb auskommt bzw. diese Begriffe so neu fasst, dass sie erstens dem menschlichen Streben nach Differenzierung und Wettbewerb gerecht werden, zweitens unsere psychischen Bedürfnisse nach aktiver Teilhabe und Anerkennung befriedigen und drittens beide Anforderungen in ökonomisch ertragreiche Geschäftsmodelle überführen, die den Ressourcenraubbau und den Catch-22 der destruktiven Wohlstandsmehrung durchbrechen?* Ja: das *Modell ethikologischer Geschäftsmodelle für ressourcenschöpfende Mehrwertkreisläufe* (Glauner 2016b). Es gründet in einem zweifachen Werteverständnis, das in der Wortneuschöpfung „*Ethikologie*" zum Ausdruck gebracht wird. *Ethikologische Geschäftsmodelle verknüpfen das ethisch-moralische Konzept eines humanen Wirtschaftens, das sich mit Menschen in den Dienst von Menschen stellt, mit den Naturprinzipien des Lebendigen.* Was aber sind die Naturprinzipien des Lebendigen, die die Basis zukunftsfähiger Geschäftsmodelle bilden? Sehen wir uns dazu die Systeme des Lebens näher an.

Alle Austauschprozesse des Lebendigen gründen auf fünf natürlichen Prinzipien: *Lokalität, Freiheit, Kleinteiligkeit, Vielfalt* und *Nutzenstiftung*. Dabei bestimmen die dem Kreislaufsystem zur Verfügung stehenden Basisressourcen sowie die im Gesamtsystem kumulierten Nutzenstiftungskreisläufe die Wachstums- und Differenzierungspotenziale, welche das Gesamtsystem entfalten kann. Anhand dieser Prinzipien organisiert sich die Natur als hoch dynamischer Rückkopplungsprozess, dessen Wachstum aus der Ausdiffe-

---

[15] Sowohl die positive Psychologie (Frankl 1985, 1994; Maslow 1954, 2011; Seligman et al. 2005) als auch die Psychologie der Motivation (McClelland 1961, 1984; Heckhausen und Heckhausen 2006), die Sozialpsychologie (Badura et al. 2013; Witte 2008; Witte und Gollan 2010) sowie die Konzepte eines humanistischen Managements (Pirson und Lawrence 2010; Kimakowitz et al. 2010; Dierksmeier et al. 2011; Dierksmeier 2013), bei denen Ethik zentraler Bestandteil einer auf Vertrauen und Verantwortung bauenden Unternehmensausrichtung ist (Tuleja 1985, 1987; Ulrich 1970; Ulrich 1986, 1997, 2013; Schneider und Schmidpeter 2015), heben hervor, dass Unternehmen nur dann wirklich leistungsfähig werden, wenn sie eine Kultur entwickeln, die den Zweck des Unternehmens an den Bedürfnissen der Menschen ausrichtet (Küng 2012; Sen 1997, 2009).

renzierung der eigenen Substanz erfolgt. Hierzu nutzt die Natur das Licht der Sonne und die anorganischen Substanzen der Erde als primäre Energie- und Nährstoffquellen, die in biochemischen Prozessen zu mehrwertstiftenden Organismen transformiert werden, von denen das System lebt. Deutlich wird dieser systemische Prozess am Artensterben sowie dem Ressourcenwachstum an biochemisch erzeugten Substanzen und Rohstoffen, wie beispielsweise fruchtbaren Mutterböden oder der Biomasse einzelner Ökosysteme.

Betrachten wir die seit rd. 3,5 Mrd. Jahren stattfindende Entwicklung des Lebendigen, ist Folgendes signifikant: 99 % aller Arten sind ausgestorben und unzählbare Ökosysteme kollabiert (Otto et al. 2007). Im selben Zeitraum schöpfte die Natur einen stetig wachsenden Grundstock an lebendigen Organismen (Biomasse) sowie an biochemischen Substanzen und Rohstoffen, die von den einzelnen Ökosystemen für weitere Ausdifferenzierungs- und Wachstumsprozesse genutzt werden. Üblicherweise interpretieren wir die Aussterberaten mit den darwinistischen Konzepten von Selektion und Anpassung. Darin waren die ausgestorbenen Arten nicht fit und schnell genug, sich im Wettlauf um knappe Ressourcen anzupassen. *Damit erklären wir die Prozesse der Natur mit unseren menschgemachten Vorstellungen von Knappheit und Wettbewerb und unterstellen, dass die Natur nach den gleichen Prinzipien operiert, mit denen wir unsere ökonomischen Bestrebungen ausrichten:* „Outwit, Outsmart, Outperform!", „Be different, or die!", „Be better, or vanish!" *Aber die Natur folgt nicht der menschgemachten Idee eines knappheitsfixierten Wettbewerbs.* Im Gegenteil. Beträchtliche Teile der natürlichen Kreisläufe leben nicht aus einem zielgerichteten Wettbewerb und dem Kampf aller gegen alle, sondern aus symbiotischen Beziehungen (Capra 1996). Hierbei stehen die einzelnen Arten nicht im Wettbewerb zueinander, sondern beflügeln ihr Fortkommen dadurch, dass sie anderen Arten und dem gesamten System aktiv und nicht nur in Form von Dung, Rohstoffen oder als Nahrungsmittel nützlich werden. *Nicht Wettbewerb, sondern Symbiose ist die treibende Kraft der Natur.* Egal, wohin wir schauen, ob in unseren Körper oder in das Pflanzensystem von Wäldern, es ist das Zusammenspiel von Organismen und Arten unterschiedlichster Gattung und Form, die einen einzelnen Organismus und eine einzelne Art überlebensfähig machen.[16]

---

[16] Mit einem Hinweis auf Gilbert et al. (2012) argumentiert Bernhard Kegel deshalb dafür, dass wir den Begriff des Individuums aufgeben und durch den Begriff von „Holobionten" ersetzen sollten. Holobionten sind symbiotische Systeme, die sich im Austausch mit anderen symbiotischen Systemen zu einem Gesamtsystem zusammenschließen, das für alle Subsysteme Mehrwert schafft (Kegel 2015, S. 309). Auch wenn das Konzept von Holobionten aus einer kognitiven Sicht und der Betonung des menschlichen Bewusstseins höchts problematisch erscheint, gründen doch fast alle unsere ethischen, ökonomischen, rechtlichen, politischen, psychologischen und sozialen Konzepte und Weltsichten und damit unser basales Verständnis von Rechten, Pflichten und Verantwortlichkeiten auf dem Begriff eines bewussten, sich selbst verantwortlichen freien Subjektes, müssen wir das kognitiv notwendige Konzept des Individuums aus biologischer Sicht wenn schon nicht aufgeben, so doch starkt in seine Schranken weisen. Dies ist dem Umstand geschuldet, dass alle Lebewesen einer höheren Ordnug wie etwa Säugetiere, Fische, Vögel oder auch Insekten komplexe lebende Systeme sind, innerhalb derer Zellen und Bakterien – also eigenständige Organismen – symbiotisch zusammen spielen müssen, wenn sie selbst und der Organismus höherer Ordnung, den sie bilden

Beschreiben wir die Natur mit den Prinzipien unseres ökonomischen Denkens, begehen wir das, was ich die *Darwin-Falle* nenne (Glauner 2016b, S. 102). Sie hat eine kognitive und eine psychologische Dimension. Die *kognitive Dimension* ist unser kategorialer Fehlschluss, die Natur mit menschgemachten Wettbewerbsvorstellungen zu interpretieren. In diesem Fehlschluss unterliegen die Austauschprozesse des Lebendigen den mechanistischen Gesetzen von Knappheit und Wettbewerb. Wie wir im Weiteren sehen werden, ist das nur sehr eingeschränkt der Fall. Sehen wir uns nämlich die Faktenlage unvoreingenommen an, stellen wir fest, dass das Prinzip der Natur nicht Knappheit ist, sondern Überfluss – Überfluss verstanden als ein holistischer Rückkopplungsprozess, bei dem in intakten Ökosystemen auf allen Ebenen Mehrwert geschaffen wird, von dem sich die einzelnen Arten nähren. Dabei wächst das gesamte System im kontinuierlichen Prozess von Selektion, Differenzierung und Adaption immer weiter. Diese Prozesse folgen dabei einer Strategie, die auf Kleinteiligkeit, Regionalität und Vielfalt und nicht auf möglichst monopolartige Dominanz, Verbreitung und Größe ausgerichtet ist. Die stabilsten Ökosysteme sind nicht jene, wo einige wenige Organismen das Terrain beherrschen, sondern Lebensräume, wie das Amazonasbecken, wo sich das Artenspektrum des Gesamtsystems mit einer fast nicht überschaubaren Vielfalt unterschiedlichster Lebewesen ausdifferenziert hat, die in immer kleinteiligeren Nischenbiotopen und Lebensräumen symbiotisch interagieren.

Was also lässt Arten überleben? Die Antwort lautet weder, dass sie größer waren als die anderen (die Natur ist niemals in Größe gegangen!), noch, dass sie stärker, fitter oder angepasster waren im Kampf um knappe Güter, vielmehr dass sie einen größeren Mehrwert für das Gesamtsystem geschaffen haben, als sie an Wert für sich herauszogen. Am Beispiel von Bienen oder Mykorrhizen verdeutlicht: Der Beitrag von Insekten und Pilzen für das Gedeihen ihrer Umgebungssysteme ist weitaus größer als das, was sie für ihr eigenes Überleben aus dem System ziehen.[17] Denn beide leben in symbiotischen Verhältnissen mit ihren Wirtspflanzen und der Umwelt. Dabei stiften sie für die Umgebungssysteme einen Mehrwert, der bei Weitem das übersteigt, was sie für sich selbst aus dem Sys-

---

lebensfähig bleiben wollen. Dies gilt für alle komplexen Lebewesen, sei es ein Affe, ein Hase, eine Biene, ein Wolf oder eben auch ein einzelner Mensch. Ein analoges Beispiel beschreibt Wolfgang Hachtel mit seiner Untersuchung zur „Kommunikation" und dem Austausch von Spurenelementen zwischen verschiedenen Waldwurzelsystemen, die dem Schutz der eigenen und der anderen Arten dienen (Hachtel 1998).

[17] Zwar scheint der vielfach zitierte und als „fake-quote" Albert Einstein zugeschriebene Satz: „Wenn die Biene von der Erde verschwindet, dann hat der Mensch nur noch vier Jahre zu leben", weit übertrieben, doch Forscher um den Harvard-Wissenschaftler Samuel Myers (Smith et al. 2015) haben in einer Studie herausgearbeitet: „Pollinators contribute to the agricultural yield for an estimated 35 % of global food production and are directly responsible for up to 40 % of the world's supply of some micronutrients, such as vitamin A" (Smith et al. 2015, S. 1964). Intrapoliert vom Beitrag des Honigs zur menschlichen Ernährung kann angenommen werden, dass der Beitrag der Bienen für ihre Ökosysteme wohl ähnlich bedeutsam ausfällt. Würden die Bienen global und in kurzer Zeit aussterben, hätte das nicht nur gravierende Folgen für die menschliche Ernährung, sondern auch für die Ökosysteme, da die Fortpflanzungsdynamik der Pflanzenbasis drastisch eingeschränkt würde.

tem herausziehen (Glauner 2016a). *Symbiotische Mehrwertstiftung ist das Grundprinzip der Natur. Nur deshalb ist das Kreislaufsystem der Natur ein Wachstumskreislauf.* Dieser Kreislauf funktioniert nur dann, wenn die Subsysteme einen Mehrwert stiften, der größer ist als das, was sie dem System entnehmen. Was also befähigt Arten zu überleben? Nicht Flexibilität und Anpassungsfähigkeit im Wettbewerb um knappe Ressourcen, sondern die Schöpfung von Mehrwert, der das Gesamtsystem intakt hält sowie ausdifferenzieren und wachsen lässt. Schöpfen einzelne Arten keinen solchen Mehrwert für ihre Umgebungssysteme, werden sie im evolutionären Prozess über kurz oder lang ausgesondert. Betreiben sie Raubbau an den Systemressourcen, kann sogar das ganze Ökosystem kollabieren. Das natürliche Wachstum ökologischer Systeme wird somit von zwei systemischen Wachstumsgesetzen getragen: Das *erste ökologische Wachstumsgesetz* besagt, dass *in Ökosystemen auf längere Sicht gesehen nur jene Subsysteme überlebensfähig sind, die für das Gesamtsystem einen Mehrwert stiften, der über den Eigennutzen hinausgeht, den das Subsystem aus dem Umgebungssystem zieht.* Aus diesem Mehrwertprinzip resultiert das *zweite systemische Wachstumsgesetz der Ökologie.* Es lautet: *Mehrwertkreisläufe sind Austauschkreisläufe, bei denen sich der Ressourcengrundstock im Einklang mit den fünf Prinzipien der Natur kontinuierlich ausdifferenziert und wächst. Ökosysteme leben so aus einer umfassenden Ressourcenschöpfung und nicht, wie unsere heutigen Wirtschaftsweisen, aus einer kontinuierlichen Ressourcenzerstörung.*

Was für Arten als Ganzes gilt, ist aus Sicht einzelner Individuen einer Art nochmals zu spezifizieren. Denn der Befund, dass Arten in der Regel nicht bzw. nur eingeschränkt mit anderen Arten im Wettbewerb stehen, gilt nicht für das Verhältnis zwischen Individuen einer Art. Dass Arten aussterben, wenn sie für das Gesamtsystem keinen Mehrwert stiften, stellt sich deshalb aus Sicht des Einzelnen anders dar. Das ist mit Blick auf zukunftsfähige Geschäftsmodelle sowie unser menschliches Verständnis von Wettbewerb relevant. Arten sterben nicht nur dann aus, wenn sie keinen Mehrwert stiften oder, schlimmer noch, wenn sie an ihren Umgebungssystemen Raubbau betreiben, sondern auch dann, wenn sie im Wettbewerb zwischen den Individuen einer Art die falschen Anreizsysteme setzen. Bei der Art Homo sapiens markieren diese Anreizsysteme die *psychologische Dimension der Darwin-Falle*. Mit Darwin gesprochen sind Anreizsysteme Selektoren, nach denen innerhalb einer Art die Partnerauswahl erfolgt. Anders als zwischen Arten findet hier sehr wohl ein Wettbewerb statt: der Wettbewerb darum, wer seine Gene vererben kann. Falsche Selektionskriterien, sprich falsche Anreizsysteme im Wettbewerb der Gene, sind solche, die im individuellen Fortpflanzungswettkampf dazu führen, dass sich ein Individuum der Art bei der Paarungsselektion gegenüber den anderen durchsetzen kann. Das aber zum kollektiven Preis, dass alle Nachkommen der Art kollektiv einen Nachteil davon haben. So sind die Urhirsche wohl auch deshalb ausgestorben, weil sie mit ihren bis zu drei Meter breiten Geweihen nicht mehr wirklich fluchtfähig waren und so zur einfachen Beute von Prädatoren wurden.

Mit Blick auf solche falschen Anreizsysteme verfolgt der Mensch derzeit ein individuelles Streben nach ökonomischem Erfolg, dass nicht nur für uns, sondern für das gesamte System des Lebendigen zum oben beschriebenen Paradox destruktiver Wohlstandsmehrung führt. Denn in unserem statusgetriebenen Wettbewerb ist genug nie genug. Solange es nur einen Milliardär gibt, der mehr hat als die anderen, sind diese in der heutigen Logik des statusgetriebenen Wettbewerbs nicht die Ersten und folglich wohl nicht restlos mit ihrer Position zufrieden. Wir scheinen in diesem Denken nicht nur deshalb gefangen, weil wir in den Kategorien von Knappheit und Wettbewerb denken, sondern auch, weil alle menschlichen Beziehungen von einer unauflösbaren Asymmetrie geprägt sind, die unserem tief in der menschlichen Natur verankerten Drang nach Differenzierung und Abgrenzung entspringt. Pierre Bourdieu nennt dies unser Streben nach den feinen Unterschieden (Bourdieu 1987), mit denen wir uns voneinander abgrenzen. Diese Asymmetrie und ihre fatale Wirkung auf unsere Formen des Wirtschaftens erschließt sich, wenn wir die menschlichen Austauschbeziehungen als Spiele beschreiben. Auf der Ebene der einzelnen Spiele sind alle Austauschbeziehungen gleichwertig durch unsere menschlichen Tugenden und Untugenden geprägt. Die Wirkung der einzelnen Spiele unterscheidet sich jedoch hinsichtlich ihrer Skalierbarkeit an Kraft, an Masse, an räumlicher Ausdehnung sowie als Bottom-Line am finalen Effekt. Deshalb konzentriert sich der zwischenmenschliche Wettbewerb bevorzugt auf jene Spiele, die eine stärkere Wirkung haben und so für die Befriedigung von Macht-, Eitelkeits- und Besitzbestrebungen einen größeren Hebel bieten. Und das sind die Spiele der Wirtschaft, denn in ihrer Wirkung auf Status und Macht sind sie für alle transparent und haben kein Limit. Genau das aber ist die psychologische Basis, aus der die Abreicherungsspirale destruktiver Wohlstandsmehrung erwächst.

Zur Entwicklung zukunftsfähiger Geschäftsmodelle ist es notwendig, dass wir uns einzeln wie auch kollektiv sowohl aus der kognitiven als auch aus der psychologischen Darwin-Falle befreien. Dies gelingt, wenn wir uns die wahren Gesetzmäßigkeiten lebender Kreislaufsysteme mit klarem Verstand bewusst machen und zunächst anerkennen, dass *jede Art* – auch der Homo sapiens – *das entschiedene Recht hat, sich aus dem Spiel des Lebendigen zu nehmen. Wollen wir das nicht, müssen wir uns an die Spielregeln halten. Für uns als kognitiv getriebene Art bedeutet dies zunächst: Wir dürfen die Natur weder verklären noch mit unserem mentalen Modell der Ökonomie interpretieren noch in einer verkürzten Vision von Nachhaltigkeit stecken bleiben. Genau das Umgekehrte ist erforderlich: Wir sollten lernen, die Ökonomie als das zu begreifen, was sie ist: Die Ökonomie ist ein System des Lebendigen. Sie ist ein menschgemachtes System des materialen Austauschs von Gütern und als solches eines der basalen menschgemachten Instrumente, mit dem wir die komplexen Austauschprozesse unserer Art organisieren und absichern.* (Zu den anderen basalen Instrumenten gehören die menschliche Sprache sowie daraus abgeleitet unsere kollektiven Vorstellungen von Religion, Kultur und Sitte.) *Deshalb unterliegt auch die Ökonomie den gleichen Gesetzmäßigkeiten der Zweckmäßigkeit, wie alle anderen Elemente, die lebende Systeme hervorgebracht haben, um ihr Überleben zu organisieren.* Deutlich wird dies, wenn wir uns den Unterschied zwischen den Gesetzen der belebten und der unbelebten Natur zuwenden. Als Kopernikus zur Einsicht kam, dass sich die Erde um die Sonne dreht und nicht umgekehrt, veränderte das die Bahn der Planeten um keinen Deut. Als Marianne mit barem Busen auf den Barrikaden vor der Bastille ausrief: „Freiheit, Gleichheit, Brüderlichkeit!", wandelte sich unsere Welt um 180°. Das Beispiel zeigt, die politische Ordnung wie alle anderen sozialen Tatsachen, seien es Ökonomie, Recht oder Religion, ist ein menschgemachtes Faktum. Es dient uns, uns kollektiv zu organisieren und so unser Überleben abzusichern. Diese Überlebensabsicherung untersteht aber den *Grundgesetzen des Lebendigen*. Und dort gilt: *Die Natur geht nicht in Größe, sondern in Kleinteiligkeit und Mehrwertstiftung*. Organismen, die sich gegen diese Prinzipien richten, sterben früher oder später aus. Wollen wir mit unserem Wirtschaften überleben, ist das Streben nach Erfolg so umzuinterpretieren, dass wir mit unserem psychologischen Streben nach Differenzierung und Wettbewerb eine Mehrwertschöpfungskaskade in Gang setzen, die im Einklang steht mit den grundlegenden Spielregeln und Wachstumsgesetzen des Lebendigen. Das würde bedeuten, dass wir unsere ökonomischen Ziele, Strategien und Geschäftsmodelle an den grundlegenden Gesetzen natürlicher Ressourcen- und Mehrwertschöpfung ausrichten. Erfordert werden somit Geschäftsmodelle, die solche Mehrwert- und Ressourcenschöpfungskreisläufe in Gang setzen. Anders als der Zero-Emission-Ansatz der Blue Economy von Gunter Pauli (2010), die Effizienz- und Nährstoffkreislaufkonzepte von von Weizsäcker et al. (1995) und Braungart und McDonough (2013) sowie das Modell geschlossener selbstorganisierender dynamischer Systeme des Lebendigen (Capra und Luisi 2014) geht es hierbei um die bewusste Organisation von Überfluss-, Teilhabe- und Wachstumsprozessen, die in der Schöpfung von Ressourcen die eigene Überlebensbasis absichern. Diese Form eines wachstumsorientierten Wirtschaftens im Licht der Bewusstseinsökonomie von morgen ist nicht nur ein qualitativer, sondern auch ein quantitativer Prozess, der die heutigen Abwärtsspiralen durchbrechen hilft. Und mehr noch. Er hilft sie durchbrechen mit einem Wirtschaften, das einerseits im Einklang steht mit unseren natürlichen und menschlichen (psychologischen) Bestrebungen, uns zu differenzieren, und das andererseits dazu führt, dass sich auf lokaler Ebene regional entkoppelte, dezentrale und eigenständige Mehrwertkreisläufe entwickeln können, die die lokalen wie globalen Wirtschaftssysteme und Ressourcen anreichern, anstelle in immer stärkeren Konzentrationsprozessen zu zerstören.

Ressourcen- und mehrwertstiftende Geschäftsmodelle, die den beschriebenen Gesetzmäßigkeiten der Natur folgen, brechen somit ökonomisch höchst erfolgreich mit dem mentalen Modell der heutigen Wettbewerbslogik, denn sie ersetzen die strategischen Ziele der absoluten Dominanz über die Märkte, die Kunden und die Wertschöpfungsketten durch die Vision einer Wettbewerbslogik, die in der kooperativen Schöpfung von Mehrwert individuelle Vorteile eröffnet, die zugleich das System und damit die Grundlagen des eigenen Erfolgs beflügeln. Sie bilden somit den Kontrapunkt zu einem Wirtschaften, das in der Logik kurzfristiger Wettbewerbs- und Ertragsvorteile den oben beschriebenen Catch-22 bis an den Punkt treibt, an dem das System kollabieren wird. Wie aber und nach welchen Kriterien sind solche ethikologischen Geschäftsmodelle umzusetzen? Zwei Wirkungsindizes, das Teilhabe- und das Mehrwertschöpfungspotenzial, weisen den Weg, wenn sie auf eine oder mehrere der drei Dimensionen einer ganzheitlichen Ressourcenschöpfung ausgerichtet werden: die Organisation von ökonomischer Teilhabe, die Befähigung von Menschen, die Schöpfung natürlicher Ressourcen.

Der erste Wirkungsindex bewertet das *Teilhabepotenzial* eines Geschäftsmodells. Das Leitkriterium der Teilhabe ergibt sich aus der Frage, wer Teil des Systems ist und wer außerhalb des Systems steht. Am Beispiel der Kundenbeziehung verdeutlicht lautet diese Frage: Produziert ein Unternehmen Produkte *für* seine Kunden oder *mit* seinen Kunden? Im ersten Fall stehen die Kunden außerhalb des Systems. Sie sind dann in der Regel Mittel zum Zweck, für das Unternehmen Absätze und Erträge zu generieren. Fertigen Unternehmen dagegen Produkte mit ihren Kunden, sind diese aktiver Bestandteil der Wertschöpfung und Nutzenstiftung und damit Teil des Unternehmenszweckes. Sie stehen dann im System. Ebenso können Lieferantenbeziehungen, Geschäftspartnerbeziehungen sowie alle sonstige Stakeholder-Beziehungen unter dem Kriterium der Teilhabe betrachtet werden. Je mehr Beteiligte in das System integriert werden, desto größer ist sein Teilhabepotenzial.

Der zweite Wirkungsindex zur Bewertung ethikologischer Geschäftsmodelle ermittelt das *Mehrwertschöpfungspotenzial*. Das Leitkriterium hierfür ist die Frage, für wen das Geschäftsmodell wo und auf welche Weise Nutzen stiftet. Eine Triple-Bottom-Line-Betrachtung identifiziert Nutznießer auf der Mikroebene des Verhältnisses von Unternehmen und Menschen, auf der Mesoebene des Verhältnisses von Unternehmen zu Unternehmen, auf der Makroebene des Verhältnisses von Unternehmen und Umgebungssystemen sowie auf der Supraebene des Verhältnisses von Unternehmen und Umwelt (vgl. oben Abb. 3). Dabei kann das Mehrwertschöpfungspotenzial sowohl materiell als auch ideell anhand von Kriterien für spezifische Befähigungs-, Ausweitungs-/Vernetzungs- sowie Anreicherungspotenziale ermittelt werden (Abb. 5). Diese Bewertung führt in ein Kennzahlensystem, das neben den im Wertecockpit ermittelten Kennzahlen für die Unternehmenskultur (Glauner 2016a) Kennzahlen für die ethikologische Performanz des Unternehmens festlegt, darunter beispielsweise Kennzahlen für das Teilhabepotenzial, das Vernetzungs- und Netzwerkpotenzial sowie die Indexwerte für Diversität (Vielfalt), Regionalität, Ressourcenschöpfungspotenzial, den Grad der regionalen Entkopplung und dergleichen mehr.

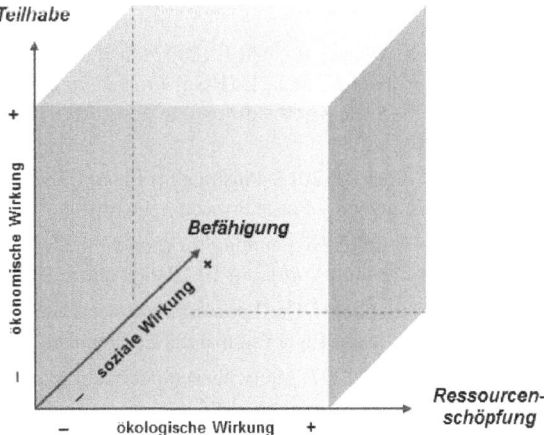

Abb. 5 Das Vektormodell ethikologischer Geschäftsmodelle

Ethikologische Geschäftsmodelle gründen in einer Vektoranalyse. Sie misst die Mehrwertschöpfung in den Bereichen ökonomische Teilhabe, menschliche Befähigung und ökologische Ressourcenschöpfung und wie effektiv ein Geschäftsmodell dabei ist. Dabei werden nicht nur Ökonomie, Gesellschaft und Natur berücksichtigt, sondern auch die verschiedenen Wertschöpfungsebenen (Mikro, Meso, Makro, Supra) sowie der regionale Footprint. Es gilt: Auf je mehr Ebenen (Mikro, Meso, Makro, Supra) und in je mehr Bereichen (Ökonomie, Gesellschaft, Umwelt) für je mehr Beteiligte und Betroffene (Menschen, Unternehmen und andere betroffene Akteure) ein Geschäftsmodell Mehrwert stiftet, desto größer ist sein Ressourcenschöpfungspotenzial und desto trag-, ertrags-, leistungs- und zukunftsfähiger wird es sein.

Wie an anderer Stelle ausführlich anhand von Fallbeispielen von unterschiedlichsten Unternehmen und Geschäftsmodellen wie etwa der Unternehmen dm, Hipp, Hilti, Icebreaker, Interface, Klosterbrauerei Reutberg, Schamel und anderer gezeigt wurde (Glauner 2016a, 2016b), lassen sich anhand dieser Taxonomie vielfältigste Geschäftsmodelle entwickeln, mit denen ein Unternehmen die ökonomische, soziale und ökologische Ressourcenbasis anreichern kann, aus der heraus es lebt. Für alle diese Geschäftsmodelle gilt, dass sie schon heute höchst erfolgreich das Paradox destruktiver Wohlstandsmehrung durchbrochen haben. *Diese Unternehmen sind Vorboten eines Unternehmertums, das die heute bestehende Differenz zwischen den Bereichen Wirtschaft, Politik und Zivilgesellschaft aufhebt, indem sie selbst zu Akteuren einer neuen Zivilgesellschaft werden, die unsere Zukunftsfähigkeit organisiert.* Diese neue Form einer Zivilgesellschaft begreift Unternehmen nicht als Kräfte, die die globale Ungleichheit und den ökologischen Raubbau vorantreiben, sondern als Partner für eine Ökonomie, die den Weg der Natur beschreitet, nämlich ressourcenschöpfende Mehrwertkreisläufe zu betreiben, die ein Wachstum und eine Vielfalt befördern, die allen zugutekommt, die daran teilhaben oder davon betroffen sind.

Literatur

Achleitner A-K, Heister P, Stahl E (2007) Social Entrepreneurship – Ein Überblick. In: Achleitner A-K, Pöllath R, Stahl E (Hrsg) Finanzierung von Sozialunternehmen. Schäffer-Poeschel, Stuttgart, S 3–25. www.sid-bonn.de/documents/EPF091_SSRN-id2009784.pdf. Zugegriffen: 07.07.2016

Akerlof GA, Shiller RJ (2015) Phishing for Phools. The Economics of Manipulation and Deception. Princeton University Press, Princeton, Oxford

Ayres R, Warr B (2005) Accounting for growth: the role of physical work. Struct Chang Econ Dyn 16(2):181–209. https://doi.org/10.1016/j.strueco.2003.10.003

Ayres R, Warr B (2009) The Economic Growth Engine: How Energy and Work Drive Material Prosperity. Edward Elgar Publishing, Cheltenham

Babiak P, Hare RD (2007) Menschenschinder oder Manager. Psychopathen bei der Arbeit. Hanser, München

Badura B, Greiner W, Rixgens P, Ueberle M, Behr M (2013) Sozialkapital. Grundlagen von Gesundheit und Unternehmenserfolg, 2. Aufl. Springer, Berlin, Heidelberg

Banke B (2008) Ethik im Sportmarketing. In: Nufer G, Bühler A (Hrsg) Marketing im Sport. Grundlagen und Trends des modernen Sportmarketings, Bd. 3. Erich Schmidt, Berlin, S 559–592

BCG Boston Consulting Group (2015) Global Wealth 2015: Winning the Growth Game. https://www.bcgperspectives.com/content/articles/financial-institutions-growth-global-wealth-2015-winning-the-growth-game/ (Erstellt: 06.2015). Zugegriffen: 15. Aug. 2015

Bourdieu P (1987) Die feinen Unterschiede. Kritik der gesellschaftlichen Urteileskraft, 4. Aufl. Suhrkamp, Frankfurt/Main

Braungart M, McDonough W (2002) Cradle to Cradle: Remaking the Way we Make Things. North PointPress, New York (Deutsch. Einfach intelligent produzieren. Cradle to cradle: Die Natur zeigt, wie wir die Dinge besser machen können. (Berliner Taschenbuch Verlag). Berlin 2003)

Braungart M, McDonough W (2013) The Upcycle. Beyond Sustainability – Designing for Abundance. Melcher / North Point Press, New York (deutsch: Intelligente Verschwendung. The Upcycle: Auf dem Weg in eine neue Überflussgesellschaft. (oekom) München)

Bryan L, Farrell D (1996) Market Unbound: Unleashing global Capitalism. John Wiley & Sons, New York

Brynjolfsson E, McAfee A (2014) The Second Machine Age. Work, Progress, and Prosperity in a Time of Brilliant Technologies. Norton, New York, London

Capra F (1996) The Web of Life: A New Scientific Understanding of Living Systems. Anchor/Random House, New York (Deutsch: Lebensnetz. Ein neues Verständnis der lebendigen Welt. (Schwerz) Bern, München, Wien.)

Capra F, Luisi PL (2014) The Systems View of Life. A Unifiying Vision, 3. Aufl. Cambridge University Press, Cambridge

Commerzbank (2015) Management im Wandel. Digitaler, effizienter, flexibler! Commerzbank AG, Frankfurt/Main

Dawes RH (1980) Social Dilemmas. Annu Rev Psychol 31:163–193

Diamond J (2005) Collapse. How Societies Choose to Fail or Succeed. Viking, Penguin Group, New York

Dierksmeier C (2013) Kant on Virtue. J Bus Ethics. https://doi.org/10.1007/s10551-013-1683-5

Dierksmeier C, Amann W, von Kimakowitz E, Spitzeck H, Pirson M (Hrsg) (2011) Humanistic Ethics in the Age of Globality. Palgrave MACMILLAN, Basingstoke

Drucker PF (1977) People and Performance: The Best of Peter Drucker on Management. Routledge, London, New York (2011)

Drucker PF (2001) The Essential Drucker. The Best of Sixty Years of Peter Drucker's Essential Writings on Management. HarperCollins, New York, NY

Elegido J (2009) Business education and erosion of character. African J Bus Ethics 4(1):16–24

Elkington J (1997) Cannibals with Forks. The Triple Bottom Line of 21st Century Business. Capstone, Oxford

Erhard WH, Jensen MC, Zaffron S (2009) Integrity: A Positive Model that Incorporates the Normative Phenomena of Morality, Ethics and Legality – Abridged Harvard Business School NOM Working Paper No. 06-11, Barbados Group Working Paper No. 06-03, Simon School Working Paper No. FR 08-05. https://papers.ssrn.com/sol3/papers.cfm?abstract_id=920625. Zugegriffen: 15. September 2017

Erhard WH, Jensen MC, Zaffron S (2016) Integrity: A Positive Model that Incorporates the Normative Phenomena of Morality, Ethics, and Legality – Abridged. Harvard Business School NOM Working Paper No. 10-061, Barbados Group Working Paper No. 10-01, simon School of Business Working Paper No. 10-07. http://papers.ssrn.com/sol3/papers.cfm?abstract_id=1542759. Zugegriffen: 16. Juni 2016

Fisk P (2010) People, Planet, Profit. How to embrace sustainability for innovation and business growth. KoganPage, London, Philadelphia, New Delhi

Foster R, Kaplan S (2002) Creative Destruction. Why Companies That Are Built to Last Underperform the Market – and How to Successfully Transform Them. Currency, New York, London, Toronto, Sydney, Auckland

Frank RH (2011) The Darwin Economy. Liberty, Competition, and the Common Good. Princeton University Press, Princeton, Oxford

Frankl VE (1985) Der Mensch vor der Frage nach dem Sinn. Eine Auswahl aus dem Gesamtwerk, 17. Aufl. Piper, München, Zürich (2004)

Frankl VE (1994) Logotherapie und Existenzanalyse. Texte aus sechs Jahrzehnten. Quint, Berlin, München

Frey BC, Osborne MA (2013) The Future of Employment: How Susceptible are Jobs to Computerisation? http://www.oxfordmartin.ox.ac.uk/downloads/academic/The_Future_of_Employment.pdf. Zugegriffen: 17. Sept. 2013

Frischen K, Lawaldt A (2008) Social Entrepreneurship: Theorie und Praxis des Sozialunternehmertums. Beilage zu Stiftung & Sponsoring: das Magazin für Non-Profit-Management und Marketing, Heft 11/2008, 6 (Stiftung & Sponsoring)

Gilbert C, Eyring M, Foster RN (2013) Duale Transformation. Harv Bus Manag 2013:34–44

Gilbert SF, Sapp J, Tauber AI (2012) A Symbiotic View of Life: We Have Never Been Individuals. Q Rev Biol 87:325–341. https://doi.org/10.1086/668166

Glauner F (2015) Dilemmata der Unternehmensethik – von der Unternehmensethik zur Unternehmenskultur. In: Schneider A, Schmidpeter R (Hrsg) Corporate Social Responsibility, 2. erw. Aufl. Springer, Berlin, Heidelberg, S 237–251

Glauner F (2016a) CSR und Wertecockpits. Mess- und Steuerungssysteme der Unternehmenskultur, 2. Aufl. Springer, Berlin, Heidelberg

Glauner F (2016b) Future Viability, Business Models, and Values. Strategy, Business Management and Economy in Disruptive Markets. Springer, Berlin, Heidelberg (Deutsch: Zukunftsfähige Geschäftsmodelle und Werte. Strategieentwicklung und Unternehmensführung in disruptiven Märkten. Springer, Berlin, Heidelberg)

Glauner F (2017) Compliance, Global Ethos and Corporate Wisdom: Values Strategies as an increasingly critical competitive advantage. In: Rendtorff JD (Hrsg) Perspectives on Business Ethics and Philosophy of Management. Springer, Berlin, Heidelberg, New York, S 121–137

Goedhart M, Koller T, Wessels D (2015) The real business of business. Shareholder-oriented capitalism is still the best path to broad economic prosperity, as long as companies focus on the long term. In: McKinsey Quarterly. http://www.mckinsey.com/insights/corporate_finance/the_real_business_of_business?cid=other-eml-alt-mip-mck-oth-1503 (Erstellt: 05.2015)

Großklaus RHG (2015) Positionierung und USP. Wie Sie eine Alleinstellung für Ihre Produkte finden und umsetzten, 2. Aufl. Springer Gabler, Wiesbaden

Hachtel W (1998) Mykorrhiza vermittelt Stofftransfer zwischen Waldbäumen. Spektrum Wissenschaft 4(25):25. http://www.spektrum.de/magazin/mykorrhiza-vermittelt-stofftransfer-zwischen-waldbaeumen/824505. Zugegriffen: 15. Juni 2017

Hamel G, Prahalad CK (1997) Wettlauf um die Zukunft. Wie Sie mit bahnbrechenden Strategien die Kontrolle über Ihre Branche gewinnen und die Märkte von morgen schaffen, 2. Aufl. Carl Ueberreuther, Wien

Hamel G, Prahalad CK (2000) Breakthrough Ideas. 15 Articles that Define Business Practice Today. In: 1990. Harvard Business School Publishing, Cambridge/Mass, S 1–12 (Original: The Core Competence of the Corporation. Harvard Business Review May–June 1990)

Haque U (2011) The New Capitalist Manifesto: building a disruptively better business. Harvard Business Review Press, Boston, Mass.

Heckhausen H, Heckhausen J (Hrsg) (2006) Motivation und Handeln, 4. Aufl. Springer, Berlin/New York

Jansen J (2016) Die Moral der Netz-Beherrscher. Frankfurter Allgemeine Zeitung, 09.10.2016, S. 21.

Jensen MC (2009) A New Model of Integrity: An Actionable Pathway to Trust, Productivity and Value. (PDF File of Keynote Slides) *Barbados Group Working Paper No. 07-01, Harvard NOM Working Paper No. 07-01, 1st IESE Conference on „Humanizing the Firm and the Management Profession" Presentation*. http://papers.ssrn.com/sol3/papers.cfm?abstract_id=932255. Zugegriffen: 16. Juni 2016

Jensen MC, Meckling WH (1976) Theory of the Firm: Managerial behaviour, agency costs and ownership structure. J Financ Econ 3(4):305–360

Jensen MC, Meckling WH (1994) The Nature of Man. J Appl Corp Finance 7(2):4–19

Kaplan RS, Norton DP (1996) The Balanced Scorecard: Translating Strategy Into Action. Harvard Business Review Press, Boston. Mass

Kegel B (2015) Die Herrscher der Welt. Wie Mikroben unser Leben bestimmen. Dumont, Cologne

von Kimakowitz E, Pirson M, Spitzeck H, Dierksmeier C, Amann W (Hrsg) (2010) Humanistic Management in Practice. Palgrave MACMILLAN, Basingstoke

Kochhar R, Oats R (2015) A Global Middle Class Is More Promise than Reality. Pew Research. http://www.pewglobal.org/2015/07/08/a-global-middle-class-is-more-promise-than-reality/ (Erstellt: 8. Juli 2015). Zugegriffen: 4. Okt. 2016

Kocic A (2015) Work crisis – a divided tale of labour markets. In: Deutsche Bank Konzept. Reflections on unusual issues. June 2015, S 46–53 (https://www.dbresearch.de/PROD/DBR_INTERNET_DE-PROD/PROD0000000000357626/Konzept+Issue+05.pdf. Zugegriffen: 15.08.2015)

Küng H (2010) Anständig wirtschaften. Warum Ökonomie Moral braucht. Piper, München, Zürich

Küng H (2012) Handbuch Weltethos. Eine Vision und ihre Umsetzung. Piper, München, Zürich

Lobe A (2016) Wird Facebook Donald Trump verhindern? Frankfurter Allgemeine Zeitung 29.04.2016, S. 17

Maslow AH (1954) Motivation and Personality. Harper Row, New York

Maslow AH (2011) Toward a Psychology of Being. Wilder, Blacksburg, VA

McClelland D (1961) The Achieving Society. Van Nostrand, Princeton

McClelland D (1984) Human motivation. Cambridge University Press, Cambridge

Miller DT (1999) The norm of self-interest. Am Psychol 54(12):1053–1060

Mischel W (2015) Der Marshmallow-Test: Willensstärke, Belohnungsaufschub und die Entwicklung der Persönlichkeit. Siedler, München (Engl.: The Marshmallow Test: Mastering Self-Control. Little Brown, New York 2014)

Mischel W, Shoda Y, Rodriguez ML (1989) Delay of gratification in children. Science 244(4907):933–938

Motesharrei S, Rivas J, Kalnay E (2014) Human and Nature Dynamics (HANDY: Modeling Inequality and Use of Resources in the Collaps or Sustainability of Societies. Ecol Econ 101:90–102. https://doi.org/10.1016/j.ecolecon.2014.02.014

Ostrom E (2000) Social Capital: A Fad or a Fundamental Concept. In: Partha D, Serageldin I (Hrsg) Social Capital. A Multifaceted Perspective. The World Bank, Washington, S 172–214

Otto K-S, Nolting U, Bässler C (2007) Evolutionsmanagement. Von der Natur lernen: Unternehmen entwickeln und langfristig steuern. Hanser, München, Wien

Paech N (2012) Befreiung vom Überfluss: Auf dem Weg in die Postwachstumsökonomie. Oekom, Munich

Pauli G (2010) The Blue Economy. 10 Years, 100 Innovations, 100 Million Jobs. Paradigm, New Mexico

Pirson MA, Lawrence PR (2010) Humanism in Business- towards a paradigm shift? J Bus Ethics 93:553–565

Porter ME (1985) Competitive Advantage. Creating and Sustaining Superior Performance, 14. Aufl. Free Press, New York, London, Toronto, Sydney

Porter ME (1996) What is Strategy? Harvard Bus Rev 74(11–12). (Wiederabdruck in: Breakthrough Ideas. 15 Articles that Define Business Practice Today. (Harvard Business School Publishing) Cambridge/Mass. 2000, S 13–30)

Porter ME, Kramer MR (2011) Shared Value. How to reinvent capitalism – and unleash a wave of innovation and growth. Harv Bus Rev 1:62–77

Rappaport A (1995) Shareholder Value. Wertsteigerung als Mass-Stab für die Unternehmensführung. Schäffer-Poeschel, Stuttgart (Englisch: Creating Shareholder Value. The New Standard for Business Performance. (The Free Press) New York)

Ries A, Trout J (1986) Positioning – The Battle for Your Mind. McGraw-Hill, Columbus

Schmidpeter R (2012) Unternehmerische Verantwortung. In: Schneider A, Schmidpeter R (Hrsg) Corporate Social Responsibility. Verantwortungsvolle Unternehmensführung in Theorie und Praxis, Bd. 3. Springer, Berlin, Heidelberg, S 1–14

Schneider A, Schmidpeter R (2015) Corporate Social Responsibility. Verantwortungsvolle Unternehmensführung in Theorie und Praxis, 2. erw. Aufl. Springer, Berlin, Heidelberg

Schumpeter JA (1994) Capitalism, Socialism, and Democracy. Routledge, London, New York (Original von 1942, Deutsch: Kapitalismus, Sozialismus und Demokratie. UTB, Stuttgart 2005)

Seba T (2006) Winners take all. The 9 Fundamental Rules of High Tech Strategy. Eigenverlag, San Francisco, CA

Seba T (2014) Clean Disruption of Energy and Transportation. How Silicon Valley will Make Oil, Nuclear, Natural Gas, Coal, Electric Utilities and Conventional Cars Obsolete by 2030. Eigenverlag, San Francisco, CA

Seligman MEP, Steen TA, Park N, Peterson C (2005) Positive Psychology Progress. Empirical Validation of Interventions. Am Psychol 60(5):410–421. https://doi.org/10.1037/0003-066X.60.5.410

Sen A (1997) On Economic Inequality. Clarendon Press, Oxford

Sen A (2000) Ökonomie für den Menschen. Wege zu Gerechtigkeit und Solidarität in der Marktwirtschaft. Hanser, München

Sen A (2009) The Idea of Justice. Harvard University Press, Cambridge, Mass

Sennett R (2006) The Culture of the New Capitalism. Yale University Press, New Haven, London (Deutsch: Die Kultur des neuen Kapitalismus. Berlin Verlag, Berlin 2007)

Shoda Y, Mischel W, Peake PK (1990) Predicting Adolescent Cognitive and Self-Regulatory Competencies From Preschool Delay of Gratification: Identifying Diagnostic Conditions. Dev Psychol 1990 26(6):978–986

Simon HA (1985) Human Nature in Politics: The Dialogue of Psychology with Political Science. Am Polit Sci Rev 79(2):293–304 (June 1985)

Smith Matthew MR, Singh GM, Mozaffarian Myers D, Myers SS (2015) Effects of decreases of animal pollinators on human nutrition and global health: a modelling analysis. Lancet 16(386):1964–1972. https://doi.org/10.1016/S0140-6736(15)61085-6

Stuchtey M, Enkvist P-A, Zumwinkel K (2016) A Good Disruption. Redefining Growth in the Twenty-First Century. Bloomsbury, London, Oxford, New York

Suchanek A (2001) Ökonomische Ethik. Mohr Siebeck UTB, Tübingen (2. überarbeitete und erweiterte Aufl. 2007)

Tetlock PE (2000) Cognitive biases and organizational correctives: Do both disease and cure depend on the politics of the beholder? Adm Sci Q 45:293–329

Tuleja T (1985) Beyond the Bottom Line: How Business Leaders Are Managing Principles into Profits. Facts on File, New York

Tuleja T (1987) Ethik und Unternehmensführung. moderne Industrie, Landsberg/Lech

Ulrich H (1970) Die Unternehmung als produktives soziales System. Grundlagen der allgemeinen Unternehmungslehre, 2. Aufl. Haupt, Bern, Stuttgart

Ulrich P (1986) Transformation der ökonomischen Vernunft. Fortschrittsperspektiven der modernen Industriegesellschaft. Haupt, Bern, Stuttgart

Ulrich P (1997) Integrative Wirtschaftsethik. Grundlagen einer lebensdienlichen Ökonomie. Haupt, Bern, Stuttgart, Wien (4. Aufl. 2008)

Ulrich P (2013) The Normative Foundations of Entrepreneurial Activity. University of St. Gallen, St. Gallen, Switzerland. https://www.alexandria.unisg.ch/publications/225849

Watts RG (2007) Global Warming and the Future of the Earth. Synthesis Lectures on Energy and the Environment: Technology, Science, and Society #1. Morgan&Claypool, San Rafael, CA

von Weizsäcker EU, Lovins AB, Lovins LH (1995) Faktor Vier. Doppelter Wohlstand – halbierter Verbrauch. Der neue Bericht an den Club of Rome. Droemer Knaur, Munich (Engl.: Factor Four: Doubling Wealth, Halving Resource Use. The new Report to the Club of Rome. Earthscan, London 1998)

Wieland W (2002) WerteManagement und Corporate Governance. KIeM – Working Paper Nr. 03/2002. Institut für WerteManagement, Konstanz

Williams JN (2012) Humans and biodiversity: population and demographic trends in the hotspots. Popul Environ 34(4):510–523. https://doi.org/10.1007/s11111-012-0175-3

Wilson EO (1992) The Diversity of Life. Penguin, London, New York

Witte EH (Hrsg) (2008) Sozialpsychologie und Werte. Beiträge des 23. Hamburger Symposions zur Methodologie der Sozialpsychologie. Pabst, Lengerich

Witte EH, Gollan T (Hrsg) (2010) Sozialpsychologie und Ökonomie. Beiträge des 23. Hamburger Symposions zur Methodologie der Sozialpsychologie. Pabst, Lengerich

Wöhe G, Döring U (2002) Einführung in die allgemeine Betriebswirtschaftslehre, 21. Aufl. Vahlen, München

Woodard C (2004) The Lobster Coast. Rebels, Rusticators, and the Struggle for a Forgotten Frontier. Penguin, New York

Zuboff S (2016) The Secrets of Surveillance Capitalism. Frankfurter Allgemeine Zeitung. http://www.faz.net/aktuell/feuilleton/debatten/the-digital-debate/shoshana-zuboff-secrets-of-surveillance-capitalism-14103616.html (Erstellt: 5. März 2016). Zugegriffen: 7. März 2016

Dr. Friedrich Glauner verbindet langjährige unternehmerische Praxis mit interdisziplinärer Forschungsexpertise an der Schnittstelle von Wirtschaft, Philosophie und Wissenstransfer. Er lehrt am Weltethos-Institut der Universität Tübingen, der Universität der Bundeswehr München sowie weiteren Hochschulen und schreibt und berät zu den Themen Strategieentwicklung, zukunftsfähige Geschäftsmodelle und Unternehmensentwicklung, Veränderungsmanagement, Leadership sowie werteorientierte Unternehmensführung und zukunftsfähiges Wirtschaften. Für das Weltethos-Institut ist er als Projektmanager im Praxistransfer tätig (www.weltethos-institut.org). Mit Cultural Images (www.culturalimages.de) begleitet er Unternehmen und Organisationen in den Strategiefeldern zukunftsfähige Geschäftsmodelle, Strategie- und Unternehmensentwicklung, Leadership und Change Management.

Das Unternehmen der Zukunft als eierlegende Wollmilchsau?

Chancen und Grenzen der Entwicklung und Verbreitung von nachhaltigen Geschäftsmodellen

Linda Kleemann

1 Einführung

Nachhaltige Geschäftsmodelle werden weltweit für ihr Potenzial gerühmt, Nachhaltigkeitsprobleme zumindest zum Teil „von selbst", ohne zusätzliche staatliche Eingriffe und Finanzierung lösen zu können. Somit verschieben sie potenziell die klassische Aufgabenteilung zwischen öffentlichem und privatem Sektor. In dieser klassischen Aufgabenteilung trägt der Staat in Form von Regulierung zur Begrenzung von negativen externen Effekten durch Unternehmen, beispielsweise Umweltverschmutzung, bei. Wenn ein Unternehmen ohne externes Zutun zur Erreichung von Nachhaltigkeitszielen beiträgt und dabei positive externe Effekte kreiert, kann man es durchaus als eierlegende Wollmilchsau bezeichnen, da es nicht nur Arbeitsplätze, Produkte oder Dienstleistungen und Kapital für seine Shareholder schafft, sondern zusätzlich das Klima rettet oder soziale Probleme löst. Deshalb sind nachhaltige Geschäftsmodelle so anziehend.

Gleichzeitig ist die aktuelle weltweite Entwicklung nicht nachhaltig. Diese wird von Firmen als zentrale Verursacher getrieben. Das lässt die Schlussfolgerung zu, dass zwischen dem Potenzial und der Verbreitung von nachhaltigen Geschäftsmodellen eine Lücke klafft.

Im Folgenden werden auf Basis von Theorie und Empirie Möglichkeiten und Grenzen von Unternehmen als Nachhaltigkeitsakteure beleuchtet. Daraus wird eine Perspektive mit Handlungsempfehlungen aufgezeigt, mit der Unternehmen, staatliche und zivilgesellschaftliche Akteure durch gemeinsames sich gegenseitig verstärkendes Handeln nachhaltige Entwicklung begünstigen können.

L. Kleemann (✉)
Institut für Weltwirtschaft
Kiellinie 66, 24105 Kiel, Deutschland
E-Mail: kleemann@heldenrat.org

2 Nachhaltige Geschäftsmodelle aus der Makroperspektive

2.1 Theorie

Wenn viele Unternehmen in zunehmendem Maße nachhaltig agieren, können sie gemeinsam zu einer nachhaltigeren globalen Entwicklung und damit zur Erreichung von Nachhaltigkeitszielen, wie den Sustainable Development Goals (SDGs), beitragen. Einen zunehmenden Verbreitungsgrad nachhaltiger Geschäftsmodelle müsste man nach dieser Logik an der Verbesserung globaler Nachhaltigkeitsindikatoren erkennen können, beispielsweise der Verringerung des globalen CO_2-Ausstoßes, zunehmender Ernährungssicherheit in armen Ländern, oder der Verringerung sozialer Ungleichheit.

Gäbe es einen transparenten und fairen Wettbewerb unter vollständiger Information wären zunächst drei Szenarien vorstellbar:

1. Unter normalen nichtnachhaltigen Konsumentenpräferenzen richten Kunden ihre Kaufentscheidung ausschließlich nach Preis und Qualität. Diejenigen nachhaltigen Geschäftsmodelle setzen sich langfristig durch, die Nachhaltigkeit mit Kostenvorteilen verbinden. Das heißt, nur reine Win-win-Geschäftsmodelle können am Markt überleben. Win-win bedeutet hier entweder Kosteneinsparungen bei gleicher Qualität oder Qualitätsverbesserungen bei gleichen Kosten. Dies beschränkt die möglichen Nachhaltigkeitswirkungen auf Fälle, in denen kein Trade-off zwischen Nachhaltigkeit und Profitmaximierung besteht, beispielsweise eine mit geringen Investitionskosten realisierbare Erhöhung der Energieeffizienz. In allen Fällen, in denen Nachhaltigkeit mit höheren Kosten oder Qualitätseinsparungen verbunden ist, werden nachhaltige Unternehmen von Konsumenten für über das Minimum hinausgehendes nachhaltiges Verhalten „bestraft". Das Minimum definiert sich hierbei durch die Einhaltung von gesetzlichen Regelungen bei gleichzeitiger Ausnutzung regulatorischer Lücken und der Berücksichtigung des Wettbewerbs zwischen Staaten.
2. Unter uniformen nachhaltigen Konsumentenpräferenzen können sich nachhaltige Geschäftsmodelle ohne staatliches Zutun global durchsetzen. Der Grad der Nachhaltigkeit richtet sich dabei nach der Stärke des Nachhaltigkeitsaspekts in den Konsumentenpräferenzen, also nach der Zahlungsbereitschaft für Nachhaltigkeit. In diesem Szenario kompensiert also letztendlich eine höhere Zahlungsbereitschaft für mögliche Trade-offs zwischen Qualität oder/und Kosten und Nachhaltigkeit.
3. Unter heterogenen Konsumentenpräferenzen, bei denen Konsumenten eine unterschiedlich starke Zahlungsbereitschaft für Nachhaltigkeit haben, findet eine Diversifizierung des Marktes in nachhaltige und nichtnachhaltige Produkte und Unternehmen statt.

Die Auswirkungen der letzten beiden Szenarien auf die globale Nachhaltigkeit sind nicht eindeutig. Sie hängen insbesondere vom Wachstumsgrad des Konsums insgesamt, sowie im letzten Szenario der Größe der unterschiedlichen Konsumentengruppen, ab. In der Wirklichkeit gibt es zusätzlich zahlreiche Einschränkungen dieser vereinfachten Modelle, beispielsweise durch unvollständige Information. Die Frage ist nun, welche davon für die Entwicklung und Verbreitung nachhaltiger Geschäftsmodelle besonders relevant sind.

Zunächst lässt sich feststellen, dass eine Beeinflussung von Konsumentenpräferenzen durch Unternehmenswerbung, aber auch durch andere Interessengruppen stattfindet. Das bedeutet, dass die drei oben genannten Szenarien keineswegs stabil sind, sondern vielmehr eine dynamische Bewegung zwischen diesen erfolgt.

Weiterhin schränken Eintrittsbarrieren und Oligopolisierungstendenzen den Wettbewerb zwischen Unternehmen erheblich ein. Einzelne Unternehmen können ihre marktbeherrschende Stellung (aus-)nutzen, um besonders nachhaltige oder besonders wenig nachhaltige Produkte auf dem Markt zu platzieren, oder Nachhaltigkeitsstandards bei ihren Zulieferern durchsetzen.

Eine entscheidende Rolle spielt hierbei zusätzlich unvollständige Information. Szenarien wie die oben genannten leiten sich in der Regel aus Modellen mit vollständiger Information ab. In der Realität herrscht jedoch an mehreren Stellen unvollständige Information: bei den Konsumenten über Produkteigenschaften und das Firmenverhalten in Bezug auf Nachhaltigkeit, bei den Produzenten über die tatsächliche Nachhaltigkeitswirkung ihrer Strategie sowie Marktentwicklungen und ihren Einfluss auf Konsumentenpräferenzen, bei Regierungen über Wirkungen von Nachhaltigkeitspolitik usw. Informationsüberfluss im Zeitalter der Digitalisierung und zunehmende Komplexität von Wertschöpfungsketten verstärken diese Tendenz (Autor et al. 2017). Unvollständige Information schafft auf Unternehmensseite Anreize, den wahren Stand der Nachhaltigkeit übertrieben darzustellen und negative Aspekte zu verschleiern. All dies führt dazu, dass die relevanten Entscheidungen in diesem System unter Unsicherheit oder unter falscher Sicherheit über entscheidende Größen getroffen werden.

Zudem hat die verhaltensökonomische Forschung gezeigt, dass Akteure selbst bei vollständiger Information aufgrund verschiedener Verhaltensverzerrungen keine rationalen Entscheidungen treffen. Für die hier aufgezeigten innovationsrelevanten Entscheidungen erscheinen das Denken in „mental models" sowie soziales Denken („thinking socially") besonders relevant.[1] Beide Verhaltensweisen wirken potenziell innovationshemmend, da sie die Auswahlparameter, anhand derer ein Akteur entscheidet, einschränken. Zur Entwicklung nachhaltiger Geschäftsmodelle sind aber in vielen Fällen auf mehreren Ebenen in Unternehmen Innovationen notwendig, insbesondere in der Organisations- und Anreizstruktur und in Produktionsverfahren und Abläufen.

Eine weitere Erhöhung der Komplexität des Systems ergibt sich durch die Zukunftsorientierung von Nachhaltigkeit. Da die positiven Nachhaltigkeitswirkungen einer heutigen Entscheidung, beispielsweise der Entwicklung eines nachhaltigen Produkts oder der

---

[1] Der World Development Report 2015 gibt einen guten Überblick über den aktuellen Forschungsstand der verhaltensökonomischen Forschung sowie zahlreiche Anwendungsbeispiele (World Bank Group 2015).

Umstellung einer Produktionsweise, erst vergleichsweise lange in der Zukunft wirksam werden, wird bei jeglicher Entscheidung ein Diskontfaktor in die Zukunft angelegt. Über die richtige Höhe und Verwendung dieser Diskontfaktoren ist sich die Wissenschaft nicht einig (Frederick et al. 2002).

Kurzum, die vorliegende Situation ist komplex und einem dynamischen Veränderungsprozess unterzogen, in dem weder Entscheidungen noch zukünftige Aggregatzustände sich zuverlässig vorhersagen lassen und verschiedene interne und externe Faktoren in verschiedene Richtungen ziehen (s. auch Abb. 2). Die weitgehende Externalisierung von Nachhaltigkeit in der Preisbildung sowie unvollständige Information führen dazu, dass nichtnachhaltige Geschäftsmodelle in vielen Fällen rentabler erscheinen. Öffentlicher Druck, neue Erkenntnisse, technologischer Fortschritt und langfristiges Denken machen nachhaltige Geschäftsmodelle attraktiver.

2.2 Empirische Evidenz

Der Beweis eines kausalen Zusammenhangs zwischen der Erreichung von Nachhaltigkeitszielen und unternehmerischem Handeln ist extrem schwer. Empirische Studien, die einen kausalen Zusammenhang zwischen Unternehmensstrategien und Nachhaltigkeitsindikatoren nachweisen können, fehlen bislang. In den meisten Fällen fehlt eine Vergleichsgruppe oder ein Vergleichsszenario und es werden Potenziale statt tatsächlich eingetretene Wirkungen gemessen.[2] Es ist also unklar, ob und inwieweit Unternehmen bisher zu nachhaltiger Entwicklung beitragen.

Die weltweit steigende Ungleichheit innerhalb von Ländern (Piketty 2013) als Kennzahl für soziale Nachhaltigkeit deutet nicht auf eine effektive Umverteilung hin, weder durch staatliche Institutionen noch durch unternehmerische Ansätze. Allerdings sinkt in anderen Indikatoren wie Schulbildung und Zugang zu Gesundheitsdiensten in vielen Ländern die Ungleichheit (Klasen et al. 2016). Es lässt sich jedoch nicht feststellen, inwieweit diese Entwicklung unternehmerischen Initiativen zuzuordnen ist. Starke Zuwächse in Einschulungsraten in Entwicklungsländern deuten eher auf staatliche Intervention hin.

Ähnliches lässt sich über CO_2-Emissionen als einen prominenten Indikator für ökologische Nachhaltigkeit sagen. In hoch entwickelten Industrienationen stagnieren die CO_2-Emissionen pro Kopf zwar seit wenigen Jahren, global gesehen steigen sie jedoch weiter rapide an (http://data.worldbank.org/indicator/EN.ATM.CO2E.PC). Gleichzeitig erschüttern immer neue Skandale um Steuervermeidung einerseits den Glauben der Konsumenten an die Nachhaltigkeitsparolen von Unternehmen und schränken andererseits die Möglichkeiten von Staaten zur Umverteilung und Förderung sozialer Gerechtigkeit und Umweltschutz ein. Zwar ist eine Diversifizierung des Marktes wie im Szenario 3 beschrieben erkennbar und ein gewisses Maß an Zahlungsbereitschaft für Nachhaltigkeit gilt inzwischen als wissenschaftlich bewiesen, jedoch machen umfassend nachhaltige Unternehmen

---
[2] Wach (2012) beschreibt dies sehr anschaulich für einen Teilaspekt von Nachhaltigkeit.

dabei eine so kleine Minderheit aus, dass aus der Makroperspektive keine signifikanten Veränderungen zu beobachten sind. Deutlich werden zudem große Widersprüche innerhalb von Unternehmen, die auf der einen Seite in nachhaltige Geschäftsfelder investieren und an anderer Stelle klar gegen Nachhaltigkeitsprinzipien verstoßen.

3 Die Mikroperspektive: Chancen und Trade-offs erkennen und bearbeiten

3.1 Unternehmen als Getriebene der Nachhaltigkeitsdebatte?

Viele Unternehmen argumentieren und agieren im ersten Szenario. Sie sehen sich als Getriebene des Marktes. Im Hamsterrad aus Konkurrenzdruck, kurzfristigen Gewinnerwartungen von Anlegern und wachsender Marktdynamik fällt es vielen Unternehmen schwer, mittel- oder langfristige, häufig als risikoreich angesehene Investitionen in nachhaltige Geschäftsmodelle zu tätigen. Nachhaltige Geschäftsmodelle lassen sich aus dieser Sicht nur im Fall von Win-win-Situationen realisieren. Dies bestätigen die Ergebnisse aus der Corporate-Social-Responsibility-Forschung: Treiber von Corporate Social Responsibility sind vor allem Marktchancen in Form von Zahlungsbereitschaft für nachhaltige Produkte, ethische Risiken nichtnachhaltiger Praktiken und Kosteneinsparungen vor allem im Fall von Maßnahmen im Bereich Umwelt und Klima, neben drohender staatlicher Regulierung (u. a. Kitzmueller und Shimshack 2012; Abagail und Donald 2001; Varnäs et al. 2013).

Die Forschung zeigt also, dass die Win-win-Option insgesamt für das einzelne Unternehmen die attraktivste Strategie bleibt. Jedoch reicht sie oft nicht aus, um den Übergang zu einem nachhaltigen Geschäftsmodell zu erreichen.

Die oben genannten zahlreichen Marktunvollkommenheiten bewirken eine Komplexität mit hoher Dynamik. Daraus erschließen sich für Unternehmen auch neue Chancen jenseits der bestehenden Denk- und Analysemuster.

Aktuelle Ergebnisse der verhaltensökonomischen Forschung zeigen, dass Organisationen Geschäftschancen systematisch übersehen können, selbst wenn sie alle notwendigen Informationen besitzen.[3] Diese Ergebnisse resultieren aus der Lerntheorie, die zeigt, dass neue Informationen selektiv aufgenommen werden. Sogenannte „mental models", soziales Denken und „confirmation bias" können dazu führen, dass sich falsche Annahmen in einer Organisation durchsetzen und verhindern, dass relevante Informationen als solche erkannt werden.

Zusätzlich können bestehende Organisationsstrukturen wie das Denken in Business Units sowie Anreizsysteme, die auf kurzfristigen finanziellen Erfolg ausgerichtet sind,

---

[3] Schwartzstein (2014) zeigt dies an einem theoretischen Modell. Hanna et al. (2014) zeigen dies an einem empirischen Beispiel.

das Verharren in alten Denkmustern verstärken (Halme et al. 2012). Diese beiden internen Schwachstellen können Unternehmen aktiv bearbeiten.

Ob sich ein nachhaltiges Geschäftsmodell als Win-win-Chance darstellt, hängt unter anderem von den Zeitpräferenzen des Unternehmens ab. Je langfristiger ein Unternehmen denkt und plant, desto größer ist die Chance, dass ein solches als profitabel beurteilt wird. Dies ist nicht nur aufgrund der sich in der Zukunft erhöhenden Kosten für rare nichtnachwachsende Rohstoffe und Ökosystemdienstleistungen der Fall (Drupp 2016), sondern auch durch technologischen Fortschritt und mögliche Verschiebungen der Konsumentenpräferenzen.

Wie Hahn et al. (2010) ausführlich darlegen, sind jedoch Trade-offs zwischen den drei Säulen der Nachhaltigkeit die Regel (Hahn et al. 2010). Aufgrund der hohen Dynamik der Markt- und Technologieentwicklung sowie hoher Unsicherheit, insbesondere in innovativen Geschäftsfeldern, können diese Trade-offs jederzeit auftreten. Unternehmen, die sich für die Entwicklung eines nachhaltigen Geschäftsmodells interessieren, sollten also zunächst intern klären, wie sie mit diesen Trade-offs umgehen wollen (Abb. 1).

Im nächsten Schritt kann daraus abgeleitet werden, inwieweit und an welchen Stellen in Konfliktsituationen ein Unternehmen bereit ist, kurzfristige finanzielle Ziele für Nachhaltigkeitsziele zu kompromittieren und wie Unsicherheit über zukünftige Entwicklungen zu beurteilen ist. Daraus ergeben sich quasi von selbst ein Level für die unternehmerische Vision von Nachhaltigkeit sowie Leitlinien für Entscheidungen.

Im dritten Schritt kann eine Analyse des gesamten Unternehmens das aktuelle Niveau der Nachhaltigkeit des Geschäftsmodells aufzeigen, helfen Ansatzpunkte für mehr

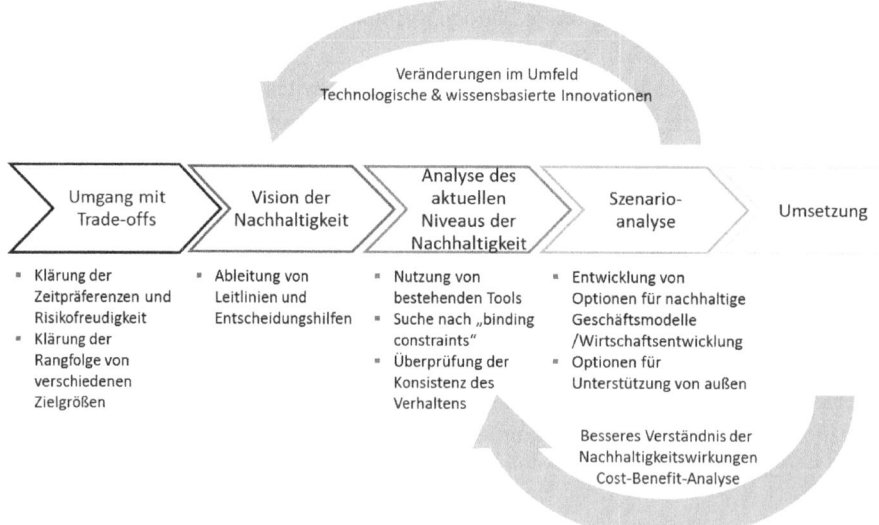

Abb. 1 Schritte zur Umsetzung eines nachhaltigen Geschäftsmodells

Nachhaltigkeit zu priorisieren und potenziell erreichbare Nachhaltigkeitsniveaus festlegen. Dafür bieten sich bestehende Analysetools oder Indikatorensets wie die der Global Reporting Initiative (GRI), Gemeinwohlbilanz und Ähnliche an. Die Abkehr vom reinen Business-Case-Denken ermöglicht dabei Ehrlichkeit im Umgang mit internen Inkonsistenzen. Im Sinne der Corporate Identity und des ethischen Risikos sind Widersprüche in der Nachhaltigkeitsstrategie kontraproduktiv. Neuere Ergebnisse zeigen zusätzlich zum ethischen Risiko, das mit solchen Widersprüchen einhergeht (externe Glaubwürdigkeit), starke Auswirkungen von Inkonsistenzen auf die Mitarbeitermotivation (interne Glaubwürdigkeit) (Veken 2015). Daher ist ein konsistentes Gesamtbild anzustreben.

Aus diesen Vorarbeiten ergeben sich im vierten Schritt Szenarien, die mit Kosten, Risiken/Unsicherheit und Zeitdimensionen belegt werden können und letztendlich als Entscheidungshilfe für die Strategiefindung dienen. Wichtig ist hierbei ein kreatives Systems Thinking, das über den klassischen Business Case hinausgeht und mögliche Entwicklungen im Umfeld einbezieht. Aufgrund der erheblichen Unsicherheit, die mit innovativen Geschäftsmodellen dieser Art verbunden ist, bieten sich Szenarioanalysen an.

Wie Abb. 1 zeigt, wiederholen sich diese Schritte jeweils, sobald neue Erkenntnisse über Wirkungen gewonnen wurden bzw. wenn sich externe Faktoren verändern. Dabei sind auch Hilfestellungen durch Politik und Zivilgesellschaft zu beachten. Im Sinne der Kokreation kann Nachhaltigkeit gelingen, wenn alle an einem Strang ziehen.

3.2 Politik und Zivilgesellschaft als Helfer

Wenn ein signifikanter Anteil des Privatsektors auf nachhaltige Geschäftsmodelle umschwenkt, kann dies zur Erreichung einer nachhaltigen Entwicklung beitragen. Dies ist potenziell ohne oder mit nur geringer zusätzlicher Finanzierung durch die öffentliche Hand möglich. Daher ist der Nachhaltigkeitstrend unter Unternehmen sowohl für staatliche als auch zivilgesellschaftliche Akteure in der Förderung nachhaltiger Entwicklung interessant. Dies ist bisher jedoch nur unzureichend der Fall. Im Folgenden sind aus aktuellen Erkenntnissen abgeleitete Ansatzpunkte der Unterstützung von nachhaltigen Geschäftsmodellen für staatliche und zivilgesellschaftliche Akteure aufgezeigt.

In jedem Fall ist eine vorherige Analyse der gegebenen Situation im jeweiligen Kontext sinnvoll. Dort, wo sich Win-win-Situationen ergeben, ist kein externer Eingriff notwendig. Vielmehr sollten sich staatliche oder zivilgesellschaftliche Akteure auf Trade-off-Szenarien konzentrieren. Eine kontextspezifische Analyse der Trade-offs sollte dann versuchen die bindenden Beschränkungen zu identifizieren, das heißt diejenigen Punkte, die im jeweiligen Kontext für Unternehmen den größten Trade-off darstellen. Das könnte beispielsweise ein Steuersystem sein, welches indirekt nachhaltige Geschäftsmodelle benachteiligt, oder fehlendes Wissen über die Auswirkungen von bestimmten Geschäftspraktiken oder Verhaltensweisen. Daraus ergibt sich die Auswahl von geeigneten Instrumenten, die in der nachfolgenden Liste zusammengefasst dargestellt sind. Die Förderung von nachhaltiger Entwicklung kann sowohl auf indirekte Weise durch die Verstärkung treibender

Faktoren als auch mithilfe von direkter Beeinflussung durch Regulierung zur Erreichung von Nachhaltigkeitszielen sinnvoll sein (Abb. 2).

Eine Verstärkung von treibenden Faktoren ist insbesondere durch folgende Maßnahmen möglich:

- Förderung von Forschung und Entwicklung im Bereich Nachhaltigkeit: Hierzu zählen nicht nur umweltfreundliche Technologien, sondern auch diverse Bereiche in der Erforschung von Sozialsystemen, Mitarbeitermotivation, Umweltschutz und Messung von Nachhaltigkeit. Insbesondere die Forschung, die öffentliche Güter produziert, die sich nicht urheberrechtlich schützen lassen oder aus öffentlichem Interesse nicht sollten, besonders innovativ, langfristig ausgerichtet und/oder risikoreich ist, sollte von öffentlichen Akteuren finanziert werden. Eine Steuerung anhand von an klassischen Forschungskriterien, insbesondere wissenschaftliche Publikationen, erscheint dabei als nicht ausreichend. Im Teilbereich Entwicklung bietet sich insbesondere die Förderung von Start-ups und Intrapreneurship an.
- Verwandt damit ist die neutrale Informationsfunktion der Öffentlichkeit, die der oben genannten unvollständigen Information entgegenwirkt. Dies beinhaltet vor allem die Aufklärung über nachhaltige Praktiken, Verstöße gegen diese, die Messung von Nachhaltigkeit und das Aufzeigen von Auswirkungen des eigenen Handelns. Hinter diesem Aktionsfeld verbirgt sich neben der Informationsaufbereitung und Bereitstellung vor allem auch die Investition in die Verbesserung des Wissensstands über tatsächliche Wirkungen nachhaltiger Geschäftsmodelle und nachhaltigen Handelns im Allgemeinen.
- Konsequente Kontrolle der Einhaltung von Regeln und Überwachung der Korrektheit von bereitgestellten Informationen: Bestehende Regeln, und auch Selbstverpflichtungen, müssen von neutraler Seite überwacht werden, um Wirksamkeit zu zeigen.
- Bereitstellung von geduldigem Kapital bzw. Absicherung von Risiken neuer nachhaltiger Geschäftsmodelle: Unternehmen stehen in manchen Fällen ungenügend Kapitalgeber gegenüber, die bereit sind risikoreiche neue langfristig ausgelegte Investitionen zu finanzieren. Auch wenn sich die Vertrags- und Anreizgestaltung als äußerst schwierig erwiesen hat, ist hier eine staatliche Unterstützung, beispielsweise in Form von Sicherheiten grundsätzlich sinnvoll.
- Verstärkung von Anreizen durch das Steuersystem: Hier bieten sich auf der Negativseite insbesondere Vollkostenmodelle bzw. Modelle an, die versuchen externe Kosten zu internalisieren und auf die Verursacher umzulegen.
- Förderung eines neuen gesellschaftlichen Selbstverständnisses: Gewisse Nachhaltigkeitsstandards können selbstverständlich werden, wenn ein Großteil der Gesellschaft sie als solche voraussetzt. Staatliche und zivilgesellschaftliche Akteure können dies aktiv unterstützen. Es gibt zwei Ansatzpunkte: Konsumenten können Unternehmen, die nicht nach diesem Selbstverständnis handeln, meiden. Unternehmen können durch freiwillige Verpflichtungen in präkompetitiven Zusammenschlüssen weltweite Standards setzen. Ein Beispiel ist der Roundtable of Sustainable Palm Oil, der das Potenzial hat,

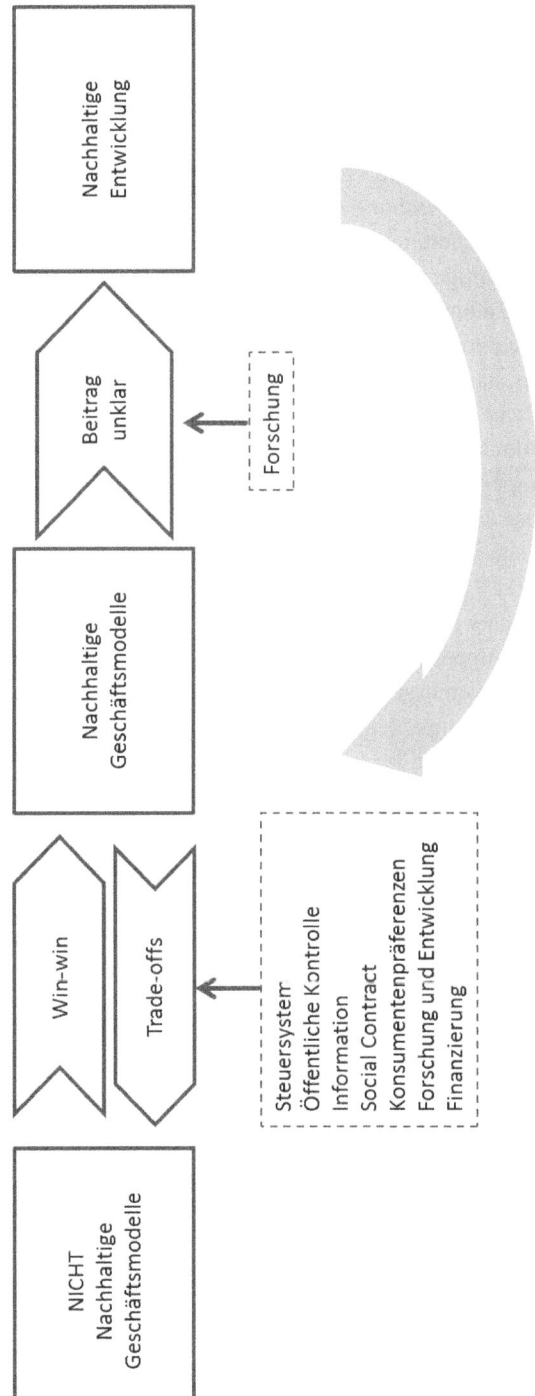

Abb. 2 Einflussfaktoren nachhaltiger Geschäftsmodelle im Überblick

für den Großteil der Palmölproduzenten in gewissem Umfang nachhaltigere Produktionsmethoden durchzusetzen.[4]

Alle hier gezeigten indirekten Maßnahmen, zielen auf die Reduzierung von Trade-offs bzw. die Schaffung neuer Win-win-Modelle ab. Direkte Maßnahmen durch Regulierung und Verbote setzen letztendlich die im letzten Punkt beschriebenen Standards extern fest. In der wirtschaftspolitischen Forschung wird diese Art von Maßnahmen häufig negativ belegt. Wie in den letzten Abschnitten dargelegt, gibt es marktwirtschaftliche Zusammenhänge, die entgegen nachhaltige Geschäftsmodelle treiben, insbesondere unvollständige Information und geringe Zahlungsbereitschaft für Nachhaltigkeit. Daher kann ein externes Setzen von Standards auch im Sinne von nachhaltig orientierten Unternehmen sein, wenn die Trade-offs besonders stark sind und sich Unternehmen aus wettbewerbswirtschaftlichen Gesichtspunkten nicht in der Lage sehen, Nachhaltigkeitsstandards zu erfüllen.

Auch für staatliche Akteure gilt die Beachtung der Konsistenzregel. Widersprüchliches Verhalten durch die Förderung von Nachhaltigkeit auf der einen Seite und nichtnachhaltige Praktiken auf der anderen Seite reduzieren die Glaubwürdigkeit und damit die Wirkung staatlichen Handelns. Da Menschen in mentalen Modellen denken, haben selbst kleine Widersprüche starke Auswirkungen auf die Glaubwürdigkeit von Akteuren und damit auf deren Einfluss. Daher ergeben sich im Prinzip die in Abb. 1 dargestellten Schritte auch für staatliche und zivilgesellschaftliche Akteure. Auch hier können sich Trade-offs zwischen verschiedenen Zielen ergeben, die unter anderem von der betrachteten Zeitdimension abhängen. Auch hier muss definiert werden, wie diese gelöst werden, um zu einer konsistenten Strategie zu gelangen.

Diese muss kontinuierlich überprüft und neuen Entwicklungen angepasst werden (Abb. 2). Insbesondere besteht weiterhin eine große Unsicherheit über die Wirkungen von nachhaltigen Geschäftsmodellen auf globale Nachhaltigkeitsziele. Da diese Wirkungen die Argumentationsbasis für deren Förderung sind, sollte dringend in besseres Wissen über kausale Zusammenhänge zwischen diesen Indikatoren auf lokaler, regionaler oder globaler Ebene und verschiedenen Geschäftsmodellen investiert werden.

4 Ausblick: Welche Beiträge zu mehr Nachhaltigkeit können von wem erwartet werden?

Wenn der Privatsektor insgesamt stärker zu den drei Säulen der Nachhaltigkeit, Ökonomie, Ökologie und soziale Nachhaltigkeit, beiträgt, könnten Unternehmen in der Tat als eierlegende Wollmilchsäue bezeichnet werden. In diesem Fall bräuchte es überspitzt gesagt zur Erreichung der nachhaltigen Entwicklungsziele (Sustainable Development Goals) keine expliziten Anstrengungen anderer Akteure. Wie die vorliegende Analyse zeigt, sind

---
[4] Sustainable Palm Oil Platform: http://www.sustainablepalmoil.org/. Gleichzeitig wird der Standard als zu wenig wirksam kritisiert (Greenpeace International 2007).

bisher allenfalls von einer kleinen Minderheit von Unternehmen netto positive Wirkungen auf Nachhaltigkeit zu erwarten. Dies liegt zum einen an zahlreichen Trade-offs zwischen (kurzfristigen) wirtschaftlichen und Nachhaltigkeitszielen und zum anderen an Marktunvollkommenheiten, die die Gesamtsituation komplex und wenig durchschaubar und vorhersagbar machen.

Bisher ist ein Beitrag von Unternehmen zu nachhaltigen Entwicklungszielen nicht nachweisbar. Da eine solche Wirkung die Argumentationsbasis für öffentliche Förderung bildet, ist die Messung von Wirkungen im gesellschaftlichen Sinne sinnvoll und notwendig, auch wenn sie kompliziert und aufwendig ist.

Da Unternehmensentscheidungen immer auch von Profitinteressen mitbestimmt sind, stellt sich für die einzelnen Unternehmen im Falle von Trade-offs die Frage, wo der eigene Kompromiss zwischen ökonomischen Interessen und den anderen Säulen der Nachhaltigkeit liegt.

Für Regierung und Zivilgesellschaft stellt sich an der gleichen Stelle die Frage, wie viel Nachhaltigkeit von Unternehmen jeweils selbstständig erwartet werden kann und an welcher Stelle Trade-offs extern reduziert werden sollten. Diese Abwägung ist ein wiederholter dynamischer Prozess, der sich verändernden Kontextbedingungen anpassen muss. Wenn alle drei Akteursgruppen dabei die gleichen Nachhaltigkeitsziele verfolgen und sich in gegenseitig unterstützende Rollen begeben, kann im Sinne der Kokreation nachhaltige Entwicklung gemeinsam gestaltet werden. Dabei ist in der Rollenverteilung transparentes, konsequentes und konsistentes Handeln entscheidend.

Literatur

Abagail M, Donald S (2001) Corporate social responsibility: a theory of the firm's perspective. Academy of Management. Acad Manag Rev 26(1):117–127

Autor D, Dorn D, Katz L, Patterson C, Van Reenen J (2017) The Fall of the Labor Share and the Rise of Superstar Firms. NBER Working Paper No. 23396

Drupp MA (2016) Limits to Substitution between Ecosystem Services and Manufactured Goods and Implications for Social Discounting. Environmental and Resource Economics. https://doi.org/10.1007/s10640-016-0068-5

Frederick S, Loewenstein G, O'Donoghue T (2002) Time Discounting and Time Preference: A Critical Review. J Econ Lit 40(2):351–401

Greenpeace International (2007) How the Palm Oil Industry is Cooking the Climate. greenpeace.org. http://www.greenpeace.org/international/Global/international/planet-2/report/2007/11/cooking-the-climate-full.pdf. Zugegriffen: 18. Mai 2016

Hahn T, Figge F, Pinkse J, Preuss L (2010) Trade-offs in corporate sustainability: you can't have your cake and eat it. Bus Strategy Environ 19(4):217–229

Halme M, Lindeman S, Linna P (2012) Innovation for Inclusive Business: Intrapreneurial Bricolage in Multinational Corporations. J Manag Stud 49(4):743–784

Hanna R, Mullainathan S, Schwartzstein J (2014) Learning through noticing: theory and evidence from a field experiment. Q J Econ 129(3):1311–1353

Kitzmueller M, Shimshack J (2012) Economic Perspectives on Corporate Social Responsibility. J Econ Lit 50(1):51–84

Klasen S, Scholl N, Lahoti R, Ochmann S, Vollmer S (2016) Inequality: Worldwide Trends and Current Debates. Courant Research Center Discussion Paper No. 209

Piketty T (2013) Le Capital au XXIème siècle. Le Seuil, Paris. ISBN 978-2021082289

Schwartzstein J (2014) Selective Attention and Learning. J Eur Econ Assoc 12(6):1423–1452

Varnäs A, Vulturius G, Benzic M, Carson M, Davies M (2013) Broadening Horizons: Business Engagement with climate change in 2007 and today. 3C/SEI Final report. Stockholm Environment Institute, Stockholm

Veken D (2015) Der Sinn des Unternehmens. Wofür arbeiten wir eigentlich? Murmann Verlag, Hamburg. ISBN 978867744676

Wach E (2012): Measuring the ‚Inclusivity' of Inclusive Business. IDS Practice Paper 9.

World Bank Group (2015) World Development Report 2015: Mind, Society, and Behavior. Washington, DC: World Bank. https://openknowledge.worldbank.org/handle/10986/20597. Zugegriffen: 26. Aug. 2016 (License: CC BY 3.0 IGO)

Linda Kleemann arbeitet als Wissenschaftlerin am Institut für Weltwirtschaft und ist Beraterin bei der GFA Consulting Group. Sie forscht an der Schnittstelle zwischen Agrar- und Entwicklungsökonomie und beschäftigt sich dabei überwiegend mit der Rolle von Unternehmen und Regierungen in der Erzielung nachhaltiger Entwicklungsziele. Afrika ist dabei ihr regionaler Schwerpunkt. Sie berät Unternehmen und Nichtregierungsorganisationen bei der Evaluierung ihrer Arbeit und der Weiterentwicklung ihrer Nachhaltigkeitsstrategie. An der Universität Kiel lehrt sie Social Entrepreneurship und nachhaltige Entwicklung. Sie ist zudem in der Start-Up Förderung aktiv. Frau Kleemann hat Volkswirtschaft in Kiel und Zaragoza studiert und in Agrarökonomie promoviert.

Circular Economy – Deutsche Unternehmen auf dem Weg zu transformativen Geschäftsmodellen

Alexander Holst, Philipp Buddemeier und Wolfgang Machur

1 Die Ära der Circular Economy beginnt jetzt

Die Idee einer Kreislaufwirtschaft wird in Deutschland bereits seit spätestens den 1990er-Jahren in Politik und Wirtschaft aktiv verfolgt. Nun lässt uns die rasante technologische und globale wirtschaftliche Entwicklung der letzten Jahre dieses Konzept aus einem anderen Blickwinkel betrachten. Die Circular Economy bedeutet mehr als Recyclingsysteme und Materialeffizienz. Sie ist die Basis für ein Wirtschaftssystem, welches den Wert und die Nutzung von Ressourcen und Gütern zu jedem Zeitpunkt am höchsten hält (Ellen MacArthur Foundation 2016) und dabei neue Konzepte wie die Sharing Economy umfasst.

Doch warum erleben wir jetzt den Anfang der Ära der Circular Economy?

Zunächst ist da die *globale demografische Entwicklung*. Es geht darum, eine zukünftige weltweite Mittelschicht von 5 Mrd. Menschen im Jahr 2030, gegenüber geschätzten 2,5 Mrd. Menschen im Jahr 2014, mit Dienstleistungen und Gütern zu versorgen (Kharas und Gertz 2010). Das bisherige, linear ausgerichtete Wirtschaftsmodell kann dies nicht leisten. Selbst bei weiterhin ansteigender Ressourcenproduktivität wird die globale Weltwirtschaft bis 2030 ein Defizit von 9 Mrd. Tonnen aus Primärrohstoffen aufbauen (gegenüber einem in 2030 verfügbaren Gesamtangebot an begrenzten Rohstoffen von ca. 50 Mrd. Tonnen) (Lacy und Rutqvist 2015).

Die Entwicklung der Circular Economy wird beschleunigt durch *neue Technologien* und *neue Geschäftsmodelle* (Accenture Strategy 2014). Gerade hier erleben wir rasante Umbrüche. So steigt die Anzahl von Geräten, die mit dem „Internet der Dinge" verbunden sind, auf über 20 Mrd. bis 2020 (Gartner 2016). Und die Skalierbarkeit neuer technologiebasierter Geschäftsmodelle zeigt sich unter anderem in den erstaunlichen Wachstums-

---

A. Holst (✉) · P. Buddemeier · W. Machur
Accenture GmbH
Friedrichstraße 78, 10117 Berlin, Deutschland
E-Mail: alexander.holst@accenture.com

© Springer-Verlag GmbH Deutschland 2018
P. Bungard (Hrsg.), *CSR und Geschäftsmodelle*, Management-Reihe Corporate Social Responsibility, https://doi.org/10.1007/978-3-662-52882-2_6

zahlen des Mobilitätsunternehmens Uber Technologies, welches bislang 40 % pro Quartal wächst (Forbes 2016).

Als weitere gesellschaftspolitische Treiber für die Circular Economy könnten sich die *ökologische Vorteilhaftigkeit* und die Schaffung *neuer Arbeitsplätze* erweisen. Durch den Einsatz erneuerbarer Energien könnten Recycling- und Rückführungslogistikprozesse in ihrer Gesamtbilanz ökologisch auf breiter Front sinnvoll werden. Zahlreiche Studien belegen zudem das Potenzial zur Schaffung von Arbeitsplätzen durch arbeitsintensivere und regionalisiertere Circular-Economy-Wertschöpfungsketten. Demnach könnten beispielsweise bis zu 500.000 neue Arbeitsplätze allein in Frankreich entstehen (Club of Rome 2016).

Insgesamt könnte der Wandel hin zu einer Circular Economy ein globales Wirtschaftswachstum in Höhe von 4,5 Billionen USD bis 2030 ermöglichen (Lacy und Rutqvist 2015) – mehr als die deutsche Gesamtwirtschaft. Dies ist eine für Deutschland hoch relevante Chance und stellt zugleich eine Herausforderung dar, da sie tief greifende Geschäftsmodellinnovationen benötigt. Beispielsweise könnte, in der für Deutschland so bedeutenden, Automobil- und zukünftigen Mobilitätsindustrie der Umsatz ausgewählter Geschäftsmodelle der Circular Economy bis 2030 weltweit zwischen 400 Mrd. USD und 600 Mrd. USD wachsen (Accenture Strategy 2016).

2 Fünf Geschäftsoptionen für die Circular Economy

Die Entwicklung der Circular Economy wird im Wesentlichen ermöglicht durch tief greifende Innovationen bei Geschäftsmodellen, Technologien und Wertschöpfungsketten. Accenture Strategy hat im Rahmen eines Forschungsprojektes 120 Fallstudien von Unternehmen mit Circular-Economy-Aktivitäten untersucht. Die herausgearbeiteten fünf Geschäftsoptionen zeigen die Möglichkeiten auf, wie Unternehmen ihre Wertschöpfungskette von einer linearen zu einer zirkulären entwickeln können (s. Abb. 1) (Lacy et al. 2015; Lacy und Rutqvist 2015):

- **Circular Supply-Chain**
  Die verwendeten Materialien sind recycelbar, recycelt, erneuerbar oder biologisch abbaubar.
  Zum Beispiel: *Ecovative* bietet ein Styroporsubstitut basierend auf Pilzmaterial und Agrarabfällen an, welches für Verpackungen und als Dämmmaterial genutzt wird (Ecovative 2016).
- **Wiederverwertung & Recycling (Recovery & Recycling)**
  Nutzbare Ressourcen und Energie aus verwendeten Produkten oder Nebenprodukten werden wiederverwertet.
  Zum Beispiel: *Desso (Tarkett)* hat Teppichrecycling zu einem Kernbestandteil seines Geschäftsmodells gemacht. Dabei steigerte das Unternehmen seinen Marktanteil in Europa um 8 % und erhöhte die EBIT-Marge von 1 auf 9,2 % (The Guardian 2012). Über

CIRCULAR-ECONOMY-GESCHÄFTSOPTIONEN

 CIRCULAR SUPPLY-CHAIN

WIEDERVERWERTUNG & RECYCLING
(Recovery & Recycling)

LEBENSZYKLUSVERLÄNGERUNG
(Product Life-Extension)

KOLLABORATIONSPLATTFORM
(Sharing Platform)

PRODUCT AS A SERVICE

LINEARE WERTSCHÖPFUNGSKETTE

 VERLAUF

>>>>>>> RICHTUNG

Abb. 1 Die fünf Circular-Economy-Geschäftsoptionen von Accenture Strategy. (Quelle: Accenture Strategy 2015)

50 % der angebotenen Teppichfliesen sind mit vollständig recyceltem Garn erhältlich (Desso 2016).
- **Lebenszyklusverlängerung (Product Life-Extension)**
Der Lebenszyklus von Produkten und Komponenten wird verlängert, beispielsweise durch Reparatur, Wiederverwendung, Refurbishment oder Remanufacturing.
Zum Beispiel: *Caterpillar* hat eine hoch profitable Remanufacturing-Sparte aufgebaut, welche jährlich über 80.000 t genutzter Maschinen zurücknimmt und erneuert. Insgesamt trägt das Circular-Economy-Produktangebot mit fast 10 Mrd. USD erheblich zum Gesamtergebnis bei (The Circulars 2016).
- **Kollaborationsplattform (Sharing Platform)**
Güter, welche im Besitz von Privatpersonen oder Unternehmen sind, werden durch die Ermöglichung eines geteilten Zugangs oder Besitzes stärker genutzt.
Zum Beispiel: *Drivy* ist eine Onlineplattform, auf der Privatnutzer untereinander Autos stunden- oder tageweise verleihen und anmieten können. Die Plattform hat europaweit eine Million Nutzer mit ca. 40.000 eingestellten Fahrzeugen (https://www.drivy.de).
- **Product as a Service**
Der Produktzugang wird als Dienstleistung angeboten, beispielsweise als Mobilitätsservice anstatt des Autoverkaufs. Als Besitzer des Produktes kann der Anbieter so die zur Leistungserbringung genutzten Ressourcen optimieren und von Kosteneinsparungen durch Circular-Economy-Geschäftsoptionen profitieren.
Zum Beispiel: *Mud Jeans* bietet für 7,50 EUR pro Monat Hosen zum Leasen an. Kunden geben die genutzte Jeans nach einem Jahr zurück und erhalten eine neue Jeans. Das Unternehmen bietet Reparaturservices an und stellt sicher, dass die gebrauchten Textilien weiterverwertet werden, unter anderem zu neuen Jeans (http://www.mudjeans.eu).

Die dargestellten Circular-Economy-Geschäftsoptionen gewinnen zunehmend an strategischer Bedeutung, nicht zuletzt durch die rasante Entwicklung neuer Technologien. Generell lassen sich diese in digitale Technologien, wie Maschinen-zu-Maschinen-Kommunikation, Maschinenbautechnologien, wie modulares Design, oder hybride Technologien, wie 3-D-Drucken, unterscheiden (Lacy et al. 2015). Weitere Schlüsseltechnologien stellen derzeit auch die Entwicklung und vermehrte Anwendung künstlicher Intelligenz und der Block Chain dar.

3 Deutsche Unternehmen zwischen Transformation und Optimierung

Auch deutsche Unternehmen setzen vermehrt auf neue Geschäftsoptionen, um die Chancen der Circular Economy zu nutzen. Insbesondere die deutsche Automobilbranche ist hier teilweise richtungsweisend bei der Umsetzung neuer Konzepte. Beispiele für die Anwendung innovativer Circular-Economy-Geschäftsoptionen sind unter anderem:

- **BMW – Circular Supply-Chain bei BMW i3**
  BMW setzt im Modell BMW i3 einen erhöhten Anteil nachwachsender und recycelter Materialien für die Innenausstattung ein und durch den Elektromotor kann das Auto mit Strom aus erneuerbaren Energien betrieben werden (BMW 2015). Dies stellt einen ersten Schritt hin zu einer Circular Supply-Chain dar.
- **Puma – Wiederverwertung und Recycling von Textilien bei der Worn-Again-Initiative**
  Puma hat im Produktrecycling bereits mehrere Initiativen gestartet und arbeitet aktuell zusammen mit H&M und Worn Again an Methoden zum vollständigen Recycling von gebrauchten Textilien (Kering 2015). Zuvor hat Puma bereits mit der InCycle-Produktlinie aufgezeigt, dass Sportbekleidung recyclingfähig und biologisch abbaubar hergestellt werden kann (The Guardian 2015).
- **Bosch – Lebenszyklusverlängerung durch Remanufacturing bei Bosch „eXchange"**
  Im Rahmen eines umfangreichen Programms bietet Bosch die Aufbereitung von Austauschteilen für Fahrzeuge an. Diese werden mit der gleichen Garantie wie für Neuware ausgeliefert (Bosch 2016). Ergänzt wird dies durch den Altteilerücknahmeservice CoremanNet, welcher die Rückgabe von Altteilen für Kunden erleichtert (http://www.coremannet.com). Weitere Unternehmen der deutschen Automobilindustrie bieten ähnliche Programme an.
- **DHL – Kollaborationsplattform bei myways-Pilotprojekt**
  Die Deutsche Post DHL Group hat in dem Pilotprojekt myways getestet, wie die Paketzustellung durch Privatpersonen durchgeführt werden kann. Nutzer konnten dabei Pakete für andere Nutzer zustellen und selber eine Nachfrage für eine persönliche Zustellung einstellen (Deutsche Post DHL Group 2013). Dies ermöglicht die Nutzung vorhandener privater Kapazitäten bei der Paketzustellung.
- **Daimler – Product as a Service mit car2go und moovel**
  Daimler bietet mit car2go bereits für über 2 Mio. Kunden weltweit ein Netzwerk von jederzeit buchbaren Carsharingautos an (car2go 2016). Dieses wird zunehmend ergänzt durch die Mobilitäts-App moovel, welche Nutzern die Auswahl und teilweise die direkte Buchung von verschiedenen Verkehrsmitteln ermöglicht (https://www.moovel.com/de/en). BMW bietet mit DriveNow einen ähnlichen Carsharingservice an (https://de.drive-now.com). Und Audi hat mit Audi unite ein Komplettpaket zur geteilten Nutzung eines Autos in einer Gruppe von fünf Personen entwickelt (Audi unite 2016).

Die aufgeführten Beispiele zeugen von der Bereitschaft und Innovationskraft deutscher Unternehmen bei der Entwicklung neuer Circular-Economy-Geschäftsoptionen. Dennoch befinden sich viele Unternehmen im Zwiespalt zwischen Transformation und Optimierung ihrer Geschäftsmodelle. Während wir weltweit eine enorme Bandbreite an transformativen Circular-Economy-Aktivitäten erleben, ist die Anzahl herausragender deutscher Beispiele verhältnismäßig gering. Dies mag daran liegen, dass deutsche Unternehmen traditionell sehr gut in ingenieurtechnischen Optimierungen sind, beispielsweise bei Recycling und Materialeinsatz. Diese Stärke führt dazu, dass der große Sprung zu neuen, oft durch digitale Technologien getriebenen Geschäftsmodellen verhalten in Betracht gezogen wird. Demgegenüber schaffen es Länder wie die USA und China derzeit, schnell wachsende, transformative Geschäftsmodelle, wie die von Airbnb oder Didi Chuxing, hervorzubringen.

Die transformative Wirkung von Circular-Economy-Geschäftsmodellen mit ihrer potenziell drastischen Erhöhung der Ressourcenproduktivität, beispielsweise bei Carsharing, lassen eine Fokussierung auf inkrementelle Optimierungen jedoch gefährlich erscheinen. Auch deutsche Unternehmen sind von den aufgeführten Treibern und Chancen der Circular Economy im vollen Umfang betroffen. Strategisch stehen die Unternehmen hier langfristig vor der Frage, entweder innovative Circular-Economy-Geschäftsmodelle aufzubauen, nur noch eine spezialisierte Funktion in der zirkulären Wertschöpfungskette zu erfüllen oder womöglich den Marktzugang zu verlieren.

4 Der Weg zur Geschäftsmodelltransformation

Wie können Unternehmen den Zwiespalt zwischen Transformation und Optimierung managen? Um den Aufbau von neuen Circular-Economy-Geschäftsoptionen strategisch und strukturiert anzugehen, sollten Unternehmen zunächst die konkreten *Geschäftschancen* identifizieren. Die geleistete Wertschöpfung kann dann aus *Sicht der Kunden* komplett neu gedacht werden. Dabei gilt es, die Circular-Economy-Wertschöpfungskette der eigenen Branche strategisch zu verstehen und eine klare Entscheidung zur *Positionierung* in dieser zu treffen. Wo kann das Unternehmen seine Fähigkeiten am besten einsetzen? Beispielsweise gibt es hier die grundsätzliche Frage, ob es rund um den Endverbraucher agiert oder sich auf Zulieferertätigkeiten beschränkt. Anschließend müssen Unternehmen die hierfür benötigten *Kernfähigkeiten* aufbauen sowie in *relevante Technologien* investieren. Bei der zeitlichen Planung dieser Investitionen können dann die langfristigen Umsatzchancen mit den kurzfristigen Umsatzzielen des Unternehmens ausbalanciert werden (Accenture Strategy 2015, 2016).

Welche *Kernfähigkeiten* sollten Unternehmen also aufbauen, um in der Circular Economy erfolgreich zu agieren? Zunächst gilt es, strategische *Circular Networks* mit unterstützenden Partnerunternehmen aufzubauen, welche Teil der Circular-Economy-Wertschöpfungskette des Unternehmens sind. Beispielsweise ist Jaguar Land Rover eine Kooperation mit dem Aluminiumrecycler Novelis eingegangen, um langfristig Autos mit Aluminiumgehäusen anbieten zu können. Durch die Ausrichtung der *Produktentwicklung für viele Lebenszyklen und Nutzer* können Unternehmen den Wert erstellter Produkte steigern und diese profitabler reparieren, aufbereiten oder weiterverkaufen. Damit einher geht der Aufbau *dauernder Kundenbindungen* im Verkauf und während der Produktnutzungsphase. Dabei bleiben Unternehmen kontinuierlich im Austausch mit den Nutzern ihrer Produkte und können so Kundennutzen und Wertschöpfung aus dem Produkt erhöhen. Durch die Entwicklung und den Einsatz *kreislauffähiger Materialien* in der Beschaffung und bei der Herstellung wird die zirkuläre Schließung der Wertschöpfungskette ermöglicht. Der Aufbau einer Rückgabelogistik für *gelegenheitsorientierte Rücknahme* ermöglicht es dann den Unternehmen, die im Produkt enthaltene Wertschöpfung wieder zurück in den Produktionsprozess zu überführen (Lacy et al. 2015; Accenture Strategy 2016).

Wir erleben zunehmend, dass deutsche Unternehmen die Chancen der Circular Economy erkennen und bereit sind in transformative Geschäftsmodelle zu investieren. Dabei wird auch die verstärkte Einbindung und Unterstützung durch wesentliche Stakeholder, wie Kapitalgeber oder den Gesetzgeber, notwendig. Beispielsweise bei der Entwicklung von geeigneten finanziellen Risikobewertungsmodellen oder der Frage der steuerlichen Behandlung. Dies ermöglicht es Unternehmen, den Weg hin zu Circular-Economy-Geschäftsmodellen erfolgreich zu beschreiten, und bietet Deutschland die Chance, auch gesamtwirtschaftlich von dieser Transformation zu profitieren.

Literatur

Accenture Strategy (2014) Circular Advantage – Innovative Business Models and Technologies to Create Value in a World without Limits to Growth. https://www.accenture.com/us-en/insight-circular-advantage-innovative-business-models-value-growth. Zugegriffen: 30. Sept. 2016

Accenture Strategy (2015) Waste to Wealth – Executive Summary. https://www.accenture.com/us-en/insight-creating-advantage-circular-economy. Zugegriffen: 30. Sept. 2016

Accenture Strategy (2016) Automotive's latest model: Redefining competitiveness through the circular economy. https://www.accenture.com/us-en/insight-redefining-competitiveness-through-circular-economy. Zugegriffen: 30. Sept. 2016

Audi unite (2016) Audi unite. https://www.audiunite.com/se/service/en_unite.html. Zugegriffen: 30. Sept. 2016

BMW (2015) BMW i3: Nachhaltigkeit. http://www.bmw.de/de/neufahrzeuge/bmw-i/i3/2015/nachhaltigkeit.html#production. Zugegriffen: 30. Sept. 2016

Bosch (2016) Bosch eXchange – auf der sicheren Seite. https://de.bosch-automotive.com/de/parts_and_accessories/specials_1/commercial_vehicle/repairs_exchange/bosch_exchange_2/overview_bosch_exchange_1. Zugegriffen: 30. Sept. 2016

car2go (2016) Fact Sheet car2go. https://www.car2go.com/media/data/germany/microsite-press/files/fact-sheet-car2go_oktober-2016_de.pdf. Zugegriffen: 18. Okt. 2016

Club of Rome (2016) The Circular Economy and Benefits for Society – Jobs and Climate Clear Winners in an Economy Based on Renewable Energy and Resource Efficiency. http://www.clubofrome.org/wp-content/uploads/2016/03/The-Circular-Economy-and-Benefits-for-Society.pdf. Zugegriffen: 30. Sept. 2016

Desso (2016) Cradle to Cradle Milestones | Desso. http://www.desso.com/c2c-corporate-responsibility/cradle-to-cradle-achievements/. Zugegriffen: 18. Okt. 2016

DHL Group (2013) DHL nutzt „Crowdsourcing" für Paketzustellung in Stockholm. http://www.dpdhl.com/de/presse/pressemitteilungen/2013/dhl_crowdsourcing_paketzustellung_stockholm.html. Zugegriffen: 18. Okt. 2016

Ecovative (2016) How it Works | Ecovative. http://www.ecovativedesign.com/how-it-works. Zugegriffen: 30. Sept. 2016

Ellen MacArthur Foundation (2016) The Circular Economy Concept – Regenerative Economy. https://www.ellenmacarthurfoundation.org/circular-economy/overview/concept. Zugegriffen: 10. Nov. 2016

Forbes (2016) Leaked: Uber's Financials Show Huge Growth, Even Bigger Losses. http://www.forbes.com/sites/briansolomon/2016/01/12/leaked-ubers-financials-show-huge-growth-even-bigger-losses. Zugegriffen: 30. Sept. 2016

Gartner (2016) Internet of Things Primer for 2016. http://www.gartner.com/document/3269521. Zugegriffen: 30. Sept. 2016

Kering (2015) H&M, Kering and innovation company Worn Again join forces to make the continual recycling of textiles a sustainable reality. http://www.kering.com/en/press-releases/hm_kering_and_innovation_company_worn_again_join_forces_to_make_the_continual. Zugegriffen: 30. Sept. 2016

Kharas H, Gertz G (2010) The New Global Middle Class: A Cross-Over from West to East. In: Li C (Hrsg) China's Emerging Middle Class: Beyond Economic Transformation. Brookings Institution Press, Washington, DC

Lacy P, Rutqvist J (2015) Waste to Wealth – The Circular Economy Advantage. Palgrave Macmillan, New York, London

Lacy P, Rutqvist J, Buddemeier P (2015) Wertschöpfung statt Verschwendung – Die Zukunft gehört der Kreislaufwirtschaft. Redline Verlag, München

The Circulars (2016) 2016 Finalists – The Circular Economy Awards. https://thecirculars.org/finalists. Zugegriffen: 30. Sept. 2016

The Guardian (2012) DESSO: recycling to infinity and beyond. http://www.theguardian.com/sustainable-business/best-practice-exchange/desso-recycling-infinity-and-beyond. Zugegriffen: 30. Sept. 2016

The Guardian (2015) Failure of Puma's biodegradable range doesn't mean eco-fashion is dead. https://www.theguardian.com/sustainable-business/2015/oct/10/failure-puma-biodegradable-range-eco-fashion-not-dead. Zugegriffen: 30. Sept. 2016

Alexander Holst ist Managing Director bei Accenture Strategy und leitet den Bereich Sustainability in Deutschland, Österreich und der Schweiz. Er hat mehr als 15 Jahre Erfahrung als Berater und leitete zahlreiche Projekte zu Themen wie Strategieformulierung, organisationaler Wandel und Prozessoptimierung. Er unterstützt Kunden verschiedenster Industrien bei der Integration von Nachhaltigkeit ins Kerngeschäft.

Philipp Buddemeier ist Director bei Accenture Strategy Sustainability und leitet das Thema Circular Economy in Deutschland, Österreich und der Schweiz. Er unterstützt Unternehmen dabei, die Möglichkeiten aus dem Übergang in eine ressourceneffizientere Wirtschaft zu gestalten und zu nutzen. Philipp Buddemeier hat umfangreiche Beratungserfahrung, unter anderem arbeitete er als Senior Projektleiter bei McKinsey. Darüber hinaus hat er Erfahrungen als Circular Economy Start-up-Unternehmer.

Wolfgang Machur ist Consultant bei Accenture Strategy im Bereich Sustainability. Er hat mehrjährige Erfahrung als Unternehmensberater mit Fokus auf Strategieentwicklung, Geschäftsmodelle, Circular Economy und Nachhaltigkeit. Dabei war er europaweit für führende Unternehmen tätig, u.a. im Finanzbereich oder der Automobilbranche. Zuletzt arbeitete er als Secondee mit dem World Economic Forum an einem globalen Programm zu Circular Economy Transformation, u.a. in China, den USA und Europa.

Geschäftsmodell Circular Economy: Gegenwart und Zukunft der (erweiterten) Kreislaufwirtschaft

Christian Rudolph

1 Einleitung

In einer Tonne Elektroschrott befindet sich mehr Gold als in einer Tonne Eisenerz. Dieser Fakt allein reicht jedoch nicht aus, um aus der Kreislaufwirtschaft ein zukunftsfähiges Geschäftsmodell zu machen, denn die Förderung von Gold aus Elektroschrott ist um ein Vielfaches kostenintensiver als die Förderung von Gold aus Eisenerzminen. Dieses Beispiel ist stellvertretend für die Herausforderungen des Geschäftsmodells Kreislaufwirtschaft insgesamt. Abfälle sind in einer Linearwirtschaft ein sehr guter Indikator für die Ineffizienz von Wertschöpfungsketten. Kreislaufwirtschaften versuchen diese Tatsache zu nutzen und Wert aus Abfällen zu schöpfen. Der folgende Text behandelt die Kreislaufwirtschaft deshalb als Geschäftsmodell, welches mehr sein muss als Recycling, um Unternehmen eine zukunftsfähige Alternative für die Linearwirtschaft bieten zu können. Im internationalen Kontext spricht man hierbei von einer Circular Economy, d. h. einer erweiterten Kreislaufwirtschaft. Per definitionem verfolgt eine Circular Economy das Ziel, selbsterhaltend und regenerativ zu sein. Sie versucht den Wert von Produkten zu erhalten, solange dies qualitativ und wirtschaftlich möglich ist. Die Wiederverwertbarkeit von Produkten wird dabei nicht erst am Ende des Produktlebenszyklus zum Thema, sondern soll bereits durch das Produktdesign ermöglicht werden. Im Kern geht es um die Abkehr vom linearen Ansatz „produzieren, verbrauchen, entsorgen" hin zu einer Wertschöpfung, bei der optimierte Produkte und Geschäftsmodelle eine Vielzahl von Nutzungszyklen vor dem klassischen Recycling ermöglichen.

Unser traditionelles System der industriellen Wertschöpfung funktioniert nach einem anderen Muster. Zur Herstellung von Produkten kombinieren wir verschiedenste Roh-

C. Rudolph (✉)
Nextcycle Consulting
Grüner Weg 38, 50825 Köln, Deutschland
E-Mail: rudolph@nextcycle.de

© Springer-Verlag GmbH Deutschland 2018
P. Bungard (Hrsg.), *CSR und Geschäftsmodelle*, Management-Reihe Corporate Social Responsibility, https://doi.org/10.1007/978-3-662-52882-2_7

stoffe, die wir zu Gütern veredeln, um einen höheren Preis zu erzielen als die Summe der verbrauchten Rohstoffe inklusive Arbeits- und Energiekosten. Ob wir hier vom Bäcker sprechen, welcher mit Mehl, Eiern und Wasser ein schmackhaftes Brot gebacken, oder dem Maschinenbauer, der aus Eisen und Stahl den Backofen des Bäckers hergestellt hat, ist dabei in erster Linie egal. In beiden Fällen gilt: Mit dem Verkauf des veredelten Guts möchten Bäcker und Maschinenbauer einen höheren Preis erzielen, als sie durch den Einkauf der Rohstoffe investieren mussten. Der Wert eines Produkts steigt mit jedem Herstellungs- und Veredelungsschritt. Mit dem Verkauf endet für Unternehmen die Wertschöpfung. Wir sprechen hierbei von einer linearen Wertschöpfung (*Linear Economy*). Um mehr Wert zu schöpfen, haben Unternehmen in der Linearwirtschaft nun zwei Möglichkeiten: den Umsatz steigern, also mehr oder teurere Produkte verkaufen (Maximierung), oder effizienter werden, sprich kostengünstiger produzieren (Optimierung). Betriebs- als auch volkswirtschaftlich sind der Linearwirtschaft dabei jedoch Grenzen gesetzt, die sogenannten Grenzen des Wachstums (Meadows 1972).

Wer noch vor 40 Jahren dachte, dass diese Grenzen ein Ende des ökonomischen Wachstums bedeuteten, sieht sich heute jedoch eines Besseren belehrt. Das wirtschaftliche Wachstum scheint keine absehbare Grenze zu kennen, auch weil unser volkswirtschaftliches Grundkonstrukt noch immer auf dieses angewiesen ist, um sich selbst zu erhalten. Zwar zeigen sich zunehmend Sättigungszustände reifer Volkswirtschaften sowie ein abgeschwächtes Wachstum in Schwellenländern, doch das dominante Credo der Weltwirtschaft ist und bleibt (lineares) Wachstum. Ob und wie lange dieses ökonomische Paradigma, trotz Schuldenhöchststände, Niedrigstzinses und geringer Investitionen, eine kritische Masse an Menschen noch überzeugen wird, ist nicht Kern dieses Textes.

Auch abseits der ökonomischen Grenzen lassen sich Gefahren für das Fortbestehen des linearen Systems ausmachen, denn wirtschaftliches Wachstum geschieht immer auch auf Kosten anderer Kapitalarten. Die für diesen Text entscheidendste Kapitalart ist dabei wohl die der Rohstoffe. Die Knappheit natürlicher Ressourcen wie Süßwasser, fruchtbarer Boden, Rohöl oder Technologiemetalle als Folge zunehmender Produktionsmengen und Bevölkerungswachstums verursacht steigende und vor allem stark schwankende Rohstoffpreise. Die Entdeckung neuer Rohstoffvorkommen wird seltener und ihre Förderung teurer, da immer tiefer und mit mehr Materialeinsatz gefördert werden muss. Für die Herstellung von Produkten übernutzen wir unsere natürlichen Rohstoffquellen um einen Faktor von jährlich 1,5 im Vergleich zur Regenerationsrate. Im Jahr 2016 wurde diese Schwelle der Übernutzung bereits am 8. August erreicht, der sogenannte Overshoot Day (Global Footprint Network 2016). Dies ist ein enormer ökologischer Fußabdruck. Die zentrale These dieses Textes lautet, dass die vielversprechendste Antwort auf die Grenzen des linearen Modells und die Rohstoffknappheit das Modell der erweiterten Kreislaufwirtschaft ist.

2 Deutsche Kreislaufwirtschaft

Die deutsche Kreislaufwirtschaft gilt als Erfolgsgeschichte. Kreislaufwirtschafts- und Abfallgesetz haben Deutschland im europäischen und weltweiten Vergleich den Titel „Recyclingweltmeister" eingebracht. Deutsche Verfahrenstechnik ist ein Exportschlager. Deutschland beschränkt sich im Kern auf zwei Optionen der Verwertung von Abfällen: thermische und stoffliche Verwertung. In der stofflichen Verwertung werden aus Abfällen durch Sortierung und Aufbereitung recycelte Materialien, die als Rohstoff für die Industrie genutzt werden. Man spricht bei diesen recycelten Materialien auch von Sekundärrohstoffen. Viele Primärrohstoffe (Erdöl, Kohle, Stahl etc.) sind knapp und unterliegen starken Preisschwankungen. Marktchancen ergeben sich dort, wo dieser Bedarf zuverlässig mit Sekundärrohstoffen bedient werden kann. Ein weitaus größerer Anteil von Abfällen wird heute thermisch verwertet, da es sich um eine kostengünstigere Option handelt und große Mengen Abfall in kurzer Zeit behandelt werden können. Man spricht hier auch von energetischer Verwertung, da aus der Verbrennung häufig Wärme und Strom gewonnen werden. Zwar herrscht in Deutschland Deponierungsverbot, dies soll jedoch nicht darüber hinwegtäuschen, dass auch heute noch große Mengen von Abfällen, z. B. Reste aus der Müllverbrennung oder Bauabfälle, deponiert werden. Im Jahr 2015 waren es insgesamt 72 Mio. t (Statistisches Bundesamt 2017). Für die meisten industriellen Volkswirtschaften ist Verbrennung die erste Wahl nach der Deponierung.

3 Deutsche Kreislaufwirtschaft ≠ Circular Economy

Vor dem Hintergrund, dass die europäische Abfallhierarchie (*1. Reduce, 2. Reuse, 3. Recycle*) Vermeidung und Wiederverwendung als höchstes Ziel der Kreislaufwirtschaft gesetzlich vorschreibt, besteht auf diesem Feld auch in Deutschland noch großer Nachholbedarf in der Praxis. Ob Abfälle den Weg in die stoffliche oder energetische Verwertung finden, wird durch viele Faktoren bestimmt. Der Entscheidendste ist die Frage nach dem profitabelsten Weg. Zwar schreibt das Kreislaufwirtschaftsgesetz vor, dass stoffliche Verwertung Vorrang hat vor energetischer Verwertung, das aber nur, solange es den Beteiligten wirtschaftlich zumutbar ist. In Zahlen bedeutet dies zurzeit, dass, wenn ein Abfall bei der Verbrennung mehr als 11.000 kJ Energie erzeugt, dieser nicht stofflich verwertet werden muss, sondern verbrannt werden darf (Frenz 2013).

2015 lag die Verwertungsquote in Deutschland bei etwa 79 %, wobei dies die energetische Verwertung, also die Verbrennung, miteinschließt. Stofflich verwertet wurden lediglich 68 % des eingesammelten Abfalls (Statistisches Bundesamt 2017). Zwar liegt Deutschland mit dieser Verwertungsquote immer noch an der Spitze der stofflichen Recycler, was aber nicht über die Gesamtabfallmenge pro Kopf hinwegtäuschen sollte. Das durchschnittliche Abfallaufkommen pro Kopf, insbesondere bei Elektroschrott, steigt in Deutschland seit Jahren kontinuierlich (Stiftung Elektro-Altgeräte Register 2016). Die guten Quoten bei der Verwertung werden durch die großen absoluten Abfallmengen verwässert. 2013 fielen in Deutschland im Durchschnitt 617 kg Siedlungsabfall (Hausmüll) je Einwohner an. Wie das Statistische Bundesamt (Destatis) auf Grundlage von vorläufigen Eurostat-Daten mitteilt, lag die Abfallmenge damit deutlich über dem Durchschnitt der Europäischen Union (EU) von rund 481 kg je Einwohner. Noch höhere Werte gab es nur in Zypern (624 kg), Luxemburg (653 kg) und Dänemark (747 kg). Hingegen war das Abfallaufkommen vor allem in den östlichen EU-Staaten deutlich geringer. Die niedrigsten Mengen je Einwohner verzeichneten Rumänien (272 kg) und Estland (293 kg).

Um Ressourcen effektiv zu erhalten, muss die Kreislaufwirtschaft Abfälle vermeiden, bevor sie entstehen und bereits vor dem Recycling eine zentrale Rolle spielen, um Wert aus der Vermeidung von Abfall zu schöpfen. Leider fokussiert sich die deutsche Debatte der Kreislaufwirtschaft stattdessen seit Jahren auf die Verteilungskämpfe von Abfallströmen zwischen kommunalen und privaten Recyclern und Entsorgern. Durch das geplante Wertstoffgesetz soll diese Strategie fortgeschrieben werden, indem zukünftig auch stoffgleiche Nichtverpackungen durch die Einführung der Wertstofftonne einem Recycling zugeführt werden. Das Wertstoffgesetz verfolgt somit nicht das Ziel, Abfälle zu vermeiden, sondern lediglich Abfälle zu erfassen, um diese der Abfallbranche besser zugänglich zu machen.

Welchen Anreiz haben also Abfall- und Recyclingwirtschaft, sich für einen Rückgang des Abfallaufkommens einzusetzen? Kommunale und private Abfallwirtschaft sichern heute zusammen ca. 180.000 Arbeitsplätze und erwirtschaften einen Umsatz von mehr als 70 Mrd. Euro jährlich (Alwast et al. 2016). Die deutsche Kreislaufwirtschaft ist somit in erster Linie eine Erfolgsgeschichte für die Abfall- und Recyclingindustrie selbst und bleibt unter ihren Möglichkeiten, wenn sie sich auf das Thema Verwertung von Abfällen beschränkt. Kreislaufwirtschaft ist mehr als nur Recycling. Die zentrale Frage ist deshalb: Wo ist das Geschäftsmodell in der Vermeidung von Abfällen und der Wiederverwendung von Produkten?

4 Circular Economy als erweiterte Kreislaufwirtschaft

Auf dem Weg von fossilen zu erneuerbaren Energieträgern wird sich die energetische Verwertung von Abfällen zunehmend gegenüber den umweltfreundlicheren und günstigeren erneuerbaren Energiequellen behaupten müssen. Mit günstigeren Verfahren zur stofflichen Verwertung von Abfällen und beginnender Knappheit bei Primärrohstoffen sinkt zudem die Attraktivität der Energiegewinnung aus Abfall. Doch auch dieser sind Grenzen gesetzt, wenn das ausgesprochene Ziel ist, Abfall erst gar nicht entstehen zu lassen. Solange sich das Verständnis der Deutschen Kreislaufwirtschaft also lediglich auf das Thema Abfall beschränkt, gibt sie keine Antworten darauf, wie eine Kreislaufwirtschaft in einer abfallvermeidenden Gesellschaft aussieht, die auf erneuerbare Energien setzt. Je weiter wir uns in Richtung erneuerbarer Energien und Zero Waste bewegen, desto geringer wird die Bedeutung von Abfall. Dass es sich hierbei nicht lediglich um eine Utopie handelt, zeigt das Voranschreiten der Energiewende, welche als Transformationsstrategie bisweilen zwar stark kritisiert wird, deren Breitenwirkung aber nicht abzustreiten ist. Ein ähnliches Bild lässt sich zunehmend auch auf Rohstoffseite beobachten, da ressourceneffiziente Unternehmen Mittel und Wege finden, Abfälle profitabel zu vermeiden, bevor diese entstehen.

Wie oben erläutert hat sich die Kreislaufwirtschaft im deutschsprachigen Raum als Synonym für die Abfall- und Recyclingwirtschaft etabliert. International versteht sich die Circular Economy jedoch als Prinzip für die Wertschöpfungskreisläufe vom Produktdesign über Herstellung und Nutzung bis hin zum Recycling (von Wertschöpfungskette zu Wertschöpfungskreislauf). In diesem Modell zirkulären Wirtschaftens wird die Abfall- und Recyclingwirtschaft (lediglich) zu einem komplementären Element der Wertschöpfung. In der Circular Economy werden vor allem Konsumgüter nicht nach kurzer Zeit weggeworfen, sondern möglichst weitergenutzt, repariert, zerlegt und in Teilen weiterverwendet, anderweitig genutzt oder an andere Märkte weitergegeben. Das klassische Recycling, im heutigen Verständnis der deutschen Kreislaufwirtschaft, wird hier zur letzten Option, da jeder vorgeschaltete Kreislauf eine profitablere Wertschöpfung ermöglicht.

Die Linearökonomie produziert, verbraucht und entsorgt Materialien. Der Nutzwert der Produkte geht durch die Entsorgung zum Großteil verloren ebenso die in das Produkt investierte Leistung in Form von Arbeit und Energie. Nach einem einzigen Nutzungszyklus haben Güter im heutigen linearen Wertschöpfungssystem bereits 95 % ihres Rohstoffwerts eingebüßt. Nur 5 % des Rohstoffwerts werden nach dem ersten Nutzungszyklus wiederhergestellt. In Europa werden 60 % aller verbrauchten Materialien nicht recycelt, wiederverwendet oder kompostiert (Ellen MacArthur Foundation 2015).

Das ökonomisch Fatale: Je früher ein Produkt zu Abfall wird, desto kürzer der potenzielle Zeitraum, in dem dieses Produkt zur Wertschöpfung beitragen kann. Circular Economy betrachtet hingegen alle Optionen entlang dieser Kette mit dem Ziel, den Wert von Produkten zu erhalten, solange dies qualitativ und wirtschaftlich möglich ist. Angefangen bei der Minimierung des Materialeinsatzes in der Herstellung, werden Rohstoffe solange genutzt, wie der Nutzwert aufrechterhalten werden kann, um am Ende aufbereitet oder als Rohstofflager genutzt zu werden. Das Ziel ist, Wert und Nutzen von Rohstoffen in Form von Produkten und Dienstleistungen solange wie möglich zu erhalten. Man spricht in diesem Zusammenhang auch von *Ressourceneffektivität*.

Dies gelingt im besten Fall durch besseres Produktdesign, vor allem aber durch optimierte und neue Geschäftsmodelle. Beispiele hierfür sind das Leasen oder Mieten von Produkten für den Bedarfsfall (Nutzen statt Besitzen) oder Rücknahmesysteme zur Wiederverwendung oder Aufbereitung von Produkten. Für Unternehmen rechnet sich die Circular Economy dabei primär durch die Einsparung von Energie und Rohstoffen sowie durch eine steigende Unabhängigkeit von Rohstoffpreisentwicklungen. Als positiver Nebeneffekt werden neue Absatzmärkte und Kundengruppen erschlossen sowie Abfallprodukte minimiert oder gänzlich verhindert, was die Abhängigkeit von primären Rohstoffen in der Produktion reduziert.

Ist die Kreislaufwirtschaft in Deutschland als Begriff bisweilen verbraucht, hat sich die Circular Economy in ihrer erweiterten Definition der Kreislaufwirtschaft weltweit Gehör verschafft. Zwischen 2010 und 2015 haben sich die Suchanfragen zum Schlagwort „circular economy" bei Google verzehnfacht. Darüber hinaus hat sich eine Vielzahl von Institutionen dem Thema gewidmet, um die Vorteile auch quantitativ zu belegen. Zu den ersten umfänglichen Studien gehören drei Arbeiten, die von der britischen Ellen-MacArthur-Stiftung in Zusammenarbeit mit McKinsey entstanden (Ellen MacArthur Foundation 2012, 2013, 2014). McKinsey beziffert darin die möglichen Einsparungen durch eine konsequente Circular Economy allein bei Materialien für 2025 auf mehr als 1 Billion Dollar jährlich weltweit. Die Europäische Kommission sagt, dass mit jedem Prozent Steigerung der EU-Ressourceneffizienz 23 Mrd. Euro eingespart und 200.000 Jobs geschaffen werden können (Meyer 2011). McKinsey prognostiziert ein BIP-Plus von 0,3 Prozentpunkten pro Jahr bis 2030, wenn die europäischen Haushalte auf die Circular Economy setzen würden. Das frei verfügbare Einkommen der Haushalte würde sogar um 0,4 Prozentpunkte pro Jahr bis 2050 steigen (Ellen MacArthur Foundation 2015).

Unterstützt wird diese quantitative Betrachtung durch immer mehr qualitative Beispiele einer praktischen Circular Economy, die sich am Markt mit neuen Geschäftsmodellen wettbewerbsfähig zeigt. Im Vergleich zu tradierten Geschäftsmodellen, die lediglich auf Ressourceneffizienz oder ein „grünes Image" setzten, beweisen viele neue Angebote, wie Circular Economy zum Kern der Wertschöpfung werden kann.

5 Geschäftsmodelle der Circular Economy

Im Folgenden werden die zentralen Geschäftsmodelle der Circular Economy beschrieben. Diese sind *Share/Repair/Reuse (1)*, *Product as a Service (2)*, *Refurbish/Remanufacture (3)* und *Recycle (4)*. Abb. 1 zeigt, wie sie sich im Wertschöpfungskreislauf der Circular Economy eingliedern. Die Modelle werden im Weiteren mit jeweils vier Praxisbeispielen näher erläutert. Bei allen vorgestellten Beispielen handelt es sich um umsatzgenerierende, profitorientierte Geschäftsmodelle existierender Unternehmen.

5.1 Share/Repair/Reuse

Wir nutzen unsere Produkte durchschnittlich circa 28 Jahre bzw. nur circa neun Jahre, wenn man Gebäude ausnimmt. Das Geschäftsmodell *Share/Repair/Reuse* konzentriert sich auf das maximale Ausnutzen eines Produktlebenszyklus. Dies geschieht durch das Teilen von ungenutzten Produkten, das Wiedernutzen von gebrauchten Produkten sowie das Reparieren von beschädigten und Aufwerten von veralteten Produkten. Das Ziel dieses Ansatzes sind der Verkauf und die Wiederverwendung von Produkten durch andere Nutzer. Umsätze lassen sich mit *Share/Repair/Reuse* auf vielfältige Weise generieren. Am verbreitetsten sind dabei der Gebrauchtwarenverkauf (Secondhand) oder Angebote von Reparaturdienstleistungen und Upgrades.

Das Berliner Unternehmen *reBuy* startete 2009 mit dem Verkauf von gebrauchten Computerspielen und CDs und entwickelte sich zu einem deutschen Amazon für Gebrauchtes jeglicher Art. *reBuy* erzielt heute einen Umsatz von mehr als 55 Mio. Euro und beschäf-

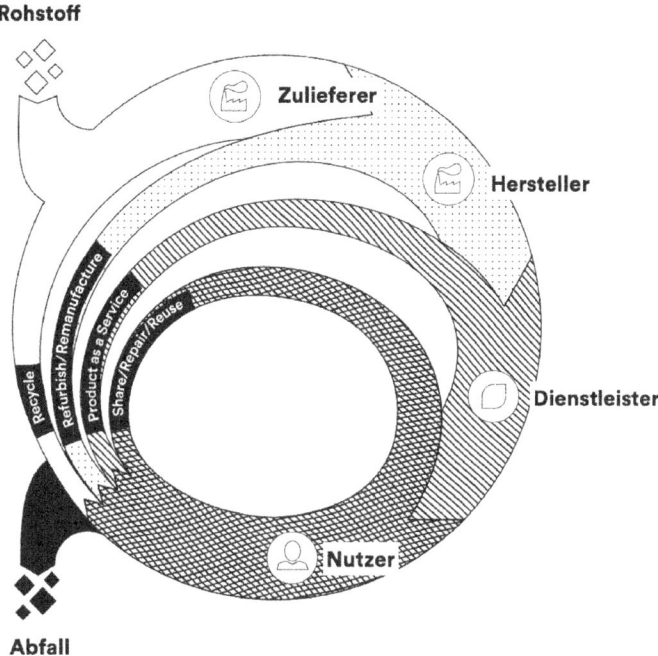

Abb. 1 Circular-Economy-Wertschöpfungskreisläufe und Geschäftsmodelle. (Eigene Darstellung)

tigt 400 Mitarbeiter. Eine zentrale Dienstleistung des Unternehmens ist eine mobile App zum Scannen von ISBN-Codes zur Wertbestimmung von Büchern. Mit dieser App können Privatkunden ihre gebrauchten Bücher bequem an *reBuy* verkaufen.

iFixit ist eine internationale Onlinecommunity zum Austausch von Reparaturanleitungen für Mobiltelefone und Tablets. Was als nutzergenerierte Open-Source-Community für Reparaturanleitungen von Apple- und Samsung-Produkten startete, verwandelte sich über wenige Jahre in ein Unternehmen mit 40 Mitarbeitern und 10 Mio. Euro Umsatz. Einen Großteil seiner Umsätze erzielt das Unternehmen durch den Verkauf von speziellen Reparaturwerkzeugen und seit Kurzem auch durch den Verkauf ihrer Dokumentationssoftware Dozuki für individuelle Herstelleranleitungen. Zu den Kunden von Dozuki zählen Produkthersteller wie Intel und Outdoormarktführer Patagonia. In Deutschland bietet das Stuttgarter Start-up *Reparando* sogar einen mobilen Reparaturservice für Smartphones an.

Das niederländische Modelabel *Nudie Jeans* bietet seinen Kunden kostenlose Reparaturen und Ausbesserungen von defekten oder verschlissenen Jeans. In den stationären Repair-Shops in Stockholm und Amsterdam können Waren repariert und aufgebesserte, gebrauchte Jeans erworben werden. Das Konzept erzeugt durch die Transparenz gegenüber dem Kunden eine höhere Loyalität und Touchpoints mit dem Nutzer über den reinen Verkauf des Produkts hinaus.

Das ebenfalls in den Niederlanden beheimatete Unternehmen *Bugaboo* produziert und vertreibt Kinderwagen, die sich dank modularer Bauweise für mehrere Nutzungszyklen eignen. Neue Modelle und alte Ersatzteile bleiben durch eine standardisierte Produktplattform kompatibel. Familien können die Kinderwagen kaufen oder leasen. Das Unternehmen spart so bei der Logistik ihrer Ersatzteile und der Kunde profitiert von einem hohen Wiederverkaufswert der Kinderwagen.

5.2 Product as a Service

Unternehmen, die mit *Share/Repair/Reuse* die Länge des Produktlebenszyklus maximal ausschöpfen, nutzen häufig auch ein weiteres Geschäftsmodell der Circular Economy, welches sich auf die optimierte Auslastung des Produkts konzentriert. Während des produktiven Lebenszyklus sind unsere Güter zuweilen sehr gering ausgelastet. So beläuft sich die Auslastung von Autos z. B. auf 8 %, die von Büros auf unter 40 % (McKinsey 2016). Eine Bohrmaschine ist während ihres gesamten Lebenszyklus im Durchschnitt lediglich 13 min in Gebrauch. Das Geschäftsmodell *Product as a Service* macht sich diesen Umstand zunutze und setzt auf den Verkauf der Dienstleistung, die ein Produkt erbringt, stellt Produkte also lediglich zur Nutzung bereit (Bohrmaschinenverleih) oder verkauft gleich das gewünschte Resultat (Loch in der Wand). Bei dieser Option bleiben Produkte i. d. R. im Eigentum des Dienstleisters oder Herstellers. Bekannte Varianten dieser Modelle sind das Leasing und sogenannte Pay-per-use- oder Pay-per-result-Modelle. Im Gegensatz zu einem reinen Verkauf wird hier ein nutzenbasierter Ansatz angestrebt. Durch den Schwerpunkt auf Nutzen-statt-Besitzen werden Konsumenten zu Nutzern. Insbesondere vertikal integrierte Unternehmen können diesen Ansatz für sich nutzen, da sie den Materialfluss von der Entstehung über die Nutzung(en) bis zum Recycling ihres eigenen Produkts kontrollieren.

Die Produktdesigner von *Philips* hatten den internen Entwicklungsauftrag ein energieeffizientes, modulares und rückbaufähiges Lichtsystem für Büros zu entwickeln. Das Ergebnis war ein Produkt, welches am Markt wegen seines hohen Preises nicht wettbewerbsfähig gewesen wäre. Mit dem Pay-per-lux-Modell bietet das Unternehmen Gewerbekunden nun die Möglichkeit, dieses Bürolichtsystem zu leasen und lediglich für die Bereitstellung von Licht zu zahlen, anstatt das gesamte Produkt zu erwerben. Das rückbaubare System enthält innovative Materialien, die in konventionellen Lichtsystemen kaum verwendet werden. Nach Ablauf des Leasingvertrages nutzt *Philips* einen Großteil der Module zur Herstellung neuer Produkte.

Babykleidung passt in der Regel nur wenige Wochen. Das schwedische Modelabel *Vigga* nimmt sich dieser Herausforderung an und produziert hochwertige Babykleidung, die in Sets an Eltern für eine Nutzungspauschale von umgerechnet 50 EUR im Monat verliehen werden. Wächst ein Kind aus dem Set heraus, wird es gegen das Nächstgrößere ausgetauscht. Das Mieten von Kleidung ist in der Textilindustrie zunehmend zu einem interessanten Geschäftsfeld geworden. So lassen sich heute bereits Haute Couture Fashion (*Fillipa K*), Street Fashion (*Kleiderei*), Anzüge (*Dutch Spirit*) oder auch Jeans (*Mud Jeans*) mieten.

Volkswagen beteiligt sich mit 300 Mio. Euro am israelischen Uber-Konkurrenten Gett. Die Gett-Fahrer erhalten vergünstigten Zugriff auf die ungenutzte VW-Fahrzeugflotte und der Autobauer schafft sich so ein neues Standbein durch die Bereitstellung von Mobilität. Carsharing, aber auch das klassische Leasing sind Beispiele dafür, wie etabliert die Circular Economy in einigen Industrien bereits ist. In der Automobilindustrie lässt sich dabei auch beobachten, dass Unternehmen beginnen ihr Produkt (Auto) und die erbrachte Dienstleistung (komfortabler Transport von A nach B) getrennt zu verstehen und zu vermarkten, sprich zum Mobilitätsdienstleister zu werden. So integrieren immer mehr Hersteller bislang externalisierte Wertschöpfungsschritte. Hierzu zählen zum Beispiel der Eigenvertrieb von Gebrauchtwagen und die Ausweitung von Full-Service-Reparaturdienstleitungen.

In Großbritannien verspricht *Vodafone Red* seinen Nutzern alle zwölf Monate das neueste Mobiltelefon. Die einjährigen Modelle verkauft das Unternehmen nach Prüfung in Neuverträge für den asiatischen Markt und erzeugt dadurch eine doppelte Wertschöpfung. Ungeeignete Geräte werden an Recycler verkauft. *Vodafone* profitiert durch *Product as a Service* sowohl von der Bereitstellung eines innovativen Produkts an den Erstnutzer als auch durch einen Verkauf des Gebrauchthandys. Das Beispiel Smartphones zeigt, dass sich für *Product as a Service* insbesondere hochpreisigere Produkte eignen, die auch nach einem ersten Nutzungszyklus einen hohen Wiederverkaufswert erzielen.

5.3 Refurbish/Remanufacture

Handelt es sich bei den ersten beiden Geschäftsoptionen (*Share/Repair/Reuse* und *Product as a Service*) primär um Wiedernutzungskonzepte, die besonders für Dienstleister interessant sind, betrifft das Geschäftsmodell *Refurbish/Remanufacture* vor allem Möglichkeiten der Circular Economy im produzierenden Gewerbe. Hier geht es um die Rücknahme und Aufbereitung von Produkten als Ganzes. Das Ziel ist es, durch das Austauschen und Aufbessern von Produktkomponenten den Wiederverkauf über eigene Vertriebskanäle zu ermöglichen. Dazu müssen Unternehmen in der Lage sein, die Rückbaubarkeit und modulare Reparatur ihrer eigenen Produkte generationsübergreifend zu gewährleisten. Unternehmen, die *Refurbish/Remanufacture* als Geschäftsmodell betreiben, profitieren zum einen von einer neuen Kundengruppe für generalüberholte Produkte, zum anderen lernen sie die eigene Produktpalette durch das Verknüpfen der Nutzungszyklen besser kennen. Besagte Unternehmen nutzen dieses Wissen zur Produktoptimierung oder Substituierung von strategisch geeigneteren Produktkomponenten. Der mit Abstand lukrativste Aspekt des Geschäftsmodells ist aber die Wiederverwertung von Produkten anstelle der kostspieligeren Neuproduktion mit primären Rohstoffen. Allein in der EU generierten Unternehmen mit *Remanufacturing* einen Umsatz von fast 30 Mrd. Euro (Parker et al. 2015).

Philips vertreibt über eine eigene Dienstleistungssparte eine Vielzahl von „Refurbished Healthcare Products" zu reduzierten Neupreisen und mit vollumfänglicher Herstellergarantie. Die Radiologie der Universität Lübeck nutzt seit 2014 z. B. einen generalüberholten

MRT des Unternehmens. In der EU werden mit aufbereiteten Medizintechnikprodukten Umsätze von circa einer Milliarde Euro jährlich erzielt (Parker et al. 2015).

Der profitabelste Produktionsstandort von *Renault* ist eine Wiederaufbereitungsfabrik nahe Paris. In diesem Remanufacturing-Werk arbeiten mehrere hundert Mitarbeiter an Rückbau und Aufbereitung von 17 verschiedenen mechanischen Produktelementen (von der Wasserpumpe bis hin zum Motor), die nach einer Qualitätskontrolle in Neufahrzeugen verbaut werden. Mit dieser Rückwärtslogistik erzielt *Renault* einen Umsatz von derzeit 200 Mio. Euro jährlich.

Schon seit 1973 betreibt der amerikanische Baumaschinenhersteller *Caterpillar* Wiederaufbereitung als Geschäftsmodell und beschäftigt heute mehr als 3600 Mitarbeiter in neun Remanufacturing-Werken weltweit. Mithilfe von „Predictive Maintenance" tauscht das Unternehmen Komponenten gegen generalüberholte und neue, bevor diese ausfallen. Ein etabliertes Ersatzteilmanagement garantiert, dass benötigte Komponenten innerhalb weniger Stunden bereitstehen.

Das britische Unternehmen *Braiform* ist Weltmarktführer für Kleiderbügel im Handel. Jährlich werden eine Milliarde Bügel in Bekleidungshäusern gesammelt, im *Braiform*-Werk aufbereitet und an die Bekleidungshersteller zurückgesendet. Defekte Bügel werden zu neuen verarbeitet. Das Beispiel zeigt, dass sich für das Schließen eines Stoffkreislaufs zwischen Endnutzer und Produktion besonders großvolumige Einfachkomponentenprodukte eignen.

5.4 Recycle

Wie weiter oben ausgeführt ist das Geschäftsmodell *Recycling* die wohl weitverbreitetste und bislang erfolgreichste Option für Unternehmen der Circular Economy. Lassen sich Produkte weder wiedernutzen oder aufbereiten noch zurückbauen, bietet Recycling die letzte Möglichkeit, das Ende eines wertschöpfenden Produktlebenszyklus zu nutzen. Das Ziel ist ein stoffliches Recycling von Materialien oder Rohstoffen zum Werterhalt der enthaltenen Energie- und Arbeitsleistung. Hochwertigstes Produkt des Recyclings ist die Herstellung von Sekundärrohstoffen, sprich Grundstoffen für die Neuproduktion.

In 21 Ländern unterhält das amerikanische *TerraCycle* kostenlose Sammelprogramme für bisher nicht rezyklierbare Materialien. Das Unternehmen sammelt z. B. alte Kugelschreiber oder Feuerzeuge und „upcycelt" diese zu 100 % in neue Produkte für Verbraucher oder die Industrie. Das Unternehmen erzielt etwa 20 Mio. Euro Umsatz im Jahr.

Der japanische Druckerhersteller *Epson* hat die weltweit erste kompakte Papierproduktionsmaschine für Büros entwickelt, die aus Altpapier neues Papier herstellt. Das sogenannte Epson PaperLab zerkleinert zunächst die Dokumente und produziert dann neues Papier, ohne den zusätzlichen Einsatz von Wasser.

In der Geschmacksstoffherstellung der *Martin Braun Gruppe* zahlte man bis vor Kurzem noch für die Entsorgung von Olivenresten aus der Extrakteproduktion. Dank einer traditionellen Ledergerbtechnik verkauft das Unternehmen den früheren Produktionsabfall heute an BMW, wo er für das Lederinterieur des BMW i3 verwendet wird.

Der Hannoveraner Reifenhersteller *Continental* betreibt ein Lifecycle-Werk, in dem abgefahrene Lkw-Reifen zurückgenommen werden, um aus dem Restprofil Neureifen herzustellen. Ermöglicht wird dies durch eine neuartige Recyclinganlage für Kautschuk. Die „ContiRe" genannten Produkte sind 20 % günstiger als Neureifen, unterliegen aber den selben Qualitätsbestimmungen.

6 Grundbausteine zirkulärer Geschäftsmodelle

Mit Blick auf die Adoption von Circular-Economy-Geschäftsmodellen in etablierten Unternehmen lässt sich beobachten, dass für gewöhnlich lediglich eine der Circular-Economy-Geschäftsoptionen implementiert und umgesetzt wird. Start-ups hingegen profitieren zumeist von der Kombination mehrerer der vier Optionen, da hier die Profitabilität durch Kaskadennutzung und Kreislaufführung am größten ist.

Unternehmen, die sich entscheiden eines der Geschäftsmodelle der Circular Economy für sich zu nutzen, müssen auch auf Organisations- und Prozessebene Aspekte beachten, um erfolgreich zu sein. Dabei profitieren sie insbesondere von drei Grundbausteinen, die Circular Economy für Unternehmen zugänglicher machen. Diese Grundbausteine werden in den folgenden Abschnitten näher erläutert und erneut mit jeweils vier Beispielen aus der Praxis hinterlegt.

6.1 Produktdesign

Die Linearwirtschaft optimiert Produkte für den maximalen Erlös beim Erstverkauf. Die Circular Economy optimiert Produkte für die maximale Wertschöpfung des Produktlebenszyklus. Unternehmen, die sich entscheiden ihr Produktportfolio zugunsten einer Circular Economy zu überdenken, sollten auf Giftstoffe verzichten und vermehrt Monomaterialien, Sekundärrohstoffe oder biobasierte Materialen verwenden. Mit der richtigen Materialwahl bei der Entstehung eines Produktes lassen sich langlebige, modulare und rückbaubare Produktdesigns besser realisieren.

Das niederländische Start-up *Fairphone* produziert und vertreibt modulare Smartphones. Die auf Langlebigkeit ausgerichteten Geräte sind leicht reparierbar. Durch ein modulares Design lassen sich einzelne Komponenten, wie Kamera oder Display, mit wenigen Handgriffen und ohne Spezialwerkzeug austauschen, sodass bei Reparatur oder Upgrade kein Neugerät angeschafft werden muss. Alle verwendeten Materialien stammen aus konfliktfreien Regionen. Kostenpunkt für das fair produzierte Smartphone: ca. 520 EUR.

Bezogen auf das Gewicht, bestehen flüssige Wasch- und Spülprodukte zu 99 % aus Wasser. Der britische Waschmittelproduzent *Splosh* (er)spart sich und seinen Kunden die Wasserlogistik und beschränkt sich auf den Verkauf von Waschkonzentraten. Das Unternehmen stellt seinen Kunden ein Starterset mit leeren Behältern zur mehrfachen Nutzung zur Verfügung. Diese übernehmen die Endfertigung zu Hause durch Zugabe von Wasser.

Interface Flor gehört weltweit zu den größten Teppichherstellern. In seiner „Mission Zero" verspricht das Unternehmen bis 2020 keine negativen Auswirkungen auf die Umwelt mehr zu haben. Einer der ersten Schritte war die Auslistung weißer Teppiche, eine Farbe die sich ohne chemische Zusätze nicht herstellen lässt. Das Unternehmen nutzt zudem Plastikabfälle aus den Weltmeeren zur Herstellung modularer Teppichfliesen und vertreibt die eigenen Produkte über ein Leasingmodell.

Das amerikanische Unternehmen *Ecovative* entwickelt Produkte aus biobasierten Materialien. Zu den bekanntesten zählen Verpackungsmaterialien aus Pilzkulturen, die sich für ihr Wachstum von Bioabfällen ernähren. Das Biomaterial kann Verpackungen aus Plastik und Polystyrol ersetzen. Insbesondere der Bausektor setzt zunehmend auf biobasierte Materialien.

6.2 Schlüsseltechnologien

Der Einsatz neuer Technologien ist für viele Industrien entscheidender Strategiefaktor. Die Circular Economy profitiert heute vor allem von Technologien zur Beobachtung, Analyse und Steuerung von Produkten und Materialflüssen. Zu den vielversprechendsten Technologien zählen Asset Tracking, Sammel- und Sortieranlagen oder auch der 3-D-Druck. Darüber hinaus nutzen Circular-Economy-Unternehmen die Vorteile von Technologieplattformen wie Smart Grids, Big Data, Block Chain oder dem Internet of Things. Allen genannten Technologien ist gemein, dass sie den Unternehmen eine optimierte Verknüpfung von Nutzungszyklen und bessere Interaktion der Wertschöpfungsstufen ermöglichen. Sie sorgen damit für mehr Transparenz in ihren Wertschöpfungsketten und können diese analysieren und zu Kreisläufen umbauen.

EcoATM ist ein öffentlich zugängliches Rücknahmesystem für Mobiltelefone. Der Automat analysiert über die USB-Schnittstelle die technischen Daten des Handys, bewertet den äußeren Zustand über optische Sensoren und gleicht die gesammelten Daten mit aktuellen Gebrauchtmarktwerten ab. Der Nutzer erhält ein sofortiges Kaufangebot.

Das Bostoner Start-up *ConsumerPhysics* ermöglicht mit seinem Minispektrometer „Scio" den Einsatz von Nahinfraroterkennung im Alltag, eine Technologie, die es bisweilen lediglich in kostspieligen Sortieranlagen der Recyclingindustrie gab. Mit dem Gerät lässt sich zum Beispiel die Zusammensetzung von Produkten schneller erschließen – eine wertvolle Funktion u. a. bei der Unterscheidung von Kunststoffarten. Auch Lebensmittel und deren Inhaltsstoffe lassen sich mit dem Gerät identifizieren.

Apple nutzt seit 2016 einen hauseigenen Recyclingroboter namens „Liam" zur Demontage defekter iPhones. Der Roboter ist 30 m lang, hat 29 Arme und zerlegt die Geräte in knapp elf Sekunden. Jährlich soll der Roboter bis zu 2,4 Mio. iPhones zerlegen. Im vergangenen Jahr verkaufte der Konzern mehr als 230 Mio. Handys. Die demontierten Teile werden entweder in der eigenen Produktion wiederverwendet oder eingeschmolzen.

Provenance ist eine Softwareplattform zur Erstellung von transparenten Produktgeschichten. Alle Akteure einer Lieferkette und verwendeten Materialien in einem Produkt erhalten eine digitale ID, die mithilfe der Block-Chain-Technologie fälschungssicher und detailliert nachgewiesen werden kann. Zu den Kunden zählen überwiegend kleinere Hersteller und Familienbetriebe, wie z. B. eine Destillerie in Australien oder eine Fischzucht in Schottland.

6.3 Rückwärtslogistik

Zu guter Letzt sei eine der größten Herausforderungen in der Circular Economy genannt. Unternehmen, die eigene Produkte im Kreislauf führen wollen, erzeugen Materialströme vom Kunden zurück zum Hersteller in bislang unbekanntem Ausmaß – eine Aufgabe für die sogenannte Rückwärtslogistik. Unternehmen benötigen logistische Möglichkeiten der Rücknahme von Produkten und der Weitergabe in den besten Wertschöpfungskreislauf. Kernkompetenz in diesem Grundbaustein der Circular Economy ist, jederzeit zu wissen, wann Produkte in welchem Zustand wo in welcher Menge und Frequenz anfallen.

Binee ist ein intelligenter Sammelbehälter zur Rücknahme von Elektrokleingeräten. Das System vergleicht eingeworfene Geräte mit einer wachsenden Bilddatenbank und identifiziert so Art und Marke. Hersteller bekommen die Möglichkeit zu erfahren, wo welche ihrer Produkte entsorgt wurden. In Zeiten globalen Elektroschrotthandels sind intransparente Entsorgungswege zu einem Risiko für Hersteller geworden (Follow the Money 2014).

Das finnische Unternehmen *Enevo* vermietet und verkauft Sensorgeräte zur Füllstandsmessung von Abfallbehältern in Städten. Öffentliche und private Entsorger erhalten Daten über Füllstände in Echtzeit und können so Routen bei ihrer Sammlung optimieren. Kunden sprechen von bis zu 50 % Treibstoffeinsparungen für den Fuhrpark.

Das Unternehmen *Rubicon Global* vereinfacht die Müllentsorgung für städtische Gewerbekunden, wie beispielsweise Restaurants in den USA. Anstelle der wöchentlichen Abholung entscheidet der Kunde über eine App nach Bedarf, wann Abfall eingesammelt werden soll. Den Abholauftrag erhält der günstigste Bieter.

I:CO ist ein globaler Dienstleister für die Wiederverwendung und das Recycling von Textilien und Schuhen. An dem Take-back-System beteiligen sich Händler wie Levi's, Adler und Reno. Kunden, die ihre Textilien und Schuhe in den Filialen abgeben, erhalten einen Gutschein.

7 Ausblick

Durch die Geschäftsmodelle der Circular Economy haben Recycling und die klassische Kreislaufwirtschaft eine strategische Aufwertung erhalten. Doch auch die Circular Economy als Geschäftsmodell steht zukünftig vor Herausforderungen, die es zu überwinden gilt, wenn das Thema strategisch nachhaltig standhalten will.

In der bisherigen Circular-Economy-Debatte stehen, aus oben exerzierten Gründen, die Begriffe *Wertschöpfung* und *Werterhaltung* im Vordergrund. Erhalten werden soll der im Produkt gespeicherte Nutzwert und die investierte Energie in Form von Rohstoffen und Arbeit, also die Produkte der Wertschaffung. Doch wer entscheidet, ob ein Produkt noch einen Wert hat? Um diese Frage zufriedenstellend zu beantworten, brauchen wir ein vollumfänglicheres Verständnis vom Begriff des Werts und seinen Artverwandten: Wertschaffung, Wertschöpfung und Werterhaltung. Geschäftsmodelle wie *Share* und *Product as a Service*, also Ansätze, die den Nutzen von Produkten in den Vordergrund stellen, setzen auf neue Formen der Wertschöpfung. Hierzu zählen der Fokus auf Auslastung des Nutzwertes von Produkten und die Senkung der Zugangsbeschränkungen. *Repair, Reuse, Remanufacturing* und *Recycling* setzen vor allem auf Werterhaltung.

In der Circular Economy wird Wert kreiert, kokreiert, übersetzt, getauscht, aufbereitet, verliehen und verkauft. Die Produkte und Dienstleistungen der Circular Economy haben die Eigenschaft, diese verschiedenen Spielarten von Wert wahrzunehmen. Wert ist hierbei nicht zwangsläufig als etwas *Monetäres* zu verstehen. Es geht auch um ein besseres Verständnis und eine Redefinition des Wertbegriffs, der mithilfe von Produkten Nutzern einen Dienst erweist. Wertschöpfungskreisläufe sind ein wesentlich komplexeres Konstrukt als lineare Wertschöpfungsketten. Gerade deshalb wird es zukünftig umso wichtiger, in der Circular Economy mehr zu sehen als eine reine Optimierung von Stoffströmen.

Literatur

Alwast H, Birnstengel B, Häusler A, Hoffmeister J, Lambert J, Lühr O, Schütz N (2016) Branchenbild der deutschen Kreislaufwirtschaft. Prognos, Düsseldorf

Ellen MacArthur Foundation (2012) Towards the Circular Economy Vol. 1: an economic and business rationale for an accelerated transition. https://www.ellenmacarthurfoundation.org/publications. Zugegriffen: 16. Juli 2017

Ellen MacArthur Foundation (2013) Towards the Circular Economy Vol. 2: opportunities for the consumer goods sector. https://www.ellenmacarthurfoundation.org/publications. Zugegriffen: 16. Juli 2017

Ellen MacArthur Foundation (2014) Towards the Circular Economy Vol. 3: Accelerating the scale-up across global supply chains. https://www.ellenmacarthurfoundation.org/publications. Zugegriffen: 16. Juli 2017

Ellen MacArthur Foundation (2015) Growth Within: a circular economy vision for a competitive Europe. https://www.ellenmacarthurfoundation.org/publications. Zugegriffen: 16. Juli 2017

Follow the Money (2014) Die GPS-Jagd! Was passiert mit unserem Schrott? http://www.schrottfernseher.de/. Zugegriffen: 16. Juli 2017

Frenz W (2013) Energetische Verwertung nach dem neuen Kreislaufwirtschaftsgesetz. In: Thomé-Kozmiensky KJ, Versteyl A (Hrsg) Strategie Planung Umweltrecht, Bd. 7. TK Verlag Karl Thomé-Kozmiensky, Neuruppin, S 37–48

Global Footprint Network (2016) Overshoot Day. http://www.overshootday.org/. Zugegriffen: 30. Aug. 2016

McKinsey (2016) Circular Economy: Werte schöpfen, Kreisläufe schließen, Berlin. https://www.mckinsey.de/files/20160125_circular_economy_germany.pdf. Zugegriffen: 30. Aug. 2016

Meadows D (1972) Die Grenzen des Wachstums: Bericht des Club of Rome zur Lage der Menschheit. WILEY-VCH, Weinheim

Meyer B (2011) Macroeconomic modelling of sustainable development and the links between the economy and the environment. http://ec.europa.eu/environment/enveco/studies_modelling/pdf/exec_sum_macroeconomic.pdf. Zugegriffen: 30. Aug. 2016

Parker D, Riley K, Robinson S, Symington H, Tewson J, Jansson K, Ramkumar S, Peck D (2015) Remanufacturing Market Study. https://www.remanufacturing.eu/wp-content/uploads/2016/01/study.pdf. Zugegriffen: 30. Aug. 2016

Statistisches Bundesamt (2017) Abfallbilanz 2015. DeStatis, Wiesbaden, S 28

Stiftung Elektro-Altgeräte Register (2016) https://www.stiftung-ear.de/service/kennzahlen/ruecknahmemengen-je-sammelgruppe/. Zugegriffen: 30. Aug. 2016

Christian Rudolph ist Inhaber der Circular Economy Beratung Nextcycle in Köln. Der studierte Volks- und Betriebswirt (Zeppelin Universität, Friedrichshafen) ist seit 2009 als Unternehmensberater für Innovation tätig. Zu seinen Stationen als Angestellter und Berater zählten u.a. Philips Design Eindhoven, Ernst & Young Singapur, Fairphone Amsterdam und die BASF SE Ludwigshafen. Als Referent und Coach unterstützt er regelmäßig die größte europäische Innovationsinitiative für klimafreundliche Technologien Climate-KIC.

Wettbewerbsvorteil Nachhaltigkeit

Hakan Lucius

1 Wieso Nachhaltigkeit? Die Herausforderung

Der entscheidende Faktor für die heutige Nachhaltigkeitsherausforderung sind die Größe und das Wachstum der Weltbevölkerung. Mit mehr als 7 Mrd. Einwohnern leben heute mehr Menschen als je zuvor auf der Welt. Noch vor hundert Jahren wurde die gesamte Weltbevölkerung auf rund 1,8 Mrd. Menschen geschätzt. Die Weltbevölkerung hat sich in nur drei Generationen vervierfacht. Wir haben uns in nur einem Jahrhundert um mehr als fünf Milliarden Menschen vermehrt. Das ist beispiellos in der Menschheitsgeschichte. Und das Wachstum geht weiter, wenn auch mit einer Abflachung. Die Prognosen der Vereinten Nationen sind klar. Die derzeitige Weltbevölkerung von 7,3 Mrd. wird voraussichtlich bis 2030 auf 8,5 Mrd. steigen, auf 9,7 Mrd. im Jahr 2050 und auf 11,2 Mrd. im Jahr 2100 (United Nations 2015).

Mit dieser beispiellosen Anzahl von Menschen, die auf diesem Planeten leben, ist die Intensität, mit der wir Ressourcen nutzen, um unser Leben zu erhalten, ebenso beispiellos. Die Intensität, mit der wir Wasser verbrauchen, sei es für den Hausgebrauch, die Landwirtschaft oder Industrie, der Lebensraum, den wir einnehmen, die Menge an Energie, die wir verbrauchen, um nur Einige zu nennen, sind höher als je zuvor. Wir nutzen Ressourcen in einem sehr hohen Tempo und haben einen noch nie da gewesenen Einfluss auf unsere Umwelt, auf unseren Planeten. Der Einsatz von Ressourcen und dessen Auswirkungen sind vielfältig und komplex, sie gehen weit über die Wasserverwendung, Raumnutzung und den Energieverbrauch hinaus. Unsere Auswirkungen auf das Klima, um ein Beispiel zu nennen, haben ein relativ hohes Bewusstsein in der größeren Öffentlichkeit hervorgerufen, aber die Auswirkungen auf die Biodiversität, die Versauerung der Ozeane oder der Stickstoffkreislauf sind weit weniger bekannt. Wir haben die Auslastungsgrenzen der

---

H. Lucius (✉)
27, rue Saint Guillaume, F 75337 Paris, Frankreich
E-Mail: hakan.lucius@sciencespo.fr

© Springer-Verlag GmbH Deutschland 2018
P. Bungard (Hrsg.), *CSR und Geschäftsmodelle*, Management-Reihe Corporate Social Responsibility, https://doi.org/10.1007/978-3-662-52882-2_8

weltweiten Erneuerungsfähigkeit des Planeten vielfach erreicht. In manchen Bereichen haben wir diese sogar überschritten. Der Atlas über den Ressourcennutzungsstand der Welt (State of the World Atlas, Smith 2012) gibt einen guten Überblick, einschließlich jener Aspekte, für die wir keine Messungen haben, wie für Aerosole oder chemische Schadstoffe. Für die Bereiche, für die wir Schätzungen haben, ist klar, dass die menschliche Bevölkerung insgesamt die „Grenzen des sicheren Betriebsniveaus" in den Bereichen Klimawandel, Biodiversität und auch im Stickstoffkreislauf überschritten hat.

1.1 Der Klimawandel

Der menschenverursachte Klimawandel wird durch die Menge der Treibhausgase vorangetrieben, die die Menschheit mit einer Intensität in die Atmosphäre emittiert, die höher ist als die Kapazität der Natur, diese zu absorbieren. Da wir sehr viel intensiver emittieren, als die Absorptionsfähigkeit des Planeten ist, steigt die absolute Menge von Treibhausgasen in der Atmosphäre kontinuierlich weiter an. Durch die erhöhte Konzentration der Treibgase in der Atmosphäre, wird mehr Wärmestrahlung eingefangen und die Durchschnittstemperatur steigt. Zurzeit beträgt die Konzentration der Treibhausgase in der Atmosphäre gemessen in CO_2-Äquivalent etwas über 400 Teile pro Million (ppm) (NASA 2017). Dieses Niveau ist signifikant höher als zu irgendeinem Zeitpunkt in der vorindustriellen Zeit der Menschheitsgeschichte und sogar als jedes Niveau, dass wir für die vergangenen 800.000 Jahre festgestellt haben. Wenn auch die Konzentrationsmengen in diesem Zeitraum erheblich geschwankt hatten, blieben sie immer unter 280 ppm. Das heutige Niveau von etwa 405 ppm ist das höchste, das jemals in der Zeit des modernen Menschen, des Homo sapiens, vorhanden war. Wir betreten klimatisches Neuland.

Der Anstieg der durchschnittlichen weltweiten Temperatur seit 1880, dem Jahr, seit dem wir relativ zuverlässige weltweite Temperaturmessungen haben, liegt bei 0,94 °C. Die Auswirkungen dieses Temperaturanstiegs durch menschliche Treibhausgasemissionen sind heute schon deutlich spürbar. Für das menschliche Auge am leichtesten erkennbar hat dieser Anstieg zu einem Schmelzen von Gletschern und dem Rückgang der polaren Eisdecken geführt. Die arktische Sommereisdecke, die jedes Jahr Schwankungen in ihrer Größe zeigt, fiel vor dem Jahr 2000 nie unter 6 Mio. km^2. Im Jahr 2012 erreichte sie eine Ausdehnung von nur 4 Mio. km^2. Ebenso war die Winterausdehnung der arktischen Eisdecke im März 2017 auf ihre geringste Ausdehnung seit Anbeginn der diesbezüglichen Messungen geschrumpft. Im heutigen Trend errechnet sich die durchschnittliche Reduktion der arktischen Eisdecke auf erhebliche 13,3 % pro Jahrzehnt.

Während das Eis der Gletscher und auf der Antarktis schmilzt, kann auch ein entsprechender Anstieg der Meeresspiegel beobachtet werden. Der Anstieg des durchschnittlichen globalen Meeresspiegels seit 1970 beträgt 17,8 cm und die Anstiegsgeschwindigkeit seit 1993 beträgt 3,4 mm pro Jahr (Messung bei einer Fehlerquote von 0,4 mm, NASA 2017). Das Schmelzen von Eis und der zunehmende Meeresspiegel sind nur zwei der unmittelbaren Auswirkungen des Klimawandels, viele weitere direkte und indirekte

Wirkungen finden statt. Diese reichen von einer erhöhten Häufigkeit extremer Wetterbedingungen, wie Stürme, Überschwemmungen, Hitzewellen mit stärker wechselnden Mustern in der Landwirtschaft, ein höheres Risiko der Unterbrechung der Lieferketten für die Produktionswirtschaft, bis zur Notwendigkeit für Versicherungsgesellschaften, ihre diesbezüglichen Prämien neu zu berechnen. Die Notwendigkeit, den Klimawandel einzudämmen und sich gleichzeitig an seine Auswirkungen anzupassen, steht unmittelbar bevor.

1.2 Die rapide Abnahme der Artenvielfalt

Die Welt umfasst eine unglaubliche Vielzahl an Arten, deren Bedeutung für das Gleichgewicht der Natur in vielen Fällen nicht genau genug bekannt ist. Ebenso unbekannt ist deren Gesamtzahl und zahlreiche neue werden immer wieder entdeckt. Dennoch ist es möglich, die Artenvielfalt, auch Biodiversität genannt, zumindest annähernd zu verfolgen. Der WWF hat dafür den Living Planet Index entwickelt, der ein zusammengesetzter Indikator ist, der Veränderungen in der Größe der Populationen der Tierwelt misst, um Trends in der Gesamtgröße der biologischen Vielfalt aufzuzeigen. Der Index ermöglicht die Verfolgung der Anzahl der terrestrischen und der Meeres- und Süßwasserarten seit 1970 und umfasst Säugetiere, Vögel, Amphibien, Reptilien und Fische. Im Zeitraum von 1970 bis 2008 sank der Index für terrestrische Spezies um 25 %, für Meerestiere um 22 % und für Süßwasserarten um 37 % (WWF 2012). Viele Arten sind ausgestorben. Der derzeitige rasche Verlust von Arten wird auf 1000- bis 10.000-mal höher geschätzt als die erwartete oder „natürliche" Aussterberate von Spezies (IUCN 2017).

Die Vielfalt der Arten und die Ökosysteme spielen eine wichtige Rolle und bieten uns viele wirtschaftlich vorteilhafte Dienstleistungen, wie zum Beispiel die Befruchtung von Blüten, die Bodenformation, Wasserreinigung und viele andere. Wenn diese nicht von der Natur erbracht werden, müssten sie in Form von Dienstleistungen erbracht werden, vorausgesetzt, dass Menschen diese Dienste ersetzen können. Um eine Größenordnung des Wertes der Dienstleistungen zu geben, die von Ökosystemen kostenfrei bereitgestellt werden, hat die Internationale Union für die Erhaltung der Natur (IUCN) in Gland, der Schweiz, ihren ökonomischen Wert geschätzt. Der Schätzung zufolge haben diese Dienste der Natur einen monetären Wert von rund 33 Billionen US-Dollar pro Jahr. Dies ist mehr als doppelt so hoch wie das Bruttoinlandsprodukt der Vereinigten Staaten von Amerika oder etwa gleichwertig mit der Hälfte des weltweiten Bruttoinlandsproduktes (Worldbank 2017).

Der Verlust der biologischen Artenvielfalt durch menschliche Tätigkeit stellt eine große Herausforderung für die Nachhaltigkeit dar. Die rapide Abnahme der Biodiversität zusammen mit der Verschlechterung der Ökosysteme und ihrer Widerstandskraft gegen Veränderungen sind ein großes Risiko. Die langfristigen Auswirkungen auf die breitere Wirtschaft im Allgemeinen und insbesondere für die Geschäftstätigkeit der Konzerne kann kaum quantitativ geschätzt werden.

1.3 Das Konzept der Nachhaltigkeit

Nachhaltigkeit wird oft unterschiedlich verstanden, daher wurde ein gemeinsames Konzept des Begriffs auf globaler Ebene von der Weltkommission für Umwelt und Entwicklung der Vereinten Nationen festgelegt. Die Kommission ist 1963 gegründet worden und sammelte die Ansichten und Meinungen von sehr vielen Interessengruppen und Teilhabern des Themenbereichs aus der ganzen Welt. Ihre Arbeit gipfelte in ihrem Abschlussbericht 1987, „Unsere gemeinsame Zukunft". Unter dem Vorsitz der ehemaligen Premierministerin Norwegens, Gro Harlem Brundtland, stellt die Kommission in ihrem Bericht grundsätzlich Folgendes fest: Viele gegenwärtige Verfahren, den menschlichen Fortschritt zu pflegen, menschliche Bedürfnisse zu befriedigen und menschliche Ambitionen zu verwirklichen, sind einfach unhaltbar – in reichen sowie in armen Nationen. Diese greifen viel zu schnell auf bereits überzogene Umweltressourcen. Die Nationen können vielleicht einen Gewinn auf den Bilanzen unserer Generation zeigen, aber unsere Kinder werden die Verluste erben. Wir leihen Umweltkapital von künftigen Generationen ohne Absicht oder Aussicht auf Rückzahlung. Unsere Kinder können uns für unsere verschwenderische Weise verdammen, aber sie können niemals unsere Schulden einsammeln.

Der Bericht determiniert weiter das Konzept der Nachhaltigkeit: „Nachhaltige Entwicklung ist eine Entwicklung, die die Bedürfnisse der Gegenwart befriedigt, ohne zu riskieren, daß künftige Generationen ihre eigenen Bedürfnisse nicht befriedigen können" (United Nations 1987). Dieser Bericht definierte den Begriff Nachhaltigkeit in einer eindeutigen Weise und ebnete den Weg für seine weitverbreitete Nutzung. Der Begriff ist aus der Sicht der Ressourcennutzung geprägt. Dennoch ist er gleichermaßen mit den Menschen verknüpft, die diese Ressourcen nutzen. Er hat einen klaren sozialen Aspekt. Sehr oft werden Nachhaltigkeit und soziale Verantwortung austauschbar genutzt. Im Kontext werden die Begriffe Corporate Social Responsibility, CSR, oder nur Corporate Responsibility, CR, sowie Nachhaltigkeit oder nachhaltige Entwicklung fast als Synonyme genutzt.

Aus der Sicht von Nachhaltigkeitsexperten, die z. B. Unternehmen bewerten oder analysieren, wird der Aspekt der Steuerungsform der Unternehmung (Governance) oft den ökologischen und gesellschaftlichen Erwägungen hinzugefügt. Die Einbeziehung der Umwelt-, Sozial- und Governance-Aspekte wird dann als ESG (Environment, Social, Governance) bezeichnet und wird in ähnlicher Weise synonym mit dem Begriff Nachhaltigkeit und den damit verbundenen Begriffen CSR, CR und nachhaltige Entwicklung verwendet.

2 Wie nachhaltig ist ein hoher Lebensstandard mit heutigen Technologien?

Das Streben, ein komfortables und gutes Leben zu führen, kann zuverlässig als allgemeiner Wunsch aller Menschen angenommen werden. Solch ein komfortables Leben muss nicht nur von einem hohen Einkommen abhängen, seine Dimensionen sind auch nichtmonetärer Natur. In seinem menschlichen Entwicklungsindex (Human Development Index) hat das Entwicklungsprogramm der Vereinten Nationen (UNDP) diesen Zusammenhang aufgenommen. Der Index klassifiziert Länder nicht nur nach ihrem Pro-Kopf-Einkommen, sondern auch nach nichtmonetären Aspekten, wie z. B. der Langlebigkeit oder dem Ausbildungsniveau der Bewohner der Staaten dieser Welt. Der Index reicht von 0 bis 1, wobei 0 als das niedrigste und 1 als höchstes Niveau der menschlichen Entwicklung definiert ist. Kein Land ist auf 0 oder 1, alle sind dazwischen, die Werte reichen von 0,19 bis 0,94. Man kann davon ausgehen, dass ein Indexniveau von 0,8 oder höher einen guten, komfortablen Lebensstandard reflektiert. Abb. 1 gibt einen Überblick der Welt bezüglich des Human Development Index. Je dunkler die Schattierung, umso höher ist das Niveau des Human Development Index.

Die zentrale Frage ist, ob man einen guten, hohen Lebensstandard auch nachhaltig erreichen und erhalten kann. Um diese Frage zu beantworten, müssen wir nicht nur wissen, ob die Menschen in einem bestimmten Land einen höheren Lebensstandard genießen und somit auf einem höheren Niveau des menschlichen Entwicklungsindexes, wie von der UNDP gemessen, sind, sondern auch, ob sie innerhalb der Grenzen ihrer erneuerbaren Ressourcen, ihrer Biokapazität, also nachhaltig, leben. Anders ausgedrückt: Ist ihr Verbrauch von Ressourcen, ihr ökologischer Fußabdruck über oder unter den entsprechenden Biokapazitätsgrenzen ihres Landes. Wir brauchen daher ein Maß für die Grenzen der Nachhaltigkeit, d. h. das Gleichgewicht zwischen dem ökologischen Fußabdruck und der damit verbundenen Biokapazität pro Land. Dieses Maß wird vom Footprintnetwork zur Verfügung gestellt und basiert auf der Maßeinheit des globalen Hektars. Footprint-

Abb. 1 Der weltweite menschliche Entwicklungsindex (Human Development Index). (Quelle: United Nations Development Programme 2016)

work beschreibt die Maßeinheiten wie folgt: Der ökologische Fußabdruck ist das einzige Maßsystem, das misst, wie viele natürliche Ressourcen wir zur Verfügung haben und wie viele natürliche Ressourcen wir verwenden. Dieses Maßsystem misst deren Nachfrage und das Angebot. Auf der Nachfrageseite misst der ökologische Fußabdruck die ökologischen Vermögenswerte, die eine Bevölkerung benötigt, um die natürlichen Ressourcen zu beziehen, die sie verbraucht, und um ihre Abfälle, insbesondere die CO_2-Emissionen, zu absorbieren. Auf der Angebotsseite stellt die Biokapazität die Produktivität der ökologischen Vermögenswerte eines Landes dar. Sowohl der ökologische Fußabdruck als auch die Biokapazität werden in globalen Hektar – einem weltweit vergleichbaren, standardisierten Maß – ausgedrückt (http://www.footprintnetwork.org).

Weltweit standen uns 1961 vier globale Hektar pro Kopf zur Verfügung. 2007 waren es nur noch zwei. Dieser Rückgang ist vor allem auf das Bevölkerungswachstum zurückzuführen. 1961 zählte die Welt etwa 3,1 Mrd. Einwohner. 2007 hatte sich diese Zahl auf 6,6 Mrd. mehr als verdoppelt, was den größten Anteil der Reduktion der globalen Hektar pro Kopf erklärt. Die Tatsache, dass der Rückgang nicht ganz proportional zum Bevölkerungswachstum und damit um mehr als die Hälfte zurückgegangen ist, ist auf technologische Verbesserungen und Effizienzgewinne zurückzuführen, die eine bessere Nutzung der Ressourcen ermöglichen. Um die Korrelation zwischen dem Niveau der menschlichen Entwicklung und dem ökologischen Fußabdruck der Bevölkerung eines Landes zu sehen, muss man diese beiden Dimensionen gegeneinander auftragen. Das gibt uns eine hervorragende Übersicht der Nachhaltigkeit pro Land. Abb. 2 zeigt den ökologischen Verbrauch der Länder in globalen Hektar gegenüber dem Index der menschlichen Entwicklung für das jeweilige Land.

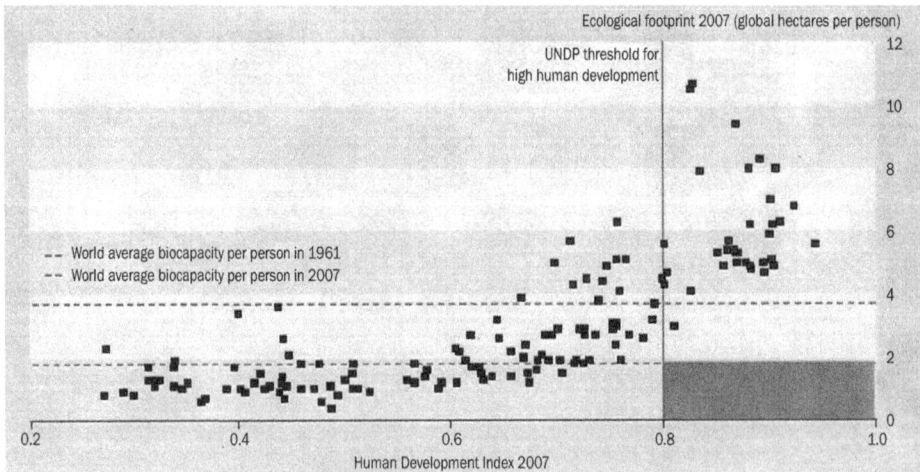

Abb. 2 Der ökologische Fußabdruck im Verhältnis zum menschlichen Entwicklungsindex eines jeweiligen Landes. (Quelle: EEA 2014; Footprintnetwork 2017; United Nations Development Programme 2016)

Eine beträchtliche Zahl von Ländern weist einen Index von über 0,8 auf, ein Niveau, welches einen hohen Lebensstandard widerspiegelt. Es gibt aber mehr unter dem Niveau von 0,8. Viele Länder leben auch innerhalb ihrer ökologischen Grenzen, also nachhaltig. Ihr ökologischer Fußabdruck pro Kopf liegt unter 2 globalen Hektar. Die Mehrheit allerdings kann dieses Niveau der Nachhaltigkeit nicht einhalten und übersteigt die Grenzen der Nachhaltigkeit, indem sie pro Kopf mehr verbrauchen, als sie erneuern können. In manchen Fällen sogar vier- bis fünfmal so viel.

Das erste Ergebnis, welches diese Analyse zeigt, ist, dass alle Länder, die in ihren ökologischen Grenzen leben, unterhalb von 0,8 auf der Human-Development-Index-Skala liegen. Das zweite auffällige Ergebnis ist, dass alle Länder, die über 0,8 auf der Human-Development-Index-Skala liegen, ihre ökologischen Grenzen überschreiten. Das Rechteck unten rechts in Abb. 2, welches den Bereich des hohen Lebensstandards innerhalb der Grenzen der Umwelt darstellt, ist vollkommen leer. Kein Land lebt innerhalb der Grenzen seiner Ressourcen und genießt gleichzeitig einen hohen Lebensstandard! Es scheint, dass wir mit unserem derzeitigen ökonomischen Modell, das auf unseren gegenwärtigen Technologien beruht, nicht in der Lage sind, einen hohen Lebensstandard zu erreichen und zur gleichen Zeit nachhaltig zu leben. Dies hat tief greifende Implikationen. Ein Rückschritt im Lebensstandard ist keine Option. Es gibt nur einen Weg vorwärts. Wir müssen vorankommen und höhere Standards für alle, unter Wahrung der ökologischen Grenzen, erreichen. Dies kann nur durch technologische Veränderung und Innovation geschehen.

3 Implikationen für die Wettbewerbsfähigkeit

Der traditionelle Ansatz der Wettbewerbsfähigkeit sieht den technologischen Wandel als entscheidenden Faktor für Innovation und Wachstum, während Marktkräfte die Wettbewerbsstrategie und die Positionierung eines Unternehmens und dessen Produkte bestimmen. Technologie wird durch Entdeckungen und Forschung angetrieben. Zuerst werden Basistechnologien wie Elektrizität, Verbrennungsmotor, Halbleiter entdeckt. Diese Basistechnologien führen zu Entwicklungen auf der Grundlage dieser Technologien. Der Halbleiter ermöglicht miniaturisierte elektronische Schaltkreise, die eine so effektive Informationsverarbeitung ermöglichen, dass sie sich im Laufe der Zeit weltweit verbreiten und durch unzählige Anwendungen in nahezu jede Maschine, in jedes Fahrzeug, in jedes Telefon integriert und unser Leben verändert hat. Solche Entdeckungen von Basistechnologien und deren anschließende Ausbreitung sind langfristige Phänomene und können Jahrzehnte, sogar Generationen, dauern (Lucius 1995). Ihr Einsatz bleibt aber, bis diese durch eine andere Technologie ersetzt wird, manchmal sogar jahrhundertelang. Der Verbrennungsmotor, der am Ende des 19. Jahrhunderts erfunden wurde, ersetzte die Dampfmaschine aufgrund seiner höheren Effizienz und technologischen Überlegenheit und ist seitdem unangefochten geblieben. Zu Beginn des 21. Jahrhunderts ist der Verbrennungsmotor allgegenwärtig und die am häufigsten genutzte Antriebstechnologie. Keine neue Technologie hat sie bis heute ersetzt.

Porter bestimmt fünf Kräfte, die den Wettbewerbsvorteil von Unternehmen determinieren (Porter 1990). Die intraindustrielle Rivalität ist die erste der fünf Kräfte und steht im Mittelpunkt des Modells von Porter. Die jeweilige Verhandlungsstärke von Lieferanten und von Käufern sind die zwei weiteren Kräfte, die die Wettbewerbsfähigkeit eines Unternehmens ausmachen. Außerdem gibt es Bedrohungen. Eine ist die der neuen Marktteilnehmer, neuer Konkurrenten, in der Branche, eine andere ist die Bedrohung durch Substitute, sei es Produktsubstitute oder Prozesssubstitute, die die Wettbewerbspositionierung verändern (Kräfte vier und fünf). Dieses Modell berücksichtigt jedoch nicht die Nachhaltigkeit. Es geht davon aus, dass ein Geschäftsmodell grundsätzlich fortgesetzt werden kann, ohne jemals Umweltgrenzen zu erreichen. Mit dem derzeitigen nichtnachhaltigen Ressourcenverbrauch werden viele Branchen aber nicht in der Lage sein, ihr Geschäftsmodell wie gewohnt weiterzuführen. Ihre eigene Tätigkeit, ihre Verwendung von Ressourcen wird eine Veränderung der Rahmenbedingungen im Laufe der Zeit herbeiführen. Ein Unternehmen im Bereich der fossilen Brennstoffe zum Beispiel kann seine Position nicht fortwährend behaupten, auch wenn alle anderen Faktoren im Modell gleich bleiben. Zum einen werden die fossilen Brennstoffquellen trocken laufen, was die Erforschung neuer Quellen erfordern wird, zum anderen werden die Auswirkungen des fossilen Kraftstoffverbrauchs den Sektor als Ganzes verändern, wenn nicht verdrängen, weil der Verbrauch selbst unsere Umwelt so verändert haben wird, dass wir nicht mehr weiter fossile Brennstoffe verbrauchen und CO_2 emittieren werden können. Was in den letzten dreißig Jahren gut funktioniert hat, mag in den nächsten drei Jahrzehnten nicht mehr haltbar sein. Die Betriebsumgebung ändert sich aufgrund der industriellen Tätigkeit selbst. Und die Unternehmen in der Branche, die innovativ sind und ihre Technologien entsprechend der Nachhaltigkeitsüberlegungen anpassen, werden die Gewinner von morgen sein. Diese sind es, die Wettbewerbsvorteile erlangen werden. Und sie werden dies tun, indem sie die Nachhaltigkeit in ihre Geschäftsstrategie grundsätzlich integrieren.

3.1 Fall 1 – Automobilindustrie

Die Automobilindustrie beruht auf dem Verbrauch fossiler Brennstoffe. Ihr Hauptprodukt, das Automobil, basiert auf der Technologie der Verbrennungsmotoren als Mittel für den Antrieb. Es ist offensichtlich, dass diese Antriebstechnologie nicht nachhaltig ist. Doch die Reaktionen verschiedener Automobilhersteller in der Branche variieren. Ein gutes Beispiel setzt ein großer japanischer Hersteller. Bereits Mitte der 1990er-Jahre begann dieser Hersteller mit der Entwicklung einer Hybridtechnologie für seine Fahrzeuge. Diese Technologie kombiniert Verbrennungsmotoren mit elektrischen Motoren und Batterien, die die sonst verschwendete Energie beim Bremsen oder Bergabfahren zwischenspeichern und wiederverwenden. Dieser Ansatz bringt erhebliche Energieeinsparungen und reduziert den Kraftstoffverbrauch. Zum Zeitpunkt der Entwicklung dieser Technologie waren die Ölpreise bei etwa 10 Dollar pro Barrel, viel niedriger als das Niveau von ca. 50 Dollar heute, also zwanzig Jahre später, ganz zu schweigen von den 100 Dollar oder mehr pro

Barrel, welche in der Zeit dazwischen erreicht wurden. Zum Zeitpunkt der Entwicklung erschien die Technologie unrentabel, war aber äußerst angemessen in einem Nachhaltigkeitskontext und verschaffte dem Hersteller einen großen Wettbewerbsvorteil (http://www.toyota-global.com).

Heute hat der gleiche Hersteller ein Wasserstoffauto entwickelt, das überhaupt keinen fossilen Brennstoff verbraucht. Es basiert auf der Technologie der Brennstoffzelle, die Wasserstoff aus dem Fahrzeugtank und Sauerstoff aus der Luft bei Abgabe von Strom nur in Wasser umwandelt. Es läuft völlig frei von Treibhausgasemissionen und basiert auf einer nachhaltigen Technologie. Doch heute gibt es kaum Wasserstofftankstellen, um das Fahrzeug zu betanken. Daher kann das Fahrzeug auch nicht in kommerziell sinnvollen Zahlen verkauft werden. Es scheint eine unrentable Investition zu sein, so wie die Hybridtechnologie vor zwanzig Jahren. Der gleiche Hersteller stellt aber in Aussicht, dass er mit der gesamten Produktion treibhausgasemittierender Motoren bis 2050 aufhören und vollständig auf erneuerbare Antriebsquellen setzen wird (BBC 2015). Dieses Unternehmen stellt ein sehr gutes Beispiel für die Integration von Nachhaltigkeit in seine operative Strategie dar. Es fördert den technologischen Wandel und die Innovation mit Nachhaltigkeit und sichert sich einen klaren, konkurrenzfähigen und langfristigen Wettbewerbsvorteil.

3.2 Fall 2 – Konsumgüter

Ein bedeutendes niederländisch-britisches, transnationales Konsumgüterunternehmen mit Hauptsitz in Rotterdam und London bedient rund 2,5 Mrd. Menschen täglich rund um die Welt. Zu seinen Produkten gehören Lebensmittel, Getränke, Reinigungsmittel und Körperpflegeprodukte. Das Unternehmen ist sich seiner Auswirkungen auf die Umwelt und Menschen ebenso bewusst wie der Knappheit der Ressourcen, die es verbraucht, um die Bedürfnisse seiner Kunden zu befriedigen. Die zunehmende Ressourcenknappheit und das Bestreben nach Nachhaltigkeit stehen hoch auf der Agenda des Unternehmens. Das Unternehmen erkennt, dass die zunehmende Ressourcenknappheit dringender als je zuvor erfordert Verpackungen effizient zu gestalten und nachhaltige Lösungen zu finden. Es ist seit 2008 in großem Maßstab bemüht, den Verbrauch von Ressourcen pro Produkt zu reduzieren und die Abfälle zu minimieren bzw. wiederverwendbar zu gestalten. 2016 hatte es zum Beispiel den Wasserverbrauch pro Tonne seiner Produkte um 37 %, verglichen mit 2008, gesenkt und hatte an über 600 seiner Standorte auf der ganzen Welt keine gefährlich eingestuften Abfälle mehr aufzuweisen. Es geht dem Unternehmen darum, bis 2030 100 % seiner Energie aus erneuerbaren Quellen zu beziehen und sogar mehr erneuerbare Energien selber zu erzeugen, als es verbraucht. Das Unternehmen hat sich nun folgendes Ziel gesetzt, bis 2030 die Umweltbelastung, die bei der Herstellung und Nutzung seiner Produkte anfällt, zu halbieren, und das bei gleichzeitigem Wachstum seines Umsatzes (https://www.unilever.com). Der Nachhaltigkeitsansatz des Unternehmens ist in seine Geschäftsstrategie eingebettet und seine Produkt- und Prozessinnovationen konzentrieren sich auf Nachhaltigkeitsüberlegungen, die dem Unternehmen einen langfristigen Wettbewerbsvorteil verschaffen.

4 Nachhaltigkeit auf Unternehmensebene erfassen

„No management without measurement", ist eine altbekannte Managementregel. Die Messung von Umwelt- und Sozialleistungen sowie ihren Auswirkungen auf Unternehmensebene ist besonders anspruchsvoll. In der heutigen Geschäftswelt werden die Finanzen gut gemessen. Wir haben Gewinn- und Verlustrechnungen, die die Finanzströme eines Unternehmens über einen bestimmten Zeitraum widerspiegeln, wir haben die Bilanzen, die die Vermögenslage des Unternehmens angeben. Rechnungslegungsstandards und -systeme wurden entwickelt, ganze Branchen des Rechnungswesens und der Wirtschaftsprüfung sind entstanden. Jahresabschlüsse sind ein wesentlicher und integraler Bestandteil des Unternehmenslebens. Doch alle diese Systeme messen nur die finanzielle Leistungsfähigkeit. Trotz ihrer Komplexität und Kompliziertheit geben sie nur Informationen über die finanzielle Situation eines Unternehmens, sie vermitteln keine aussagekräftigen Informationen über den Stand der Unternehmensleistung in Bezug auf ihre Auswirkungen auf die Umwelt oder im sozialen Bereich.

4.1 Internationale Entwicklungen

Es gibt internationale Anstrengungen, um das Problem anzugehen. Die Global Reporting Initiative (https://www.globalreporting.org), eine freiwillige Reihe von Umwelt- und Sozialstandards für die Berichterstattung, wurde entwickelt, um Unternehmen bei der Offenlegung ihrer Umwelt- und Sozialleistungen zu begleiten. Die Social Performance Task Force ist eine freiwillige Versammlung von Mikrofinanzprofis, die sich genau für den Zweck der Entwicklung eines gemeinsamen Satzes von Berichtsstandards im sozialen Bereich zusammengeschlossen haben (https://sptf.info). Die Grundsätze der Vereinten Nationen für verantwortungsvolle Investitionen haben die Berichtsanforderungen in Bezug auf Umwelt- und Sozialberichterstattung für Finanzinstitute zusammengestellt (https://www.unpri.org). Auch auf der Regulierungsseite sind die Entwicklungen bemerkenswert. Das französische Gesetz über den Energieübergang („Loi sur la transition énergétique") verlangt in seinem Artikel 173, dass alle börsennotierten Gesellschaften in ihren Jahresberichten finanzielle Risiken im Zusammenhang mit den Auswirkungen des Klimawandels und den von der Gesellschaft ergriffenen Maßnahmen zur Verringerung dieser Risiken offenlegen müssen. Es legt weiter fest, dass der vorgelegte Bericht auch einen Aspekt für die Risiken und Auswirkungen des Unternehmens im Zusammenhang mit dem Klimawandel beinhalten sollte, nicht nur hinsichtlich unternehmenseigener Operationen, sondern auch hinsichtlich ihrer Dienstleistungen und Produkte. Das Gesetz wurde im Jahr 2015 verabschiedet und trat ab 2016 in Kraft, wobei die ersten Berichte ab 2017 ausgestellt wurden (https://www.legifrance.gouv.fr).

Alle diese Entwicklungen sind gut für die Zukunft, sie stellen einen Trend zur Berichterstattung über nichtfinanzielle Aspekte von Unternehmen und Finanzinstituten dar. Dennoch sind wir weit davon entfernt, eine vergleichbare Reihe von Indikatoren und Messungen zu haben, die eine Bewertung und vor allem den Vergleich der Leistungen der Wirtschaftsakteure in den Umwelt- und Sozialbereichen ermöglichen.

4.2 Nachhaltigkeitsstandards

Der Mangel an vergleichbaren und umfassenden Rechnungslegungsstandards für die nichtfinanziellen Aspekte der Tätigkeit von Unternehmen wird als eine große Hürde für die Bewältigung der Nachhaltigkeitsherausforderung anerkannt. Eine vielversprechende Initiative zur Überwindung dieser Herausforderung sind die von dem Sustainability Standards Accounting Board (http://www.sasb.org) entwickelten Nachhaltigkeitsrechnungsstandards, eine gemeinnützige Organisation mit Sitz in Kalifornien, welche im Jahr 2011 mit dem Ziel gegründet wurde, einen umfassenden Rahmen für die Messung der Nachhaltigkeit festzulegen, der auf alle wichtigen Wirtschaftszweige angewendet werden kann und einen unternehmensübergreifenden Vergleich ermöglichen würde. Es wurde eine Methodik entwickelt, in der nichtfinanzielle Leistungen in fünf Bereichen erfasst wurden: i) die Umwelt, ii) Humankapital, iii) Sozialkapital, iv) Geschäftsmodell und Innovation und v) Führungsform der Unternehmung.

Insgesamt wurden Standards für zehn Sektoren und 79 Subsektoren definiert. Die wichtigste Innovation im Ansatz des Nachhaltigkeitsrechnungsstandards ist die Unterscheidung zwischen wesentlichen und unwesentlichen Nachhaltigkeitsaspekten. Sie erkennt an, dass nicht alle Fragen für alle Branchen gleichermaßen wesentlich sind und dass einige Herausforderungen, die für eine Branche wesentlich sein können, für eine andere aber unwesentlich sind. Zum Beispiel ist die Emission von Treibhausgasen für die Zementindustrie oder für die Automobilindustrie sehr wesentlich. Beide sind energieintensive Sektoren. Doch im Dienstleistungssektor ist beim Betrieb eines Hotels zum Beispiel die Emission von Treibhausgasen kein wesentlicher Nachhaltigkeitsfaktor der Geschäftstätigkeit. Hotels geben keine erheblichen Mengen an Treibhausgasen ab und ihre Energieversorgung ist abhängig von dem Angebot der verfügbaren Energieversorger und nicht so sehr vom eigenen Betrieb. Treibhausgasemissionen sind daher für Hotels unwesentlich. Allerdings ist das Arbeitgeber–Arbeitnehmer-Verhältnis im Hotelleriebetrieb sehr wesentlich. Dieser Ansatz ermöglicht es, sich auf das Wesentliche in Bezug auf Umwelt- und Sozialaspekte für jede Branche zu konzentrieren, und stellt einen großen Schritt zu einem gemeinsamen Rahmen, Standards für die Nachhaltigkeitsrechnungslegung zu schaffen, dar.

5 Nachhaltige Unternehmen übertreffen die Konkurrenz

Das Konzept der Materialität erlaubt es uns festzustellen, ob nachhaltigere Unternehmungen in Konkurrenz übertreffen und finanziell bessere Resultate erzielen. In ihrer Veröffentlichung „Corporate Responsibility: Erster Beweis für die Materialität" („Corporate

Responsibility: First Evidence of Materiality") haben Serafeim et al. von der Harvard Business School die Wesentlichkeit als Grundlage für die Analyse der finanziellen Leistungsfähigkeit der Unternehmen genommen. Sie haben mehr als 1000 Unternehmen über einen Zeitraum von zehn Jahren analysiert und etwa 200 über einen Zeitraum von 20 Jahren, je nach Datenverfügbarkeit. Das zugrunde liegende Werkzeug war die Materialitätskarte des Nachhaltigkeitsrechnungsstandards SASB (Sustainability Accounting Standards Board) in San Francisco, USA, die bestimmt, welche Aspekte der Nachhaltigkeitsleistung eines Unternehmens in Bezug auf seine Branche wesentlich sind. Wesentliche und unwesentliche Nachhaltigkeitsleistungen wurden dann pro Unternehmen ausgewertet und als stark oder schwach klassifiziert (Serafeim et al. 2015).

Die Erkenntnisse sind ermutigend. Unternehmen, die eine schwache Leistung sowohl bei materiellen als auch bei immateriellen Nachhaltigkeitsaspekten aufgewiesen haben, zeigten gleichermaßen auch eine schlechte finanzielle Leistung ihrer Aktienmarktrenditen, reflektiert in einem negativen Alpha von −2,90 %. Die Unternehmen, die eine starke Leistung in ihren immateriellen Aspekten zeigten, aber eine schwache Leistung in materiellen Aspekten, hatten erwiesen ein leicht positives Alpha von 0,60 %. Ein guter Indikator dafür, dass eine gute Nachhaltigkeitsleistung, wenn auch nur für immaterielle Aspekte, keine negativen Auswirkungen auf die Aktienperformance hat. Eine starke Leistung, sowohl bei materiellen als auch bei immateriellen Nachhaltigkeitsaspekten, war jedoch besser, mit einem Alpha von +1,96 %. Aber eine starke Performance nur bei materiellen Aspekten, d. h. bei einer gleichzeitigen schwachen Leistung bei immateriellen Aspekten, identifizierte die Unternehmen mit der besten finanziellen Leistung mit einem Alpha von +6,01 %:

Wesentlich	Unwesentlich	Alpha (in %)
Schwach	Schwach	−2,90
Schwach	Stark	+0,60
Stark	Stark	+1,96
Stark	Schwach	+6,01

Diese Unternehmen konzentrierten sich aufs Wesentliche, sie fokussierten ihre Bemühungen auf die Bereiche ihrer Geschäfte, die im Sinne der Nachhaltigkeit maßgeblich waren, und haben in diesen Kernbereichen eine starke Leistung erbracht. Nachhaltigkeit stand im Mittelpunkt ihrer Geschäftätigkeit und führte zu überdurchschnittlichem Erfolg. Sie übertrafen ihre Konkurrenz.

Diese Erkenntnis ist von betriebswirtschaftlicher Bedeutung. Sie gibt Managern von Firmen den Anreiz, ihre Unternehmung nachhaltig auszurichten. Ebenso ist sie für Vermögensverwalter wichtig. Investitionen in nachhaltige Unternehmungen erwirtschaften höhere Renditen. Nachhaltigkeitsstrategien in der Vermögensverwaltung ebenso wie in der volkswirtschaftlichen Kapitalzuteilung sollten Nachhaltigkeitsüberlegungen fest in ihre Prozesse mit einbauen (Lucius 2013). Damit wäre die Gesamtwirtschaft viel zukunftssicherer ausgerichtet, als sie es heute ist.

6 Fazit

Viele aktuelle Technologien sind nicht nachhaltig. Es ist mit den heutigen Technologien nicht vollständig möglich, innerhalb ökologischer Umweltgrenzen zu bleiben und dabei einen hohen Lebensstandard zu erlangen. Wir erfüllen unsere aktuellen Bedürfnisse und beeinträchtigen die Fähigkeit künftiger Generationen, ihre eigenen Bedürfnisse zu erfüllen. Technologischer Wandel und Innovationen sind daher unabdingbar, um die Herausforderung der Nachhaltigkeit zu bewältigen. Die wachsende weltweite Bevölkerung beschleunigt diesen Bedarf weiter. Industriepolitik und Modelle für Innovation und Wettbewerbsvorteil müssen entsprechend angepasst werden. Die Unternehmen, die die Nachhaltigkeitsherausforderung angenommen und sie in ihre Kerngeschäftsstrategie integriert haben, erzielen einen Wettbewerbsvorteil und zählen zu den Gewinnern von morgen.

Die Erfassung der Nachhaltigkeitsleistung bleibt schwierig und es bedarf eines umfassenden Rahmens, der einen Vergleich zwischen Unternehmen und Sektoren ermöglicht. Die Nachhaltigkeitsrechnungsstandards, die auf dem Wesentlichkeitskonzept (Materiality) des Sustainability Accounting Standards Board basieren, sind vielversprechend. Schließlich zeigt die jüngste, auf diesem Konzept beruhende Forschung, dass Unternehmen, die sich auf Nachhaltigkeitsfragen konzentriert haben, auch finanziell ihre Konkurrenz abhängen.

Literatur

BBC (2015) Business: Toyota plans to all but stop making carbon emitting cars by 2050. http://www.bbc.com/news/business-34527431. Zugegriffen: 16. Jan. 2017

EEA (2014) European Environmental Agency. www.eea.europa.eu

IUCN (2017) Species Extinction – The Facts. https://cmsdata.iucn.org/downloads/species_extinction_05_2007.pdf. Zugegriffen: 30. Jan. 2017

Footprintnetwork (2017) Our work. Ecological Footprint. http://www.footprintnetwork.org. Zugegriffen: 10. Jan. 2017

Lucius H (1995) The Catching-Up Index. Dissertation, Technische Universität Wien

Lucius H (2013) Nachhaltige Veranlagungen – Entwicklungen in der Veranlagungspraxis, Journal of Banking and Financial Research – Bankarchiv Dezember 2013. Bank Verlag Vienna, Austria

NASA (2017) Global Climate Change: Vital Signs of the Planet. https://climate.nasa.gov. Zugegriffen: 6. Mai 2017

Porter ME (1990) The Competitive Advantage of Nations. Free Press, New York

Smith D (2012) The State of the World Atlas, 9. Aufl. Penguin Books, Penguin Group LLC, New York

Serafeim A et al (2015) Corporate Sustainability: First Evidence on Materiality. Harvard Business School Working Paper Number: 15-073

United Nations (2015) United Nations Department for Economic and Social Affairs, World Population Prospects. United Nations, New York

United Nations Development Programme (2016) Human Development Report. http://hdr.undp.org. Zugegriffen: 01. Sept. 2016

United Nations (1987) Report of the World Commission on Environment and Development: Our Common Future. http://www.un-documents.net/our-common-future.pdf;. Zugegriffen: 30. Juni 2016

Worldbank (2017) Data. http://data.worldbank.org. Zugegriffen: 01. Febr. 2017

WWF (2012) Living Planet Report 2012. WWF Gland, Schweiz

Weiterführende Literatur

Lucius H (2017) Sustainability Challenges Shaping Competitive Advantages in Technology and Innovation. In: Yülek M (Hrsg) Industrial Policy and Sustainable Growth (Sustainable Development Series). Springer, Singapore

Porter M, Kramer M (2003) The Competitive Advantage of Corporate Philantropy. In: Harvard Business Review on Corporate responsibility. Harvard Business School Publishing Corporation, USA, S 27–64

Scherer FM (1986) Innovation and Growth. Schumpeterian Perspective. MIT Press, Cambridge Massachusetts, USA

Stiglitz J, Sen A, Fitoussi JP (2010) Mis-measuring our Lives. The New Press, New York

Sukhdev P (2012) Corporation 2020. Island Press, Washington D.C.

Prof. Dipl.-Ing. Dr. techn. Hakan Lucius, MBA, ist Professor der Finanzwissenschaften und des Managements. Er unterrichtet an der Sciences Politiques in Paris, an der Frankfurt School of Finance und dem Welch College for Business in Luxemburg. Er spezialisiert sich auf den Bereich Nachhaltigkeit, entwickelte die Fachvorlesung Sustainability in Finance, und wurde als Best Lecturer in Dynamic Business Management des Welch MBA 2014 ausgezeichnet. In seiner Tätigkeit an der Bank der EU, der europäischen Investitionsbank (EIB), finanzierte er international zahlreiche Nachhaltigkeitsprojekte im Infrastrukturbereich sowie auf Konzernebene und ist z.Z. Leiter der Nachhaltigkeit der Institution.

Nachhaltige Geschäftsmodelle von etablierten Unternehmen: Die Bedeutung von CSR-Reputation

Nick Lin-Hi, Karsten Müller und Alexander Meier

1 Einleitung

Corporate Social Responsibility (CSR) hat über die letzten Jahre hinweg kontinuierlich an Bedeutung gewonnen.[1] Entgegen früherer Auffassungen ist spätestens seit der Finanzkrise 2007/2008 unstrittig, dass Unternehmen eine gesellschaftliche Verantwortung – so das deutsche Pendant zu CSR – haben. Entsprechend ist es nur konsequent, dass Unternehmen ihre CSR-Aktivitäten immer mehr ausweiten und zudem öffentlichkeitswirksam kommunizieren. Das Aufgreifen von CSR in der unternehmerischen Praxis erfolgt dabei unter ganz unterschiedlichen Begrifflichkeiten, angefangen bei Nachhaltigkeit über Ethik bis hin zu Stakeholder-Management.

Die dem Thema CSR zugebilligte Relevanz von Unternehmensseite zeigt sich in aller Deutlichkeit bei den Internetauftritten von Unternehmen. Heute ist es nicht nur weitverbreitete Praxis, online über die eigene gesellschaftliche Verantwortung zu informieren, sondern immer mehr Unternehmen haben direkt auf ihrer Hauptseite einen Link zu diesem Themenbereich – CSR steht damit zumindest auf der Kommunikationsseite mit Bereichen wie Investors Relations, Karriere und Produkte auf einer Stufe. Hinzu kommt, dass immer

---

[1] Diese Arbeit ist Teil des Projekts „Nachhaltiger Konsum von Informations- und Kommunikationstechnologie in der digitalen Gesellschaft – Dialog und Transformation durch offene Innovation". Das Projekt wird vom Ministerium für Wissenschaft und Kultur des Landes Niedersachsen und der VolkswagenStiftung aus Landesmitteln des Niedersächsischen Vorab gefördert (Projektnummer VWZN3037).

N. Lin-Hi (✉)
Universität Vechta
Driverstraße 22, 49377 Vechta, Deutschland
E-Mail: nick.lin-hi@uni-vechta.de

K. Müller · A. Meier
Universität Osnabrück
Seminarstraße 20, 49069 Osnabrück, Deutschland

© Springer-Verlag GmbH Deutschland 2018
P. Bungard (Hrsg.), *CSR und Geschäftsmodelle*, Management-Reihe Corporate Social Responsibility, https://doi.org/10.1007/978-3-662-52882-2_9

mehr Unternehmen eigene Berichte publizieren, in denen sie über ihre CSR-Leistung informieren. Insgesamt kann somit festgestellt werden, dass CSR sich zu einem De-facto-Standard in der Praxis entwickelt hat, sodass sich Unternehmen heute nicht mehr die Frage stellt, ob sie das Thema CSR adressieren, sondern wie sie es tun können (vgl. Vlachos et al. 2013).

Unabhängig von der konkreten Ausgestaltungsform basiert das Management von CSR heute vielfach auf strategischen Überlegungen (vgl. Du et al. 2015). Während früher ein CSR-Wildwuchs zu beobachten war, so ist bei immer mehr Unternehmen eine Struktur bei der Übernahme von gesellschaftlicher Verantwortung festzustellen. Für Unternehmen geht es dabei auch darum, CSR derart auszugestalten, dass hieraus positive Effekte für den unternehmerischen Erfolg erwachsen. Es kann daher wenig verwundern, dass die Rede vom „CSR Business Case" einen zentralen Teil der CSR-Diskussion darstellt. Die positiven Effekte, die aus der Übernahme von gesellschaftlicher Verantwortung entstehen, können dabei ganz unterschiedlicher Natur sein und beinhalten etwa Kosteneinsparungen aufgrund von verbesserter Ressourceneffizienz, die Steigerung der Arbeitgeberattraktivität oder auch ein höheres Level an Vertrauenswürdigkeit, infolgedessen Transaktionskosten reduziert werden können (vgl. Weber 2008). Ein weiterer Vorteil von CSR liegt in der Erschließung und Etablierung von neuen nachhaltigen Geschäftsmodellen, wie auch die Beiträge in diesem Sammelband zeigen.

CSR als Vehikel für neue Geschäftsmodelle wird für Unternehmen ob des sich abzeichnenden Wertewandels in der Gesellschaft sowie der sich damit verändernden Konsummuster zunehmend interessant. Immer mehr Konsumenten interessieren sich heute für das Thema Nachhaltigkeit und wollen etwa wissen, unter welchen Bedingungen ein Produkt hergestellt wurde und welche Umweltbelastungen damit verbunden sind. Zwar ist die Zahlungsbereitschaft für nachhaltige Produkte insgesamt derzeit noch begrenzt (vgl. Eyerund 2015), gleichwohl gilt Nachhaltigkeit als ein wachstumsträchtiger Zukunftsmarkt (vgl. World Business Council for Sustainable Development 2010). Allein aus Gründen der Risikodiversifikation müssen Unternehmen heute in der Lage sein, diesen Markt mittel- und langfristig bedienen zu können. Anderenfalls droht ihnen ein ähnliches Szenario wie den Automobilherstellern. Gewissermaßen aus dem Stand hat sich mit Tesla ein nachhaltiges Unternehmen als neuer Wettbewerber konstituiert, der die etablierten Unternehmen vor massive Herausforderungen stellt.

Der vorliegende Beitrag beschäftigt sich mit den Voraussetzungen für etablierte Unternehmen – d. h. solche, die bereits seit Jahrzehnten erfolgreich in ihrem Segment tätig sind –, um in den Markt für nachhaltige Geschäftsmodelle eintreten und dort wirtschaftlich erfolgreich tätig sein zu können. Es wird dabei das Argument entwickelt, dass eine der Erfolgsvoraussetzungen darin liegt, dass etablierte Unternehmen über eine positive CSR-Reputation verfügen müssen. Bei der CSR-Reputation von Unternehmen – die in der Wissenschaft auch unter Begriffen wie „perceived CSR" (z. B. Lichtenstein et al. 2004), „CSR beliefs" (Wagner et al. 2009) und „CSR image" (z. B. Plewa et al. 2015) diskutiert wird – handelt es sich um die wahrgenommene Verantwortlichkeit eines Unternehmens. Anders formuliert ist CSR-Reputation eines Unternehmens das Resultat der subjektiven Einschätzung von Stakeholdern, wie verantwortlich sich ein Unternehmen verhält. Aufbauend hierauf wird anschließend der Frage nachgegangen, wie eine gute CSR-Reputation generiert und langfristig erhalten werden kann. Mit Rückgriff auf die sozialpsychologische Forschung wird hierbei gezeigt, dass CSR im Sinne von „avoiding bad" eine übergeordnete Relevanz zukommt und zudem eingebundene („embedded") gegenüber peripheren („peripheral") CSR-Aktivitäten zu präferieren sind. Der Beitrag endet mit der Skizzierung von Implikationen für etablierte Unternehmen für nachhaltige Geschäftsmodelle und der Relevanz der Einbindung von Mitarbeitenden in entsprechende Veränderungsprozesse.

2 Die Relevanz einer guten CSR-Reputation

Der Aufbau einer guten CSR-Reputation gehört zu den zentralen Gründen, warum Unternehmen gesellschaftliche Verantwortung übernehmen (vgl. Wagner et al. 2008). Unternehmen wollen durch CSR-Aktivitäten in der Öffentlichkeit und bei ihren Stakeholdern als verantwortliche Akteure – und damit als gute Mitglieder der Gesellschaft – wahrgenommen werden. Als verantwortlich gilt ein Unternehmen, wenn es in den Augen der Betrachter ein Interesse am gesellschaftlichen Wohlergehen hat und sich für andere Akteure einsetzt. Die CSR-Reputation eines Unternehmens ist somit eine subjektive Größe.

Die Relevanz der CSR-Reputation in der unternehmerischen Praxis speist sich aus ihren positiven Effekten für Stakeholder-Beziehungen. Die Forschung zeigt hierbei, dass die CSR-Reputation Einstellungen und Verhaltensweisen von Stakeholdern beeinflusst und beispielsweise mit der Verbundenheit von Mitarbeitenden in Beziehung steht (vgl. Mueller et al. 2012), die Arbeitgeberattraktivität verbessert (vgl. Greening und Turban 2000) und Kundenloyalität erhöht (vgl. Stanaland et al. 2011). Einfach formuliert ist der ökonomische Wert von CSR-Reputation darauf zurückzuführen, dass Stakeholder es üblicherweise vorziehen, mit Unternehmen zu kooperieren, welche sie als verantwortlich wahrnehmen. Solchen Unternehmen billigt man zu, dass sie in Geschäftsbeziehungen nicht nur danach streben, ihre eigenen Interessen durchzusetzen, sondern auch die Interessen ihrer Partner im Blick haben. Die CSR-Reputation kann somit als ein unternehmerischer Vermögenswert verstanden werden.

Die Bedeutung einer guten CSR-Reputation zeigt sich auch in Bezug auf nachhaltige Geschäftsmodelle. Letztere können regelmäßig nur dann funktionieren, wenn eine kritische Masse an Konsumenten für diese begeistert werden kann. Hierfür bedarf es neben einer Produktakzeptanz, welche beispielsweise vom wahrgenommenen Kundennutzen (vgl. Belz und Bilharz 2005) abhängig ist, immer auch einer Akzeptanz des Anbieters. Letzteres meint, dass Konsumenten bereit sein müssen, das jeweilige Produkt von einem bestimmten Unternehmen zu kaufen. Eben diese Bereitschaft ist abhängig von der CSR-Reputation eines Unternehmens. Das heißt, je verantwortlicher ein Unternehmen wahrgenommen wird, desto höher ist seine Anbieterakzeptanz, was wiederum positiv auf den Geschäftserfolg wirkt.

Der Zusammenhang zwischen Anbieterakzeptanz im Bereich nachhaltige Geschäftsmodelle und CSR-Reputation kann auf die Wert- und Erwartungshaltung der Konsumenten im Markt für nachhaltige Produkte zurückgeführt werden. Für Konsumenten, die sich für nachhaltige Produkte entscheiden, haben die Realisierung von moralischen Idealen und ein gelingendes gesellschaftliches Zusammenleben eine besonders hohe Bedeutung (vgl. Balderjahn et al. 2013). Zudem haben sie den Anspruch, durch ihr Kaufverhalten zu einer nachhaltigen Entwicklung beizutragen (vgl. Buerke et al. 2016). Gleichzeitig erwarten sie von Anbietern im Markt für nachhaltige Güter, dass deren Wertschöpfung im Dienste der Gesellschaft steht und sie verantwortlich agieren. Letzteres ist gleichbedeutend damit, dass ein Unternehmen über eine gute CSR-Reputation verfügt. Unternehmen mit einer schlechten CSR-Reputation mangelt es damit im Markt für nachhaltige Produkte an Akzeptanz, infolgedessen die Bereitschaft von Konsumenten, mit diesem Unternehmen eine Geschäftsbeziehung einzugehen, deutlich begrenzt ist.

Ein Beispiel für die Relevanz der CSR-Reputation für die Anbieterakzeptanz im Markt für nachhaltige Produkte liefert der gescheiterte Versuch des Discounters Lidl (Schwarz-Gruppe), die Biosupermarktkette Basic zu übernehmen (vgl. von Hiller 2007). 2007 wurde zunächst eine Minderheitsbeteiligung an der Biosupermarktkette übernommen, welche mittelfristig weiter ausgebaut werden sollte. Nach Bekanntwerden des Einstiegs von Lidl protestierten jedoch Kunden, Lieferanten sowie nachhaltigkeitsinteressierte Akteure hiergegen massiv (vgl. Kastner 2008). Kunden begannen die Biosupermarktkette zu boykottieren und Lieferanten kündigten die Zusammenarbeit mit dieser auf. Der Grund für die negativen Reaktionen war letztendlich die schlechte CSR-Reputation des Unternehmens, insbesondere bedingt durch eine massive Kritik an den vorherrschenden Arbeitsbedingungen (vgl. Hamann und Giese 2004). Letztendlich beeinflussten die Proteste die Wettbewerbsposition von Basic dermaßen stark, dass Lidl sich veranlasst sah, die Übernahme zu stoppen und sich ein Jahr später von seinen Anteilen zu trennen (vgl. Kastner 2008).

Aus psychologischer Perspektive spiegelt das Beispiel Lidl das Bedürfnis von Menschen nach Konsistenz und Stimmigkeit des Handelns wider. So betonen beispielsweise verschiedene Modelle im Kontext interpersonellen und organisationalen Vertrauens die Relevanz des Faktors Konsistenz (vgl. Butler 1991; Butler und Cantrell 1984; Gabarro 1978). Spiegelbildlich hierzu führen Inkonsistenzen dazu, dass Akteure an Vertrauenswürdigkeit verlieren, was wiederum die Kooperationsbereitschaft negativ beeinflusst (vgl. Parks et al. 1996).

Die Ausführungen machen insgesamt plausibel, dass etablierte Unternehmen ein Eigeninteresse an einer guten CSR-Reputation haben müssen, wenn sie (zukünftig) in nachhaltigen Geschäftsfeldern aktiv sein wollen. Anders formuliert ist eine gute CSR-Reputation ein Hygienefaktor für Unternehmen, um im Markt für nachhaltige Produkte erfolgreich sein zu können. Die Zukunftsträchtigkeit von nachhaltigen Geschäftsfeldern lässt es für Unternehmen daher wertvoll werden, die Bedingungsfaktoren einer guten CSR-Reputation zu kennen. Diese werden nachfolgend in den Blick genommen.

3 CSR-Reputation und ihre Bedingungsfaktoren

Grundlegend gilt, dass Unternehmen durch die Übernahme von gesellschaftlicher Verantwortung auf ihr CSR-Reputationskonto einzahlen. Als gewinnorientierte Akteure präferieren Unternehmen dabei solche CSR-Aktivitäten, mit denen sich die CSR-Reputation auf effiziente Weise steigern lässt (vgl. Blumberg und Lin-Hi 2015). Anders formuliert ist die spezifische Ausgestaltung des unternehmerischen CSR-Engagements stets auch von Kosten-Nutzen-Überlegungen geprägt: Je besser das Kosten-Nutzen-Verhältnis von CSR-Aktivitäten ist, desto höher ist ihre Beliebtheit bei Unternehmen. Spiegelbildlich dazu haben Unternehmen ein geringeres Interesse an solchen Aktivitäten, welche keinen konkreten Nutzen versprechen. Die vorherrschenden betriebswirtschaftlichen Interessen haben dabei durchaus auch das unternehmerische Verständnis von CSR geprägt.

In diesem Kontext ist die grundsätzliche Unterscheidung zwischen „embedded" und „peripheral" CSR interessant (vgl. Aguinis und Glavas 2013), wobei eingebettetes CSR auf den Kernkompetenzen des Unternehmens aufbaut und in Strategie, Routinen und Tätigkeiten integriert ist. Im Gegensatz dazu konzentriert sich peripheres CSR auf die Aktivitäten, die nicht sowohl in Strategie als auch in Routinen und Geschäftstätigkeiten des Unternehmens eingegliedert sind (z. B. Philanthropie oder Ehrenamt). CSR in Form von „embedded" CSR stellt einen Teil der Strategie des Unternehmens dar und muss zugleich ein Teil der Kernkompetenzen des Unternehmens sein. Werden CSR-Aktivitäten lediglich in der Strategie oder den Alltagstätigkeiten bzw. -routinen, aber nicht in beiden integriert, spricht man von peripherem CSR.

Ein passendes Beispiel in diesem Zusammenhang ist die von Petco gegründete Petco Foundation, die zahlreiche verwaiste Tiere an neue Besitzer vermittelte (vgl. Aguinis und Glavas 2013). Die Petco Foundation schaffte sowohl gesellschaftlichen als auch geschäftlichen Mehrwert durch den potenziell neuen Kundenstamm. Allerdings kann die von Petco separierte Petco Foundation nur als peripheres CSR eingeordnet werden, weil CSR nicht in das Alltagsgeschäft und die Routinen des Unternehmens integriert ist. Das heißt, trotz des geschäftlichen Nutzens wird durch die Aktivität kein direktes Einkommen für das Unternehmen generiert. Demgegenüber ist der Mobiltelefonhersteller Fairphone ein Beispiel für eingebettetes CSR. Fairphone wurde gegründet, um Mobiltelefone unter besseren Arbeitsbedingungen, gerechterer Entlohnung und mit verantwortlich geförderten Mineralien zu produzieren. Auch wenn die Mobiltelefone nicht ganzheitlich fair angeboten werden können, ist die Idee des Fairphones, Marktanteile durch die im Vergleich zu anderen Marktanbietern nachhaltigere Produktion und Produkteigenschaften zu erlangen. CSR ist folglich nicht nur in den Alltagstätigkeiten, sondern auch in der Strategie des Unternehmens fest verankert.

Eine weitere zentrale Klassifizierung von CSR unterbreiten Lin-Hi und Müller (2013), welche zwischen dem freiwilligen Engagement für die Gesellschaft („doing good") und der Vermeidung von CSR-Fehlleistungen („avoiding bad") unterscheiden. Während es sich bei „doing good" um CSR-Aktivitäten handelt, welche über gesetzliche Vorgaben hinausgehen, geht es bei „avoiding bad" um die Vermeidung von Fehlverhalten. Fehlverhalten liegt immer dann vor, wenn Unternehmen gegen geltende Gesetze und allgemein anerkannte Normen verstoßen. CSR im Sinne von „avoiding bad" meint also, dass Unternehmen durch geeignete Governance-Strukturen gesetzes- und normkonformes Verhalten sicherstellen.

Obgleich allgemein bekannt ist, dass CSR nicht nur freiwilliges Engagement für die Gesellschaft beinhaltet, sondern ebenso auch die Vermeidung von Fehlverhalten umfasst (vgl. etwa Carroll 1991; Minor und Morgan 2011), wird CSR in der Praxis nicht selten vorwiegend als „doing good" außerhalb („peripheral") und innerhalb („embedded") der eigentlichen Geschäftstätigkeit verstanden. Beispiele für „doing good" außerhalb der eigenen Geschäftstätigkeit sind etwa das Engagement für Flüchtlinge, die Förderung von Kunst und Kultur oder das Angebot von nachhaltigen Speisen in der Kantine. Zu den Beispielen für mit der Geschäftstätigkeit verknüpften „doing good"-Aktivitäten zählen eine CO_2-neutrale Produktion, „grüne" Rechenzentren, die Förderung der Vereinbarkeit von Familie und Beruf oder Public Private Partnerships.

Die hohe Beliebtheit von CSR-Aktivitäten im Sinne von „doing good" kann darauf zurückgeführt werden, dass Unternehmen hierdurch deutlich ihre gesellschaftliche Verantwortlichkeit in gut sichtbarer Weise demonstrieren können (vgl. Martinuzzi und Krumay 2013). Unternehmen signalisieren durch freiwillige Aktivitäten, dass sie ein Interesse am Wohlergehen anderer Akteure haben. Freiwillige Aktivitäten sind zudem eine Form von prosozialem Verhalten, was wiederum in der Gesellschaft eine hohe Wertschätzung erfährt. Insgesamt bietet CSR im Sinne von „doing good" Unternehmen damit isoliert betrachtet eine effiziente Möglichkeit, ihre CSR-Reputation zu steigern. Ist diese zusätzlich in Form von „embedded" CSR, kann die positive Wirkung auf Akteure weiter gesteigert werden.

An dieser Stelle ist zu betonen, dass „doing good" per se kein Fehlverhalten wie etwa irreführende Werbung, Preisabsprachen, die Ausbeutung von Mitarbeitern oder Steuerhinterziehung vermeidet. Die Vermeidung von Fehlverhalten setzt somit stets CSR im Sinne von „avoiding bad" voraus. Obgleich bekannt ist, dass Verfehlungen in Stakeholder-Beziehungen für Unternehmen mit bisweilen erheblichen Kosten einhergehen, so ist unternehmerisches Fehlverhalten in der Praxis weitverbreitet. Dies legt nahe, dass Unternehmen bei CSR im Sinne von „avoiding bad" nicht immer die höchste Professionalität an den Tag legen. Ein Grund hierfür ist, dass „avoiding bad" für Unternehmen im Vergleich zu „doing good" zunächst einmal weniger interessant zu sein scheint (vgl. Blumberg und Lin-Hi 2015). Es gehört zu den Selbstverständlichkeiten des gesellschaftlichen Zusammenlebens, dass Akteure anderen nicht schaden. Da Selbstverständlichkeiten aber keine besondere Aufmerksamkeit erfahren, ist es für Unternehmen schwierig, mit „avoiding bad" die eigene Verantwortlichkeit zu signalisieren. Anders formuliert trägt „avoiding bad" deutlich weniger zu einer Steigerung der CSR-Reputation bei als „doing good".

Die bessere Kommunizierbarkeit und Sichtbarkeit von CSR im Sinne von „doing good" impliziert indes nicht, dass „avoiding bad" zu vernachlässigen ist. Deutlich wird dies vor dem Hintergrund, dass Reputation als Wahrnehmungskonstrukt diversen Verzerrungseffekten ausgesetzt ist. Zentrale Bedeutung kommt hierbei dem Negativity-Bias (siehe hierzu etwa Taylor 1991) zu, welcher bedingt, dass negative Informationen im Vergleich zu positiven Informationen deutlich stärker gewichtet werden. Baumeister et al. bringen dies wie folgt auf den Punkt: „Bad is stronger than good" (Baumeister et al. 2001). Ausgehend hiervon gilt, dass unternehmerisches Fehlverhalten zum einen im Vergleich zu CSR im Sinne von „doing good" einen stärkeren Effekt auf die CSR-Reputation hat und zum anderen durch freiwilliges Engagement nicht ausgeglichen werden kann (vgl. Lin-Hi und Müller 2013). Analog zur Unterminierung von Vertrauenswürdigkeit gilt auch bei der CSR-Reputation, dass eine Fehlleistung ausreicht, um diese massiv zu beschädigen. Die Vermeidung von unternehmerischem Fehlverhalten bildet somit das Fundament für eine gute CSR-Reputation.

Zusammenfassend können für den Aufbau einer guten CSR-Reputation die folgenden grundlegenden strategischen Handlungsstoßrichtungen formuliert werden. „Avoiding bad" bildet das zentrale Fundament für eine nachhaltig positive CSR-Reputation. Wenn Unternehmen in der Lage sind, Fehlverhalten erfolgreich zu vermeiden, kann im nächsten Schritt CSR im Sinne von „doing good" in eingebetteter Form praktiziert werden. Innerhalb eines solchen Geschäftsmodells kann sowohl eine hohe Glaubwürdigkeit der Aktivitäten als auch eine hohe Wirkung erzielt werden. Es ist darauf hinzuweisen, dass CSR im Sinne von „doing good" ohne eine fundierte „avoiding bad"-Strategie kontraindiziert sein kann, da im Falle von Fehlverhalten der Eindruck des Greenwashings entstehen kann (vgl. Lin-Hi und Blumberg 2016).

4 Implikationen für nachhaltige Geschäftsmodelle von etablierten Unternehmen

Die ökonomische Relevanz von nachhaltigen Geschäftsmodellen hat über die letzten Jahre kontinuierlich zugenommen und es ist nach heutigem Stand davon auszugehen, dass dieser Trend weiter andauern wird. Für etablierte Unternehmen ist wichtig, dass sie in der Lage sind, für sich nachhaltige Geschäftsmodelle zu erschließen. Zum einen zeichnet sich der Markt für nachhaltige Produkte durch überdurchschnittliche Wachstumsraten und Renditen aus (vgl. Umweltbundesamt 2013); gerade für Unternehmen in gesättigten Märkten bieten nachhaltige Geschäftsmodelle damit neue Wachstumsmöglichkeiten. Zum anderen müssen etablierte Unternehmen im Sinne eines Risikomanagements nachhaltige Geschäftsmodelle bedienen können, um sich gegen potenziell neue Konkurrenten – hierzu zählen auch Social Entrepreneure – behaupten zu können.

Aufgrund der Bedeutung der CSR-Reputation für die Anbieterakzeptanz bei nachhaltigen Geschäftsmodellen sowie den Bedingungsfaktoren dieser Reputation haben Unternehmen, welche in diesem Markt erfolgreich sein wollen, als grundsätzliche Aufgabe in Bezug auf die Entwicklung eines nachhaltigen Geschäftsmodells die Vermeidung von Fehlverhalten sicherzustellen. Diese nicht zu vernachlässigende, primäre und essenzielle Grundaufgabe des CSR-Managements kann dann durch „doing good"-Aktivitäten im Bereich der eigentlichen Geschäftstätigkeit ergänzt werden. Diese Bedingungen schaffen den fruchtbaren Boden der Entwicklung von nachhaltigen Geschäftsmodellen, da hierdurch eine Anbieterakzeptanz auf dem Markt befördert wird.

Zu beachten ist, dass die Implementierung eines nachhaltigen Geschäftsmodells für Unternehmen auch immer einen Veränderungsprozess darstellt. Nach Schaltegger et al. (2016) können diese nachhaltigen Innovationen für etablierte Unternehmen entweder in inkrementell beginnenden Schritten zu Veränderungen führen oder sie sind für Teile des Unternehmens von Beginn an radikaler Natur. Der Erfolg solcher Veränderungsprozesse ist dabei nicht allein durch den Erfolg technischer, struktureller oder prozessualer Modifikationen bedingt, sondern im erheblichen Maße auch durch die Akzeptanz und Beteiligung der Mitarbeitenden (vgl. Oreg et al. 2011).

Somit bedingt der Wandel zu nachhaltigen Geschäftsmodellen auch ein psychologisches Change-Management und vielmals einen Kulturwandel innerhalb der Organisation. Diese herausfordernde Aufgabe umfasst die positive Beeinflussung und Entwicklung von individuellen Einstellungen, sozialen Normen und die Befähigung der Mitarbeitenden und Führungskräfte (vgl. Jimmieson et al. 2008; Straatmann et al. 2016).

Die Ansatzpunkte zur Implementierung dieser positiven Beeinflussung umfassen die Ebene der Inhalte des Veränderungsprozesses, wie z. B. Vermittlung der Inhalte der Geschäftsmodelle und deren Nutzen (Inhaltsfaktoren), die Ebene des Implementierungsprozesses, wie z. B. Schulungen und Beteiligung der Mitarbeitenden und Führungskräfte (Prozessfaktoren), und die Ebene des organisationalen Kontexts, wie z. B. die Sicherung der Unterstützung durch das Topmanagement und die Verfügbarkeit von Ressourcen (Kontextfaktoren) (vgl. Armenakis und Bedeian 1999; Straatmann et al. 2016). Interessant ist, dass der Erfolg vieler organisationaler Veränderungsprozesse durch eine hohe Verbundenheit der Mitarbeitenden zur Organisation positiv beeinflusst und stark begünstig wird (vgl. Kwahk und Kim 2008; Madsen et al. 2005). Hiermit schließt sich wiederum der Kreis zur prosperierenden Spirale einer positiven CSR-Reputation. So ist die Wahrnehmung einer positiven CSR-Leistung nicht nur mit der Einstellung aufseiten möglicher und aktueller Kunden und Märkte assoziiert (vgl. Brown und Dacin 1997; Ellen et al. 2000), sondern es zeigen sich auch positive Effekte auf die Verbundenheit der eigenen Mitarbeitenden zur Organisation (vgl. Brammer et al. 2007; Mueller et al. 2012). Diese Verbundenheit der Mitarbeitenden ist somit wiederum auch ein wichtiger Erfolgsfaktor zur gelungenen internen Transformation im Sinne nachhaltiger Geschäftsmodelle.

Literatur

Aguinis H, Glavas A (2013) Embedded versus peripheral corporate social responsibility: Psychological foundations. Ind Organ Psychol Perspect Sci Pract 6(4):314–332

Armenakis AA, Bedeian AG (1999) Organizational change: A review of theory and research in the 1990s. J Manage 25(3):293–315

Balderjahn I, Buerke A, Kirchgeorg M, Peyer M, Seegebarth B, Wiedmann KP (2013) Consciousness for sustainable consumption: scale development and new insights in the economic dimension of consumers' sustainability. AMS Rev 3(4):181–192

Baumeister RF, Bratslavsky E, Finkenauer C, Vohs KD (2001) Bad is stronger than good. Rev Gen Psychol 5(4):323–370

Belz F-M, Bilharz M (2005) Nachhaltigkeit-Marketing in Theorie und Praxis. Deutscher Universitäts-Verlag, Wiesbaden

Blumberg I, Lin-Hi N (2015) Business case-driven management of CSR. Bus Fre Ethics J 33(4):321–350

Brammer S, Millington A, Rayton B (2007) The contribution of corporate social responsibility to organizational commitment. Int J Hum Resour Manag 18(10):1701–1719

Brown TJ, Dacin PA (1997) The company and the product: Corporate associations and consumer product responses. J Mark 61:68–84

Buerke A, Straatmann T, Lin-Hi N, Müller K (2016) Consumer awareness and sustainability-focused value orientation as motivating factors of responsible consumer behavior. Rev Manag Sci:1–33. https://doi.org/10.1007/s11846-016-0211-2

Butler JK (1991) Toward understanding and measuring conditions of trust: Evolution of a conditions of trust inventory. J Manage 17(3):643–663

Butler JK, Cantrell RS (1984) A behavioral decision theory approach to modeling dyadic trust in superiors and subordinates. Psychol Rep 55(1):19–28

Carroll AB (1991) The pyramid of corporate social responsibility: Toward the moral management of organizational stakeholders. Bus Horiz 34(4):39–48

Du S, Bhattacharya CB, Sen S (2015) Corporate social responsibility, multi-faceted job-products, and employee outcomes. J Bus Ethics 131(2):319–335

Ellen PS, Mohr LA, Webb DJ (2000) Charitable programs and the retailer: Do they mix? J Retail 76(3):393–406

Eyerund T (2015) Umweltfreundliche Produkte – Mind the Gap. Institut der deutschen Wirtschaft Köln (Hrsg.). http://www.iwkoeln.de/_storage/asset/259831/storage/master/file/8367456/download/Umweltfreundliche%20Produkte%20Kurzanalalyse%20IW%20K%C3%B6ln.pdf. Zugegriffen: 28. Sept. 2016

Gabarro J (1978) The development of trust, influence, and expectations. In: Athos AG, Gabarro JJ (Hrsg) Interpersonal behavior: Communication and understanding in relationships. Prentice Hall, Englewood Cliffs, NJ, S 290–303

Greening DW, Turban DB (2000) Corporate social performance as a competitive advantage in attracting a quality work force. Bus Soc 39(3):254–280

Hamann A, Giese G (2004) Schwarzbuch Lidl: Billig auf Kosten der Beschäftigten. Ver.di, Berlin

von Hiller C (2007) Basic stoppt Einstieg von Lidl. http://www.faz.net/aktuell/wirtschaft/unternehmen/bio-discounter-basic-stoppt-einstieg-von-lidl-1461384.html. Zugegriffen: 28. Sept. 2016

Jimmieson NL, Peach M, White KM (2008) Utilizing the theory of planned behavior to inform change management: An investigation of employee intentions to support organizational change. J Appl Behav Sci 44(2):237–262

Kastner B (2008) Kritik an Lidl-Einstieg reißt nicht ab. http://www.sueddeutsche.de/muenchen/kritik-an-lidl-einstieg-reisst-nicht-ab-schulung-gegen-erklaerungsnotstand-1.870616. Zugegriffen: 28. Sept. 2016

Kwahk K-Y, Kim H-W (2008) Managing readiness in enterprise systems-driven organizational change. Behav Inf Technol 27(1):79–87

Lichtenstein DR, Drumwright ME, Braig BM (2004) The effect of corporate social responsibility on customer donations to corporate-supported nonprofits. J Mark 68(4):16–32

Lin-Hi N, Blumberg I (2016) The link between (not) practicing CSR and corporate reputation: Psychological foundations and managerial implications. J Bus Ethics:1–14. https://doi.org/10.1007/s10551-016-3164-0

Lin-Hi N, Müller K (2013) The CSR bottom line: Preventing corporate social irresponsibility. J Bus Res 66(10):1928–1936

Madsen SR, Miller D, John CR (2005) Readiness for organizational change: Do organizational commitment and social relationships in the workplace make a difference? Hum Resour Dev Q 16(2):213–234

Martinuzzi A, Krumay B (2013) The good, the bad, and the successful – how corporate social responsibility leads to competitive advantage and organizational transformation. J Chang Manag 13(4):424–443

Minor D, Morgan J (2011) CSR as reputation insurance: Primum non nocere. Calif Manage Rev 53(3):40–59

Mueller K, Hattrup K, Spiess SO, Lin-Hi N (2012) The effects of corporate social responsibility on employees' affective commitment: A cross-cultural investigation. J Appl Psychol 97(6):1186–1200

Oreg S, Vakola M, Armenakis A (2011) Change recipients' reactions to organization change: A 60-year review of quantitative studies. J Appl Behav Sci 47(4):461–524

Parks CD, Henager RF, Scamahorn SD (1996) Trust and reactions to messages of intent in social dilemmas. J Confl Resolut 40(1):134–151

Plewa C, Conduit J, Quester PG, Johnson C (2015) The impact of corporate volunteering on CSR image: A consumer perspective. J Bus Ethics 27(3):643–659

Schaltegger S, Lüdeke-Freund F, Hansen EG (2016) Business models for sustainability: A co-evolutionary analysis of sustainable entrepreneurship, innovation, and transformation. Organ Environ 29(3):264–289

Stanaland AJ, Lwin MO, Murphy PE (2011) Consumer perceptions of the antecedents and consequences of corporate social responsibility. J Bus Ethics 102(1):47–55

Straatmann T, Kohnke O, Hattrup K, Mueller K (2016) Assessing employees' reactions to organizational change an integrative framework of change-specific and psychological factors. J Appl Behav Sci 52(3):265–295

Taylor SE (1991) Asymmetrical effects of positive and negative events: The mobilization-minimization hypothesis. Psychol Bull 110(1):67–85

Umweltbundesamt (2013) Grüne Produkte in Deutschland: Status quo und Trends. https://www.umweltbundesamt.de/sites/default/files/medien/376/publikationen/gruene_produkte_in_deutschland_status_quo_und_trends_neulayout.pdf. Zugegriffen: 28. Sept. 2016

Vlachos PA, Panagopoulos NG, Rapp AA (2013) Feeling good by doing good: Employee CSR-induced attributions, job satisfaction, and the role of charismatic leadership. J Bus Ethics 118(3):577–588

Wagner T, Bicen P, Hall ZR (2008) The dark side of retailing: towards a scale of corporate social irresponsibility. Int J Retail Distribution Manag 36(2):124–142

Wagner T, Lutz RJ, Weitz BA (2009) Corporate hypocrisy: Overcoming the threat of inconsistent corporate social responsibility perceptions. J Mark 73(6):77–91

Weber M (2008) The business case for corporate social responsibility: A company-level measurement approach for CSR. Eur Manag J 26(4):247–261

World Business Council for Sustainable Development (2010) Vision 2050: The new agenda for business. http://www.wbcsd.org/pages/edocument/edocumentdetails.aspx?id=219. Zugegriffen: 28. Sept. 2016

Prof. Dr. Nick Lin-Hi ist Inhaber der Professur für Wirtschaft und Ethik an der Universität Vechta und verantwortet hier den gleichnamigen Bachelorstudiengang. Zuvor war er bis 2015 Juniorprofessor für Corporate Social Responsibility (CSR) an der Universität Mannheim, wo er sich auch habilitierte. Nick Lin-Hi promovierte an der Handelshochschule Leipzig und studierte Betriebswirtschaftslehre an der Katholischen Universität Eichstätt-Ingolstadt.

Im Mittelpunkt der Arbeit von Professor Lin-Hi steht die gesellschaftliche Verantwortung von Unternehmen. Zu seinen Forschungsschwerpunkten gehören hierbei: Arbeitsbedingungen in asiatischen Schwellenländern, Corporate & Global Governance, Nachhaltigkeit in Lieferketten, unternehmerisches Fehlverhalten sowie Werte- und Integritätsmanagement. Seit mehr als einem Jahrzehnt arbeitet Nick Lin-Hi regelmäßig mit Unternehmen zusammen und unterstützt diese bei der Entwicklung von nachhaltig wertschaffenden CSR-Strategien.

Prof. Dr. Karsten Müller, geboren 1972 in Kaiserslautern, ist Inhaber der Professur Arbeits- und Organisationspsychologie mit Schwerpunkt interkulturelle Wirtschaftspsychologie an der Universität Osnabrück. Darüber hinaus führte er Lehr- und Forschungstätigkeiten an der Universität Mannheim, der Bergischen Universität Wuppertal, der Fernuniversität Hagen, der Hochschule Pforzheim, der Technischen Universität Kaiserslautern, der Marmara-Universität Istanbul, der Universidad Nacional de Costa Rica in San José und der San Diego State University durch.

Die Forschung am Fachgebiet Arbeits- und Organisationspsychologie mit dem Schwerpunkt interkulturelle Wirtschaftspsychologie beschäftigt sich neben interkulturellen Aspekten der Wirtschaftspsychologie u.a. mit den Themengebieten Gesellschaftliche Verantwortung von Unternehmen, Transformative Konsumentenforschung, Technologieakzeptanz, Usability und Protoyping und dem Einsatz von Survey-Feedbackverfahren zur Personal- und Organisationsentwicklung.

Alexander Meier, geboren 1988 in Lichtenstein, ist wissenschaftlicher Mitarbeiter und Doktorand in der Arbeits- und Organisationspsychologie an der Universität Osnabrück. Neben der Leitung eines Mentoring-Projekts wirkt er beim Projekt „eCoInnovateIT" mit, was sich mit dem nachhaltigen Konsum von Informations- und Kommunikationstechnologien (IKT) befasst.

In seinem Studium in der Cognitive Science hat er sich vorwiegend mit Machine Learning, Neuroinformatics und Computational Linguistics befasst. Zusätzlich liegt sein Forschungsinteresse in Nachhaltigkeit, konfiguralen Methoden und Machine Learning mit Anwendung auf organisationspsychologische Fragestellungen, zum Beispiel Change Management oder Corporate Social Responsibility.

Geschäftsmodelle von Sozialunternehmen und mittelständischen Unternehmen

Geschäftsmodelle von Sozialunternehmen

Dirk Sander, Thorsten Jahnke und Clemens Binder

Sozialunternehmen finden in der Praxis, Wissenschaft und Politik zunehmend Beachtung. Ihr Anspruch, gesellschaftliche Probleme mit unternehmerischen Mitteln zu lösen, positioniert sie zwischen herkömmlicher Profit- und Sozialwirtschaft.

Während es in den letzten Jahren zahlreiche Forschungs- und Medienberichte zu Definitionen, Erscheinungsformen, Akteuren, Potenzialen und Hemmnissen (BMWi 2016) im Bereich Sozialunternehmertum gab, ist die Frage nach sozialen Geschäftsmodellen wenig untersucht.

1 Annäherung an ein soziales Geschäftsmodell

Was ist ein *soziales* Geschäftsmodell? In Ermangelung einer klaren Definition nähern wir uns über eine allgemeine Definition. Hierfür macht das Gabler Wirtschaftslexikon folgendes Angebot:

Ein Geschäftsmodell (engl. Business Model) ist eine modellhafte Repräsentation der logischen Zusammenhänge, wie eine Organisation bzw. Unternehmen Mehrwert für Kunden erzeugt und einen Ertrag für die Organisation sichern kann (Gabler Wirtschaftslexikon 2009).

D. Sander (✉)
Social Impact Lab Duisburg
Franz-Haniel-Platz, 47119 Duisburg, Deutschland
E-Mail: sander@socialimpact.eu

T. Jahnke
iq consult GmbH
Muskauer Straße 24, 10997 Berlin, Deutschland

C. Binder
Social Impact Labs Duisburg
Franz-Haniel-Platz, 47119 Duisburg, Deutschland

© Springer-Verlag GmbH Deutschland 2018
P. Bungard (Hrsg.), *CSR und Geschäftsmodelle*, Management-Reihe Corporate Social Responsibility, https://doi.org/10.1007/978-3-662-52882-2_10

Hiernach stehen der Mehrwert für die Kunden und der unternehmerische Ertrag im Mittelpunkt, was allgemein auch für Sozialunternehmen gilt.

Einer Grundlagenstudie der Universität Heidelberg (Scheuerle et al. 2013, S. 8 ff.) zufolge lassen sich drei Abgrenzungsmerkmale von Sozialunternehmen beschreiben: Die Gemeinwohlorientierung, die innovative Herangehensweise und ein leistungsbasiertes Einkommen. Während die letzten beiden Merkmale eher eine Abgrenzung zur traditionellen Wohlfahrt und zu sozialen Organisationen darstellen, ist die Gemeinwohlorientierung – hier nicht zu verwechseln mit der Gemeinnützigkeit – das notwendige Additiv zur o. g. allgemeinen Definition eines Geschäftsmodells.

In der unternehmerischen Praxis wird die Gemeinwohlorientierung über die Verfolgung einer sozialen Mission (korrespondierend zu einem sozialen Problem) und einer sozialen Ertragsverwendung gestaltet. Das bedeutet, dass die Lösung eines zentralen Problems die zentrale Motivation sozialunternehmerischen Handelns darstellt und Gewinne weniger Selbstzweck als Mittel zum Zweck sind. Bezogen auf das Geschäftsmodell lassen sich soziale Mission und soziale Ertragsverwendung mit der Ergebniskategorie *gesellschaftlicher Mehrwert* („social impact") beschreiben. Eine Definition könnte entsprechend so aussehen:

Ein *soziales* Geschäftsmodell ist eine modellhafte Repräsentation der logischen Zusammenhänge, wie eine Organisation bzw. ein Unternehmen einen Mehrwert für die *Gesellschaft und* Kunden erzeugt und *hierfür* einen Ertrag für die Organisation sichern kann.

2 Annäherung an eine Typologie sozialer Geschäftsmodelle

Gemäß der o. g. Definition eines sozialen Geschäftsmodells ist also zu unterscheiden, wer die Kunden sind, was verkauft wird, wie man es herstellt und wie man einen gesellschaftlichen Ertrag realisiert. Diese Typologisierung grenzt sich deutlich von den üblichen Branchenklassifizierungen, Rechtsformen (einschließl. Gemeinnützigkeit oder nicht), Kunden- oder Anspruchsgruppen ab.

Auf der Basis empirischer Forschungsarbeiten wurde an der St. Gallener Universität eine Systematik von allgemeingültigen Geschäftsmodellen erarbeitet. Gassmann und Koautoren haben festgestellt, dass über 90 % aktueller Geschäftsmodellinnovationen „lediglich Rekombinationen aus Ideen, Konzepten und Elementen von Geschäftsmodellen aus anderen Industrien darstellen" (Gassmann et al. 2003). Die o. g. Merkmale eines Geschäftsmodells werden im St. Gallener Modell in einem magischen Dreieck dargestellt (Abb. 1). Mit welchen Verfahren (wie?) werden welche Leistungen (was?) für welche Kunden (wer?) mit welchem Mehrwert (Wert?) angeboten?

Diese für klassische Unternehmen entwickelten Fragen gelten natürlich auch für Geschäftsmodelle von Sozialunternehmen. Entsprechend der definitorischen Erweiterung mit dem gesellschaftlichen Mehrwert als zentralem sozialunternehmerischen Merkmal kann das St. Gallener Modell wie folgt für Sozialunternehmen adaptiert werden:

Abb. 1 St. Gallener Business Model Navigator™

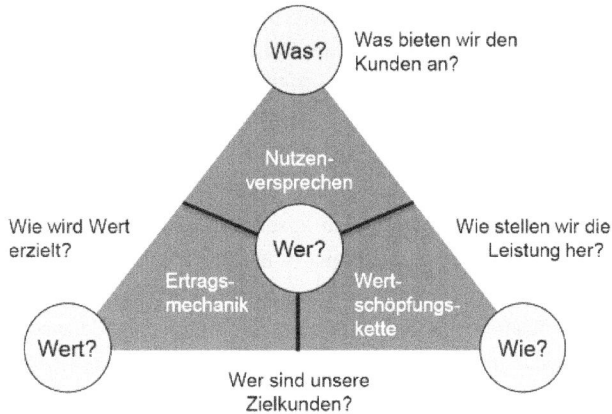

Jedes soziale Geschäftsmodell ist durch seine Produkte und Leistungen (Angebot), seine Art und Tiefe der Wertschöpfungskette (Herstellung) und seine unterschiedlichen Kunden, unabhängig ob privat oder öffentlich, beschrieben. Die sozialen Geschäftsmodelle können nicht nur über die Ausgestaltung der drei Ecken des Dreiecks, sondern auch darüber, über welche Ecke der soziale Mehrwert generiert wird, identifiziert werden (Abb. 2) Demnach wären drei Grundtypen sozialer Geschäftsmodelle unterscheidbar. Nehmen wir als Beispiel den deutschen Gründerpreissieger 2015, das Sozialunternehmen auticon. Worin besteht hier die soziale Innovation? Sie besteht darin, dass Menschen mit Autismus als zentrale Leistungsträger in den Herstellungsprozess von auticon eingebunden wurden. Der Social Impact besteht also in der Integration dieser Personen in die Wertschöpfungskette von auticon.

Wenn wir uns den Gründerpreissieger 2016, das Sozialunternehmen Kiron, anschauen, sehen wir ein innovatives Bildungsangebot für geflüchtete Menschen. Worin besteht hier die soziale Innovation? Das Angebot von Onlineformaten ist nicht neu. Auch die Wertschöpfungskette, d. h. in welcher Form von wem und wie Bildungsangebote durchgeführt werden, ist auch nicht neu. Aber die Ausrichtung und Finanzierung des Bildungsange-

Abb. 2 Wirkungsdreieck. (Hoos und Jahnke 2015)

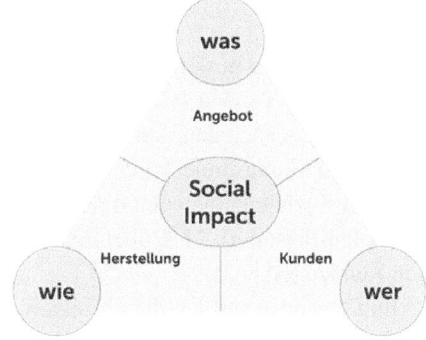

botes speziell für die Kundengruppe der Geflüchteten ist neu und innovativ. Der Social Impact wird hier also über die Ecke der Kunden generiert. Anders ausgedrückt haben wir es bei auticon mit einem Geschäftsmodell „value *with* the social mission" (Herstellung) und bei kiron mit einem Modell des „value *for* the social mission" (Kundengruppe) zu tun.

Ein Beispiel für die soziale Innovation im Angebot ist betterplace. Hier sind weder die Form der digitalen Leistungserstellung noch die angesprochene Zielgruppe der Spendeninteressierten neu. Innovativ ist die Schaffung eines komplett neuen Angebotes zum Matching von unterschiedlichen Spendenbeträgen auf der Angebots- und Nachfrageseite.

Wir haben mit der Adaption des magischen Dreiecks ein Instrument, den sozialen Mehrwert in Geschäftsmodellen von Sozialunternehmen zu lokalisieren. Da es hier drei Möglichkeiten gibt, werden wir im Folgenden vom sozialunternehmerischen Wirkungsdreieck sprechen.

Somit haben wir auch die Möglichkeit, in einem ersten Schritt soziale Geschäftsmodelle nach drei Merkmalen zu typisieren.

1. sozialer Mehrwert/soziale Innovation in der Herstellung
   Sozialunternehmen, die ein Geschäftsmodell über die Dimension Herstellung generieren, zeichnen sich dadurch aus, dass sie entweder eine Kompetenz im Herstellungsprozess aufbauen, die schwer zu imitieren ist (z. B. eine faire und ökologische Supply Chain), und/oder sie haben einen neuen Herstellungsprozess integrativ gedacht (blinde Menschen servieren im Restaurant, Autisten checken Codes).
2. sozialer Mehrwert/soziale Innovation im Angebot
   Sozialunternehmen, die ein Geschäftsmodell über die Dimension Angebot generieren, zeichnen sich dadurch aus, dass sie entweder ein völlig neues Angebot schaffen, das es so noch nicht gibt („first mover"), und/oder sie haben ein Angebot, das es schon gibt, an einen lokalen Kontext angepasst (geografische Innovation).
3. sozialer Mehrwert/soziale Innovation in der Kundengruppe
   Sozialunternehmen, die ein Geschäftsmodell über die Dimension Kunden generieren, zeichnen sich häufig dadurch aus, dass sie sich auf eine bisher vernachlässigte Zielgruppe konzentrieren (z. B. Arbeiterkind) oder dass sie einer bestimmten Zielgruppe auf eine neue, „bessere" Art und Weise dienen.

Erprobung des Wirkungsdreiecks: Im Jahr 2016 wurden von den Autoren alle aktuellen Ashoka Fellows sowie 100 Social-Start-ups aus den Social Impact Labs anhand des Wirkungsdreiecks nach den drei Geschäftsmodelltypen analysiert. Die erste Erkenntnis war, dass das Wirkungsdreieck eine Unterscheidung möglich macht. Im Ergebnis generieren 36 % der Sozialunternehmen ihren Social Impact über ihr Angebot (angebotenen Service oder Dienstleistung), 21 % über die Art der Herstellung und 41 % über die Innovation bei den Kunden (Abb. 3).

Im Folgenden soll auf die einzelnen Typen anhand von ausführlicheren Fallbeispielen eingegangen werden.

Abb. 3 Social Impact Bezug bei SE

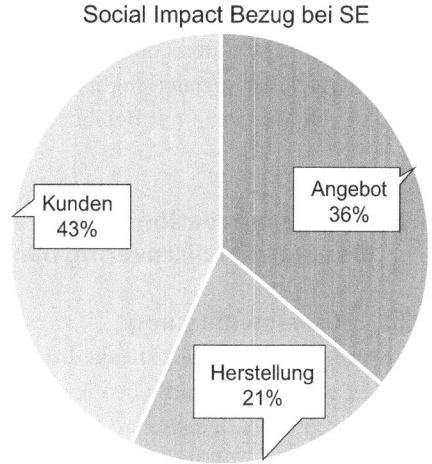

3 Exemplarische Anwendung des Wirkungsdreiecks anhand von drei Fallbeispielen

3.1 Soziale Innovation in der Wertschöpfung (Herstellung)

Das zentrale Merkmal eines Geschäftsmodells mit der sozialen Innovation in der Herstellung (Wertschöpfungskette) liegt in der besonderen Kombination der sozialen Leistung mit der Marktleistung (Abb. 4)

Als soziale Leistung wird die Leistung im Herstellungsprozess beschrieben, die den gesellschaftlichen Mehrwert darstellt. Dieser kann

a) im ökologischen Bereich, beispielsweise durch den Einsatz besonders umweltschonender Herstellungsverfahren, den Verzicht auf Verpackungen oder durch Bioprodukte,

Abb. 4 Geschäftsmodelle von sozialen Innovationen in der Wertschöpfung

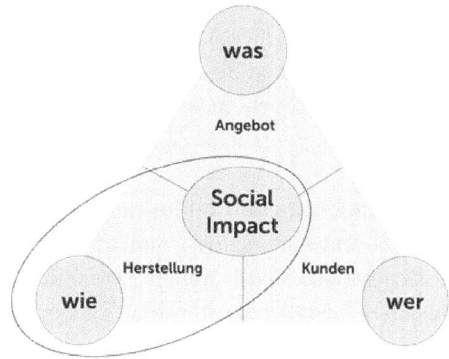

b) im kooperativen Bereich, beispielsweise durch Fair-Trade-Partnerschaften, besondere Transparenzrichtlinien oder eine bestimmte unternehmerische Werthaltung, oder
c) im Bereich der sozialen Inklusion, beispielsweise durch die systematische Beschäftigung von Menschen mit Behinderung, Langzeitarbeitslosen, Migranten, liegen.

3.2 Soziale Innovation in der Wertschöpfung durch Inklusion: Das Beispiel discovering hands®

3.2.1 Zusammenfassung

discovering hands® hat ein standardisiertes Tastverfahren entwickelt, bei dem blinde Frauen ihren überdurchschnittlichen Tastsinn zur Brustkrebsfrüherkennung einsetzen. Diese Lösung erhöht Überlebenschancen, integriert blinde Frauen in den Arbeitsmarkt und verändert den Blick auf Behinderung – aus einem Defizit wird eine Begabung. Darüber hinaus werden Kosten für das Gesundheits- und Sozialsystem deutlich gesenkt.

3.2.2 Das gesellschaftliche Problem

Brustkrebs und Früherkennung

Brustkrebs ist nach wie vor die häufigste Krebserkrankung und eine der häufigsten Todesursachen von Frauen – jedes Jahr erkranken in Deutschland knapp 71.000 Frauen an Brustkrebs, 18.000 versterben. Eine frühzeitige Entdeckung ermöglicht eine weniger belastende Behandlung und verbessert die Überlebenschancen der Patientinnen erheblich.

Hierzu sind geeignete Vorsorge- und Früherkennungsangebote für gesetzlich Krankenversicherte notwendig, die in Deutschland jedoch zurzeit nicht optimal sind:

- Das Mammografiescreening wird erst für Frauen ab 50 Jahren angeboten – präventive Mammografie wird vor diesem Zeitpunkt nicht unterstützt, obwohl etwa 20 % der Brustkrebsneuerkrankungen auf Frauen unter 50 Jahren entfallen.
- Von den Frauen über 50 Jahren nehmen nur knapp 50 % am Mammografiescreening teil – oft auch, weil sie die Strahlenbelastung des Screenings scheuen.
- Die Brusttastuntersuchung durch den Gynäkologen stellt für gesetzlich versicherte Frauen zwischen 30 und 50 Jahren die einzige Brustkrebsfrüherkennungsmaßnahme dar, wird jedoch nicht nach standardisierten und validierten Abläufen vorgenommen und unter hohem Zeitdruck durchgeführt.

Sehbehinderung und Inklusion

Blind bedeutet arbeitslos – zumindest meistens. Von den rund 150.000 blinden Menschen in Deutschland sind lediglich 15.000 in einem regulären Arbeitsverhältnis. Von denjenigen im berufsfähigen Alter sind es knapp ein Drittel. Blinde Menschen im erwerbsfähigen Alter, insbesondere Frauen, haben auch im Vergleich zu anderen Behindertengruppen eine weit unterdurchschnittliche Erwerbsquote. Rund 40 % blinder und sehbehinderter

Menschen sind im Ruhestand oder dauerhaft krank. Die Gründe für den Eintritt in den Ruhestand sind primär behinderungs- oder krankheitsbedingt.

Die Erwerbstätigkeit findet in einem schmalen Segment der Arbeitswelt statt. Die Hälfte der erwerbstätigen Blinden ist in nur drei Berufsgruppen beschäftigt: Telefonist, Bürohilfskraft oder Masseur. Auch in anderen Bereichen unserer Gesellschaft sind blinde Menschen oft ausgeschlossen. Sehende Menschen begegnen ihnen mit Unsicherheit, Befangenheit oder auch Mitleid. Gesellschaftliche Teilhabe wird so nicht nur durch die Behinderung selbst, sondern auch durch den Umgang mit der Behinderung erschwert.

3.2.3 Die soziale Innovation

Blinde und sehbehinderte Tastuntersucherinnen optimieren die Brustkrebsvorsorge. discovering hands® basiert auf einem standardisierten Tastverfahren, bei dem blinde Frauen ihren überdurchschnittlichen Tastsinn zur Brustkrebsfrüherkennung einsetzen. Die dadurch optimierte frühzeitige Diagnose von Brustkrebs erhöht die Überlebenschancen von Patientinnen signifikant (28 % erhöhte frühzeitige Erkennungsquote in Vorstudie nachgewiesen). Blinde Frauen werden qualifiziert, zertifiziert und in Beschäftigungsverhältnissen in gynäkologische Praxen und Kliniken vermittelt, welche sie nicht trotz ihrer Behinderung, sondern wegen ihrer besonderen Begabung ausfüllen. Der Blick auf Behinderung ändert sich: Patientinnen erleben (oft erstmals) Blindheit nicht als Defizit, sondern als spezifische Stärke der medizinischen Tastuntersucherinnen (MTU). Das Gesundheits- und Sozialsystem wird darüber hinaus durch verminderte Behandlungskosten und geringere Unterstützungsleistungen nachhaltig entlastet.

3.2.4 Der Social Entrepreneur und seine Mission

Dr. med. Frank Hoffmann, Jahrgang 1959, hat über 20 Jahre Praxiserfahrung als niedergelassener Gynäkologe. Er ist Gründer der „Praxis für Frauen" in Duisburg mit neun Fachärzten an vier Standorten. Im Jahr 2004 hatte Frank Hoffmann die Idee, den besonderen Tastsinn blinder Menschen für die medizinische Diagnostik einzusetzen. Ausschlaggebend für seine Bemühungen war unter anderem die deutliche Einschränkung der präventiven Mammografie im Leistungskatalog der gesetzlichen Krankenkassen. Als begeisterter Fürsprecher der Idee des Social Entrepreneurship wurde Frank Hoffmann im Jahr 2010 zum Ashoka Fellow ernannt. Seine Vision: discovering hands® soll sowohl direkt als auch indirekt als Vorreiter einer neuen Kultur der Inklusion von behinderten Menschen wirken. Er sagt: „Es gibt noch zahlreiche weitere Diagnosefelder und Einsatzgebiete, in denen blinde Menschen ihren Tastsinn sinnvoll einsetzen können. Insbesondere dort, wo eine apparative Diagnostik keine Selbstverständlichkeit ist."

3.2.5 Das Geschäftsmodell

Das Sozialunternehmen generiert Einnahmen durch den Verkauf von patentierten Orientierungsstreifen und durch Einnahmen aus Personal Leasing (seit 2016 ist dh ein anerkannter Integrationsbetrieb). Die Gesellschaft wird sich durch diese Einnahmen langfristig

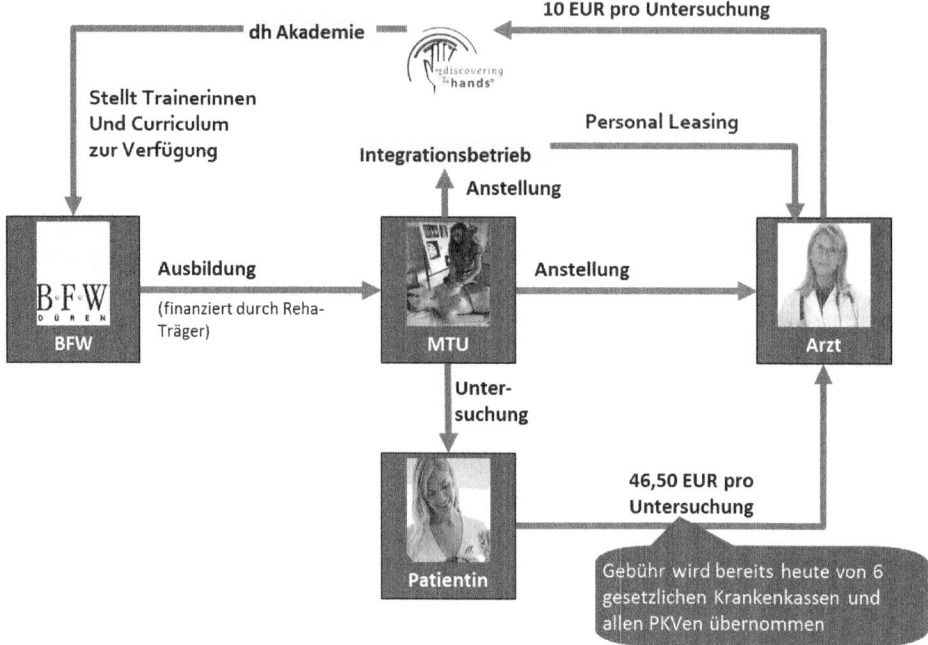

Abb. 5 Beispiel-Geschäftsmodell einer sozial-innovativen Wertschöpfung durch Inklusion

selbst tragen und Überschüsse an die gemeinnützigen Mutter- und Schwestergesellschaften abführen (Abb. 5).

Zur Skalierung des Wirkkonzeptes wurden die Kernaktivitäten inklusive Weiterentwicklung, Qualifizierung und Zertifizierung in einer gemeinnützigen Gesellschaft gebündelt, während der operative Betrieb von einer For-Profit-Gesellschaft wahrgenommen wird. Darüber hinaus kümmert sich ein gemeinnütziger Verein um die persönlichen Belange der medizinischen Tastuntersucherinnen. Eine 2016 gegründete eigene discovering-hands-Akademie erweitert die Ausbildungskapazitäten.

Durch jeweils passgenaue Finanzierungen und Finanzierungspartner je Gesellschaft werden das Geschäftsmodell sowie die gemeinnützigen Aktivitäten nachhaltig finanziert. Die Expansion ins Ausland erfolgt über ein Social-Franchise-Modell.

3.2.6 Das Geschäftsmodell im Überblick

Die Untersuchung der Patientin durch die MTU wird aktuell mit 46,50 EUR an die niedergelassenen Ärzte vergütet. Diese reichen einen Betrag von 10,00 EUR pro Untersuchung für die patentierten Orientierungsstreifen (abgerechnet als Sachmittel) an discovering hands® weiter.

Gleichzeitig generiert discovering hands als anerkannter Integrationsbetrieb Einnahmen aus dem Personal Leasing und kann so den MTUs Vollzeitarbeitsverträge anbieten.

3.3 Soziale Innovation in der Wertschöpfung durch Angebot: Das Beispiel DORV®

3.3.1 Zusammenfassung

Das von Heinz Frey entwickelte, mehrfach ausgezeichnete Konzept der DORV-Zentren (bzw. quartVier-Zentren) basiert auf einer multifunktionalen Rundumversorgung und ermöglicht damit Dorfbewohnern und Bewohnern von Stadtquartieren die Lebensqualität zu sichern und den weitverbreiteten Teufelskreis aus Abwanderung und wegfallender Nahversorgung zu durchbrechen.

3.3.2 Das gesellschaftliche Problem

Aussterbende Lebensräume ohne ortsnahe Grundversorgung

Die gesellschaftliche Entwicklung erzeugt immer mehr unterversorgte Wohnstandorte in Stadtrandgebieten und Dörfern. Supermärkte, Gewerbe und Dienstleister schließen, Immobilien und Infrastruktur verlieren ihren Wert, Menschen verlassen die Region. Zurück bleiben insbesondere ältere und weniger mobile Mitbürger ohne Versorgung. Da es weder sinnvoll noch möglich ist, alle älteren Menschen in Altenheimen unterzubringen, entsteht hier – auch als Folge der demografischen Entwicklung – ein wachsender ungedeckter Versorgungsbedarf. In Deutschland leben etwa 22 Mio. Menschen in dünn besiedelten Räumen, eine Abwanderung von 12 Mio. Menschen wird prognostiziert, wenn nicht gegengesteuert wird. In Stadtrandlagen zeichnen sich ähnliche Entwicklungen ab.

3.3.3 Die soziale Innovation

Innovative und multifunktionale Nahversorgung

DORV steht für Dienstleistung und ortsnahe Rundumversorgung. Dahinter verbirgt sich ein bereits mehrfach erfolgreich umgesetztes Konzept der multifunktionalen Nahversorgung für Standorte, an denen sich herkömmliche Anbieter zurückgezogen haben. Das DORV-Zentrum ist ein modernes Nahversorgungszentrum: Lebensmittel, Dienstleistungen, sozialmedizinische Dienste, Kommunikation und Kultur werden in einem Zentrum mitten im Ort angeboten. Dieses Konzept wurde bereits mehrfach ausgezeichnet: 2006 „Deutschland Land der Ideen", 2008 als „Shop des Jahres", 2005 und 2009 mit dem Robert Jungk Preis, 2010 als Bundessieger im Wettbewerb „Zuhause hat Zukunft" und 2011 mit dem deutschen Engagementpreis. DORV bringt Bürger dazu, ihre Zukunft in ihrem Wohnstandort selbst zu gestalten, um die Lebensqualität für alle Mitbewohner zu sichern oder sogar zu steigern: lebenslang in der gewohnten sozialen Umgebung leben, als Kinder selbstbestimmend einkaufen, ortsnahe Arbeitsplätze sichern und regionale Strukturen stärken. Kernelement ist dabei, neben dem Angebot von Produkten und Dienstleistungen, auch einen Ort für menschliche Begegnungen zu schaffen. Der soziale Profit steht im Vordergrund.

3.3.4 Der Social Entrepreneur und seine Mission

Seit seiner Kindheit engagiert sich Heinz Frey ehrenamtlich in einer Vielzahl sozialer und kultureller Initiativen seines Heimatdorfes Jülich-Barmen. Nach der Schließung des letzten Geschäftes in seinem Dorf entwickelte der Gymnasiallehrer im Jahr 2004 das erste DORV-Zentrum. Inzwischen sind bundesweit insgesamt 14 DORV-Zentren entstanden, die bisher vornehmlich durch hohes nebenberufliches Engagement von Heinz Frey unterstützt wurden.

Als begeisterter Verfechter der Idee des Sozialunternehmertums wurde Heinz Frey Ende 2011 zum Ashoka Fellow ernannt.

3.3.5 Das Geschäftsmodell und die soziale Wirkung

Das hybride Geschäftsmodell von DORV basiert auf zwei unterschiedlichen Rechtsformen (Abb. 6).

DORV-Zentrum ist als gemeinnützige GmbH konzipiert und unterhält den Betrieb von integrativen Nahversorgungszentren sowie die Weiterentwicklung der DORV-Idee durch wissenschaftliche Beratung, Einbindung bürgerschaftlichen Engagements, Vernetzung und den Ausbau der Marken DORV und Quartier.

Quartier GmbH ist dagegen eine gewerbliche Kapitalgesellschaft, unter deren Dach Einkünfte aus Beratung und Prozessbegleitung bei der Errichtung eigenständiger DORV-

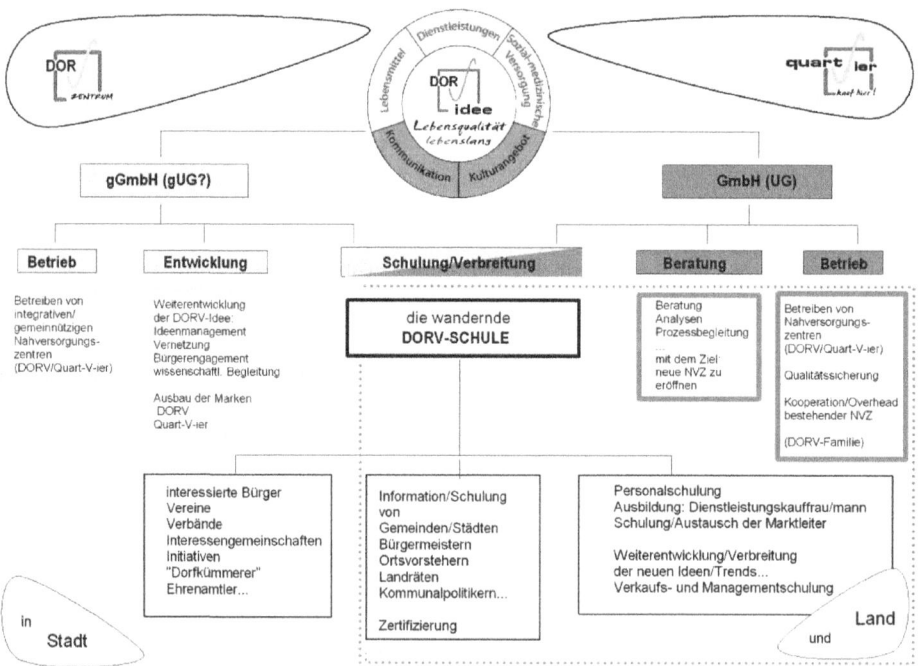

Abb. 6 Beispiel-Geschäftsmodell einer sozial-innovativen Wertschöpfung durch Angebot

Zentren und den gewerblichen Einnahmen erwirtschaftet werden. Die erzielten Gewinne kommen dem gemeinnützigen DORV-Zentrum zugute.

Die sozialen Wirkungen und Ergebnisse bis heute

- DORV gibt Dorfbewohnern und Bewohnern von Stadtquartieren die Chance, ein Nahversorgungsangebot zu sichern und damit den Teufelskreis aus Abwanderung und wegfallender Nahversorgung zu durchbrechen
- DORV-Zentren bieten neben Produkten, Dienstleistungen und sozialmedizinischer Versorgung (Lebensmittel, Metzger, Post, Pflegedienst ...) auch einen Ort für menschliche Begegnungen
- Mehr als 10.000 Bürger profitieren bereits von dem einzigartigen Konzept multifunktionaler Nahversorgung an 12 Standorten bundesweit
- Zusätzlich sollen 50 neue DORV- und quartVier-Zentren in den nächsten 5 Jahren aufgebaut werden

3.4 Soziale Innovation in der Wertschöpfung durch Kundenorientierung: Das Beispiel Projektwerkstatt

3.4.1 Zusammenfassung

Als Maßnahme gegen Langzeitarbeitslosigkeit führt die Projektfabrik 10-monatige Projekte mit erwerbslosen jungen Menschen durch, bei denen sie über Theaterprojekte erfahren, wie man sich für eine Sache begeistern und dafür Verantwortung übernehmen kann. Während die Teilnehmer bei der gesamten Durchführung der Kunstprojekte in ihrer Eigeninitiative gefordert werden, werden sie von Sozialpädagogen begleitet, die sie dabei unterstützen, Bewerbungen zu schreiben. In der zweiten Phase absolvieren die Teilnehmer Unternehmenspraktika und werden von der Projektfabrik dabei unterstützt, aus den gewonnenen Erkenntnissen neue Handlungsmöglichkeiten zu generieren.

3.4.2 Das gesellschaftliche Problem

In Deutschland gibt es rund 4,5 Mio. Arbeitslose, von denen rund 220.000 im Alter von 15 bis 25 Jahren sind. In der Arbeitslosigkeit verlieren viele Menschen neben Selbstbewusstsein und sozialen Kontakten auch die Orientierung für die Zukunft. Viele leiden in der Langzeitarbeitslosigkeit auch unter der gesellschaftlichen Wahrnehmung als soziale Trittbrettfahrer. Das führt zur weiteren gesellschaftlichen Isolation. Folgen davon gehen von Krankheit und Sucht bis zu Selbstaufgabe.

Die Folgen dieser Probleme sind für die Gesellschaft auf lange Sicht enorm, denn neben Lebenshaltungskosten und Beschäftigungsprogrammen müssen auch die indirekten Folgen der Langzeitarbeitslosigkeit getragen werden, die Depression, gesundheitliche Probleme und Altersarmut einschließen.

Konventionelle Jugendarbeitslosigkeitsprogramme versuchen die Schwächen der Teilnehmer zu trainieren. Durch eine konstante Defizitorientierung sind sie aber oft nicht geeignet auf einer tieferen Ebene Selbstbewusstsein, Hoffnung und eine erstrebenswerte Vision für die Jugendlichen zu vermitteln. Auch haben viele Programme Schwierigkeiten, den Jugendlichen wichtige Schlüsselkompetenzen für das Berufsleben mitzugeben. Dementsprechend sind solche Ansätze ineffizient und vermitteln meist weniger als 20 % der Teilnehmer in den Arbeitsmarkt.

3.4.3 Die soziale Innovation

Die Projektfabrik nutzt Theaterpädagogik als Empowerment-Methode für arbeitslose Jugendliche. Während die Teilnehmer der 10-monatigen JobAct®-Programme unter der Leitung von professionellen Theaterpädagogen ein Theaterstück entwickeln und dessen Aufführung organisieren, werden sie dabei begleitet, aus ihren Biografien Perspektiven zu entwickeln, Bewerbungen zu schreiben und erste Schritte in eine Beschäftigung zu machen.

Die Jugendlichen organisieren die Kunstprojekte von der Idee bis zur Premiere, werden bei Themenfindung, Texterarbeitung, Bühnenbild und Kostümen genauso gefordert wie bei der Pressearbeit, Planung und Durchführung der Auffführung. Jeder findet dabei eine Rolle und Aufgabe. Die Teilnehmer erleben, wie viel sie mit persönlicher Initiative erreichen können. Sie erleben sich als wirksames Mitglied ihrer Gruppe und nehmen aus der Organisation der Theateraufführung wichtige Schlüsselkompetenzen mit, wie Pünktlichkeit, Zuverlässigkeit, Zusammenarbeit, Ausdauer, Anpackmentalität und gegenseitigen Respekt.

In der zweiten Phase des Programms absolvieren die Teilnehmer Praktika in Unternehmen. Die Teilnehmer schreiben dafür Bewerbungen, später für Berufsausbildungen und weiterführende Beschäftigungen, die in Gruppenarbeit und im individuellen Coaching reflektiert und bearbeitet werden. Diese Erfahrungen und die Erlebnisse in den Praktika werden begleitet und ermöglichen somit den Transfer der erlernten Schlüsselkompetenzen und Selbstwirksamkeit.

Die Vermittlung von 38 % aller Teilnehmenden in den ersten Arbeits- und Ausbildungsmarkt oder sonstige Entwicklungsperspektiven ist somit deutlich höher als bei anderen Maßnahmen zur Arbeitsvermittlung von Langzeitarbeitslosen. Eine Langzeitstudie belegt, dass sich insgesamt 74 % der Teilnehmenden drei Jahre nach Teilnahme an JobAct® in Arbeit, Ausbildung oder sinnvollen Anschlussperspektiven befinden.

3.4.4 Die Social Entrepreneurin und ihre Mission

Als ehemalige Schulverweigerin hatte Sandra Schürmann schon lange die Vision eines flexibleren Schulsystems, das Schüler befähigt und ermutigt. Nach ihrem Studium der sozialen Arbeit begann sie für eine Organisation zu arbeiten, die arbeitslosen Jugendlichen eine Beratung anbietet. Da ihre Organisation nach Vermittlungen von Jugendlichen in den Arbeitsmarkt vergütet wurde, führte sie in ihrer Abteilung ein System ein, das für Wettbewerb zwischen den regionalen Ablegern der Organisation sorgte und so die

Arbeit kosteneffizienter machte. Da aber dennoch viele Jugendliche aus dem Programm austraten, untersuchte sie, wie man Jugendliche noch besser motivieren könne, die Verantwortung für ihr Leben zu übernehmen.

Nach einem bahnbrechenden Einfall, Theaterpädagogik mit professionellem Bewerbungscoaching zu kombinieren, suchte sie nach Wegen, ihr Konzept umzusetzen. In einem Prototyp führte sie mit kommunaler Förderung das erste JobAct-Projekt durch. Nachdem sie von ihrem Arbeitgeber keine Unterstützung dafür bekam, gründete sie den Projektfabrik e. V. und gewann direkt im Anschluss den ersten deutschen „Förderpreis Jugend in Arbeit" des Bundesministeriums für Arbeit und Soziales und der Bundesagentur für Arbeit.

Seit 2009 ist Sandra Schürmann Ashoka Fellow und hat 2010 das Bundesverdienstkreuz am Bande überreicht bekommen. Ihr Unternehmen hat seitdem zahlreiche weitere Preise und Auszeichnungen bekommen.

3.4.5 Das Geschäftsmodell und die soziale Wirkung

Seit 2011 agiert die Projektfabrik als gGmbH und hat 30 Festangestellte und über 65 freie Mitarbeitende. Die Projektfabrik hat bis 2015 über 250 Projekte in 110 verschiedenen Städten in 15 Bundesländern durchgeführt. Fünf internationale existieren bereits ebenfalls.

Die Projektfabrik erhält sowohl staatliche Mittel, Mittel aus dem European Social Fund wie auch zusätzliche Mittel durch private Förderer, wie der randstad Stiftung, der HIT-Stiftung und J. P. Morgan. Letztere haben 2011 den flächendeckenden bundesweiten Ausbau von JobAct® mit 3,5 Mio. Dollar finanziert.

Das wichtigste Produkt der Projektfabrik ist das oben beschriebene JobAct®-Programm, das Arbeit suchende Menschen in den ersten Arbeits- und Ausbildungsmarkt vermittelt oder andere Entwicklungsperspektiven erarbeitet, wie Aus- und Weiterbildungen. Eine Langzeitstudie zeigt, dass sich insgesamt 74 % der Teilnehmenden drei Jahre nach Teilnahme an JobAct® in Arbeit, Ausbildung oder sinnvollen Anschlussperspektiven befinden.

Für die Durchführung des Programms bindet die Projektfabrik einen vor Ort etablierten Bildungsträger und ein örtlich ansässiges Theater bzw. eine theaterpädagogische Einrichtung ein. Die Projektfabrik unterstützt in der Mittelakquise, übernimmt Leitung und Koordination des Projektes, die Presse- und Öffentlichkeitsarbeit und organisiert die Premierenfeier. Im weiteren Ablauf, bei der Qualitätssicherung und Vernetzung der beteiligten Stakeholder ist die Projektfabrik ebenfalls involviert.

Darüber hinaus wurden weitere Programme entwickelt, wie JobAct® Family, das sich an Arbeit suchende Alleinerziehende richtet, oder Lingua Szena®, das als Zielgruppe Arbeitsuchende mit unvollständigen Deutschkenntnissen fokussiert. Eine aktuelle Herausforderung ist die weitere europaweite Skalierung des Programms.

Literatur

BMWi (2016) Herausforderungen bei der Gründung und Skalierung von Sozialunternehmen. http://www.bmwi.de/DE/Mediathek/publikationen,did=752216.html. Zugegriffen: 12. Juli 2017

Gabler Wirtschaftslexikon (2009) Stichwort: Geschäftsmodell. http://wirtschaftslexikon.gabler.de/Archiv/154125/geschaeftsmodell-v10.html. Zugegriffen: 12. Juli 2017

Gassmann O et al (2003) Geschäftsmodelle entwickeln: 55 innovative Konzepte mit dem St. Galler Business Model Navigator. Hanser, St. Gallen

Hoos J, Jahnke T (2015) Dimensionen der SE-Geschäftsmodelle. In: BMWi (Hrsg) Praxisleitfaden Soziales Unternehmertum. BMWi, Berlin, S 18

Scheuerle T, Glänzel G, Knust R, Then V (2013) Social Entrepreneurship in Deutschland – Potentiale und Wachstumsproblematiken. CSI Heidelberg im Auftrag der KfW 2013. CSI, Heidelberg

Dirk Sander ist Standortleiter des Social Impact Labs Duisburg. Zuvor war der gebürtige Duisburger mit Wohnsitz Essen viele Jahre in unterschiedlichen Führungsfunktionen für einen internationalen Finanzkonzern in den Bereichen Organisationsentwicklung, Kreditrisikomanagement und Vertrieb tätig. Nach seinem Ausscheiden aus der Bank absolvierte der studierte Geisteswissenschaftler (MA in Philosophie, Germanistik, Politik) einen Executive MBA in Accounting & Controlling an der WWU Münster (Prof. Baetge) und eine zweijährige Ausbildung am Milton-Erickson-Institut Heidelberg (Gunther Schmidt) zum Hypnosystemischen Coach & Organisationsberater. In seiner Masterthesis („Business Plan to Start Up a Microfinance Institution in Tanzania") verarbeitete der Ex-Banker seine praktischen Erfahrungen während eines Beratungsprojektes für die Grameen Bank des Managementvordenkers und Friedensnobelpreisträgers Muhammed Yunus und gründete anschließend sein eigenes Sozialunternehmen, ein Mikrofinanzinstitut in Tansania. Nach seiner Rückkehr war Dirk Sander Gründungsmitglied weiterer NPOs wie das Institut für Sozialstrategie des Wirtschaftsethikers Prof. Dr. Dr. Ulrich Hemel und Managerfragen.org, eine Engagementplattform für den Gesellschaftsdialog, wo er bis heute eine ehrenamtliche Vorstandstätigkeit ausübt. Als Mitgründer und langjähriger Vorstand des Ökosozialen Forums Deutschland, einer Ausgründung der Global Marshallplan Initiative des Globalisierungsexperten Prof. Radermacher, war er maßgeblich beteiligt an der Fusion mit dem Forum für Ökologisch-Soziale Marktwirtschaft (FÖS), für das er bis 2015 ebenfalls als Vorstandsmitglied tätig war. Bis zur Übernahme der Verantwortung für den NRW-Standort der gemeinnützigen Social Impact GmbH war Dirk Sander Gründungsberater für das Weiterbildungsinstitut und CSR-Berater der Vineta GmbH. Dort hatte er Beratungsengagements u.a. für Slow Food Deutschland, Umweltakademie München, Viadrina School of Governance, Baden-Badener Unternehmergespräche (BBUG), Hypovereinsbank München, Sparda Bank München, Heidelberger Universitätsklinikum und diverse KMUs. Seit 2011 ist Dirk Sander Senator im Senat der Wirtschaft e.V. Entstanden aus dem Bundesverband für Wirtschaftsförderung und Außenwirtschaft (BWA), ist der Senat der Wirtschaft in Deutschland und Österreich ein freiwilliger Zusammenschluss von Unternehmern und Führungskräften aus Wirtschaft, Wissenschaft und Gesellschaft für gemeinwohlorientierte Politikberatung.

Thorsten Jahnke ist Gesellschafter und Geschäftsführer der iq consult GmbH. Nach der Ausbildung zum Industriekaufmann und anschließendem Studium der Wirtschaftspädagogik und Politik beschäftigte er sich mit der Entwicklung und Leitung verschiedener Gründungsprojekte mit privaten und öffentlichen Partnern mit über 800 Beratungskunden p.a., der Entwicklung und dem Coaching von Projekten und Unternehmen in den Bereichen Social-, Cultural-, Entre-, Intrapreneurship und CSR, mit Vorträgen, Workshops und Publikationen in den o.g. Bereichen, z.B. ist er Co-Autor der BMWi-Studie „Herausforderungen bei der Gründung und Skalierung von Sozialunternehmen" und des „Praxisleitfaden Sozialunternehmertum" 2016. Er ist Mitgründer der Social Impact gGmbH als Zentrum sozialunternehmerischer Gründungen in Deutschland. Aktuell leitet er den Standort Potsdam.

Clemens Binder arbeitet als Community Manager, Coach und Trainer im Social Impact Lab Duisburg. Dort unterstützt er Social Startups in der Gründungsphase und verantwortet die Qualifizierungsprogramme AndersGründer und Ankommer.Perspektive Deutschland.

Vor seiner Arbeit bei der Social Impact gGmbH betreute er bei zwei großen süddeutschen Stiftungen Projekte in den Bereichen Bildung, Gründung und Nachhaltigkeit und war am Aufbau eines Co-Working-Spaces (Impact Hub München) für Sozialunternehmen beteiligt.

Clemens Binder verfügt über einen Master in Organisationspsychologie an der Ludwig-Maximilians-Universität München, einen Bachelor in Informatik an der Technischen Universität München sowie eine Ausbildung in Systemischem Coaching am MISW München. Seine inhaltlichen Schwerpunkte sind Entrepreneurship Education und Geschäftsmodellentwicklung. Weitere Expertise bringt er im Bereich Wirkungsanalyse gesellschaftlicher Innovationen und Impact Finance mit.

Wertebasierte Geschäftsmodellinnovation am Beispiel Aravind Eye Care System

Inga Gerckens, Florian Lüdeke-Freund und Henning Breuer

1 Einleitung

1.1 Hintergrund und Zielsetzung der Fallstudie

Unternehmen werden von ihrer Kultur und damit von bestimmten Werten geprägt, die auch über ihren wirtschaftlichen Erfolg bestimmen. Diese Werte sind jedoch nicht offensichtlich, sondern liegen meist „unsichtbar" hinter beobachtbaren Handlungen (Kotter und Heskett 1992). Für die Analyse von Werten existieren zahlreiche Ansätze, um diese auf individueller Ebene oder für ganze Organisationen und Gesellschaften zu erfassen (Agle und Caldwell 1999), wobei Werte in Unternehmen bisher vor allem im Zusammenhang mit der Unternehmenskultur oder Führungsstilen betrachtet wurden. Das im Folgenden genutzte Modell der „wertebasierten Innovation" verbindet die Werte und nor-

---

I. Gerckens (✉)
920401, 21134 Hamburg, Deutschland
E-Mail: inga.gerckens@gmx.de

F. Lüdeke-Freund
Lehrstuhl für Corporate Sustainability, ESCP Europe Business School
Heubnerweg 8–10, 14059 Berlin, Deutschland
Professur für Kapitalmärkte und Unternehmensführung, Universität Hamburg
Von-Melle-Park 9, 20146 Hamburg, Deutschland
E-Mail: fluedeke-freund@escpeurope.eu

H. Breuer
HMKW Hochschule für Medien, Kommunikation und Wirtschaft
Ackerstraße 76, 13355 Berlin, Deutschland
UXBerlin – Innovation Consulting
Berlin, Deutschland
E-Mail: h.breuer@hmkw.de, henning.breuer@uxberlin.de

mativen Orientierungen, die sich bspw. auf der Ebene von Individuen, Organisationen oder der Gesellschaft finden, mit den Innovationsaktivitäten von Unternehmen (Breuer und Lüdeke-Freund 2015, 2017). Die grundlegende These ist, dass Werte eine maßgebliche Rolle für das unternehmerische Innovationsgeschehen spielen können – als Quelle für die Ideenfindung und als Orientierung bietende Leitlinien für das Innovationsmanagement.

Ein erfolgreiches Beispiel für wertebasierte Innovation ist das indische Unternehmen Aravind Eye Care System (im Folgenden AECS oder Aravind), das unterschiedliche Werte nicht nur im Tagesgeschäft umsetzt und sichtbar macht, sondern auch Innovationen in Prozessen, Produkten, Dienstleistungen und Geschäftsmodellen wertebasiert vorantreibt. Die Forschung zu wertebasierten Innovationen befindet sich noch am Anfang und bedarf zur Weiterentwicklung empirischer Studien. Aravind war bereits Gegenstand unterschiedlicher Fallstudien (z. B. Kumar et al. 2000; Matalobos et al. 2010; Rangan und Thulasiraj 2007; Seelos 2014), wird aber im Folgenden erstmals im Hinblick auf wertebasierte Innovationen analysiert. Die Fallstudie gibt zugleich ein eindrucksvolles Beispiel, wie CSR nicht bloß als Unternehmensfunktion zur Geltung kommt, sondern als Quintessenz unternehmerischen Handelns.

So definiert Aravind Erfolg nicht mittels finanzieller Kennzahlen, sondern anhand der Anzahl an Patienten, die durch Augenbehandlungen geheilt werden (AECS 2015a). Als Teil seines innovativen Geschäftsmodells lässt das Unternehmen seinen Patienten die Wahl, ob sie für die Behandlung zahlen wollen (bzw. können) oder nicht. Obwohl mehr als die Hälfte aller Behandlungen ohne Bezahlung erfolgt, arbeitet das Unternehmen profitabel.

Die vorgestellte Fallstudie dient zwei Zwecken an der Schnittstelle zwischen CSR-Forschung und CSR-Praxis. Einerseits wird das Konzept der wertebasierten Innovation umfassend auf einen Praxisfall angewendet, wodurch die praktische Relevanz dieses Innovationsmodells gezeigt und Rückschlüsse auf theoretischen Entwicklungsbedarf gezogen werden. Andererseits lernen Praktiker ein Paradebeispiel eines wertebasiert geführten und sehr erfolgreichen Unternehmens kennen, das in einem schwierigen sozioökonomischen Umfeld bedingungslos gesellschaftliche Verantwortung übernimmt und damit seit mehr als vier Jahrzehnten erfolgreich ist. Ein besonderer Fokus wird auf das wertebasierte Geschäftsmodell von Aravind gelegt. Die Fallstudie zeigt, *dass* wertebasierte Geschäftsmodellinnovationen möglich sind und *wie* sie realisiert werden können. Sie regt damit zum Nachdenken an, wie Werte unternehmerisches Handeln insgesamt und Innovation im Besonderen prägen und inwieweit die hier diskutierten Werte und Geschäftsmodellkomponenten auf andere Unternehmen übertragbar sind.

Im Folgenden wird zunächst das Fallstudienunternehmen vorgestellt. Anschließend werden in Abschn. 2 die wichtigsten Überlegungen zu Unternehmenskultur und wertebasierten Innovationen erläutert. Abschn. 3 präsentiert kurz die methodische Vorgehensweise, bevor Abschn. 4 die wesentlichen identifizierten Werte darstellt. Deren Einfluss auf Aravinds Geschäftsmodell wird in Abschn. 5 diskutiert. Abschließend werden die wichtigsten praktischen Erkenntnisse in Abschn. 6 zusammengefasst.

1.2 Aravind Eye Care System

Aravind Eye Care System wurde 1976 als kleine Augenklinik mit elf Betten im indischen Madurai gegründet (AECS 2015c). Heute umfasst Aravind mehrere große Augenkliniken, die jährlich über 400.000 Operationen durchführen (AECS 2015d). Dr. Govindappa Venkataswamy gründete die Klinik im Alter von 58 Jahren als Projekt nach seiner Karriere als Augenarzt.

Die Krankheit „grauer Star" ist besonders in einkommensschwachen Gegenden verbreitet und verursacht eine i. d. R. behandelbare Form der Blindheit. Indien hat mit über 12 Mio. Personen, die an grauem Star erblindet sind, den weltweit größten Anteil (Sightsavers 2015). Der Behandlung stehen jedoch häufig Armut und eine schwere Erreichbarkeit von Ärzten in ländlichen Regionen im Weg. Mit dem Bewusstsein für diese Problematik machte es sich Venkataswamy zur Aufgabe, unnötige Blindheit zu bekämpfen und den betroffenen Menschen in Indien eine bessere Zukunft zu ermöglichen.

Seit der Gründung behandelt Venkataswamy zusammen mit seinen Geschwistern und einem nach und nach ausgeweiteten Mitarbeiterkreis Patienten aus allen Gesellschaftsschichten. Jeder kann sich behandeln lassen, unabhängig davon, ob der Patient die Operation bezahlen kann oder nicht. Etwa 50 % aller Behandlungen erfolgen kostenlos (AECS 2015a, S. 20 f.). Um besonders die Menschen in den ländlichen Regionen zu erreichen, werden jede Woche verschiedene Untersuchungsveranstaltungen durchgeführt, um Personen aus abgelegenen Dörfern die Möglichkeit einer ärztlichen Augenuntersuchung zu bieten und sie bei Bedarf direkt in eine Aravind-Klinik zu transportieren. Aravind zieht jedoch auch eine große Zahl wohlhabender Patienten an, da sich die Kliniken den Ruf erworben haben, hohe Qualitätsstandards und moderne Behandlungsmethoden zu bieten. Während Chirurgen in Industriestaaten durchschnittlich 400 Augenoperationen pro Jahr durchführen, schaffen Aravinds Ärzte aufgrund eines Fließbandsystems 2000. Dadurch verfügen sie über größere Erfahrung und Routine und können effizientere Behandlungen ohne Qualitätsverlust anbieten (Rangan und Thulasiraj 2007).

Neben zehn großen Augenkliniken und mehreren kleinen Augenarztpraxen, die das Unternehmen in Südindien aufgebaut hat, sowie den täglichen Untersuchungscamps in ländlichen Regionen gehören auch das Forschungszentrum Dr. G. V. Eye Research Institute, das IT-Unternehmen Auro iTech, die Augenbank Rotary Aravind International Eye Bank, das Ausbildungsprogramm für angehende Augenärzte, das Beratungs- und Weiterbildungsinstitut LAICO (Lions Aravind Institute of Community Ophthalmology) und das Produktionswerk Aurolab zu Aravind. LAICO berät weltweit Krankenhäuser und bietet Trainings und Workshops an. Aurolab produziert u. a. Intraokularlinsen für die Grauer-Star-Operationen, Augentropfen und Operationsbestecke. Die Produkte werden in über 120 Länder exportiert. Aurolab hat einen Weltmarktanteil von 7,8 % bei Intraokularlinsen (AECS 2015b).

An einem einzigen Tag (Stand 2011) besuchen insgesamt 7500 Patienten die Kliniken, werden bis zu 1000 Operationen durchgeführt, fünf bis sechs Untersuchungscamps auf dem Land abgehalten, bei denen etwa 1500 Patienten untersucht und anschließend 300 mit dem Bus zu einem der Krankenhäuser gebracht werden. Etwa 500 bis 600 Konsultationen werden per medizinischer Fernversorgung durchgeführt, 7000 Intraokularlinsen produziert und Unterricht für ungefähr 100 Ärzte sowie 300 Krankenschwestern und Verwaltungspersonal gegeben (Mehta und Shenoy 2011, S. 287).

Aus einem kleinen Elf-Betten-Hospital ist ein marktführendes Unternehmen geworden. Venkataswamy ist 2006 gestorben, seitdem wächst das Unternehmen jedoch stetig weiter und verfolgt die Vision, die der Gründer eingebracht hatte.

2 Werte im Unternehmenskontext

2.1 Organisationskultur und Werte

Jede Organisation besitzt eine Kultur, die das Miteinander innerhalb und außerhalb der Organisation prägt. Diese Organisationskultur prägt das Denken und Handeln der Mitarbeiter und wirkt in jeden Bereich einer Organisation hinein. Vier wesentliche Elemente zeichnen nach Schein (2004, S. 14 f.) eine Organisationskultur aus. Erstens gibt sie strukturelle Stabilität und definiert eine Gruppe. Zweitens ist sie tief in der Organisation verankert und den Beteiligten oftmals nicht bewusst. Drittens durchdringt sie alle Bereiche einer Gruppe. Als viertes Element gilt ihre integrative Kraft, die verschiedene Teile zu einer Gesamtkultur vereint.

Um das Konzept der Organisationskultur zu beschreiben, werden häufig verschiedene Ebenen genannt. Eine zweiteilige Untergliederung findet sich bspw. bei Kotter und Heskett (1992, S. 4.), die Kultur in sichtbare und unsichtbare Teile gliedern. Der unsichtbare Teil umfasst die gemeinsamen und geteilten Werte der Organisationsmitglieder. Schein (2004) wiederum unterscheidet die sinnlich wahrnehmbaren Artefakte einer Kultur (z. B. Prozesse, Sprache, Kleidung) vom zugrunde liegenden Glauben der Organisationsmitglieder und, auf einer untersten Ebene, den sogenannten Basisannahmen. Letztere bestehen aus den für selbstverständlich erachteten Werten, die nicht hinterfragt werden. Basisannahmen sind sehr schwer zu ändern, da sie oft unbewusst wirken und kaum hinterfragt werden. Unabhängig davon, in wie viele verschiedene Ebenen eine Kultur unterteilt wird, deutlich wird bei allen Ansätzen, dass jedem sichtbaren Verhalten nichtsichtbare Werte zugrunde liegen, die die maßgeblichen Grundlagen einer Organisation bilden.

Um die sichtbaren Manifestationen einer Kultur richtig zu interpretieren, müssen deren unsichtbare Basisannahmen und die ihnen entsprechenden Werte verstanden werden. Diese resultieren laut Schein aus den Überzeugungen der Leiter bzw. Gründer einer Organisation. Erweisen sich deren Überzeugungen als erfolgreich für das Funktionieren der Gruppe, manifestieren sie sich schrittweise, bis sie als Basisannahmen geteilt und zu nicht mehr bewussten und nicht verhandelbaren Anschauungen werden (Schein 2004, S. 15–16, 36).

Werte können auf verschiedenen Analyseebenen untersucht werden. Agle und Caldwell (1999) unterscheiden die individuelle, organisationale, institutionelle, gesellschaftliche und globale Ebene. Für die Untersuchung des Fallbeispiels Aravind konzentrieren wir uns auf die individuelle, organisationale und gesellschaftliche Ebene.

Nach Rokeach (1973) und Rokeach und Ball-Rokeach (1989) kann man Werte mittels unterschiedlicher Methoden analysieren: 1) inhaltsanalytisch aus veröffentlichten Dokumenten, 2) über die Werte, die von Schlüsselpersonen (z. B. Priester) der untersuchten Gruppe unterstützt werden, 3) anhand der Werte von Personen, die eine Mitgliedschaft in der untersuchten Gruppe anstreben, 4) durch die Auffassung der Schlüsselpersonen einer Gruppe, welche Werte zu der Gruppe gehören, oder 5) durch die Auffassung der Personen, die die Mitgliedschaft in einer Gruppe anstreben, welche Werte Teil der Gruppe seien (Agle und Caldwell 1999, S. 363–364). Die vorliegende Aravind-Fallstudie basiert vor allem auf einer inhaltsanalytischen Auswertung der Werte von Schlüsselpersonen wie dem Unternehmensgründer.

2.2 Wertebasierte Innovation

Das theoretische Grundgerüst der Fallstudie ist das Modell der wertebasierten Innovation (Breuer und Lüdeke-Freund 2015, 2017), das Werte als Vorstellungen des Wünschenswerten als Ausgangs- und Orientierungspunkte für Innovationen in Unternehmen definiert. Werte werden hierbei verstanden als etwas Erstrebenswertes, das sich in individuellen und organisationalen Motivationen, Bewertungen und entsprechenden Handlungen manifestiert und in kodifizierter Form (z. B. als verschriftlichte Visionen oder Missionen) zur normativen Orientierung für Unternehmen wird. Werten werden in diesem Modell unterschiedliche Potenziale für Innovationen zugeschrieben (Breuer und Lüdeke-Freund 2015, 2017). Werte sind:

- *generativ*, d. h., sie schaffen und zeigen Möglichkeiten und Alternativen auf,
- *direktiv*, d. h., sie bieten Orientierung und Entscheidungshilfe,
- *integrativ*, d. h., sie wirken potenziell inklusiv und verbindend.

Werte, mit denen sich ein Unternehmen auseinandersetzen muss, sind mit verschiedenen Trägern und Akteuren assoziiert. Neben internen Akteuren wie dem Gründer, dem Management oder den Mitarbeitern gibt es externe Akteure und Werte, die Einfluss auf ein Unternehmen haben können. Es kann sich hierbei um die Werte von Kunden, Geschäftspartnern oder Wettbewerbern handeln. Auch die Werte anderer Stakeholder wie die Eigentümer des Unternehmens oder anderweitig verbundene oder betroffene Organisationen können einen Einfluss haben. Zudem wirken globale und gesellschaftliche Werte (z. B. vermittelt durch Trends) ebenfalls auf ein Unternehmen ein. Um diese Wertevielfalt und deren potenzielle Wirkung zu strukturieren, unterscheidet das wertebasierte Innovationsmodell in Anlehnung an das St. Gallener Managementmodell drei wesentliche Managementebenen (vgl. bspw. Rüegg-Stürm und Grand 2014): die *normative, strategische* und *instrumentelle* Ebene.

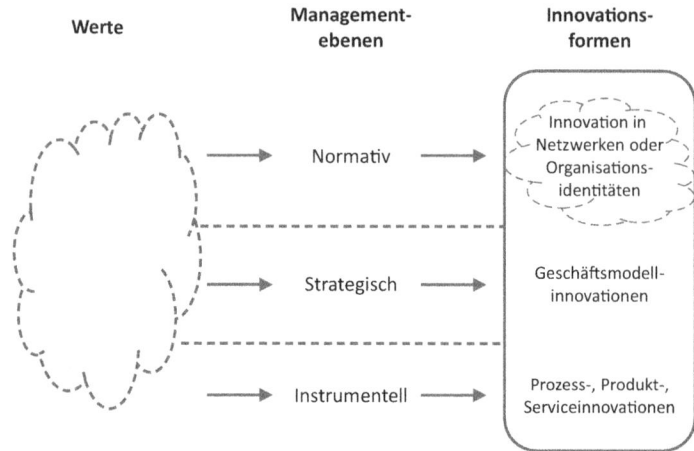

Abb. 1 Rahmenmodell der wertebasierten Innovation. (Quelle: Breuer und Lüdeke-Freund 2017)

Abb. 1 zeigt die Grundform des wertebasierten Innovationsmodells. Werte (links in der Abb. 1) und ihre generativen, direktiven und integrativen Potenziale wirken auf die drei Managementebenen. Diese wiederum bringen unterschiedliche Formen der Innovation hervor (rechts in der Abb. 1).

Die *normative Managementebene* entwickelt Leitbilder in Form von Visionen, Missionen und übergeordneten Unternehmenszielen, die für das ganze Unternehmen und sein Handeln Gültigkeit besitzen. Auf dieser Ebene spielen die Einstellungen des Vorstandes, der Geschäftsführer und des leitenden Personals eine zentrale Rolle. Einflüsse von außen können jedoch auf diese einwirken. Kommt eine neue Person in den Leitungskreis, bringt diese ihre Werte mit ein. Wertebasierte Innovationen, die sich hieraus ergeben, können sich auf neue Visionen, Missionen, Ziele und Richtlinien für das Verhalten innerhalb und außerhalb des Unternehmens beziehen. Werden Werte kodifiziert und verbindlich, sodass sie sich auf die verfügbaren Verhaltensoptionen auswirken, erlangen sie normative Bedeutung. Werte und normative Orientierungen wirken auf die strategische und instrumentelle Managementebene und über das einzelne Unternehmen hinaus. Sie können auch zu neuen Kooperationen oder gar Netzwerken als Resultat eines veränderten Wertesystems führen.

Auf der *strategischen Managementebene* befasst sich ein Unternehmen mit seinen Stärken und Schwächen sowie den Möglichkeiten und Bedrohungen in seiner Umwelt. Das strategische Management versucht, durch geeignete Strategien das Überleben des Unternehmens im Wettbewerb sicherzustellen. Auf der strategischen Ebene beeinflussen die Werte und Orientierungen des normativen Managements sowohl die Ziele der Strategien als auch die Wahl der Mittel für deren Umsetzung. Auch Veränderungen der Werte in der Gesellschaft können Auslöser für neue Strategien sein, bspw. ein Wechsel von einer Strategie der Preisführerschaft hin zu einer Strategie des nachhaltigen Ressourceneinsatzes aufgrund eines gesteigerten Umweltbewusstseins. Wertebasierte strategische Innovationen beziehen sich auf veränderte Voraussetzungen für die Schaffung von Wettbewerbsvorteilen und können sich auf das gesamte Geschäftsmodell eines Unternehmens auswirken.

Abb. 1 zeigt dementsprechend, dass sich wertebasierte Innovationen auf der strategischen Ebene vor allem auf das Geschäftsmodell eines Unternehmens auswirken können. Werte haben somit einen Einfluss darauf, wie sich Unternehmen im Wettbewerb strategisch positionieren und für ihre Kunden bzw. Stakeholder Wert schaffen. In der folgenden Fallstudie steht das Geschäftsmodell von Aravind im Fokus.

Auf der Ebene des *instrumentellen Managements* werden Vorgaben aus Visionen, Missionen und Strategien von Mitarbeitern interpretiert und operativ ausgestaltet. Auch auf dieser Ebene können Werte aus externen Quellen stammen, etwa wenn Kundenwünsche und Bedürfnisse zu einer Veränderung des Angebots oder einzelner Marketinginstrumente führen.

Das angesprochene integrative Potenzial von Werten wird in dem Modell weiter ausdifferenziert. *Horizontale Integration* bedeutet, dass Werte innerhalb einer Managementebene wirken, bspw. wenn ein neues Vorstandsmitglied hinzukommt und das Wertesystem, das dem normativen Management zugrunde liegt, beeinflusst. *Vertikale Integration* beschreibt den Einfluss über verschiedene Ebenen hinweg. Dies kann top-down von der normativen (oder strategischen) Ebene ausgehen oder bottom-up von der instrumentellen (oder strategischen) Ebene, Letzteres z. B. wenn das Unternehmen veränderte Kundenanforderungen aufgreift und in sein Wertesystem integriert. Die dritte integrative Richtung, in der Werte ein Unternehmen beeinflussen können, ist die *Metaintegration.* Hier nimmt ein Wertewandel auf institutionellen, gesellschaftlichen und globalen Ebenen Einfluss auf alle Bereiche der Organisation.

3 Analyse von Aravind anhand des wertebasierten Innovationsmodells

Im Rahmen einer explorativen Einzelfallstudie (Yin 2013) wurde das theoretische Modell der wertebasierten Innovation für die Interpretation der Fallstudie der indischen Augenklinik Aravind verwendet. Ziel der Untersuchung war es, die verschiedenen handlungs- und innovationsleitenden Unternehmenswerte, deren Ursprünge und grundlegenden Wirkungen aufzuzeigen. Im Besonderen bestand das Ziel in der Rekonstruktion der Gründerwerte und deren Einfluss auf Aravinds Geschäftsmodell, das als ein „soziales Freemium-Geschäftsmodell" bezeichnet werden kann (s. Abschn. 5).

Als Basis für die Analyse diente die Monografie *Infinite vision* von Mehta und Shenoy (2011), deren Inhalt systematisch ausgewertet wurde. Mehta und Shenoy stellen die Werte des Unternehmens anhand von Tagebucheinträgen des Gründers sowie Interviews mit ihm und weiteren Personen der ursprünglichen und aktuellen Geschäftsleitung dar. *Infinite vision* kann als Referenzwerk für die Geschichte Aravinds gelten, da es vom

Unternehmen selbst als Einführungstext empfohlen wird. Die Methode der qualitativen Inhaltsanalyse wurde gewählt, da sie eine der Möglichkeiten darstellt, Werte und normative Orientierungen anhand veröffentlichter Dokumente zu untersuchen (Rokeach 1973; Rokeach und Ball-Rokeach 1989). Aufgrund dieser indirekten Untersuchungsmethode hat die Fallstudie deskriptiven Charakter und ist nicht als unabhängige oder vollumfängliche Werteanalyse zu verstehen.

Es wurden sämtliche Textstellen, die auf Werte oder Einstellungen des Gründers, des Managements, der Mitarbeiter oder externer Werteträger schließen lassen, aufgenommen und codiert (Abb. 2). Relevante Textstellen wurden in Anlehnung an Schwartz und Bilskys (1987) Wertedefinition identifiziert. Relevant war eine Textstelle, wenn sie ausreichend Aufschluss gab über a) Leitbilder oder Überzeugungen, b) bezüglich erstrebenswerter Endzustände oder Verhaltensweisen, c) die übergreifend für alle Situationen wirken, d) die Orientierung und Evaluierung für Verhalten oder Zustände bieten und e) die nach relativer Wichtigkeit geordnet sind. Insgesamt wurden 120 *Textzitate* entnommen, die deutliche Bezüge auf Werte oder Einstellungen enthielten. Alle ausgewählten Zitate wurden zuerst hinsichtlich ihrer internen oder externen *Werteträger* sortiert und einer Quelle zugeordnet. Hierfür wurden im Vorfeld mögliche Werteträger definiert, die sich an dem Modell von Breuer und Lüdeke-Freund (2017) orientieren. Diese Werte ließen sich wiederum einer *Werteebene* zuschreiben. Es wurden die drei Ebenen „individual", „organisational" und „gesellschaftlich" gewählt. In einem weiteren Schritt, auf den im Folgenden aus Platzgründen nicht näher eingegangen wird, wurden noch die jeweiligen *Managementebenen* und die *integrative Wirkungsrichtung* der Werte bestimmt.

Wir konzentrieren uns im Folgenden auf die Auswirkungen der identifizierten individuellen, organisationalen und gesellschaftlichen Werte auf das *Geschäftsmodell* – und somit auf die strategische Managementebene – von Aravind. Hierfür wurde die Vorlage des „Business Innovation Kit" (Breuer 2013, 2014) genutzt (für eine ausführliche Darstellung des Business Innovation Kit siehe den Beitrag von Breuer und Lüdeke-Freund in diesem Band).

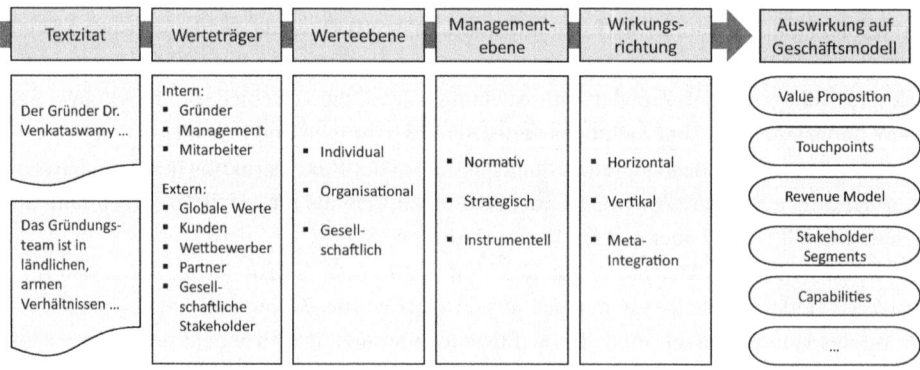

Abb. 2 Analyse- und Codierungssystem

4 Identifizierte Werteträger: Gründer, Management, Mitarbeiter und Patienten

Der Fall des Unternehmens Aravind liefert ein anschauliches Beispiel, wie unterschiedliche individuelle, organisationale und gesellschaftliche Werte in die unternehmerische Praxis übersetzt werden und dazu beitragen, Innovationen in Geschäftsmodellen auszulösen und ihnen eine Richtung zu geben. Der Begriff „Werteträger" wird im Folgenden genutzt, um die vielfältigen Träger und Ursprünge von Werten zu beschreiben. Die wichtigsten Werteträger im Fall von Aravind sind *der Gründer, das Management, die Mitarbeiter* (interne Quellen) und *die Patienten* (externe Quelle).

4.1 Werte des Gründers

Individuelle Ebene
Die grundlegenden Werte des Unternehmens lassen sich dem Gründer Dr. Govindappa Venkataswamy zuordnen. Dieser wurde stark von der Lehre des indischen Gurus Sri Aurobindo beeinflusst. Dessen Lehre besagt, dass jeder Einzelne in dem Bewusstsein seiner Seele leben solle und dass alles auf der Welt letztendlich eins sei. Was man an einem anderen tue, tue man dadurch auch an sich selbst (Mehta und Shenoy 2011, S. 285). Venkataswamy war es wichtig, alles was er tat, bewusst zu tun und durch seine Aktivitäten sein *Bewusstsein zu erweitern und innerlich zu wachsen* (Mehta und Shenoy 2011, S. 27). Er glaubte, wenn er in spirituellem Bewusstsein wachse, könne er sich mit allen Dingen, die in der Welt seien, identifizieren. In diesem Zustand gäbe es keine Ausbeutung anderer, sondern ein eigenes Heilwerden, indem man anderen helfe (Mehta und Shenoy 2011, S. 285). Er beschäftigte sich gedanklich damit, wie er sich und auch andere immer weiter entwickeln könne, sodass diese geistig wachsen würden (Mehta und Shenoy 2011, S. 104) Jegliche Aktivitäten verband er mit dem Ziel der *persönlichen Weiterentwicklung*. Das Ziel der Weiterentwicklung bezog er jedoch nicht nur auf Individuen, sondern auch auf Aravind als Unternehmen. Erstrebenswert seien keine einzelnen Zustände, sondern nur die *kontinuierliche Weiterverbesserung* (Mehta und Shenoy 2011, S. 165). In anderen Menschen versuchte der Gründer deren Seele zu sehen und keine äußerlichen Dinge wie Geld oder Macht (Mehta und Shenoy 2011, S. 137). Anderen mit *Liebe und Barmherzigkeit* zu begegnen, wurde sein tägliches Ziel, da er davon überzeugt war, dass Taten, die aus Liebe resultierten, eine größere Kraft in sich trügen (Mehta und Shenoy 2011, S. 136). Aufgrund eigener Krankheit, aus der körperliche Behinderungen resultierten, konnte der Gründer den Schmerz anderer gut nachempfinden. Eine hohe Empathie und Barmherzigkeit waren ihm im Umgang mit den Patienten sehr wichtig (Mehta und Shenoy 2011, S. 60 ff.).

Organisationale Ebene
Die genannten Werte des Gründers haben einen unmittelbaren Einfluss auf Aravinds Unternehmenskultur. Ins Zentrum rückte Venkataswamys Ziel, so viele Menschen wie mög-

lich zu behandeln (Mehta und Shenoy 2011, S. 117). Die Operationen des grauen Stars sah er hierbei als Mittel zu einem höheren Zweck, nämlich Erkrankten das Arbeiten zu ermöglichen, damit sie selbst für ihr Einkommen und bessere Zukunftschancen sorgen können (Mehta und Shenoy 2011, S. 36 f.). Auf der organisationalen Ebene leiteten sich hieraus wichtige Werte und Aspekte der Unternehmenskultur ab. Ausgehend von Venkataswamy ist ein starkes Bewusstsein für *hohe Qualität* in der medizinischen Behandlung vorhanden. Daneben spielte die persönliche *Leistung* eine wichtige Rolle im Leben des Gründers. Seine Eltern legten großen Wert darauf, dass ihr Sohn stets alles dafür gab, um Klassenbester zu sein, und vermittelten ihm, dass harte Arbeit sehr wichtig sei (Mehta und Shenoy 2011, S. 128 f.). Verbunden damit war sein Lebensstil der *Genügsamkeit* und der *Einfachheit,* so wie er durch seine Kindheit auf dem Land gewohnt war (Mehta und Shenoy 2011, S. 57). Diese Genügsamkeit zeigte sich auch in seinem Umgang mit Geld. Er verweigerte sich der Aufnahme fremder Mittel, um das Unternehmen auszubauen (Mehta und Shenoy 2011, S. 74 f.). Der Wert der *Hinlänglichkeit* bestimmte daher die Art und Weise, wie er mit Geld und Ressourcen umging. Das Vorhandene wurde in der bestmöglichen Weise verwendet (Mehta und Shenoy 2011, S. 84).

4.2 Werte des Managements

Individuelle Ebene
Auf der individuellen Ebene lassen sich dem ursprünglichen Management zwei wesentliche Werte zuordnen. Der erste betont die Bedeutung der *Familientradition und -verpflichtung*. Obwohl Aravind sich nicht als familiengeführtes Unternehmen sieht, bestand das Gründungsteam nur aus Familienangehörigen, die von Venkataswamy angeworben wurden. Es wurde erwartet, dass die Kinder der Gründungsgeneration in den Ferien in den Krankenhäusern arbeiteten und nach der Ausbildung zu Aravind wechselten. Das Unternehmen als Werk und Vermächtnis des Familienoberhaupts Venkataswamy wird als Familienaufgabe weitergeführt und an nachfolgende Generationen weitergegeben. Grundlage hierfür ist eine Mischung aus Gewohnheit, gegenseitigem Vertrauen, Respekt vor dem Gründer und einer fürsorgenden Einstellung (Mehta und Shenoy 2011, S. 242). Der zweite Wert tangiert ebenfalls die Familie. Die Gründungsfamilie ist unter ärmlichen Bedingungen auf dem Land aufgewachsen und ein Leben in *Schlichtheit und Sparsamkeit* gewohnt. Diese Werte versuchen sie auch an nachfolgende Generationen weiterzugeben, da ihnen Menschen aus ähnlichen ländlichen Gebieten sehr wichtig seien (Mehta und Shenoy 2011, S. 263).

Organisationale Ebene
Die Unternehmensleitung bezeichnet folgende Werte als Kernwerte: „high-quality, compassionate care, and that it also had to be affordable and sustainable" (Mehta und Shenoy 2011, S. 73). Dafür hat sie sich selbst drei Auflagen gegeben (Mehta und Shenoy 2011, S. 73): „1. We cannot turn anyone away. 2. We cannot compromise on quality. 3. We must

be self-reliant." Der Patient und seine exzellente Versorgung stehen im Mittelpunkt, unabhängig davon, ob er für die Leistungen bezahlen kann oder nicht (Mehta und Shenoy 2011, S. 220). In Bezug auf die Arbeit wurden hohe *Effizienz und Produktivität* gefördert. Die Gründer kamen aus ländlichen Regionen und waren harte Arbeit ohne Pausen und Urlaub gewohnt (Mehta und Shenoy 2011, S. 275). Ein Fokus liegt auf der Erhebung und Auswertung von Zielgrößen und Kennzahlen für jegliche Arbeitsabläufe, um Ressourcen effizient einzusetzen (Mehta und Shenoy 2011, S. 34). Die Datenauswertungen sind für alle Mitarbeiter einsehbar und müssen von den Doktoren regelmäßig gelesen werden. Neben dem Wert der *Transparenz* spielt hier ebenfalls der Vergleich untereinander eine Rolle, damit die Mitarbeiter in einen positiven Wettstreit miteinander treten, der eine *qualitativ hochwertige Patientenversorgung* zum Ziel hat (Mehta und Shenoy 2011, S. 46 f.). Dem zugrunde liegt die Vorstellung, dass eine hochqualitative Versorgung langfristig kostengünstiger sei, da Komplikationen und Nachfolgeuntersuchungen auf ein Minimum reduziert würden. Zusätzlich würde die Patientenzufriedenheit erhöht (Mehta und Shenoy 2011, S. 43). Ein weiterer wichtiger Bestandteil der Werte des Managements ist das kollegiale *Teilen von Wissen*. Externe Besucher werden jederzeit herzlich aufgenommen und ihnen wird jeder gewünschte Teil des Unternehmens gezeigt (Mehta und Shenoy 2011, S. 283 f.).

4.3 Werte der Mitarbeiter

Individuelle Ebene
Auf der individuellen Ebene spielt vorranging die *Arbeitsmotivation* eine Rolle. Da viele gute Ärzte von den hohen Honoraren privater Augenkliniken angelockt werden, ist es für Aravind nicht leicht, seine gut ausgebildeten Ärzte nur mit der Vision des Gründers zu halten. Eine Alternative zu hohen Honoraren versucht das Unternehmen durch eine Vielzahl an Patientenfällen und zahlreiche Forschungsmöglichkeiten für die Ärzte zu bieten (Mehta und Shenoy 2011, S. 110).

Organisationale Ebene
Ein Element, das wichtiger Teil der Kultur ist, nennen die Mitarbeiter „briskness and thrift" (Mehta und Shenoy 2011, S. 100). *Kostenbewusstsein* spiele eine wichtige Rolle. Es sei üblich, dass jeder zuerst mehrfach über Alternativlösungen nachdenke, bevor er nach neuen finanziellen Mitteln frage (Mehta und Shenoy 2011, S. 87). Zudem ist *Barmherzigkeit* ein elementarer Wert. Ohne Barmherzigkeit könne keine patientenzentrierte Behandlung und gute Pflege stattfinden (Mehta und Shenoy 2011, S. 40). Besonders im Arbeitsbereich der Krankenschwestern finden viele kleine Interaktionen statt, die einer fürsorglichen Art und eines Sinns für Ebenbürtigkeit bedürfen (Mehta und Shenoy 2011, S. 218). Der Wert der *gleichen Behandlung* gilt auch für die Ärzte untereinander. Grauer-Star-Operationen würden nicht zu den interessanten Operationen zählen und viele Ärzte würden sich gerne nur mit Operationen aus ihrem jeweiligen Fachgebiet beschäf-

tigen. Dennoch gilt für alle die gleiche Regel, dass jeder Operationen gegen den grauen Star durchführen muss, die den Großteil der Arbeit von Aravind ausmachen (Mehta und Shenoy 2011, S. 23).

4.4 Werte der Patienten

Organisationale Ebene
Die Patienten werden in den Krankenhäusern von Aravind bewusst von Krankenschwestern aus ländlichen Regionen versorgt und auf eine Weise angesprochen, die auf dem Land typisch ist. Dies passiert, damit die Patienten sich in den Kliniken wie zu Hause fühlen. Denn wenn Patienten sich dort wohlfühlten, stünden die Chancen einer positiven Behandlung viel höher. Ärmere Patienten aus ländlichen Gegenden würden sich in der modernen und kühlen Atmosphäre städtischer Krankenhäuser häufig unwohl fühlen und daher notwendige Behandlungen nicht in Anspruch nehmen (Mehta und Shenoy 2011, S. 96). Durch die Berücksichtigung dessen, was den Patienten bekannt und wichtig ist, resultiert ein respektvoller und fürsorglicher Umgang mit ihnen, was eine Kultur der *Wertschätzung und des Miteinanders auf Augenhöhe* erschafft.

Gesellschaftliche Ebene
Auf der gesellschaftlichen Werteebene hat eine Entwicklung stattgefunden, die die Ansprüche vieler Inder an ärztliche Behandlungen verändert hat. Aufgrund des Wirtschaftswachstums und zusätzlich entstehender Krankenversicherungen findet eine Verschiebung der Patientengruppen bei den Augenkliniken statt. Während sich in der Vergangenheit 90 % der Patienten für kostenlose oder stark ermäßigte Behandlungen interessiert haben, waren es 2011 nur noch 60 % und 2015 nur noch 50 % (AECS 2015a, S. 21). Laut Mehta und Shenoy (2011, S. 256) ist dies einem entstehenden Markenbewusstsein geschuldet. Vor allem durch Forschung und moderne Technologien hat sich das Unternehmen als Marke für gut zahlende Patienten etabliert.

5 Einfluss der Werte auf Aravinds Geschäftsmodell

5.1 Aravinds Werte und Geschäftsmodell

Nach der Identifikation wesentlicher Werteträger (Gründer, Management, Mitarbeiter und Gesellschaft) und Werteebenen (individual, organisational, gesellschaftlich) lassen sich die Werte hinsichtlich ihrer Wirkung auf die drei oben beschriebenen Managementebenen (normativ, strategisch, instrumentell) und ihrer integrativen Effekte beschreiben (horizontal, vertikal). In diesem Buchkapitel wird dieser Schritt aus Platzgründen jedoch ausgelassen. Der Schwerpunkt liegt bewusst auf den Auswirkungen auf Aravinds Geschäftsmodell und somit auf der strategischen Managementebene. Die Betrachtung der normativen und instrumentellen Managementebenen ist für die Zwecke dieses Kapitels entbehrlich, ebenso die Unterscheidung der verschiedenen integrativen Wirkungen der identifizierten Werte.

Abb. 3 fasst Aravinds wesentliche Unternehmenswerte und Geschäftsmodellkomponenten zusammen. Diese Komponenten werden grundlegend wie folgt definiert (Breuer 2013, 2014):

- *Wertversprechen:* der Wert bzw. Nutzen, den Produkte und Dienstleistungen für die Kunden und Anspruchsgruppen eines Geschäftsmodells schaffen.
- *Anspruchsgruppen:* In enger Auslegung werden Kundengruppen als Empfänger des Wertversprechens definiert. In einer umfassenderen Definition werden weitere Stakeholder berücksichtigt (z. B. gesellschaftliche Interessengruppen).
- *Kontaktpunkte:* Kunden haben verschiedene Berührungspunkte mit einem Geschäftsmodell (z. B. werden sie auf ein Angebot aufmerksam, beschaffen sich Informationen dazu, erwerben, nutzen und verändern und entsorgen ein Produkt).
- *Distribution:* Bei der Distribution geht es um die konkreten Vertriebswege, mittels derer Kundenkontakte etabliert werden und Produkte und Dienstleistungen zu den Kunden gelangen.
- *Ertragsmodell:* Das Ertragsmodell umfasst die Preismodelle und Einnahmequellen, die auf Basis des Wertversprechens Umsätze generieren.
- *Fähigkeiten:* Zu den Fähigkeiten zählen unternehmerische und fachliche Fähigkeiten und Ressourcen, die benötigt werden, um wertschaffende Aktivitäten und Prozesse sowie deren dauerhafte Weiterentwicklung zu gewährleisten.

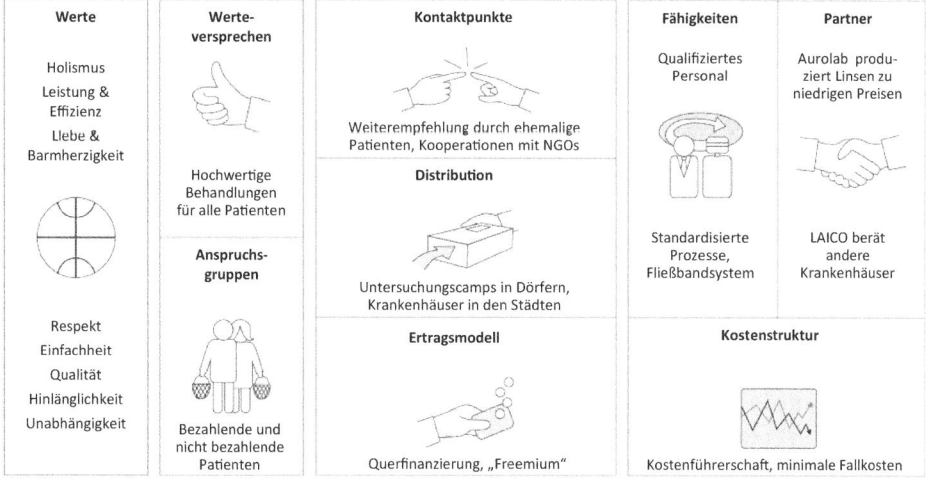

Abb. 3 Aravinds wesentliche Werte und Geschäftsmodellinnovationen

- *Partner:* Lieferanten, Vertriebspartner, strategische Innovationsallianzen und weitere Beziehungen zu Dritten sind ggf. erforderlich, um die Leistungen zu erbringen und die notwendigen Fähigkeiten zu entwickeln.
- *Kostenstruktur:* Ein Geschäftsmodell bzw. jede seiner Komponenten verursacht Investitionskosten und Betriebsausgaben. Diese werden als Kosten den Umsätzen gegenübergestellt.

Motiviert durch Werte wie Respekt, Liebe und Barmherzigkeit, Leistung und Effizienz bei gleichzeitiger Bewahrung von Einfachheit und Hinlänglichkeit hat Aravind im Laufe der Zeit ein Geschäftsmodell entwickelt, das man im modernen Wortgewand als „soziales Freemium-Geschäftsmodell" bezeichnen könnte. „Free" beschreibt hierbei die Möglichkeit, kostenlose Augenbehandlungen zu erhalten, während sich der zweite Wortbestandteil „Premium" auf die Zusatzservices bezieht (wie bspw. klimatisierte Aufenthaltsräume), die nur gegen Bezahlung erhältlich sind (zu „Freemium-Geschäftsmodellen" im Allgemeinen s. bspw. Gassmann et al. 2013). Wichtig ist, dass hinsichtlich der augenmedizinischen Qualität zwischen beiden Varianten kein Unterschied gemacht wird.

5.2 Aravinds Geschäftsmodellkomponenten

Im Folgenden wird Aravinds Geschäftsmodell aus einer wertebasierten Perspektive betrachtet. Hierzu werden die in Abb. 3 gezeigten Geschäftsmodellkomponenten näher erläutert.

Wertversprechen

Das Wertangebot der Augenkliniken beinhaltet eine qualitativ hochwertige und teilnahmsvolle Behandlung für alle Patienten, unabhängig davon, ob diese für die Operation bezahlen können oder nicht. Für Blinde oder von anderen Augenkrankheiten betroffene Personen bietet Aravind eine umfassende Lösung für ihre Augenprobleme. Jegliche finanziellen, regionalen oder kulturellen Hindernisse versucht Aravind zu beseitigen, um jedem zu einer Behandlung zu verhelfen (Mehta und Shenoy 2011, S. 32).

Anspruchsgruppen

Bei den Anspruchsgruppen lassen sich vor allem zwei Kundengruppen unterscheiden: Patienten, die für ihre Behandlung bezahlen (können), und Patienten, die dies nicht tun (können). Aravind selbst möchte ein Krankenhausverbund für die gesamte Gesellschaft sein (Mehta und Shenoy 2011, S. 272). Eine der Einschränkungen, die sich das Unternehmen selbst gab, war, dass niemandem die Behandlung verwehrt werden darf, jeder darf sich dort behandeln lassen (Mehta und Shenoy 2011, S. 73). Dies impliziert einen Fokus auf ärmere gesellschaftliche Schichten, dennoch sind auch alle anderen gleichermaßen willkommen.

Kontaktpunkte
Indem der Gründer in jedem Menschen etwas Schönes und Göttliches sah, war es ihm besonders wichtig, die Leiden der Patienten mitzuleiden und sich mit ihnen zu identifizieren. Da für ihn alle Dinge und Wesen letztendlich eins waren, galt die Heilung eines anderen Menschen letztendlich auch dem eigenen Körper (Mehta und Shenoy 2011, S. 285). Fremde Patienten betrachtete er wie Familienangehörige und nahm persönliche Einschränkungen in Kauf, um diesen mit vollumfänglichen Behandlungen zu dienen (Mehta und Shenoy 2011, S. 70). Aufgrund dieser Art der Behandlung haben die ländlichen Patienten volles Vertrauen in Aravind und erzählen anderen davon weiter. Aufgrund der Mund-zu-Mund-Propaganda kommen neue Patienten zu Aravind (Mehta und Shenoy 2011, S. 40). Außerdem wird mit lokalen NGOs in ländlichen Gegenden kooperiert, um geografisch entfernte Kundengruppen zu erreichen. Die Untersuchungsveranstaltungen („screening camps") in ländlichen Regionen sind somit der zentrale Kontaktpunkt für diejenigen Patienten, die entfernt der Zentren und Augenkliniken leben.

Distribution
Kunden können Aravind hauptsächlich auf zwei verschiedenen Kanälen erreichen: zum einen über die Untersuchungsveranstaltungen, die regelmäßig in den Dörfern stattfinden, und zum anderen über die Krankenhäuser in den Städten. Die ländlichen Veranstaltungen werden, soweit möglich, in ihrer Häufigkeit ausgeweitet, um alle Dörfer bestimmter Regionen zu erreichen und um zu gewährleisten, dass regelmäßig sehr viele Patienten in die Krankenhäuser kommen. Die hohe Anzahl an Behandlungsfällen ist notwendig, um die günstigen und kostenfreien Operationen anbieten zu können. Krankenhäuser wiederum werden nur langsam auf neue Städte ausgeweitet, da man in diesem Fall neue Häuser größtenteils mit älteren und erfahrenen Aravind-Mitarbeitern besetzen möchte, um die Unternehmenskultur in den neuen Häusern beizubehalten (Mehta und Shenoy 2011, S. 274). Wachstum auf Ebene der Krankenhäuser geschieht daher in dem Maße, in dem das Wertesystem noch beibehalten werden kann.

Ertragsmodell
Bezüglich der Einnahmen war der Gründer der Meinung, dass jeder frei entscheiden dürfe, ob er für die Behandlung bezahlt oder nicht. Seine Überzeugung bestand darin, sowohl darauf zu vertrauen, dass die Einnahmen bei guter Arbeit automatisch folgen würden, als auch jedem Einzelnen ein freies Wahlrecht der Bezahlung zuzugestehen, um damit wiederum mehr Patienten zu erreichen (Mehta und Shenoy 2011, S. 74 f.). Die Vision, unnötige Blindheit zu eliminieren, soll folglich durch die bewusste Quersubventionierung mittelloser bzw. nichtzahlender Patienten realisiert werden. Die Umsätze eines zahlenden Patienten werden zur Deckung der Kosten für mindestens zwei Behandlungen verwendet, wodurch die potenzielle Gewinnmarge an mittellose bzw. nichtzahlende Patienten weitergereicht wird. Seelos (2014) zufolge ist Aravind dennoch wirtschaftlich profitabel.

Fähigkeiten

Eine herausragende Fähigkeit des Unternehmens besteht darin, leistungsfähige Mitarbeiter nicht nur zu gewinnen, sondern auch in die (im Vergleich zu herkömmlichen Anbietern zumindest eigenwillige) Unternehmenskultur und deren Werteorientierungen einzubinden. Die kontinuierliche Optimierung der Prozesse und die durch Sparsamkeit geprägte Nutzung von Ressourcen lassen sich direkt auf die oben beschriebenen Werte beziehen. Leistung spielt in den Prozessen eine besonders wichtige Rolle (Mehta und Shenoy 2011, S. 17, 22). Je mehr Operationen ein Arzt an einem Tag schafft, desto mehr Patienten können behandelt werden und desto mehr Erfahrung kann er sammeln und dadurch bessere Ergebnisse erzielen. Daher sind alle Behandlungsabläufe daraufhin ausgerichtet, dass jeder Mitarbeiter so viel Leistung wie möglich erzielen kann (Mehta und Shenoy 2011, S. 46 f.). Systeme wie feste Protokolle und Standardisierungen sollen dabei helfen, Fehler zu vermeiden und Wartezeiten zu verringern. Ein weiteres Ziel dieser Systeme ist, die Werte von Barmherzigkeit sowie gleicher und qualitativ hochwertiger Behandlung für jeden Patienten im Unternehmen durchzusetzen und unabhängig von persönlichen Betrachtungen der Mitarbeiter umzusetzen (Mehta und Shenoy 2011, S. 115).

Zu den wichtigsten Ressourcen von Aravind gehört das hochqualifizierte Personal. Neue Mitarbeiter werden vorrangig selbst bei Aravind ausgebildet, anstatt sie von externen Unternehmen zu rekrutieren. In einer Branche, in der es kaum qualifizierte Arbeitskräfte gab, sah Aravind in jungen Frauen aus ländlichen Regionen die perfekten Kandidatinnen für hoch ausgebildetes OP-Personal. Bei der Auswahl neuer Mitarbeiter liegt der Fokus auf deren Werten, diese haben Vorrang vor Qualifikationen (Mehta und Shenoy 2011, S. 98 f.).

Partner

Aus Mangel an inländischen Lieferanten von Linsen war Aravind zunächst auf teure Importware angewiesen. Um dies zu umgehen, wurden mit der Firma Aurolab eigene preiswerte Materialien entwickelt, um sich selbst zu versorgen. Dies ermöglicht die kostengünstige Behandlung vieler Patienten (Mehta und Shenoy 2011, S. 101 f.). Um die Vision des Krankenhauses effektiver zu verfolgen, ging Aravind eine Kooperation mit der weltweit vernetzten Organisation Lions International ein, die Krankenhäuser darin fördern wollte, so effektiv wie Aravind zu arbeiten. Aus dieser Kooperation entstand die Organisation Lions Aravind Institute of Community Ophthalmology (LAICO). LAICO wurde mit dem Zweck gegründet, andere Krankenhäuser professionell zu beraten (Mehta und Shenoy 2011, S. 293). Neben der Beratung werden Ausbildungsprogramme und Workshops für Augenärzte und Krankenschwestern angeboten (Mehta und Shenoy 2011, S. 187).

Kostenstruktur

Im Bereich der Finanzen beeinflusst die sparsame und kostenbewusste Arbeitsweise die Ausgaben des Unternehmens. Alle Führungskräfte arbeiten extrem kostenbewusst, obwohl finanzielle Kennzahlen für die Unternehmensführung nicht den gleichen Stellenwert haben wie bspw. die Anzahl der operierten Patienten; derartige Leistungskennzahlen sind den Führungskräften stets präsent (Mehta und Shenoy 2011, S. 42). Die Zahl der behandelten Patienten soll stetig wachsen. Dadurch können die Kosten pro Behandlung wiederum gesenkt werden. Dieser Umgang mit Finanz- und Leistungskennzahlen lässt sich auf Venkataswamys Motto zurückführen (Mehta und Shenoy 2011, S. 74): „Do the work, money will follow."

6   Zusammenfassung und praktische Erkenntnisse

Die in diesem Kapitel vorgestellte Fallstudie zeigt, dass das indische Unternehmen Aravind Eye Care System von unterschiedlichen Werten geprägt wird, die vor allem auf den Gründer und nachfolgend auf das Management und die Mitarbeiter zurückgeführt werden. Fest verankerte und normativ artikulierte Werte haben zu Innovationen in Prozessen (z. B. Operationen), medizinischen Angeboten (z. B. günstige Intraokularlinsen) und begleitenden Dienstleistungen (z. B. Untersuchungscamps), zu einem neuen Ertrags- und Geschäftsmodell („soziales Freemium-Modell") sowie zu neuen Netzwerken über das Unternehmen hinaus geführt. Wir haben uns in der vorhergehenden Darstellung vor allem auf das Geschäftsmodell des Unternehmens konzentriert. Es lässt sich jedoch leicht erkennen, dass sämtliche Ebenen des Managements und der Innovation von den Werten des Gründers, seiner Nachfolger und Mitarbeiter sowie den normativen Leitlinien des Unternehmens geprägt sind.

Welche Rolle spielen Werte für Aravinds CSR-Mission und Innovationen?
Dem Gründer, Dr. Govindappa Venkataswamy, gelang es, seine Vorstellungen von der Ausrichtung des Unternehmens und der Art und Weise der operativen Tätigkeiten auf das Leitungsteam und andere Mitarbeiter zu übertragen. Das Gründungsteam und die Mitarbeiter bringen ebenfalls eigene Werte und korrespondierende Verhaltensweisen in das Unternehmen ein; sie sind zugleich auch wichtig für die Weitergabe und den Erhalt der bestehenden Werte und der zugehörigen Unternehmenskultur. Dennoch haben die Mitarbeiterwerte nicht den grundlegenden Einfluss, der den philosophisch-religiösen Werten des Gründers zuzusprechen ist. Venkataswamys Vorstellungen von persönlicher Weiterentwicklung, der barmherzigen Hingabe im Dienst an anderen Menschen sowie seine spirituelle Sichtweise auf die menschliche Existenz prägen unternehmerische Abläufe und Vorgaben. Aus seinen individuellen Werten heraus sind auf der normativen Managementebene die Vision und Mission von Aravind sowie zahlreiche Kooperationen über die Unternehmensgrenzen hinweg entstanden. Seine Vorstellungen bestimmen noch heute die strategische Ausrichtung des Unternehmens und dienen als Orientierung für Entscheidungen des Leitungsteams. Seine Ansprüche an Leistung und Produktivität haben auch einen Einfluss auf Mitarbeiter auf der instrumentellen Ebene und beeinflussen die dort vorherrschende Arbeitskultur. Daher wirken seine Werte sowohl horizontal auf jeder Managementebene als auch vertikal von der normativen über die strategische zur instrumentellen Ebene.

Die spirituelle Vorstellung, dass alle Menschen letztendlich eins seien und dass deren Heilung zur eigenen Heilung beitrage, hat zu einer Vision beigetragen, die dem Unternehmen und der Weiterentwicklung seines Geschäftsmodells und Netzwerks Orientierung bietet. Sie hat Einfluss auf die Kunden- und Kostenstruktur, auf das Wertangebot und auf die Partner. Der Anspruch, so viele Patienten wie möglich zu behandeln, das Leistungsstreben, das Qualitätsbewusstsein und die Disziplin haben einen großen Einfluss auf die Prozesse. Das Wachstum des Unternehmens wird durch Hinlänglichkeit und Selbstständigkeit bestimmt. Nur wenn eigene finanzielle und personelle Ressourcen vorhanden sind, wird das Unternehmen ausgebaut.

Die Werte des Gründers formten Aravinds „soziales Freemium-Geschäftsmodell" und auch nach seinem Tod beeinflussen sie die strategischen Entscheidungen des Unternehmens maßgeblich. Aufgrund der fortgeführten und aktiv gelebten Wertvorstellungen des Gründers hat sich Aravind selbst einen normativen Rahmen gegeben, der bestimmte Handlungsoptionen ausschließt, wie das Arbeiten mit Fremdkapital oder wachstumstreibende Kooperationen (direktive bzw. richtungsweisende Wirkung von Werten), andere hingegen erst ermöglicht, wie die bewusste Quersubventionierung mittelloser bzw. nichtzahlender Patienten (generative bzw. ermöglichende Wirkung von Werten). Zudem wirkt dieser normative Rahmen auch über die Zeit hinweg integrativ und stabilisierend und sorgt dafür, dass die Kernwerte weiterhin Gültigkeit haben.

Was können wir dieser Fallstudie für das praktische CSR-Management entnehmen?
Es gibt visionäre Unternehmensgründer und Manager, die die Übernahme gesellschaftlicher Verantwortung zum Kerngeschäft und nicht lediglich zu einem von vielen strategischen Anliegen machen. Die Frage, über die sich in der Praxis nachzudenken lohnt, ist, ob die fundamentale Ausrichtung eines ganzen Unternehmens auf die Übernahme gesellschaftlicher Verantwortung vor allem der Tatsache geschuldet ist, dass Venkataswamy Aravind unmittelbar auf Basis der Vision der Eliminierung unnötiger Blindheit gegründet hat. Wäre diese konsequente Ausrichtung auf eine soziale Vision in einem bestehenden Unternehmen, das sich diese Vision nachträglich gibt, ebenfalls möglich? Ein bekanntes Beispiel, obgleich aus einer gänzlich anderen Branche, ist der britische Öl- und Gaskonzern BP, der unter der Leitung des ehemaligen CEO John Browne zu einem nachhaltigen Energiekonzern „beyond petroleum" werden sollte. Nachdem viel Geld in erneuerbare Energien investiert wurde – BP hat sich z. B. über drei Jahrzehnte mit Solarenergie befasst und war zeitweilig das größte Solarunternehmen der Welt – und eine aufwendige Markenneupositionierung durchgeführt wurde, hat sich BP nach Brownes Rücktritt schnell wieder auf die ursprünglichen Unternehmenswerte besonnen und das Engagement im Bereich der erneuerbaren Energie stark reduziert (Lüdeke-Freund 2014). Wie also gelingt es einem visionären Unternehmenslenker, seine CSR-Vision zur Unternehmens-DNA und nicht bloß zum vorübergehenden strategischen Thema zu machen?

Eine naheliegende Motivation für ein umfassendes CSR-Engagement ist der sogenannte Business Case, also eine Situation, in der ökologische und soziale Aktivitäten den Unternehmenserfolg steigern (Carroll und Shabana 2010). Über einzelne Maßnahmen hinaus kann sich hieraus ein umfassendes Nachhaltigkeitsmanagement entwickeln, das sicherstellt, dass der positive Zusammenhang zwischen ökologischen und sozialen Aktivitäten und Unternehmenserfolg systematisch erkannt, erhalten und ausgebaut wird (Schaltegger und Lüdeke-Freund 2013). Hierbei kann sich je nach Gewichtung das betriebswirtschaftliche und marktstrategische Kalkül jedoch limitierend auswirken, wenn ein Mindestgrad an finanziellem Unternehmenserfolg vorausgesetzt wird, sprich: Unprofitable bzw. auf den ersten Blick unprofitabel wirkende Maßnahmen werden aussortiert. Spätestens an dieser Stelle kommen die individuellen Werte der Unternehmensleitung sowie die geteilten Werte des gesamten Unternehmens und der Gesellschaft ins Spiel. Diese können dazu führen, dass manche Unternehmer und Manager betriebswirtschaftliche und marktstrategische Ziele den Zielen einer CSR-Vision unterordnen. Das traditionelle Unternehmertum kann an dieser Stelle zum sozialen bzw. nachhaltigen Unternehmertum werden (Schaltegger und Wagner 2011). Doch auch hier kommt es auf das Wertesetting und die Möglichkeiten, es zur Geltung kommen zu lassen, an. Dominiert die traditionelle Marktlogik, bleibt es bei wenigen „Überzeugungstätern", die ungewöhnliche Unternehmen und Geschäftsmodelle entwickeln wie im Fall von Aravind oder „Dialog im Dunkeln", ein deutsches Unternehmen, das Blinden vielfältige Beschäftigungsmöglichkeiten bietet. Ein Argument, das aus dem Modell der wertebasierten Innovation sowie aus der Untersuchung von Aravind abgeleitet werden kann, könnte lauten, dass die (Weiter-)Entwicklung eines konsequent auf CSR ausgerichteten Unternehmens das Bewusstmachen und das aktive Arbeiten mit den im Unternehmen und der Gesellschaft vorhandenen Werten erfordert. Aravind zeigt dies auf beeindruckende Weise seit 1976.

Was können wir über die Relevanz eines wertebasierten Innovationsmanagements lernen?
Das hier vorgestellte Modell der wertebasierten Innovation und des zugehörigen wertebasierten Innovationsmanagements (Breuer und Lüdeke-Freund 2017) kann Unternehmer und Unternehmen dabei unterstützen, einerseits die fundamentale Bedeutung von Werten für die Unternehmensentwicklung zu verstehen – ein Aspekt, der bis dato in der Literatur zur Unternehmensentwicklung und zum Innovationsmanagement vernachlässigt wird. Andererseits werden methodische Ansätze etwa zur wertebasierten Geschäftsmodellierung entwickelt und in der Praxis erprobt (für eine ausführliche Darstellung der wertebasierten Geschäftsmodellierung s. den Beitrag von Breuer und Lüdeke-Freund in diesem Band). Diese und weitere Methoden helfen, die zunehmend bedeutsamen Methoden der Geschäftsmodellierung mit dem CSR- und Nachhaltigkeitsmanagement zu verbinden (vgl. bspw. Boons und Lüdeke-Freund 2013; Lüdeke-Freund 2016; Schaltegger et al. 2012, 2016). Aus einem wertebasierten Innovationsmanagement kann somit im besten Fall ein systematisches CSR- und Nachhaltigkeitsmanagement werden. Die fundamentale soziale Ausrichtung Aravinds, die seit Gründung im Wesen des Unternehmens veranlagt war, muss bei bestehenden Unternehmen nachträglich entwickelt werden. Hierbei ist es unabdingbar, CSR und Nachhaltigkeit nicht zum Thema einer oder weniger Unternehmensfunktionen zu machen, sondern deren integratives Potenzial, das aus zu-

grunde liegenden Werten wie soziale Gerechtigkeit oder Umweltbewusstsein resultieren kann, auf allen Ebenen vom Topmanagement bis zum einzelnen Mitarbeiter zu nutzen. Ein erster möglicher Ansatzpunkt für die Unternehmenspraxis könnte daher sein, zu überlegen, ob und wie Geschäftsmodellmuster wie „Freemium" nicht bloß kommerziell, sondern auch für ökologische und soziale Ziele genutzt werden können. Wertebasiertes Innovationsmanagement bietet hier zahlreiche Ansatzpunkte, um etablierte Gestaltungsmuster und Modelle für werteorientiertes unternehmerisches Handeln sowie für die Umsetzung und Ausgestaltung neuer, gesellschaftlich relevanter Zielsetzungen zu verwenden.

Literatur

AECS (2015a) Activity report 2014-15. Vision: Eliminate needless blindness. www.aravind.org/content/downloads/aecsreport201415.pdf. Zugegriffen: 10. Sept. 2015

AECS (2015b) Aurolab. http://www.aravind.org/default/servicescontent/Aurolab. Zugegriffen: 10. Sept. 2015

AECS (2015c) Genesis – The Beginning. http://www.aravind.org/default/aboutuscontent/genesis. Zugegriffen: 10. Sept. 2015

AECS (2015d) Hospital Services. http://www.aravind.org/default/servicescontent/ClinicalServices. Zugegriffen: 10. Sept. 2015

Agle B, Caldwell C (1999) Understanding research on values in business – A Level of Analysis Framework. Bus Soc 38(3):326–387

Boons F, Lüdeke-Freund F (2013) Business models for sustainable innovation: state-of-the-art and steps towards a research agenda. J Clean Prod 45:9–19

Breuer H (2013) Lean Venturing: Learning to create new business through exploration, elaboration, evaluation, experimentation, and evolution. Int J Innov Manag 17(3):Article No. 1340013

Breuer H (2014) Business Innovation Kit – How to model new business. UX Berlin, Berlin

Breuer H, Lüdeke-Freund F (2017) Values-based innovation management. Innovating by what we care about. Palgrave Macmillan, London

Breuer H, Lüdeke-Freund F (2015) Values-based innovation framework. Innovating by what we care about. The XXVI ISPIM Conference – Shaping the Frontiers of Innovation Management. ISPIM – International Society for Professional Innovation Management, Budapest, Ungarn, 14. Juni 2015. www.ispim.org

Carroll A, Shabana K (2010) The business case for corporate social responsibility: a review of concepts, research and practice. Int J Manag Rev 12(1):85–105

Gassmann O, Frankenberger K, Csik M (2013) Geschäftsmodelle entwickeln: 55 innovative Konzepte mit dem St. Galler Business Model Navigator. Hanser, München

Kotter J, Heskett J (1992) Corporate culture and performance. Free Press, New York

Kumar N, Scheer L, Kotler P (2000) From market driven to market driving. Eur Manag J 18(2):129–142

Lüdeke-Freund F (2014) BP's Solar Business Model – A Case Study on BP's Solar Business Case and its Drivers. Int J Bus Environ 6(3):300–328

Lüdeke-Freund F (2016) Geschäftsmodelle für unternehmerische Nachhaltigkeit – Eckpunkte eines nachhaltigkeitsorientierten Geschäftsmodellmanagements. In: Wunder T (Hrsg) CSR und strategisches Management. Springer, Berlin

Matalobos A, Pons J, Pahls S (2010) Aravind eye health care operations. IE Publishing Department, Madrid

Mehta P, Shenoy S (2011) Infinite vision – How Aravind became the world's greatest business case for compassion. Berrett-Koehler, San Francisco

Rangan V, Thulasiraj R (2007) Making sight affordable – Innovations case narrative: The Aravind Eye Care System, Innovations. 2, Bd. 4, S 35–49

Rokeach M (1973) The nature of human values. Free Press, New York

Rokeach M, Ball-Rokeach S (1989) Stability and change in American value priorities, 1968–1981. Am Psychol 44:775–784

Rüegg-Stürm J, Grand S (2014) Das St. Galler Management-Modell. 4. Generation – Einführung. Haupt, Bern

Schaltegger S, Lüdeke-Freund F (2013) Von sozialer Verantwortung zu unternehmerischer Nachhaltigkeit: Bedeutung und Ausgestaltung von „Business Cases for Sustainability". In: Keuper F, Neumann F (Hrsg) Sustainability Management: Nachhaltige und Stakeholder-orientierte Wertsteigerung. Logos, Berlin, S 51–68

Schaltegger S, Wagner M (2011) Sustainable entrepreneurship and sustainability innovation: categories and interactions. Bus Strategy Environ 20(4):222–237

Schaltegger S, Lüdeke-Freund F, Hansen E (2012) Business cases for sustainability: the role of business model innovation for corporate sustainability. Int J Innov Sustain Dev 6(2):95–119

Schaltegger S, Hansen E, Lüdeke-Freund F (2016) Business Models for Sustainability: Origins, Present Research, and Future Avenues. Organ Environ 29(1):3–10

Schein E (2004) Organizational culture and leadership, 3. Aufl. Jossey-Bass, San Francisco

Schwartz S, Bilsky W (1987) Toward A Universal Psychological Structure of Human Values. J Pers Soc Psychol 53(3):550–562

Seelos C (2014) Theorizing and Strategizing with Models: Generative Models of Social Enterprises. Int J Entrepreneurial Ventur 6(1):6–21

Sightsavers (2015) Sight. http://www.sightsaversindia.in/what-we-do/sight. Zugegriffen: 10. Sept. 2015

Yin R (2013) Case study research – Design and methods, 5. Aufl. SAGE, Thousand Oaks

Inga Gerckens hat als Groß- und Außenhandelskauffrau in der CSR-Strategie und im Nachhaltigkeits-Einkauf in einem Konzern gearbeitet, bevor sie ab 2012 Sozialökonomie an der Universität Hamburg studierte. Im Studium befasste sie sich schwerpunktmäßig mit den Themen Sozialunternehmertum und Nonprofit Management. Sie arbeitete ein halbes Jahr in Indien in einer wertebasierten NGO und ist seit 2016 für eine gemeinnützige Organisation in Deutschland tätig, deren Geschäftsmodell stark durch die Werte der Gründerin geprägt ist.

Dr. Florian Lüdeke-Freund leitet den Lehrstuhl für Corporate Sustainability an der ESCP Business School in Berlin und ist Habilitand an der Professur für Kapitalmärkte und Unternehmensführung der Universität Hamburg. Als Research Fellow ist er zudem mit dem Centre for Sustainability Management (CSM), der Leuphana Universität Lüneburg und der Copenhagen Business School, Dänemark, verbunden. Er promovierte zum Thema „Business Models for Sustainability Innovation". Die Forschungsinteressen von Florian Lüdeke-Freund liegen u.a. in den Themenbereichen nachhaltiges Unternehmertum, Geschäftsmodelle sowie wertebasiertes Innovationsmanagement. Neben Forschungs- und Lehrtätigkeiten baut er die Themenplattform www.SustainableBusinessModel.org auf und ist Mitglied der Strongly Sustainable Business Model Group an der OCAD University, Toronto, Kanada.

Henning Breuer ist Gründer der Unternehmensberatung UXBerlin – Innovation Consulting und Professor für Wirtschafts- und Medienpsychologie an der Hochschule für Medien, Kommunikation und Wirtschaft in Berlin. Zuvor hat er an Universitäten in Japan und Chile geforscht und unterrichtet. Seit 2001 berät er vor allem große Technologieunternehmen zu Innovationsthemen und wirtschaftspsychologischen Fragestellungen. Schwerpunkte seiner Beratungs- und Forschungstätigkeit sind wertebasiertes Innovationsmanagement, die Arbeit mit Zukunftsszenarien sowie neue Formen der Kundenintegration und ethnographischen Nutzerforschung.

Pionier ohne Gier: Die Entdeckung des nachhaltigen Unternehmertums

Am Beispiel der memo AG

Alexandra Hildebrandt

1 Spuren der Wegbereiter

> Gelingt es der Pioniergeneration, viele im Unternehmen aktiv engagierte Kolleginnen und Kollegen anzuregen, sich auf den Weg zu machen und immer mehr selbst ein Unternehmer zu werden, der den Sinn sucht und Sinnvolles verwirklichen möchte? Götz Rehn, Gründer von Alnatura (Rehn 2016, S. 19).

1.1 Der Anfang von allem

„Die Playboys des Marktes klopfen sich gegenseitig auf die Schultern und nehmen die Empörung über ihr Verhalten gar nicht mehr wahr." Dies schrieb Norbert Blüm bereits vor über zehn Jahren im Magazin Cicero. Seine Beobachtungen von damals sind noch immer hochaktuell. Denn das Vertrauen in einige Manager und Konzernchefs läuft auch heute aus „wie der Sand aus einer defekten Eieruhr." (Blüm 2006). Erinnert sei an die „Entschuldigungstour" von VW-Chef Matthias Müller Anfang 2016, als er einem Reporter des US-Radiosenders NPR auf die Aussage, dass die Amerikaner im jahrelangen Betrugsskandal ein ethisches Problem sehen, entgegenhielt: „Ethisches Problem? Ich kann nicht verstehen, warum Sie das sagen." Er sprach vielmehr von einem „technischen Problem" (Hawranek 2016, S. 72). Kein Wort davon, dass das Unternehmen jahrelang gegen Gesetze verstoßen und Kunden betrogen hat.

Vertrauen ist hier nicht der Anfang von allem, sondern die Gier: der Januskopf und im besten Wortsinn „Motor" des Fortschritts, aber eben auch Ursache unseres Absturzes, wie ihn der tschechische Ökonom Tomas Sedlaek in seinem Krisenbuch *Die Ökonomie von Gut und Böse* (Sedlaek 2012) beschrieben hat.

A. Hildebrandt (✉)
Burgthann, Deutschland
E-Mail: drhildebrandt.alexandra590@gmail.com

Auch wenn für viele Menschen Gier „das Wesen der Evolution" ist („Sie ist gut, sie ist richtig, sie funktioniert!"), wie Regisseur Oliver Stone in seinem Klassiker *Wall Street* (1987) den skrupellosen Finanzinvestor Gordon Gekko (gespielt von Michael Douglas) stellvertretend für die Zocker sagen lässt,[1] und Zukaufen und Abstoßen das neue „universale Monopoly" sind, so vermittelt der Beitrag von Norbert Blüm auch Hoffnung.

Zunächst wirft er einen Blick auf den klassischen Unternehmertyp, der im Zeitalter der großen Entdeckungen auf die historische Bühne trat. Blüm bezeichnet ihn als einen entfernten Verwandten von Christoph Kolumbus, blendet dabei aber die Rücksichtslosigkeit, Gier und den Narzissmus von Kolumbus aus, der sich die Erde untertan machte und am Ende seinem Entdeckerdrang erlag.[2]

Gewiss war er ein Pionier (französisch: Wegbereiter, Bahnbrecher), der mit der Entdeckung des amerikanischen Kontinents 1492 das herrschende europäische Weltbild maßgeblich veränderte, durchsetzungsstark, risikobereit und kreativ war und auf althergebrachte Traditionen und Autoritäten keine Rücksicht nahm. Die allgemeine Definition der Wirtschaftstheorie und Innovationsforschung gilt auch für ihn: Ein Pionier ist ein wichtiger Träger des Innovationsprozesses und des Wachstumsprozesses.[3]

Allerdings reicht es nicht, „nur" ein Pionier und der Erste im Markt zu sein und dafür zu sorgen, dass sich Geld- und Warenproduktion fortlaufend vermehren und Wachstum generiert wird. Mit nachhaltigem Wirtschaften, zu dem auch Mitgefühl und Ethik gehören, hat das nichts zu tun.

Der Dalai-Lama ist davon überzeugt, dass die Gier nach endlichen Dingen nie wirklich befriedigt werden kann: „Statt das menschliche Begehren zu fördern, sollten wir daher die Zufriedenheit kultivieren, weil den Menschen so Enttäuschung und Ernüchterung erspart werden können" (Weder di Mauro 2007). Wir sind für unsere Umwelt verantwortlich, weil sie unser einziges Zuhause ist:

„Deshalb müssen wir ganz selbstverständlich daran interessiert sein, uns um sie zu kümmern. Die durch uns verschuldete Umweltverschmutzung hat ein Ausmaß angenommen, das nicht mehr kritiklos hingenommen werden kann. Unser Fehlverhalten und die daraus entstandenen globalen Umweltprobleme kann die Natur selbst heute nicht mehr ausgleichen" (Weder di Mauro 2007, S. 313 f.).

1.2 Vom Egoismus zum „Ecoismus"

Der Beitrag von Norbert Blüm enthält dennoch den Kern des nachhaltigen Unternehmertums, der auch von Demut getragen wird: Denn ein Unternehmen hat Kunden, Mitarbeitern, Eigentümern und der Gesellschaft zu „dienen". Gefragt ist, wer als Verantwortlicher

---

[1] http://nachhaltigkeit-im-fussball.de/kolumne/training-des-lebens/.
[2] http://www.huffingtonpost.de/alexandra-hildebrandt/weltverstaendnis--tiefe-warum-wir-vom-meer-aus-denken-sollten_b_9011742.html.
[3] http://m.wirtschaftslexikon.gabler.de/Definition/pionier.html.

diese dreifache Verantwortung managt. „Gott sei Dank gibt es ihn noch, und Gott behüte, dass er zum Auslaufmodell verkümmert", schreibt Blüm (2006).

Heute sind es vor allem erfolgreiche Unternehmer des Mittelstands, deren Weitsicht besonders geschätzt wird. Auch unter ihnen gibt es viele Pioniere mit einer nachhaltigen Ausrichtung.

„Es geht um die Einsicht, dass man den Einklang zwischen Wirtschaftlichkeit, sozialen und ökologischen Belangen schaffen kann"[4], sagt Katharina Reuter, Geschäftsführerin von UnternehmensGrün, dem Bundesverband der grünen Wirtschaft, dem es um dezentrale Wirtschaftsstrukturen, um die kleinen und mittleren Unternehmen geht, die regional verankert sind und Arbeitsplätze schaffen. Mitglieder sind auch bekannte Pioniere aus der Nachhaltigkeitsbranche wie etwa die GLS Bank, oekom, taz, die memo AG, EWS Schönau oder Naturstrom.

Der Mittelstand steht auch im Fokus des Onlinetools N-Kompass[5]. Hier können mittelständische Unternehmen erste Schritte machen, um sich im Nachhaltigkeitsbereich systematisch weiterzuentwickeln.

„Entscheidend ist dabei aus unserer Sicht vor allem der ganzheitliche Ansatz, bei dem alle drei Dimensionen der Nachhaltigkeit – Ökologie, Ökonomie und Soziales, vereint und in Balance gehalten werden", sagt die verantwortliche Redakteurin Marie-Lucie Linde, die kritisiert, dass einige Großunternehmen den Fokus ihrer Nachhaltigkeitsaktivitäten auf den größtmöglichen Imagegewinn legen und dadurch verstärkt in den Verdacht des Greenwashings geraten:

„Diese Unternehmen vernachlässigen die systematische Analyse der für ihren Betrieb tatsächlich wirksamen Hebel in Sachen CSR. Ein weiteres Problem in Großunternehmen: Isolierte CSR-Stabstellen bzw. Abteilungen vernachlässigen eine vernünftige Mitarbeitereinbindung, was eine Verankerung des Themas im Unternehmen erschwert."[6] In solchen Unternehmen fehlt es dann auch am Anfängergeist des Einzelnen, den es für die „Entdeckung" und die „Kultivierung" dieses Themas unbedingt braucht.

1.3 Richtige Entscheidungen brauchen Anfängergeist

Ein wesentlicher Unterschied zu den reinen „Eroberern" besteht darin, dass die Gestalter des nachhaltigen Wandels einen ausgeprägten „Anfängergeist" haben, der mit dem „Grundwahren" des Lebens eng verbunden ist. Dazu gehören auch Mut und ein Gespür für den richtigen Moment und für Menschen sowie die Überzeugung und Sicherheit, dass immer etwas nachkommt, wenn „es" gerade nicht weitergeht.

---

[4] http://www.neueenergie.net/wirtschaft/unternehmen/wir-wollen-die-wirtschaftswende.
[5] https://www.n-kompass.de/.
[6] http://www.csrcamp.de/2016/01/interview-mit-marie-lucie-linde/.

Der Satz: „Lebe so, als wäre es dein letzter Tag", gilt für echte Anfänger nicht. Sie leben, als wäre es ihr erster Tag, der mit unendlichen Möglichkeitsräumen verbunden ist, in denen sie sich neugierig, vorurteilsfrei, offen und achtsam bewegen.

Der Begriff „Anfängergeist" (japanisch: „shoshin") ist auf die japanische buddhistische Richtung des Zen rückzuführen. Mitunter wird auch von „Zen-Geist" gesprochen.[7] Hier gibt es den Gedanken, etwas „erreicht" zu haben, nicht. Nur, wer nicht daran denkt und sich nicht selbst in den Mittelpunkt stellt, kann als wahrer Anfänger bezeichnet werden.

Er verliert sich dabei nicht, weil er das fundamentale Bedürfnis hat, sich zu fokussieren und zu konzentrieren. Damit verbunden sind auch nachhaltige (Ent)Scheidungen im Sinne einer Scheidekunst.

Handel beginnt und endet mit dem Kunden (seit dem 16. Jahrhundert der in einem Geschäft regelmäßig einkaufende „Bekannte"): Indem er konsumiert, handelt er, und gleichzeitig beeinflusst ihn seine Handlung selbst. Der bewusste und informierte Kunde erwartet heute wahrhaftige Produkte mit einer Geschichte und einer transparenten Wertschöpfungskette. Will ein Unternehmen im globalen Markt nachhaltig sein, muss es den Konsumenten verstehen und darf nicht nur mit ihm „rechnen". Denn er entscheidet nicht nur nach dem Geld.

Werbeslogans wie „Geiz ist geil", mit denen lange am Markt geworben wurde, suggerierten nichts anderes als: „Billig ist gut." Über diesen Zeitgeist schrieb Wolf Lotter im Wirtschaftsmagazin *brand eins*:

> Sparen, sparen, sparen – das Wort der Knappheit dröhnt durch das ganze Land. Verzichten, vermeiden, verhindern – das klingt nicht nur nach einem fantastisch religiösen Dreiklang, es ist auch einer. Spare, wo du kannst, und alles wird gut. Kürze die Ausgaben. Schränke deinen Konsum ein. Kaufe Schnäppchen. Sei geizig. Wer da nicht mitmacht, gilt als verrückt (Lotter 2006, S. 49).

Als Wähler ist jeder Mensch in der Verantwortung – als Konsument aber noch mehr, denn jeder einzelne Einkauf ist auch eine Stimme, ein persönliches Statement. Allerdings: Sich entscheiden bzw. wählen zu können – auch für oder gegen „bestimmte Produkte und für oder gegen eine bestimmte Lebensweise" (Heckmann 2015, S. 151) –, ist leider auf dieser Welt vielfach noch ein „Luxus". Viele Menschen können es sich nicht einmal „leisten", über den Anfängergeist nachzudenken und ihren Weg zu wählen, und das obwohl wir heute über alle Mittel und Möglichkeiten verfügen, dies zu ändern, z. B. alle Menschen so zu versorgen, dass sie nicht hungern müssen.

Der schwedische Autor Henning Mankell, der 2015 seiner Krebserkrankung erlag, schreibt in seinem letzten Buch *Treibsand*:

> Aber wir haben die Wahl getroffen, dies nicht zu tun. Diese Wahl kann ich nur als ein Verbrechen betrachten. Aber es gibt keinen Gerichtshof, der auf globaler Ebene die Verbrecher anklagt, die die Verantwortung dafür tragen, dass Hunger und Armut nicht mit allen zur Ver-

---

[7] http://www.gelnhausen-meditation.de/Anfaengergeist.pdf.

fügung stehenden Mitteln bekämpft werden. Und der uns alle zwingt, uns einzumischen und Verantwortung zu übernehmen (Mankell 2015, S. 132 f.).

Dazu braucht es allerdings bestimmte Persönlichkeitsmerkmale wie selbstreflexive Vernunft, eine positive Einschätzung der eigenen Handlungsfähigkeit, authentisches Verhalten, das mit einem klaren Kommunikationsstil verbunden ist, aber auch Ausdauer, Kontinuität (vgl. Degenhardt 2006) und ein hohes Maß an Resilienz.

1.4 Öko ist niemals absolut

Ökopioniere sind aufgebrochen, um die Welt zu verbessern. Dabei bewahren sie sich den realistischen Blick: „Wenn wir 20 Prozent, vielleicht eines Tages 50 Prozent unseres Lebens verändern, ist das gut. Wenn wir dabei froher sind als zuvor, ist die Übung gelungen" (Schweisfurth 2015, S. 12 f.), sagt Georg Schweisfurth, der sich wie sein Vater Karl Schweisfurth aus Hermannsdorf als Öko bezeichnet, aber als solcher leider oft an 100 % gemessen und meistens von Nichtökos sofort kritisiert wird, wenn er etwas Unökologisches tut (z. B. mit dem Auto statt mit der Bahn reist). Immer wieder wird dann in seinen Publikationen nach Formulierungen gesucht, mit denen seine „wahre" Gesinnung bewiesen werden kann.

Wer immer das Absolute will, hat keinen Anfängergeist und wird die Welt niemals verbessern können. Die „echten" Ökos haben das verstanden.

Ihre „neuere" Geschichte beginnt in den späten 1960er-Jahren. Sie findet ihren Ausdruck in den Studenten-, Antiatomkraft- und Friedensbewegungen. Zu Beginn des 20. Jahrhunderts bildete sich unter dem Einfluss der Lebensreformbewegung und der von Rudolf Steiner begründeten Anthroposophie der ökologische Landbau heraus, den die Umweltaktivisten für sich entdeckten.

Die Sorge um die Gesundheit der eigenen Kinder war bei vielen Ökopionieren wie Dorothea und Heinz Hess im Jahr 1976 der Auslöser, um bisherige Selbstverständlichkeiten zu hinterfragen und die individuell wertgeprägten Unternehmenskonzepte entsprechend auszurichten. Viele Ökounternehmer waren auch maßgeblich an der Gründung regionaler Vermarktungsstrukturen wie Erzeugergemeinschaften beteiligt oder engagierten sich in ökologischen und sozialen Projekten.

Eine Kernbotschaft aller Pioniere des Nachhaltigkeitswandels lautet: immer ein Anfänger zu bleiben und sich niemals mit dem Erreichten zufriedenzugeben. Das Gefühl, „immer noch in den Anfängen zu stecken", beschreibt auch Ulrike Wolf, Mitbegründerin und Vorstandsmitglied der memo AG anlässlich des 25-jährigen Firmenjubiläums.

2 Die memo AG

2.1 Wahre Pioniere des Wandels: Wer sie sind und was sie wollen

Lange bevor die Begriffe „nachhaltig" oder CSR in aller Munde waren, verkaufte Jürgen Schmidt seinen Mitschülern an seinem Würzburger Gymnasium umweltverträgliche Schulartikel. Während andere auf den Straßen demonstrierten und Steine flogen, besuchte er erste Fabriken für Recyclingpapier.[8]

1991 startete das Unternehmen als „memo – Der Firmenausstatter für Umweltbewusste" ins Versandhandelsgeschäft. Die Mitbegründer Ulrike Wolf, Helmut Kraiß und Thomas Wolf sind noch heute im Unternehmen tätig.

Am Anfang wurde das Engagement nur bedingt ernstgenommen, auch wenn die Arbeit von vielen bewundert wurde. Die Zweifel waren vor allem mit der Frage verbunden, ob man damit auch seinen Lebensunterhalt bestreiten kann. Ähnliche Erfahrungen machte der Unternehmer Michael Otto, der 1986 Nachhaltigkeit und Umweltschutz zu einem weiteren Unternehmensziel erklärt hat. Einige Mitarbeiter fanden das gut – andere dachten sich: „Wir sollen Umsatz und Gewinn bringen, und jetzt kommt der Otto auch noch mit der Umwelt?" (Otto 2016, S. 26).

Die ersten memo-Kunden waren damals sogenannte Alternative oder Ökos – Naturkostläden und alternative Buchläden. Doch durch den wirtschaftlichen Erfolg und den Beginn der ersten „Ökowelle" „nach der verheerenden Umweltverschmutzung durch den Tankerunfall der Exxon Valdez im Jahr 1989 hat sich das gravierend geändert"[9], sagt Helmut Kraiß, Mitbegründer und Vorstandsmitglied der memo AG, der die Erfahrungen der Vergangenheit auch für die Gegenwart nutzt, um die Zukunft nachhaltiger zu gestalten.

Auf einen prägenden Aspekt der Anfangszeit, der auch noch heute Substanz hat, verweist Ulrike Wolf: „Die Verwendung von umweltfreundlichen Produkten war zu dieser Zeit auch ein politisches Statement."[10] Allerdings wollte sich das Unternehmen nie in eine politische oder ideologische Ecke stellen lassen:

Unser Ziel war es, das Verwenden von umweltverträglichen Produkten zur Selbstverständlichkeit werden zu lassen. Unsere Strategie: Kein „Öko-Bonus"! Wir stellen uns damals wie heute dem konventionellen Markt. Der Kunde entscheidet nicht nur nach umwelt- und sozialverträglichen Aspekten, sondern auch nach Qualität, Service und Preis.[11]

Seit Jahren zählt das Unternehmen zu den „wahren Pionieren des Wandels"[12] (Ernst-Ulrich von Weizsäcker) und Vorbildern für nachhaltiges, ganzheitliches Wirtschaften.

---

[8] http://trenntmagazin.de/nachhaltigkeit-der-traum-vom-besseren-leben/#.VpZS41LBb5w.
[9] http://www.umweltdialog.de/de/unternehmen/oekonomie/2016/Oeko-wie-aus-einem-Nischenthema-ein-Premiumprodukt-wurde.php (Abruf: 20.07.2017).
[10] http://www.eco-world.de/scripts/basics/econews/basics.prg?a_no=31004.
[11] http://www.umweltdialog.de/de/unternehmen/oekonomie/2016/Oeko-wie-aus-einem-Nischenthema-ein-Premiumprodukt-wurde.php.
[12] http://in-und-um-schweinfurt.de/2015/12/02/sie-sind-pioniere-des-wandels-die-sieger-des-nachhaltigkeitspreises-mainfranken-2015-wurden-gekuert/.

Aus der Vision, den Kunden ein nach ökologischen Kriterien optimiertes Komplettsortiment für den gewerblichen Bedarf anzubieten und damit ökologisches Verhalten zu fördern, ist heute ein Versandhandel mit aktuell rund 18.000 umwelt- und sozialverträglichen Produkten für bislang rund 125.000 Gewerbe- und Privatkunden geworden.

Das Sortiment wird über verschiedene Printmedien und drei Onlineshops präsentiert. Mit Bürobedarf und -möbeln, Werbeartikeln sowie Produkten für Schule, Haushalt, Freizeit und Wohnen werden Unternehmen und Organisationen sowie private Konsumenten gleichermaßen angesprochen.

Die offenen Unternehmensstrukturen und der transparente Umgang haben „viele Türen geöffnet und ließen Partnerschaften entstehen, die heute noch Bestand haben"[13], so Helmut Kraiß.

Der Hauptumsatz wird heute mit gewerblichen Kunden gemacht. Am häufigsten werden von diesen Kopierpapier, Aktenordner oder auch Briefumschläge bestellt, die memo in hochwertiger Recyclingqualität anbietet. Seit einigen Jahren verkauft das Unternehmen einige dieser Produkte auch unter eigenem Markennamen.

Seit 2004 beliefert die memo AG auch private Endverbraucher, denen sie unter der neuen Marke memolife einen eigenen Onlineshop und einen neuen Katalog anbietet, der komplett auf private Bedürfnisse ausgerichtet ist.

„Die Anpassung war notwendig, weil sich Anspruch und Bedürfnisse von Privatkunden hinsichtlich des Einkaufs online und offline in den letzten Jahren grundlegend gewandelt haben", so Uwe Johänntgen, Gesamtleiter Marketing memo AG.

> Wie auch im stationären Handel wollen Kund(inn)en nicht nur ihren Einkaufswagen füllen, sondern sie suchen Einkaufserlebnisse. Einerseits muss es komfortabel, sicher und zuverlässig sein und andererseits muss das Sortiment stimmen. Bisher haben wir Gewerbe- und Privatkund(inn)en in fast gleicher Art und Weise angesprochen und ihnen ein nahezu deckungsgleiches Sortiment geboten.[14]

Das wurde mit dem Onlineshop geändert. Der Name memolife ist für Uwe Johänntgen Programm: „memo" steht nach wie vor für Ökologie, soziale Verträglichkeit, Ökonomie, Qualität und absolute Kundenorientierung. „life" bedeutet die Hinwendung zum (Privat-)Leben – außerhalb von Büro und Beruf. „Es lag deshalb nahe, die beiden Begriffe zu verbinden."[15]

Das Sortiment für Privatkunden wurde konzeptionell komplett überarbeitet, an einigen Stellen gestrafft – beispielsweise im Bereich Bürobedarf – und um neue Produkte und Produktbereiche speziell für den privaten Bedarf ergänzt. So wurden neue Rubriken geschaffen, die wichtige Lebensbereiche der Privatkunden widerspiegeln, wie z. B. Genuss, Wellness, Garten und Freizeit oder Wohnen und Schlafen.

---

[13] http://www.umweltdialog.de/de/unternehmen/oekonomie/2016/Oeko-wie-aus-einem-Nischenthema-ein-Premiumprodukt-wurde.php.
[14] http://www.gesichter-der-nachhaltigkeit.de/gesichter/uwe-joh%C3%A4nntgen.
[15] Vgl. http://www.gesichter-der-nachhaltigkeit.de/gesichter/uwe-joh%C3%A4nntgen.

Mittelfristig sollen allen an einem nachhaltigen Lebensstil Interessierten „unterschiedliche Impulse und Ideen für ein nachhaltiges Leben" geboten werden, „mit redaktionellen Inhalten, ausgewählten Produktsortimenten und der Vermittlung von Dienstleistungen"[16].

Mit nur wenigen Klicks sollen Kunden alle verfügbaren und relevanten Informationen zu einem Produkt finden: Produktbeschreibung, Produktdaten, ökologische und/oder soziale Vorteile sowie Kundenbewertungen.

Der Listungsprozess aller Produkte bei memo erfolgt nach strengen Umwelt- und Sozialkriterien. Er umfasst eine ganzheitliche Analyse der Umweltauswirkungen und der Gesundheitsverträglichkeit der Produkte. Relevant sind Aspekte wie ressourceneffiziente Herstellung, sparsame, recyclingfähige Verpackung, möglichst geringe gesundheitliche Belastung der Benutzer während des Gebrauchs sowie die Recyclingfähigkeit bzw. die problemlose Rückführung der Produkte in natürliche Kreisläufe.

Weitere bedeutende Faktoren sind sozialverträgliche Arbeitsbedingungen in der Produktion und fairer Handel. Letztlich müssen jedoch auch Praxistauglichkeit, Qualität und Preis stimmen. Nur wer die hohen Umwelt- und Sozialkriterien einhält, kommt bei memo als Geschäftspartner infrage. Die Artikel sind nach ökologischen und sozial verträglichen, aber auch nach qualitativen Kriterien ausgesucht.

Generell ist es der Anspruch des Unternehmens, in jedem Bereich Produkte ins Sortiment aufzunehmen, die sich durch ihre nachhaltigen Eigenschaften besonders auszeichnen. Gute Chancen zur Aufnahme ins Sortiment haben auch „Leuchtturmprodukte", die in ihrer Sparte eine Vorreiterrolle einnehmen. „In vielen Bereichen der Produktbeurteilung orientieren wir uns an den Kriterien für anerkannte Umweltzeichen und Labels, die von unabhängigen Zertifizierungsorganisationen und Verbänden vergeben werden. Derartig ausgezeichnete Artikel werden bevorzugt ins Sortiment aufgenommen" (Hildebrandt 2015, S. 23), sagt Claudia Silber, die für die Unternehmenskommunikation verantwortlich ist.

Dabei handelt es sich vor allem um den Blauen Engel, das Umweltzeichen FSC®, das „Bio"-Siegel nach EG-Öko-Verordnung, das „Fairtrade"-Label oder auch GOTS für Textilien.

Bei der Beschaffung orientiert sich das Unternehmen konsequent am Prinzip des „local sourcing" – soweit möglich werden Lieferanten aus Deutschland und Europa bevorzugt. Dabei ist es nicht nur möglich, auch als kleines Unternehmen die meisten der Lieferanten persönlich zu besuchen, sondern Transportwege werden möglichst kurz gehalten und damit klimaschädliche Emissionen vermieden.

Um diese auf ein Minimum zu reduzieren, bietet memo eine besondere Versandvariante an. Statt im Karton können die Kunden die Waren in der „memo Box" bestellen, einem stabilen und recyclingfähigen Kunststoffbehälter. Rund 20 % der Kunden nutzen das Mehrwegversandsystem bereits – auch um ge- und verbrauchte Produkte, die bei memo gekauft wurden, zurückzuschicken (Hildebrandt et al. 2014, S. 461 ff.).

---

[16] Vgl. http://www.gesichter-der-nachhaltigkeit.de/gesichter/uwe-joh%C3%A4nntgen.

Als die Post ihr „Postbox"-System 2008 wegen zu großem Schwund einstellen musste, entwickelte memo auf Basis der praxiserprobten Behälter ein eigenes Mehrwegversandsystem: die „memo Box". Seitdem werden jährlich mehrere Tonnen Kartonagenabfall eingespart. Darüber hinaus können mit der Box oder einer anderen geeigneten Verpackung alle bei memo gekauften und verbrauchten Produkte als „memo Wertstoff-Box" zurückgesendet werden.

In Zusammenarbeit mit den Lieferanten und zertifizierten Recyclingunternehmen ermittelt das Unternehmen für die zurückgesendeten Produkte die jeweils beste Verwertungsmöglichkeit. Nicht weiter nutzbare Produkte werden in reine Wertstoffe demontiert und – sofern technisch und wirtschaftlich möglich – einer stofflichen Verwertung zugeführt.

So können leere Tonerkartuschen und Inkjet-Patronen erneut befüllt werden und gelangen als Recyclingtonermodule und Recycling-Inkjet-Patronen wieder in den Handel. Da alte CDs und DVDs wertvolles Polycarbonat enthalten, kann dieses erneut zu hochwertigen technischen Applikationen verarbeitet werden (Hildebrandt 2015, S. 24).

2.2 Womit in nachhaltigen Unternehmen zu rechnen ist

Als Claudia Silber 2009 bei der memo AG begann, waren Nachhaltigkeit und Ökoprodukte eher noch ein Nischenthema. Mittlerweile ist „nachhaltiger und bewusster Konsum (fast) in der Mitte der Gesellschaft angekommen"[17], bestätigt sie.

„Immer mehr Menschen hinterfragen ihre Konsumgewohnheiten und die Bedingungen, unter denen Produkte hergestellt werden. Sie suchen gezielt nach ökologischen und fairen Produkten. Diese Produkte sind mittlerweile nicht mehr muffig und angestaubt, wie es früher oft der Fall war, sondern haben ein ansprechendes Design und sind darüber hinaus nachhaltig hergestellt" (Hildebrandt 2015, S. 26), sagt Claudia Silber.

Zur größten Herausforderung der memo AG gehört der ständige Wandel. Dazu gehört die veränderte Kommunikation und die Verfügbarkeit von Informationen und Daten jeglicher Art über das Internet. Die Entwicklung und Veränderung von technischen und teilweise virtuellen Produkten haben eine Geschwindigkeit erreicht, die in vielen Bereichen sehr komplex und deshalb nur noch schwer zu steuern ist:

Das gelingt allerdings nur, wenn Menschen beteiligt und in alle Veränderungen miteinbezogen werden, „denn ohne zufriedene Mitarbeiter und Kunden gibt es keinen Erfolg."[18]

Mit der Umwandlung der memo GmbH in eine Aktiengesellschaft kann seit 1999 jeder fest angestellte Mitarbeiter über ein Beteiligungsmodell Anteile am Unternehmen halten und damit am Erfolg der memo AG partizipieren.

---

[17] http://www.huffingtonpost.de/alexandra-hildebrandt/warum-normal-heute-das-ne_b_7039444.html.
[18] http://www.huffingtonpost.de/alexandra-hildebrandt/pionier-ohne-gier-die-entdeckung-des-nachhaltigen-unternehmertums_b_9068168.html.

Die Einbindung verschiedener Stakeholder, vor allem der Mitarbeiter, bei der Entwicklung von Nachhaltigkeitsstrategien sowie bei deren Umsetzung, betont auch Marie-Lucie Linde von N-Kompass. Die Geschäftsführung und das Topmanagement spielen dabei eine zentrale Rolle: „Sie müssen CSR im Unternehmen vorleben, damit diese zur gelebten Praxis wird, die die Belegschaft letztendlich mitträgt."[19]

Zahlen stehen für Vernunft, feste Strukturen und Kontrolle. Doch Zukunft lässt sich weder messen noch planen, sagen Zahlenkritiker. Die „Rechnung" stimmt – allerdings bleibt unterm Strich auch eine wichtige Erkenntnis: dass alle Beteiligten im Zuge der heutigen Unternehmensdemokratisierung die Sicherstellung und Zugänglichkeit relevanter Daten und deren Interpretation benötigen. Ansonsten ist der Wunsch nach Verantwortungsübernahme und Teilhabe nur eine Phantasmagorie.

Vor diesem Hintergrund ist auch die aktuelle Kritik der Grünen am Jahreswirtschaftsbericht (JWB) zu sehen, der seit 1968 erscheint und am 27.01.2016 vorgelegt wurde. Er sei „ökologisch blind und sozial gleichgültig", weil er nur auf materielles Wachstum abzielt und Umwelt und Gesellschaft vernachlässigt, so Kerstin Andreae, stellvertretende Fraktionsvorsitzende der Grünen. Was die Öffentlichkeit in Krisenzeiten besonders interessiert, sei nicht „Eigenlobprosa", sondern solides Zahlenwerk.[20]

Die Grünen legten ein Gegenkonzept vor, das auch den „richtigen Umgang mit dem Human- und dem Sozialkapital sowie dem vorhandenen Naturkapital" (Reiermann 2016, S. 78) berücksichtigte.

Zu den Kernindikatoren ihres Jahreswohlstandsberichts gehören: ökologischer Fußabdruck im Verhältnis zur Biokapazität, Artenvielfalt und Landschaftsqualität, Einkommensverteilung, Bildungsabschlüsse der Bevölkerung, nationaler Wohlfahrtsindex und BIP, Anteil von Umweltschutzgütern an den Industriewarenexporten, subjektive Lebenszufriedenheit und Governance-Index.

Zahlreiche Aspekte professioneller Nachhaltigkeitsberichterstattung fließen hier ein. Vor dem Hintergrund der EU-Berichtspflicht wird die Diskussion darum in den nächsten Jahren zunehmen:

„Wir beobachten, dass die systematische Auseinandersetzung mit Einzelthemen dadurch sowohl in Großunternehmen, als auch bei Mittelständlern zunimmt und sicher weiter zunehmen wird"[21], bestätigt Marie-Lucie Linde.

Allerdings sei an dieser Stelle auch erwähnt, dass in den 1980er- und 1990er-Jahren vor allem Mittelständler die Pioniere mit den ersten Umweltberichten waren, die wesentlich zu einer „Weiterentwicklung der Unternehmensberichterstattung" (Kleene et al. 2016, S. 29) beigetragen haben.

Bereits seit 2003 gibt die memo AG alle zwei Jahre einen Nachhaltigkeitsbericht heraus, der als Vorbild und Beispiel des Reportings nachhaltig wirtschaftender Unternehmen gilt. Positiv hervorgehoben wird beispielsweise, dass er offen und konstruktiv „Herausfor-

---

[19] http://www.csrcamp.de/2016/01/interview-mit-marie-lucie-linde/.
[20] http://www.spiegel.de/spiegel/print/d-141826697.html.
[21] http://www.csrcamp.de/2016/01/interview-mit-marie-lucie-linde/.

derungen und Zielkonflikte bei der Umsetzung von Nachhaltigkeitsmaßnahmen" thematisiert, systematisch die Sortimentsgestaltung und deren Orientierung an ökologischen und sozialen Kriterien darstellt, aber auch „durch seine umfassende Erörterung der Mitarbeiterinteressen" (Kleene et al. 2016, S. 32) überzeugt.

An Nachhaltigkeitsberichten zeigt sich nicht nur das Ganze, das ein Verhältnis zum Größeren bildet, sondern ebenso, dass die Pioniere des nachhaltigen Wandels auch vor Zahlen Respekt haben und mit ihnen umgehen können und dass richtiges Management sowie eine sinnvolle Neubesinnung in unserer Lebens- und Wirtschaftsweise nicht nur Herz und „Anfängergeist", sondern auch professionelle Maßstäbe und Standards brauchen.[22]

Literatur

Blüm N (2006) Playboys des Marktes. http://www.cicero.de/97.php?ress_id=6&item=93&aktion=blaettern&teil_num=1&teil_gesamt=2. Zugegriffen: 23. Apr. 2006

Degenhardt L (2006) Pioniere Nachhaltiger Lebensstile. Analyse einer positiven Extremgruppe mit bereichsübergreifender Kongruenz zwischen hohem nachhaltigen Problembewusstsein und ausgeprägtem nachhaltigen Handeln. Dissertation. kassel university press, Kassel

Hawranek D (2016) Demut? Wieso Demut? Spiegel 2:72

Heckmann I (2015) Von der Kunst Yoga & Achtsamkeit im Alltag zu leben. Irisiana Verlag, München

Hildebrandt A (2015) Wo wir die besseren Seiten der Wirtschaft finden. In: Austria Glas Recycling GmbH (Hrsg) CIRCULAR THINKING. Kluge Köpfe über Nachhaltigkeit und Kreislaufwirtschaft. Gugler, Wien

Hildebrandt A, Silber C, Johänntgen U (2014) Zukunft von innen. Nachhaltige Beschaffung von Sportverbänden. In: Hildebrandt A (Hrsg) CSR und Sportmanagement. Jenseits von Sieg und Niederlage: Sport als gesellschaftliche Aufgabe verstehen und umsetzen. Reihe: Management-Reihe Corporate Social Responsibility. Springer Gabler, Heidelberg, S 461–467

Kleene M, Wöltje G, Teucher T (2016) Externe Kommunikation und Nachhaltigkeitbericht. N-Kompass-Praxisreihe. NWB Verlag, Herne

Lotter W (2006) Spar dir das. brand eins 7:49

Mankell H (2015) Treibsand. Was es heißt, ein Mensch zu sein. Aus dem Schwedischen von Wolfgang Butt. Paul Zsolnay Verlag, Wien

Otto M (2016): „Auch ich bin nur ein kleines Licht". Interview. In: DIE ZEIT (28. Jan. 2016), S 26.

Rehn G (2016): „Es geht um die Befreiung der Erde". Gespräch mit dem Alnatura-Gründer Götz Rehn. In: Info 3. Anthroposophie im Dialog (Februar 2016), S 19.

Reiermann C (2016) Illusionärer Wohlstand. Spiegel 4:78

Schweisfurth G (2015) Nachhaltig leben für alle. Irisiana Verlag, München

Sedlaek T (2012) Die Ökonomie von Gut und Böse. Hanser, München

Weder di Mauro, B (2007) Chancen des Wachstums: Globale Perspektiven für den Wohlstand von morgen. Campus, Frankfurt a.M.

---

[22] http://www.huffingtonpost.de/alexandra-hildebrandt/nachhaltige-zahlen_b_9068900.html.

Dr. Alexandra Hildebrandt ist Publizistin, Nachhaltigkeitsexpertin und Wirtschaftspsychologin. Sie studierte Literaturwissenschaft, Psychologie und Buchwissenschaft. Anschließend war sie viele Jahre in oberen Führungspositionen der Wirtschaft tätig. Bis 2009 arbeitete sie als Leiterin Gesellschaftspolitik und Kommunikation bei der KarstadtQuelle AG (Arcandor). Beim den Deutschen Fußball-Bund (DFB) war sie 2010 bis 2013 Mitglied der DFB-Kommission Nachhaltigkeit. Sie ist spezialisiert auf die Positionierung nachhaltiger Unternehmen und Organisationen, ihrer Leistungen, Produkte und ihrer Kommunikation. Den Deutschen Industrie- und Handelskammertag unterstützte sie bei der Konzeption und Durchführung des Zertifikatslehrgangs „CSR-Manager (IHK)". Alexandra Hildebrandt ist Sachbuchautorin, Hochschuldozentin, Herausgeberin und Mitinitiatorin der Initiative Gesichter der Nachhaltigkeit (www.gesichter-der-nachhaltigkeit.de). Sie ist Bloggerin bei der Huffington Post und Co-Publisherin der Zeitschrift „REVUE. Magazine for the Next Society". Im Verlag Springer Gabler gab sie in der Management-Reihe Corporate Social Responsibility die Bände „CSR und Sportmanagement" (2014), „CSR und Energiewirtschaft" (2015), „CSR und Digitalwirtschaft" (2016) und „CSR und Digitalisierung" (2017) heraus.

Verantwortung für den Menschen – mehr als eine CSR Strategie

Thomas Jorberg

1 Einleitung

Der Wunsch, Verantwortung für die Bewahrung und Weiterentwicklung des menschlichen Lebensraumes sowie für die friedliche Koexistenz zwischen Kulturen zu übernehmen, führte 1974 zur Gründung der GLS Bank. Sie finanziert bis heute ausschließlich sozial-ökologische Projekte und achtet in besonderem Maße auf das Wohlbefinden ihrer Mitarbeiter und den Ressourceneinsatz für ihre Tätigkeiten. Mit ihrem ganzheitlichen Nachhaltigkeitskonzept geht die GLS Bank weit über das hinaus, was gemeinhin unter Corporate Social Responsibility (CSR) verstanden wird. CSR steht dafür, die Verantwortung für Mensch und Umwelt in das Zentrum des unternehmerischen Handelns zu rücken. Leider spielt der Begriff in vielen Unternehmen nur eine Nebenrolle. Das zeigt sich schon daran, dass die EU Unternehmen mit mindestens 500 Beschäftigten erst dazu verpflichten musste, ihre CSR-Aktivitäten mit einem Nachhaltigkeitsbericht öffentlich zu dokumentieren und also den Anreiz gesetzt hat, CSR als Wettbewerbsfaktor zu begreifen.[1]

Es kann nicht von CSR und schon gar nicht von Nachhaltigkeit gesprochen werden, solange Gewinnmaximierung als priorisiertes unternehmerisches Ziel besteht bleibt und nur durch soziale und ökologische Randaspekte ergänzt wird.[2] Die einzig sinnvolle Priorität von Unternehmen muss der Mensch mit seinen sozialen, materiellen und geistigen Bedürfnissen sein. Für die Transformation hin zu einem nachhaltigen Finanz- und Wirtschaftswesen ist letztlich ein Kulturwandel in Wirtschaft und Gesellschaft notwendig.

---

[1] Vgl. Richtlinie 2014/95/EU, umgesetzt in deutsches Recht durch das CSR-Richtlinie-Umsetzungsgesetz.
[2] Der vorliegende Aufsatz basiert auf diesen Beiträgen: Jorberg (2016a, 2016b).

T. Jorberg (✉)
GLS Gemeinschaftsbank eG
Christstraße 9, 44789 Bochum, Deutschland
E-Mail: thomas.jorberg@gls.de

Dieser Beitrag stellt in einem ersten Schritt die Grundannahmen des Geschäftsmodells der GLS Bank vor. Darauf aufbauend wird gezeigt, durch welche besonderen Maßnahmen die GLS Bank ihr Verständnis von Nachhaltigkeit umsetzt. In Abschn. 4 erfolgt die Erläuterung eines notwendigen Kulturwandels in der Gesellschaft, der eine essenzielle Modifizierung des ökonomischen Bewusstseins bedeutet.

2 Ganzheitlich nachhaltig

Als Sinn und Zweck jeder wirtschaftlichen Tätigkeit sieht die GLS Bank die ganzheitliche Befriedigung der menschlichen Bedürfnisse. Darum stellt sie mit ihrem Verständnis von Nachhaltigkeit den Menschen in den Mittelpunkt. Die drei Dimensionen der Tripple-Bottom-Line „People, Planet, Profit" übersetzt sie mit menschlich, zukunftsweisend, ökonomisch. Die Besonderheit der Arbeitsweise ergibt sich daraus, diese drei Dimensionen von Nachhaltigkeit genau in dieser Reihenfolge als Voraussetzung jeglichen Handelns zu nehmen.

Der Begriff „zukunftsweisend" meint, dass die GLS Bank bei ihrem Handeln stets sowohl die Bewahrung (z. B. bei der ökologischen Landwirtschaft) als auch die Weiterentwicklung (z. B. im Bereich der erneuerbaren Energien) der natürlichen Lebensgrundlagen zum Ziel hat. Die Ökonomie ist dabei kein Wert an sich, sondern ein Instrument, dessen man sich bedient, um eine menschliche und zukunftsweisende Entwicklung zu gewährleisten. Wird das Instrumentarium gut genutzt, ist wirtschaftlicher Gewinn nicht der Zweck, aber eine Folge des erfolgreichen Handelns.

Auch im Wertpapiergeschäft ist den Kunden wichtig, dass ihr Geld realwirtschaftlich wirksam wird, also nicht in Derivate und Verbriefungen fließt, deren soziale und wirtschaftliche Effekte im Einzelnen nicht wirklich nachvollzogen werden können. Beim GLS Aktienfonds werden alle Titel nach ihrem gesellschaftlichen Impact bewertet. Durch den Verzicht auf Performance Fees gibt es keinen Anreiz zu unnötigen Umschichtungen.

Die GLS Bank sieht Geld als ein gesellschaftliches Gestaltungsmittel, mit dem sich sinnvolle und zukunftsweisende Projekte anstoßen und umsetzen lassen. Diesem Verständnis von Geld gemäß, vereint die GLS Bank gemeinsam mit der GLS Treuhand e. V. alle drei Geldqualitäten des Zahlens, des Leihens und des Schenkens unter einem Dach. Sie bietet Zahlungsverkehr und Sparangebote. Durch das Kreditgeschäft finanziert sie nachhaltige Unternehmen sowie Sozial- und Bildungseinrichtungen. Außerdem stellt sie sozial-ökologischen Projekten durch aktives Beteiligungsgeschäft Risikokapital zur Verfügung. Vor allem das Schenkgeld spielt für die GLS von Beginn an eine besondere Rolle. Die GLS Treuhand verwaltet fünf Zukunftsstiftungen, aus deren Vermögen Menschen Zuwendungen erhalten. Außerdem bietet die GLS Bank mit „Leih- und Schenkgemeinschaften" eine Finanzierungsform an, die über die herkömmliche Kreditvergabe hinausgeht und gemeinnützige Projekte ermöglicht.

Dieses nachhaltige Geschäftsmodell hat sich als erfolgreich erwiesen. Die GLS Bank, 1974 gegründet, zählt mittlerweile mehr als 210.000 Kunden. Das Bilanzvolumen ist auf über 4,5 Mrd. EUR angewachsen. Das Eigenkapital der Genossenschaftsbank stellen über

46.000 Mitglieder. Auch insgesamt erweisen sich nachhaltige Finanzanlagen als aufstrebend. Nachhaltige Geldanlagen in Deutschland, Österreich und der Schweiz umfassten „Ende 2016 insgesamt 339,5 Milliarden Euro. Im Vergleich zum Vorjahr entspricht dies einem Wachstum von 32 Prozent."[3] Besonders nach dem Pariser Klimagipfel 2015 erklärten namhafte Unternehmen, Kommunen und Bildungseinrichtungen, sich dem „Divestment" zu verpflichten, also nicht mehr in fossile Energieträger zu finanzieren.[4]

Dennoch sind dies nur zögerliche Ansätze, denn Wirtschaft und Gesellschaft berücksichtigen bei der Nachhaltigkeit selten das Kerngeschäft und die wesentlichen Rahmenbedingungen eines Unternehmens. Das zeigt sich beispielsweise bei Rankings und Wettbewerben zur Nachhaltigkeit. Interesse besteht vornehmlich an Einzelprojekten (eine Bank fördert ein Bildungsprojekt) bzw. an öffentlichen Verpflichtungen zu Richtlinien und Siegeln. Die Umsetzung von CSR erfolgt meist über die Einhaltung gewisser Mindeststandards im Bereich Menschenrechte, Arbeitnehmerschutz und Umweltschutz. Die GLS Bank sticht bei den Evaluationen gerade deswegen positiv heraus, da sie Nachhaltigkeit als grundlegendes, qualitatives Ziel ihrer Tätigkeit ansieht, somit weit über die Standards hinausgeht und dies zudem transparent macht. Außerdem geht sie von einem mündigen Kunden aus, der immer wieder überprüft, ob seine Ansprüche erfüllt werden und sich nicht nur blind auf Siegel und Auszeichnungen verlässt.

Hohe Sponsoringbudgets und Spendenbeträge bedeuten Wohltaten, die – das ist unbestritten – sich in der Allgemeinheit vorteilhaft niederschlagen. Allein, diese Maßnahmen unterliegen zu oft der Motivation der Außendarstellung, weil letztlich doch die Gewinnmaximierung maßgeblich ist. Die gesellschaftliche Verantwortung verkommt zur Zusatzleistung, zum Add-on.

Ein beschränktes Nachhaltigkeitsverständnis hat indes wirtschaftliche Nachteile zur Folge. Gegenwärtig ist der Mensch – sowohl als Mitarbeiter als auch als Verbraucher – das Mittel zum letztgültigen Ziel der Gewinnerwirtschaftung. So leistungsfähig dieses kopfstehende System zur materiellen Wohlstandsmehrung in der Vergangenheit war (und auch das sei hier unbestritten), ist es nun dabei, sich selbst zu zerstören. Der Klimawandel, gesellschaftliche Konflikte oder die zunehmende Spanne zwischen Arm und Reich sind nur wenige Belege dafür. Den externen Effekten wurde und wird nicht ausreichend Rechnung getragen.

3   Umsetzung von Nachhaltigkeit

Auf der Grundlage dieses ganzheitlichen Nachhaltigkeitskonzeptes baut die Arbeitsweise der GLS Bank auf. Sie bietet ihren Kunden alle üblichen Leistungen an, vom Girokon-

---

[3] Vgl. den Marktbericht des Forum Nachhaltige Geldanlagen: http://www.forum-ng.org/images/stories/Publikationen/fng_marktbericht_2017_online.pdf (Stand 10.07.2017).
[4] Vgl. Guardian: https://www.theguardian.com/environment/2015/jun/23/a-beginners-guide-to-fossil-fuel-divestment (Stand 10.07.2017).

to über Altersvorsorge, Vermögensmanagement und Beteiligungsmöglichkeiten, bis hin zu Finanzierungen. Dabei ermöglicht sie, dass in den Anlageentscheidungen über die Kriterien Sicherheit, Verfügbarkeit und Rendite hinaus die ökologischen, sozialen und realwirtschaftlichen Folgen der Geldanlage einbezogen werden können. Im Folgenden wird die besondere Arbeitsweise der GLS Bank ausgeführt. Diese ist nicht auf Finanzinstitute beschränkt, sondern kann auch von wirtschaftlichen Unternehmen im Allgemeinen umgesetzt werden.

3.1 Gesellschaftliche Wirkung

Banken haben in einem volkswirtschaftlichen System die Aufgabe die Realwirtschaft mit Geld zu versorgen. Die Investition in Finanzprodukte oder Finanzunternehmen, deren Ziel es ist, durch Spekulation Geld mit Geld zu verdienen, ist bei der GLS Bank ausgeschlossen. Der Fokus liegt auf der Befriedigung menschlicher Bedürfnisse. Insofern haben sich sechs Branchen als sinnvoll ergeben: Ernährung, regenerative Energien, Bildung und Kultur, Gesundheit und Soziales, Wohnen sowie nachhaltige Wirtschaft. Die „nachhaltige Wirtschaft" als eigenständige Branche wurde im Frühjahr 2016 etabliert. Sie umfasst z. B. Naturkosmetik, Textilwirtschaft oder Gewerbeimmobilien. Einerseits findet sich sozial-ökologisches Unternehmertum als neue Erscheinung in immer mehr Wirtschaftsbereichen. Andererseits müssen viele bereits vorhandene nachhaltige Alternativen bei Produktion und Konsum noch deutlicher in Erscheinung treten. Außerdem signalisiert die GLS Bank, dass sie mit ihrer langjährigen Erfahrung und Expertise Unternehmen bei der Integration von Nachhaltigkeit unterstützen kann.

Um die positive Wirkung des Bankgeschäfts sicherzustellen, gelten für alle Kredite sowie das Wertpapier- und Beteiligungsgeschäft strenge Ausschluss- und Positivkriterien. Die sieben Positivkriterien beinhalten u. a. eine sozial-ökologische Unternehmenspolitik, Energie- und Ressourceneffizienz und eine transparente Arbeitsweise. Jedes Darlehen hat einen gesellschaftlichen Mehrwert zur Folge. Die zwölf Ausschlusskriterien hingegen umfassen u. a. die Bereiche Atomenergie, Waffen- und Rüstungsproduktion oder konventionelle Landwirtschaft. Auch Unternehmen, die Menschenrechte verletzen, Rechte von Arbeitnehmern missachten oder Korruption billigen, werden nicht finanziert und sind nicht in unserem Anlageuniversum enthalten. Ein eigenes Research sowie der Anlageausschuss (mehrheitlich aus externen Mitgliedern bestehend) legen die sozial-ökologischen Anlage- und Finanzierungsrichtlinien fest und definieren ein Anlageuniversum mit nachhaltigen Titeln (Aktien, Anleihen etc.), in dessen Rahmen die GLS Bank handelt.

Regelmäßig wird eine Branchenübersicht mit den jeweiligen Kreditvolumina veröffentlicht. Davon ausgehend kann ein umfassendes Bild über die Wirksamkeit der Geldanlagen gegeben werden. Anhand von Projektberichten aus jeder Branche wird der ganzheitliche Ansatz deutlich: Zu den finanzierten Angeboten in allen Lebensbereichen haben viele GLS-Kunden meist einen realen Bezug, etwa durch den Kauf von ökologischen Produkten oder das Engagement für kulturelle und soziale Einrichtungen. Die GLS Bank als

Hausbank ist somit ein integrierter Bestandteil eines nachhaltigen Lebensstils, der sich durch besondere Qualitäten definiert.

3.2 Transparenz

Neben der sozial-ökologischen Arbeitsweise ist ein weiteres Anliegen der GLS Bank die Transparenz ihres Vorgehens und ihres Bankgeschäfts. Ein sehr schlichtes Instrument mit großer Wirkung ist die Veröffentlichung der neu vergebenen Kredite an Geschäftskunden. Eine solche Liste gibt die GLS Bank ihren Kunden quartalsweise im Kundenmagazin „Bankspiegel" heraus, mit allen wesentlichen Informationen: Name des Kreditnehmers, Ort, Verwendungszweck und Betrag. Auch auf der Website werden die Finanzierungen veröffentlicht. Dort sind zudem die gesamten Eigenanlagen sowie die Konditionengestaltung der GLS Bank zu finden.

Hinzu kommen Publikationen wie der Nachhaltigkeitsbericht gemäß GRI-Standard, ein Offenlegungsbericht und ein jährlicher Report. Auch im Investmentbereich werden umfassende Reportings und Investitionsberichte über angebotene Fonds publiziert.

Hinzu kommt der direkte Austausch. Bei der Jahresversammlung der Genossenschaft – die nicht als Vertreterversammlung organisiert ist – kommen der Vorstand und die Mitarbeiter der GLS mit den Mitgliedern ins Gespräch und stehen Rede und Antwort.

3.3 Auswahl der Mittelverwendung

Schon mit der Kontoeröffnung können GLS-Kunden auswählen, in welcher Branche ihr Geld vorzugsweise verwendet werden soll. Dies reflektiert das Verständnis eines bewussten Umgangs mit Geld sowie die Einbeziehung in Entscheidungsprozesse. Dadurch haben die Kunden einen weiteren Anreiz, sich intensiver mit der Kreditvergabe und der Geschäftspolitik der Bank zu befassen. Ein interessanter Effekt ist allerdings, dass die Hälfte der Kunden bei der Kontoeröffnung „keine Präferenz" auswählen, also der Bank freistellen, wo ihr Geld investiert wird. In Kundengesprächen wird deutlich, dass dies an einer hohen Identifikation mit den Werten der GLS Bank liegt.

3.4 Aktive Gemeinschaft

Die GLS Bank soll von den Menschen, die mit ihr in Kontakt stehen, aktiv mitgestaltet werden. Als Genossenschaft haben alle Mitglieder mit gleichem Stimmrecht die Möglichkeit, über die wesentliche Ausrichtung der GLS Bank mitzuentscheiden. Als jüngstes Beispiel ist an dieser Stelle der GLS Beitrag anzuführen. Ende 2016 entschieden die Mitglieder im Rahmen einer außerordentlichen Generalversammlung über die Frage, ob sie zukünftig einen pauschalen Beitrag bezahlen wollen, um die Kosten für alle Leistungen mit gesellschaftlichen Wirkungen – also das, was die GLS Bank im Besonderen ausmacht – abzudecken. Knapp 80 % der anwesenden 1200 Mitglieder stimmten für den GLS Beitrag. Dem voraus ging ein knapp zweijähriger offener Prozess mit unzähligen Gesprächen und intensivem Austausch über die Zukunft der GLS Bank.

In der Kundenzeitschrift „Bankspiegel", auf der jährlichen Mitgliederversammlung und in hunderten regionalen Veranstaltungen werden zu ausgewählten Schwerpunkten inhaltliche Bezüge von den finanzierten Unternehmen und Projekten zu aktuellen gesellschaftlichen Fragen aufgezeigt. Für viele Einleger ist dieser Spannungsbogen von gesellschaftlichen Aufgabenstellungen zu der konkreten Projektarbeit, die durch ihre Einlagen finanziert wird, ganz wesentlich. Daran wird auch die inhaltliche Kompetenz der GLS Bank mit ihren Netzwerkpartnern deutlich, die unter anderem in nichtöffentlichen Fachgesprächen und internen Mitarbeiterveranstaltungen erarbeitet wird.

3.5 Haltung

Die GLS Bank steht in der Öffentlichkeit für eine Reihe von Projekten, die sie mitinitiiert und maßgeblich unterstützt hat. Solche Projekte waren beispielsweise der Kauf des Schönauer Stromnetzes durch die Bürger, wofür die GLS Bank unter anderem einen Beteiligungsfonds aufgelegt und eine breit angelegte Spendenkampagne mit prominenter Unterstützung durchgeführt hat. Ein jüngeres Beispiel für gesellschaftliches Engagement über das Bankgeschäft hinaus ist die Prokon eG. Nachdem der Projektierer von Anlagen für erneuerbare Energien 2014 seine Insolvenz bekannt geben musste, setzte sich die GLS Bank für die Umwandlung in eine Genossenschaft ein und begleitete beratend den Prozess. Heute zählt die Prokon eG über 39.000 Mitglieder und ist die größte Energiegenossenschaft Deutschlands. Außerdem initiierte die GLS Bank die Gründung der BioBoden-Genossenschaft. Sie sichert Grund und Boden für ökologische Bauernhöfe. Denn während der Biokonsum boomt, kommt die Produktion in Deutschland nicht nach.

3.6 Netzwerke schaffen

Die GLS Bank ist in mehreren Netzwerken organisiert, um Erfahrungen auszutauschen und Standards für ein ganzheitlich nachhaltiges Geschäftsmodell zu setzen. Die GLS Bank gehört zu den Gründungsmitgliedern der Global Alliance for Banking on Values (GABV). Die GABV ist ein Bündnis aus über 40 wertebasierten Nachhaltigkeitsbanken, das gemeinsam und weltweit den Markt für soziale und ökologische Finanzdienstleistungen weiterentwickelt und sich für Alternativen zum krisenbehafteten Finanzmarkt einsetzt.

Als erste Bank in Deutschland hat die GLS Bank 2011 die UN Principles for Investors in Inclusive Finance (UN PIIF) unterzeichnet. Die PIIF sind Teil der Initiative UN Principles for Responsible Investment (UN PRI). Ziel der Prinzipien ist es, die Leistungen des Finanzsektors auf arme Teile der Bevölkerung sowie Mikro- und Kleinstunternehmen auszuweiten und im Sinne der Kunden zu gestalten. Unternehmen, die die Prinzipien unterzeichnen, verpflichten sich insbesondere, den Wert sozial-ökologischer Standards einzuhalten sowie eine faire Zusammenarbeit und umfassende Transparenz zu gewährleisten.

Bereits 1989 zählte die GLS Bank zu den Gründungsmitgliedern der International Association of Investors in the Social Economy (INAISE). Hierbei handelt es sich um eine Vereinigung von Institutionen, die sich weltweit im nachhaltigen und sozialen Bereich engagieren. Dazu gehören Mikrofinanzierer aus dem asiatischen Raum ebenso wie Alternativbanken von der Nordhalbkugel.

3.7 Kommunikation

Die Erweiterung des Bankgeschäfts um eine Verwendungsorientierung ist eine Herausforderung an die Kommunikation einer Bank, bietet aber auch die Chance einer besonderen Identifikation und Bindung ihrer Kunden. Grundsätzlich könnte dies auch eine regional tätige Bank oder Sparkasse aufgreifen, indem sie die Wirksamkeit ihrer Investitionen in der Region sichtbar macht und sich damit ein Alleinstellungsmerkmal verschafft. Neben dem Konditionsvergleich mit Wettbewerbern hätte sie dadurch starke neue Ansätze in der Kundenansprache. Allerdings geht solche Transparenz auch mit steigenden Erwartungen an Geschäftätigkeit und Konditionengestaltung einher.

Mit Ökolebensmitteln wird mittlerweile auch nicht mehr in erster Linie Verzicht und Einfachheit sondern Lebensqualität assoziiert. Genau so kann auch der interessierte Umgang mit Geld das Leben bereichern – im umfassenden Sinne. Ob ein Finanzdienstleister mit nur einzelnen wertorientierten Angeboten ohne entsprechende geschäftspolitische Ausrichtung die erforderliche Glaubwürdigkeit und Authentizität erreichen kann, ist darum fraglich. Umgekehrt kann er es als Anreiz nutzen, um Nachhaltigkeit im eigenen Unternehmen einzuführen.

Durch ihren ganzheitlichen Ansatz erfährt die GLS Bank eine große öffentliche Aufmerksamkeit. Indikatoren hierfür sind außergewöhnlich gute Werte hinsichtlich Kundenzufriedenheit und Kundenbindung sowie viele Auszeichnungen hinsichtlich der gelebten Werte und der Finanzdienstleistungen. In der Begründung des Deutschen Nachhaltigkeitspreises, den die GLS Bank im Dezember 2012 verliehen bekam, heißt es: „Als Vorreiterin des nachhaltigen Bankgeschäfts setzt die GLS Bank in Zeiten der Finanzkrise ein deutliches Zeichen für nachhaltiges Wirtschaften in allen Facetten. Durch die Veröffentlichung aller neu vergebenen Kredite und ihrer Eigenanlagen fördert die sozial-ökologische Universalbank transparente Geldverwendung in beeindruckendem Maße."

3.8 Umgang mit Mitarbeitenden

Nachhaltigkeit ist bei der GLS Bank aber nicht nur auf Finanzdienstleistungen beschränkt, sondern schließt das Unternehmen als Organisation ein. Das bezieht sich primär auf den

Umgang mit der Belegschaft sowie den Ressourcenverbrauch, über den der jährliche GRI-Nachhaltigkeitsbericht Auskunft gibt. Die für alle Mitarbeitenden geltende Einkommensordnung (Haustarifvertrag) regelt neben der verbindlichen Vergütung eine Vielzahl von Sozialleistungen (z. B. Zuschläge für Kinder und Wohnkosten).

Die GLS Bank bezahlt allen Mitarbeitenden ein Grundgehalt mit gestaffeltem Funktionszuschlag, das am Anfang eines Monats ausgezahlt wird. Allgemein gilt Vertrauensarbeitszeit. Außerdem werden allen Mitarbeitenden die ÖPNV-Fahrtkosten zur Arbeitsstelle bezahlt. Die Einkommensordnung kann nur mit Zustimmung von drei Vierteln der Belegschaft geändert werden. Die Interessenvertretung der Mitarbeitenden nimmt der Vertrauenskreis wahr, der über die Rechte aus dem Betriebsverfassungsgesetz hinausgehende Mitbestimmungsmöglichkeiten hat. Die Mitglieder des Vertrauenskreises werden alle drei Jahre von der Belegschaft gewählt und genießen den gleichen Kündigungsschutz wie Betriebsratsmitglieder. Ihre Einflussmöglichkeiten auf Unternehmensentscheidungen sind in der gelebten Praxis deutlich größer, als es sich aus dem Betriebsverfassungsgesetz ergibt. Die GLS Bank beschäftigt Praktikanten ausschließlich nach den Kriterien der Fair Company.

Mitarbeiter mit Spezialaufgaben und hoher Verantwortung sowie die Führungsebene erwerben pro vollem Kalenderjahr Unternehmenszugehörigkeit einen Anspruch auf eine Woche bezahlte Freistellung (Sabbatical).

3.9 Ressourceneffizienz

In der GLS Bank wird zu 100 % recyceltes Papier mit dem Siegel „Blauer Engel" verwendet. Aufgrund ihrer Selbstverpflichtung zur Bewahrung und Entwicklung der natürlichen Lebensgrundlagen lässt sich die GLS Bank seit 2008 freiwillig als klimafreundliches Unternehmen nach dem Stop Climate Change zertifizieren. Sie gleicht unvermeidliche Emissionen durch den Kauf von Goldstandard-Klimaschutzzertifikaten des freiwilligen Marktes aus, die den höchsten Anforderungen entsprechen. Im Hauptsitz und in den Filialen wird auf Energieeffizienz besonders Wert gelegt und es werden Maßnahmen von der Deutschen Gesellschaft für nachhaltiges Bauen zertifiziert. Ein Fünftel des Stroms erzeugt die GLS Bank selber, 80 % bezieht sie vom Ökostromanbieter EWS. Dienstfahrten werden mit der Deutschen Bahn und den bankeigenen Elektroautos zurückgelegt. Letztere können die Mitarbeiter auch für den privaten Gebrauch leihen. Für Fahrten zum Arbeitsplatz mit dem öffentlichen Nahverkehr übernimmt die Bank die Kosten. Zudem haben die Mitarbeitenden die Möglichkeit ein (Elektro-)Fahrrad über die GLS Bank im Rahmen eines Gehaltsumwandlungsmodells günstig zu finanzieren (Dienstradleasing).

Privatpersonen empfiehlt die GLS Bank sich aktiv für den Klimaschutz einzusetzen. Zusammen mit dem Partner KlimAktiv wurde dazu der GLS KlimAktivist entwickelt, der online verfügbar ist. Mit ihm lassen sich die persönlichen CO_2-Emissionen ermitteln, die langfristig über die Kontofunktion verfolgt und verglichen werden können.

4 Kulturwandel

In Abschn. 2 dieses Beitrags wurde bereits dargestellt, dass Nachhaltigkeit bei einem Unternehmen im Zentrum von Produktion oder Dienstleistung stehen und die Gewinnmaximierung ersetzen muss. Soziale und ökologische Wohltaten, die lediglich Zusatz- oder Ergänzungsleistungen darstellen, reichen nicht aus. Unternehmen müssen die Bedürfnisse der Menschen auf nachhaltige Weise befriedigen und ein sozial-ökologisches Geschäftsmodell entwickeln. Dies ist aber nur eine notwendige, aber keine hinreichende Bedingung. Denn für die Transformation hin zu einem nachhaltigen Finanz- und Wirtschaftssystem braucht es zudem einen Kulturwandel, der Unternehmen und Gesellschaft gleichermaßen umfasst. Vor diesem Hintergrund werden im Folgenden vier grundsätzliche Paradigmen formuliert.

4.1 Zeit für eine neue Aufklärung

Vor über 240 Jahren schrieb Adam Smith: *„Nicht von dem Wohlwollen des Fleischers, Brauers oder Bäckers erwarten wir unsere Mahlzeit, sondern von ihrer Bedachtnahme auf ihr eigenes Interesse. Wir wenden uns nicht an ihre Humanität, sondern an ihre Eigenliebe"*[5]. Indem Menschen wirtschaften, verfolgen sie vermeintlich nur ihr Eigeninteresse. Darauf aufbauend argumentiert Adam Smith an anderer Stelle: *„Der Einzelne hat weder die Absicht, das öffentliche Interesse zu fördern, noch weiß er, wie sehr es fördert. Er beabsichtigt nur seinen eigenen Gewinn und er wird dabei durch eine unsichtbare Hand geleitet, die ein Ziel fördert, das nicht in seiner Absicht war."*[6] Damit war die unsichtbare Hand des Marktes geboren. Die Annahme, dass, wenn jeder Einzelne aus Eigennutz handelt, das Allgemeinwohl entsteht, ist bis heute weit verbreitet. Doch die Rahmenbedingungen haben sich entscheidend geändert. Adam Smith lebte in der Zeit der Aufklärung und der Anfänge der industriellen Revolution. Kennzeichnend für diese Epoche waren die enorme Armut der Bevölkerung und die extreme Knappheit der Güter. Die „unsichtbare Hand" ermöglichte es den Menschen, ihren eigenen Interessen entsprechend zu handeln und nicht durch eine außenstehende moralische Instanz, z. B. die Kirche, bestimmt zu werden. Diese Handlungsfreiheit musste aber dadurch erkauft werden, dass nach wie vor eine äußere Instanz existierte, die dafür sorgte, dass unsere Eigeninteressen ohne unser Zutun, ohne unser Bewusstsein, ohne unsere Absicht schon zu einer Mehrung des Wohlstands

---

[5] Übersetzung nach Stirner (1848); Original engl.: *„It is not from the benevolence of the butcher, the brewer, or the baker that we expect our dinner, but from their regard to their own interest. We address ourselves, not to their humanity but to their self-love (...)."* Book 1 Chapter 2, Smith (1776).

[6] Übersetzung nach Stirner (1848); Original engl.: *„He generally, indeed, neither intends to promote the public interest, nor knows how much he is promoting it. (...) He intends only his own gain, and he is in this, as in many other cases, led by an invisible hand to promote an end which was no part of his intention."* Book 4 Chapter 2, Smith (1776).

der Allgemeinheit führen würden. Die unsichtbare Hand ist eben nicht die Hand des Menschen. Dieses neue System brachte seine Kollateralschäden mit sich, war aber dennoch außerordentlich erfolgreich darin, die Knappheit der Güter zu beseitigen.

Zumindest in den Wohlstandsländern existiert keine Knappheit mehr. In fast allen Bereichen gibt es ein breites Güter- und Dienstleistungsangebot und dennoch versucht unser System nach wie vor Knappheit zu beseitigen. Die Wirtschaft ist darauf ausgelegt Wachstum zu generieren, unabhängig davon, ob es nötig ist oder nicht. Das System kann aber mit Überangebot nicht umgehen und versagt. Eines von zahlreichen Beispielen sind Nahrungsmittel. Ein Landwirt, der Milch erzeugt, ist von immer weiter fallenden Preisen betroffen, weil ein Überangebot vorhanden ist. Die Reaktion des Landwirtes darauf ist, noch mehr Milch zu produzieren, um den Verlust auszugleichen. Zulasten der Qualität und der Umwelt wird das Überangebot noch gesteigert. Betrachtet man nun, für wen die Milch produziert wird, muss man feststellen: für Menschen die ohnehin im Überfluss leben. Das ökonomische System ist nicht in der Lage, die Verteilung von Wohlstand adäquat zu regeln. Die politischen Rahmenbedingungen sind auf die Heilung von Symptomen ausgerichtet, zum Beispiel durch Hilfen und Subventionen, bringen aber keine strukturellen Verbesserungen hervor. Güter sind sowohl national als auch international sehr ungleich verteilt – Tendenz steigend.

Dieses in der Vergangenheit sehr erfolgreiche System hat die Grenze seiner Leistungsfähigkeit längst überschritten. Es wird Zeit für eine neue Aufklärung. Wir müssen uns von dem Allgemeingültigkeitsanspruch der Wirtschaft emanzipieren, wie es die Menschen einst von der Kirche getan haben, mit dem Unterschied, dass es in dieser Aufklärung keine externe Instanz gibt, weder sicht- noch unsichtbar, die ohne unser Bewusstsein das Allgemeinwohl herstellt. Es sind die Hände jedes Einzelnen, die Verantwortung übernehmen müssen, um das Gemeinwohl aktiv zu gestalten. Die Emanzipation von einem System, in dem das Allgemeinwohl durch das eigennützige Verhalten des Einzelnen erlangt wird, setzt eine Definition voraus über das, was wir in Zukunft für einen Fortschritt des Wohlstands halten. Diese Entscheidung muss eine Gesellschaft demokratisch treffen. Darauf aufbauend müssen wir dann Rahmenbedingungen schaffen und dementsprechend handeln.

4.2 Transformation durch Transparenz

Um Verantwortung zu übernehmen, müssen Menschen verstehen, welche sozial-ökologischen Auswirkungen ihre Konsum- ebenso wie ihre Anlageentscheidungen haben. Auch diese Informationen müssen in einer aktiven gesellschaftlichen Diskussion unbedingt enthalten sein. Eine wesentliche Voraussetzung dafür ist, dass diese Informationen zugänglich und umfassend sind, bzw. dass sie dort, wo nötig, erklärt und aufbereitet werden. Im Finanzmarkt bedeutet dies, dass die Verwendung von Einlagen, die Eigenanlagen und die Konditionengestaltung ausnahmslos transparent und von jedem einsehbar sein müssen. Die drei Urteilsgrundlagen bei der Geldanlage – Laufzeit, Risiko und Zinssatz – müssen stets um die wesentlichste Urteilsgrundlage – die Verwendung der Mittel und deren sozial-ökologische Auswirkungen – ergänzt werden.

4.3 Bürger vs. Kunde

Die Transparenz eines Systems schafft zwar die nötigen Voraussetzungen dafür, dass Werte als Faktor in Investitionsentscheidungen überhaupt möglich werden, sie garantiert aber keine sinnvollen Entscheidungen. Grund dafür ist, dass der Kunde in uns oft anders entscheidet als der Bürger. Der Bürger findet vieles, was der Kunde macht, unerhört. Wenn ein durchschnittlicher Bankkunde aus zwei Angeboten auswählen muss, wird er – bei gleichem Anlagezeitrum und gleicher Risikoklasse – dasjenige Angebot mit der höheren Rendite auswählen. Im Grunde ist es gar keine Entscheidung, sondern ein Funktionieren in einem gesellschaftlich akzeptierten Verhaltenssystem. Bei vergleichbaren Rahmenbedingungen entscheidet immer die Höhe des Zinssatzes, unabhängig davon, wofür das Geld tatsächlich eingesetzt wird. Die Frage der Verantwortung für soziale, ökologische oder kulturelle Fragestellungen kommt darin nicht vor. Dies lässt sich übertragen auf Konsum, bei dem häufig andere Kategorien entscheiden, allen voran der Preis. Insofern haben wir es hier im Hinblick auf sozial-ökologische Fragen mit einer systemisch organisierten Verantwortungslosigkeit zu tun.

Ein Bürger agiert anders. Erfährt er zum Beispiel aus den Medien über das Fehlverhalten von Banken, wird er diese kritisieren und als moralisch fragwürdig empfinden. Das belegt auch eine repräsentative Yougov-Umfrage, wonach drei Viertel der Befragten glauben, dass im Allgemeinen *„die Banken versuchen, uns das Geld aus der Tasche zu ziehen"*. Aber 70 % würden wieder zu ihrer eigenen Hausbank gehen und diese auch weiterempfehlen.[7]

Es besteht also oftmals ein Widerspruch zwischen dem Handeln des Kunden und dem des Bürgers. Entscheidend dafür, dass sozial-ökologische Aspekte in unsere Konsum- und Anlageentscheidungen einfließen, ist also, dass der Bürger in uns die Entscheidungen trifft und nicht der Kunde.

4.4 Geld für die Realwirtschaft

Weltweit herrscht ein erhebliches Überangebot an Geld in den Finanzmärkten. Durch die expansive Geldpolitik der Notenbanken nach der Finanz- und Wirtschaftskrise wurde dieses Problem verstärkt, aber keinesfalls hervorgerufen. Gemäß dem Marktmechanismus von Angebot und Nachfrage hat das Überangebot einer Ware zur Folge, dass der Preis sinkt. Da der Preis für Geld der Zins ist, haben wir heute eine Situation, die von Nied-

---

[7] Vgl. Wirtschaftswoche: http://www.wiwo.de/finanzen/vorsorge/wie-die-deutschen-zu-geld-stehen-nation-der-geldglucken/14536752.html (Stand 10.07.2017).

rigzins, Nullzins oder sogar Negativzins geprägt ist. In der Hoffnung auf Rendite wird Geld jetzt mittels abstrakter Finanzprodukte in Vermögenswerte wie Aktien, Immobilien oder Gold investiert. Dieses Verhalten von Anlegern führt dazu, dass Geld nicht dort ankommt, wo es eigentlich gebraucht wird. Bildungsinstitute, Pflegeeinrichtungen, Kindertagesstätten oder der Ausbau der ökologischen Landwirtschaft sind nur wenige Beispiele für Bereiche, die großen gesellschaftlichen Wert besitzen und unter akutem Kapitalmangel leiden. Vielmehr fließt es zu denjenigen, die ohnehin genug Geld haben und die Geld akkumulieren, aber nicht in eine vermehrte Nachfrage nach Geld umsetzen. Das Problem ist somit nicht die Menge von Geld im Markt, sondern vielmehr Ungleichverteilung des Geldes. Die Zukunftsaufgabe von Banken muss darin bestehen, Geld dorthin zubringen, wo es unter sozialen, ökologischen und ökonomischen Gesichtspunkten sinnvoll ist. Die Investition in sinnvolle realwirtschaftliche Projekte hat letztlich die Konsequenz, dass die Nachfrage nach Geld steigt.

5 Fazit

Ungleichverteilung des Wohlstandes, Klimawandel oder Ressourcenmangel – das Wirtschafts- und Finanzsystem hat zu vielen Problemen geführt. Unternehmen können und müssen ihren Beitrag dazu leisten. Es reicht nicht aus, das bestehende Geschäftsmodell um Standards zu ergänzen oder ausgleichend wohltätige Projekte zu finanzieren. Die Fragen, was der Mensch braucht und wie die Lebensgrundlagen geschützt werden können, müssen oberste Priorität erlangen. Die Aufgabe der Wirtschaft muss es sein, menschliche Bedürfnisse auf eine nachhaltige Art und Weise zu befriedigen, und die Aufgabe von Banken muss es sein, solche Unternehmen und Projekte zu finanzieren.

Literatur

Jorberg T (2016a) Was die GLS Bank anders macht. In: Wendt K (Hrsg) CSR und Investment Banking: Investment und Banking zwischen Krise und Positive Impact. Springer Gabler, Wiesbaden

Jorberg T (2016b) „Geld, das nicht gebraucht wird". Vortrag auf dem Geldgipfel der GLS Bank Stiftung 2016. http://www.glsbankstiftung.de/media/pdfs/GeGi16/Thomas_Jorberg.pdf. Zugegriffen: 10. Juli 2017

Smith A (1776) An Inquiry into the Nature and Causes of the Wealth of Nations. http://www.econlib.org/library/Smith/smWNCover.html. Zugegriffen: 10. Juli 2017 (Deutsch von Max Stirner (1846) Untersuchungen über das Wesen und die Ursachen des Nationalreichtums. In: National-Oekonomen der Franzosen und Engländer, erster resp. vierter Band, Leipzig)

Thomas Jorberg ist zuständig für Mitarbeiterentwicklung, Kommunikation und Entwicklung, Gesamtbanksteuerung, Marktfolge Aktiv, GLS Beteiligungs AG und GLS Energie AG. Nach seiner Bankausbildung war er bei der GLS Bank und einer Volksbank tätig. Es folgte das Studium der Wirtschaftswissenschaften an den Universitäten Bochum und Stuttgart mit Abschluss „Diplom-Ökonom". Seit 1986 ist er tätig bei der GLS Bank, seit 1993 Vorstand und seit 2003 Vorstandssprecher. Seit 1995 ebenfalls Gründungsvorstand bei der GLS Beteiligungs AG und Initiator der Energiefonds. Seit 2005 ist er Aufsichtsratsvorsitzender der Elektrizitätswerke Schönau sowie seit 2009 Aufsichtsratsmitglied der Hannoverschen Kassen. Seit 2009 Steering Committee-Mitglied der GABV (Global Alliance for Banking on Values), einem internationalen Bündnis sozial-ökologisch orientierter Banken für Nachhaltigkeit im Finanzmarkt. In 2010 erhielt er den B.A.U.M. Umweltpreis, mit dem sein hohes Engagement für eine nachhaltige Gesellschaftsentwicklung und einen werteorientierten Umgang mit Geld honoriert wurde. In 2009 wurde er für seine verantwortungsvolle Unternehmensführung mit dem Future Award ausgezeichnet. 2011 wurde er mit dem Deutschen Fairness Preis für seine faire Unternehmensführung ausgezeichnet. Die EWS Schönau bezeichnet Thomas Jorberg im Energiewende-Magazin 2016 liebevoll als Stromrebellen. Thomas Jorberg ist 1957 geboren, verheiratet, hat zwei Kinder und wohnt in Bochum.

Vom Brückenbau zwischen Social Entrepreneurs und Impact Investors

Markus Freiburg und Christina Moehrle

1 Zur Architektur des Social-Finance-Markts

Impact Investing und Social Entrepreneurship kommen allmählich im Mainstream an. So zumindest postulieren es mehrere Architekten des Social-Finance-Markts seit etwa Ende 2013 (vgl. Stanford Social Innovation Review 2013). Und diese Einschätzung ist sicher nicht falsch. Was vor zwei Jahrzehnten noch ferne Zukunft und Science-Fiction war, ist mittlerweile schöne, manifestierte Realität: Immer mehr Akteure bewegen sich hin zum Sprung in die Dimension des Impact und investieren oder führen Unternehmen mit intendierter, positiver, gesellschaftlicher Wirkung. Entrepreneurs entwickeln innovative Geschäftsmodelle mit Double-Bottom-Line und Investoren beginnen, auf Art und Ausmaß der sozialen und/oder ökologischen Wirkungen ihrer Ziele zu achten. Und das müssen sie auch: Allein in Deutschland werden bis 2025 geschätzte 50 Mrd. Euro an Investitionen fehlen, um drängende Probleme wie bezahlbaren Wohnraum, Altenpflege, Zivilisationskrankheiten und Langzeitarbeitslosigkeit zu bewältigen – etwa ein Sechstel des Bundehaushalts von 2015 (vgl. FASE et al. 2016, S. 8). Doch ein Blick in die Literatur und Medien genügt, um zu sehen, dass die Tücke durchaus im Detail steckt. Weder Definitionen noch die Umsetzung sind überall auf der Welt identisch. Was macht also ein Social Enterprise im Kern aus? Und wie genau kommen die Impact Investors ins Spiel?

Selbst bei simplen Fragen wie diesen können zuweilen die Köpfe rauchen. Die eine Definition von Social Enterprise mag auf die Rechtsform abstellen (gemeinnützig oder gewerblich), eine andere auf die Finanzierungsquelle (Spenden, rückzahlbares Kapital oder hybride Formen), eine dritte auf die Eigentumsstruktur (Genossenschaft, Verein, gGmbH etc.) und schließlich eine weitere auf das primäre Ziel des Wirtschaftens (vgl. Achleitner

M. Freiburg (✉) · C. Moehrle
Finanzierungsagentur für Social Entrepreneurship (FASE)
Prinzregentenplatz 10, 81675 München, Deutschland
E-Mail: mfreiburg@fa-se.de

et al. 2007, S. 5 ff.; Evers & jung et al. 2015, S. 11 ff.). Was in der Theorie zuweilen noch etwas unausgegoren wirkt, bewegt auch in der Praxis die Gemüter. Manch innovativer, wirkungsorientierter Unternehmer möchte sich das Etikett „Sozialunternehmer"[1] erst gar nicht anstecken, da die Bezeichnung in der Gesellschaft durchaus ambivalent wahrgenommen wird (vgl. FASE und Sira 2016). Darf man als Sozialunternehmer überhaupt Gewinn erwirtschaften? Kann man seine Mitarbeiter marktüblich bezahlen, aufwendige Werbung betreiben und eine Marke kreieren? Und umgekehrt betrachtet: Wird ein kommerzielles Unternehmen bereits zum Social Enterprise, wenn es pro verkauftem Produkt einen Teilbetrag X an soziale Projekte spendet oder seine Wertschöpfungskette auf mehr Fairness und Nachhaltigkeit umstellt?

Die Grenzen sind durchaus fließend. Dazu gesellt sich noch der fortschreitende Zeitgeist: Während einige unternehmerisch denkende, soziale Organisationen vor mehr als 25 Jahren gegründet wurden, als es den Begriff „Sozialunternehmer" noch überhaupt nicht gab, schenkt manch Entrepreneur von heute dem Präfix „Social" überhaupt keine Bedeutung mehr, da es für ihn oder sie zur Selbstverständlichkeit geworden ist, nachhaltiges Wirtschaften und gesellschaftliche Wirkung miteinander zu verbinden. Das Impact-Universum ist vielfältig, bunt und in einem frühen Stadium der Entwicklung begriffen. Und es benötigt, frei nach Nietzsche, noch ein gewisses Chaos, bevor ein tanzender Stern geboren werden kann.

Für einen ersten, unvoreingenommenen Blick auf die Architektur des Social-Finance-Markts macht deshalb vielleicht eine weiter gefasste Definition Sinn, wie sie die Europäische Kommission für ihre in 2011 gestartete „Social Business Initiative" verwendet. Ein Social Enterprise bietet demnach „auf unternehmerische und innovative Weise Produkte und Dienstleistungen im Markt an und verwendet seine Gewinne primär dafür, gesellschaftliche Ziele zu verwirklichen. Es wird auf offene und verantwortliche Weise geführt und bezieht insbesondere seine Angestellten, Kunden und alle von seinen kommerziellen Aktivitäten betroffenen Stakeholder mit ein"[2] (Europäische Kommission 2011). Die Kernpunkte dieser Definition sind „innovativ", „unternehmerisch" sowie die Art der Gewinnverwendung. Die Wirkungsorientierung zeigt sich in der Einbeziehung der Konsequenzen auf alle Stakeholder[3]. Darüber hinaus sind durchaus verschiedene Typen von Unternehmen, Rechtsformen und Aktivitätsfeldern denkbar. Ein wichtiges Wesensmerkmal ist, dass ein Social Enterprise gleich zwei Ergebnisse seiner Aktivitäten im Auge behalten muss: das finanzielle Ergebnis und die gesellschaftliche Wirkung. Dies ist die sogenannte Double-Bottom-Line (vgl. Duke University The Fuqua School of Business CASE 2004), der sich Social Entrepreneurs wie Impact Investors verschreiben.

---

[1] Der deutsche Begriff „Sozialunternehmer" soll hier synonym zum Social Entrepreneur verwendet werden.
[2] Eigene Übersetzung.
[3] Stakeholder sind „alle internen und externen Personengruppen, die von den unternehmerischen Tätigkeiten gegenwärtig oder in Zukunft direkt oder indirekt betroffen sind" (Gabler Wirtschaftslexikon 2016).

In die eine Richtung grenzt sich Social Entrepreneurship also von der „Corporate Social Responsibility"-Welt ab, in die andere von der öffentlich finanzierten Sozialwirtschaft (vgl. Evers & jung et al. 2015, S. 14). Doch selbst wenn sich der gesamte Globus auf diese Definition verständigen würde, bliebe ein Sozialunternehmen doch – zumindest hierzulande – für die breite Bevölkerung noch ein Zwitterwesen irgendwo zwischen zweitem und drittem Sektor. Mit Blick auf die potenziellen Kapitalgeber ähnelt es manchmal sogar einem fremden Reisenden, der sich leicht zwischen verschiedenen, weit voneinander entfernten „Finanzierungsplaneten" (vgl. Friemel und Oldenburg 2013, S. 1) verirren kann.

Impact Investors – oder auf Deutsch „wirkungsorientierte Investoren" (vgl. Bertelsmann Stiftung 2014, S. 8) – stellen in Hinsicht auf die Finanzierung das Gegenstück zu Social Enterprises dar: Sie repräsentieren die Kapitalgeberseite. Wenn Sozialunternehmen einen Punkt in ihrer Entwicklung erreichen, an dem sie Kapital von außen für ihr weiteres Wachstum benötigen, kommen sie meist mit traditionellen Finanziers nicht weiter. Selten kann ein Sozialunternehmen – vor allem in frühen Stadien seiner Entwicklung – ausreichende Sicherheiten für ein Bankdarlehen bieten oder aber eine ansprechend hohe Finanzrendite, um für einen klassischen Venture Capitalist ein spannender Beteiligungskandidat zu sein. Zuwendungen und Spenden, wenn auch von vielen Sozialunternehmen in der Anfangsphase verwendet, lassen sich auf Dauer meist nicht in der nötigen Größenordnung oder nur mit erheblichem Mehraufwand akquirieren. Ausnahmen bestätigen natürlich die Regel: In Deutschland gibt es einige sehr große soziale Organisationen, die sich nahezu ausschließlich über Spenden finanzieren. Deren Ausgaben, um diese Spenden zu generieren, werden jedoch oft mit ähnlichen Argusaugen beobachtet wie die Wirksamkeit ihrer Projekte (vgl. Frankfurter Allgemeine Zeitung 2011; Phineo 2016). Auch hier zeigt sich zuweilen eine gewisse Ambivalenz in der Haltung der Gesellschaft gegenüber Akteuren, die unternehmerisch tätig sind und gleichzeitig eine soziale und/oder ökologische Zielsetzung verfolgen: Möglichst viel Wirkung soll möglichst wenig Geld kosten.

Wenn im Social-Finance-Markt von Wachstum die Rede ist, ist streng genommen die „Skalierung" gemeint. Wachstum hat bei Social Enterprises eine doppelte Dimension: Wachstum in wirtschaftlicher Hinsicht und Wachstum mit Blick auf die gesellschaftliche Wirkung. Deutlich mehr Begünstigte mit den eigenen Produkten und/oder Dienstleistungen zu erreichen, ist eine wunderbare Sache. Doch wenn dabei „die Betriebskosten entsprechend mitgestiegen sind, handelt es sich um Wachstum, nicht um Skalierung" (Tayabali 2014, S. 3). Skalierung ist insofern eine sehr spezifische Form des Wachstums: „Die Wirkung wird exponentiell gesteigert, während der Einsatz von Ressourcen nur stufenweise zunimmt", heißt es im „PATRI Framework zur Skalierung sozialer Wirkung". Einem Social Enterprise ist es nur selten möglich, die eingesetzten Ressourcen im gleichen Maß zu steigern wie seinen Impact. Das liegt vor allem daran, dass dem sozialen Sektor derzeit noch zu wenig Ressourcen zur Verfügung stehen, während die Menge an Menschen, die von gesellschaftlichen Problemen betroffen sind, um ein Vielfaches größer ist (vgl. Tayabali 2014, S. 3). Auch die Kapitalströme fließen noch nicht ausreichend dorthin, wo die größte positive gesellschaftliche Wirkung kreiert wird. Das zeigt sich eindrucksvoll in der erheblichen Finanzierungslücke, die bei der Umsetzung der nachhaltigen Entwicklungsziele der Vereinten Nationen klafft. Für Vorhaben wie die Beendigung von Armut und Hunger, eine gute Gesundheitsversorgung für alle oder eine inklusive, gerechte und hochwertige Bildung fehlen aktuell Investitionen in Höhe von ca. 3,1 Billionen USD pro Jahr oder etwa 3,1 % des weltweiten Bruttosozialprodukts (vgl. World Economic Forum und OECD 2015, S. 6).

Während sich Wachstum also bei klassischen Unternehmen nur auf ein einziges Resultat unter dem Strich fokussiert – den Finanzgewinn – hat ein Social Enterprise den Spagat zwischen gesellschaftlichem Wirkungsziel und finanziellem Ergebnis zu meistern. Schließlich will es sich irgendwann selbst tragen und einen Break-even mit seinem Geschäftsmodell erreichen. Idealerweise würden sich dazu beide Bottom-Lines proportional zueinander entwickeln (oder die Wirkung sogar überproportional). Doch zuweilen gerät der Social Entrepreneur angesichts knapper Ressourcen unter Druck, das eine Ziel zugunsten des anderen zu vernachlässigen. Was soll dann den Ausschlag geben, mehr finanzielle Luft zum Atmen oder die Vermeidung eines Mission Drift? Hier manifestiert sich der Paradigmenwechsel, den Social Enterprises so eindrucksvoll verkörpern: das Ende der Eindimensionalität und der Beginn der Internalisierung externer Effekte. Im momentanen Stadium des Social-Finance-Markts kann sich jedenfalls glücklich schätzen, wer beide Seiten konfliktfrei bedienen kann.

Impact Investors ergeht es durchaus ähnlich. Einer häufig verwendeten Definition zufolge zeichnen sie sich dadurch aus, dass sie „Investitionen in Unternehmen, Organisationen und Fonds mit der Absicht" eingehen, „soziale und ökologische Wirkung neben einer finanziellen Rendite zu erzielen" (Global Impact Investing Network 2016a). Ein entscheidender Zusatz dabei ist: „Die soziale bzw. ökologische Wirkung ist Teil der Investmentstrategie und wird gemessen" (Bertelsmann Stiftung 2016, S. 13). Bei der Wirkung regiert also nicht Vater Zufall, sondern Mutter Intention, was bedeutet, dass analysiert und quantifiziert wird, was als soziales und/oder ökologisches Ergebnis aus den Aktivitäten herauskommt. Direktinvestitionen in Social Enterprises sind dabei leider nur ein kleiner Teilbereich des Anlagespektrums. Die Palette im engeren Sinne reicht von breit diversifizierten Dachfonds, einzelnen Impact-Fonds über komplexere Innovationen wie „Social Impact Bonds" bis hin zu Investitionen in einzelne Social Enterprises. Manche fassen das Spektrum noch weiter und beziehen auch die „Socially Responsible Investments" (SRI oder „nachhaltige Geldanlagen", vgl. Eurosif 2014) mit ein. Die zum Impact Investing gehörigen Finanzierungsinstrumente und -produkte sind ebenso divers: Von sozialem Zwecksparen über Wirkungsimmobilien, Crowdfunding mit Nachrangdarlehen bis hin zu (Social) Venture Capital ist so gut wie alles möglich. Völlig offen in dieser Definition bleibt jedoch, wo genau das richtige Verhältnis zwischen Wirkung und Finanzrendite liegt, das der jeweilige Investor für sich sucht. Und genau hier offenbart sich das Dilemma der unzureichenden Ressourcen für Social Entrepreneurs.

Die überwiegende Mehrheit der Impact Investors – mehr als 80 % laut jüngster Befragung des GIIN – präferiert momentan eine marktübliche oder zumindest marktnahe, risikoadjustierte Finanzrendite (vgl. Global Impact Investing Network und Morgan 2016). Mit anderen Worten: Neben einem möglichst hohen positiven Impact wollen diese „Financial First Impact Investors" dieselbe oder zumindest eine ähnliche finanzielle Rendite erzielen, wie sie es mit konventionellen Investitionen desselben Risikoprofils und derselben Liquidität erreichen würden. Das ist für viele Social Enterprises eine eher ernüchternde Nachricht. Vor allem in frühen Phasen ihrer Unternehmensentwicklung können sie derlei Erwartungen nur äußerst selten erfüllen. Stattdessen ist der Sozialunternehmer auf der Suche nach geduldigen Kapitalgebern, die mit möglichst moderaten Finanzrenditen irgendwo in Nähe des Kapitalerhalts auskommen. Man nennt sie „Impact First Investors" – Wirkung hat Priorität vor Finanzrendite. Doch dieser Typus ist in der derzeitigen Architektur des Markts noch eher eine Seltenheit.

Genau dieses Auseinanderklaffen von Kapitalangebot und -nachfrage ist für die Evolution des Social-Finance-Ökosystems so herausfordernd. „Es gibt eine erhebliche Diskrepanz zwischen dem verfügbaren Finanzierungsvolumen, den Erwartungen der Investoren und den tatsächlichen Bedürfnissen der Social Entrepreneurs" (Oldenburg und Strüwer 2016). Initiativen, die diese Lücke beseitigen wollen, kommt deshalb eine sehr hohe Bedeutung zu. Sollen die drängenden gesellschaftlichen Problemstellungen finanzierbar werden, braucht es dazu vor allem konzertierte Aktionen von allen Beteiligten: von privaten und institutionellen Investoren, Stiftungen, Intermediären, Wohlfahrtsverbänden, Politik, Gesellschaft, Sozialunternehmen und nicht zuletzt von den klassischen Unternehmen, den Corporates. Die aktuelle Architektur des Social-Finance-Markts bietet jedenfalls reichlich Raum für Fantasie, innovative Formen und Fundamente, für neue Budgets, Baustoffe und Blaupausen sowie für effektivere Konzepte, Kapitalquellen und Kooperationen.

Abb. 1 Der Social-Finance-Markt in Deutschland. (Quelle: Bertelsmann Stiftung 2016, S. 16)

Für einen ersten Eindruck des deutschen Ökosystems zeigt Abb. 1 die wesentlichen Entwicklungsschritte, Rollen und Akteure bis heute. Weitere Engagierte zur Gestaltung dieses noch relativ jungen Markts sind jederzeit äußerst willkommen.

2 Die Grundpfeiler: Social Entrepreneurs und Impact Investors

Nach dem Blick auf die Gesamtarchitektur des Social-Finance-Markts wird es Zeit, die Grundpfeiler genauer unter die Lupe zu nehmen. Wie genau sind Kapitalgeber und -nehmer strukturiert? Auf welcher Art von Fundament stehen ihre Ziele und was braucht es, damit die Brücke zwischen ihnen tragfähig und durchlässig wird?

In Deutschland sind bisher knapp 70 Mio. EUR in Impact Investments geflossen (vgl. Bertelsmann Stiftung 2016, S. 6). Dies ist zwar eine Verdreifachung seit 2012, aber im Vergleich zu der Gesamtsumme an investierbarem Vermögen eher gering. Auf globaler Ebene verwalten die knapp 60 Mitglieder des „GIIN Investors' Council" beispielsweise 60 Mrd. USD an Impact Investments, was in Relation zu ihren 11 Billionen USD an gemanagtem Gesamtvermögen eher mager aussieht (vgl. Global Impact Investing Network 2016b). Impact Investing – ob man es nun als neue Anlageklasse oder innovative Anlagephilosophie verstehen mag – nimmt demnach selbst bei denen, die sich aktiv damit beschäftigen, noch einen sehr geringen Anteil am Gesamtportfolio ein. Was aber sind die Gründe dafür? Warum bleiben die Social-Finance-Märkte „imperfekt und verwandeln den gesamten, für die Gesellschaft kreierten Mehrwert nicht in eine Rendite für Investoren"[4] (Oldenburg und Strüwer 2016)?

Zurück nach Deutschland: Zwei Studien aus 2015 und 2016 werfen ein genaueres Licht auf die Mangelerscheinungen. Demnach gibt es hierzulande „eine geringe Investorenbasis, kleine und wenig diversifizierte Intermediäre, eine begrenzte Anzahl an Anlageprodukten, wenige investierbare wirkungsorientierte Organisationen und weiterhin großen Unterstützungsbedarf beim Aufbau eines funktionierenden Marktumfelds aus Beratern und Unterstützern" (Bertelsmann Stiftung 2016, S. 8). Geht man eine Ebene tiefer, kristallisieren sich je nach Investorentyp Gemeinsamkeiten wie auch Unterschiede heraus. Vermögende Einzelpersonen, sog. High Net Worth Individuals (HNWI), bilden zusammen mit Stiftungen und Family Offices derzeit den Löwenanteil der deutschen Impact Investors. Einer Befragung nach sind diese drei jedoch entweder überwiegend noch in einer Spendenmentalität verhaftet oder aber, wie im Fall der Stiftungen, bevorzugen die klassische Fördertätigkeit, um Wirkung zu erzielen (vgl. Eckert und Schäfer 2015, S. 8). Anlageformen wie Impact Private Equity- und Social Venture Capital-Fonds oder gar Direktbeteiligungen an Social Enterprises spielen derzeit noch so gut wie keine Rolle. Keine gute Nachricht für Sozialunternehmen.

Ein weiteres Umfrageergebnis erhärtet dieses Bild: Beim wirkungsorientierten Investieren wird offensichtlich nur selten nach einem strukturierten Anlageprozess vorgegan-

---

[4] Eigene Übersetzung.

gen. Stattdessen bestimmen eher individuelle und sehr persönliche Vorstellungen die Auswahl der Anlageziele (vgl. Eckert und Schäfer 2015, S. 8). Das birgt sowohl die Gefahr, dass Impact Investments vereinzelte Aktionen bleiben, als auch, dass eine tiefere Auseinandersetzung mit der Ebene der Wirkung ausbleibt. Entsteht bei den Begünstigten tatsächlich die gewünschte Verbesserung oder bleibt es lediglich bei dem angenehmen Gefühl, etwas Gutes getan zu haben? Genau hier findet der eigentliche Quantensprung statt: Auch ein Investor muss bereit für Impact sein. Das betrifft sowohl die Definition seiner eigenen Impact-Strategie als auch die Impact-Analyse und -Messung seiner Investments. Kein Wunder, dass der Mangel an fähigen Beratern, Intermediären und Lösungskonzepten sehr oft moniert wird (vgl. Eckert und Schäfer 2015, S. 13). Immerhin sind die befragten Investoren sich einig, dass sie bereit sind, zugunsten der Wirkung auf einen Teil ihrer Rendite zu verzichten. Auf wie viel, dahin gehend gibt es jedoch zwischen den drei Investorentypen deutliche Unterschiede.

Und wie steht es um den zweiten Pfeiler, die Social Enterprises? Ihre Anzahl liegt je nach Definition und Studie geschätzt bei einer vier- bis zu sechsstelligen Summe in Deutschland (vgl. Centrum für soziale Investitionen und Innovationen 2013, S. 15 ff.). Vielen gemeinsam ist, dass die sogenannte Investment Readiness (Investitionsfähigkeit) ein Problem darstellt (vgl. Evers & jung et al. 2015, S. 51). Angelehnt an den „Investment and Contract Readiness Fund" – einem vom britischen Cabinet Office for Civil Society ins Leben gerufenen Fonds, der weltweit als erster seiner Art Sozialunternehmen bei ihrer Vertrags- und Finanzierungsreife unterstützt – geht es dabei vor allem um eines: „Investment Readiness bedeutet, dass ein soziales Unternehmen die Kapazität und Fähigkeit besitzt, ein Investment zu suchen und zu verwenden". Demnach wird vor allem auf die Perspektive eines potenziellen Investors abgestellt: Was genau muss ein Social Enterprise erfüllen, damit es ein valider Investmentkandidat ist? Dies konkretisieren eine Reihe von Faktoren, die unternehmerische wie auch Wirkungsaspekte berühren (vgl. FASE 2016; Social Finance Academy 2016). Beispielsweise sollten eine überzeugende „Theory of Change", ein nachhaltiges Geschäftsmodell, ausreichende Managementkapazitäten und Führungsqualitäten, ein solider Finanzplan, ein passendes Finanzierungsmodell sowie ein „Proof of Concept" in wirtschaftlicher wie auch Wirkungshinsicht vorhanden sein.

Will der Social-Finance-Markt wachsen und gedeihen, gilt es also, an beiden Enden der Brücke die Pfeiler zu stärken und Kapazitäten aufzubauen: bei den Kapitalgebern in puncto Impact-Reife und bei den Kapitalnehmern in Sachen Investment Readiness. Am krassesten fällt das Missverhältnis zwischen Kapitalangebot und -nachfrage derzeit jedoch bei den jungen Sozialunternehmen aus. Hier herrscht eine strategische Finanzierungslücke, die sich schnell zum „Tal des Todes" (Höll und Oldenburg 2011, S. 2) ausweiten kann. Dies betrifft am stärksten solche Social Enterprises, die disruptive Geschäftsmodelle mit sehr hohem Impact entwickeln. Leicht fallen sie dann in ein „Pioneer Gap" (Dichter et al. 2013), da die finanziellen Renditen, die ihre Modelle bieten, (noch) deutlich zu niedrig für das Gros der Investoren sind. Neue Lösungen sind insofern dringend gefragt. Viele Social-Finance-Innovationen zielen deshalb darauf ab, entweder an der Renditeschraube

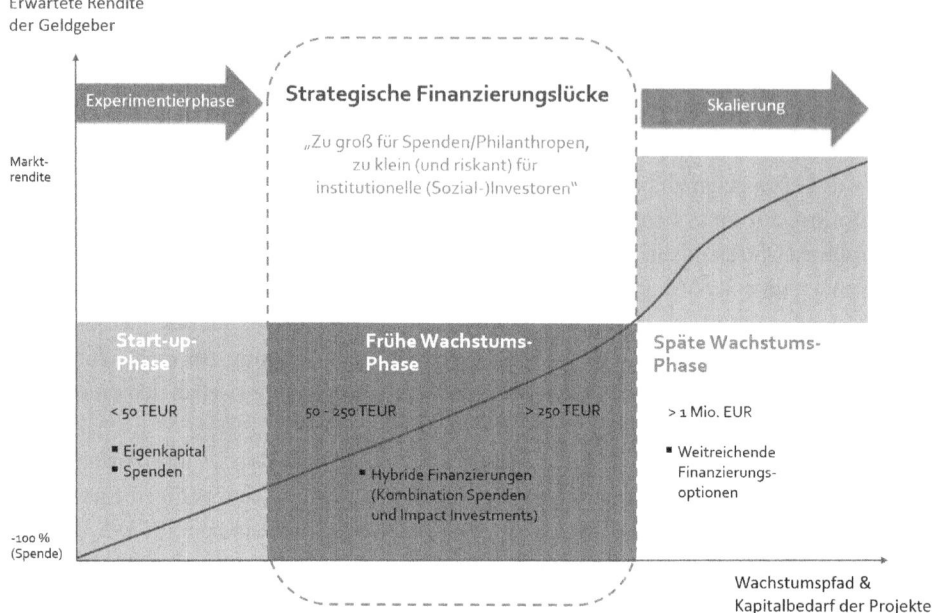

Abb. 2 Die strategische Finanzierungslücke. (Quelle: FASE 2016)

zu drehen und durch Incentives für real erzielte Wirkung Prämien fließen zu lassen (mehr dazu unter Abschn. 3) oder aber Investments für Anleger risikoärmer zu machen (sog. De-Risking).

Die Abb. 2 veranschaulicht noch einmal die skizzierte strategische Finanzierungslücke. Sie kennzeichnet gleichzeitig den Bereich, in dem FASE aktiv ist, um eine wirkungsvolle und tragfähige Brücke zwischen Investoren und Sozialunternehmen zu bauen.

3 Innovative Brückenkonstruktionen

3.1 Bauelemente für ein funktionierendes Ökosystem

Wer auch immer eine stabile Brücke konstruieren möchte, tut gut daran, zunächst das Gelände und seine topografischen Eigenschaften zu erforschen. Für die Finanzierung von frühphasigen Social Enterprises hat die detaillierte Analyse von FASE in 2014 das folgende Bild (Abb. 3) ergeben. Es zeigt, welche Investorentypen bei ihren Bedürfnissen im derzeitigen Ökosystem auf ihre Kosten kommen und wo noch deutlicher Bedarf für innovative Lösungen besteht.

Um diese Lücken in der Social-Finance-Bausubstanz zu schließen, stehen für die Marktakteure derzeit mehrere Komponenten bereit oder befinden sich in Entwicklung:

Investortyp	Tickets (EUR k)	Renditeerwartungen			Risiko-potenzial	Finanz-expertise	Engagement		derzeit adressiert?
		Spende	Impact	Finanzr.			Aktiv	Passiv	
1. Aktive Social Business Angels	50-100		✓	✓	●	●	✓		✓
2. Passive Social Business Angels	50-100		✓	✓	●	●		✓	✓
3. Social-Venture-Fonds	250-1'000		✓	✓	◐	●	✓		(✓)
4. Private Philanthropen	50-100	✓	✓		●	○		✓	✗
5. Klassische Stiftungen (PRI)	50-200	✓			●	◐		✓	✗
6. Klassische Stiftungen (MRI)	50-200		✓	✓	○	◐		✓	✗
7. Progressive Stiftungen (PRI/MRI)	50-200	✓	✓	✓	●	◐		✓	✓
8. Öffentliche Hand (Förderbanken)	>200		✓		●	●		✓	✗
9. Institutionelle Investoren	>500			✓	◐	●		✓	✗
10. Corporates	50-200	✓	✓		●	◐	✓	✓	✗
11. Banken	100-500		✓	✓	◐	●		✓	✗
12. Crowd	<200		✓	✓	●	◐		✓	(✓)

Abb. 3 Stakeholder-Bedürfnisse bei frühphasigen Investitionen. (Quelle: FASE 2014)

1. Innovative Bindemittel: Hybride Finanzierungsmodelle
Hybride Finanzierungsmodelle können verschiedene Investorentypen und Finanzierungsinstrumente in einer einzigen Konstruktion miteinander verbinden. Auf diese Weise entsteht sowohl eine maßgeschneiderte Finanzierung für ein Social Enterprise als auch eine wirkungsvolle Koalition aus Kapitalgebern verschiedener Finanzierungsplaneten. Impact Investors kommen beispielsweise mit Spendern oder aber mit der Crowd zusammen, um ein Social Enterprise mit dem nötigen Wachstumskapital zu versorgen. FASE hat bereits vier solcher Modelle entwickelt und mit Sozialunternehmen in Deutschland und Österreich erfolgreich pilotiert (vgl. FASE 2015, S. 21 ff.). Weiter verfeinert werden können diese Modelle durch Komponenten wie soziale Wirkungsanreize und Beteiligungen der Investoren an Gewinn oder Umsatz des Social Enterprise (s. a. Beispiel unter Abschn. 3.2).

2. Wirkungsbeschleuniger: Pay-for-Results-Lösungen
Bei Pay-for-Results-Lösungen geht es darum, eine besonders hohe gesellschaftliche Wirkung durch Prämien zu vergüten und so mehr privates Kapital für Social Enterprises anzulocken. Darunter fallen beispielsweise Innovationen wie die „Social Impact Bonds" (auch „Pay for Success", auf Deutsch „sozialer Wirkungskredit", vgl. Bertelsmann Stiftung 2016, S. 34), bei denen hartnäckige soziale Problemstellungen präventiv durch eine sektorübergreifende Kooperation gelöst werden. Hier zahlt häufig die öffentliche Hand Prämien an private Investoren – die eine bestimmte soziale Maßnahme vorfinanziert haben –, wenn vorab definierte Wirkungsmeilensteine erfüllt wurden. Andere Innovationen adressieren eher die Social Enterprises direkt. Erreicht ein Sozialunternehmen beispielsweise seine hohen Impact-Ziele, leistet ein philanthropischer Investor zuvor bestimmte, meist laufende Zahlungen. Dadurch verbessert sich unmittelbar die Einkommenssituati-

on des Sozialunternehmens, wodurch es entweder Break-even und selbsthaltend werden oder aber neue Investoren und Partner anlocken kann. Ein Beispiel dafür sind die „Social Impact Incentives (SIINC)" (Roots of Impact und SDC 2016).

3. Qualitätssicherungssysteme: Know-how für soziale Unternehmer und Investoren
Bei diesen Ökosystemkomponenten sind vor allem spezialisierte Berater, Intermediäre und Lehrangebote gefragt. Investment Readiness für Social Entrepreneurs und Impact Readiness für Investoren müssen gezielt gefördert werden, damit beide Seiten zusammenfinden können. Hier gibt es bereits einige Akteure und Initiativen (s. a. Abb. 1), die sich dieser Aufgabe verschreiben, aber leider noch nicht genug. Um den Aktivitäten einen entscheidenden Schub zu verleihen, hat die Europäische Kommission deshalb im ersten Halbjahr 2016 eine Ausschreibung gestartet, bei der es um die Überwindung der Marktbarrieren geht. Ziel ist, dass Social Enterprises ihren wichtigen Beitrag zur Erreichung der Europa-2020-Ziele leisten können. Unter den einzelnen Strängen sollen u. a. Initiativen zu Social-Finance-Partnerschaften, hybriden Finanzierungsmodellen und Investment-Readiness-Angeboten gefördert werden (vgl. Europäische Kommission 2016, S. 3 ff.).

4. Neue Infrastrukturbauteile: Fondskonstrukte, Kooperationen und Plattformen
Um das Ökosystem weiterzuentwickeln, braucht es auch spezifische Bauteile, die systemische Lücken schließen können. FASE hat beispielsweise einen „Early-Stage Co-Investment Fund" entwickelt, der gezielt die Situation für die Finanzierungen frühphasiger Social Enterprises verbessern soll. Investoren verschiedenen Typus stellen Wachstumskapital für ein diversifiziertes Portfolio ausgesuchter, junger Sozialunternehmen bereit, welche aus der Pipeline an FASE-Mandanten kommen und „investment-ready" sind (vgl. Bertelsmann Stiftung 2016, S. 33). Der Fonds befindet sich derzeit in der Marketing-Phase. Darüber hinaus ist eine erste „Finanzierungspartnerschaft Soziale Unternehmer" mit der GLS Bank gestartet (Bertelsmann Stiftung 2016, S. 35). Sehr wichtige weitere Bauteile sind auch Impact-Produkte speziell für Retail-Anleger. Während hier Banken und Finanzinstitute noch eher zögerlich unterwegs sind (vgl. Bertelsmann Stiftung und Universität Stuttgart 2015, S. 8), bedienen verschiedene Crowdfundingplattformen bereits den Wunsch der Kleinanleger, Social Enterprises direkt zu unterstützen.

3.2 Wirkungsvolle Brücken in der Praxis

Nach so viel Marktarchitektur, Konstruktionselementen und Umgebungsanalysen nun zur praktischen Umsetzung: Das folgende Beispiel eines Social Enterprise zeigt eindrucksvoll, wie ein hybrides Finanzierungsmodell gekoppelt mit einem sozialen Wirkungsanreiz für mehr Schwung beim Einwerben von Wachstumskapital sorgen kann.

3.2.1 DORV – Multifunktionale Nahversorgung für infrastrukturschwache Gebiete

2013 hat FASE den Sozialunternehmer und Ashoka Fellow Heinz Frey bei der Entwicklung eines hybriden Geschäftsmodells sowie einer maßgeschneiderten Finanzierung unterstützt. Sein DORV-Projekt (www.dorv.de) gibt Dorfbewohnern und Bewohnern von Stadtquartieren die Chance, sich ein Nahversorgungsangebot vor Ort zu sichern und damit den Teufelskreis aus Abwanderung und wegfallender Versorgung zu durchbrechen. Wenn Geschäfte, Supermärkte und Gewerbe schließen, Immobilien ihren Wert verlieren, die soziale und technische Infrastruktur schrumpft und das Wohnumfeld an Lebensqualität verliert, droht vor allem für ältere Menschen und solche mit eingeschränkter Mobilität eine erhebliche Versorgungslücke. Die DORV-Zentren durchbrechen diese Spirale, indem sie grundlegende Produkte und Dienstleistungen, wie beispielsweise Lebensmittel, Post, Metzgerwaren und Pflegedienste, anbieten, aber vor allem auch einen Platz für menschliche Begegnungen schaffen. Ortsnahe Versorgung, nachhaltiger biologischer Anbau und eine Wiederherstellung des „guten alten Dorfgefühls" mit aktiven Bürgern und einem sozialen Miteinander sind die wichtigsten Ziele.

Das Sozialunternehmen DORV selbst besteht hinsichtlich Geschäftsmodell und Rechtsstruktur aus zwei Teilen: (1) eine gemeinnützige Gesellschaft, die DORV gGmbH, die zuständig für die Verbreitung und Weiterentwicklung der DORV-Idee und den Betrieb integrativer DORV/quartVier-Zentren ist, und (2) eine nichtgemeinnützige Gesellschaft, die DORV UG, die die Beratung von Kommunen und Bürgergruppen beim Aufbau von DORV/quartVier-Zentren wahrnimmt und als Franchisegeberin aktiv ist. Eine solche Kombination aus gemeinnützigen und nichtgemeinnützigen Rechtsstrukturen nennt sich auch Structural Hybrid und wird von vielen Social Enterprises gewählt. Dadurch können sie meist ihre Double-Bottom-Line besser erfüllen und sich auch über verschiedene

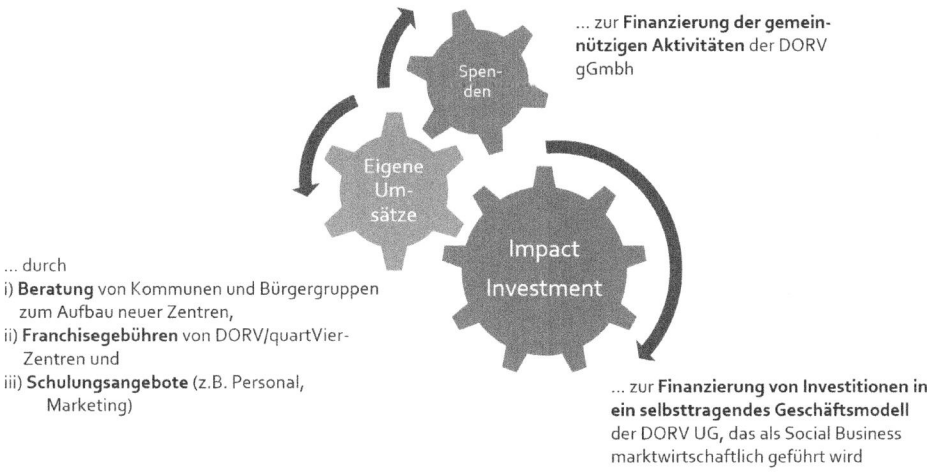

Abb. 4 Die hybride Finanzierungsstruktur von DORV. (Quelle: FASE 2013)

Quellen finanzieren. Das Finanzierungskonzept für diese erste erfolgreiche Wachstumskapitalrunde von DORV im Jahr 2013 fügt sich passgenau in diese Struktur ein und wird unten noch einmal veranschaulicht (s. Abb. 4). Die DORV UG wird marktwirtschaftlich geführt und der erzielte Gewinn wird ausschließlich in den weiteren Ausbau des Geschäfts investiert und an die gemeinnützige Schwestergesellschaft DORV gGmbH weitergeleitet. So entsteht ein in sich geschlossenes Finanzierungssystem.

3.2.2 Genussrechtskapital mit qualifizierter Nachrangabrede und sozialem Wirkungsanreiz

Für die Entwicklung des passenden Finanzierungsmodells kommt es vor allem auch auf die Bedürfnisse des Sozialunternehmers an. Im Beispiel DORV bestand das Ziel darin, den notwendigen Spielraum für einen erfolgreichen Auf- und Ausbau der Geschäftsaktivitäten zu erhalten und die angestrebte soziale Wirkung und Skalierung effektiv zu unterstützen. Die Rückzahlung des Kapitals sollte möglichst flexibel sein und den Cashflow nur moderat belasten. Die Investoren sollten kein echtes Eigenkapital bereitstellen und Miteigentümer werden, sondern eher beratend unterstützen und die marktüblichen Schutzrechte erhalten (vgl. FASE 2013, S. 20).

Herausgekommen ist ein Modell, das auf Genussrechtskapital mit qualifizierter Nachrangabrede („wirtschaftliches Eigenkapital"), aber ohne Verlustbeteiligung basiert. Zwischen den Investoren – hier einem Business Angel und einer Stiftung – und dem Sozialunternehmer wurde eine feste finanzielle Zielrendite definiert, die in Verbindung mit einem sozialen Wirkungsanreiz steht: Die Finanzierungskosten für DORV reduzieren sich dann, wenn das Sozialunternehmen die im Vorfeld vereinbarten sozialen Ziele erreicht. Die beteiligten Investoren waren also bereit, zugunsten des erwünschten Impact auf einen Teil ihrer finanziellen Rendite zu verzichten. Insgesamt entstanden auf Ebene des Sozialunternehmens dadurch sehr flexible Finanzierungskosten – vor allem in der Startphase – sowie moderate, erfolgsunabhängige Zinszahlungen und sehr flexible Tilgungsoptionen. Das führt dazu, dass bei steigenden Umsätzen wertvolle Liquidität im Unternehmen verbleibt, die in den weiteren Ausbau der Aktivitäten investiert werden kann. Ein passgenaues Finanzierungsmodell, das sowohl das Double-Bottom-Line-Geschäftsmodell eines Social Enterprise unterstützt als auch die persönlichen Präferenzen des Sozialunternehmers berücksichtigt – Social Finance in Reinkultur.

Literatur

Achleitner A-K, Pöllath R, Stahl E (2007) Finanzierung von Sozialunternehmen. Schäffer-Poeschel, Stuttgart

Bertelsmann Stiftung (2014) Wirkungsorientiertes investieren – neue Finanzierungsquellen zur Lösung gesellschaftlicher Herausforderungen. https://www.bertelsmann-stiftung.de/de/publikationen/publikation/did/wirkungsorientiertes-investieren-neue-finanzierungsquellen-zur-loesung-gesellschaftlicher-herausfor/. Zugegriffen: 11. Juli 2017

Bertelsmann Stiftung (2016) Social Impact Investment in Deutschland – Kann das Momentum zum Aufbruch benutzt werden? https://www.bertelsmann-stiftung.de/de/publikationen/publikation/did/social-impact-investment-in-deutschland-2016/. Zugegriffen: 11. Sept. 2016

Bertelsmann Stiftung/Universität Stuttgart (2015) Social Impact Investment in Deutschland – Chancen und Potenziale für Banken und Sparkassen. https://www.bertelsmann-stiftung.de/fileadmin/files/user_upload/Banken_und_Sparkassen.pdf. Zugegriffen: 13. Sept. 2016

Centrum für soziale Investitionen und Innovationen (CSI) (2013) Social Entrepreneurship in Deutschland – Potenziale und Wachstumsproblematiken. https://www.kfw.de/PDF/Download-Center/Konzernthemen/Research/PDF-Dokumente-Studien-und-Materialien/Social-Entrepreneurship-in-Deutschland-LF.pdf. Zugegriffen: 11. Sept. 2016

Dichter S, Katz R, Koh H, Karamchandani A (2013) Closing the Pioneer Gap. http://ssir.org/articles/entry/closing_the_pioneer_gap. Zugegriffen: 11. Sept. 2016

Duke University The Fuqua School of Business CASE (2004) Double Bottom Line. https://centers.fuqua.duke.edu/case/knowledge_items/double-bottom-line-project-report-assessing-social-impact-in-double-bottom-line-ventures/. Zugegriffen: 12. Sept. 2016

Eckert S, Schäfer H (2015) Risiko, Rendite – und Wirkung? Die Anlagebereitschaft deutscher Stiftungen und vermögender Anleger für wirkungsorientiertes Investieren. https://www.bertelsmann-stiftung.de/de/publikationen/publikation/did/risiko-rendite-und-wirkung-die-anlagebereitschaft-deutscher-stiftungen-und-vermoegender-anlege/. Zugegriffen: 12. Sept. 2016

Europäische Kommission (2011) Social Enterprises. http://ec.europa.eu/growth/sectors/social-economy/enterprises/. Zugegriffen: 05. Sept. 2016

Europäische Kommission (2016) Aufforderung zur Einreichung von Vorschlägen VP/2016/007. http://ec.europa.eu/social/main.jsp?catId=629&langId=de&callId=482&furtherCalls=yes. Zugegriffen: 11. Sept. 2016

Eurosif (2014) European SRI Study. http://www.eurosif.org/wp-content/uploads/2014/09/Eurosif-SRI-Study-20142.pdf. Zugegriffen: 11. Juli 2017

Evers & jung, iq consult, ism, Zeppelin Universität (2015) Herausforderungen bei der Gründung und Skalierung von Sozialunternehmen. Welche Rahmenbedingungen benötigen Social Entrepreneurs? Endbericht für das Bundesministerium für Wirtschaft und Energie (BMWi). http://www.bmwi.de/Redaktion/DE/Downloads/H/herausforderungen-bei-der-gruendung-und-skalierung-von-sozialunternehmen-zusammenfassung.pdf?__blob=publicationFile&v=4. Zugegriffen: 11. Juli 2017

FASE (2014) Das Social Finance Ökosystem in Deutschland. Grafik aus interner Präsentation

FASE (2013) Fallstudie DORV. http://fa-se.de/wp-content/uploads/2015/11/20141119-Case-Study-Financing-for-DORV-deutsch_vfinal.pdf. Zugegriffen: 11. Sept. 2016

FASE (2015) Creating Collaborative Funding Models for Social Enterprises. http://fa-se.de/wp-content/uploads/2015/12/FASE-Final-Report-EU-Project-July-2015.pdf. Zugegriffen: 13. Sept. 2016

FASE (2016) Blogbeitrag „Von der Spendenorganisation zum Sozialunternehmen – ein Quantensprung?". http://fa-se.de/blog/skalierung-sozialunternehmen/. Zugegriffen: 13. Sept. 2016

FASE, Ashoka, McKinsey (2016) Achieving Impact for Impact Investing – A Roadmap for Developed Countries. http://fa-se.de/wp-content/uploads/2016/04/Ashoka-FASE-McKinsey-Achieving-Impact-for-Impact-Investing-2016.pdf. Zugegriffen: 12. Sept. 2016

Frankfurter Allgemeine Zeitung, Scheen T (2011) Vom Geld kommt kaum etwas an (Thomas Scheen). http://www.faz.net/aktuell/wirtschaft/wirtschaftspolitik/humanitaere-hilfe-vom-geld-kommt-kaum-etwas-an-11111724.html. Zugegriffen: 19. Sept. 2016

Friemel T, Oldenburg F (2013) Vom Planetensystem zum Ökosystem – Finanzierung für Sozialunternehmer neu denken. http://germany.ashoka.org/sites/germany.ashoka.org/files/2013-02_Ashoka%20Thesenpapier-Finanzierungen-neu-denken.pdf. Zugegriffen: 13. Sept. 2016

Gabler Wirtschaftslexikon (2016) Stakeholder. http://wirtschaftslexikon.gabler.de/Definition/anspruchsgruppen.html. Zugegriffen: 12. Sept. 2016

Global Impact Investing Network (GIIN) (2016a) What is impact investing. https://thegiin.org/impact-investing/need-to-know/#s1. Zugegriffen: 5. Sept. 2016

Global Impact Investing Network (GIIN) (2016b) How big is the impact investing market. https://thegiin.org/impact-investing/need-to-know/#s8. Zugegriffen: 19. Sept. 2016

Global Impact Investing Network JPM (2016) Annual Impact Investor Survey. https://thegiin.org/knowledge/publication/annualsurvey2016. Zugegriffen: 19. Sept. 2016

Höll R, Oldenburg F (2011) Wie überwinden wir Hürden für soziale Problemlöser – sechs Ansätze zur Verbreitung von sozialer Innovation und Social Entrepreneurship in Deutschland. https://www.ashoka.org/en/file/21533/download?token=jR5pVGWs. Zugegriffen: 11. Juli 2017

Oldenburg F, Strüwer B (2016) Full spectrum finance – how philanthropy discovers impact beyond donation and investments. http://philanthropy-impact.org/article/full-spectrum-finance-how-philanthropy-discovers-impact-beyond-donation-and-investments. Zugegriffen: 11. Sept. 2016

Phineo (2016) Wirkungstransparenz bei Spendenorganisationen. https://www.phineo.org/themen/spendenorganisationen-im-test. Zugegriffen: 11. Juli 2017

Roots of Impact/SDC (2016) Social Impact Incentives (SIINC). http://www.roots-of-impact.org/wp-content/uploads/2017/05/Social-Impact-Incentives-SIINC-White-Paper-2016.pdf. Zugegriffen: 11. Juli 2017

Social Finance Academy (2016) Investment Readiness Check. https://beta.social-finance-academy.org/type/entrepreneur/. Zugegriffen: 19. Sept. 2016 (kostenlose Registrierung erforderlich)

Stanford Social Innovation Review (2013) Impact Investing: Form Margin to Mainstream (Abigail Noble & Joel Bryce). http://ssir.org/articles/entry/impact_investing_from_margin_to_mainstream. Zugegriffen: 12. Sept. 2016

Tayabali R (2014) Das PATRI Framework zur Skalierung sozialer Wirkung. http://germany.ashoka.org/sites/germany.ashoka.org/files/Patri_de.pdf. Zugegriffen: 13. Sept. 2016

World Economic Forum/OECD (2015) Blended Finance Vol. 1 – A Primer for Development Finance and Philanthropic Funders. http://www3.weforum.org/docs/WEF_Blended_Finance_A_Primer_Development_Finance_Philanthropic_Funders_report_2015.pdf. Zugegriffen: 13. Sept. 2016

Für **Dr. Markus Freiburg** liegt der besondere Anreiz beim Aufbau der Finanzierungsagentur darin, seine strategische und finanzielle Expertise mit seiner Leidenschaft für Sozialunternehmertum zu verbinden. Er studierte Wirtschaftswissenschaften in Witten/Herdecke (Dipl.-Ök.) und Cambridge (M.Phil.), und promovierte an der WHU Koblenz über Investitionen institutioneller Investoren in Private-Equity-Fonds (Dr. rer. pol.). Davor sammelte er sieben Jahre Erfahrung als Unternehmerberater bei McKinsey & Company, von denen er mehr als vier Jahre als Pro-Bono-Berater für Sozialunternehmer sowie im Wirtschaftsbeirat von Chancenwerk aktiv war.

Christina Moehrle ist seit August 2014 bei FASE und kümmert sich schwerpunktmäßig um die Kommunikation. Im Jahr 2012 erfüllte sie sich einen Traum und konzentriert sich seitdem als freiberufliche Autorin und Fachjournalistin ganz auf Social Entrepreneurship, Social Finance und Impact Investing. Davor war sie insgesamt 15 Jahre Partnerin und Investor Relations Managerin bei der deutsch-israelischen Venture Capital Gesellschaft Star Ventures und Direktorin für Alternative Investments bei der Deutsche Bank Trust AG. Christina Moehrle ist Absolventin der Universität Mannheim in Betriebswirtschaftslehre (Dipl.-Kfm.) und Mitglied im Deutschen Fachjournalistenverband DFJV.

Die Miamed-Gründungsgeschichte: Für eine bessere Medizin weltweit

Alban Quast und Jasper Weiss

1 Medizinische Lehre weltweit

Wie wird man ein guter Arzt? Das fragen sich nicht nur Mediziner in Deutschland, sondern weltweit. Denn die Entscheidung für die Medizin ist auch eine Entscheidung für Verantwortung. Es geht um das Wohl der Menschen. Doch hat nicht jeder dieselben Möglichkeiten.

In vielen Ländern müssen zu wenige Ärzte zu viele Patienten mit ungenügenden Mitteln versorgen. Schon Krankheiten, die in westlichen Ländern ambulant innerhalb weniger Tage kuriert werden können, gehören in weniger entwickelten Ländern mitunter zu den Haupttodesursachen. Es fehlen schlichtweg die Mittel für gute Kliniken, geschweige denn für die nötigen Instrumente, Medikamente und Mitarbeiter – und nicht zuletzt auch für deren Ausbildung.

Und selbst in Ländern, in denen vieles besser läuft, läuft nicht alles richtig. Vieles ist noch gar nicht richtig erforscht oder nicht behandelbar. Und selbst Krankheiten, die behandelbar sind, werden oft nicht richtig behandelt – aufgrund von Unkenntnis oder Missverständnissen.

Deutschland gehört bezüglich der medizinischen Versorgung sicher zu den fortschrittlichsten Ländern der Welt. Trotz des Sparkurses im Gesundheitssektor ist verglichen mit anderen Ländern der Welt relativ viel Geld im Pott und die Ausbildung, die man hierzulande bekommt, gehört zu den besten weltweit. Das heißt aber nicht, dass wir am Ende der Fahnenstange angelangt sind. Mediziner sehen sich immer wieder mit Unsicherheiten konfrontiert. Das zur Verfügung stehende Wissen ist zu breit gefächert, niemand kann alle Differenzialdiagnosen und alle Dosierungen zu allen Krankheiten und Medikamenten für

A. Quast (✉) · J. Weiss
Miamed GmbH
Sachsenring 73, 50677 Köln, Deutschland
E-Mail: aqt@miamed.de

alle Alters- und Gewichtsgruppen kennen. Und auf dem neuesten Stand bleiben kann man erst recht nicht mehr, ohne sich wirklich darum zu bemühen.

Die Anforderungen wachsen. Krankheiten werden immer besser erforscht, es kommen immer mehr Medikamente auf den Markt, Leitlinien werden aktualisiert, Therapieschemata angepasst, Klassifikationssysteme überarbeitet. Auch deshalb sind Mediziner dazu angehalten, an Fortbildungen teilzunehmen. Aber selbst der vorbildlichste Mediziner, der keine Fortbildung auslässt, wird mit Situationen konfrontiert, in denen sein Wissen nicht mehr genügt. Da braucht man schnell Antworten, wenn ein sterbenskranker Patient vor einem liegt und wenig Zeit für Entscheidungen bleibt. Welche Medikamente, welche Dosierungen, worauf gilt es zu achten, welche Komplikationen können auftreten, was ist als Nächstes zu tun?

Egal, ob in Deutschland oder woanders auf der Welt: Diese Situationen treten überall auf. Mediziner brauchen also nicht nur eine hervorragende Ausbildung, sie brauchen jederzeit auch eine Quelle, die ihre Fragen beantwortet und der sie vertrauen können. Dank der weiten Verbreitung von Laptops, Tablets und nicht zuletzt Smartphones gibt es Möglichkeiten, diesen Bedarf zu decken.

2 Gründung

Die Vision, die medizinische Lehre weltweit zu verbessern, trägt inzwischen jeder Miamed-Mitarbeiter im Blut. Als Miamed 2011 von den drei Ärzten Dr. med. Madjid Salimi, Dr. med. Kenan Hasan und Dr. med. Sievert Weiss gegründet wurde, war die Vision jedoch noch nicht so klar.

Sie hatten gerade das Medizinstudium erfolgreich abgeschlossen und zunächst einmal nur das unbestimmte Gefühl, dass die Vorbereitung auf das 2. Staatsexamen (auch Hammerexamen genannt) zeitgemäßer sein könnte. Die Programme zum damaligen Zeitpunkt waren nicht viel mehr als digitalisierte Bücher, die kaum Interaktion zuließen und dadurch etwas schwerfällig waren.

Hierbei ist wichtig zu wissen, dass die Studierenden zur Vorbereitung auf das Staatsexamen neben der Universitätslehre auch auf das Nacharbeiten vergangener Examen angewiesen sind. Hierzu werden sogenannte Kreuzprogramme genutzt, mit denen die Multiple-Choice-Fragen vergangener Examen gekreuzt werden können. Eigentlich eine gute Idee, die aber zum damaligen Zeitpunkt aus ihrer Sicht unbefriedigend umgesetzt war.

Und man muss sagen: Wenn man sich auf das Staatsexamen vorbereitet, egal welchen Fachs, wird man ein wenig intoleranter. Man möchte die beste Vorbereitung, man möchte keine Zeit verschwenden, keinen falschen Informationen aufliegen, man ist zu allem bereit, die Nerven liegen häufig blank. Da werden auch noch Tage vor dem Examen enorme Fachschinken gekauft, von denen man sich die Antwort auf alle Fragen erhofft.

Vor diesem Hintergrund war von Anfang klar: Wenn wir eine bessere Lösung schaffen würden als die Konkurrenz, würde sich das schnell herumsprechen.

Dr. Madjid Salimi, der schon Erfahrung als Entrepreneur hatte und die technischen Möglichkeiten sah, überzeugte die beiden anderen, eine eigene Software auf den Markt bringen zu können, eine bessere als die, mit der die drei selbst lernen mussten. Auch die entscheidende Frage, inzwischen eine Firmenlegende, kam von Madjid:

Habt ihr ein bis zwei Jahre Zeit?

Zeit ja, Zeit war nicht das Problem. Keiner der drei hatte sofort nach dem Examen einen Job in einer Klinik angenommen. Unklar war aber, wie man so ein Unterfangen angeht. Die Konkurrenz ist namhaft, sollten wir uns wirklich mit denen anlegen? Ist so eine eigene Software zu entwickeln nicht viel zu aufwendig? Und nicht zuletzt: Wie finanziert man so ein Projekt? Eine Weile könnten sie von Erspartem leben und sich von ihren Eltern unter die Arme greifen lassen. Aber zwei Jahre? Nicht zu sprechen von Entwicklungskosten und Lizenzgebühren für die Examensfragen.

Davon ließen sich die drei aber nicht entmutigen. Erstmal wurden die Ärmel hochgekrempelt und überall die ersten Grundzüge des Projektes gelegt: auf dem Balkon der WG von Sievert und Kenan, am Esstisch von Madjids Eltern, in der Bahn, in Wartezimmern, auf Fußböden. Schnell waren auch weitere Freunde und Familienmitglieder, größtenteils ebenfalls Ärzte, begeistert und an Bord geholt.

Die ersten Entwürfe sahen auch schon vielversprechend aus. Die Ideen sprudelten über, wir hatten bald viel mehr, als wir vor dem geplanten Launch schaffen könnten.

Um die Lebenshaltungskosten zu decken, arbeiteten die jungen Ärzte am Wochenende in Nachtschichten als Honorarärzte und unter der Woche an dem Projekt Amboss. Inzwischen war auch ein Büro gefunden: eine leer stehende Wohnung eines Freundes, die eigentlich renoviert werden sollte.

Aber eine Lernsoftware bringt man nicht einfach so auf den Markt. Man braucht die Fragen der vergangenen Examen und die gehören dem Urheber dieser Fragen: dem IMPP, dem Institut für Medizinische und Pharmazeutische Prüfungsfragen. Eine Lizenz für ein einziges Examen ist schon teuer für so eine Horde wochenendarbeitender Mediziner. Eine Lizenz für die letzten *zwanzig* Examen ist dann ... man kann sich das vorstellen.

Ein Investor musste gefunden werden. Wir haben intensiv gesucht, mit vielen gesprochen und letztendlich überzeugten wir den Freund und Mitgründer von Madjids erster Firma. Also hatten wir ein Jahr Zeit. Für den Winter 2012 (also das Frühjahrsexamen 2013) wurde der Launch angesetzt. Wir rechneten mit 10.000 Arbeitsstunden[1], die uns bevorstanden.

Das Team wuchs fast wie von alleine, die Idee schlug immer weitere Kreise. Freunde und Freundesfreunde traten dem Projekt bei. Die Nächte wurden zu Tagen gemacht. Ein „Ende der Woche" im eigentlichen Sinn gab es nicht mehr. Es wurde unter dem Schreibtisch geschlafen, an dem tagsüber gearbeitet wurde. Lohn gab es erst mal kaum. Jeder arbeitete aus Überzeugung und auf eigenes Risiko. Und es waren nicht einfach irgendwelche Leute. Die Mediziner gehörten allesamt zu den besten ihrer Jahrgänge, fast jeder verband mehrere Talente in sich.

---

[1] Retrospektiv zählten wir 25.000 Arbeitsstunden.

Am wichtigsten war aber die Arbeitsmoral. Wir wollten nicht zu jenen gehören, die sich auf den ersten kleinen Erfolgen ausruhen. Wir wollten die Lehre in der Medizin nachhaltig verbessern – und sie auf den bestmöglichen Stand bringen. Und vor allem wollten wir die Vorbereitung auf das Staatsexamen für nachfolgende Generationen angenehmer und effizienter gestalten.

Für eine Gründung ist keine Zauberei nötig. Ohne Frage braucht man gute Ideen und Geld, das ist offensichtlich. Aber vor allem braucht man gute Leute, die sich mit dem Projekt identifizieren, die jede Minute daran denken, ihre Ideen einbringen und mit Begeisterung umsetzen. Und man braucht ein Netzwerk hinter diesem Team. Unterstützer, die bei Fragen aushelfen, Ratschläge geben und notfalls auch einspringen können.

3 Das Team – ein entscheidender Faktor

In dem Jahr vor dem Launch (2012) wuchs das Team von 13 Gründungsmitgliedern auf schließlich 34 Festangestellte in den Bereichen Medizin, Informatik, Betriebswirtschaft, Germanistik und Grafikdesign. Ein Umstand, der vieles zu jener Zeit erleichterte, war, dass Miamed von Anfang an eine Art Familienbetrieb bzw. erweiterter Freundeskreis war. Die drei Gründer hatten ihre Idee zunächst im engsten Kreis geteilt und so bestand auch der Kern der Mannschaft aus engsten Verwandten und Bekannten. Es wäre ohnehin schwierig gewesen, einem Team voller Fremder zu erklären, dass mit den ersten Einnahmen frühestens in einem Jahr zu rechnen sei. Und so saßen wir gemeinsam bis tief in die Nacht hinein im Kölner Büro auf der Berrenrather Straße.

Es wuchs ein starkes Zusammengehörigkeitsgefühl aus dem Ziel, mit relativ wenig Mitteln etwas zu schaffen, was kaum möglich erschien. Zu jeder Zeit vorangingen die Gründer, die Aufgaben nicht von oben herab delegierten, sondern mit unbändigem Einsatz die gesamte Gruppe mitzogen. Sie waren und sind in der Regel morgens die Ersten im Büro und abends die Letzten, die gehen. Als Mitarbeiter darf man sich nicht wundern, immer mal wieder Mails zwischen 3 und 5 Uhr morgens zu erhalten. Das macht natürlich Eindruck und motiviert. Autorität haben sich die Gründer im wahrsten Sinne des Wortes erarbeitet. Bei Miamed ging es nie um Förmlichkeiten oder Dresscodes, sondern darum, was man kann. Auch die Hierarchien waren von Anfang an flach, Meinungsverschiedenheiten wurden immer auf Augenhöhe gelöst.

Nach einem Jahr konzentrierter Arbeit, unzähligen Mensabesuchen und durchgemachten Nächten war es Ende 2012 dann endlich soweit. Amboss ging online. Es war geschafft. Im Grunde war der größte Haufen Arbeit geschafft. Aber wir hatten schon die nächsten Ideen und wollten auch das bestehende System immer weiter verbessern und erweitern. Doch es sollte ja vorwärtsgehen und so hielten wir weiter Ausschau nach multitalentierten Arbeitskräften, wie beispielsweise sprachbegabten oder programmierenden Medizinern, Physikern, und Mitarbeitern, die vielleicht auch Interesse hätten, nebenbei noch das Büro einzurichten und für eine angenehme Atmosphäre zu sorgen. Die Einstellungskriterien bei Miamed waren von Anfang an eher unkonventionell. Nicht derjenige mit den besten

Abschlussnoten, sondern derjenige, der uns inhaltlich und von seiner Persönlichkeit überzeugte, sollte die Möglichkeit bekommen, sich bei uns zu verwirklichen. Wusste jemand ohne perfekten Lebenslauf zu überzeugen, war auch eine Auszeit kein Gegenargument. Man hat mal eine Zeit lang nichts gemacht? Na und? Die Frage ist doch, wie sehr man jetzt etwas machen möchte, wie viel Drive man hat. Und mit einem Zweitstudium ist man auch noch nicht zu alt für den Arbeitsmarkt. Viel interessanter ist es doch, die verschiedenen Talente unter einen Hut zu bringen und zu nutzen. Es hat eben nichts mit Risiko zu tun, solche Leute einzustellen. Es ist für beide Seiten die beste Entscheidung, auch betriebswirtschaftlich gesehen. Miamed sollte eine Firma mit verschiedenen Gesichtern werden, auch ein Ort für unkonventionelle und vor allem getriebene Leute, die nicht in den Zwängen des Arbeitsalltages versinken, sondern noch etwas in der Welt verändern wollen.

Im Jahr 2014 sollten für die vielen neuen Projekte und Ideen weitere Mitarbeiter eingestellt werden, es wurden noch einmal knapp 20 Mitarbeiter rekrutiert, sodass die Miamed GmbH Ende 2014 über 50 festangestellte Mitarbeiter zählte (Abb. 1).

Bei der Einstellung neuer Mitarbeiter achteten wir vor allem auch auf zwei weitere Eigenschaften: Teamfähigkeit und Eigenmotivation. Miamed war von Beginn an ein Unternehmen mit vielen Schnittstellen und folglich auch interdisziplinärer Befruchtung, also kein Ort, an dem man still in seinem Kämmerchen arbeitet. Auf eine enge und gute Kollegialität wurde vom Start weg großen Wert gelegt. Das bedeutete aber auch, eine gesunde Streitkultur zu etablieren. Wir wollten Leute, die in der Lage sind, ihren Standpunkt zu vertreten. Leute, die Kritik äußern und selbst kritikfähig sind. Um in einer Sache weiterzukommen, gehört es nun einmal dazu, sich die Meinung sagen zu können, vielleicht auch mal etwas lauter. Wichtig ist, zu verstehen, dass es immer um die Sache geht und nichts Persönliches ist.

Gerade am Anfang musste man flexibel sein, umdenken können, gerade gemachte Entwürfe auch wieder umwerfen können; die Abläufe waren mitunter natürlich etwas chaotisch und hier und da musste improvisiert werden, was vielleicht nicht unüblich ist für

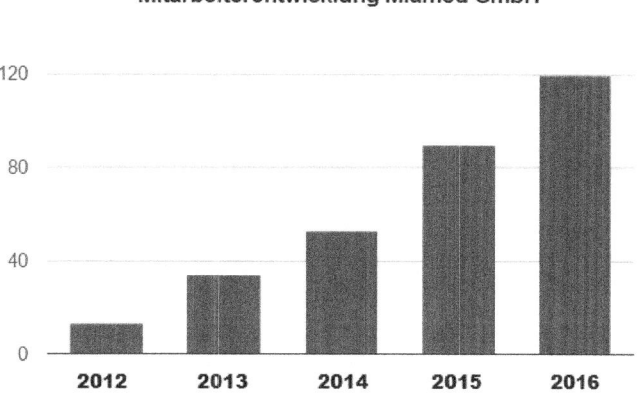

Abb. 1 Mitarbeiterentwicklung Miamed GmbH 2012–2016

ein eben gegründetes Unternehmen. Es waren also Leute gefragt, die Projekte aus eigenem Antrieb vorantreiben und den Mut haben, eigene Entscheidungen zu treffen. Erfreulich aus unserer Sicht war, dass wir nicht wirklich auf Stellenausschreibungen angewiesen waren. Vielmehr meldeten sich ehemalige Medizinstudenten, die Amboss zur Vorbereitung auf das Hammerexamen genutzt hatten und bei dem Projekt mitwirken wollten. Unsere Zielgruppe haben wir also nicht nur überzeugt, sondern auch gleich rekrutiert.

Heute, zum Ende des Jahres 2016, zählt die Miamed GmbH über 100 Festangestellte. Auch wenn viele Externe dazugekommen sind, sind das Familiäre und Freundschaftliche nicht verloren gegangen, wie an den sechs Geschwisterpaaren und vier Pärchen, die bei Miamed tätig sind, zu sehen ist. (So sind knapp ein Fünftel der Mitarbeiter sehr eng. Dazu kommen noch die vielen Freundschaften, die auch schon vor Miamed bestanden, und viele, die jetzt gewachsen sind.) Trotzdem kann man, wenn man immer weiterwächst, natürlich nicht nur Kumpel einstellen, dann geht die Qualität irgendwann verloren. Aber der Kern und die Philosophie sind von Anfang an unverändert geblieben.

Der überwiegende Teil der Mitarbeiter arbeitet heute in den Büros in Berlin und Köln. Dazu kommen noch die Home-Office-Mitarbeiter, die über den gesamten Globus verteilt sind. Ob Südafrika oder Boston, ob Lübeck, Leipzig oder Aachen, überall auf der Welt sitzen mittlerweile Angestellte von Miamed.

Was Miamed zudem besonders macht, sind die Events drum herum. So gab es bei uns von Beginn an eine Teamwoche, die alle sechs Monate stattfand. Zweck der Sache war, alle Mitarbeiter für eine Woche zusammenzubekommen und in Workshops auf den neuesten Stand zu bringen. Außerdem veranstalteten wir 2016 unsere erste Sommersause (Abb. 2). Miamedler, Freunde und Unterstützer wurden nach Berlin eingeladen und verbrachten einen wundervollen Tag miteinander.

Aber auch im Alltag sorgt Miamed für Abwechslung. So gibt es beispielsweise das Montagskino und den Thirsty Thursday, an dem aktuelle Entwicklungen vorgestellt, neue Ideen diskutiert oder einfach nur etwas Schönes unternommen wird.

Auf diese modernen Arbeitsbedingungen sind wir stolz und möchten sie nicht missen. Wir haben hohe Ziele, aber um die zu erreichen, muss man auch mal das Tempo rausneh-

Abb. 2 Miamed-Sommersause 2016: Über 100 Mitarbeiter, Freunde und Unterstützer kamen nach Berlin zum Feiern

men und die Gedanken kreisen lassen. Dessen sind wir uns bewusst. Es geht nicht darum, auf Teufel komm raus zu produzieren und Leute zu verheizen. Dafür ist unsere Verantwortung auch gegenüber den Mitarbeitern zu groß. So wie unser Produkt Amboss soll auch der Umgang mit den Angestellten nachhaltig sein. Die hohe Qualität des Programms geht direkt auf eine hohe Lebens- und Arbeitsqualität bei Miamed zurück. Es ist das klassische Geben und Nehmen. Der Angestellte, dem man Freiheiten gewährt, zahlt dies mit qualitativ hochwertiger Arbeit zurück. Kann sein, dass das nicht überall funktioniert, denn es setzt eine hohe Eigenverantwortung und einen gewissen Ehrgeiz jedes Einzelnen voraus. Für uns ging diese Strategie bisher voll auf.

3.1 Das Team hinter dem Team

Das Team hinter dem Team ist ein weiteres Erfolgsgeheimnis von Miamed, welches wir im Folgenden einmal genauer beleuchten wollen.

Da wären zunächst einmal die Experten, also Fachärzte, Oberärzte und Chefärzte aus ganz Deutschland, die von uns und unserem Programm überzeugt sind. Dieser Input ist mitentscheidend für die hohe inhaltliche Qualität des Programms. Hinzu kommen externe Berater, Kooperationspartner und ehemalige Mitarbeiter, die sich Miamed trotz ihrer Entscheidung, den Weg in die Klinik anzutreten, weiterhin verbunden fühlen.

Miamed ist ein Stück weit aber auch ein Familienunternehmen – dies wird beim Blick auf das Team hinter dem Team besonders deutlich. Sowohl im Berliner als auch im Kölner Büro sorgen Mütter von Miamedlern für das Wohlergehen der gesamten Gruppe. Am Beispiel des Mittagessens lässt sich schön erkennen, dass sich daraus eine Win-win-win-Situation ergibt: Auch für Miamed ist es vorteilhaft, dass sich die Angestellten nicht mehr auf eigene Faust auf der Straße Fastfood besorgen, sondern alle gemeinsam an einem Tisch sitzen, sich austauschen und wie zu Hause fühlen.

Da Mütter dazu neigen, ihren Kindern und deren Freunden Gutes tun zu wollen, so lautet die Maxime beim Kochen: Hauptsache gesund und alle werden satt. Statt Fastfood gibt es also einen Gemüseeintopf und zum Nachtisch eigentlich immer Obst. Und hat jemand mal besondere Gelüste, kann man mit den Müttern auch einfach die persönlichen Essenswünsche bei einer Tasse Kaffee besprechen.

Der dritte und letzte Profiteur sind die mitwirkenden Mütter selbst: Teil eines jungen, kreativen Teams zu sein, mit jungen Menschen in Kontakt zu bleiben, diese positive Dynamik zu spüren und mit Rat und Tat zur Seite zu stehen.

Die Mitarbeiter bekommen also leckeres, gesundes und abwechslungsreiches Essen. Die Firma profitiert von der gesteigerten Produktivität. Und die Mütter haben Spaß und fühlen sich gebraucht.

Des Weiteren wurde ein Friseur kontaktiert, der uns seitdem alle drei Wochen einen Hausbesuch abstattet und sich großer Beliebtheit erfreut. Auch gibt es sowohl im Berliner als auch im Kölner Büro wöchentlich einen Yogakurs und seit Neuestem sorgt ein Physiotherapeut alle 14 Tage für glückliche und entspannte Gesichter im Kölner Büro.

4 Das Programm Amboss

> Alle sagten das geht nicht, dann kam einer, der wusste das nicht, und hat's einfach gemacht.

Nun zum eigentlich Wichtigen: Amboss, das Programm, das inzwischen jeder Medizinstudent Deutschlands kennt. Im Lernsystem Amboss können Mediziner originale Multiple-Choice-Fragen aus vergangenen Examen bearbeiten, um sich auf schriftliche Prüfungen vorzubereiten. Zu jeder einzelnen Antwortmöglichkeit gibt es einen Kommentar, der genau darlegt, warum man nun jeweils richtig oder falsch liegt. Und wenn man Interesse hat, noch mehr zu diesem Thema zu lesen, ist das auch kein Problem: Der sogenannte Kreuzmodus ist direkt mit über 1000 Lernkarten verknüpft, die alle medizinischen Fächer abbilden und zu jedem Thema abrufbares Wissen parat halten. Somit ist Amboss nicht bloß ein Kreuzprogramm, sondern zugleich auch eine medizinische Fachenzyklopädie, die vor dem Hintergrund neuer medizinischer Erkenntnisse jederzeit aktualisiert wird und folglich auf dem neuesten Stand ist.

Die redaktionell erstellten Inhalte durchlaufen vor dem „going online" einen mindestens 3-stufigen Peer-Review-Prozess: Ersterstellung durch einen Mediziner, inhaltlicher Gegencheck durch einen weiteren Mediziner, sprachliche Optimierung durch Lektoren und bei schwierigen oder strittigen Fällen werden externe Experten hinzugezogen (das Team hinter dem Team). Im Rahmen dieses Prozesses stehen inhaltliche Richtigkeit und eine gute Verständlichkeit im Vordergrund. Den typischen Medizinerjargon, der auch heute noch in Doktorarbeiten und anderen wissenschaftlichen Publikationen gepflegt wird, gibt es bei uns nicht. Ein wissenschaftlicher Text gewinnt durch eine hochtrabende Sprache schlichtweg nicht an Inhalt, vielmehr muss man sich fragen, ob der Inhalt überhaupt noch zufriedenstellend vermittelt wird.

Auf diese Weise versuchen wir, dem hohen Anspruch der Studenten und unserer großen Verantwortung gerecht zu werden. Unterstützt werden wir zusätzlich durch das Feedback unserer User, denn dem „Schwarm" entgeht nichts. Wenn also ein Sachverhalt aus Sicht eines Users nur unzureichend oder gar falsch dargestellt ist, kann und soll er uns das via Feedback mitteilen. So bleibt selbst der kleinste Fehler nicht unentdeckt. So gesehen sind unsere User ein erweiterter Teil unseres Teams. Auch sie arbeiten aktiv mit daran, Amboss stetig zu verbessern.

So wie Miamed ist auch Amboss über die Jahre weitergewachsen. War das Programm zu Beginn lediglich darauf ausgelegt, die Studenten durchs Hammerexamen zu bringen, gibt es heute viele verschiedene Modi, die sowohl für Studienanfänger als auch für Assistenzärzte Wissenswertes bereithalten. Die Benutzerfreundlichkeit von Amboss erlaubt es dem User, genau das Wissen abzurufen, das gerade benötigt wird.

Um die Vielfalt kurz vorzustellen: Im Vorklinikmodus werden Grundlagen wie die Anatomie des Schädels und grundsätzliche Zusammenhänge erklärt, die zu Beginn des Studiums relevant sind. Der Klinikmodus wartet mit tiefer gehendem Wissen über Krankheiten sowie deren Diagnostik und Therapie auf und bereitet die Studenten auf das Examen vor. Der Arztmodus unterstützt Assistenzärzte bei der täglichen Arbeit im Krankenhaus. Eine offline nutzbare App zur Lernkartenbibliothek ermöglicht es praktisch tätigen Medizinern, auch in „netzlosen" Krankenhäusern auf die Inhalte zurückzugreifen. Der Assistenzarzt kann sich über eine leitliniengerechte Stufendiagnostik oder etwa einen Behandlungsplan informieren. Und der Facharzt kann sein Wissen noch einmal auf den neuesten Stand bringen, aber insbesondere auch Informationen zu angrenzenden Fachgebiete, mit denen er nicht täglich konfrontiert ist, schnell nachschlagen.

4.1 Vorteile Digital gegenüber Print

Amboss tritt aber nicht nur mit anderen Kreuzprogrammen in Konkurrenz. Seit Amboss stellt sich immer mehr die Frage, wie zeitgemäß Bücher in der medizinischen Lehre überhaupt noch sind. Man kann sich das in etwa wie bei Wikipedia vorstellen: Wikipedia ist inzwischen nicht nur viel umfangreicher als jeder Brockhaus, man findet auch viel schneller, was man sucht, ganz zu schweigen davon, dass man auch einen reichen Schatz an Bildern, Videos und Quellen hat, die bei Bedarf abgerufen werden können. Kein Mensch würde sich Wikipedia ausdrucken und es in der Hosentasche herumtragen. Vielmehr wäre der Raum, in dem Sie sich gerade befinden, voll mit Papier. Und nun suchen Sie in dem Wust einmal den Artikel zum Kasabach-Merritt-Syndrom. Wikipedia kann überhaupt nur digital funktionieren.

Und so ist es auch mit Amboss. Würde man die Amboss-Lernkartenbibliothek ausdrucken, hielte man 10.000 Seiten in der Hand. Da es Amboss aber inzwischen auch als App für Smartphones und Tablets gibt, kann man es immer dabeihaben, ob im Zug oder auf dem Gang in der Klinik oder im Patientenzimmer, inzwischen auch offline verfügbar – aber eben digital.

Außerdem ist das Nachkreuzen von alten Examen eigentlich überhaupt nur mit einer Software effizient. Man möchte ja auch erfahren, warum die Antwort, die man gegeben hat, richtig oder falsch ist. Das geht mit einem Programm wunderbar – die Kommentare zu der jeweiligen Antwortmöglichkeit erscheinen erst, wenn die Antwortmöglichkeit angeklickt wurde.

Digitalität hat aber noch weitere Vorteile.

Anders als bei einem Buch, ist man bei digitalen Medien nicht darauf angewiesen, Änderungen, Verbesserungen und Ergänzungen mühsam über eine neue Auflage umzusetzen. Da dauert es zum einen sehr lang, bis vom ersten Wunsch nach einer Änderung auch auf dem Papier etwas anders ist. Zum anderen besteht für den Leser eigentlich kaum eine Möglichkeit, Feedback abzugeben – höchstens über eine E-Mail an den Verlag. Das macht kaum jemand. Entsprechend gering sind oft die Unterschiede zwischen einzelnen Auflagen eines Fachbuches. Auch werden Fehler nicht selten durch viele Auflagen hindurch gedruckt. Und bis eine neue Auflage erscheint, ist sie häufig in Teilen schon wieder veraltet.

Bei digitalen Medien, in diesem Fall bei Amboss, ist da sehr viel mehr möglich – wenn man möchte. Bei Amboss z. B. hat der Nutzer die Möglichkeit, man könnte auch sagen, er wird dazu regelrecht aufgefordert, zu jedem inhaltlichen Abschnitt sein Feedback abzugeben. Wenn er nicht möchte, ist das kein Problem. Aber wenn Fehler oder nicht mehr aktuelle Inhalte von Nutzern gefunden werden, werden sie mit einer sehr viel höheren Wahrscheinlichkeit auch angemerkt als bei einem Buch.

Manche Verlage geben Informationen darüber heraus, welche Änderungen von einer Auflage zur nächsten umgesetzt wurden. Das ist sicherlich ein informativer und gut gemeinter Service. In dem Umfang, in dem das bei Printmedien passiert, geschieht es bei digitalen Medien aber oft schon innerhalb einer Woche. Bei Amboss z. B. werden über 100 Feedbacks pro Woche umgesetzt. Dazu werden auch immer wieder Wünsche von Usern nach neuen Features (wie beispielsweise der Möglichkeit, zu Inhalten eigene Ergänzungen zu schreiben) verwirklicht.

Nicht zuletzt sparen Studierende mit digitalen Medien Geld. Fachbücher zu relevanten Themengebieten kosten schnell mal genauso viel wie ein Jahreszugang für Amboss.

Man könnte nun sagen, von einem Buch hat man auch viel länger etwas. Das stimmt nur bedingt. Bücher sind eben auch sehr schnell veraltet und verstauben deshalb in irgendwelchen Regalen oder auf Dachböden. Die Bücher sind ja hübsch aufgemacht und man hat viel Geld dafür ausgegeben, Wegschmeißen scheint da oft keine Option. Aber Bücher sind eben sehr viel vergänglicher, als sie zu sein scheinen.

Dazu kommt, dass sich digital alles messen lässt. Jeder Nutzer kann den eigenen Lernstand verfolgen, es kann ermittelt werden, in welchen Fächern, bei welchen Krankheiten oder welchen Körperregionen der Nutzer unsicher ist. Und dann kann er gezielt an seinen Schwächen arbeiten.

Amboss ersetzt also nicht nur alte Kreuzprogramme, sondern auch viele Fachbücher. Und anders als die Bücher kann Amboss praktisch unbegrenzt wachsen und sich anpassen.

5 Erfolgskonzept

Viele wichtige Punkte, die zum Erfolg beitragen (Abb. 3), wurden bereits genannt: die revolutionäre Idee, die mitreißende Vision, die Marktlücke, das Team, das Engagement.

Keiner dieser Punkte allein macht eine erfolgreiche Firma. Erst durch das Zusammenspiel wird eine Firma einzigartig. Manchem Idealisten ist besonders wichtig, eine Vision zu haben, etwas auf der Welt verbessern zu können. Der Zusammenhalt im Team und die gute Stimmung spielen dagegen für jeden eine Rolle. Und das Engagement, das ergibt sich dann eben daraus. Dann arbeitet man vielleicht auch mal freiwillig am Wochenende oder nachts, um das eigene Projekt voranzutreiben. Verlangen tun wir das nicht. Es ergibt sich einfach, weil sich jeder mit seinen Aufgaben identifiziert und sie gerne umgesetzt sehen möchte.

Wichtig ist auch, dass wir unsere Mitarbeiter schon lange nicht mehr nur in Deutschland suchen, sondern überall auf der Welt. Inzwischen haben wir Mitarbeiter in Belgien, den USA, Südafrika und sogar Indien. Durch die Digitalisierung auch der Arbeitswelt ist das kein Problem, über Computer und Internet verbunden zu sein reicht, man muss nicht

Die Miamed-Gründungsgeschichte: Für eine bessere Medizin weltweit 257

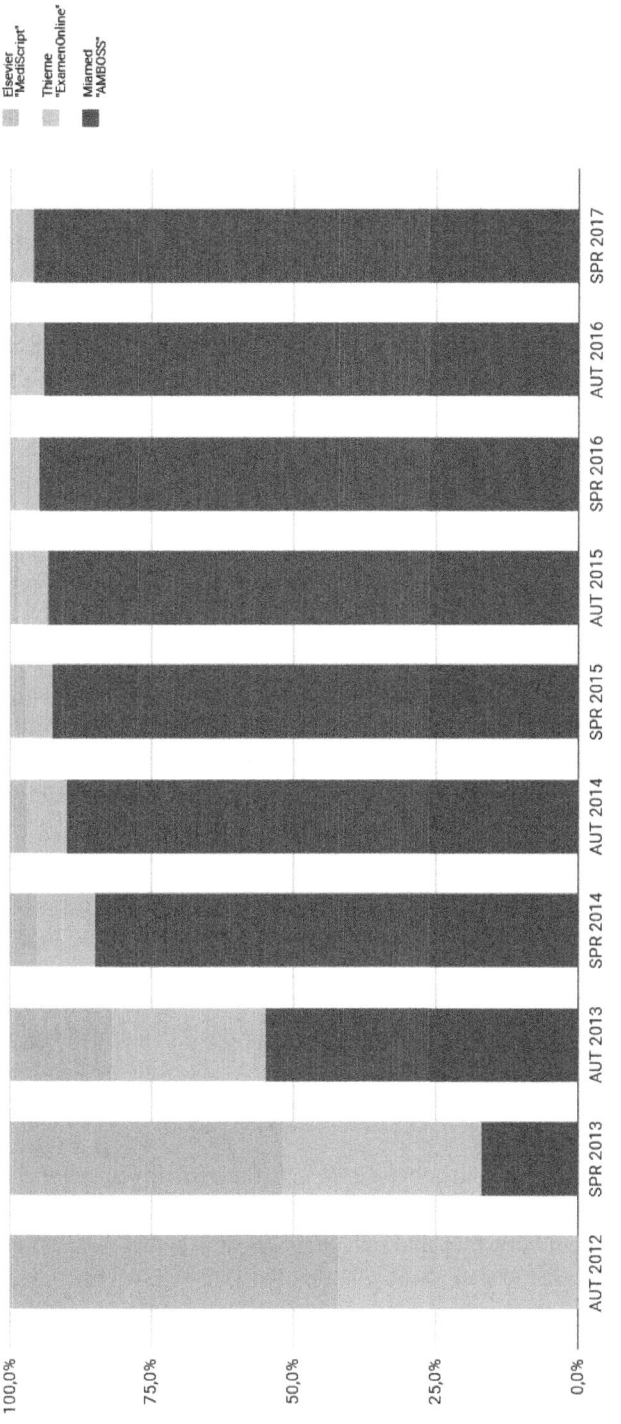

Abb. 3 Entwicklung des Marktanteils von Amboss unter den Prüfungsprogrammen zur Vorbereitung auf das 2. Staatsexamen für Humanmedizin in Deutschland von Herbst 2012 bis Frühjahr 2017

immer vor Ort sein. Man kann den Mitarbeitern da mehr entgegenkommen. Und man hat einen viel größeren Pool, aus dem man schöpfen kann.

Und das hat natürlich auch den Vorteil, dass alle Mitarbeiter gut miteinander verbunden sind. Sicherlich ist es schön, in den Büros vor Ort zu sein, und es trägt auch sehr viel zu dem Start-up-Gefühl bei. Aber die Zusammenarbeit funktioniert über das Internet auch wunderbar zwischen den Büros in Köln und Berlin und dem Rest der Welt.

Und, hey, als Softwareunternehmen, bei dem man von überall und zu flexiblen Stunden arbeiten kann, ist man so in etwa der Jobjackpot für junge Eltern. Mancher Arbeitgeber hat mit dieser Gruppe vielleicht eher Probleme. Aber das ist für uns im Zweifel von Vorteil.

Ein ganz konkretes Beispiel für die Vorteile der flexiblen Arbeitszeiten und -orte ist Erik, der seit 2014 aus Südafrika bei uns arbeitet. Erik ist auch junger Vater und dementsprechend gegenüber flexiblen Arbeitszeiten sehr offen. Er kam mit der Idee, für Amboss einen Podcast umzusetzen – also ein Mittelweg zwischen Video und Vorlesung. Er hat sich dafür besonders kritische und häufig missverstandene Themen der Medizin ausgesucht, beispielsweise die Differenzialdiagnose zwischen Morbus Crohn und Colitis ulcerosa, zwei auf den ersten Blick sehr ähnliche chronische Darmentzündungen.

Erik hat einen Großteil des dafür nötigen Players selbst programmiert, konnte sich aber auch immer Hilfe von den Programmierern in Köln und Berlin holen. Er schrieb den Text und zeichnete die gezeigten Tafeln auch selbst. Anfangs hat er den Text sogar noch selbst eingesprochen. Anschließend schneidet er die Videos und stimmt die Tonspuren ab.

Wenn wir gesagt hätten, bei uns kann man nur vor Ort und zu diesen oder jenen Zeiten arbeiten, wäre das alles nicht passiert. Die Auditorfolgen haben inzwischen über 1 Mio. Klicks bei Youtube – ganz zu schweigen von den vielen Zuschriften, die wir von begeisterten Nutzern erhalten, die eines der schwierigen Themen endlich einmal richtig verstanden haben.

5.1 Vision Miamed

Nun bleibt die Frage: Wo geht es hin mit Miamed?

Angefangen haben wir mit einer Kreuzsoftware für das 2. Staatsexamen der Humanmedizin. Damit hätten wir uns zufriedengeben können, „die Kuh melken", nur noch ein Minimum an Mitarbeitern behalten, den Status quo halten, den Gewinn abschöpfen. Das Projekt hätte sich selbst getragen.

Aber unsere Vision ist nicht, dass ein paar Wenige (kurzfristig) einen möglichst großen Gewinn einfahren. Unser Ziel ist es, die medizinische Lehre weltweit zu verbessern. Und das geht nicht mit bloßem Verwalten und sich ein neues Sofa kaufen. Dazu braucht es wieder Investitionen, man geht wieder ein Risiko ein. Nun könnten wir auch warten, bis aus selbsterwirtschafteten Gewinnen genug abgefallen ist, um nach und nach neue Projekte anzugehen. Aber dazu haben wir zu viele Ideen, eine zu große Lust, Neues zu schaffen. Man könnte sagen, wir sind in etwa so geduldig wie ein Kind, das zu Weihnachten ein neues Spielzeug bekommt.

Also haben wir die Inhalte auch für Studenten im klinischen Abschnitt interessanter gemacht, später auch in die andere Richtung, für Ärzte.

Wir haben mit „Steigbügel" eine Klinikdatenbank geschaffen, die Famulanten, PJlern[2] und Ärzten die Suche nach der passenden Klinik vereinfachen soll. Statt einer eher unkoordinierten Suche in Branchenblättern kann man Steigbügel wie Google-Maps nutzen. Einfach den gewünschten Ort suchen – ein Umkreis von 100 km reicht dabei – und schon werden alle vorhandenen Kliniken angezeigt, auf Wunsch dann auch mit näheren Details wie Kitaplätzen, Bettenzahl, Weiterbildungsermächtigung usw.

Inzwischen vermitteln wir mit „Sternum" auch Versicherungen und Kapitalanlagen für Mediziner, mit einem Blick darauf, welche Versicherungen wirklich nötig und richtig sind. Das Besondere: Von Provisionszahlungen an die Berater haben wir uns verabschiedet. Unsere Vermittler sollen keinen Anreiz haben, den Interessierten alles Mögliche anzudrehen. Sie sollen an niemanden gebunden sein und sich ganz menschlich nur an den jeweiligen Bedürfnissen orientieren. Dabei kommen natürlich manchmal auch für den Laien eher etwas weniger bekannte Empfehlungen heraus. Aber da ist letztendlich auch nur ein Umdenken nötig.

Natürlich ist und wird nicht jedes Projekt ein durchschlagender Erfolg. Auch darauf muss man sich einstellen. Aber wir geben jeder Idee die Zeit, die sie braucht. Gute Ide-

Abb. 4 Verleihung des d-elina Awards 2015. Entgegengenommen von den Gründungsmitgliedern Dr. med. Nawid Salimi (3. v. l.) und Dr. med. Sievert Weiss (2. v. r.)

---

[2] Medizinstudenten im praktischen Jahr (= PJ). Im praktischen Jahr schnuppern Medizinstudenten in verschiedene Fachbereiche rein und erleben den Arbeitsalltag von Assistenzärzten.

en werden sich durchsetzen (und werden manchmal auch gewürdigt, wie auf Abb. 4 zu sehen).

Die Erkenntnis ist, dass man, wenn man das Risiko dabei akzeptiert, aus dem Geld viel mehr machen kann, als wenn man es sich auszahlen lässt – sowohl idealistisch als auch finanziell. Investiertes Geld wird mehr Geld und es lassen sich tolle Sachen schaffen, spannenden Leuten spannende Aufgaben geben, kleine und große Probleme lösen. Das gilt nicht nur für uns, das gilt für jedes Unternehmen. Kurzfristige Gewinnmaximierung ist keine Lösung. Nachhaltige Verbesserungen und Investitionen sollten nicht als Pflichten oder gesellschaftliche Erwartungen gesehen werden, sondern als der richtige und normale Weg.

Zugang zu Wissen ist Macht und macht mündig. Dieser Zugang muss zunächst einmal gewährleistet sein. In der heutigen Zeit mangelt es dann aber nicht mehr an Informationen, sondern es mangelt an einem Filter, der einem nur die Informationen durchlässt, die man wirklich braucht. Amboss bereitet das Wissen so auf, dass jeder Mediziner, sofern er Englisch oder Deutsch spricht und Zugang zum Internet hat, die aktuellen medizinischen Informationen bekommt, die er braucht. Damit wird nicht nur den Ärzten geholfen, sondern auch den 7 Mrd. potenziellen Patienten.

Amboss wird es in Kürze auch auf Englisch geben. Eine Eins-zu-eins-Übersetzung aller deutschen Inhalte ist dabei leider nicht möglich. Und es dürfte kein Geheimnis sein, dass jeder Markt seine eigenen Tücken und Anforderungen hat. Daher begann mit diesem Projekt alles wieder von vorn: die richtige Strategie finden, die richtigen Leute, Neuerungen schaffen. Aber es lohnt sich auch: Der englischsprachige Markt ist um ein Vielfaches größer als der deutsche. Und humanitäre Optionen gibt es auch mehr als genug. Letztendlich ist das der große Schritt für uns, die medizinische Lehre weltweit zu verbessern. Denn der Markt für eine revolutionäre Medizinsoftware bestand nicht nur in Deutschland, er besteht überall.

Sicher ist das eine große Herausforderung, aber es gibt so vieles besser zu machen. Man sollte die Chance nutzen.

Alban Quast wurde 1980 in Köln geboren. Seit 2012 ist er Angestellter bei der Miamed GmbH und Teil des Lektorats. Außerdem ist er für den Versand zuständig.

Jasper Weiss ist Gründungsmitglied der Miamed GmbH und Leiter des Lektorats. Er kam als Quereinsteiger zu Miamed. Vor seiner Zeit bei Miamed war er für Zeitschriften und Verlage tätig.

VAUDE – nachhaltiges Geschäftsmodell als Beitrag zu einer lebenswerten Welt

Lisa Fiedler

VAUDE steht mit seinen Produkten für Bergsportkompetenz, Innovation und den verantwortungsvollen Umgang mit Mensch und Natur. Dabei setzt das Familienunternehmen weltweit ökologische und soziale Standards. 2015 wurde VAUDE zu „Deutschlands nachhaltigster Marke" gekürt. Durch die Auszeichnung des Deutschen Nachhaltigkeitspreises wurde VAUDE auf höchster Ebene für die konsequent verfolgte Nachhaltigkeitsausrichtung als auch deren kontinuierliche Weiterentwicklung geehrt.

Die Nachhaltigkeit des Geschäftsmodells zeichnet sich dadurch aus, dass VAUDE das Thema Nachhaltigkeit nicht nur an bestimmten Stellen umsetzt, sondern das Thema über Jahre hinweg tief in den Kernprozessen und Produkten verankert hat. Die kontinuierliche Weiterentwicklung ist bei VAUDE heute selbstverständlicher Bestandteil des täglichen Geschäfts, von der Geschäftsleitung bis hin zum einzelnen Mitarbeiter.

VAUDE beweist durch seinen unternehmerischen Erfolg im ansonsten nur sehr schwach wachsenden europäischen Outdoormarkt, dass ein nachhaltiges Geschäftsmodell auch ein wesentlicher wirtschaftlicher Erfolgsfaktor ist.

> **Infobox VAUDE**
> VAUDE entwickelt, produziert und vertreibt Outdoorausrüstung wie funktionelle Bekleidung, Rucksäcke und Taschen, Schuhe, Schlafsäcke, Zelte und Campingzubehör. Branchenüblich wird der Großteil der Produkte von externen Produzenten hauptsächlich in Asien produziert und durch VAUDE vertrieben.

L. Fiedler (✉)
VAUDE GmbH &Co. KG
Vaudestraße 2, 88069 Tettnang, Deutschland
E-Mail: lisa.fiedler@vaude.com

> Das Familienunternehmen aus Tettnang mit 500 Mitarbeitern wurde 1974 von Albrecht von Dewitz in einem Dorf bei Tettnang gegründet und wird seit 2009 von seiner Tochter Antje von Dewitz geführt.
>
> Es befindet sich in zweiter Generation zu 100 % in Besitz der Familie von Dewitz. Damit ist es eines der wenigen verbliebenen inhabergeführten mittelständischen Unternehmen in der Outdoorbranche, die sich durch einen dynamischen Konzentrationsprozess auszeichnet.

1 Intrinsisch motiviertes nachhaltiges Geschäftsmodell und ambitionierte Unternehmensvision

Das nachhaltige Geschäftsmodell ist bei VAUDE intrinsisch geprägt. VAUDE „lebt" davon, dass Menschen mit VAUDE-Produkten Freude und Erholung in der Natur finden. Wir sehen uns deshalb als Unternehmen in der Verantwortung, einen aktiven Beitrag für den Schutz und die Erhaltung der Natur zu leisten.

Der Erfolg des derzeitigen globalen Wirtschaftssystems beruht zu oft auf sozialer Ausbeutung und Zerstörung der Umwelt. Der Standpunkt von VAUDE ist klar: Die Privatwirtschaft hat einen bedeutenden Einfluss auf die ökologischen, sozialen und wirtschaftlichen Bedingungen. Um langfristig den Erhalt unseres Planeten sicherzustellen und soziale Ungleichheit zu beseitigen, ist ein Leitbild für unternehmerisches Handeln notwendig, das in der gesamten Lieferkette Verantwortung für Mensch und Natur übernimmt.

VAUDEs Verständnis von Unternehmertum ist deshalb am Gemeinwohl orientiert. Das bedeutet, dass wir durch unser Handeln einen positiven Beitrag zu einer lebenswerten Welt für Mensch und Umwelt leisten möchten. Die Gemeinwohlökonomie drückt genau dieses Verständnis aus.[1] Sie misst unternehmerischen Erfolg nicht nur am Finanzgewinn, sondern an seinem Beitrag zum Gemeinwohl. Dazu zählen Menschenwürde, Solidarität, ökologische Nachhaltigkeit, soziale Gerechtigkeit und demokratische Mitbestimmung und Transparenz. VAUDE ist deshalb ein Pionierunternehmen mit einer auditierten Gemeinwohlbilanz[2].

VAUDE möchte objektiv und messbar zeigen, dass es als mittelständisches deutsches Unternehmen mit einer komplexen und globalisierten Lieferkette möglich ist, sozial fair, umweltfreundlich und ökonomisch erfolgreich zu wirtschaften (Abb. 1).

Seit der Unternehmensgründung hat VAUDE umfassende Anstrengungen unternommen, um soziale und ökologische Verbesserung in allen Bereichen der Lieferkette zu

---

[1] https://www.ecogood.org/de.
[2] VAUDE veröffentlicht für das Geschäftsjahr 2013 als erstes Outdoorunternehmen eine auditierte Gemeinwohlbilanz. Mehr dazu: http://nachhaltigkeitsbericht.vaude.com/gri/csr-standards/gemeinwohloekonomie.php.

Abb. 1 VAUDE-Nachhaltigkeitsverständnis

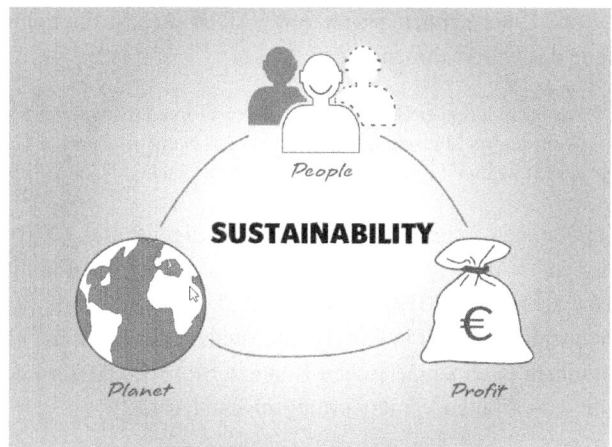

erzielen und um möglichst nachhaltig zu wirtschaften. Dabei geht VAUDE über nationale Grenzen und die des Unternehmens hinaus.

Mit der Übernahme der Geschäftsführung durch die Gründertochter Antje von Dewitz im Jahr 2009 hat VAUDE eine konsequente nachhaltige und gemeinwohlorientierte Unternehmensstrategie entwickelt, die von der Geschäftsleitung gestaltet und gesteuert wird und in allen Bereichen des Unternehmens ins operative Tagesgeschäft integriert ist.

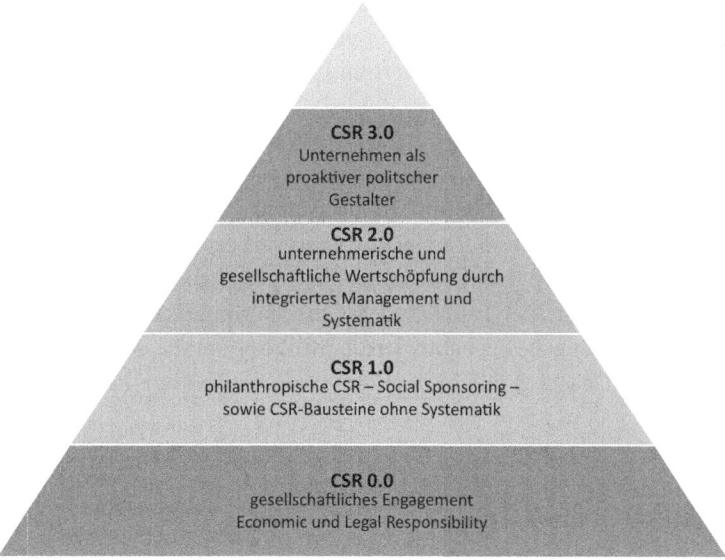

Abb. 2 CSR-Reifegradpyramide – von CSR 0.0 zu CSR 3.0 – als nach oben offene Skala. (Quelle: Schneider 2012)

Die Unternehmensvision von VAUDE drückt die ambitionierte strategische Ausrichtung des Unternehmens aus:

> Als nachhaltigster Outdoor-Ausrüster Europas leisten wir einen Beitrag zu einer lebenswerten Welt, damit Menschen von morgen die Natur mit gutem Gewissen genießen können. Wir setzen weltweit Zeichen und Standards in Sachen Nachhaltigkeit.

Im Rahmen ihrer Bewertung verortet Eigenstetter (2016) das Nachhaltigkeitsverständnis von VAUDE und dessen Implementierung im Rahmen des Reifegradmodells CSR von Schneider (2012) als CSR 3.0 „Unternehmen als proaktiver politischer Gestalter". Schneiders Modell beschreibt die verschiedenen Entwicklungsstufen von Nachhaltigkeit in einem unternehmerischen Kontext. Stufe 3.0 ist der höchste definierte CSR-Reifegrad mit dem größten Verantwortungsniveau (Abb. 2).

2 Umsetzung und Steuerung des nachhaltigen Geschäftsmodells

Die Umsetzung der Unternehmensvision erfolgt durch einen mehrstufigen Ansatz. Dieser basiert auf dem Leitbild des Unternehmens, das die Wurzel, Werte und Treiber von VAUDE definiert (Abb. 3).

Die Wurzel beschreibt zum einen, wo VAUDE als Unternehmen herkommt, worin der ursprüngliche Unternehmenszweck liegt und zum anderen, was der wichtigste Bezugspunkt bei allem, was VAUDE macht, ist: DER BERG.

Er ist sowohl als Hinweis auf die typischen Bergsportarten zu verstehen als auch als ein Symbol für unsere Verbindung mit der Natur und die hohen funktionellen Anforderungen an unsere Produkte. DER BERG inspiriert unser Handeln sowohl am Berg als auch in unserem alltäglichen Handeln.

Der Wert WIR beschreibt unsere zentrale Vorstellung davon, wie wir uns als Unternehmen sehen, welche Kultur wir verwirklichen wollen, wie wir miteinander umgehen möchten. Ein zentraler Faktor für unser Werteverständnis ist das WIR-Gefühl. Das WIR-Gefühl, das in einer Seilschaft im Bergsport ebenso verkörpert wird wie in einer Partnerschaft, in einer Familie, im (Familien-)Unternehmen und auch im Einklang mit der Natur.

VORWÄRTS zur Natur! Der Treiber beschreibt, wie wir handeln, wovon wir uns leiten lassen. Wir sind offen für neue Technologien, für neue Sportarten. Wir suchen optimistisch und lösungsorientiert nach Möglichkeiten, innovativ nachhaltige Produkte herzustellen (VAUDE 2016).

2.1 Strategische Verankerung

Die Unternehmensstrategie von VAUDE basiert auf einem ganzheitlichen Ansatz. Nachhaltigkeitsaspekte sind dabei voll und ganz in die Unternehmensstrategie integriert. Deshalb existiert keine Nachhaltigkeitsstrategie parallel zu einer wirtschaftlichen Strategie.

1 WURZEL *„DER BERG"*

DER BERG. *Das **Herzklopfen** beim Aufstieg, die **Stille** am Gipfel, der **Weitblick** und die **Freude** beim Abstieg oder bei der Abfahrt spornen uns an.*

DER BERG steht für die **hohen, klar definierten Anforderungen** an unsere **Produkte** und zugleich für ein **leidenschaftliches** Erleben der Natur.

Wir nehmen die Herausforderungen an, die DER BERG an uns **Menschen** und unsere **Produkte** stellt.

2 WERT *„WIR"*

Berg. Natur. Team. Vertrauen. Partnerschaft. Spaß. Familie. Wir!

VAUDE steht für einen **partnerschaftlichen** Umgang mit der Natur und mit den Menschen.

3 TREIBER *„VORWÄRTS"*

Trends ändern sich wie das Wetter in den Bergen. **Nachhaltigkeit bleibt.**

Wir haben uns auf den Weg zum nachhaltigsten Outdoor-Ausrüster Europas gemacht, damit auch die *Menschen von morgen* die Natur genießen können.

Auf diesem Weg sind wir Pionier und hinterfragen Konventionen und die Grenzen des Machbaren – und schaffen so **zukunftsweisende Produkte und Lösungen durch nachhaltige Innovationen**: *Vorwärts zur Natur!*

Abb. 3 VAUDE-Leitbild

Folgende Elemente bilden die VAUDE-Unternehmensstrategie:

- In der Unternehmensvision drückt sich die ehrgeizige Zukunftsvorstellung VAUDEs aus mit dem Zweck, Kompass und Antriebsquelle für die Mitarbeiter zu sein
- Die Mission beschreibt den Weg zur Erreichung der Vision
- Vier strategische Stoßrichtungen definieren die langfristige strategische Grundausrichtung nach innen und außen und geben Orientierung
- 17 Unternehmensziele leiten sich aus den strategischen Stoßrichtungen ab, sie beschreiben, was VAUDE mittelfristig erreichen möchte. Die Unternehmensziele sind

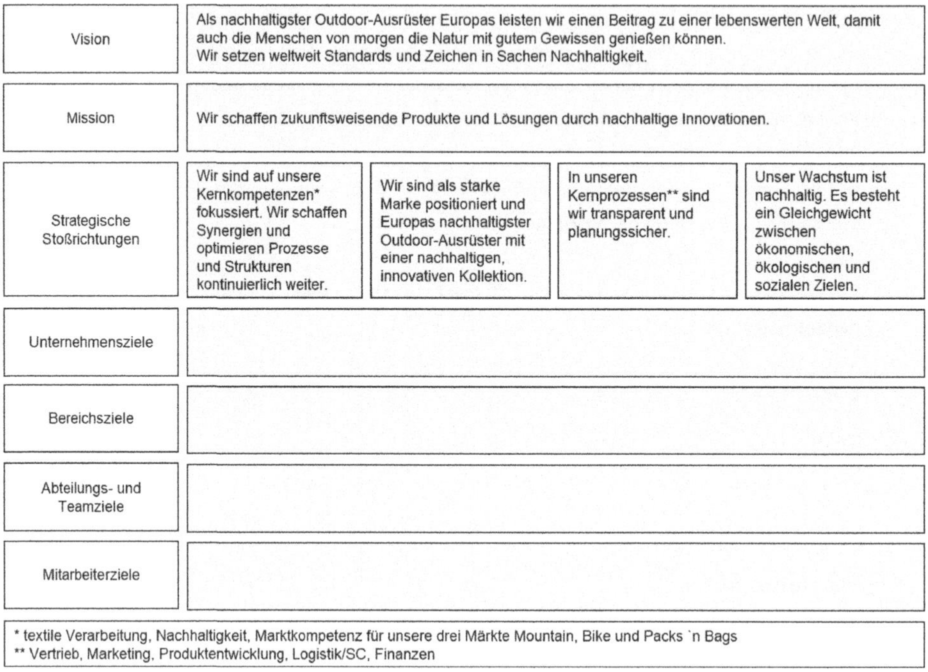

Vision	Als nachhaltigster Outdoor-Ausrüster Europas leisten wir einen Beitrag zu einer lebenswerten Welt, damit auch die Menschen von morgen die Natur mit gutem Gewissen genießen können. Wir setzen weltweit Standards und Zeichen in Sachen Nachhaltigkeit.
Mission	Wir schaffen zukunftsweisende Produkte und Lösungen durch nachhaltige Innovationen.
Strategische Stoßrichtungen	Wir sind auf unsere Kernkompetenzen* fokussiert. Wir schaffen Synergien und optimieren Prozesse und Strukturen kontinuierlich weiter. / Wir sind als starke Marke positioniert und Europas nachhaltigster Outdoor-Ausrüster mit einer nachhaltigen, innovativen Kollektion. / In unseren Kernprozessen** sind wir transparent und planungssicher. / Unser Wachstum ist nachhaltig. Es besteht ein Gleichgewicht zwischen ökonomischen, ökologischen und sozialen Zielen.
Unternehmensziele	
Bereichsziele	
Abteilungs- und Teamziele	
Mitarbeiterziele	

* textile Verarbeitung, Nachhaltigkeit, Marktkompetenz für unsere drei Märkte Mountain, Bike und Packs `n Bags
** Vertrieb, Marketing, Produktentwicklung, Logistik/SC, Finanzen

Abb. 4 VAUDE-Unternehmensstrategie

den vier Perspektiven der Balanced Scorecard[3] zugeordnet: Finanzen, Markt und Kunden, Prozesse und Potenziale
- Bereichs-, Abteilungs-, Team- und Mitarbeiterziele werden aus den Unternehmenszielen abgeleitet. Diese beschreiben die konkrete Umsetzung der Unternehmensziele durch Maßnahmen, Arbeitspakete und Projekte

Die Geschäftsleitung prüft jährlich in einem Top-down- und Bottom-up-Prozess die Unternehmensstrategie und entwickelt diese weiter.

VAUDE begreift Nachhaltigkeit nicht nur als einen Teil der Unternehmensphilosophie und der Kommunikationsstrategie, sondern als globale Priorität. Umweltschutz und soziale Gerechtigkeit sind komplett im Unternehmensführungsprozess verankert (Abb. 4).

---

[3] Die Balanced Scorecard ist ein Kennzahlensystem zur Leistungsbewertung von Unternehmen sowie ein strategisches Managementinstrument (Kaplan und Norton 1996). Schaltegger und Dyllick (2002) bewerten die Methodik der Balanced Scorecard und die Integration ökologischer und sozialer Aspekte in diese als einen wesentlichen Ansatz unternehmerischen Nachhaltigkeitsmanagements.

2.2 Systematische Verankerung

Nachhaltigkeit hat viele Aspekte und Herausforderungen, insbesondere für ein Unternehmen mit einer globalen und komplexen Lieferkette. Das *VAUDE Ecosystem* beschreibt die systematische Verankerung aller Nachhaltigkeitsaktivitäten und -maßnahmen in der unternehmerischen Tätigkeit am Firmenhauptsitz in Tettnang und während des gesamten Produktlebenszyklus. Die Kriterien der Vollständigkeit und Wesentlichkeit[4] liegen dabei den definierten Handlungsfeldern des *VAUDE Ecosystems* zugrunde (Abb. 5).

Handlungsfelder am Firmenhauptsitz sind beispielsweise klimaneutrales Wirtschaften und soziale Verantwortung für Mitarbeiter.

Wesentliche Aspekte der Nachhaltigkeit des Produktlebenszyklus von VAUDE-Produkten reichen von langlebigem und zeitlosem Design, nachhaltigen Materialien, umweltfreundlicher und fairer Produktion über Vertriebsthemen bis hin zu umweltfreundlichem Gebrauch und Pflege und der Entsorgung des Produkts.

VAUDE stellt damit sicher, dass alle wesentlichen Aspekte und Themen der sozialen und ökologischen Verantwortung am Firmenhauptsitz und in der kompletten Lieferkette identifiziert und adressiert werden.

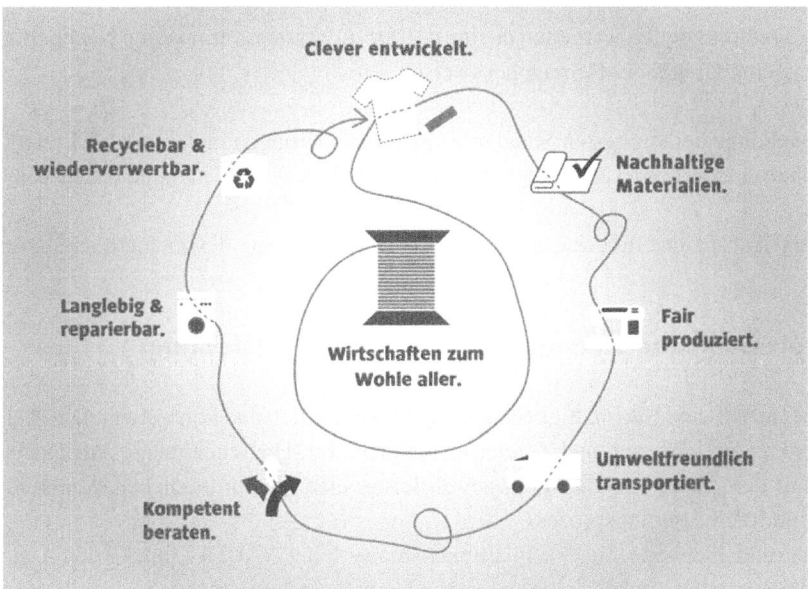

Abb. 5 VAUDE Ecosystem

---

[4] „Wesentliche Aspekte sind solche, die die wichtigen wirtschaftlichen, ökologischen und gesellschaftlichen Auswirkungen der Organisation widerspiegeln oder die Beurteilungen und Entscheidungen der Stakeholder maßgeblich beeinflussen" (Global Reporting Initiative 2015).

2.3 Operative Verankerung

Operativ verankert sind Nachhaltigkeitsaktivitäten und -maßnahmen im interdisziplinären Nachhaltigkeitsteam. Dies setzt sich aus Mitarbeitern aus den verschiedenen Fachabteilungen zusammen. Nachhaltigkeit wird also nicht losgelöst in einer isolierten eigenen Abteilung bearbeitet, sondern ist in allen relevanten Abteilungen im Unternehmen im Alltagsgeschäft verankert. Die Leitung des Teams hat der Geschäftsleiter für Vertrieb und Nachhaltigkeit.

Die Mitglieder des VAUDE-Nachhaltigkeitsteams kommen aus folgenden Unternehmensbereichen: Umweltmanagement, Qualitätsmanagement, Unternehmensentwicklung, Materialentwicklung, Produktentwicklung, Produktion, Vertrieb und Kommunikation.

Das Team ist Ansprechpartner für alle Mitarbeiter und Geschäftspartner zum Thema Nachhaltigkeit. Es definiert Prioritäten und koordiniert Projekte. Die Teammitglieder sind gut vernetzt in Fachverbänden und Arbeitsgruppen in- und außerhalb der Outdoorbranche und pflegen gute Kontakte zu Experten und Hochschulen.

Jedes Teammitglied wirkt als Nachhaltigkeitsmultiplikator in seinem Arbeitsbereich und bearbeitet dort die entsprechenden Nachhaltigkeitsthemen im Tagesgeschäft. Regelmäßige Teambesprechungen gewährleisten eine enge Abstimmung und schnelle Bearbeitung der Themen.

Die Teammitglieder bearbeiten die im *VAUDE Ecosystem* verankerten Nachhaltigkeitsthemen gemäß folgender Herangehensweise:

- Anwendung der strengsten Standards und Zertifizierungen in der textilen Lieferkette,
- Einbezug externer Expertise bei Themen außerhalb der Kernkompetenzen von VAUDE,
- totale Transparenz und externe Kontrolle bei der Messung des Zieleerreichungsgrads.

2.4 Messung und Steuerung der Nachhaltigkeitsleistung

VAUDE misst seine Nachhaltigkeitsleistung kontinuierlich und konsequent. Die Ziele sind mit konkreten Zielwerten und Zeithorizonten definiert. Die regelmäßige Auseinandersetzung mit dem Zielerreichungsgrad gewährleistet einen kontinuierlichen Weiterentwicklungs- und Verbesserungsprozess.

Ziele und Zielwerte mit Nachhaltigkeitsbezug leitet VAUDE zum Großteil aus Anforderungen und Kennzahlen externer Nachhaltigkeitsstandards ab und nutzt diese zur Messung und Steuerung der Nachhaltigkeitsleistung (s. Tab. 1). Dieses Vorgehen gewährleistet die Wesentlichkeit unserer Zielsetzung.

Tab. 1 Wichtigste Nachhaltigkeitsstandards für die Festlegung von Zielwerten

Externer Nachhaltigkeitsstandard	Nachhaltigkeitsaspekte für die Ableitung von VAUDE-Zielen und -Zielwerten	Beispiel für Ziele und Zielwerte bei VAUDE
Global Reporting Initiative	Sozial (eigene Mitarbeiter, Lieferkette) Ökologisch (Firmenhauptsitz, Lieferkette)	Unternehmensfremde Fluktuationsquote von 5 % erreichen
Gemeinwohlökonomie	Sozial (eigene Mitarbeiter, Lieferkette) Ökologisch (Firmenhauptsitz, Lieferkette)	Konzepterarbeitung und Einführung von Genussscheinen
EMAS	Ökologisch (Umweltmanagement am Firmenhauptsitz)	Energieeffizienz steigern um 20 % bis 2020 (Basisjahr 2008)
Myclimate	Ökologisch (Emissionen am Firmenhauptsitz)	Emissionen aus Personenverkehr (Geschäftsreisen und Pendelverkehr) reduzieren um 10 % bis 2020 (Basisjahr 2015)
Fair Wear Foundation (FWF)	Sozial (Lieferkette)	Leader-Status erreichen und halten (min. 90 % des Produktionsvolumens im externen Monitoring, mind. 75 % im BPC)
Bluesign®	Ökologisch (Lieferkette)	100 % unserer Lieferanten haben die Liste eingeschränkt verwendbarer Substanzen (RSL) unterzeichnet

Im Rahmen der Nachhaltigkeitsberichterstattung nach dem G4 der Global Reporting Initiative berichtet VAUDE transparent über den Zieleerreichungsstand, Erfolge und Herausforderungen.[5]

Eine häufig gestellte Frage ist die nach der Höhe und Messbarkeit der Investitionen eines Unternehmens in Nachhaltigkeit. Unserer Erfahrung nach ist die Unterscheidung zwischen unternehmerischen und nachhaltigen Investitionen nicht praktikabel und sinnvoll. Der Grund liegt vor allem darin, dass nach unserer Überzeugung die Nachhaltigkeit eines Unternehmens umso höher ist, je stärker sie ins Tagesgeschäft integriert wird. Nachhaltigkeit ist somit untrennbar in der Unternehmensstrategie und in den Prozessen verankert und kann nicht losgelöst betrachtet werden. Das Gleiche gilt für Investitionen, d. h., eine Trennung zwischen reinen unternehmerischen und nachhaltigen Investitionen ist nicht möglich.

---

[5] Siehe: http://nachhaltigkeitsbericht.vaude.com/gri/vaude/unsere-ziele.php.

3 Erfolge und Herausforderungen

3.1 Umweltfreundlich und fair am Firmenhauptsitz

Seit 2008 hat VAUDE ein zertifiziertes Umweltmanagementsystem nach dem *Eco-Management and Audit Scheme* (EMAS) mit jährlich festgelegten Umweltzielen und geht damit weit über die gesetzlichen Anforderungen hinaus.[6] Zusätzlich erstellt das Unternehmen seit fünf Jahren eine Klimabilanz und reduziert kontinuierlich seine Emissionen. Alle nichtvermeidbaren Emissionen werden durch ein Gold-Standard[7]-zertifiziertes Klimaschutzprojekt der Non-Profit-Organisation *myclimate* kompensiert. Der Firmenhauptsitz in Tettnang und die am Standort produzierten Produkte sind somit klimaneutral (Abb. 6).

VAUDE steht für die Vereinbarung von Beruf und Privatleben und bietet seinen Mitarbeitern viele Bausteine an, die dies erleichtern. Dazu gehören beispielsweise das Kinderhaus mit einer altersgemischten Gruppe und einer Krippe, flexible Teilzeitmodelle

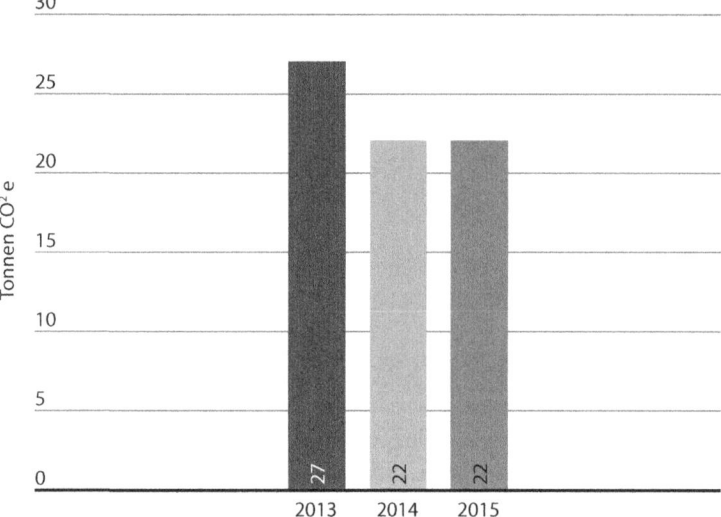

Abb. 6 Emissionen pro Tonne fertiger Produkte

---

[6] Das *Eco-Management and Audit Scheme* (EMAS) gehört zu den umweltpolitischen Instrumenten der Europäischen Union. EMAS ist ein Umweltmanagementsystem, das Unternehmen hilft, betrieblichen Umweltschutz fest in allen Unternehmensprozessen zu verankern. Über eine externe Umweltbetriebsprüfung wird jährlich der Großteil aller veröffentlichten Umweltdaten kontrolliert und überprüft, ob diese Daten korrekt sind und das Unternehmen seinem eigenen Anspruch gerecht wird.

[7] „Das Qualitätslabel [Gold Standard] für Klimaschutzprojekte in Entwicklungsländern wurde 2003 vom WWF und anderen Umweltverbänden entwickelt. Bislang können nur Projekte, die auf erneuerbare Energie oder die Steigerung der Energieeffizienz setzen, das Siegel erhalten" (WWF 2016).

und Home-Offices. Die Maßnahmen zeigen Wirkung: VAUDE beschäftigt ungefähr 40 % Frauen in Führungspositionen und hat eine Teilzeitquote von 43 %.

Gesundheitsförderung ist für VAUDE eine Selbstverständlichkeit: Wir verfolgen einen ganzheitlichen Gesundheitsmanagementansatz, der von gesundem Essen in der eigenen Biokantine über Prävention durch Sport bis hin zu Büroausstattung nach ergonomischen Grundregeln reicht.

Unsere Ansätze zahlen sich unternehmerisch gesehen aus: VAUDE hat eine niedrige Fluktuations- und Krankheitsquote. Zudem wird VAUDE als attraktiver Arbeitgeber geschätzt und hat dadurch kaum Personalbeschaffungskosten trotz nahezu Vollbeschäftigung in der Branche und Region (VAUDE 2016).

Unsere familienfreundliche Ausrichtung und die Maßnahmen, Beruf und Privatleben zu vereinbaren, stellen VAUDE als Arbeitgeber aber auch vor Herausforderungen. Die hohe Teilzeitquote und die große Anzahl Elternzeitler sind mit höheren Personalkosten und Organisationsaufwand verbunden. Wir beschäftigen uns deshalb intensiv mit den Themen agile Organisation, Job-Sharing und anderen innovativen Arbeitsmodellen, um diesen Herausforderungen zu begegnen.

3.2 Transparenter, fairer und sauberer Produktlebenszyklus

Bis heute gibt es keinen Maßstab, kein fertiges Bewertungssystem, kein „Zertifikat" für nachhaltige Outdoorprodukte, schon gar kein einheitliches, international und für alle VAUDE-Produktgruppen gültiges. VAUDE setzt deshalb als Pionier in diesem Bereich auf ein eigenes Bewertungssystem: *Green Shape* (Abb. 7).

Green-Shape-Produkte erfüllen einen strengen Kriterienkatalog, vom Design der Produkte über die Materialauswahl, die Produktion, den Gebrauch und die Pflege bis zu dem Recycling und der Entsorgung der Produkte. Bestehende externe Standards wie das *bluesign®* *system*[8] und die *Fair Wear Foundation* (FWF)[9] sind Teil der Kriterien. Umweltschädliche Technologien und Verfahren wie fluorcarbonhaltige Oberflächenbehandlung werden strikt und konsequent ausgeschlossen.

VAUDE hat es in den vergangenen Jahren geschafft, den Anteil der *Green-Shape*-Produkte konsequent zu erhöhen. 90 % der Bekleidungskollektion für Sommer 2017 sind *Green-Shape*-Produkte.

---

[8] Das *bluesign®* *system* ist der weltweit strengste Standard für Umwelt- und Verbraucherschutz für textile Produkte. Es funktioniert ähnlich wie ein ökologisches Reinheitsgebot: Es sind nur Materialien zugelassen, die weder Mensch noch Umwelt belasten (VAUDE 2016). Mehr zum bluesign® system: http://www.bluesign.com/.

[9] Die *Fair Wear Foundation* ist eine internationale Multi-Stakeholder-Organisation, die sich für die Verbesserung der Sozialstandards in der textilen Lieferkette einsetzt (VAUDE 2016). Mehr zur FWF: http://www.fairwear.org/.

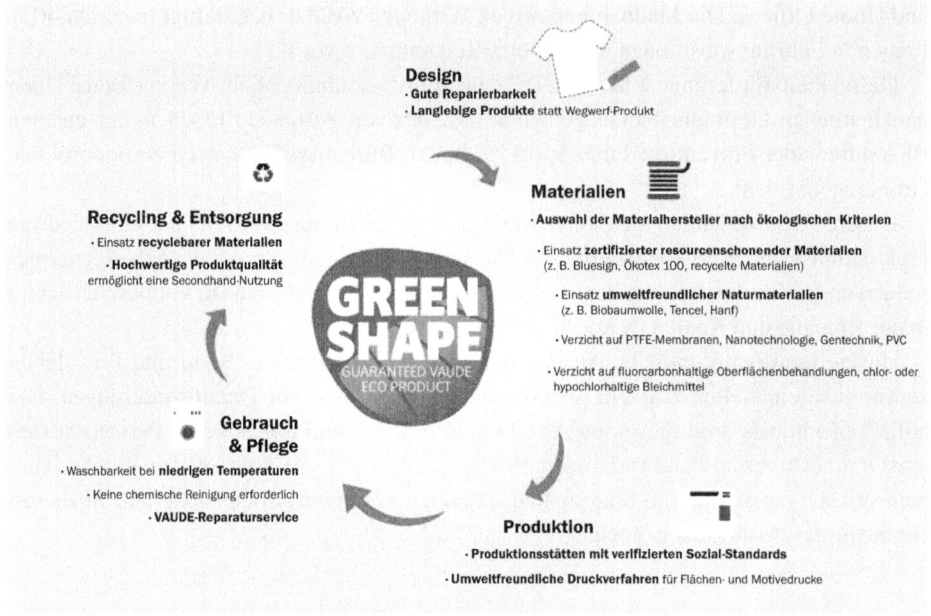

Abb. 7 Die VAUDE-Green-Shape-Kriterien

Durch die kontinuierliche Zusammenarbeit mit der FWF und unseren Produzenten konnten wir den Leader-Status[10] erreichen. In den Audits überprüft die FWF die Einhaltung des *Code of Labour Practices* (CoLP) bei unseren Produzenten. Gibt es Abweichungen hinsichtlich des CoLP oder hinsichtlich der Gesetze, werden diese in Korrekturmaßnahmenplänen festgehalten. Dieses Verfahren gibt uns die Sicherheit, dass in unserer Lieferkette faire Sozialstandards eingehalten werden (Abb. 8).

Seit mehreren Jahren unterstützt und schult VAUDE seine verarbeitenden Produzenten auch im Chemikalienmanagement. Ein Großteil unserer Materiallieferanten sind *bluesign®-Systempartner* und erreichen damit jetzt schon hohe Umweltstandards.

Der Weg ist jedoch noch nicht zu Ende. Ein wichtiger nächster Schritt ist, noch tiefer in die Lieferkette einzusteigen:

In Zusammenarbeit mit dem *Bundesministerium für wirtschaftliche Zusammenarbeit und Entwicklung* (BMZ) hat VAUDE 2015 deshalb das Projekt „Environmental Stewardship in the textile Supply Chain" ins Leben gerufen. Im Rahmen eines von der *Deutschen Entwicklungsgesellschaft* (DEG) geförderten „develoPPP.de"-Programms

---

[10] Leader-Staus bedeutet, dass mindestens 90 % des Produktionsvolumens durch die FWF auditiert wurden und mindestens 75 % im *Brand Performance Check* (BPC) der FWF wurden erreicht. Der BPC ist die jährliche Bewertung durch die FWF, wie das Mitgliedsunternehmen an der Verbesserung der Arbeitsbedingungen in der Lieferkette arbeitet und ob es die Anforderungen der Mitgliedschaft erfüllt.

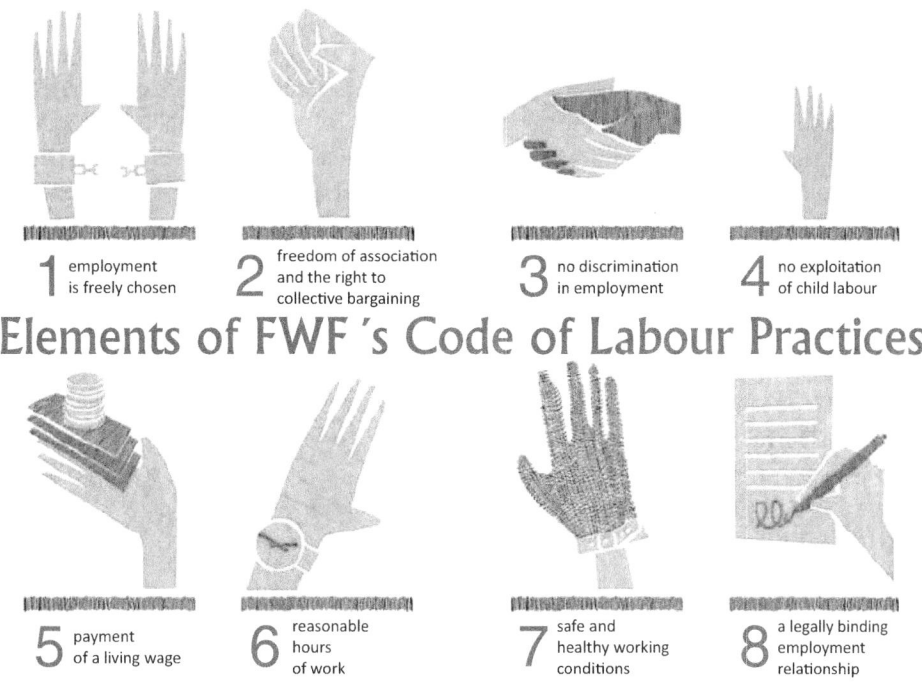

Abb. 8 Code of Labour Practices der Fair Wear Foundation. (Quelle: http://www.fairwear.org/)

unterstützt VAUDE Materiallieferanten darin, nachhaltig systematischen betrieblichen Umweltschutz einzuführen oder weiter zu verbessern.

Ziel ist die Sensibilisierung und Befähigung ausgewählter Materiallieferanten von VAUDE in den asiatischen Beschaffungsmärkten (z. B. Vietnam, China, Taiwan), sodass wir gemeinsam immer höhere Umweltstandards in unserer Lieferkette umsetzen können. Die teilnehmenden Lieferanten decken etwa 80 % unseres Materialbedarfs ab. Das Projekt ist auf zwei Jahre angesetzt. Danach soll das Vorgehen auf die gesamte Lieferkette von VAUDE ausgeweitet werden und zusätzliche Beteiligte für eine Weiterentwicklung des Projekts sollen gewonnen werden.

Dieses Projekt soll ein Meilenstein auf dem Weg zu einer transparenten, ökologischen und sozialen textilen Lieferkette sein und als beste Praxis für das *Bündnis für nachhaltige Textilien*, in dem VAUDE Gründungsmitglied ist, dienen (VAUDE 2016).

Eine Herausforderung, vor der auch VAUDE nach wie vor steht, ist, dass umweltfreundliche Materialien und faire Produktion in der Regel mit höheren Kosten als bei konventionellem Wirtschaften verbunden sind. Diese Kosten trägt der Hersteller und sie wirken sich auch auf den Marktpreis des Produktes aus. Die durch konventionell hergestellte Materialien und Produktion verursachten negativen ökologischen und sozialen Auswirkungen hingegen werden nicht vom Verursacher, sondern von den Arbeiternehmern durch geringe Löhne oder der Natur im Herstellungsland durch Abwässer und Ähnliches getragen und sind nicht in den Marktpreis eingepreist.

Die höheren Marktpreise nachhaltigen Wirtschaftens führen zu einer weiteren Herausforderung für VAUDE. Wir müssen das Bewusstsein bei Kunden und Verbrauchern für einen nachhaltigen Konsum wecken sowie transparent und glaubwürdig die Differenzierung unseres nachhaltigen Produkts zu konventionellen Alternativen darstellen, um marktfähig zu bleiben.

Um die geschilderten Herausforderungen erfolgreich zu bewältigen, bedarf es aus unserer Sicht angepasster staatlicher Rahmenbedingungen und Anreizsysteme. Dazu zählen rechtliche Vorteile wie beispielsweise Steuererleichterungen für nachhaltige Unternehmen. Zudem ist es sinnvoll, negative Auswirkungen ihrem Verursacher zuzuordnen, der dann für die Kosten aufkommt. Dies ist auch eine der Kernforderungen der *Gemeinwohlökonomie* (https://www.ecogood.org/de).

3.3 Nachhaltig und wirtschaftlich erfolgreich

VAUDE kann nicht nur eine beeindruckende Öko- und Sozialbilanz vorweisen, in der Verantwortung in allen Stufen der Entwicklung und des Lebenszyklus der Produkte übernommen wird. Die konsequente Ausrichtung auf ein Wirtschaften im Einklang mit Mensch und Natur ist Grundlage für eine kontinuierliche, lebendige Weiterentwicklung der Vertrauenskultur und der selbstwirksamen Organisation des Unternehmens sowie für die Entwicklung innovativer und zukunftsweisender Produkte und Dienstleistungen.

Ein Beispiel dafür: Mit *iRentit by VAUDE* bietet VAUDE zukünftig Outdoorfreunden wie Reisenden die Möglichkeit, Ausrüstung zu mieten. Mit dem globalen, gesellschaftlichen Megatrend „Shareconomy" verliert Besitz an Bedeutung und die gezielte, bedarfsgerechte Nutzung von Produkten tritt in den Vordergrund. Wir sparen so etliche Ressourcen ein, die für die Herstellung verbraucht werden.

Darüber hinaus wird das Unternehmen als starke, vertrauensvolle und sympathische Marke wahrgenommen. Die Markenbekanntheit und das positive Markenimage von VAUDE werden durch zahlreiche Auszeichnungen und eine intensive Berichterstattung zu unserem Nachhaltigkeitsengagement in der Allgemeinen und der Fachpresse gestärkt.

Kunden (Fachhandel) und Lieferanten schätzen VAUDE als fairen Partner. In der Studie zur Handelszufriedenheit der benchex GmbH (2015) schneidet VAUDE das zweite Mal auf dem ersten Platz ab.

Auch in der Befragung der Konsumenten zur Zufriedenheit durch benchex schneidet VAUDE hervorragend ab (benchex GmbH 2014). Durch seine nachhaltige Ausrichtung hat VAUDE seine Zielgruppe von outdoorsportbegeisterten Menschen auf Menschen mit Sinn für einen verantwortungsbewussten Lebensstil erweitert. Die weltweite Befragung von Havas Worldwide (2015) zeigt, dass die Anzahl der Menschen, die werteorientiert einkaufen, kontinuierlich ansteigt. Dies ist ein weiteres Indiz dafür, dass das nachhaltige Geschäftsmodell von VAUDE auch zukünftig wirtschaftlich erfolgreich sein wird.

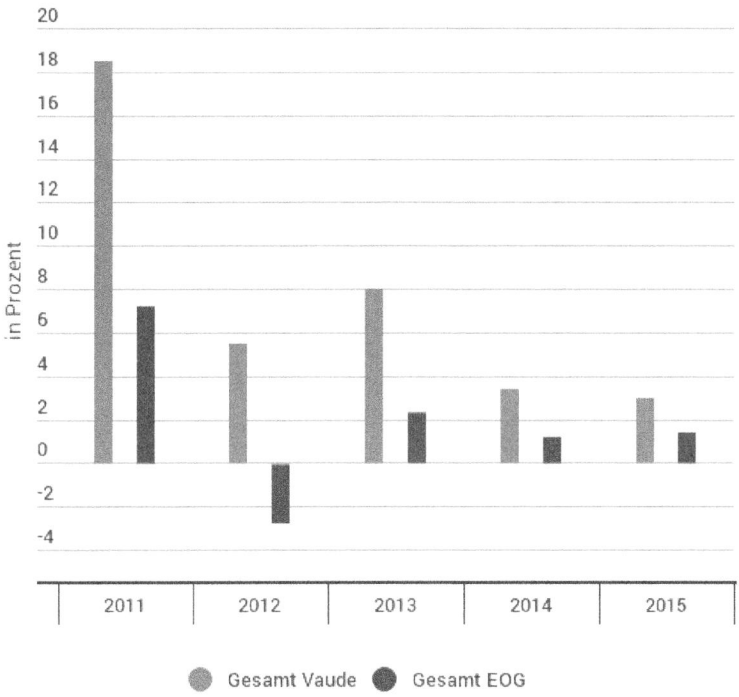

Abb. 9 Wachstumsraten des europäischen Outdoormarkts (EOG) im Vergleich zu VAUDE (nur EOG-Länder)

In den vergangenen fünf Jahren ist VAUDE stärker im Umsatz gewachsen als der europäische Outdoormarkt (VAUDE 2016). VAUDE beweist so durch seinen unternehmerischen Erfolg im ansonsten eher schwach wachsenden europäischen Outdoormarkt, dass eine nachhaltig innovative Ausrichtung auch ein wesentlicher wirtschaftlicher Erfolgsfaktor ist (Abb. 9).

4 Fazit

Das nachhaltige und gemeinwohlorientierte Geschäftsmodell von VAUDE macht deutlich, dass ein nachhaltiges Geschäftsmodell und wirtschaftlicher Erfolg sich nicht ausschließen. Mehr noch, es überzeugt davon, dass nachhaltig innovative Produkte und Dienstleistungen zu einem Alleinstellungsmerkmal und wettbewerblichen Vorteil führen können.

Die transparente und umfassende Berichterstattung nach GRI G4 und umfassende Nachhaltigkeitsinformationen am Produkt und in den Onlineauftritten schaffen Vertrauen und Glaubwürdigkeit in die Marke.

Die strategische und ganzheitliche Verankerung ökologischer und sozialer Aspekte und deren Integration ins Alltagsgeschäft in allen Abteilungen und Teams sichern die kontinuierliche Verbesserung der Nachhaltigkeitsleistung. Zielkonflikte werden durch die Messung der Zielwerte identifiziert und können so unmittelbar adressiert und Rückschläge vermieden werden.

Literatur

Benchex GmbH (2015) Ergebnisse der diesjährigen Händlerstudie im Outdoormarkt. http://www.benchex.de/wp-content/uploads/2016/06/PM-BENCHEX_Handelsstudie2015_23102015.pdf. Zugegriffen: 26. Juli 2017

Benchex GmbH (2014) Konsumenten im Outdoormarkt: Mangelnde Orientierung durch Marken. http://www.benchex.de/wp-content/uploads/2016/06/PM-BENCHEX_Handelsstudie2015_23102015.pdf. Zugegriffen: 26. Juli 2017

Eigenstetter M (2016) Laudatio für VAUDE – Preisverleihung Preis für Unternehmensethik des Deutschen Netzwerks Unternehmensethik am 22.02.2016 in Mönchengladbach. http://www.dnwe.de/tl_files/Dateien/Preisverleihung%202016/Laudatio%20fuer%20VAUDE_fuer%20Veroeffentlichung_END.pdf. Zugegriffen: 26. Juli 2017

Havas Worldwide (2015) Prosumer Report. http://mag.havasww.com/prosumer-report/superbrand/#highlights. Zugegriffen: 26. Juli 2017

Global Reporting Initiative (GRI) (2015) G4 Leitlinien zur Nachhaltigkeitsberichterstattung, Berichterstattungsgrundsätze und Standardangaben. https://www.globalreporting.org/resourcelibrary/German-G4-Part-One.pdf. Zugegriffen: 26. Juli 2017

Kaplan R, Norton D (1996) The balanced scorecard: translating strategy into action. Harvard Business Review Press, New York

Schaltegger S, Dyllick T (2002) Nachhaltig managen mit der Balanced Scorecard. Gabler, Wiesbaden

Schneider A (2012) Reifegradmodell CSR – eine Begriffsklärung und Abgrenzung. In: Schneider A, Schmidpeter R (Hrsg) Corporate Social Responsibility. Verantwortungsvolle Unternehmensführung in Theorie und Praxis. Springer Gabler, Berlin, Heidelberg, S 17–38

VAUDE (2016) Nachhaltigkeitsbericht. http://nachhaltigkeitsbericht.vaude.com/. Zugegriffen: 26. Juli 2017

WWF (2016) Ein Standard für waldbezogene Klimaschutzprojekte. http://www.wwf.de/themen-projekte/waelder/wald-und-klima/standards-fuer-schutzprojekte/. Zugegriffen: 26. Juli 2017

Lisa Fiedler, geb. 1987, ist Mitarbeiterin des Nachhaltigkeits-Teams bei VAUDE und in der Stabstelle der Geschäftsführung für Unternehmensentwicklung tätig. Sie ist insbesondere für die Strategieentwicklung und die Nachhaltigkeitsberichterstattung zuständig.

Lisa Fiedler hat Volks- und Betriebswirtschaft mit den Schwerpunkten Entwicklungsökonomik und nachhaltige Entwicklung an den Universitäten Bayreuth, Göttingen und Groningen studiert. Als Sprecherin der Agenda-Gruppe „Eine Welt" der Stadt Ravensburg engagiert sie sich ehrenamtlich in der nachhaltigen und entwicklungspolitischen Bildungsarbeit.

CSR-orientierte Unternehmensführung der Biogena-Gruppe entlang des 3. nachhaltigen Entwicklungsziels

Albert Schmidbauer und Julia Ganglbauer

1 Einleitung

Die Dinge füreinander tun – CSR, Werte und Kultur als Anker der Biogena-Unternehmensphilosophie.

Die Ausrichtung der Biogena-Unternehmenskultur nach den Unternehmenswerten hat der Eigentümer und geschäftsführende Gesellschafter Albert Schmidbauer mit der Gründung initiiert und im Laufe der letzten 15 Jahre forciert. Über die Jahre ist vieles an Organisationsentwicklung geschehen, teils bewusst und strukturiert, teils intuitiv. Aktuell durchläuft Biogena eine *Transformation* ganz nach dem Credo: „Wie wir uns selber ändern, so ändern sich die Dinge." So werden die *fünf Kernwerte* des Unternehmens – Vertrauen, Verantwortung, Wertschätzung, Mut und Leistung – nach und nach etabliert und mit Wirklichkeit gefüllt. Hintergrund ist, dass Biogena die Notwendigkeit der Reflexion des Unternehmenszwecks, „Warum gibt es uns?" (Sinek 2014, S. 56), und der Kernwerte, „Wofür stehen wir ein?", forciert und das große damit einhergehende Potenzial der Zukunftsfitness wahrnimmt. Passend dazu orientiert sich Biogena, österreichischer Marktführer im Bereich hochwertiger Mikronährstoffpräparate zur Therapiebegleitung, am 2015 veröffentlichten dritten nachhaltigen Entwicklungsziel der Vereinten Nationen: *Gesundheit und Wohlergehen*. Diese Vision als Basis der strategischen Ausrichtung nutzt das Unternehmen zur konsistenten Weiterentwicklung des Geschäftsmodells und zum dynamischen Netzwerkaufbau der Organisation. In der wertegeladenen Biogena-Community sind alle Stakeholder willkommen, aus primärer Sicht die rund 260 Mitarbeiter, über 8000 Partnerärzte und Therapeuten, ein Vielfaches an Biogena-Kunden, zahlreiche Lieferanten, Kooperationspartner und gesundheitsorientierte Menschen mit vielfältigem Hintergrund.

A. Schmidbauer (✉) · J. Ganglbauer
Biogena Management Holding GmbH
Millergasse 40/3, 1060 Wien, Österreich
E-Mail: a.schmidbauer@biogena.com

© Springer-Verlag GmbH Deutschland 2018
P. Bungard (Hrsg.), *CSR und Geschäftsmodelle*, Management-Reihe Corporate Social Responsibility, https://doi.org/10.1007/978-3-662-52882-2_17

Ziel des inhabergeführten Familienunternehmens ist es, Produkte und Dienstleistungen zu entwickeln, die die Menschen weiterbringen und als Lösung für bestehende Herausforderungen fungieren. Genau hierbei sieht Biogena enormen Handlungsbedarf, will es doch die Mitarbeiter – Biogenas genannt – und Biogena-Kunden sowie möglichst viele Menschen dabei unterstützen, ihr Potenzial vollends auszuschöpfen, Freude an den Herausforderungen und der individuellen Performance zu entwickeln und demzufolge ein fantastisches Leben zu leben.

Der vorliegende Beitrag skizziert einerseits das integrierte Biogena-Unternehmensleitbild, andererseits die relevanten gesellschaftlichen, ökologischen und ökonomischen Herausforderungen des CSR-affinen Unternehmens. Dabei schwingen stets sowohl der Nutzen der CSR-orientierten Unternehmensführung wie auch die Entwicklungsstufen des CSR-Managements beim mittelständischen Unternehmen mit.

2 Das integrierte Biogena-Leitbild

Das Unternehmen Biogena mit seiner Zentrale in Salzburg/Österreich, Vertriebsagenturen in Freilassing/Deutschland, einem Logistikstandort in Natternbach/Österreich sowie Stores und Vertriebsbüros in Wien, Linz, Salzburg, Graz und Frankfurt entwickelt, produziert und vermarktet hochwertige Mikronährstoffpräparate. Das hausinterne Wissenschaftsteam ist für die Produktentwicklung, Wissensverbreitung und Sicherstellung höchster Qualitätsstandards der Biogena-Produkte zuständig. Dies führt u. a. dazu, dass Biogena heute österreichischer Marktführer im wachsenden Segment der Mikronährstoffe zur Therapiebegleitung ist. Die CSR-orientierte Unternehmensführung basiert auf einer ausgeprägten Werte- und Kulturklammer. Denn nur so kann ein Unternehmensleitbild verfolgt werden, dem sich alle Biogenas verschrieben haben.

2.1 Die Biogena-Vision und -Mission

Ausgehend von den Fragestellungen: „Was will das Unternehmen erreichen und warum gibt es das Unternehmen?", reflektierte Biogena in den letzten Monaten und Jahren seine Daseinsberechtigung, um die Stellgleise in Richtung Zukunft zu legen. *Biogenas Vision* ist es, ein international anerkannter Player im Bereich „good health & well-being" zu sein. Die *Biogena-Mission*, das Warum des Unternehmens, unterstützt diesen richtungsgebenden Leitstern folgendermaßen: Die Biogena-Unternehmensgruppe konzentriert sich auf alle Aspekte der Vergangenheit, Gegenwart wie der Zukunft, die der Gesundheit und dem Wohlergehen aller Menschen dienen. Mit dem Ziel, möglichst vielen Menschen ein fantastisches Leben zu ermöglichen, sieht es das Unternehmen als seinen Auftrag,

- die besten und wirksamsten Mikronährstoffpräparate zu entwickeln, zu produzieren und zu vertreiben sowie das Wissen über die Nutritivmedizin entstehen zu lassen und zu verbreiten

als auch weitere vielfältige Produkte und Dienstleistungen im Sinne des 3. nachhaltigen Entwicklungsziels der Vereinten Nationen „Gesundheit und Wohlergehen" zu entwickeln und anzubieten:

- eine Systemwelt von Diagnostik- und präventiven Gesundheitsdienstleistungen, um Menschen ihre komplette Potenzialentfaltung zu ermöglichen,
- eine Akademie mit Fokus auf hochqualitative Erwachsenenbildung, die aktuell verfügbares Wissen mit möglichst vielen Menschen und über diverse Formate teilt,
- moderne Seminarräume als Begegnungszone in einem anregenden Ambiente, die zum Austausch einladen,
- ein 4-Sterne-Naturresort, das alle Generationen das gemeinsame Leben von und mit der Natur mit allen Sinnen erfahren lässt,
- und ein eigenes IT-Unternehmen, welches heute schon die technologischen Trends von morgen erkennt und Realität werden lässt und die Biogena-Kernbereiche bei der Digitalisierung unterstützt.

Dabei möchte sich die Unternehmensgruppe nicht nur stetig weiterentwickeln, sondern auch zukunftsrelevante Firmengründungen und Start-ups fördern, die das Biogena-Wertefundament widerspiegeln. Dies umfasst umwelt- wie gesundheitsorientierte Ideen und Projekte, die Biogena zum Leben erweckt.

2.2 Die Biogena-Wertewelt

Das mittelständische Unternehmen sieht sich als gesellschaftlichen Mitgestalter klar in der Verantwortung, Themen wie Bildung, soziale Gerechtigkeit und Lebensqualität proaktiv zum Thema zu machen. Dabei setzt es auf eine CSR-orientierte Unternehmensführung, deren Werte- und Kulturklammer alle Gesellschaften der Biogena-Gruppe umfasst. Denn die *fünf Kernwerte* Vertrauen, Verantwortung, Wertschätzung, Mut und Leistung sollen sich in allen Gedanken, Aktivitäten und Entscheidungen widerspiegeln und die Biogenas zu einer gegenwartsorientierten Lebenshaltung veranlassen. Als Wissens-Company mit Begeisterung für die Zukunft lässt sich Biogena gerne auf die Kernwerte ein und zu Weitblick und Umsetzungsorientierung inspirieren. Eindeutig ist für den österreichischen Marktführer, dass er nicht nur in der Forschung und Entwicklung einen 360-Grad-Blickwinkel einnimmt, sondern sich auch tagtäglich von Charakteren, Kulturen und Megatrends Impulse holt (Zukunftsinstitut 2015).

Biogena beabsichtigt, die fünf Kernwerte zur Grundhaltung des täglichen beruflichen und privaten Handelns werden zu lassen, von jeder Aktivität, jeder Entscheidung, in jeder

Hinsicht, 24/7. Der gemeinsame Biogena-Wertekanon spiegelt sich in der UN-Global-Compact-Mitgliedschaft wider: Biogena setzt sich für Menschenrechte, Arbeitsnormen, Umweltschutz und Korruptionsbekämpfung ein. Genauso konkret positioniert sich das Unternehmen gegen menschenwidrige Bedingungen, gegen Tierquälerei, gegen Diskriminierung und gegen nationalsozialistische Überzeugungen. Jeder der Biogena-Mitarbeiter übernimmt Verantwortung für das eigene wertebasierte Tun, ganz im Bewusstsein, dass alles seine Konsequenzen hat.

2.3 Die Biogena-Unternehmenspolitik

Biogenas „licence to operate" ist im wissenschaftsbasierten Engagement zugunsten der vielfältigen gesellschaftlich relevanten Produkte und Dienstleistungen begründet. Denn kann es von Gesundheit und Wohlergehen genug geben? Anders als bei klassischen Konsumgütern ist der grenzenlose Einsatz zur Gesundheitsförderung aller Menschen weltweit gefragt, wie das 3. nachhaltige Entwicklungsziel mit Daten und Fakten aufzeigt (Vereinte Nationen 2015). Auch der globale Ernährungsbericht 2016 teilt das Ziel, die Mangelernährung in all ihren Formen, u. a. Mikronährstoffmängel, bis 2030 zu beenden. Immerhin leiden laut globalem Ernährungsbericht 2016 rund zwei Milliarden Menschen (von den weltweit 7,46 Mrd.) an Mikronährstoffmängeln (Global Nutrition Report 2016, S. 2).

Produkte und Dienstleistungen mit 360-Grad-Qualitätsanspruch Biogena ist nach ISO 22000 zertifiziert und erfüllt damit die hohen Anforderungen an ein verantwortungsbewusstes Unternehmen hinsichtlich Lebensmittelsicherheit. Der hohe Qualitätsanspruch umfasst alle Schritte in der Biogena-Wertschöpfungskette. Das Unternehmen achtet konsequent auf nachwachsende und bioverfügbare Rohstoffe. Die Lieferantenauswahl und -beziehungen setzen die moralisch-ethische sowie ökologisch-soziale Wertekongruenz voraus. Biogena produziert wissenschaftsbasierte und optimal verträgliche Präparate nach dem Reinsubstanzenprinzip für Menschen mit und ohne Lebensmittelunverträglichkeiten. Alle Produkte des Sortiments erzielen nachgewiesene ernährungsphysiologische Wirkungen und werden möglichst natürlich wie ressourcenschonend entwickelt, produziert und vertrieben. Dazu gehören in erster Linie Mikronährstoffpräparate und pflanzliche Produkte (Nahrungsergänzungsmittel, diätetische Lebensmittel und Functional Foods). Das Unternehmen verschreibt sich der Prämisse, den Kunden überdurchschnittliche Servicequalität anzubieten und alle Aktivitäten umwelt- und klimaschonend auszurichten. Die zukunftsweisende und familienfreundliche Personalpolitik ermutigt jeden einzelnen Mitarbeiter, sich je nach Talenten, Potenzialen und Lebenseinstellung individuell und selbstbestimmt zu entfalten und dadurch fantastische Leistung zu erbringen.

Produktentwicklung Biogena orientiert sich in der Produktentwicklung am aktuellen wissenschaftlichen Erkenntnisstand und bezieht seine Ärzte- und Therapeutenpartner in die Produktentwicklung mit ein. Zudem berücksichtigt Biogena in seiner Produktentwicklung die Interessen der Umwelt, indem insbesondere Rohstoffe und Lieferanten nach ökologischen Kriterien selektiert werden. Das Biogena-Wissenschaftsteam betreibt nutritivmedizinische Forschung, sammelt nutritivmedizinisches Wissen, teilt es mit Mikronährstoffexperten aus den Bereichen Ernährungswissenschaften, Genetik als Teilbereich der Medizin und Humanbiologie und führt mit Unterstützung von Partnerärzten eigene Anwendungsbeobachtungen und klinische Studien durch, die die Wirksamkeit der Rezepturen belegen. All dies mündet in verantwortungsvolle und evidenzbasierte Mikronährstofftherapien.

Markt Der Kernmarkt von Biogena ist der europäische Raum mit starkem Fokus auf Internationalisierung. Ärzte und Therapeuten sowie deren Patienten sind die primäre Bezugsgruppe von Biogena-Produkten. Ein langfristig orientiertes Wachstum sowie eine vorbildliche CSR-orientierte Unternehmensführung samt ökologischem Management sollen auch zukünftig die Wettbewerbsfähigkeit und die Standortsicherheit gewährleisten, vor allem im Hinblick auf das Rohstoff-Sourcing und die Ertragslage. Das komplette Biogena-Sortiment wird in Österreich in halbautomatischer Manufaktur produziert.

Wirtschaftlichkeit Biogena erzielt überdurchschnittliche Erträge, wodurch die bestmögliche Unabhängigkeit sichergestellt werden kann. Die Kundenzufriedenheit zeigt sich in überproportionalen Wachstumsraten, die Ökoeffizienz unterstützt den ökonomischen Erfolg. Mit über 70 Mio. Kapseln jährlich hat sich Biogena in den letzten Jahren zu einem bedeutenden Player entwickelt.

Biogenas Antrieb ist es, seinem Gewissen zu folgen und Wissen zugunsten der Umwelt, der Gesundheit und des Wohlergehens einzusetzen. Denn ein gesundes und agiles Ökosystem ist die Voraussetzung für alle Lebewesen.

Umweltpolitik Biogena verpflichtet sich daher zur Einhaltung aller einschlägigen umweltrechtlichen Vorschriften und pflegt Kunden-Lieferanten-Beziehungen nur zu Partnern, die dies ebenfalls tun. Biogena hat ein Managementsystem nach ISO 14001 und EMAS, welches die Produktions- und Serviceprozesse ökologisch verantwortlich und ökoeffizient gestaltet und sich verpflichtet, sein betriebliches Umweltbewusstsein kontinuierlich zu erweitern. Grundsätzlich ist es für Biogena wichtig, die Umwelt bzw. das Klima erst gar nicht zu belasten und die Prozesse so zu optimieren, dass sich eine Kompensation erübrigt (Vorsorgeprinzip). Alle nicht vermeidbaren Emissionen werden mittels Klimaschutzprojekten von Kooperationspartnern kompensiert. Biogena steht zum Prinzip der nachhaltigen Produktentwicklung und zur Lebenszyklusbetrachtung – also zur Berücksichtigung sämtlicher Phasen eines Produktes oder einer Dienstleistung (Ökologie der Verpackung, ökoeffiziente Produktion, Logistik und Mobilität) – und ist bereit, allen Stakeholdern die ökologischen Aspekte offen zu kommunizieren. Einer der größten Stellhebel liegt in der Verpackung der Mikronährstoffe: Mit der innovativen Ökodose hat Biogena einen bedeutenden Meilenstein gesetzt.

CSR-Management Biogena ist ein 100 % österreichisches und inhabergeführtes Familienunternehmen und kann seiner Wertekultur daher unabhängig folgen. CSR-orientierte Unternehmensführung geht mit einem klaren Commitment zum *3. nachhaltigen Entwicklungsziel der Vereinten Nationen „Gesundheit und Wohlergehen"* einher, umfasst die modernen Arbeitswelten, die Familienvereinbarkeit, die ausgeprägte Kundenorientierung mit hohem Qualitätsanspruch, das ausgeprägte Umweltengagement, die gesellschaftliche Verantwortung und faire Betriebs- und Geschäftspraktiken. Werte- und Kulturmanagement bilden die Basis eines authentischen CSR-Managements. Die Biogena-Standards – u. a. Transparenz, ethisches Verhalten, Achtung der Stakeholder-Interessen, Achtung internationaler Verhaltensstandards sowie Achtung der Menschenrechte – entsprechen den Prinzipien der *ISO 26000*. Grundsätzlich pflegt Biogena offene, zielorientierte und wertschätzende Mitarbeiterbeziehungen, fördert flexible Arbeitszeit- und Arbeitsplatzmodelle, Fortbildungs- und Weiterentwicklungsmöglichkeiten, Potenzialentfaltung und Mitarbeiterbeteiligung. Mit einem über 80 %igen Frauenanteil (auch auf der Führungsebene) setzt Biogena den *Megatrend Female Shift* bereits in die Praxis um und setzt ein gesellschaftspolitisches Zeichen.

Biogena ist sich seiner gesellschaftlichen Verantwortung bewusst und berücksichtigt freiwillig soziale und ökologische Belange. Daher unterstützt Biogena den globalen Pakt der Vereinten Nationen *UN Global Compact* mit seinen zehn Prinzipien für eine ökologischere und sozialere Globalisierung.

Die Etablierung einer *Community* als multidimensionales, grenzenloses Netzwerk hilft dem Unternehmen, neue Gedanken und Ideen aufzunehmen, Horizonte zu erweitern, voneinander zu lernen und sich stetig weiterzuentwickeln. Denn Biogena will nicht, dass das Unternehmen, seine Mitarbeiter, die Gesellschaft und die nächsten Generationen stehen bleiben. Biogenas stürzen sich auch gerne ins Abenteuer und lassen sich regelmäßig und voller Begeisterung den Spiegel vorhalten. Denn die Feedbackschleifen von Audits, Gütesiegeln und Zertifizierungen stellen sicher, dass die lernende Organisation zukunftsfit bleibt.

3 Relevante Exempel der gesellschaftlichen, ökologischen und ökonomischen Herausforderungen

Biogena möchte sich zukünftig noch stärker als innovative Wissens-Company und international anerkannter Player im Bereich Gesundheit und Wohlergehen positionieren. Dies erfordert sowohl Forschung und Entwicklung im Speziellen wie hohe Leistungs- und Umsetzungsorientierung im Generellen, aber auch das stete Vorantreiben von Organisations- und Kulturentwicklung mit hohem transformativem Charakter. Begleitet werden diese Voraussetzungen durch eine zeitnahe und transparente Kommunikation, um die strukturellen Rahmenbedingungen und die interne wie externe Wahrnehmung ganzheitlich sicherstellen und dank ihr konsistent handeln zu können. All dies geht mit der intensiven Beschäftigung mit *Megatrends* (Zukunftsinstitut 2015) und Wissenschaft einher.

3.1 CSR-Herausforderungen in puncto Supply Chain

Mit Blick auf die Wertschöpfungskette beginnt die erste CSR-relevante Herausforderung bei Biogena bereits bei der Herkunft, dem Abbau und der *Beschaffung* der Rohstoffe. Alle rund 220 Produkte werden aus hochwertigen bioverfügbaren Rohstoffen hergestellt. Hierbei übernimmt die wissenschaftliche Leitung mit Fokus auf Forschung und Entwicklung das Erstgespräch mit (potenziellen) Lieferanten. Im Rahmen dessen wird die Herkunft, die Bioverfügbarkeit sowie die Herstellung bzw. Verarbeitung der Rohstoffe kritisch überprüft. Aktuell liegt der Fokus des angesprochenen Erstscreenings der Lieferanten auf gesundheitsorientierten Aspekten wie Qualität, Reinheit und verträglichem Abbauprozess. Auch Umweltkriterien halten sukzessive Einzug in das Screening. Ein Beispiel hierfür ist der Bezug von hochwertigem Fischöl, ein wesentliches Bindeglied mehrerer Mikronährstoffrezepturen. Biogenas Rohstoffpool umfasst mehrere Hundert Substanzen unterschiedlichster Natur aus der ganzen Welt. Die zukünftige Herausforderung besteht darin, die Lieferanten noch systematischer als bisher nach einem ganzheitlichen Kriterienkatalog (Qualität, Verträglichkeit, Umweltschutz und Arbeitspraktiken sowie Korruptionsfreiheit und Menschenrechte, möglicherweise nach TQM) auszuwählen und diese Kriterien innerhalb eines regelmäßigen Vor-Ort-Audits auch zu überprüfen bzw. in einem nächsten Schritt mit Weiterentwicklung zu verknüpfen. Der mittelfristige Schwerpunkt wird hierbei einerseits auf der Schaffung von Bewusstsein, andererseits auch auf der Verbesserung der Bedingungen bei den direkten Biogena-Lieferanten liegen (1st Tier). Die Sublieferanten bzw. das Lieferantennetzwerk dahinter sollen dadurch wesentlich beeinflusst und nach und nach in den bewusstseinsbildenden Prozess integriert werden. Nachdem Biogena als lernende Organisation nach dem Vertrauensprinzip, jedoch ohne Nulltoleranzprinzip agiert, gibt es kurzfristig keine Konsequenzen auf die Einstufung der Lieferanten nach ABC-Analyse bzw. bevorzugende oder benachteiligende Effekte. Der derzeitige Status entspricht dem Grad der Einbeziehung der Information bzw. dem Dialog im *Stakeholder Relations Management* (Altenburger 2016, S. 24).

Alle Präparate werden in Oberösterreich und nach den Kriterien der ISO 22000 für *Lebensmittelsicherheit* sowie dem Reinsubstanzenprinzip – also frei von Bindemitteln und anderen Zusätzen – hergestellt, wobei der Fokus auf der Beibehaltung der hohen Qualitätsstandards liegt. Durch das *Reinsubstanzenprinzip* wird der Organismus ausschließlich mit Wirkstoffen versorgt, die Präparate sind besonders gut verträglich (neuesten Ergebnissen zufolge bewerten 97 % der 21.895 von Biogena Befragten die Verträglichkeit mit hervorragend bis gut). Obwohl die Herstellung der Biogena-Produkte ausgelagert ist, liegt sie dennoch im mittleren Einflussbereich des Unternehmens, da eine rund 30 %ige Kapitalbeteiligung am Produktionsunternehmen besteht.

Mit Blick innerhalb der Systemgrenze des Unternehmens sind der wertschätzende und bewusste Umgang mit Biogena-Mitarbeitern und intern entwickelte Maßnahmen wie etwa der „Bildungs1000er" zentral, mit dem jedem *Biogena-Mitarbeiter* 1000 EUR aliquot zur persönlichen Weiterentwicklung pro Jahr zur Verfügung stehen. Egal ob ein Yogakurs, ein Achtsamkeitstraining oder eine Sprachausbildung gewählt wird, die Entfaltung der individuellen Potenziale und Talente steht im Vordergrund. Dies lässt sich auf das generelle Wirtschaftsverständnis der Unternehmensleitung zurückführen: Wirtschaft bei Biogena heißt, frei nach Götz Werner, füreinander tätig zu sein – dabei stehen die Menschen im Mittelpunkt. Das Vertrauensprinzip manifestierte sich in der letzten *Mitarbeiterbefragung* 2015 mit einem Vertrauensindex von 91 % (Trust-Index bei Biogena nach Great Place to Work® Österreich).

Zudem hat sich Biogena vorgenommen, anders zu sein als alle anderen und damit die größtmögliche Differenzierung und den bestmöglichen Mehrwert für die Gesellschaft und das Unternehmen zu schaffen. Unter diesem Slogan wird verstanden, dass Biogena statt ausgetretenen Pfaden neue Wege geht. Dies zeigt das *Alternativfinanzierungsprojekt*, bei dem Biogena über eine Finanzierungsplattform über mehrere Monate lang österreichische und deutsche Staatsbürger eingeladen hat, in Form eines Nachrangdarlehens in das Unternehmen zu investieren. Dabei griff Biogena auf die gesetzliche Änderung per 01.09.2015 zurück und übernahm sogleich die Initiative. Ebenso folgte der per 12.05.2016 an die Öffentlichkeit kommunizierte *Rebranding*-Prozess diesem Tenor. Beide Initiativen wurden mittels Kooperationen abgewickelt und umgesetzt, entstanden jedoch aus einer internen Idee, die externen Anklang fand, und sind daher bereits erste Zeichen von stakeholderorientiertem *Innovationsmanagement*.

Außerdem versucht das Unternehmen, in all seinen Aktivitäten CO_2-neutral zu agieren und mit natürlichen Ressourcen verantwortungsvoll umzugehen. Die Herausforderung besteht dabei darin, vermehrt auf den Kauf von Emissionszertifikaten zu verzichten und stattdessen interne Prozesse und Handhabungen auf *umwelt- und klimagerechte Lösungen* umzustellen.

Ebenso befindet sich die Unternehmensgruppe in einer außergewöhnlichen Wachstumsphase. Die Expansionsstrategie soll den Weg zur globalen Wertschöpfung und Erschließung neuer Märkte ebnen. Das Kerngeschäft der Naturprodukte GmbH & Co KG – die Produktion, die Entwicklung und der Vertrieb von Mikronährstoffen – wird sukzessive erweitert, wie im integrierten Leitbild bereits dargelegt wurde.

Nicht nur mit diesen unternehmensbezogenen Herausforderungen sieht sich Biogena konfrontiert – als Teil der Gesellschaft möchte Biogena dieser etwas zurückgeben und hat eigens dafür im Jahr 2015 einen Verein gegründet. *Biogena hilft!* bündelt das philanthropische Engagement und forciert gesellschaftliche Initiativen rund um Kinder und Bildung. Ziel ist es, Hilfe zur Selbsthilfe anzubieten und auch hierbei neue Wege zur Lösung sozialer Herausforderungen zu gehen. Denn Wissen schafft Bildung, Bildung in weiterer Folge Gesundheit.

Dem Produktlebenszyklus folgend, wandern die manufakturierten Biogena-Produkte in die *Logistik* und sind anschließend direkt bei *Ärzten und Therapeuten* erhältlich. Auch sind ausgewählte Biogena-Produkte mittlerweile für den Endkunden frei zugänglich und direkt im *Onlineshop* (https://www.biogena.com/de/at/produkte.html) oder in den Biogena-Stores in Wien, Salzburg, Linz, Graz und Frankfurt erhältlich. Die notwendigen Informationen erhalten Kunden nach wie vor über das Ärzte- und Therapeutennetzwerk, basierend auf Blutdiagnostik, über Vorträge, Seminare und den eigens von der *Biogena Akademie* entwickelten Kompaktkurs zum MikronährstoffCoach®. Die Öffnung und Erweiterung der Vertriebsstruktur mit dem Fokus auf B2B, aber auch auf B2C sind eine Entwicklung der letzten Jahre.

Eine wesentliche Hürde, der sich Biogena innerhalb der letzten vier Jahre gestellt hat, ist die gesundheits- und umweltverträgliche Verpackung der Produkte: Basierend auf einer ganzheitlichen und CSR-orientierten Unternehmensphilosophie entstand 2012 die Vision einer ökologisch nachhaltigen und neuartigen Verpackung, nämlich der *Ökodose*. In den folgenden Jahren wurde durch hohe F&E-Aktivitäten, innovative Technologien und mithilfe eines kompetenten Kooperationspartners die ehemalige HDPE-Dose aus Mineralöl ersetzt. Die „grüne" Verpackung ist ein Nebenprodukt der Zucker- und Ethanolkraftstoffproduktion, wodurch alleine Biogena 100 t CO_2-Emissionen pro Jahr einspart. Der Innovationsgedanke geht weiter, denn auch die weitere Verwendbarkeit von „Bagasse", den faserigen Resten der Zuckerrohrgewinnung, ist für das Unternehmen ein wichtiges Thema. Das obere und untere Drittel der Pflanze enthält keinen Zucker und wird als Abfallprodukt abgeschnitten. Das entspricht im Norden und Osten Brasiliens 150 Mio. t jährlich. Eine enorme Menge, die momentan aus rentableren Gründen noch bis zu 90 % der Verbrennung für Energie und Biotreibstoffgewinnung zugeführt wird. Zuckerrohr versteht es wie keine zweite Pflanze, CO_2 aus der Luft zu filtern und zu binden. Durch die Verbrennung wird dieses unmittelbar wieder freigesetzt – als Verpackungsmaterial wäre das klimaschädliche CO_2 nachhaltig gebunden. Biogena arbeitet mit Partnern nun weiter daran, diese zusätzliche Klimaschutzidee rasch in die Realität transferieren zu können (Biogena 2016). Die größte Herausforderung sieht das Unternehmen zukünftig in der Kommunikation des Recyclingprozesses, aber auch in der Weiterentwicklung der zukunftsfähigen Produktverpackung und deren Wahrnehmung bei Ärzten und Therapeuten, aber auch direkt beim Biogena-Kunden.

3.2 Exemplarischer Nutzen von CSR-orientierter Unternehmensführung

Biogena ist davon überzeugt, mit seiner Unternehmensphilosophie einen wesentlichen Beitrag zur Gesundheit und zum Wohlergehen möglichst vieler Menschen zu leisten und dabei marktfähige Lösungsansätze für die Gesellschaft zu entwickeln. Durch die Lösung der gesellschaftlichen, ökologischen und ökonomischen Herausforderungen werden Gesundheit und Wohlergehen weiter steigen und auch benachteiligte Gruppen davon profitieren. Zusammengefasst kann der Nutzen durch das Generieren von unternehmerischem wie gesellschaftlichem Mehrwert konkretisiert werden (Osburg und Schmidpeter 2013, S. 74 ff.).

Durch die Differenzierungsoffensive und die organisatorische Restrukturierung wird Diversität bei Biogena genutzt, Wissen geteilt und Verantwortung übertragen. Die hohe *Qualität* der Produkte und Services wird durch die Weiterentwicklung des Geschäftsmodells erhalten bleiben, das Produktportfolio sich sukzessive erweitern.

Ebenso steigt durch den Fokus und die Lebendigkeit der Unternehmenswerte das Vertrauen ins Unternehmen, wodurch sich Produktivität, Profitabilität und *Unternehmensidentifikation* erhöhen.

Auch das *Innovationspotenzial* kann durch die innovativen Ansätze wie Vertrauensprinzip und Potenzialentfaltung auf individueller Ebene, aber auch dem Commitment zu Umwelt- und Klimaschutz auf Unternehmensebene sowie durch nationale wie internationale Netzwerke einen positiven Beitrag erfahren. Das integrierte Managementsystem wie die starke interne und externe Kommunikation und Bewusstseinsbildung tragen zur Wahrnehmung bei. Das Unternehmen möchte dabei eine Pionierrolle einnehmen und seine Vorbildwirkung auf andere Unternehmen gesellschaftspolitisch nutzen. Schließlich kann durch die Bildung von Netzwerken ein höherer Multiplikatoreffekt und eine größere Reichweite erzielt werden (Stark 2013, S. 60 ff.).

Mithilfe der *Internationalisierungsstrategie* können neue Produkte und Dienstleistungen, neue Prozesse und neue Geschäftsmodelle entstehen sowie neue Märkte erschlossen werden. Auch das gesunde Kapital des Unternehmens ist durch das Beibehalten von verantwortungsvollem Wirtschaften langfristig gesichert. Ebenso steht der Weiterentwicklung von CSR, bei Biogena einzuordnen im Sprung vom zweiten auf den dritten Reifegrad des Generationenmodells nach Schneider und Schmidpeter (2012) und Walker (2013), durch die Weiterentwicklung des Geschäftsmodells nichts mehr im Weg. Somit entsteht aus der strategischen CSR im Kerngeschäft bei Biogena (d. h., das Unternehmen vollzieht unternehmerische wie gesellschaftliche Wertschöpfung durch integriertes Management) eine *kooperative CSR*. Dies bringt den Nutzen mit sich, dass das Unternehmen als proaktiver politischer Gestalter ein höheres Maß an Gestaltungsspielraum und -möglichkeiten zur Verfügung hat (Walker 2013, S. 67 ff.).

Das aktive Engagement für die Gesellschaft durch den eigens im März 2015 gegründeten Verein „Biogena hilft!", unabhängig vom CSR-Management, leistet einen positiven Beitrag für die Gesellschaft sowie für nächste Generationen. Durch das Schaffen, Sammeln und Teilen von Wissen steigt nicht nur das Maß an Bildung, sondern als Zusatzeffekt auch die Gesundheit der Menschen. Parallel können durch die gesellschaftlichen Impulse auch soziale Innovationen ausgelöst werden.

Alles in allem kann der Nutzen für Biogena nach der Lösung der gesellschaftlichen Herausforderungen als Zukunftsfähigkeit definiert werden.

Die Abb. 1 vom Biogena-Eigentümer bietet einen Gesamtüberblick über die Chancen und Einflussfaktoren sowie vorökonomische und ökonomische Wirkungszusammenhänge von CSR (Schmidbauer 2015, S. 90). Ausgehend von einem konsistenten Vertrauensprinzip kann *wertebasierte Corporate Social Responsibility* sowohl Stakeholder Relations Management wie Innovation als auch ein integrativsoziales Agieren, Mitarbeiterförderung und Kundenbindung zur Folge haben. Die ökonomischen Zusammenhänge wirken sich im Aufladen der Marke, im Umsatz, Absatz und Firmenwert sowie der Ressourceneffizienz positiv aus.

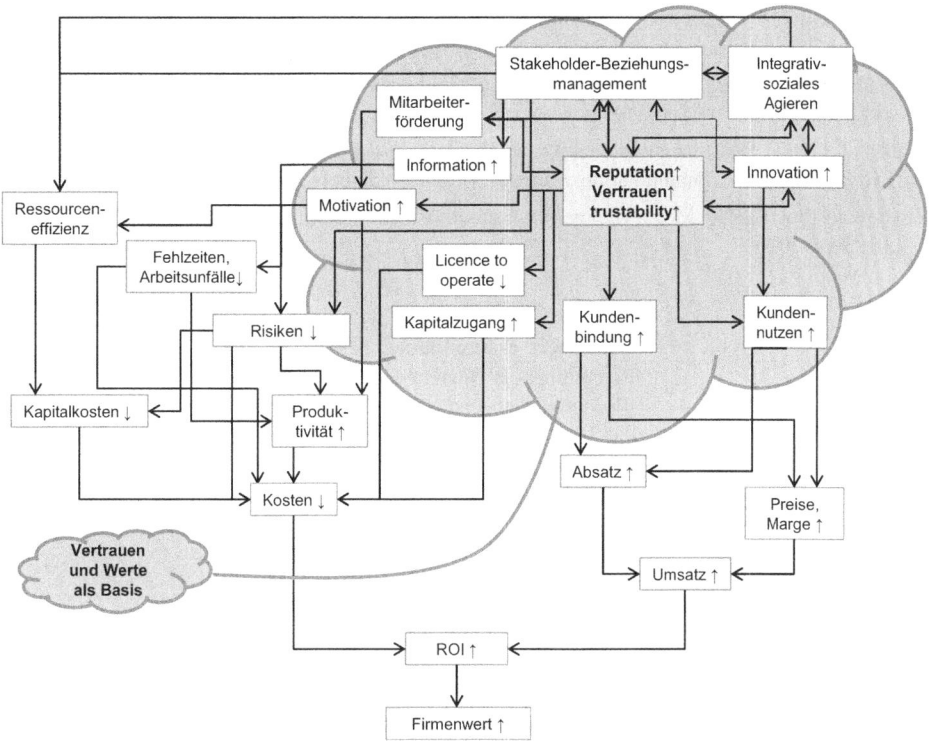

Abb. 1 Vorökonomische und ökonomische Wirkungszusammenhänge von CSR

Literatur

Altenburger R (2016) Gesellschaftliche Verantwortung und Stakeholdermanagement. In: Altenburger R, Mesicek R (Hrsg) CSR und Stakeholdermanagement. Springer, Berlin Heidelberg, S 13–27

Biogena Unternehmensauftritt (2016) Wertschätzen – ohne Grenzen. www.biogena.com/de/at/biogena/verantwortlich.html. Zugegriffen: 10. Sept. 2016

Global Nutrition Report (2016) From Promise zu Impact. Ending Malnutrition by 2030. www.globalnutritionreport.org. Zugegriffen: 01. Sept. 2016

Osburg T, Schmidpeter R (2013) Gesellschaftliche Innovation als Managementprinzip. In: Altenburger R (Hrsg) CSR und Innovationsmanagement. Springer, Berlin Heidelberg, S 71–77

Schmidbauer A (2015) Corporate Social Responsibility und Unternehmenserfolg. Eine Bestandsaufnahme unter besonderer Berücksichtigung der österreichischen KMU, 1. Aufl. LIT-Verlag, Wien

Schneider A, Schmidpeter R (2012) Corporate Social Responsibility. Verantwortungsvolle Unternehmensführung in Theorie und Praxis, 1. Aufl. Springer, Berlin Heidelberg, S 28–36

Sinek S (2014) Frag immer erst: Warum. Wie Top-Firmen und Führungskräfte zum Erfolg inspirieren, 1. Aufl. Redline Verlag, München

Stark W (2013) Verantwortung und Innovation: Corporate Social Innovation. In: Altenburger R (Hrsg) CSR und Innovationsmanagement. Springer, Berlin Heidelberg, S 55–69

Vereinte Nationen (2015) Die nachhaltigen Entwicklungsziele. www.sustainabledevelopment.un.org. Zugegriffen: 10. Sept. 2016

Walker T (2013) Der Stakeholderansatz als Fundament der CSR-Kommunikation. In: Heinrich (Hrsg) CSR und Kommunikation. Springer, Berlin Heidelberg, S 65–77

Zukunftsinstitut (2015) Mega-Trends. www.zukunftsinstitut.de/dossier/megatrends. Zugegriffen: 01. Sept. 2016

Dr. Albert Schmidbauer, geschäftsführender Gesellschafter und Eigentümer der Biogena-Gruppe, hat das Unternehmen zunächst als Idee entwickelt und Schritt für Schritt verwirklicht. Heute führt er das Unternehmen gemeinsam mit einem kompetenten Team nach den Prinzipien der CSR- und werteorientierten Unternehmensführung.

Julia Ganglbauer, MSc, ist seit August 2015 bei der Biogena-Gruppe tätig. Als CSR-Managerin betreut sie die Bereiche CSR, Qualität und Umwelt. Corporate Social Responsibility ist für sie State of the Art des modernen Managements, die konsistente Integration der Biogena-Werte- und -Kulturklammer in das tägliche Tun die Basis des Miteinanders.

Geschäftsmodell Familie

Johanna Jung

1 Das Familienunternehmen Nölken Hygiene Products GmbH

Die Nölken Hygiene Products GmbH beliefert deutsche und multinationale Handels- und Industrieunternehmen mit Private-Label-Produkten und eigenen Handelsmarken. Das Familienunternehmen entwickelt und produziert Feuchttücher und kosmetische Pflegeprodukte für Babys, Kinder, Jugendliche, Erwachsene und Senioren sowie Stilleinlagen. Unter strengen hygienischen Bedingungen werden Cremes, Lotionen, Duschgele und Shampoos von der Rezeptur bis zur Abfüllung erzeugt. Auf modernen Mischanlagen wird Flüssigkosmetik hergestellt und in Flaschen, Tuben und Tiegel abgefüllt. Feuchttücher werden auf allerhöchstem Niveau produziert. Für unterschiedliche Anwendungsbereiche bietet der Hersteller den Kunden sowohl bewährte als auch hoch innovative Produkte – für sanfte Babypflege, schonende Reinigung von Gesicht, Körper und Intimbereich sowie effektive Reinigung und Desinfektion im Haushalt. Stilleinlagen sind durch unterschiedliche Produkteigenschaften ausgezeichnet – sowohl Consumer-Packs für den Einzelhandel wie auch Großpackungen für Kliniken und Krankenhäuser.

Das Geschäftsmodell basiert auf der Herstellung individualisierter Produkte und umfasst fünf Stufen:

- Beratung,
- Entwicklung,
- Herstellung,
- Vertrieb,
- Auslieferung.

J. Jung (✉)
JJ Sustainability Consultancy
Margarethe-Selenka-Straße 11, 81737 München, Deutschland
E-Mail: jj@johanna-jung.com

© Springer-Verlag GmbH Deutschland 2018
P. Bungard (Hrsg.), *CSR und Geschäftsmodelle*, Management-Reihe Corporate Social Responsibility, https://doi.org/10.1007/978-3-662-52882-2_18

Die Kunden werden in den gesamten Entwicklungs- und Herstellungsprozess miteinbezogen und Sicherheit und volle Transparenz werden garantiert.

Ökonomische Weitsicht, nachhaltige Produkte und langfristige Beziehungen zu den Kunden sichern Arbeitsplätze in der Region und den wirtschaftlichen Erfolg des Unternehmens in der Zukunft.

1.1 Unternehmensstruktur und Historie

Das 1982 von Ernst Nölken gegründete Unternehmen ist heute mit rund 350 Mitarbeitern an zwei Standorten tätig. Die Geschichte des Unternehmens beginnt als Handelsgesellschaft für feuchtes Toilettenpapier. Sechs Jahre nach Beginn der Geschäftstätigkeit folgt die eigene Herstellung der ersten feuchten Toilettenpapiere. Seitdem wächst das Unternehmen stetig und 1993 wird die Tochtergesellschaft in Nowogrodziec, Polen, gegründet. Dort startet 1997 zudem die Herstellung von Stilleinlagen. Das Unternehmen ist seit 1997 in Windhagen angesiedelt und füllt seit 2005 Flüssigprodukte ab. Die eigene Herstellung und Formulierung von Flüssigkosmetik sowie Tränkflüssigkeiten für die Feuchttücher kommen 2008 hinzu.

2010 übergibt der Firmengründer Ernst Nölken das mittlerweile zu einem stattlichen Mittelständler gewachsene Unternehmen an seine beiden Söhne Markus und Daniel. Seit Anfang 2015 werden Stilleinlagen auch in Windhagen produziert. Nölken Hygiene Products betreibt zwei Produktionsstätten in Deutschland und Polen und vertreibt seine Produkte in mehr als 30 Ländern weltweit.

Inzwischen ist Nölken Hygiene Products zu einem erfolgreichen Betrieb in zweiter Generation gewachsen und erwirtschaftete 2015 rund 60 Mio. Euro Umsatz. Alle Anteile werden von den Brüdern Markus und Daniel Nölken gehalten. Der langfristige Ansatz, die Anteile in Eigenbesitz zu halten, garantiert Nölken Hygiene Products Unabhängigkeit und Stabilität, sodass sich das Unternehmen voll und ganz auf die Umsetzung seiner Strategie konzentrieren kann.

Markus Nölken und Daniel Nölken sind seit 2000 respektive 2004 in unterschiedlichen Führungsfunktionen im Unternehmen tätig. Schon in ihrer Jugend arbeiteten beide während der Ferienzeit in der Produktion und wurden in wichtige Entscheidungen einbezogen. Rudolf Marnet ist neben den beiden Brüdern seit 2001 Mitglied der Geschäftsleitung. Markus Nölken verantwortet neben der Geschäftsführertätigkeit Produktion und Vertrieb, Daniel Nölken die Bereiche Einkauf sowie Forschung & Entwicklung und Rudolf Marnet die Bereiche Controlling, Buchhaltung und Personal.

2 Die Anfänge der Nachhaltigkeit im Unternehmen

Nachhaltiges Wirtschaften wurde bei Nölken Hygiene Products über die letzten fünf Jahre etabliert. Am Anfang standen einzelne Aktivitäten im CSR-Bereich, die über die Jahre zu einem festen Nachhaltigkeitsprogramm mit strategischen Maßnahmen auch im Kerngeschäft herangewachsen sind.

2.1 Herausforderungen, Chancen und Motivation

Nölken Hygiene Products konkurriert als Arbeitgeber mit großen Chemiekonzernen in der Region um Köln und mit regionalen Betrieben, die sich auf die Herstellung von Chemieerzeugnissen spezialisiert haben. Um die Unternehmenssicherheit zu garantieren und Wissen im Unternehmen zu halten, hat sich der Hersteller entschieden, Verantwortung auch in sein Personalkonzept aufzunehmen. Die Ortsgemeinde Windhagen liegt im nördlichen Rheinland-Pfalz im Landkreis Neuwied unmittelbar an der Grenze zu Nordrhein-Westfalen. Die Ortschaft mit ihren rund 4300 Einwohnern ist etwa 3 km von der Bundesautobahn A3 entfernt. Über Buslinien ist Windhagen an den nächsten Bahnhof in der Stadt Bad Honnef angeschlossen. Die gute Verkehrsanbindung macht den Standort Windhagen für zahlreiche Unternehmen attraktiv, die viele Menschen aus der Region beschäftigen. Nach einem multinationalen Unternehmen für Baustellenfahrzeuge ist Nölken der zweitgrößte Arbeitgeber in Windhagen. Neben Nölken Hygiene Products haben noch zwei weitere mittelständische Unternehmen ihren Standort in Windhagen.

Auf beiden Seiten der Wertschöpfungskette, in der Nölken Hygiene Products agiert, dominieren zahlreiche Großunternehmen: multinationale Handelsunternehmen auf der Kundenseite sowie multinationale Chemie- und Vlieshersteller. Mittelständische Lieferanten und Handelsunternehmen sind weniger zahlreich vertreten. Der Markt hat sich über die Jahre hinweg stark verändert. Konsumenten können sich heute zwischen einer breiten Auswahl an Handelsunternehmen entscheiden, einschließlich Discounthändler auf der einen Seite des Marktes und Premiumhändler auf der anderen. Mit einer größeren Auswahl und niedrigeren Preisen ist der Markt im Einzelhandelsbereich und in der Kosmetiksparte hart umkämpft.

Vegan, kontrolliert, natürlich, bio: Nachhaltige Komponenten gelten bei kosmetischen Pflege- und Reinigungsmitteln in vielen europäischen Ländern als wichtiger Trend. Immer mehr Kunden haben Interesse an Pflegeprodukten, die ökonomische, ökologische und soziale Aspekte vereinen. Sensible Kunden werden Pflege- und Reinigungsprodukte, die in direkten Hautkontakt kommen, auch zukünftig auf ihre ökologischen und sozialen Auswirkungen in der Wertschöpfungskette bewerten. „Ökologisch sinnvolle Inhaltsstoffe, Produkte und Innovationen sind daher die Voraussetzung für unseren unternehmerischen Erfolg und unsere Wettbewerbsfähigkeit", erklärt Markus Nölken. Übergeordnetes Ziel ist daher, bedarfsgerechte Pflegeprodukte herzustellen, die den Anforderungen einer kritischeren Gesellschaft an ein qualitativ hochwertiges und nachhaltiges Produkt entsprechen und der Verpflichtung für eine ethische und verantwortungsvolle Beschaffung nachkommen.

Die weltweite Verknappung natürlicher Ressourcen und die damit in direktem Zusammenhang stehende Negativentwicklung in der Umwelt sind für Unternehmen gleichzeitig Herausforderung und Chance. Die Unternehmensmission:

> Sich neuen Herausforderungen zu stellen, neue Lösungen zu suchen und zu finden sowie der Wille zum Erfolg – diese Eigenschaften fördern wir bei unseren Mitarbeitern und Lieferanten. Leidenschaft bedeutet für uns, dass wir mit unseren Produkten und Dienstleistungen unsere Kunden begeistern. So sorgen wir für exzellente Ergebnisse.

Sie ist Programm und Bekenntnis eines verantwortungsbewussten Unternehmertums.

Die Reduzierung der Negativauswirkungen auf die Umwelt sieht Nölken Hygiene Products als Chance für ihre wirtschaftliche Entwicklung. „Wenn wir die Veränderungen in unserer Umwelt und unserer Gesellschaft als Chance und nicht als Herausforderung sehen, können wir positiv an diese Fragestellung gehen und proaktiv darauf einwirken," so Markus Nölken.

Die Beschaffung von Inhaltsstoffen ist eine weitere große Aufgabe für den Hersteller von kosmetischen Pflegeprodukten. Aufgrund wachsender ökologischer Herausforderungen sind viele Ökosystemleistungen gefährdet, auf die das Unternehmen direkt oder indirekt angewiesen ist, z. B. Trinkwasser, kosmetische Wirkstoffe, natürliche Rohstoffe für die Herstellung von Feuchttüchern und Stilleinlagen. Diese natürlichen Quellen möchte Nölken Hygiene Products durch Transparenz und Nachhaltigkeit in den Lieferketten und ihrer schonenden Verwendung schützen. Hierfür ist es wichtig, Verantwortung auch in den Lieferketten zu verankern und die Unternehmen der Wertschöpfungskette für das Thema zu sensibilisieren und auf Standards zu verpflichten.

Bei Familienunternehmen wird nachhaltiges Handeln heute faktisch vorausgesetzt. Nicht nur im Umgang mit den natürlichen Ressourcen und der Umwelt, sondern auch mit den Menschen, die im und um das Unternehmen beschäftigt sind. Engagement für soziale Belange reicht über die Beschäftigten im Unternehmen hinaus in die Wertschöpfungskette. Für Nölken Hygiene Products gelten die Einstellung, Beschäftigung und Weiterentwicklung von Menschen sowie die Einhaltung von Sozialstandards im eigenen Unternehmen als wesentlicher Aspekt des Nachhaltigkeitsmanagements. Dadurch erhofft sich das Management den Aufbau seiner Unternehmensidentität. Doch auch Menschen in der gesamten Wertschöpfungskette sind Teil des Nachhaltigkeitsprogramms. „Wir agieren nicht im luftleeren Raum. Durch vorgelagerte Herstellungsschritte der Rohstoffe sind auch Menschen in Drittländern betroffen", erklärt Daniel Nölken. Dadurch ist der Mittelständler mit der globalen Wertschöpfungskette eng verknüpft.

Nur durch Transparenz im Unternehmen und in der Lieferkette kann sich das Unternehmen Vertrauen bei seinen Stakeholdern schaffen. So kann der Fortbestand des Unternehmens gesichert, das Image verbessert, Krisen können vorgebeugt und Kunden gebunden werden.

2.2 Definition und Bedeutung von Nachhaltigkeit

Nachhaltigkeit ist ein Erfolgsfaktor und spiegelt die Wertehaltung für Nölken Hygiene Products. „Nur wenn wir Verantwortung für die Menschen und die Natur übernehmen, können wir wirtschaftlich erfolgreich sein. Und nur wenn wir wirtschaftlich erfolgreich sind, können wir einen Mehrwert für die Gesellschaft und die Umwelt schaffen", erklärt Markus Nölken. „Nachhaltigkeit soll in erster Linie als Basis für langfristig erfolgreiches Handeln stehen. Anstatt kurzfristig Kosten zu senken, möchten wir auf lange Sicht wirtschaftlich agieren", erklärt Markus Nölken weiter.

Mehrwert wird in dem Unternehmen durch Vertrauen geschaffen – Vertrauen der Kunden, der Mitarbeiter, der Lieferanten und der Gesellschaft. Verantwortung und nachhaltiges Handeln betrifft alle Menschen, die mit Nölken Hygiene Products in Berührung kommen: Mitarbeiter, Lieferanten und Kunden. „Menschen mit Visionen, die spürbare Veränderung für das Unternehmen und die Kunden bewirken", ist in der Unternehmensvision festgehalten. „Generell können wir nachhaltige Effekte im Bereich Produktgestaltung nur dann erzielen, wenn unsere Kunden und Lieferanten mit uns an einem Strang ziehen", beschreibt Markus Nölken. „Nicht zuletzt deshalb bauen wir auf transparente und langfristige Beziehungen." Das Unternehmen arbeitet daran, dass seine Geschäftspartner den Nachhaltigkeitsgedanken genauso stark verinnerlichen wie das Unternehmen selbst. Gemeinsam mit ihnen entwickelt der Hersteller neue Ideen und setzt Projekte entlang der gesamten Wertschöpfungskette um.

2.2.1 Entwicklung der Strategie

Die Handlungsfelder, auf die Nölken Hygiene Products seinen Fokus legen sollte, wurden anfangs in Workshops auf drei Kernthemen heruntergebrochen: *Produkte, Umwelt* und *Menschen* (Abb. 1). Diese Fokusfelder definieren das unternehmerische Engagement, die Berichterstattung und die Kommunikation mit den Stakeholdern. Das Geschäftsmodell sollte auf verantwortungsvolle Weise gestaltet werden, um als Basis für langfristig erfolgreiches Handeln zu dienen. Anhand einer Wesentlichkeitsprüfung sowie der Anforderungen aus dem Markt wurden die Haupthandlungsfelder und danach eine erste Nachhaltigkeitsstrategie festgelegt. Die darauffolgend ausgearbeitete Nachhaltigkeitspolitik ist auf dem *Drei-Säulen-Modell* der Nachhaltigkeit gebettet: Ökologie, Ökonomie und Soziales. Sie beschreibt die potenziellen Auswirkungen des Unternehmens auf die Umwelt und die Gesellschaft und legt die Handlungsweise für das nachhaltige Wirtschaften dar.

Im fünften Jahr des Nachhaltigkeitsmanagements wurden weitere Workshops mit der Geschäftsleitung durchgeführt, um die lang- und kurzfristigen Ziele erneut festzulegen und die bestehende Strategie anzupassen. Die *Sustainable Development Goals* der Vereinten Nationen wurden als Leitthemen für die Strategieentwicklung aufgenommen. Dabei wurden die Haupthandlungsfelder auf die Optimierung der eigenen Umweltauswirkung, des Ressourcen- und Energieverbrauchs sowie u. a. auf die Optimierung der Personalstrategie, um den demografischen Wandel besser zu handhaben, gelegt.

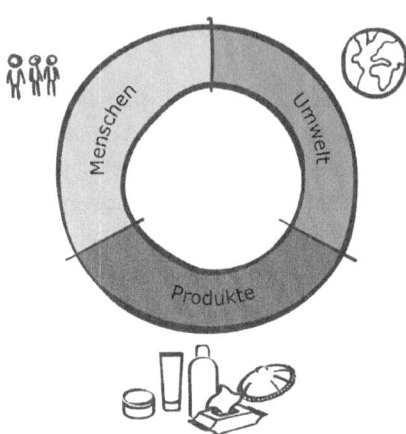

Abb. 1 Die drei Fokusfelder des Nachhaltigkeitsmanagements

2.2.2 Verankerung der Nachhaltigkeit im Unternehmen

Nachhaltiges Wirtschaften ist bei Nölken Hygiene Products Teil der Unternehmensstrategie, durch eine Stabsstelle seit 2011 fest institutionalisiert und in allen Führungsprozessen verankert. Initial wurde die Nachhaltigkeitsstrategie für drei Jahre in einer festen Stelle umgesetzt und wird jetzt durch externe Beratung weiter begleitet. Das Nachhaltigkeitsmanagementsystem erfasst die nichtfinanziellen Leistungen transparent und organisiert diese strategisch. Die Mitgliedschaft im *UN Global Compact* und die Ausrichtung entlang der zehn Prinzipien zu den Themen Menschenrechte, Arbeitsnormen, Umweltschutz und Korruptionsbekämpfung sind Grundstein der unternehmerischen Verantwortung und werden als kontinuierlicher Entwicklungsprozess begriffen.

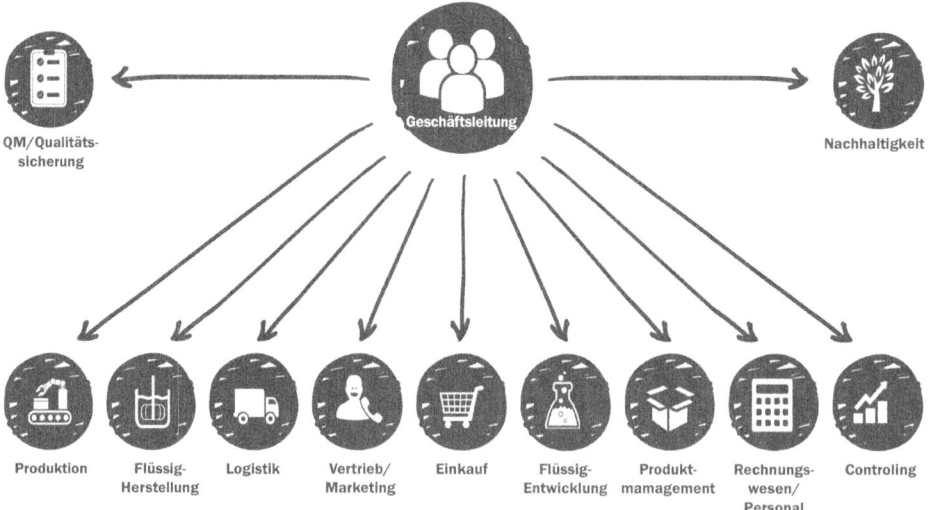

Abb. 2 Organigramm der Nölken Hygiene Products GmbH

Das Thema ist strategisch an oberster Stelle im Organigramm (Abb. 2) angesiedelt, verantwortungsvolles Handeln ist unabhängig davon in jeder Fachabteilung integriert und verinnerlicht. Regelmäßige Schulungen mit den Fachabteilungen halten die Mitarbeiter über fachbezogene Nachhaltigkeitsthemen auf dem aktuellen Stand.

3 Nachhaltigkeit im Kerngeschäft

Als Hersteller von Hygiene- und Pflegeprodukten für die persönliche Pflege für Menschen jeden Alters trägt Nölken eine Verantwortung gegenüber allen Generationen. Entlang der gesamten Wertschöpfungskette gilt es, die drei Aspekte der Nachhaltigkeit zu integrieren und an den Stakeholdern zu orientieren.

3.1 Umsetzung der Maßnahmen

Das Nachhaltigkeitsengagement bei Nölken Hygiene Products hat sich über die Jahre hinweg weiterentwickelt. Um Verantwortung über die Auswirkungen des unternehmerischen Handelns übernehmen zu können, wurden anfangs die internen Geschäftsprozesse und die Prozesse entlang der Wertschöpfungskette auf ökonomische, ökologische und soziale Aspekte geprüft, Verbesserungsmaßnahmen umgesetzt, regelmäßig überprüft und gegebenenfalls angepasst.

3.1.1 Produkt

Nölken Hygiene Products möchte seine Produkte auf soziale, ökologische und ökonomisch sinnvolle Weise produzieren und Menschen dabei unterstützen, nachhaltig zu leben. Der Hersteller misst daher dem Dialog mit den Handels- und Industrieunternehmen sehr große Bedeutung zu, denn sie sind der direkte Kontakt zum Verbraucher. Denn nur wenn die Kundenbedürfnisse genau erkannt werden, ist der Hersteller in der Lage, seinen Kunden die passenden Produkte anzubieten. Regelmäßige Workshops, täglicher Kontakt, Besprechungen zu spezifischen Themen, Messeauftritte und Dialogarbeit erlauben es, eine klare Vorstellung von den wachsenden Ansprüchen der Verbraucher zu generieren.

Im Bereich Innovation bindet Nölken Hygiene Products daher seine Kunden proaktiv ein: Bei der Neu- oder Weiterentwicklung von Produkten werden diese im Vorfeld in den Entwicklungsprozess miteinbezogen. Dadurch lernt das Unternehmen die Bedürfnisse der Kunden und der Verbraucher besser kennen und kann bei Bedarf die einzelnen Roh- und Inhaltsstoffe durch Alternativen ersetzen. Besonderen Wert wird auf die Optimierung des kompletten Produkts gelegt. Neben der Qualität liegt das Augenmerk vor allem auf Umweltfreundlichkeit und auf sozialen Aspekten, sodass für Verbraucher ein umfassender Mehrwert geschaffen wird. Nicht zuletzt durch den intensiven Austausch mit dem Kunden entsteht ein immer besseres Produkt.

Vliesstoffe für die Feuchttücher werden aus Fasergemischen hergestellt. Viele Feuchttücher tragen schon heute die Gütesiegel für eine nachhaltige Forstwirtschaft: *Forest Stewardship Council (FSC®)* oder *Programme for the Endorsement of Forest Certification (PEFC)*. Diese Zertifizierungen bestätigen eine behutsame und kompetente Waldbewirtschaftung.

Knapp 80 % der hergestellten feuchten Toilettenpapiere bestehen vollständig aus biologisch abbaubaren Zellstoffen. Das Ziel ist, bis 2020 alle feuchten Toilettenpapiere auf diese umweltfreundliche Variante umzustellen.

Im Kosmetik- und Körperpflegesortiment hat Nölken Hygiene Products auch Peelings. Für eine angenehme Reinigung und das Entfernen toter Hautzellen setzt der Hersteller in den Peelings anstelle von Mikrokunststoffpartikeln ausschließlich Peelingkörper natürlichen Ursprungs ein: gemahlene Aprikosenkerne oder Bienenwachs. Natürliche Peelingkörper tragen nicht zur Belastung der Umwelt bei, da sie biologisch abbaubar sind.

Während verantwortungsvolle Rohstoffe die Produkte nachhaltiger machen, setzt sich die nachhaltige Beschaffungsstrategie des Unternehmens auch mit den sozialen und ökologischen Aspekten der Lieferanten auseinander. Im Einkauf werden Lieferanten anhand eines Fragebogens und einer Beurteilung auf ihr verantwortungsvolles Handeln hin eingestuft. Ein Lieferantenstandard legt die Kriterien für eine ökologische, sozial gerechte und qualitativ hochwertige Beschaffung fest. Diese festgelegten Standards haben die Zusammenarbeit mit den Lieferanten auf eine positive Weise verändert. Seit Einführung der Nachhaltigkeitsstrategie haben sich vertrauensvolle Beziehungen entwickelt, aus denen Innovationen und fruchtbare Kooperationen entlang der Wertschöpfungskette entstanden sind.

Ein 2012 gestartetes Auszubildendenprojekt vereint die unternehmerischen Ziele, nachhaltig zu wirtschaften und eine nachhaltige Lebensweise zu unterstützen:

Die Auszubildenden durften während ihrer Ausbildungszeit ein nachhaltiges Produkt entwickeln. Dabei haben sie ein bestehendes Produkt in seine Einzelteile zerlegt, jedes davon studiert und analysiert und sich die Frage gestellt, wie die Materialien noch stärker entsprechend den Aspekten der Nachhaltigkeit verbessert werden können. Heraus kam dabei ein ökologisch sinnvolles Babyfeuchtuch, dessen Herstellung auch die sozialen Auswirkungen der Wertschöpfungskette beachtet. Nachwachsende Rohstoffe aus kontrolliert biologischem Anbau, weniger Verpackung sowie Recyclingfolie schonen die Umwelt. Ökologische Gesichtspunkte bei der Rohstoffbeschaffung werden in diesem Produkt vereint: Regionalität bei den Fasern, Natürlichkeit bei der Tränkflüssigkeit und Transparenz bei der Aufklärung der Verbraucher. Das Konzept zeigte insbesondere dadurch Wirkung, dass die Auszubildenden an die Idee der Nachhaltigkeit herangeführt wurden und dass darüber hinaus ein jüngst vom VCI ausgezeichnetes und sinnvolles Produkt entstanden ist.

Glaubwürdigkeit und Transparenz sind die Grundlage für den herausragenden Erfolg von Nölken Hygiene Products und werden auch zum Aufbau weiterer Geschäftsfelder genutzt. Der Umsatz mit nachhaltigen Produkten, die mit Ökosiegeln (bspw. Veganblume, FSC, Nordic-Ecolabel) gekennzeichnet sind, ist in den letzten Jahren kontinuierlich gestiegen.

3.1.2 Umwelt

Im zweiten Fokusthema *Umwelt* geht es um die Auswirkungen der Geschäftstätigkeit auf die Umwelt. Umweltverträglichkeit ist ein Qualitätsmerkmal von Prozessen und Produkten. Ökologische Zielsetzungen sind Teil der Unternehmenspolitik und als Führungsaufgabe integrativ in das Managementsystem eingebunden.

Die Auswirkungen der Geschäftstätigkeit an den zwei Standorten werden ermittelt und durch Systeme optimiert. Die in den vergangenen Jahren etablierten und nach internationalen Standards zertifizierten Managementsysteme in den Bereichen Energie, Umwelt und Abfall geben dem Unternehmen die nötige Struktur, um die eigenen ökologischen Auswirkungen zu verbessern.

Die Organisation des Managementsystems ist entsprechend der eigenen Erfahrungen auf der Grundlage der Qualitätsmanagementnorm festgelegt und integriert Forderungen des Umweltschutzmanagements sowie der europäischen und deutschen Gesetzgebung, insbesondere zu Umweltschutz, Arbeitsschutz, Gerätesicherheit und Produkthaftung, mit dem Ziel einer *integrierten Produktverantwortung*.

Dazu war es unter anderem erforderlich, systematisch Methoden für umweltgerechte Konstruktion, Umweltverträglichkeitsprüfungen, Entsorgung, Recycling und Beschaffungsrichtlinien für den Einkauf zu entwickeln.

Durch vorbeugende Maßnahmen sollen Belastungen der Umwelt und der Biodiversität vermieden oder so weit wie möglich reduziert werden:

- In die Produktplanung (Design, Verpackung, Transport, Verwendung und Entsorgung/Recycling) werden umweltrelevante Faktoren einbezogen
- In die Entwicklung neuer Produkte werden Methoden zum umweltgerechten Entwurf integriert, Recyclingplanung und Vermeidung von Umweltgefährdungen durch das Produkt sind Bestandteile des Pflichtenheftes
- Bei der Fertigungs- und Prozessplanung werden eine Kreislaufplanung angestrebt sowie eine Vermeidung von Umweltgefährdungen durch Prozesse. Umweltrelevante Prozessparameter werden beobachtet und verbessert, Kreisläufe werden überwacht
- Vermeidung, Recycling, Wiederverwendung und Trennung von Abfällen, Beauftragung qualifizierter Unternehmen mit dem Transport und der Entsorgung der Abfälle
- Verhütung umweltbelastender Unfälle durch vorsorgenden betrieblichen Umweltschutz
- Bewertung, Kontrolle und Verringerung der Lärmbelästigung innerhalb und außerhalb des Standortes
- Aufgabe des Vertriebs sind die werbewirksame Nutzung der positiven Umwelteigenschaften sowie externe Angabe und Beratung über die Produkte betreffenden ökologischen Fragestellungen
- Beschaffungsrichtlinien und Auswahl von Lieferanten nach Aspekten des technischen Umweltschutzes
- Umstellung auf erneuerbare Energien und Verringerung des Energieverbrauchs

3.1.3 Menschen

Knapp drei Viertel aller Mitarbeitenden sind mit der Herstellung der Produkte betraut. Flache Hierarchien machen das Arbeiten und Planen zwischen den jeweiligen Abteilungen einfach. Eine offene Kommunikationskultur und kurze Entscheidungswege schaffen die Grundlage für die kurzfristige Umsetzung von Beschlüssen. Auch das Management kann durch diese Voraussetzung direkt auf die Stimmung im Unternehmen und individuelle Ansprüche eingehen.

Im Zentrum der Mitarbeiterentwicklung stehen persönliches Wachstum, langfristige Perspektiven und Karrieremöglichkeiten. „Unsere Mitarbeiter sind bei uns gerne und lang, teilweise seit Generationen", erklärt Rudolf Marnet. Nölken Hygiene Products hat ein Einarbeitungsprogramm entwickelt, in dem jeder neue Mitarbeiter das gesamte Unternehmen und jede Abteilung kennenlernt. Ein Gegenstand dieser Einarbeitungsphase ist die Einführung in das Nachhaltigkeitsmanagement. In einem Workshop werden das Prinzip, die unternehmerische Nachhaltigkeitsstrategie und die Maßnahmen vorgestellt und diskutiert. Auch während der Ausbildung junger Menschen hat das Thema Nachhaltigkeit einen hohen Stellenwert. Neben dem fachlichen Wissen lernen alle Auszubildenden im Unternehmen auch die Prinzipien einer nachhaltigen und ethischen Wirtschaftsweise kennen. Wichtiger Bestandteil jeder Ausbildung und Einarbeitung im Betrieb ist eine Lernphase zu Nachhaltigkeitsthemen, wie z. B. ethisches Verhalten, Umweltschutz und Korruptionsvermeidung.

Gleichermaßen werden Mitarbeiter in Schulungen und Workshops weitergebildet. In der unternehmenseigenen Akademie werden Grundlagen geschaffen, wird weitergebildet und Wissen mit Kollegen geteilt. Damit hat das Unternehmen eine moderne Plattform der Mitarbeiterweiterbildung geschaffen und diese in die Themenfindung für das Ausbildungsangebot miteinbezogen. Fortbildungsangebote finanziert das Unternehmen ganz oder anteilig und/oder ermöglicht die Freistellung. Kontinuierliche Fortbildungsmaßnahmen ermöglichen allen Beschäftigten, ihre Leistungen optimal im Unternehmen einbringen zu können, und halten das Leistungsniveau auch bei älteren Mitarbeitern auf einem hohen Stand. Durch die Bildung von interdisziplinären Teams wird das Fachwissen erfahrener Mitarbeiter an die jüngeren Kollegen weitergegeben.

Im Zusammenhang mit der Vereinbarkeit von Familie und Beruf zeigt Nölken Hygiene Products eine eindeutige Haltung, die sich beispielsweise in flexiblen Arbeitszeitmodellen niederschlägt. Durch familienkompatible Arbeitsbedingungen, wie z. B. Schicht- und flexible Arbeitszeiten, Teilzeit- und Home-Office-Arbeitsplätze, kommt das Unternehmen den persönlichen Wünschen der Mitarbeiter entgegen.

Nölken Hygiene Products ist durch seine Mitarbeiter eng in die Region eingebunden. Es fördert daher in den Bereichen Bildung, gesellschaftliche Entwicklung, Kultur und Sport im regionalen Maßstab CSR-Projekte. Diese vermitteln bei den Mitarbeitern ein hohes Maß an Authentizität und Identifikation mit der Region.

3.2 Nachhaltige Kommunikation

Die Nachfrage an eine transparente Nachhaltigkeitskommunikation steigt. Das Vertrauen der Stakeholder basiert auf Transparenz, Authentizität und Aufrichtigkeit – kurz: einer integren Kommunikation. Nölken Hygiene Products kommuniziert seine nichtfinanziellen Leistungen konsequent nach innen und außen. Die integrierte Unternehmenskommunikation umfasst:

- jährliche Berichterstattung der nichtfinanziellen Unternehmensleistungen,
- Öffentlichkeitsarbeit,
- interne Kommunikation mit den Arbeitnehmern,
- Dialog mit Anspruchsgruppen.

Die jährliche Berichterstattung der nichtfinanziellen Leistungen bildet den Kern der Nachhaltigkeitskommunikation. Seitdem das Unternehmen 2011 ein Nachhaltigkeitsmanagementsystem etabliert hat, ist es Mitglied im *UN Global Compact (UNGC)* und hat sich zu den zehn Prinzipien für verantwortungsvolles und ethisches Verhalten verpflichtet. Seit jeher veröffentlicht das Unternehmen jährlich seinen Fortschrittsbericht. 2014 hat Nölken Hygiene Products auch den *Deutschen Nachhaltigkeitskodex (DNK)* unterschrieben und sich damit verpflichtet, seinen Fortschritt in den 20 Kriterien zu Strategie, Prozessmanagement, Umwelt und Gesellschaft einheitlich zu berichten und auf der DNK-Plattform zugänglich zu machen.

Obwohl die EU-Richtlinie über die Angabe nichtfinanzieller und die Diversität betreffender Informationen nicht auf Nölken Hygiene Products zutrifft, veröffentlicht das Unternehmen jährlich einen Nachhaltigkeitsbericht. Dieser führt die verpflichtende Berichterstattung zum UNGC und DNK zusammen und macht darüber hinaus Nachhaltigkeitsleistungen des Unternehmens transparent. Die Öffentlichkeit wird auch via Pressemitteilungen und Artikeln in Fachzeitschriften über Neuigkeiten aus dem Hause informiert.

Die Mitarbeiter werden zugleich anhand eines vierteljährlich erscheinenden Newsletters und via Intranet über verschiedenste Themen aus dem Unternehmen informiert. Die Rubriken Nachhaltigkeit und Sicherheit werden kontinuierlich thematisiert und somit in den Mittelpunkt gestellt.

Der Dialog mit den Anspruchsgruppen vernetzt nachhaltiges Denken und Handeln entlang der Wertschöpfungskette und bildet dadurch eine Kultur der Zusammenarbeit. Vorträge an Fachveranstaltungen und Tagungen zum Thema Nachhaltigkeit dienen dem Mittelständler dazu, seine Nachhaltigkeitsstrategie bekannt zu machen. „Wir erhoffen uns durch Vorträge, das Thema Nachhaltigkeit attraktiver zu machen und aufzuzeigen, welchen Mehrwert verantwortungsvolles Handeln schafft", begründet Markus Nölken dieses Engagement.

3.3 Mehrwert durch Nachhaltigkeit im Kerngeschäft

3.3.1 Vorteile

Das Unternehmen ist seit 2010 stetig gewachsen und erwirtschaftet heute einen Umsatz von rund 60 Mio. Euro. „Der Gewinn ist nicht Ziel, sondern Ergebnis erfolgreichen Wirtschaftens", erläutert Markus Nölken. 2014 hat der Hersteller die Stilleinlagenmaschinen eines großen Mitbewerbers in der Schweiz gekauft und produziert Stilleinlagen nun auch in Deutschland, was eine Vergrößerung der Kundenbasis mit sich brachte.

Nachhaltigkeitskriterien in der Lieferkette sind bei vielen europäischen Handelsunternehmen mittlerweile fest verankert. Solche Veränderungen im Markt hatte Nölken Hygiene Products meist schon umgesetzt oder konnte schnell darauf reagieren, da Markttrends durch regelmäßige Analysen beobachtet werden und das unternehmerische Engagement weit über die gesetzlichen und kundenspezifischen Anforderungen hinausgeht. Diese schnelle Reaktionsfähigkeit wirkt sich positiv auf die Kundenbindung und die Erweiterung des Kundenstamms aus.

Das mittelständische Unternehmen konnte seine Mitarbeiterzahl in den vergangenen vier Jahren gleichmäßig steigern. 2012 beschäftigte es noch 259 Mitarbeiter, 2015 arbeiteten schon 346 Menschen in dem Unternehmen. „Je mehr die Rahmenbedingungen, die bei uns geboten werden, in die Öffentlichkeit getragen werden, desto mehr finden potenzielle Mitarbeiter ihren Weg zu uns", begründet Personalchef Rudolf Marnet die wachsende Mitarbeiterzahl.

Durch die Managementsysteme können interne Verbräuche für Wasser, Energie, Abfälle genau aufgezeichnet und optimiert werden. Dadurch spart sich der Hersteller enorme Kosten, die z. B. für die Entsorgung von Abfällen angefallen wären.

Die geschaffene Transparenz über Produktrohstoffe und ihre Herstellung in der vorgelagerten Wertschöpfungskette gibt dem Hersteller die nötigen Informationen über mögliche Herausforderungen. Bereits vorab können mögliche Risiken auf die Umwelt und die Gesellschaft eingestuft, darauf reagiert und die Risiken eliminiert oder minimiert werden.

Dadurch hat sich auch die Zusammenarbeit mit Kunden über die vergangenen Jahre verändert: Noch größeres Vertrauen bestimmt jetzt die Zusammenarbeit mit den Kunden, die sie besonders durch die intensivere Nachhaltigkeitskommunikation erfahren.

3.3.2 Herausforderungen

Zweifellos ist die Einführung eines Nachhaltigkeitsmanagements mit Herausforderungen und Kosten verbunden. Bei Nölken Hygiene Products hat sich gezeigt, dass auch aufgrund der großen Entfernung und unterschiedlichen Kultur die Kommunikation und Umsetzung des Nachhaltigkeitsgedankens am Produktionsstandort in Polen mehr Zeit in Anspruch nehmen und anders kommuniziert werden müssen als in Deutschland.

Eine nachhaltige Wertschöpfungskette ist nicht für alle Handelsunternehmen, die der Hersteller beliefert, im Fokus des Unternehmertums. Besonders bei Eigenmarkenprodukten für Discounter, die ein preissensitives Kundensegment ansprechen, liegt der Fokus oft nur sekundär auf der Nachhaltigkeit der Rohstoffe oder einer verantwortungsvollen Herstellungsweise. Deshalb versucht der Hersteller die Kommunikation mit diesen Kunden zu intensivieren und Aufklärungsarbeit zu leisten.

3.4 Ausblick in die Zukunft

Nölken Hygiene Products verpflichtet sich, auch zukünftig in seinem Tätigkeitsfeld für Gesellschaft und Umwelt verantwortungsvoll zu handeln. „Wir möchten weiterhin Mehrwert für unsere Anspruchsgruppen schaffen und verantwortungsvoll wirtschaften", garantiert Markus Nölken. Denn auch in Zukunft werden sich die Marktverhältnisse verändern, weitere Trends entstehen, globale Herausforderungen aufkommen, die die Transparenz über die Beschaffung und Herstellung von Rohstoffen noch intensiver fordern. Allerdings ist eine Veränderung des Konsumverhaltens notwendig, um einen langfristigen Erfolg für die Umwelt, die Gesellschaft und kommende Generationen zu erzielen.

Johanna Jung war viele Jahre als Nachhaltigkeitsmanagerin bei einem mittelständischen Unternehmen im Konsumgüterbereich tätig, bevor sie sich als Gründerin und Geschäftsführerin der JJ Sustainability Consultancy selbstständig machte. Sie arbeitete als Assistenz des CEO in einem führenden Pharmamarketingunternehmen in München und als Management Trainee in einem 5-Sterne Hotel in Atlanta, USA, ehe sie sich dem Nachhaltigkeitsmanagement widmete. Die Inhaberin ist ausgebildete Nachhaltigkeits- und Umweltmanagementbeauftragte und unterstützt als Mentor Unternehmen in der Umsetzung des Deutschen Nachhaltigkeitskodex (DNK). Nach Stationen in Kanada, der Schweiz und der USA absolvierte Johanna Jung ihren Master of Arts (MA) in Environmental Management and Consultancy an der Lancaster University in England. Zuvor erhielt sie ihren Bachelor of Arts in Hotel und Tourismus Management.

Der Mensch steht im Mittelpunkt – Zum Geschäftsmodell der Genossenschaftsbanken

Antje Kuttner und Larissa Klaus

1 Die Banken auf dem Prüfstand

Die Finanz- und Wirtschaftskrise hat in den letzten Jahren zu einem massiven Vertrauensverlust innerhalb der Finanzbranche geführt. War der Job des Bankers für viele junge Menschen vor einiger Zeit noch ein absoluter Traumberuf, hat das Image der Branche mittlerweile stark gelitten. Lediglich drei Prozent der Deutschen zählen Bankangestellte zu den fünf Berufsgruppen, die sie am meisten schätzen, berichtet das Allensbacher Institut für Demoskopie. Zum Vergleich: Ärzte kommen auf 76 %, sogar Politiker schaffen es auf 6 % (IfD 2013, S. 1).

Diese Entwicklung kommt nicht von ungefähr. Viele Bankmanager haben durch riskante Finanzwetten versucht, kurzfristig den Profit und somit ihren Bonus in die Höhe zu treiben. Damit haben sie das Wirtschaftssystem an den Rand des Ruins getrieben, so die Expertenmeinung (Walther 2011, S. 4–5). Im Vorfeld der Finanzkrise haben einige amerikanische Großbanken sogar Bilanzen manipuliert und Schulden verschleiert. Eine Untersuchung kommt zu dem Schluss, dass die Investmentbank Lehman Brothers – deren Zusammenbruch als Höhepunkt der Finanzkrise und Auslöser für die schwerste Rezession der Nachkriegszeit gilt – mit Bilanztricks ihre Probleme kaschierte und so Anleger, Geschäftspartner und Aufsichtsbehörden bewusst in die Irre führte (FAZ 2010). Auch heute, mehr als acht Jahre später, befeuern laufende Prozesse und hohe Strafen für renommierte Banken noch immer die Krise der gesamten Branche.

Die Konsequenz dieser Entwicklung: Die Politik reagiert mit umfangreichen und komplexen Gesetzen und Vorschriften, um mögliche Risiken zu regulieren. Vor allem kleine und mittlere Kreditinstitute, die an der Entstehung der Krise nicht beteiligt waren, werden dadurch in ihrer Wettbewerbsfähigkeit beeinflusst (Schenkel 2015, S. II).

A. Kuttner (✉) · L. Klaus
Münchner Bank eG
Richard-Strauss-Str. 82, 81679 München, Deutschland
E-Mail: antje.kuttner@muenchner-bank.de

© Springer-Verlag GmbH Deutschland 2018
P. Bungard (Hrsg.), *CSR und Geschäftsmodelle*, Management-Reihe Corporate Social Responsibility, https://doi.org/10.1007/978-3-662-52882-2_19

Genossenschaftsbanken stellen zum Beispiel insbesondere im Meldewesen und in den Vorgaben zum Anlegerschutz eine erhöhte Arbeitsbelastung fest. Die anfallenden Mehrkosten, um diese Rechtsvorschriften einzuhalten, schätzen die Kreditgenossenschaften für das Jahr 2014 auf 70 Mio. Euro bzw. 103 Mio. Euro (Arts 2016, S. 11). Gleichzeitig machen die Niedrigzinspolitik der Europäischen Zentralbank (EZB) und eine flacher werdende Zinsstrukturkurve als Folgeerscheinungen der Krise das klassische Finanzgeschäft sehr schwierig. Die Ertragsmöglichkeiten der Banken schwinden (Arts 2016, S. 14). Hinzu kommt, dass althergebrachte Geschäftsmodelle durch die voranschreitende Digitalisierung hinfällig werden. Das gilt selbstverständlich nicht nur für die Bankenbranche, trifft sie aber zum jetzigen Zeitpunkt umso härter.

Neue Marktteilnehmer wie technologiegetriebene Unternehmen oder Start-ups, die sogenannten Fintech-Unternehmen, bieten moderne, meist internetbasierte Technologien und Services an. Der Besuch der Bankfiliale ist lediglich eine Option, denn Fintechs versprechen einen schnellen und günstigen Service und fokussieren sich mit ihren Angeboten auf Einfachheit und Bequemlichkeit. Damit grenzen sie sich von den etablierten Lösungen der Banken ab (Arts 2016, S. 17–19).

So propagiert der Anbieter „Number26" das modernste Girokonto Europas, das nicht nur in acht Minuten online eröffnet, sondern auch kostenfrei ist. Das englische Fintech „transferWise" bietet Auslandszahlungen zu einem Bruchteil der Kosten von Banken an (Bankstil 2016).

In Deutschland sind laut einer Auswertung von „paymentandbanking.com" bereits zahlreiche Fintech-Unternehmen dabei, Marktanteile im Bereich des Zahlungsverkehrs, der Geldanlagen oder Kredite für sich zu gewinnen. Ihr Geschäftsmodell richtet sich an den Prinzipien des Internets aus: Die Vernetzung von Menschen (Peer-to-Peer) auf einer Plattform ermöglicht ein Angebot, das global verfügbar ist. So können zum Beispiel Währungsgrenzen vollständig umgangen werden (Bajorat 2016).

Fintechs weisen gegenüber etablierten Marktteilnehmern zudem andere Kostenstrukturen auf und können auf diese Weise finanzielle Vorteile erzielen (Arts 2016, S. 20). Sie tragen ein geringeres Risiko und müssen entsprechend weniger Risikorückstellungen bilden. Ebenso sind sie nicht gezwungen, eine Banklizenz zu erwerben und die damit verbundenen regulatorischen Anforderungen zu erfüllen.

Die Konsequenzen sind in der etablierten Finanzwelt deutlich spürbar. Der Beratungs- und Outsourcingdienstleister „Accenture" geht bis zum Jahr 2020 von einem weltweiten Umsatzverlust der Banken von über 30 % zugunsten der neuen Wettbewerber aus. Langfristig wird der Wettbewerb über die gesamte Wertschöpfungskette der Banken zunehmen (Arts 2016, S. 21).

Vergegenwärtigt man sich die massiven Auswirkungen dieser globalen Herausforderungen, wird klar: Das klassische Geschäftsmodell der Banken scheint überholt. Die Branche hat durch die Abkehr von ethischen Prinzipien einen herben Vertrauensverlust erlitten. Außerdem scheint es längst sehr viel bessere Wege des Bankings zu geben als durch eine Bank. Einzelne Prognosen gehen sogar soweit, den Geschäftsbanken in modernen Kapitalgesellschaften zukünftig keine Funktion mehr zuzusprechen (Bonus et al. 1999, S. 5).

2   Der Faktor Mensch macht den Unterschied

Bei dieser rein systemischen Betrachtung der Finanzbranche bleibt allerdings der wichtigste Faktor unbeachtet: der Mensch, an dessen Wünschen und Zielen sich das Angebot orientieren sollte. Ein Perspektivwechsel macht deutlich, dass für den Kunden auch heute eine klassische Bank unverzichtbar ist. Was es heißt, das Bankgeschäft aus der persönlichen Beziehung von „Mensch zu Mensch" heraus zu betrachten, soll an der Geschichte einer Unternehmerin nachvollziehbar werden:

Ein florierendes Trendcafé war bekannt für seine Jazzabende. Aufgrund des Erfolgs beschloss die Inhaberin Frau K., ein Festival zu organisieren, einmal im Jahr an einem besonderen Ort in ihrer Heimatstadt. Sie fand Sponsoren, das Jazzfestival wurde ein Hit – doch als sie sich zwei Jahre später wieder intensiver den Geschäften ihres Cafés widmete, dessen Führung sie weitgehend abgegeben hatte, erwartete sie eine unangenehme Überraschung: Der Umsatz war eingebrochen, das Café war renovierungsbedürftig und brauchte ein neues Konzept – wozu wiederum Geld benötigt wurde. Nun zählt die Gastronomie mit ihren saisonalen Schwankungen nicht gerade zu den Lieblingsbranchen der Kreditinstitute und ein Rückgang der Erlöse ist nicht die beste Ausgangssituation, um sich neu zu verschulden. Und doch war es aus Sicht von Frau K. der richtige und auch der einzige Weg. Ihre Bank ging den Weg mit. Warum? Die Regionalbank kannte das Café und dessen Stellenwert für die Stadt. Frau K. war seit vielen Jahren Mitglied der Genossenschaftsbank und ihr Kundenberater wusste, was er ihr zutrauen konnte. Die Firmenkundenbetreuer setzten sich mit Frau K. zusammen, es gab intensive Gespräche, die Frau K. sehr halfen. Denn in dieser Situation war die Bank nicht nur eine Bank, sondern ein Sparringspartner. Die Bedingungen für den Kredit: ein enger Kontakt zu ihrer Hausbank plus Frau K.s Zusage, sich professionellen Rat zu holen, um durch einen optimierten Waren- und Personaleinsatz Kosten zu senken. Die Bank versorgte also Frau K. nicht nur mit dem nötigen Kapital, sondern verstand sich als Partner. Sie schaute deswegen genau hin, hörte ihr zu und agierte mit Fingerspitzengefühl und Urteilskraft (Brand Eins 2015, S. 26).

Dieses Beispiel ist kein Einzelfall, sondern steht exemplarisch für zahlreiche Kundenbeziehungen im Bankgeschäft. Es zeigt: Auch im Internetzeitalter sind der persönliche Kontakt, Nähe und Vertrauen zu einer Bank unerlässlich, vor allem in schwierigen Situationen. Und obwohl die Mehrheit der Kunden ihre Bankgeschäfte heute online erledigt – jeder zweite nutzt die Banking-App der eigenen Hausbank – wollen die Digital Natives die persönliche Beratung nicht missen (Springer Professional und Bankvertrieb 2016).

Am Ende verdeutlicht die Fallstudie auch, dass es die Menschen sind, die als Kunden über die Sinnhaftigkeit und den Erfolg eines Geschäftsmodells entscheiden: Denn sie wählen das Unternehmen, das am besten auf ihre Bedürfnisse und ihre Lebenssituation eingeht – unabhängig von den wirtschaftlichen, politischen und gesellschaftlichen Rahmenbedingungen und Herausforderungen, die auf die Banken einwirken. Diesen Gedanken unterstreichen auch die Wissenschaftler Greenbaum und Thakor – sie zählen die Kundenbeziehung zum wichtigsten Vermögenswert einer Bank: „Banks greatest asset in consumer banking is their relationship with customers" (Greenbaum und Thakor 1995, S. 776).

Fazit: Eine Bank, die den Menschen in den Mittelpunkt stellt, sich als Wegbegleiter versteht und werteorientiert agiert, bietet auch in der heutigen Zeit einen wesentlichen Mehrwert für den Kunden und ist deshalb nicht zu ersetzen.

3 Nur wer seine Wurzeln kennt, kann die Zukunft gestalten

Der verlässliche Finanzpartner auf dem Lebensweg der Menschen: Genau das sind Genossenschaftsbanken. Für sie ist die Beziehung zu den Mitgliedern und Kunden in ihrem Geschäftsgebiet von besonderer Bedeutung, denn diese sind zugleich Ursprung und Ziel der Genossenschaft (Vetter und Geisert 1997, S. 28).

Per Genossenschaftsgesetz und Satzung sind sie dem wirtschaftlichen Erfolg ihrer Mitglieder verpflichtet, nicht dem Streben nach eigenen erwerbswirtschaftlichen Zielen. Denn Mitglieder einer Genossenschaftsbank sind nicht nur Kunden, sondern auch Teilhaber. Sie zeichnen Geschäftsanteile, die das Eigenkapital der Bank bilden. Dementsprechend orientiert sich die Geschäftspolitik einer Genossenschaft an den Belangen ihrer Mitglieder. Sie profitieren vom Erfolg der Bank und sind in die demokratischen Entscheidungsprozesse zur Ausrichtung des Kreditinstitutes eingebunden. Bei der Generalversammlung hat jedes Mitglied eine Stimme – unabhängig von der Höhe der Kapitalbeteiligung (Walther 2011, S. 12).

Mitglieder haben also eine mehrfache Beziehung zu ihrer Genossenschaft: als Leistungsnutzer, Träger der Willensbildung und Kontrolle sowie als Kapitalgeber (Walther 2011, S. 12–13). Daraus ergibt sich die gleichermaßen einfache wie bestechende Haltung: Der Mensch steht im Mittelpunkt, nicht das Banking.

Die Mitgliedschaft kristallisiert sich gerade heute als ein strategischer Wettbewerbsvorteil heraus und bietet den Kreditgenossenschaften eine entscheidende Möglichkeit, sich von anderen Geschäftsbanken zu differenzieren. Bonus et al. identifizieren die Beziehung zu den Mitgliedern als wertvollste Ressource der Genossenschaftsbanken und sehen im mitgliederorientierten Beziehungsmanagement eine wesentliche, von anderen Banken nicht imitierbare Kernkompetenz (Bonus et al. 1999, S. 27).

Weitere Stärken von Genossenschaftsbanken: Sie sind kleiner als ihre Mitbewerber, sie arbeiten dezentral und deshalb besonders kundennah. Aufgrund ihrer Geschichte sind sie dem gewerblichen Mittelstand besonders verbunden (Bonus et al. 1999, S. 24–25).

Denn betrachtet man die Ursprünge der Genossenschaftsbanken, geht es um weit mehr als Finanzgeschäfte, nämlich um gegenseitige Hilfe und Unterstützung, Solidarität, Unabhängigkeit und Vertrauen. Dies sind seit über 150 Jahren die Leitmotive der Genossenschaftsbanken, deren Vorläufer die frühen Vorschuss- oder Darlehensvereine waren.

Beide Vereine entwickelten sich aus dem Wunsch Friedrich Wilhelm Raiffeisens und Hermann Schulze-Delitzschs, dem Mittelstand im 19. Jahrhundert aus seiner Existenzkrise herauszuhelfen. Ausgangspunkt dafür waren das Streben nach einer funktionierenden Gemeinschaft und der Gedanke der Selbsthilfe durch freiwillige Kooperation. Das bedeutete den Verzicht auf eigene Interessen, die zulasten anderer gingen. Raiffeisen und Schulze-Delitzsch wollten vor allem Handwerker, Bauern und kleine Unternehmen, die keinen Zugang zu den damals existierenden Banken hatten, dabei unterstützen, ihr Schicksal in die eigene Hand zu nehmen. Mit der Gründung von Vorschuss- und Darlehensvereinen, in denen die Beiträge der Mitglieder das Eigenkapital bilden, legten sie ein wichtiges und bedeutendes Fundament für die Gründung genossenschaftlicher Banken (Walther 2011, S. 10).

Diese Idee erlebt in den letzten Jahren ein regelrechtes Revival, nicht zuletzt aufgrund des demokratischen Grundgedankens, der mit dem aktuellen Trend der unternehmerischen Verantwortung korrespondiert. Auch die Solidarität der Mitglieder untereinander, die unbedingte Verpflichtung gegenüber den gemeinsamen Interessen und die regionale Ausrichtung der Genossenschaft bilden bereits den optimalen Rahmen für eine nachhaltige Orientierung.

Auch Fintech-Unternehmen haben das über 150 Jahre alte Erfolgsmodell für sich entdeckt. So verstand sich der Gründer des Fintechs „Zencap" (2015 fusionierte die Rocket-Internet-Tochter mit dem britischen Rivalen „Funding Circle"), Christian Grobe, sogar in der Tradition der Genossenschaftsbanken stehend: „Wir gehen zurück zu den Wurzeln der genossenschaftlichen Idee, transportieren sie in die digitale Welt: Was einer alleine nicht kann, ermöglichen viele" (Brand Eins 2015, S. 23).

Dieser Trend zeigt: Die genossenschaftliche Idee ist so aktuell wie nie, ihre Wurzeln und Stärken müssen aber in die heutige Zeit transportiert und vor allem modern interpretiert werden. Fintechs haben aufgrund ihrer Schnelligkeit und Flexibilität dabei einen Wettbewerbsvorsprung. Also besteht ein dringender Handlungsbedarf für die etablierten Genossenschaftsbanken, wenn sie nicht von neuen Mitbewerbern überholt werden wollen.

4 Der Genossenschaftsgedanke modern interpretiert – Der „Münchner-Bank-Weg"

Was können Genossenschaftsbanken also tun, um ihre Stärken für die Zukunft gewinnbringend einzusetzen? Fest steht: Eine bloße Rückbesinnung auf die Tradition der Genossenschaftsbanken und ihr besonderes und einzigartiges Geschäftsmodell reicht nicht aus. Die Welt ist schneller, digitaler und vernetzter geworden. Die Lebenswelt der Menschen hat sich verändert und auch die Genossenschaftsbanken müssen sich den Anforderungen der heutigen Zeit anpassen. Sie sind gefordert, ihr Ethos in die Moderne zu tragen. Das kann erfolgreich gelingen, denn die Themen Netzwerk, Gemeinschaft, Menschlichkeit und Nachhaltigkeit sind heute aktueller denn je.

Genau dafür stehen die Genossenschaftsbanken. Ihre unbedingte Kundenverpflichtung und das Regionalprinzip haben den Volks- und Raiffeisenbanken nach Wirtschafts- und Finanzkrise Auftrieb gegeben. Wurden sie lange wegen ihrer Bescheidenheit und Regionalität belächelt, haben sie nun ihre Zukunftsfähigkeit unter Beweis gestellt. So nimmt ihr Geschäftsmodell bereits viele Anforderungen an ein nachhaltiges und verantwortungsvolles Wirtschaften vorweg: Prinzipien wie Stabilität, Subsidiarität, Solidarität und Regionalität bieten den optimalen Handlungsrahmen für eine nachhaltige Orientierung. Heute haben sie die einmalige Chance, ihre neue Popularität dauerhaft und gewinnbringend für ihre Mitglieder zu nutzen. Dies erfordert aber ein Umdenken in allen Unternehmensbereichen (Börsenzeitung 2016, S. 4).

Das hat die Münchner Bank erkannt und deshalb aus den genossenschaftlichen Grundhaltungen heraus vier moderne Unternehmenswerte abgeleitet, die ausdrücken, wie das Unternehmen auftreten und mit seinen Mitgliedern, Mitarbeitern und Geschäftspartnern umgehen möchte: ehrlich, partnerschaftlich, heimatverbunden und unabhängig. Diese Werte sind deutlich im Genossenschaftsprinzip verankert, gleichzeitig aber handlungsleitend für den Umgang miteinander und mit den Mitgliedern. An diesem klar formulierten und fundierten Wertekanon richtet das Haus seine Geschäfts- und Nachhaltigkeitsstrategie aus: Durch neue, intelligente Managementansätze, Produkt- und Prozessinnovationen werden die Werte konsistent in das Unternehmen, sämtliche Prozesse und Abläufe überführt.

Es ist ein grundlegender Wandel, der natürlich nicht von heute auf morgen passiert und konsequent begleitet werden muss. Aus diesem Grund liegt die Verantwortung für die nachhaltige Ausrichtung und Entwicklung der Münchner Bank direkt beim Gesamtvorstand. Die Umsetzung wird durch das Team „Unternehmenskultur und Marketing" begleitet. Es steht in ständigem Dialog mit der Geschäftsführung. Es konzeptioniert, koordiniert und steuert alle Nachhaltigkeitsaktivitäten, setzt diese auf operativer Ebene um und begleitet die teamübergreifende Umsetzung im Haus. Diese institutionelle Verankerung wird auch in aktuellen wissenschaftlichen Studien empfohlen, um die Nachhaltigkeit in Genossenschaftsbanken dauerhaft aufrechterhalten zu können (Klein 2015, S. 35).

Dennoch ist dieser Weg bislang einzigartig. Es handelt sich nämlich nicht um klassisches CSR-Management, das hier seine Anwendung findet, sondern um die behutsame, bodenständige und vor allem passgenaue Übersetzung einzelner CSR-Tools auf die Belange eines traditionsreichen, mittelständischen Betriebs. Es geht darum, die genossenschaftliche Haltung des Hauses in konsistentes Handeln zu überführen mit dem Ziel, den Mitgliedern der Münchner Bank ein klares Versprechen geben zu können: dass der Mensch im Mittelpunkt steht und nicht das Banking. Dabei ist es unabdingbar, Online- und Mobile-Banking für alltägliche Bankgeschäfte auf Höhe der Zeit anzubieten (Der Bank-Blog 2015), gerade weil Untersuchungen zu dem Schluss kommen, dass es unter Nachhaltigkeitsaspekten erforderlich ist, „die Charakteristika des genossenschaftlichen Geschäftsmodells in den Online-Kanal zu übertragen" (Klein 2015, S. 35).

Deshalb ist es ein erklärtes Ziel der Münchner Bank, ihre Werte, Individualität und die Nähe zum Kunden auch digital erlebbar zu machen. Die Mitglieder und Kunden sollen spüren und verstehen, dass die Bank in der digitalen Welt genauso umfassend und persönlich für sie da ist wie im Gespräch vor Ort.

Die Kundensicht ist für die Münchner Bank jedoch nur eine von drei Ebenen, auf denen die digitale Transformation umgesetzt werden muss. Eine weitere Ebene sind die Mitarbeiter, deren digitale Kompetenz das Kreditinstitut stetig fördert und weiterentwickelt, sowie die Prozesse, die mithilfe technischer Lösungen schneller und effizienter werden sollen (Fiducia IT AG 2016, S. 62–65).

Neben der Digitalisierung sind für die Münchner Bank vor allem die räumliche Nähe, Erfahrungswissen und die persönliche Beziehung von Mensch zu Mensch der Schlüssel zu schnelleren und kundenorientierteren Prozessen. Das mittelständische Kreditinstitut kennt seine Mitglieder und Kunden – genau wie die Besonderheiten der Region, in der sie leben. Darüber hinaus arbeiten die Mitarbeiter der Münchner Bank eng und gut vernetzt zusammen. Dadurch entstehen schlanke Prozesse; unprätentiöse, individuelle und schnelle Lösungen werden ermöglicht. Flache Hierarchien versetzen die Beschäftigten der Münchner Bank in die Lage, eigenständig und schnell zu entscheiden. So kann jeder Mitarbeiter seinem Kunden künftig ein persönliches Leistungsversprechen geben, für das er einsteht.

Indes sind die Werte der Münchner Bank nicht nur die Grundlage der Geschäftsstrategie, sondern die Basis ihrer genossenschaftlichen Beratung. Das Fundament dieses Beratungsansatzes ist das persönliche Gespräch auf Augenhöhe. Philosophie des Hauses ist es, erst zuzuhören und dann passgenau zu beraten. Mitglieder und Kunden werden so transparent und umfassend informiert, dass sie in der Lage sind, alle Aspekte eines Angebotes zu verstehen. Dann können sie eine unabhängige Entscheidung treffen. Das ist gelebte „Hilfe zur Selbsthilfe": Dem Kunden wird kein beliebiges Produkt verkauft, sondern die Freiheit gegeben, selbst zu entscheiden.

5 Veränderung ist nötig – und möglich!

Der Perspektivwechsel von den makroökonomischen Herausforderungen der Bankenbranche hin zur Kundenperspektive lohnt sich – nicht weil dadurch die Probleme verschwinden, sondern weil die veränderte Betrachtungsweise verdeutlicht, was den Erfolg des Geschäftsmodells „Bank" wieder möglich macht. Ebenso wichtig ist es, die gleichermaßen einfache wie wesentliche CSR-Grundsatzfrage zu stellen: Warum gibt es Banken eigentlich? Die Antwort findet sich bei den Genossenschaftsbanken in der Satzung: für den Menschen.

Gerade dieser Faktor ist bei vielen Banken in den letzten Jahren aus dem Blickfeld verschwunden und hat letztendlich die Finanzkrise befeuert. Zahlreiche Kreditinstitute haben sich zu weit von den eigenen Wurzeln entfernt und ihren Nukleus – die Wünsche und Bedürfnisse der Kunden – aus den Augen verloren. Es ist an der Zeit, dieser Entwicklung strukturell entgegenzutreten, um das Vertrauen der Menschen neuerlich zu verdienen.

Die Genossenschaftsbanken haben dafür eine ideale Ausgangssituation, nämlich einen Glaubwürdigkeitsvorsprung. Ihr Geschäftszweck steht in der Satzung: Sie sind dem Wohl ihrer Mitglieder verpflichtet und handeln seit über 150 Jahren konsequent danach. Die Herausforderung ist nun, diesen Auftrag selbstbewusst, modern, gewinnbringend und konsequent umzusetzen. Der Weg ist angesichts der gesellschaftlichen und politischen Rahmenbedingungen nicht leicht, aber er wird sich lohnen. Denn das genossenschaftliche

Geschäftsmodell ist heute nicht nur moderner denn je, sondern bietet seinen Mitgliedern einen Mehrwert, den sie sonst bei keiner Bank finden.

Literatur

Arts V (2016) Aktuelle Herausforderungen für Genossenschaftsbanken – Eine Analyse der Umwelt, Arbeitspapiere des Instituts für Genossenschaftswesen der Westfälischen Wilhelms-Universität Münster, Nr. 163, März 2016

Bajorat AM (2016) Auswirkungen von Fintec auf den Finanzmarkt. http://paymentandbanking.com/interview-auswirkungen-von-fintech-auf-den-finanzmarkt/. Zugegriffen: 06. März 2017

Bankstil (2016) Digital Finance: Die nächste Runde im Rennen um den Kunden ist eingeläutet. http://bankstil.blogspot.de/2016/10/digital-finance-die-nachste-runde-im.html (Erstellt: 19. Okt. 2016). Zugegriffen: 06. März 2017

Bonus H, Greve R, Kring T, Polster D (1999) Der genossenschaftliche Finanzverbund als strategisches Netzwerk – neue Wege der Kleinheit, Arbeitspapiere des Instituts für Genossenschaftswesen der Westfälischen Wilhelms-Universität Münster, Nr. 16, Oktober 1999

Börsenzeitung (2016) Nachhaltigkeit und Werte in der Finanzbranche leben. https://www.boersen-zeitung.de/index.php?li=1&artid=2016188800&artsubm=ueberblick&r=Banken%20&%20Finanzen (Erstellt: 29. Sept. 2016). Zugegriffen: 23. Dez. 2016

Brand Eins (2015) Biedermann gegen die Brandstifter. https://www.brandeins.de/archiv/2015/fuehrung/zencap-volksbank-online-kreditbank-vergleich-biedermann-gegen-brandstifter/ (Erstellt: 03.2015). Zugegriffen: 06. März 2017

Der Bank-Blog (2015) Persönlicher Kontakt zu Bankkunden bleibt wichtig. https://www.der-bank-blog.de/persoenlicher-kontakt-bankkunden/studien/retail-banking-studien/20456/ (Erstellt: 16. Dez. 2015). Zugegriffen: 02. Jan. 2017

Fiducia IT AG (2016) Think.Bank, Das Magazin der Fiducia & GAD IT AG, Oktober 2016

Frankfurter Allgemeine Zeitung, FAZ (2010) Lehman kaschierte die Gefahr mit Bilanztricks. http://www.faz.net/aktuell/wirtschaft/unternehmen/finanzkrise-lehman-kaschierte-die-gefahr-mit-bilanztricks-1955269.html. Zugegriffen: 23. Dez. 2016

Greenbaum SI, Thakor AV (1995) Contemporary Financial Intermediation (Fort Worth u. a.). Dryden Press

IfD – Institut für Demoskopie Allensbach (2013) Allensbacher Kurzbericht, Hohes Ansehen für Ärzte und Lehrer – Reputation von Hochschulprofessoren und Rechtsanwälten rückläufig, Allensbacher Berufsprestige-Skala. http://www.ifd-allensbach.de/uploads/tx_reportsndocs/PD_2013_05.pdf (Erstellt: 20. Aug. 2013). Zugegriffen: 06. März 2017

Klein F (2015) Die Nachhaltigkeit in Genossenschaftsbanken – Ergebnisse einer empirischen Erhebung, Arbeitspapiere des Instituts für Genossenschaftswesen der Westfälischen Wilhelms-Universität Münster, Nr. 155, Oktober 2015

Schenkel A (2015) Bankenregulierung und Bürokratiekosten – Ein Problemaufriss, Arbeitspapiere des Instituts für Genossenschaftswesen der Westfälischen Wilhelms-Universität Münster, Nr. 152, Mai 2015

Springer Professional, Bankvertrieb (2016) Junge Kunden wollen Online-Banking nutzen, aber auch die Filiale. https://www.springerprofessional.de/bankvertrieb/filiale/junge-kundenwollen-online-banking-nutzen-aber-auch-die-filiale/10586814 (Erstellt: 17. Aug. 2016). Zugegriffen: 02. Jan. 2016

Vetter P, Geisert M (1997) Genossenschaft heute: Partner der Region. Bank Markt 26(4):28–30

Walther G (2011) Genossenschaftliche Managementprinzipien – modern interpretiert am Beispiel der VR-Bank Rothenburg o.d.Tbr. eG, Argumente, Nr. 5, 2011. Akademie Deutscher Genossenschaften, Montabaur

Antje Kuttner ist Abteilungsleiterin „Unternehmenskultur und Marketing" bei der Münchner Bank eG. In dieser Position verantwortet sie neben dem CSR-Management das Gesamtbankmarketing, Pressearbeit, interne Kommunikation sowie Spenden und Sponsoring des Hauses. Dr. Kuttner arbeitet und forscht seit zehn Jahren zum Thema Wirtschaftsethik/CSR. Ihre berufliche Karriere begann sie bei der IHK für München und Oberbayern als Referentin Ehrbarer Kaufmann. Mit ihrem Wechsel in die Bankenbranche übernahm sie die Koordination der Stabsabteilung Genossenschaftliche Wertewelten. Hier war sie für den Aufbau und die Implementierung der CSR Aktivitäten der Münchner Bank zuständig.

Larissa Klaus ist Referentin „Unternehmenskultur und Marketing" bei der Münchner Bank eG. In dieser Position erstellt sie den Geschäfts- und Nachhaltigkeitsbericht und ist für die Presse- und Öffentlichkeitsarbeit zuständig. Die ausgebildete Bankkauffrau studierte zuvor Kommunikations- und Politikwissenschaft an der Ludwig-Maximilians-Universität in München und war anschließend für verschiedene Banken in der internen und externen Unternehmenskommunikation tätig. Parallel arbeitete sie als freie Journalistin für verschiedene Unternehmen und Lokalzeitungen.

Corporate Social Responsibility als Geschäftsmodell im Fußball – Der Zusammenhang zwischen Wirtschaftlichkeit, sozialem Engagement, Markenidentität und sportlichem Erfolg

Matthias Mühlen und Marc Werheid

1 Einleitung

Wie in der gesamten Gesellschaft findet auch in der Betriebswirtschaftslehre ein Wandel statt. Während das Handeln betriebswirtschaftlicher Akteure früher hauptsächlich auf Gewinnmaximierung ausgerichtet war, besteht heutzutage ein Konsens darin, dass ein solch eindimensionales Denken nicht mehr aktuell und tragbar ist. Die Erwartungen der Gesellschaft an Unternehmen sind gestiegen. Durch diese gesamtgesellschaftlichen Veränderungen wächst der Druck auf Unternehmen, die ökonomischen, ökologischen und sozialen Ziele miteinander in Einklang zu bringen. In der Politik, der Wissenschaft und der Wirtschaft wird daher diskutiert, wie sich die gesellschaftlichen Herausforderungen meistern lassen und gleichzeitig Wettbewerbsvorteile für Unternehmen erzielt werden können. Somit wird Nachhaltigkeit in der Wirtschaft nicht mehr als reine Notwendigkeit, sondern vielmehr als Lösungsansatz gesellschaftlicher Probleme und gleichzeitige Erhöhung des Unternehmensnutzens gesehen (Schmidpeter und Schneider 2012, S. 1 f.).

Durch die zunehmende Professionalisierung im Fußball dürfen auch Vereine und Verbände nicht länger ausschließlich aus sportlicher Sicht bewertet, sondern zunehmend auch aus Nachhaltigkeitsperspektive betrachtet werden. Damit einhergeht eine wachsende gesellschaftliche Verantwortung und Vorbildfunktion, die eine potenzielle Wahrnehmung und Implementierung von Corporate Social Responsibility (CSR) als chancenorientierten/proaktiven Managementansatz umso notwendiger macht. Das Umfeld des Fußballs, mit der enormen Strahlkraft und der großen Anzahl an Stakeholdern, macht einen erweiterten Managementansatz und eine Anpassung des Geschäftsmodells Fußball unabdingbar.

M. Mühlen (✉) · M. Werheid
CBS/CASM
Hardefuststraße 1, 50677 Köln, Deutschland
E-Mail: m.muehlen@cbs.de

Der nachfolgende Beitrag zeigt zum einen die Relevanz und Besonderheiten des Themas CSR im sportlichen Kontext auf. Zum anderen wird anhand der Ergebnisse einer Studie am Dr. Jürgen Meyer Stiftungslehrstuhl für Internationale Wirtschaftsethik und CSR an der Cologne Business School ein empirischer Beleg für die Potenziale und Herausforderungen einer CSR-Implementierung bei professionellen Fußballvereinen aufgezeigt.

2 Fußball ist anders – Ein neuer Managementansatz wird benötigt

Die bereits in der Wirtschaft etablierten CSR-Managementansätze lassen sich nicht ohne Weiteres auf das Fußballgeschäft übertragen. Vielmehr ist es wichtig, die besonderen Gegebenheiten im professionellen Fußball zu berücksichtigen. Insbesondere sollte das fußballerische Geschäftsmodell mit seinem Kernziel *sportlicher Erfolg* von den üblichen Geschäftsmodellen der Wirtschaftsunternehmen abgegrenzt werden. Diese Abgrenzungen und die Besonderheiten des Fußballs werden in den folgenden Abschnitten betrachtet.

2.1 Traditionelle Wirtschaftsunternehmen – Die zentralen Ziele

Ein Unternehmen bemisst üblicherweise Erfolg aus wirtschaftlicher Sicht nach einem Wirtschaftsergebnis, welches in monetären Kennzahlen erfasst und durch eine Erfolgsrechnung bestimmt wird (Gabler Wirtschaftslexikon 2016). Als zentrale Ziele von Unternehmen zur Fortführung der Geschäftstätigkeit werden folglich in der klassischen Betriebswirtschaft Liquidität, Rentabilität und Wachstum genannt. Aus diesen drei Zielen ergeben sich dann Erfolgs-, Finanz- und Leistungsziele (Schierenbeck und Wöhle 2008, S. 74 ff.).

2.2 CSR im Fußball – Sportlicher Erfolg als Basis

Die Grundlagen für das geschäftliche Umfeld im Bereich des professionellen Fußballs sind im Vergleich zu andern Wirtschaftsakteuren – wie in Abschn. 2.1 beschrieben – sehr speziell. Das Wettbewerbsumfeld ist durch die Konstellation mit den anderen Vereinen klar definiert und bleibt über ein bestimmtes Zeitfenster (Saison) bestehen. So ist allen bekannt, dass es in der ersten und zweiten Bundesliga insgesamt 36 Mannschaften gibt und es entsprechend der Ziele einzelner Vereine zum Beispiel um Klassenerhalt, Qualifikation für einen europäischen Wettbewerb oder die Meisterschaft geht. Wesentliche Verantwortungsträger für den Erfolg sind die Spieler. Hinzu kommen Akteure im Hintergrund wie Manager, Trainer oder Schiedsrichter. Die Möglichkeit im Fußball, die wirtschaftliche Lage durch sportlichen Erfolg oder Misserfolg schnell zu verändern, ist eine weitere Besonderheit. So bringt die Qualifikation für internationale Wettbewerbe zusätzliche Einnahmen in Millionenhöhe. Das Beispiel des FC Bayern München aus der

Saison 2012/2013 zeigt die großen Steigerungspotenziale. Mit der Teilnahme an und dem schlussendlichen Gewinn der Champions League nahm der Verein ca. 55 Mio. € durch den europäischen Fußballverband UEFA ein. Eine weitere erhebliche Einnahmequelle ist die Vermarktung der TV-Rechte. Über 600 Mio. € fließen in aufgeschlüsselter Staffelform an die 36 Vereine der 1. und 2. Bundesliga (Wallrodt 2014, S. 177 f.). Ein Abstieg bedeutet im Umkehrschluss zu den genannten Erfolgen einen erheblichen Misserfolg. Die Umsätze abgestiegener Vereine haben sich in der Vergangenheit im Vergleich zwischen der Abstiegssaison in der ersten Bundesliga und der folgenden Saison in der zweiten Bundesliga zu einem Drittel bis fast zur Hälfte reduziert. Auch die Fernsehgelder (Stand 2013) reduzierten sich um ungefähr 40 % (Laub und Merx 2013). Anhand derartiger Beispiele sieht man, dass finanzieller Erfolg oft nur durch sportlichen Erfolg möglich ist. Somit liegt es nahe, dass bei Fußballvereinen der sportliche Erfolg trotz der hohen Relevanz des wirtschaftlichen Erfolgs zentraler Treiber der Geschäftstätigkeit ist.

Hinzu kommt beim Fußball im Vergleich zu anderen Wirtschaftsunternehmen ein emotionaler Faktor. So begeistert Sport die Massen, sorgt für eine Verbindung zwischen den Menschen und emotionalisiert (Lemke 2014, S. 3).

Diesen Besonderheiten und Herausforderungen im Fußball stehen verschiedene Nutzungspotenziale gegenüber. So wird dem Sport eine besonders große Möglichkeit zugeschrieben, einen positiven gesellschaftlichen Beitrag zu leisten, da die gesellschaftliche Verantwortung in dem Begriff Sport bereits integriert ist. Es besteht folglich ein Zusammenhang zwischen Sport und CSR. Von den Sportvereinen wird wiederum gefordert, die eigenen relevanten CSR-Themen zu identifizieren und schließlich zu kommunizieren (Smith und Westerbeek 2007, S. 2 ff.). Es geht nicht darum, sich willkürlich zu engagieren, sondern Themenfelder zu suchen, die im Zusammenhang mit dem eigenen Verein stehen. Dabei sollten Stakeholder – wie Mitglieder, Fans oder Partner bzw. Sponsoren – einbezogen werden. So kann ein vielseitiger Nutzen erzielt werden (Bornemann und Klement 2014, S. 133). Die Besonderheiten und Potenziale des Themas CSR im Sport liegen u. a. in der breiten Erreichbarkeit der Bevölkerung durch die Medien und damit der Möglichkeit einer (positiven) Einflussnahme, insbesondere auf junge Bevölkerungsmitglieder. Auch die Platzierung von Themen wie Gesundheitsförderung, interkulturelles Verständnis bzw. Integration oder Umweltbewusstsein ist gut möglich (Smith und Westerbeek 2007, S. 8 f.).

Diese zuvor genannten Themen und Vorschläge zum Umgang mit den CSR-Gebieten werden von Vereinen und Verbänden in der Praxis zwar häufig erkannt und z. B. durch Stiftungen oder einzelne Projekte aufgenommen. Jedoch besteht hinsichtlich individueller Themenfelder und strategischer Implementierung teils noch großes Entwicklungspotenzial. Die Frage, die sich folglich stellt, ist, wie das Geschäftsmodell Fußball bzw. ein neuer CSR-Managementansatz gestaltet sein müsste, um CSR-Strategien konsistent in den Vereinen umzusetzen.

3 Einblick in die Studie – CSR und Fußball

Basierend auf den vorab erläuterten Erkenntnissen, den Besonderheiten des Fußballs und der Notwendigkeit eines neuen CSR-Managements im Fußball, wurde eine Studie am Dr. Jürgen Meyer Stiftungslehrstuhl für Internationale Wirtschaftsethik und CSR an der Cologne Business School mit dem Titel: „Corporate Social Responsibility – Der Zusammenhang zwischen Wirtschaftlichkeit, sozialem Engagement, Markenidentität und sportlichem Erfolg" durchgeführt. Das Ziel der Studie – konzipiert und durchgeführt von Mühlen, Werheid und Bartels – war es, die Wirkungsketten zwischen den drei Dimensionen und sportlichem Erfolg im Kontext von CSR zu untersuchen. Die Idee und die Ergebnisse werden nachfolgend vorgestellt.

3.1 Herleitung – Die Grundlage der Studie

Das im klassischen Sinn verwendete und wissenschaftlich sowie praktisch etablierte Triple-Bottom-Line-Modell umfasst ökonomische, ökologische und soziale Faktoren. In der Forschung wurden zwar häufig diese bekannten Dimensionen in ihrem Bezug zueinander und hinsichtlich ihrer Verbindung zu den Fußballvereinen untersucht; eine potenzielle Auswirkung von CSR-Faktoren auf den sportlichen Erfolg wurde jedoch bislang kaum thematisiert. Um eine konsistente Implementierung von CSR-Strategien bei Fußballvereinen planen und umsetzen zu können, ist es jedoch wichtig, dass der Bezug zu dem Kernziel der Vereine – sportlicher Erfolg – untersucht und zentral gestellt wird. Basierend auf dieser Erkenntnis wurde ein innovatives Untersuchungsmodell entwickelt, das die besonderen Anforderungen des Profifußballs berücksichtigt und die zugrundeliegende Forschungsfrage mit diesen in Verbindung bringt. Dieses Modell wurde im Rahmen der Studie auf die zuvor genannten potenziellen Korrelationen analysiert und im Anschluss im Gesamtkontext betrachtet.

3.2 Die untersuchten Faktoren – Treiber des sportlichen Erfolgs

Wie in Abb. 1 dargestellt und in der Einleitung bereits kurz erwähnt, wurden im Rahmen der fußballerischen Kontextbetrachtung drei Dimensionen identifiziert, denen die höchste Relevanz zugeordnet wurde. Diese umfassen den wirtschaftlichen Erfolg, das soziale Engagement sowie die Markenposition:

- Ökonomische Performance: Die erste Dimension bewertet den wirtschaftlichen Erfolg von Fußballvereinen und dessen Zusammenhang mit sportlichem Erfolg. Die dargestellte Dimension der ökonomischen Performance wird hierbei unter starker Berücksichtigung von Nachhaltigkeitsfaktoren (z. B. durch wachstumsorientierte Kennzahlen) bewertet und analysiert.

Abb. 1 Modell des nachhaltigen sportlichen Erfolgs. (Quelle: eigene Darstellung)

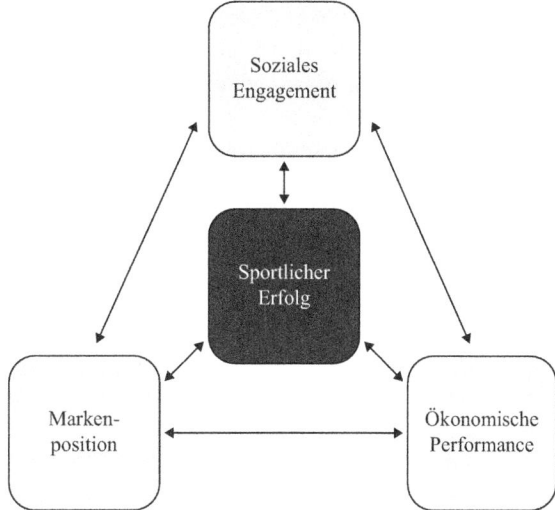

- Soziales Engagement: Die zweite Dimension umfasst den Grad des sozialen Engagements. Dabei gilt es zu beachten, dass – anders als im klassischen Triple-Bottom-Line-Modell – der ökologische Faktor nicht separat eingefügt wurde, sondern vielmehr als Teilaspekt des sozialen Engagements betrachtet wurde.
- Markenposition: Die dritte Dimension umfasst die Markenwahrnehmung bzw. die Markenposition von Fußballvereinen und die wahrgenommenen Attribute, die mit dieser assoziiert werden. Dabei werden besonders Faktoren miteinbezogen, die auf die Wirkungskette zwischen wahrgenommenem sozialen Engagement und der Fanbindung/Markenbindung hinweisen.

3.3 Erkenntnisse der Studie – CSR zahlt sich aus

Basierend auf den Ergebnissen der Analyse des Zusammenhangs zwischen den genannten Dimensionen und sportlichem Erfolg unter der Berücksichtigung von CSR-Aspekten, konnten direkte und indirekte Zusammenhänge identifiziert werden. Dabei zeigte die Untersuchung der Interdependenzen von wirtschaftlichem Erfolg, der Markenposition, sozialem Engagement und sportlichem Erfolg unter Berücksichtigung von CSR signifikante Zusammenhänge auf.

Grundsätzlich lässt sich festhalten, dass sowohl die Wirkungskette zwischen der ökonomischen Performance und sportlichem Erfolg als auch der Markenposition und dem sportlichen Erfolg im Rahmen der Studie nachgewiesen werden konnte und somit die Grundbedingungen des entwickelten Modells erfüllt. Die Wechselwirkung zwischen sozialem Engagement und sportlichem Erfolg ist dabei – anders als bei den vorherig benannten Dimensionen – von indirekter Natur. Eine Wirkungskette zwischen sportlichem Erfolg und CSR scheint im Kontext dieser Konstellationen durch die zuvor gewonnenen Erkenntnisse als sehr wahrscheinlich, muss jedoch in einem größeren Zusammenhang betrachtet werden. Die Ergebnisse der Studie legen nahe, dass das besondere Umfeld des Profifußballs, mit seinem überragenden medialen Interesse, der außergewöhnlich großen Anzahl an involvierten Stakeholdern sowie dem einzigartigen emotionalen Faktor, CSR im Fußball eine übergeordnete Relevanz zu verleihen scheint.

So glauben rund 90 % der im Rahmen der Studie befragten Teilnehmer an eine grundsätzlich größere soziale Verantwortung von Fußballvereinen. Dies scheint besonders unter Berücksichtigung der potenziellen Wechselwirkung zwischen sozialem Engagement und der Markenwahrnehmung von Bedeutung. Der Grad von assoziiertem sozialen Engagement könnte hierbei sogar als ein besonders signifikanter Treiber zur Markenbindung zwischen Fans und Vereinen angesehen werden. Diese Vermutung wird im Kontext der Studie gestützt, in der 67 % aller Befragten das soziale Engagement ihres favorisierten Vereins als einen auschlaggebenden Faktor zur emotionalen Bindung an diesen ansehen. Wie stark dabei der emotionale – nicht greifbare – Faktor im Fußball Berücksichtigung findet, lässt sich durch weitere Ergebnisse vermuten und auch stützen. Obwohl grundsätzlich davon ausgegangen wird, dass die stark emotional getriebene Bindung zwischen Fans und Vereinen weitgehend unabhängig von Veränderungen der sportlichen Performance gesehen werden kann, scheint die Bereitschaft von Fans, signifikante Veränderungen in wahrgenommenen moralisch-ethischen Werten ihres favorisierten Vereins zu tolerieren, deutlich geringer zu sein. Dabei zeigt die Studie zum einen auf, dass die Identifikation der Fans mit ihrem Verein um rund 40 % höher ist, wenn dieser gleichzeitig als stark sozial engagiert wahrgenommen wird. Zum anderen wird aber deren Bereitschaft deutlich, den Status als Fans komplett aufzugeben (32 %), wenn sich der Verein deutlich von seinen moralisch-ethischen Vorstellungen entfernt, welche ursprünglich mit der Marke assoziiert wurden. Obwohl dieser Prozentsatz im Verhältnis zu anderen Resultaten der Studie geringer ausfällt, zeigt er dennoch die potenzielle Fragilität der Fan-Verein-Bindung im Fußball auf. Dass zusätzlich über 50 % aller Befragten unterstreichen, wie wichtig ihnen Kooperationen ihrer favorisierten Vereine mit Partnern sind, die als nachhaltig angesehen werden, scheint im Kontext der bisherigen Ergebnisse wenig überraschend. Insgesamt kann unter Berücksichtigung der zuvor benannten Herausforderungen des Fußballs (Kommerzialisierung, Korruption etc.) soziales Engagement – als Teilaspekt von CSR – im Fußball als außerordentlich wichtig angesehen werden.

Basierend auf der Wirkungskette zwischen sozialem Engagement und der Marke, weisen weitere Ergebnisse der Studie auf die starke Wechselwirkung zwischen gesteigertem sozialen Engagement und der ökonomischen Performance hin. Dabei werden auch hier die Ergebnisse unter der zuvor gewonnenen Erkenntnis betrachtet, dass sowohl zwischen CSR und wirtschaftlichem Erfolg als auch zwischen wirtschaftlichem und sportlichem Erfolg Zusammenhänge sehr wahrscheinlich sind.

36 % aller Befragten gaben an, dass sie bereit wären, mehr Geld für Merchandise-Produkte ihres Vereins auszugeben, wenn sich dieser stark sozial engagiert. Die Ergeb-

nisse legen dabei nicht nur eine potenzielle Verbindung zwischen nachhaltigem Handeln und der Zahlungsbereitschaft von Fans nahe, sondern deuten auch auf ein gesteigertes Verständnis für Investitionen (Transfers etc.) ihres favorisierten Vereins hin, wenn dieser nachweisbar und spürbar nachhaltig handelt. Rund 78 % aller Befragten folgten im Rahmen der Studie dieser These und lieferten damit ein starkes ökonomisches Argument für CSR. Darüber hinaus erlauben diese Ergebnisse, die Vermutung aufzustellen, wahrgenommenes nachhaltiges Handeln könne die Kommunikationsstärke sowie das Verständnis für Mehrinvestitionen bei Fans verbessern.

4 Fazit und Ausblick – Die nächsten Schritte

Auf Grundlage der vorgestellten und teils überraschenden Ergebnisse scheint es sinnvoll, sich zukünftig verstärkt mit dem Zusammenhang zwischen CSR und sportlichem Erfolg zu beschäftigen. Weiterhin wäre es ratsam die bisherigen Geschäftsmodelle im Profifußball zu überdenken und hinsichtlich ihrer CSR-Strategie zu optimieren. Insbesondere sollte der Schritt auf eine höhere Reifegradstufe das Ziel sein. Der ehrenwerte Gedanke, der Gesellschaft etwas zurückgeben zu wollen, sollte dahingehend uminterpretiert werden, dass die Nutzenwerte gesteigert und die Kostenfaktoren gesenkt werden. Dabei empfiehlt es sich allerdings, für jeden Verein individuell eine Identifikation der Implementierungsmöglichkeiten von CSR vorzunehmen. Modelle wie eine CSR-Scorecard für den Profifußball können hier helfen. Durch die zunehmende Relevanz des Themas CSR und die Auseinandersetzung der großen Wirtschaftsunternehmen mit dem Thema könnten Synergien auf einer neuen Ebene entstehen. So ließe sich beispielsweise die konventionelle Art des Sponsorings überdenken. Ein Verein, der CSR strategisch implementiert hat, und ein Unternehmen, das deckungsgleich handelt, könnten dementsprechend Sponsorenverträge nicht ausschließlich auf Basis des sportlichen Erfolgs und üblicher Zahlungsströme, sondern auch auf CSR-Grundlage abschließen. So könnte eine Bonuszahlung der Sponsoren für besonderes CSR-Engagement den Verein motivieren, noch mehr Geld in den Bereich zu investieren. Dadurch würde wiederum das nachhaltige Wirtschaften vorangetrieben, welches bei konsistenter Umsetzung von CSR als strategisches Management zu zunehmendem wirtschaftlichen und sportlichen Erfolg führen kann. Gleichzeitig verbessert sich dadurch die Transparenz der Vereine, die Kooperationen werden gestärkt und die Sponsoren können durch die damit einhergehende gestiegene Strahlkraft der Vereine höhere Einnahmen erzielen. Weiterhin könnte untersucht werden, welchen Stellenwert die Spieler der Vereine dem Thema CSR zuordnen. Lässt es sich nachweisen, dass CSR beziehungsweise Nachhaltigkeit in Form von nachhaltigem Wirtschaften und strategischem Denken bei zwei ansonsten sportlich und finanziell gleich starken Vereinen ein Argument für einen Spieler ist, sich für den nachhaltigeren Verein zu entscheiden, sollte diese Feststellung Anlass dafür sein, diesen Bereich weiter zu erforschen.

Betrachtet man diese Schlussfolgerungen und die Gesamtergebnisse der Studie, dann erscheint es logisch und konsequent, dass die CSR-Themen der Vereine aus ihrer Marken-

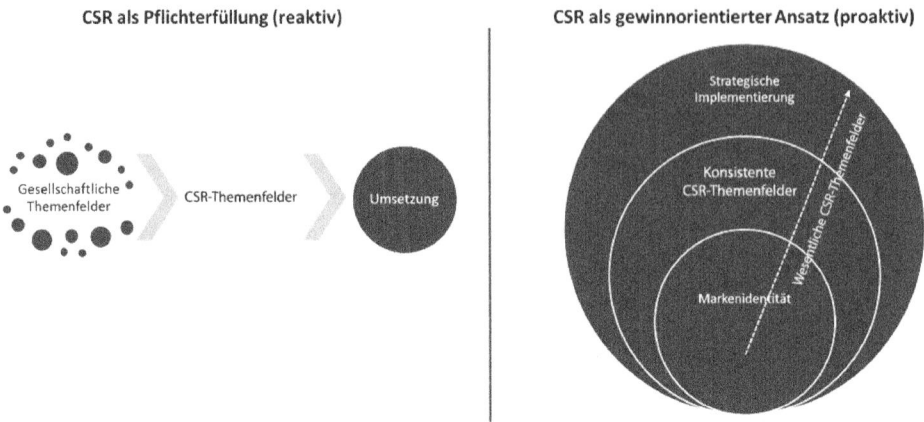

Abb. 2 Möglichkeiten der CSR-Implementierung. (Quelle: eigene Erstellung)

identität entstehen müssen. Nur auf diese Weise lässt sich das Kosten-Nutzen-Verhältnis, das durch das bisherige soziale Engagement mehr Kosten als Nutzen bedeutet, in Richtung des höheren Nutzens bewegen. So sollten CSR-Themenfelder nicht willkürlich und reaktiv aus allgemein „im Trend befindlichen" gesellschaftlichen Themenfeldern abgeleitet werden, sondern proaktiv aus der DNA des Vereins entstehen. Dadurch lassen sich z. B. die Glaubwürdigkeit erhöhen, die Transparenz steigern und die Fanbindung stärken. CSR wird dadurch nicht als separates Gebiet gesehen, sondern ist fester Teil der Unternehmensstrategie (vgl. Abb. 2).

Literatur

Bornemann S, Klement M (2014) Sportvereine als Katalysatoren für eine nachhaltige Gesellschaft – CSR über Nachhaltigkeitsmanagement und moderne Bildungskonzepte verwirklichen. In: Hildebrandt A (Hrsg) CSR und Sportmanagement: Jenseits von Sieg und Niederlage: Sport als gesellschaftliche Aufgabe verstehen und umsetzen. Springer Gabler, Berlin, Heidelberg, S 131–141

Gabler Wirtschaftslexikon (2016) Stichwort: Erfolg. http://wirtschaftslexikon.gabler.de/Archiv/7562/erfolg-v5.html. Zugegriffen: 29. Dez. 2016

Laub M, Merx S (2013) Exklusivstudie: Was der Bundesligaabstieg wirtschaftlich bedeutet. http://www.jp4sport.biz/archive/5716/exklusivstudie-was-der-bundesligaabstieg-wirtschaftlich-bedeutet/. Zugegriffen: 02. Jan. 2017

Lemke W (2014) Nachhaltigkeit im Sport für eine bessere Welt. In: Hildebrandt A (Hrsg) CSR und Sportmanagement. Jenseits von Sieg und Niederlage: Sport als gesellschaftliche Aufgabe verstehen und umsetzen. Springer Gabler, Berlin, Heidelberg, S 3–14

Schierenbeck H, Wöhle C (2008) Grundzüge der Betriebswirtschaftslehre. Oldenbourg Wissenschaftsverlag, München

Schmidpeter R, Schneider A (2012) Corporate Social Responsibility: Verantwortungsvolle Unternehmensführung in Theorie und Praxis. Springer Gabler, Berlin, Heidelberg

Smith A, Westerbeek H (2007) Sport as a Vehicle for Deploying Corporate Social Responsibility. J Corp Citizsh 25:43–54

Wallrodt L (2014) Nachhaltigkeit im Profifußball. In: Hildebrandt A (Hrsg) CSR und Sportmanagement. Jenseits von Sieg und Niederlage: Sport als gesellschaftliche Aufgabe verstehen und umsetzen. Springer Gabler, Berlin, Heidelberg, S 177–189

Matthias Mühlen ist Projektmanager am Center for Advanced Sustainable Management (CASM) an der Cologne Business School sowie Berater und Experte für den Bereich CSR und Fußball. Er studierte Betriebswirtschaftslehre (B.Sc.) an der Universität Trier und General Management (M.A.) an der Cologne Business School.

Marc Werheid ist Projektmanager am Center for Advanced Sustainable Management (CASM) an der Cologne Business School sowie, Berater und Experte für den Bereich CSR und Fußball. Er studierte International Business (M.A.) an der Cologne Business School.

Bedingungen für Business Cases in der Bekleidungsindustrie

Ortansia Capitao, Monika Eigenstetter und Martin Wenke

1 Einführung

Für Unternehmen stellt sich die Frage, welche Treiber – neben einer häufig vorhandenen intrinsischen Motivation – für eine Wahrnehmung gesellschaftlicher Verantwortung (CSR) relevant sind. Aufgrund der im Vergleich zu größeren Unternehmen meist höheren Wettbewerbsintensität auf relevanten Märkten besteht gerade für KMU die Herausforderung abzuschätzen, ob CSR mit Mehrkosten einhergeht oder im Gegenteil aus inhärent ökonomischen Gründen zur Stabilisierung und Steigerung des betriebswirtschaftlichen Erfolges erfolgen sollte. Ist Letzteres gegeben, so spricht man vom *Business Case for CSR*. Die systematische Implementierung von CSR sollte die finanziellen Indikatoren eines Unternehmens positiv beeinflussen, damit sich betriebswirtschaftliche und gesellschaftliche Interessen verbinden lassen (Schreck 2012).

Die nachfolgenden Ausführungen beleuchten zunächst die Zusammenhänge zwischen Business Model (Geschäftsmodell), Business Strategy (Geschäftsstrategie) und dem Business Case for CSR (Erfolgsmodell). Anschließend wird die Situation der Textil- und Bekleidungsindustrie als eine ausgesprochen heterogene und mit Blick auf die Wahrnehmung gesellschaftlicher Verantwortung stark im Fokus stehende Branche vorgestellt. Für die Bekleidungsindustrie werden schließlich drei reale Szenarien für den Business Case for CSR diskutiert. Der Ausblick stellt den Business Case for CSR als Innovationsstrategie vor.

O. Capitao (✉) · M. Eigenstetter · M. Wenke
Hochschule Niederrhein
Webschulstraße 41–43, 41065 Mönchengladbach, Deutschland
E-Mail: ortansia.capitao@hs-niederrhein.de

M. Wenke
E-Mail: Martin.Wenke@hs-niederrhein.de

© Springer-Verlag GmbH Deutschland 2018
P. Bungard (Hrsg.), *CSR und Geschäftsmodelle*, Management-Reihe Corporate Social Responsibility, https://doi.org/10.1007/978-3-662-52882-2_21

2 Abgrenzung von Geschäftsmodell, Strategie und Business Case

Die Begriffe Geschäftsmodell, Strategie und Business Case werden oft in einem Atemzug genannt, dabei aber unzureichend abgegrenzt. Während es in Geschäftsmodellen darum geht, grundlegende Fragen zu beantworten, etwa wie ein Unternehmen Geld verdienen kann, so dient die Strategie der Umsetzung des Geschäftsmodells. Mittels eines Business Case wiederum bewertet man die Gewinnoptionen im Vergleich.

Geschäftsmodelle werden seit Mitte der 1970er-Jahre, verstärkt aber seit 2010 u. a. im Zusammenhang mit den Megatrends zukünftiger Jahre, diskutiert (Eckert 2014; Magretta 2002; Zott et al. 2011, S. 1020 ff.). Disziplinunabhängiger Konsens ist, dass Business Models (Geschäftsmodelle) ein grundlegend wichtiges Konzept der auf Wirtschaftlichkeit abzielenden Wertschöpfungslogik einer Unternehmung sind. Eine Übereinkunft aber, wie genau der Begriff zu definieren ist, steht bislang noch aus (Magretta 2002; Emmrich et al. 2014). Die Bandbreite der Interpretationen des Begriffs Geschäftsmodell bzw. Business Model reicht von der einfachen „Beschreibung" („description"), über „Aussage" („statement"), „Rahmenwerk" („framework") und „Muster" („pattern") bis hin zu „Architektur" („architecture") einer Unternehmung (Emmrich et al. 2014; Zott et al. 2011, S. 1022). Als Gemeinsamkeit haben sich einige Annahmen über Business Models herauskristallisiert: Es geht darum, grundlegende Fragen zur Unternehmung zu beantworten, die auf eine nähere Beschreibung des Kunden, des Produkts oder Services, des Marktes und vor allem der Wertschöpfung abzielen (Emmrich et al. 2014; Magretta 2002). Ein Business Model ist also ein Erklärungsmodell über das grundlegende Funktionieren einer „(...) auf Gewinn abzielende[n] Unternehmung" (Schallmo 2014, S. 1) und bildet dafür die Interaktion und Funktion einzelner Komponenten einer Unternehmung ab. Das Geschäftsmodell tätigt dabei aber keinerlei Aussagen zur Wettbewerbssituation des Unternehmens (Magretta 2002, S. 91). Es ist somit kein Garant für den unternehmerischen Erfolg, da ihm noch zur angestrebten Wertschöpfung Ziele und Implementierungsinstrumente fehlen. Dies macht es notwendig, Geschäftsmodelle um nach innen (z. B. auf den Umsatz oder Gewinn) und außen (z. B. auf Wettbewerb und Kunden) gerichtete handlungsorientiertere Perspektiven zu erweitern. Dies geschieht über die Unternehmensstrategie.

Die Strategie kann vereinfacht als „die grundsätzliche, langfristige Verhaltensweise (Maßnahmenkombination) der Unternehmung und relevanter Teilbereiche gegenüber ihrer Umwelt zur Verwirklichung der langfristigen Ziele" beschrieben werden (Gillenkirch und Müller-Stewens 2016). Mintzberg (1987, S. 12 ff.) erkennt im Strategiebegriff aus mehreren Gründen eine Unschärfe und spricht deshalb anstatt von einer Definition von einem Bezugsrahmen, den 5 Ps der Strategie: Plan, Ploy, Pattern, Position und Perspective. In diesem Rahmen wird Strategie je nach Ausrichtung als Instrument zur Planung von Maßnahmenbündeln („plan"), die mitunter auch trickreich sein können („ploy"), als Beobachtung eines unternehmerischen Verhaltensmusters („pattern"), als Instrument zur Positionierung gegenüber externen Größen (z. B. Wettbewerb) oder Stakeholdern einer

Unternehmung („position")[1] gesehen oder aber als Einstellung der Unternehmensführung („perspective") verstanden, die den Charakter einer Unternehmung und die daraus resultierenden Verhaltensweisen näher beschreibt (Mintzberg 1987, S. 15).

Nach Osterwalder 2004 ist das Geschäftsmodell das verbindende Element zwischen einer Unternehmensstrategie und den auf der Umsetzungsebene etablierten Prozessen, die wiederum durch Organisation und Festlegung von Arbeitsabläufen zur Erreichung der Ziele beitragen sollen. Die im Geschäftsmodell festgelegte und auf Wirtschaftlichkeit ausgerichtete Wertschöpfungslogik gibt den Rahmen (Architekturebene) für Visionen und Ziele (Planungsebene) an (vgl. Abb. 2). Die aus der unternehmerischen Strategie abgeleiteten Unternehmensziele stellen die Unternehmung auf mehreren Ebenen vor eine Vielzahl von Entscheidungen, in denen alternative Einsatzmöglichkeiten von Finanzmitteln abgewogen und entschieden werden müssen (Taschner 2008). Die Entscheidungen sind ausschlaggebend für die unternehmerische Wirtschaftlichkeit und die zukunftssichernde Wettbewerbsfähigkeit. Deshalb muss, um jene Entscheidungen zu identifizieren, die es erlauben, möglichst gewinnbringende und Erfolg versprechende Szenarien zu realisieren, stets eine Analyse von Nutzen, Aufwendungen und Risiken erfolgen. Business Cases sind eine wichtige Methode zur Unterstützung der betriebswirtschaftlichen Entscheidungsfindung, die durch das Gegenüberstellen mehrerer Alternativen (Szenarien) dazu beiträgt, dass die Ressourcen von Unternehmen auf die Erfolg versprechenden Projekte konzentriert werden (Brugger 2009; Taschner 2008).

Die Feststellung über das Vorliegen eines *Business Cases* obliegt den Entscheidern im Unternehmen, die sich in einem bestimmten Geschäftsmodell bewegen, das wiederum die Bewertungskriterien und deren Gewichtung beeinflusst. Dabei kann es sich beim Business Case zum einen allein um ökonomische Kennzahlen handeln, die die Wirtschaftlichkeitsbewertung Richtung Profitabilität steuern. Zum anderen kann der Business Case in seiner Bewertungsdimension um soziale Bedürfnisse oder ökologische Belange ausgeweitet werden. Soziale und ökologische Belange können als Strategiebestandteil sowohl bei der Erstellung von Business Cases als auch bei der Bewertung des Business Cases herangezogen werden.

Vom *Business Case for CSR* spricht man dann, wenn sich unternehmerische Handlungen durch gesellschaftliche Akzeptanz und ökonomische Rentabilität auszeichnen und sich positiv auf die finanzielle Unternehmensperformance auswirken (Carroll und Shabana 2010; Schreck 2012).[2] Der Business Case for CSR entspricht ökonomischer Sinnhaftigkeit und gesellschaftlicher Akzeptanz gleichermaßen (vgl. Abb. 1).

Carroll und Shabana (2010) unterscheiden beim Business Case for CSR drei Ansätze unterschiedlichen Wirkungsgrades. Zum einen können sich Unternehmen in CSR-Initiativen ohne wirtschaftliche Auswirkungen auf den Unternehmenserfolg engagieren, im

---

[1] So wird z. B. das Bedienen eines Nischenmarktes als Positionierung zur Konkurrenzvermeidung eingeordnet. Vgl. Mintzberg (1987, S. 15 ff.).
[2] Davon abzugrenzen ist der Business Case of und for Sustainability nach Schaltegger. Vgl. Schaltegger und Wagner (2006), Schaltegger et al. (2011).

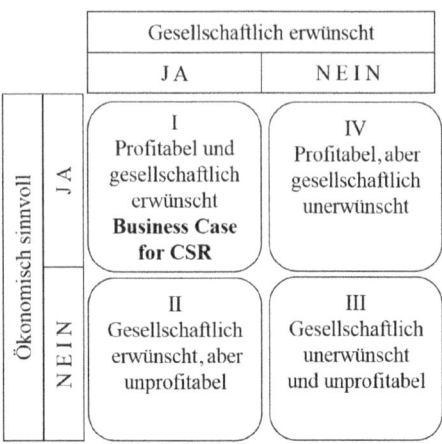

Abb. 1 Ökonomische und gesellschaftliche Beurteilung unternehmerischer Handlungen. (Nach Schreck 2012)

sogenannten „social values-led model" (von sozialen Werten geleitetes CSR Engagement: intrinsisch motiviert). Zum anderen können Unternehmen die Einstellung vertreten, nur dann CSR-relevante Maßnahmen zu realisieren, wenn sich aus ihnen auch ein direkter positiver Effekt auf das Geschäftsergebnis ableiten lässt, sich also ein Business Case ergibt („business-case model"). Carroll und Shabana (2010) sowie Schreck (2012) sprechen hier von der notwendigen Korrelation der „corporate financial performance" (CFP) und der „corporate social performance" (CSP) (Schreck 2012, S. 72). Der dritte Ansatz schließlich wird als „syncretic stewardship model" (synkretistisches Modell) bezeichnet und verbindet die beiden vorgenannten zu einem Modell, das sowohl indirekte als auch direkte Einflüsse von CSR auf die betriebswirtschaftliche Leistung eines Unternehmens berücksichtigt (Carroll und Shabana 2010, S. 93).

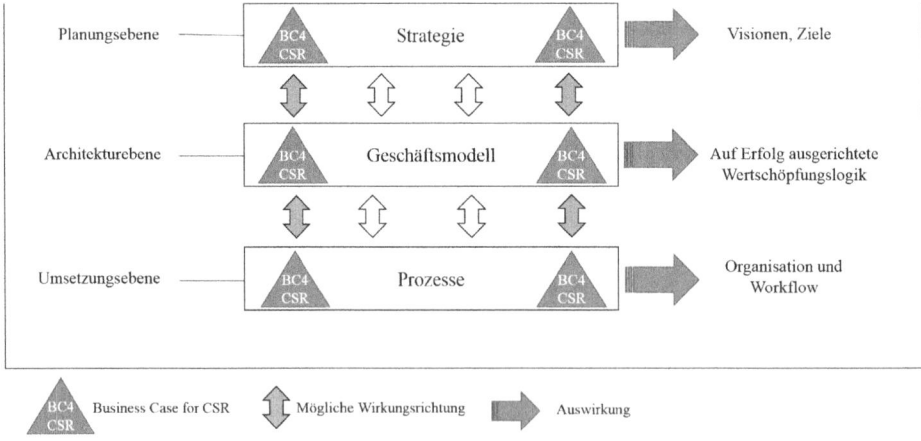

Abb. 2 Verortung des Business Case for CSR in den Unternehmensebenen. (Angelehnt an Osterwalder 2004)

Der Business Case for CSR kann im Entscheidungsfindungsprozess auf allen drei Unternehmensebenen eingesetzt werden (vgl. Abb. 2). Dies hat auf strategischer Ebene Einfluss auf die Zielgestaltung der Unternehmung, beeinflusst auf Prozessebene die Organisation und den Arbeitsablauf und kann schließlich auf Architekturebene die Ausgestaltung des Geschäftsmodells verändern, woraus sich eine Neuausrichtung oder Ergänzung der relevanten Erfolgsgrößen ergeben kann. Dadurch kann der Business Case for CSR Initialzündung für einen unternehmerischen Wandel in Richtung Nachhaltigkeit sein, der sich auf allen Ebenen der Unternehmung festigt.

3 Business Case for CSR: Kosten-Nutzen-Überlegungen

Die operationale Identifikation des Business Case for CSR kann auf Basis von Kosten-Nutzen-Analysen erfolgen. Dabei versucht man, rein schematisch und entweder aufgrund bereits real überprüfter oder zumindest logisch kausal begründbarer Wirkungszusammenhänge einzelnen CSR-Maßnahmen(-paketen) die jeweiligen Kosten sowie Nutzeneinheiten zuzuordnen. Nicht überraschend können – wie auch schon in den traditionellen Kosten-Nutzen-Analysen beispielsweise zur Bewertung von Umweltschutzmaßnahmen – die Kostenbestandteile eher quantifiziert werden als die Nutzenaspekte (Schwerk 2012). Im Folgenden werden Kosten und Nutzen der Implementierung von drei CSR-Feldern gegenübergestellt: CSR am Arbeitsplatz, Ökologie und CSR im Markt.

CSR am Arbeitsplatz umfasst so grundlegende Themen wie Gesundheitsschutz und Arbeitssicherheit, faire Bezahlung und Mitarbeiterbeteiligung, Arbeitnehmerrechte, aber auch Vereinbarkeit von Familie und Beruf, Work-Life-Balance, Aus- und Weiterbildung, Antidiskriminierung und Chancengleichheit. Die damit einhergehenden positiven Konsequenzen sind eine Reduktion von Krankheits- und unfallbedingten Fehltagen, höhere Identifikation der Mitarbeitenden mit dem Unternehmen mit damit einhergehenden gleichzeitig niedrigen Fluktuationsquoten (Ulich und Wülser 2009; Sonntag 2014). Rekrutierungskosten, Anlernzeiten und Kompetenzverluste stellen hohe Aufwendungen für Unternehmen dar. Die Arbeitgeberattraktivität zeigt sich auch in der erhöhten Attraktivität bei der Gewinnung von neuen leistungsstarken Mitarbeitenden. CSR dient auch der Sinnstiftung in der Arbeit (Ulich und Wülser 2009). Mit der Bindung der Mitarbeitenden geht darüber hinaus eine Verminderung von kontraproduktiven, unternehmensschädigenden Verhaltensweisen einher (Eigenstetter et al. 2007).

Die *ökologische Dimension von CSR* umfasst z. B. Einsparung von Energie und anderen Ressourcen, Förderung und Einsatz erneuerbarer Energien, Recycling und Minimierung anderer negativer Umweltauswirkungen an Unternehmensstandorten (z. B. Emissionen). Hilfreich ist hier ein Umweltmanagementsystem. Die finanziellen Benefits können in verminderten Kosten für Energie und andere Rohstoffe, ökologischen Verfahrens- und Produktinnovationen oder ggf. in einem Imagegewinn durch einen aktiven Unternehmensbeitrag zu Klimafragen resultieren (Grieshuber 2012). Derartige Aktivitäten z. B. seitens Lieferanten werden unter anderem auch durch die Einkaufsabteilungen öffentlicher Träger nachgefragt, veranlasst z. B. durch die Einführung der Tariftreue- und Vergabegesetze der Länder.

Für *CSR im Markt* stehen Qualität und Sicherheit der Produkte und Dienstleistungen, die z. B. auch Kundensegmente einschließen, die eher vergessen werden, wie gesundheitlich eingeschränkte Personen („Design for All"-Lösungen). Des Weiteren sind Verbraucherschutz und umfassende Produktinformation sowie faire Preise von Bedeutung. Durch soziale und ökologische Labels werden weitere Informationen über die Wertschöpfungskette gegeben (Schiebel 2012). Zu CSR im Markt zählt auch die faire Zusammenarbeit mit Geschäftspartnern und Zulieferern. Auch ein Cause-related Marketing (CrM) ist ein CSR-Instrument zur Absatzförderung, allerdings nur dann, wenn es nahe am Kerngeschäft des Unternehmens angesiedelt ist (Faber-Wiener 2012). Der Business Case zeigt sich dann wiederum in langfristig guten Beziehungen zu Geschäftspartnern, höherer Kundenzufriedenheit und -bindung, der Möglichkeit zur Erschließung neuer Kundengruppen und Marktsegmente, effizienteren Produktionsabläufen und Ressourceneffizienz und gegebenenfalls Auszeichnungen und Preisen im Bereich CSR (Schiebel 2012). Weiter wird CSR als ein wesentlicher Ansatz für Risikomanagement verstanden, um negative Presse und Öffentlichkeit sowie insbesondere Strafen bzw. hohe Strafzahlungen zu vermeiden. Hier dient CSR nicht der Gewinnerzielung, sondern der Verhinderung von Verlusten (Schwerk 2012).

4 Herausforderungen der sozialen Verantwortung in der Textil- und Bekleidungsindustrie

4.1 Die Textil- und Bekleidungsindustrie in Deutschland

Die Textil- und Bekleidungsindustrie ist nach der Lebensmittelindustrie international die größte Konsumgüterbranche mit einem Umsatz von 169,4 Mrd. EUR in der EU und mit einem Umsatz von etwa 28 Mrd. EUR und 120.000 Beschäftigten in Deutschland (Euratex 2015; Gesamtverband der deutschen Textil- und Modeindustrie e. V. 2014).

Die Textil- und Bekleidungsindustrie umfasst eine heterogene Produktpalette. So zählt auf der einen Seite die Herstellung von Bekleidung sowie Haus- und Heimtextilien hierzu. Auf der anderen Seite gehören zu den Produkten auch technische Textilien wie Garne aus Glas und Kohlenstoff oder Verbundstoffen, die u. a. im Automobilbereich, in der Luftfahrt, im Baugewerbe und in der Medizin eingesetzt werden. Anteilig entfallen ca. 10 % des deutschlandweiten Umsatzes auf Heimtextilien, ca. 40 % auf Bekleidung und ca. 40 % auf technische Textilien, zudem ca. 10 % auf Schuh- und Lederwaren (http://www.textil-mode.de/presse/faq). Die deutschen Unternehmen sind im Bereich der Technischen Textilien mit einem Marktanteil von ca. 50 % weltweit führend (Gesamtverband der deutschen Textil- und Modeindustrie e. V. 2014; Deutsche Bank Research 2011).

Noch heute sind die Firmen der Textil- und Bekleidungsbranche eher mittelständisch geprägt (Gesamtverband der deutschen Textil- und Modeindustrie e. V. 2014). Die Textil-

und Bekleidungsindustrie war und ist einem umfassenden Strukturwandel unterworfen. Schon in den 1960er-Jahren begannen die Unternehmen, v. a. aus der Bekleidungsindustrie, ihre Produktionsstätten in Länder mit niedrigeren Lohnkosten zu verlegen oder dort fertigen zu lassen (Deutsche Bank Research 2011). Insgesamt sank die Produktion der Textil- und Bekleidungsindustrie in Deutschland zwischen 1991 und 2010 dann noch einmal um annähernd 70 %, wobei die Bekleidungsindustrie mit ca. 85 % stärker als die anderen Industrien betroffen war (s. dazu auch Krippendorf et al. 2009; Neugebauer und Schewe 2014).

Die Bekleidungsindustrie war die erste Branche, die sich global in der Wertschöpfungskette (Value Chain) ausdifferenzierte und sich den damit verbundenen Herausforderungen für Nachhaltigkeit stellen musste. Hauptbeschaffungsländer für Lagen und Konfektion sind nach wie vor solche in Asien (z. B. China, Bangladesch, Vietnam), in den industrialisierten Ländern verblieben Design und Marketing (Farrer 2011, S. 26).

Damit einhergehend etablierte sich hinsichtlich CSR ein besonders problematisches Geschäftsmodell: Fast Fashion beinhaltet häufig in wenigen Wochen wechselnde Sortimente, die die klassischen Modesaisons weitgehend ablösten. Abseits der jahreszeitlichen Verkaufszyklen werden monatliche Intakes organisiert, um saisonale und witterungsbedingte Absatzrisiken zu reduzieren (IKB 2013, S. 9). Prototypisch dafür sind ZARA, H&M und Primark, die nahezu wöchentlich wechselnde Kollektionen anbieten (Arrigo 2013; Barnes und Lea-Greenwood 2006; Tokatli 2008). Die Kunden werden dazu verführt, sich häufig neue Kleidung anzuschaffen, diese aber auch schnell zu entsorgen. Das Geschäftsmodell setzt auf hohe und stark wachsende Umsatzzahlen über Neuerwerbungen der Kunden durch extrem kurze Gebrauchszeiten der verkauften Produkte. Hierdurch werden auch andere Marktsegmente immer stärker in die Verkürzung der Abverkaufszyklen gedrängt (Farrer 2011). Unterstützt wird diese Entwicklung durch die zunehmende „Digitalisierung" der Verkaufsprozesse: Unternehmen wenden sich zunehmend intensiv mit eigenen Online- und Multi-Channel-Vertriebsstrategien direkt an den Konsumenten. Auch hier ist E-Commerce auf dem Vormarsch (Gesamtverband Textil und Mode 2014).

4.2 Analyse der Wertschöpfungsketten in der Bekleidungsindustrie unter CSR-Aspekten

Durch die hohe Fragmentierung der Fertigung ist die Lieferkette der Bekleidungsindustrie außerordentlich komplex und damit wenig transparent (Gibbon 2003; Partridge 2011; Neugebauer und Schewe 2014): Die Fertigungsstufen umfassen Faserherstellung, Textilerzeugung, Textilveredelung, Konfektionierung und Distribution bis hin zum Kunden. Zudem sollte die Verwertung nach Gebrauch der Kleidung in die Textile Kette mit aufgenommen werden. Die verschiedenen Stufen der Fertigung werden in der Regel durch verschiedene Unternehmen übernommen. Im Regelfall wird auch nicht mehr in Deutschland gefertigt, obwohl noch einzelne Firmen einen Teil ihrer Produktion vor Ort behalten.

Nachhaltigkeitsprobleme in der Wertschöpfungskette treten durch einen hohen Ressourcenverbrauch und Menschenrechtsverletzungen auf (Walser 2011) Eine hohe Ausdifferenzierung und Zergliederung von Arbeitsschritten und -prozessen in der Wertschöpfung und Produkterstellung sowie die Auslagerung von Arbeiten an Fremdfirmen verhindern bei den Textil- und Bekleidungsunternehmen, die Arbeitsbedingungen und den Ressourceneinsatz in den Zulieferunternehmen vollständig oder auch nur ausreichend zu überblicken und sich dafür verantwortlich zu fühlen (Eigenstetter et al. 2007). Erst die Feuer in den Fabriken Ali Enterprises und Tazreen Fashions in Pakistan sowie der Einsturz des Fabrikgebäudes Rana Plaza in Bangladesch schienen zu einem Wake-up Call zu führen. Entwicklungsminister Dr. Gerd Müller lud im Oktober 2014 Textil- und Bekleidungsunternehmen, den Handel, Nichtregierungsorganisationen (NRO), die Gewerkschaften sowie die Verbände für ein Textilbündnis an einen Tisch. Ziel dieses Bündnisses ist die Erarbeitung sozialer, ökologischer und ökonomischer Verbesserungen entlang der Textilen Kette in einem Multi-Stakeholder-Dialog. Die Probleme sind vielfältig, wie man Tab. 1 entnehmen kann. Im Moment stehen v. a. die Faserherstellung und die Konfektion der Bekleidung im Fokus der öffentlichen Aufmerksamkeit.

Die unternehmerische Verantwortung und damit die Möglichkeit der Einflussnahme scheinen bislang in den meisten Fällen an den eigenen Werkstoren zu enden. Während also für die Mitarbeitenden des eigenen Unternehmens selbstverständlich Arbeits- und Gesundheitsschutz eingehalten werden und das Engagement für die Mitarbeitenden mit Themen wie familienfreundliches Unternehmen® über das gesetzlich geforderte hinausgeht, schließt man häufig die Augen vor dem, was in den Zulieferunternehmen passiert: Man profitiert mittels billiger Einkaufspreise von den Verletzungen der Menschen- und Arbeitsrechte sowie den Verletzung von Umweltstandards. Es gibt nur wenige Unternehmen, die konsequent versuchen, über die Durchsetzung von Verhaltensstandards die Wertschöpfungskette von Beginn an zu kontrollieren. Einschränkend muss festgehalten werden: Mittelständische Unternehmen sind relativ zu Großunternehmen oft überdurchschnittlich in CSR engagiert, dies dann allerdings eher regional und im Unternehmen. Für Zulieferer wird im Vergleich wenig Engagement aufgewendet (Eigenstetter und Zaharia 2013; Maaß und Hoffmann 2009). Trotz vielfältiger Probleme zeigt sich bei den Kunden nur eine geringe Preisbereitschaft für nachhaltig erzeugte Textilprodukte (Rippin 2009; Ahlert und Rohlfing 2009), auch wenn das Bewusstsein für Nachhaltigkeitsprobleme steigt (Otto GmbH & Co KG 2013). Mit fehlender Preisbereitschaft der Kunden ist ein Business Case for CSR allerdings nur schwer realisierbar (Arrigo 2013).

4.3 Geschäftsmodelle und Business Case for CSR: Stimmen aus ausgewählten Unternehmen

Im Folgenden werden exemplarisch drei Unternehmen in Eigenaussagen vorgestellt, die aufgrund ihrer Geschäftsmodelle sehr unterschiedliche CSR-Strategien verfolgen. Die Interviews wurden im Rahmen des vom Ministerium für Innovation, Wissenschaft und

Tab. 1 Probleme der textilen Wertschöpfungskette in der Bekleidungsindustrie. Bemerkung: Ohne Anspruch auf Vollständigkeit. Menschen- und Arbeitsrechte umfassen Verzicht auf Zwangs- und ausbeuterische Kinderarbeit, das Recht, Gewerkschaften zu bilden und Kollektivverhandlungen zu führen, Diskriminierungsverbot und die Rechte auf existenzsichernde Löhne, sichere und menschenwürdige Arbeitsbedingungen und Gesundheitsschutz. (Quellen: Oecotex 2014; BMZ o. J.; Hinzmann 2009; UBA o. J.; Gerstenberger 2010; http://www.kritischerkonsum.de/textilien/baumwolle; http://www.vermei.de/-recycling.html)

Fertigungsstufe	Arbeitsschritte	Ökologische Probleme	Soziale Probleme	Kommentierung
Faserherstellung	Landwirtschaftlicher Anbau (Baumwolle)	Wasser- und Flächenverbrauch Einsatz von Pestiziden, Konservierungsstoffe	Verletzung Menschen- und Arbeitsrechte, v. a. Zwangs- und Kinderarbeit, Schutz vor Gefahrstoffen	Verbrauch für Baumwolle weltweit: Insektizide 25 % Pestizide 11 % Kinderarbeit in der Landwirtschaft ist häufig
	Industriell gefertigte Fasern	Biologisch schwer abbaubare Textilhilfsmittel Wasser- und Landverbrauch		In Rohstoffgewinnung Probleme der Erdölproduktion
Textilerzeugung	Spinnen Weben Stricken	Energieverbrauch	Verletzung Menschen- und Arbeitsrechte, fehlende gewerkschaftliche Organisation Lärm und Staubemissionen	
Textilveredelung	Mechanisch (kalandern, krumpfen und schmirgeln)	Energieverbrauch Biologisch schwer abbaubare Textilhilfsmittel	Verletzung Menschen- und Arbeitsrechte, v. a. fehlende gewerkschaftliche Organisation, Lärm und Staubemissionen	Chemikalien wirken auf Menschen in der Produktion und auf die Umwelt, z. B. durch giftige Abwässer 6 kg Chemie pro T-Shirt
	Chemisch (bleichen, färben, ausrüsten, drucken)	Wasser- und Energieverbrauch Einsatz von Chemikalien Abwasserbelastung	Verletzung Menschen- und Arbeitsrechte, v. a. Gefahrstoffe Existenzsichernde Löhne Vertraglich abgesicherte Arbeit	bis zu 350 l Wasser für ein kg Textil 5–6 kg CO_2 pro T-Shirt
Konfektionierung	Zuschneiden, Nähen und Verpacken	Energieverbrauch Verpackungsmaterialien, Abfall	Verletzung Menschen- und Arbeitsrechte	Teilweise Arbeit in Sonderwirtschaftszonen ohne gewerkschaftliche Rechte unter sklavenähnlichen Bedingungen für Frauen

Tab. 1 (Fortsetzung)

Fertigungs-stufe	Arbeitsschritte	Ökologische Probleme	Soziale Probleme	Kommentierung
Distribution	Transportwege des Einzel- und Großhandels	Energieverbrauch	Verletzung Menschen- und Arbeitsrechte, v. a. fehlende gewerkschaftliche Organisation, existenzsichernde Löhne	Im Schiffsverkehr z. B. bestehen niedrige Löhne, überlange Arbeitszeiten, ähnlich in vielen Ländern
Gebrauch	Pflege, Wäsche und Reinigung	Wasser- und Energieverbrauch		Konsumentenverhalten hat einen großen Anteil in der Ökobilanz; oft wird Kleidung nur kurz getragen und dann in die Verwertung gegeben
Verwertung	Verkauf in Länder des globalen Südens			Verkauf von Altkleidung in Drittweltländer hat zerstörerische Auswirkungen auf die lokale Wirtschaft
	Recycling	Energie- und Wasserverbrauch Einsatz von chemischen Hilfsmitteln	Gefahrstoffe	Recycling ist im Regelfall ein Downcycling; d. h., es können nur noch Produkte mit verminderter Qualität erzeugt werden
	Thermische Verwertung	Schlackenstoffe	Gefahrstoffe	Thermische Verwertung lässt nur einen Bruchteil an Energiegewinnung zu

Forschung des Landes Nordrhein-Westfalen geförderten Projekts „Ethisches Unternehmerhandeln im Spannungsfeld zwischen Kundenerwartungen und Lieferkettenmanagement" an der Hochschule Niederrhein durchgeführt.

Von Anfang an: transparente soziale und ökologische Wertschöpfungsprozesse für LOHAS
Der Geschäftsführer und Eigentümer des KMU möchte eine vollständig transparente Wertschöpfungskette sicherstellen. Die Produkte (Oberbekleidung) sind im Premiumbereich anzusiedeln und werden hauptsächlich online vertrieben. Das Unternehmen befindet sich auf Wachstumskurs.

Das Unternehmen gründete sich vor wenigen Jahren mit dem Anspruch, hochwertige Produkte vollständig nachhaltig und wirtschaftlich erfolgreich herzustellen. Alle Zulieferer befinden sich in Deutschland bzw. in benachbarten Ländern. Eine Ausnahme besteht beim Bezug der Rohstoffe. Baumwolle kommt aus den USA: eine biologisch angebaute, langstapelige Pima Cotton mit wenigen Verunreinigungen. Um ein Knittern der merzerisierten Baumwolle[3] zu verhindern, werde eine von Bluesign akzeptierte NH3-Ammoniakausrüstung verwendet. Bei Baumwolle liegt die Vorlaufzeit bei einem Jahr.

Bei der Verarbeitung von Wolle wäre das Problem des Mulesing zu beachten: In Australien sei dieses stark umstrittene Verfahren zur Bekämpfung eines Schädlings bei Schafen noch weitverbreitet. Hierbei wird ein Bereich am Hinterteil der Tiere ohne Betäubung freigeschnitten, um Infektionen zu verhindern. Das Unternehmen bezieht Wolle für Pullover und Strickwaren aus Neuseeland, wo Mulesing verboten ist. Wolle für Anzüge bezieht der Hersteller von Farmern aus Argentinien, die sich ebenfalls verpflichtet haben, auf das Mulesing zu verzichten. Es sei für das Unternehmen nicht einfach, Lieferanten in der näheren Umgebung zu finden, da es nicht über ausreichend Marktmacht verfüge. Bei den Löhnen der eigenen Mitarbeiter verfolgt man die Prämisse, sie sollten so viel verdienen, dass sie sich auch die eigenen Premiumprodukte leisten können.

Zielgruppe des Unternehmens sind die sogenannten LOHAS (Lifestyles of Health and Sustainability), die in „sechs bis sieben Sinus-Milieus [Konsumentengruppen]" zu finden sind. Etwa 60% der Konsumentinnen des Unternehmens sind den LOHAS zuzuordnen. Ein großes Problem der Endkunden sei der Unterschied zwischen dem tatsächlichen Verhalten und dem, was sie von sich behaupten. Zur Marketingstrategie meint der Unternehmer, dass die Verantwortung bei den Unternehmen liege, nachhaltige Waren in den Markt zu bringen.

Von der Qualität zur Nachhaltigkeit: Vom Risikomanagement zur Markenkommunikation
Der Geschäftsführer eines großen Familienunternehmens ist Partner im Interview. Der Fokus des Unternehmens liegt auf Oberbekleidung in Eigenmarken und Lizenzgeschäften.

---

[3] Beim Merzerisieren wird der im Trocknungsprozess verloren gegangene natürliche Glanz der Baumwolle wiederhergestellt.

Die Durchlaufzeit liegt zwischen drei bis viereinhalb Monaten, von Haustür zu Haustür ca. sechs Monate. Man verstehe sich bei den Eigenprodukten als qualitativ hochwertige Marke („gehobene Mitte"), die einen bestimmten sozialen und qualitativen Standard nicht unterschreiten soll. Man hat etwa elf Liefertermine im Jahr, jeweils mit bestimmten „Fokusthemen". Die Eigenmarken werden über Händler und online vertrieben.

Das Unternehmen kann sich dem zunehmenden Fast-Fashion-Druck nicht entziehen. Die Branche ist durch große Konkurrenz gesättigt, was den Preisdruck erhöht. Durch den hohen Grad an Computerisierung und Kontrolle entlang der Kette kann man schnell auf Veränderungen am Markt reagieren. Die gesamten Onlineaktivitäten, die zuvor von Dritten betrieben worden seien, sind in das Unternehmen zurückgeholt worden.

Die Eigenmarken werden zu nahezu 100 % in eigenen Produktionen gefertigt, Lizenzgeschäfte dagegen nicht. Eine Nähfabrik ist in Produktionslinien aufgeteilt. Man leitet in diesen Fabriken ein gesamtes Stockwerk mit mehreren Linien, inklusive eines eigenen technischen Büros. Diese Abgrenzung erlaubt volle Kontrolle, um die gewünschte Qualität sicherzustellen. Webereien und Spinnereien sind weniger arbeits-, dagegen kapitalintensiv. Die aufwendigen Maschinen werden selbst ausgewählt, um den gewünschten Qualitätsstandard darstellen zu können. Das Unternehmen arbeitet mit eigenen Beschaffungsagenturen wegen geringerer Kosten und einer größeren Kontrolle. Dann habe man die Gewissheit, so der Geschäftsführer, dass die gewünschte Qualität realisiert werde.

In den Betrieben seien kontrollierende Techniker mindestens einmal die Woche vor Ort und setzen damit den Unternehmensstandard durch: Techniker und Qualitätskontrolleure werden durchweg vom Unternehmen bezahlt. Da ein tiefer Einblick in die vorhandenen Strukturen existiert, müsse man sich auch nicht „verbiegen", um Nachhaltigkeitsanforderungen zu erfüllen. Zweimal im Jahr sind auch die Geschäftsführer aus Deutschland in den Produktionsstätten vor Ort. Lohn, Arbeitszeiten, medizinische Versorgung, Notfälle und Brandschutz: All diese Aspekte stellen keine Herausforderungen dar. Darüber hinaus sind die Produktionsstätten BSCI-zertifiziert und gegenüber den Vorstufen stellt das Unternehmen hohe Ansprüche hinsichtlich der Schadstoffbelastung (Färbemittel).

Das Familienunternehmen habe ein Wertekonstrukt für nachhaltiges Handeln. Unternehmensintern kommt der größte Druck für Nachhaltigkeit aus der Personalabteilung: Man nimmt wahr, dass Nachhaltigkeit für junge Arbeitnehmer zunehmend wichtiger wird. CSR ist aber auch eine Art Risikomanagement. Konsequenzen durch eine negative Öffentlichkeit und damit einhergehend durch den Markt bzw. den Endverbraucher wären enorm. Der Aufwand für CSR sei insgesamt allerdings recht hoch.

Als großer Marktteilnehmer glaubt das Unternehmen daran, einiges bewegen zu können. Eine größere Rolle müsse dabei spielen, den Endkunden zu „erziehen". Nachhaltigkeit ist kein Kriterium für den Einkauf am Point of Sale (POS), aber wenn der Kunde das Produkt zu Hause auspacke, könne er sich über Nachhaltigkeit informieren. Das Produkt selbst kann als Kommunikationsschnittstelle zum Kunden genutzt werden, zum Beispiel mit Texten in Beilegern. Auch der Onlinebereich bietet sich an. Mitarbeiter in den Läden werden weitergebildet, dabei stünden Marke und Image im Vordergrund. Qualität müsse in der Werbung und im Verkauf transportiert werden, wobei der Unternehmer selbst als Testimonial bei bestimmten Kampagnen auftrete: Man müsse dem Unternehmen ein „Gesicht" geben.

Ein Problem sei aber der Endkunde: Er fordert „grüne Kleidung", ist aber nicht bereit, die entsprechenden Preise zu zahlen. Qualität hat seinen Preis, daher könne man Kunden mit gewissen Preislagen nicht bedienen. Ein Problem bei den Preisen seien die „Aufschlagskalkulationen" in der Wertschöpfungskette. Dem Endkunden ist nicht bewusst, dass zum Beispiel eine Lohnerhöhung eben in den meisten Fällen eine Preiserhöhung des Endprodukts nach sich zieht.

CSR im Discountbereich – Mindeststandards absichern, auch wenn der Kunde sie nicht nachfragt
Das Unternehmen lässt seine Waren in Fabriken in Asien fertigen und ist Mitglied im Brandschutzabkommen. Das Unternehmen bietet hauptsächlich Basic-Artikel an, welche durch einzelne modische Einzelteile ergänzt werden. Das Unternehmen ist allerdings kein klassischer Fast-Fashion-Anbieter. Produkte werden vor allem über eigene Shops vertrieben.

Im Moment betrachtet man in der Zulieferkette die Konfektion. Zulieferer werden nach einem Mehraugenprinzip, nämlich durch eine externe Auditagentur und durch eigene Mitarbeitende zu unterschiedlichen Zeitpunkten der Zusammenarbeit geprüft. Eine Einlistung im Rahmen der Aufnahme von neuen Geschäftsbeziehungen zu Lieferanten werde durch die Agenturen in den jeweiligen Lieferantenländern durchgeführt und ziele auf einen Ausschluss von vier sogenannten No-Go-Kriterien ab. Geprüft werde die Existenz von Notausgängen, Brandschutzausrüstung, Feueralarm und Notbeleuchtung in der Fabrik. Nur wenn diese Anforderungen erfüllt seien, werde eine Zusammenarbeit mit dem Lieferanten aufgenommen. Die Anzahl der Neueinlistungen von Lieferanten wurde in den letzten Jahren deutlich reduziert.

Ein Sozialaudit erfolge nach Aufnahme der Geschäftsbeziehung, sobald ein Lieferant die ersten Aufträge qualitativ zufriedenstellend produziere. Diese Prüfung wird als Sozialaudit durch ein unabhängiges Auditierungsinstitut entsprechend dem vom Unternehmen formulierten Verhaltenskodex durchgeführt und beinhaltet ein differenziertes Scoring-System. Das Scoring-System ermögliche ein detailliertes Feedback für die Lieferanten, das auch schon geringfügige Verbesserungen wahrnehmbar mache und damit bei den Lieferanten zu einer Motivation für weitere Korrekturmaßnahmen führe. Bei schwerwiegenden Mängeln würde die Produktion ohne Zögern gestoppt. Wenige Monate nach dem Sozialaudit werde eine Qualifizierungsfirma eingebunden. Diese Firma führt Capacity Building und Trainingsmaßnahmen durch. Schließlich erfolgt eine Prüfung durch eigene Mitarbeitende der CSR-Abteilung. Lieferanten erkennen, dass Sozialaudits ein Differenzierungsmerkmal sind, und werben mit Zertifikaten und Besuchen zur Umsetzung des Accords, dem Brandschutzabkommen in Bangladesch.

Die finanziellen Aufwendungen für die beschriebenen Maßnahmen umfassen 1–1,5 % vom Unternehmensumsatz. Aus Gesellschaftersicht werden jene Themen als wesentlich betrachtet, die dem Geschäftsmodell dienen: Effizienzsteigerung und Risikominimierung sind zielführend. In der Gesellschaft bestehe ein Wertewandel und das politische Interesse nehme zu, wie das Textilbündnis zeige. Sozialverträgliches Handeln sei auch ein Grundsatz für das Unternehmen. Zwar könne man bei sich noch nicht von einer Compliance sprechen, aber es sei bereits mehr Transparenz erreicht. Bei eigenen Stakeholder-Dialogen wurde deutlich, dass Brandschutz und Gebäudesicherheit als wesentlich erachtet werden, das Thema Umwelt aber keine Rolle spielt.

Eine Kundenumfrage ergab, dass die Konsumenten keinen Wert auf Nachhaltigkeit legten, sondern sich ausschließlich am Preis orientierten. Man weiß auch um eine schlechte Bewertung hinsichtlich der Wahrnehmung von CSR-Bemühungen, was auf fehlende Kommunikation zurückzuführen sei. Zudem würde man dem Unternehmen aufgrund der preiswerten Ware nicht zutrauen, sich auch im Bereich CSR zu bemühen: Das sei Markenpsychologie. Marken seien weniger angreifbar durch Nichtregierungsorganisationen (NRO).

Vergleichende Bewertung unter Berücksichtigung des Geschäftsmodells und des Business Case
CSR ist für alle drei Unternehmen eine Herausforderung, da Nachhaltigkeitsstrukturen in der Vorlieferkette nicht einfach bestehen, sondern unternehmensspezifisch aufgebaut werden müssen. Allen Befragten gemeinsam ist, dass sie die Rolle der Unternehmen als proaktiv verstehen möchten. Innerhalb des eigenen Geschäftsmodells soll ein Beitrag zur Umsetzung von Arbeits- und Menschenrechten geleistet werden.

Es liegen drei völlig unterschiedliche Geschäftsmodelle vor. In einem Fall wurde das Unternehmen, ein KMU, neu gegründet mit der Absicht, eine vollständig transparente nachhaltige Wertschöpfungskette sicherzustellen. Ziel war, mittels eines neuen Geschäftsmodells einen Business Case for CSR zu erzeugen. Nach dem oben vorgestellten Modell von Schreck (2012) gehen hier ökonomischer Nutzen und gesellschaftliche Akzeptanz Hand in Hand. In dem zweiten Fall stellt sich ein großes etabliertes Familienunternehmen vor, welches sich über die Familienwerte und den Qualitätsanspruch seiner Marke zunehmend in die Standards sozialer Nachhaltigkeit „hinein" entwickelt: Auch hier besteht ein Business Case for CSR. Als Markenhersteller baut die Marke auf Qualität. Mit darauf aufbauenden CSR-Strukturen wird Unglücksfällen vorgebeugt: CSR ist hier ein aktives Risikomanagement. Der Discounter schließlich sieht den Business Case for CSR für sich noch nicht als unternehmerisches Ziel.

Kunden sind eine kritische Größe des Business Case for CSR. Während sich das erste Unternehmen von vornherein im Hochpreissegment auf LOHAS-Kunden spezialisierte und damit auch seine CSR-Aktivitäten finanziert, meint der Vertreter des zweiten Unternehmens, dass er den Endkunden in Richtung Nachhaltigkeit „erziehen" müsse. Der Vertreter aus dem Discountbereich bescheinigt seinen Kunden keinerlei Sensibilität für Nachhaltigkeitsthemen. Trotzdem möchte er sich wenigstens für Mindeststandards engagieren. Er stellt fest, dass sich seine CSR-Maßnahmen nur wenig auf die Kosten auswirken.

Das Kundenportfolio, d. h. die Sensibilität der Kunden für Nachhaltigkeitsthemen, hat großen Einfluss darauf, wie sich CSR-Maßnahmen letztendlich „rechnen". Der Aufwand, den die Unternehmen für CSR leisten, ist entsprechend unterschiedlich, da sich CSR nicht in allen Geschäftsmodellen gleichermaßen in der „financial performance" niederschlägt. Der Discounter kann die Kosten für CSR nicht über die Endpreise weitergeben, er hat keine Marke, die die Kosten glaubhaft begründen kann. Er lagert CSR-Maßnahmen stärker als die beiden anderen Unternehmen an andere Unternehmen aus. CSR ist v. a. Risikomanagement. Nur der Markenhersteller betont CSR als ein Instrument der Arbeitgeberattraktivität. Für das Markenmanagement bedeutet dieses Ergebnis, dass die Kunden bei einer hochwertigen Premiummarke quasi automatisch auch von nennenswerten CSR-Aktivitäten ausgehen. Hier besteht die Gefahr, dass dieser Vertrauensvorschuss durch die Kunden vom Unternehmen enttäuscht werden kann. Discounter haben es dagegen sehr schwer, ihre eigene Marke über CSR „aufzuwerten". Dies gilt vor allem deshalb, weil ihre Kunden bislang kaum CSR-Sensibilität aufweisen.

5 Business Cases und Kosten-Nutzen-Relationen – Zusammenfassung und Ausblick

Kleine und mittlere Unternehmen (KMU) gelten in Deutschland im Vergleich zu den größeren Unternehmen und Großkonzernen als besonders anpassungsfähig, flexibel und teilweise als besonders innovationsfreudig. Diese Eigenschaften der KMU sind auch Antwort auf den hohen Wettbewerbsdruck, dem diese Unternehmen auf den nationalen und internationalen Märkten ausgesetzt sind (Simon 2012). Darüber hinaus besteht ein erheblicher Konzentrationsdruck. Beide Entwicklungen lassen gerade den KMU der Bekleidungsindustrie wenig Handlungsspielraum für außerhalb des Tagesgeschäfts liegende Aufgabenstellungen, wie eine Beschäftigung mit CSR, die über die eigenen Unternehmensgrenzen hinausgeht (IKB 2013). Die Übertragbarkeit der instrumentenbasierten CSR-Konzepte (ISO 26000, GRI etc.) mit den Aspekten Mitarbeitermotivation, Risikofaktoren, Reputation und Kundenverhalten passen in der Regel nicht zu den kleindimensionierten und oftmals hierarchisch flachen Strukturen der KMU. Zudem liegt in solchen Unternehmen selten strategisches Wissen zur systematischen Planung von Veränderungsprozessen vor (Gelbmann et al. 2013, S. 34 ff.).

Hieraus ergibt sich die Frage, wie bei solchen strukturellen Voraussetzungen überhaupt ein Business Case for CSR entwickelt werden kann. Bei näherer Betrachtung gibt es gute Gründe für die Integration von CSR in die KMU der Bekleidungsindustrie. Als ein Beispiel soll „Slow Fashion" als Antwort auf „Fast Fashion" betrachtet werden: Im Gegensatz zu Fast Fashion – Geschäftsmodelle, die auf möglichst hohe Umsatzzahlen über Neuerwerbungen der Kunden mit extrem kurzen Gebrauchszeiten setzen – bedeutet Slow Fashion eine bewusste Veränderung der Einstellungen von Produzenten und Konsumenten gegenüber Bekleidungsartikeln. Alle relevanten Akteure auf der Produzentenseite, Designer, Rohstoffproduzenten und Weiterverarbeiter beanspruchen mehr Zeit für qualitativ hochwertige Produkte. Zudem werden die Produkte nachhaltig, d. h. ökologisch und unter fairen Arbeitsbedingungen hergestellt. Die Verbraucher am Ende der Wertschöpfungskette verzichten auf den Kauf von Massenprodukten und lernen, qualitative Ware zu schätzen (Grieger und Cie Marktforschung 2016).

Eine Veränderung des Geschäftsmodells z. B. in Richtung Slow Fashion bedarf radikaler Veränderungen, die mit allen Beteiligten abgesprochen und geplant werden und als Investitionen in Innovationen interpretiert werden müssen. Die notwendigen Veränderungsprozesse sollten sukzessive erfolgen: Die Verkaufs- und damit auch die Beschaffungszyklen müssen Schritt für Schritt zusammen mit den Beteiligten entlang der Wertschöpfungskette verlängert werden. Parallel muss die Diskussion mit weiteren Anspruchsgruppen im Rahmen von regelmäßigen Stakeholder-Dialogen geführt und deren Bedürfnisse von Beginn des Veränderungsprozesses an berücksichtigt werden. Im Zuge dieses Veränderungsprozesses entwickelt sich die Chance für eine gemeinsame nachhaltige Wertschöpfung („shared value chain") (d'Heur 2014). Hierbei entsteht Vertrauenskapital, welches ein Verständnis für die grundsätzliche Veränderung des Geschäftsmodells ermöglicht. Ein solcher „gemeinsam nachhaltig veränderter Wertschöpfungsprozess" kann als eine Investition in das unternehmensbezogene Sozialkapital verstanden werden (Habisch und Schwarz 2012, S. 113 ff.).

Damit ein solcher Veränderungsprozess auch ein Business Case for CSR in dem zuvor diskutierten Sinne profitabler Geschäftsmodellvarianten sein kann, ist Folgendes zu beachten. Ein den wirtschaftlichen Möglichkeiten des Veränderungsinitiators sowie der anderen Stakeholder angepasster Prozess überschaubarer Schritte von Fast Fashion in Richtung Slow Fashion sollte ein zumindest ausgewogenes Kosten-Nutzen-Verhältnis in kurzen Zeitspannen aufweisen. Über eine Stabilisierung der Stakeholder-Netze aufgrund des gemeinsam geplanten und umgesetzten Veränderungsprozesses, die Schaffung von Vertrauen sowie die gleichzeitige Initiierung auch finanzieller Synergien über die Verlängerung der Zyklen sind mittel- und langfristig auch Business Cases for CSR erwartbar. Ob und inwieweit die Investition in die Veränderungsprozesse innerhalb einer solchen „shared value chain" auch die Bedrohung der KMU der Bekleidungsindustrie im Zuge der beobachteten Konzentrationsprozesse (IKB 2013) verringern kann, ist empirisch noch nicht geklärt. Dies kann sicherlich erst nach den ersten Erfahrungen der CSR-Change-Initiatoren beantwortet werden. Ein Abwehrpotenzial lässt sich zumindest sachlogisch ableiten.

Wie in den vorangegangenen Ausführungen erläutert wurde, sind unterschiedliche Business Cases von CSR-Aktivitäten auf drei Ebenen denkbar, Strategie, Geschäftsmodell und Prozesse. Bei der Initiierung maßgeblicher, oft radikaler Veränderungen – wenngleich auch in angepassten Schritten und Geschwindigkeiten – handelt es sich immer auch um Veränderungen des Geschäftsmodells und der darunterliegenden Prozesse. Innovative Veränderungen mit dem Potenzial eines Markterfolges benötigen erhebliche Investitionen durch das initiierende Unternehmen und die „shared value chain"-Partner, vor allem ausreichend Zeit für die Kommunikation und die Überzeugungsarbeit. Wie bei jeder anderen, auch nicht CSR-bezogenen Investition mit organisatorischer oder technologischer Zielrichtung gelten bei CSR-bezogenen Investitionen die Berücksichtigung von Amortisationszeiten sowie die Unsicherheit hinsichtlich des finalen ROI dieser Investition. Eine Studie aus dem Jahr 2011 zeigt, dass es einen positiven Zusammenhang zwischen der grundlegenden Innovationsaffinität eines Unternehmens sowie seinen CSR-Aktivitäten gibt (KfW 2011, S. 20). Darüber hinaus zeigen neuere Untersuchungen nennenswerte Zusammenhänge zwischen der Erhöhung des Unternehmenswertes und CSR-Aktivitäten (Malik 2015, S. 419 ff.). Diese Steigerung erfolgt regelmäßig über die

- Erhöhung der Mitarbeiterproduktivität,
- bessere Qualität der Produktionsprozesse,
- Erweiterung der Märkte,
- Steigerung der Unternehmensreputation sowie
- Festigung des Vertrauens innerhalb der Wertschöpfungskette sowie des darüber hinausgehenden Stakeholder-Netzwerkes.

Anders als bei „normalen", nicht CSR-bezogenen Investitionen scheint allerdings die Notwendigkeit der „Ganz-oder-gar-nicht-Strategie" vorzuliegen. So kamen Barnett und Salomon (2012, S. 1304 ff.) zu dem Schluss, dass ein hoher finanzieller Erfolg (CFP, s. Abschn. 2) eines Unternehmens entweder mit einem sehr intensiven oder sehr geringen CSR-Engagement (CSP) einhergeht und diejenigen Unternehmen mit nur mittlerem CSR-Engagement die geringste finanzielle Performance aufweisen. Für die CSR-Strategie mittelständischer Unternehmen der Bekleidungsindustrie bedeutet das: Ein begonnener Veränderungsprozess auch der kleinen Schritte wie oben beschrieben zusammen mit den Mitgliedern der „shared value chain" muss kontinuierlich und zielstrebig weiterverfolgt werden, um nicht in der Mitte des von Barnett und Salomon als U-Funktion bezeichneten Zusammenhangs gefangen zu bleiben. Kontinuität und Zielstrebigkeit, verbunden mit einem Stakeholder-Netzwerk vertrauensvoller und verlässlicher Zusammenarbeit, dürften dann maßgebliche Garanten für Business Cases for CSR im Sinne gesicherter oder gar gestiegener Wettbewerbsfähigkeit der jeweiligen Unternehmen darstellen.

Das Vorhaben Kompetenzzentrum CSR Textil und Bekleidung wurde aus Mitteln des Europäischen Fonds für regionale Entwicklung (EFRE) gefördert.

Literatur

Ahlert D, Rohlfing M (2009) Ökologische Bekleidung. Eine Status quo Analyse. Arbeitspapier Nr. 39. Forschungsstelle für allgemeine und textile Marktwirtschaft an der Universität Münster (FATM)

Arrigo E (2013) Corporate responsibility management in fast fashion companies: the Gap Inc. case. J Fash Mark Manag Int J 17(2):175–189

Barnes L, Lea-Greenwood G (2006) Fast fashioning the supply chain: shaping the research agenda. J Fash Mark Manag 10(3):259–271

Barnett ML, Salomon RM (2012) Does It Pay to Be Really Good? Addressing the Shape of the Relationship between Social and Financial Performance. Strateg Manag J 33:1304–1320

BMZ (o. J.) Bundesministerium für Wirtschaftliche Entwicklung und Zusammenarbeit. http://www.bmz.de/de/themen/textilwirtschaft/hintergrund/index.html. Zugegriffen: 10. Sept. 2016

Brugger R (2009) Der IT Business Case – Kosten erfassen und analysieren – Nutzen erkennen und quantifizieren – Wirtschaftlichkeit nachweisen und realisieren. Springer, Wiesbaden

Neugebauer C, Schewe G, Bundeszentrale für politische Bildung (2014) Wirtschaftsmacht Modeindustrie. Alles bleibt anders. http://www.bpb.de/apuz/198384/wirtschaftsmacht-modeindustrie-alles-bleibt-anders?p=0. Zugegriffen: 20. Aug. 2016

Carroll AB, Shabana KM (2010) The business case for corporate social responsibility: A review of concepts, research and practice. Int J Manag Rev 12(1):85–105

Deutsche Bank Research (2011) Textil/ Bekleidungsindustrie. Innovationen und Internationalisierung als Erfolgsfaktoren. http://www.dbresearch.de/. Zugegriffen: 20. Aug. 2016

d'Heur M (2014) shared.value.chain: Profitables Wachstum durch nachhaltig gemeinsame Wertschöpfung. In: d' Heur M (Hrsg) CSR und Value Chain Management. Profitables Wachstum durch nachhaltig gemeinsame Wertschöpfung. Springer Gabler, Berlin, S 1–122

Eckert R (2014) Business Model Prototyping – Geschäftsmodellentwicklung im Hyperwettbewerb. Strategische Überlegenheit als Ziel. Springer, Wiesbaden

Eigenstetter M, Zaharia S (2013) An Overview of German Small and Medium Enterprises. In: Schrader U, Fricke V, Doyle D, Thoresen VW (Hrsg) Enabling Responsible Living. Springer, Berlin, Heidelberg, S 163–180

Eigenstetter M, Dobiasch S, Trimpop R (2007) Commitment and Counterproductive Work Behavior as Correlates of Ethical Climate in Organizations. Monatsschr Kriminol Strafrechtsreform 90(2):224–244

Emmrich V, Döbele M, Bauernhansl T, Paulus-Rohmer D, Schatz A, Weskamp M (2014) Geschäftsmodell-Innovation durch Industrie 4.0. Von Fraunhofer IPA. http://www.wieselhuber.de/lib/public/modules/attachments/files/Geschaeftsmodell_Industrie40-Studie_Wieselhuber.pdf. Zugegriffen: 10. Sept. 2016

Euratex (2015) Keyfigures 2015. http://euratex.eu/fileadmin/user_upload/documents/key_data/Euratex_Keyfigures_2013.pdf. Zugegriffen: 10. Sept. 2016

Faber-Wiener G (2012) CSR und Kommunikation – Praktische Zugänge. In: Schneider A, Schmidpeter R (Hrsg) Corporate Social Responsibility: Verantwortungsvolle Unternehmensführung in Theorie und Praxis. Springer, Berlin, Heidelberg, S 482–499

Farrer J (2011) Remediation: Discussing Fashion Textiles and Sustainability. In: Gwilt A, Rissanen T (Hrsg) Shaping Sustainable Fashion: Changing the Way We Make and Use Clothing. Earthscan, Washington, DC, S 19–34

Gelbmann U, Rauter R, Engert S, Baumgartner RJ (2013) CSR-Innovationen in kleinen und mittleren Unternehmen. In: Altenburger R (Hrsg) CSR und Innovationsmanagement. Gesellschaftliche Verantwortung als Innovationstreiber und Wettbewerbsvorteil. Management-Reihe Corporate Social Responsibility. Springer Gabler, Berlin, S 31–54

Gerstenberger H (2010) Decent Work in der Seeschifffahrt? In: Becker G, Bleses P, Ritter W, Schmidt S (Hrsg) Decent Work. Arbeitspolitische Gestaltungsperspektive für eine globalisierte Arbeitswelt. VS, Wiesbaden, S 53–68

Gesamtverband der deutschen Textil- und Modeindustrie e. V. (2014) Jahrbuch. Textil + Modewelt. http://www.textil-mode.de/presse/publikationen. Zugegriffen: 20. Aug. 2016

Gibbon P (2003) The African Growth and Opportunity Act and the Global Commodity, Chain for Clothing. World Dev 31(11):1809–1827

Gillenkirch R, Müller-Stewens G (2016) Strategie. Von Gabler Wirtschaftslexikon. http://wirtschaftslexikon.gabler.de/Definition/strategie.html. Zugegriffen: 10. Sept. 2016

Grieger & Cie Marktforschung (2016) Slow Fashion Monitor. Repräsentative Befragung zu Konsumenteneinstellungen, Kaufverhalten, Markenbekanntheit im Markt für nachhaltige Mode. https://www.grieger-cie.de/slowfashion. Zugegriffen: 10. Sept. 2016

Grieshuber E (2012) CSR als Hebel für ganzheitliche Innovationen. In: Schneider A, Schmidpeter R (Hrsg) Corporate Social Responsibility: Verantwortungsvolle Unternehmensführung in Theorie und Praxis. Springer, Berlin, Heidelberg, S 371–384

Habisch A, Schwarz C (2012) CSR als Investition in Human- und Sozialkapital. In: Schneider A, Schmidpeter R (Hrsg) Corporate Social Responsibility. Verantwortungsvolle Unternehmensführung in Theorie und Praxis. Springer, Berlin, Heidelberg, S 113–133

Hinzmann B (2009) Arbeits- und Menschenrechte in der Textilindustrie. http://www.bpb.de/internationales/weltweit/menschenrechte/38751/textilindustrie?p=all. Zugegriffen: 20. Aug. 2016

IKB (2013) Sektorresearch Deutsche Fashion Retail-Unternehmen in den Mittelstandssegmenten. Düsseldorf. https://www.ikb.de/MediaLibrary/c1a12048-29fa-4d65-90a6-73639ae3902d/130806%20Sektorresearchbericht_Fashion_Retail.pdf. Zugegriffen: 10. Sept. 2016

KfW (2011) Corporate Social Responsibility im Deutschen Mittelstand. Frankfurt. https://www.kfw.de/Download-Center/Konzernthemen/Research/PDF-Dokumente-Standpunkt/Standpunkt-Nr.-7-Kurzausgabe.pdf. Zugegriffen: 10. Sept. 2016

Krippendorf W, Holst G, Richter U (2009) Branchenanalyse Textilindustrie. Untersuchungen zur Situation und Entwicklung der Branchen „Textilgewerbe" (WZ 17). Projektbericht an die Hans Böckler Stiftung. Projekt-Nr. S-2008-201-1. Düsseldorf

Maaß F, Hoffmann M (2009) Corporate Social Responsibility als Erfolgsfaktor einer stakeholderbezogenen Führungsstrategie? Ergebnisse einer empirischen Untersuchung. In: Institut für Mittelstandsforschung Bonn (Hrsg) Jahrbuch zur Mittelstandsforschung 2008. Schriften zur Mittelstandsforschung 116. Gabler, Wiesbaden, S 1–51

Magretta J (2002) Why Business Models Matter. Harv Bus Rev 80(5):86–92

Malik M (2015) Value-Enhancing Capabilities of CSR. A Brief Review of Contemporary Literature. J Bus Ethics 127(2):419–438. https://doi.org/10.1007/s10551-014-2051-9

Mintzberg H (1987) The strategy concept I: Five Ps for strategy. Calif Manage Rev 30(1):11–24

Oecotex (2014) Textilien und Nachhaltigkeit. Zahlen und Fakten. https://www.oeko-tex.com/media/downloads/Journalisten-Kompendium_Nachhaltigkeit.pdf. Zugegriffen: 10. Sept. 2016

Osterwalder A (2004) The business model ontology – a proposition in a design science approach. l'Ecole des HEC de l'Université de Lausanne, Lausanne

Otto GmbH & Co KG (Hrsg) (2013) Lebensqualität. Konsumethik zwischen persönlichem Vorteil und sozialer Verantwortung. Otto Group Trendstudie 2013. 4. Studie zum ethischen Konsum, Hamburg

Partridge DJ (2011) „Activist Capitalism and Supply Chain Citizenship: Producing Ethical Regimes and Ready-to-Wear Clothes". Curr Anthropol 52(S3):97–111

Rippin M (2009) Ökomarkt wächst weiter. http://www.agromilagro.de/downloads/ism2009_rippin.pdf. Zugegriffen: 10. Febr. 2010

Schallmo D (2014) Theoretische Grundlagen der Geschäftsmodell-Innovation – Definitionen, Ansätze, Beschreibungsraster und Leitfragen. In: Schallmo D (Hrsg) Kompendium Geschäftsmodellinnovation. Gabler, Wiesbaden, S 1–28

Schaltegger S, Wagner M (2006) Managing the Business Case for Sustainability. Greenleaf Publishing, Sheffield

Schaltegger S, Lüdeke-Freund F, Hansen E-G (2011) Business Cases for Sustainability and the Role of Business Model Innovation. Centre for Sustainability Management (CSM), Lüneburg

Schiebel W (2012) CSR und Marketing. In: Schneider A, Schmidpeter Corporate Social Responsibility R (Hrsg) Verantwortungsvolle Unternehmensführung in Theorie und Praxis. Springer, Berlin, Heidelberg, S 453–467

Schreck P (2012) Der Business Case for CSR. In: Schneider A, Schmidpeter R (Hrsg) Corporate Social Responsibility: Verantwortungsvolle Unternehmensführung in Theorie und Praxis. Springer, Berlin, Heidelberg, S 71–88

Schwerk A (2012) Strategische Einbettung von CSR in das Unternehmen. In: Schneider A, Schmidpeter R (Hrsg) Corporate Social Responsibility: Verantwortungsvolle Unternehmensführung in Theorie und Praxis. Springer, Berlin, Heidelberg, S 332–356

Simon H (2012) Hidden Champions. Aufbruch nach Globalia. Campus, Frankfurt a. Main

Sonntag K (2014) Arbeit und Privatleben harmonisieren. Life Balance Forschung und Unternehmenskultur: Das WLB-Projekt. Asanger, Kröning, Heidelberg

Taschner A (2008) Business Case – ein anwendungsorientierter Leitfaden. Gabler GWV Fachverlage GmbH, Wiesbaden

Tokatli N (2008) Global sourcing: insights from the global clothing industry – the case of Zara, a fast fashion retailer. J Econ Geogr 8(1):21–38

UBA, Umweltbundesamt (o.J.) Umweltstandards in der Textil- und Schuhbranche. Ein Leitfaden auf Basis der BVT-Merkblätter der EU. http://www.umweltbundesamt.de/publikationen/umweltstandards-in-textil-schuhbranche. Zugegriffen: 18. Juli 2017

Ulich E, Wülser M (2009) Gesundheitsmanagement in Unternehmen, 3. Aufl. Gabler, Wiesbaden

Walser D (2011) Vom Acker auf den Catwalk. http://www.forum-csr.net/News/4643/VomACKERaufdenCATWALK.html. Zugegriffen: 18. Juli 2017

Zott C, Amit R, Massa L (2011) The Business Model: Recent Developments and Future Research. J Manage 37(4):2–25

Ortansia Capitao ist seit 2016 wissenschaftliche Mitarbeiterin an der Hochschule Niederrhein für das CSR-Kompetenzzentrum Textil & Bekleidung Niederrhein. Als gelernte bekleidungstechnische Assistentin studierte sie Design-Ingenieurin Mode (Hochschule Niederrhein) und beschäftigte sich intensiv mit dem Thema Nachhaltigkeit, speziell dem nachhaltigen textilen Design. In Ergänzung ihres Masterstudiums mit dem Schwerpunkt Kulturanthropologie des Textilen (Technische Universität Dortmund) absolvierte sie ein Volontariat am LWL-Industriemuseum Textilwerk Bocholt. Als multiperspektivische "Bekleiderin" liegen ihre Interessensfelder vor allem in den vielfältig vernetzten Diskursen in der und rund um die gesamte Textilwirtschaft. Einer der aktuellen Forschungsschwerpunkte beinhaltet die Umsetzung von Nachhaltigkeit in der Textil- und Bekleidungsindustrie mittels Corporate Social Responsibility.

Prof. Dr. Monika Eigenstetter ist seit 2009 Professorin für Arbeits- und Organisationspsychologie an der Hochschule Niederrhein, führt seit 2013 das EthNa Kompetenzzentrum CSR und seit 2015 das Forschungsinstitut A.U.G.E. Zuvor war sie wissenschaftliche Mitarbeiterin am Lehrstuhl für Arbeits-, Betriebs- und Organisationspsychologie der Friedrich-Schiller-Universität Jena. Schwerpunkte ihrer Forschungs- und Lehrtätigkeit sind Ergonomie und Arbeitsgestaltung, Organisationskultur sowie Unternehmensethik und soziale Verantwortung von Unternehmen (Corporate Social Responsibility).

Prof. Dr. Martin Wenke ist seit 1997 Professor für Ökonomie, Ökologie und Ethik am Fachbereich Wirtschaftswissenschaften der Hochschule Niederrhein und seit 2013 Mitglied des EthNa Kompetenzzentrums CSR. Zuvor war er wissenschaftlicher Mitarbeiter und Projektleiter im Rheinisch-Westfälischen Institut für Wirtschaftsforschung RWI in Essen und danach Professor für Wirtschaftsmathematik und Statistik an der Fachhochschule Gelsenkirchen. Themengebiete seiner Forschungs- und Lehraktivitäten sind Makroökonomie, empirische Methoden der Wirtschaftsforschung sowie Umweltpolitik, Nachhaltigkeitsforschung, Wirtschafts- und Unternehmensethik und CSR.

Geschäftsmodelle von Großunternehmen

Megatrends: Die Integration von globalen Herausforderungen in das unternehmerische Nachhaltigkeitsmanagement

Maximilian Steiner und Daniela Rathe

1 Megatrends als Treiber des Wandels

Die eigene Mobilität hat für den Menschen schon immer eine bedeutende Rolle gespielt. Mit der Erfindung des Automobils im 19. Jahrhundert haben sich die Transportmöglichkeiten vervielfacht und es wurde zum dominierenden Verkehrsmittel. Auch in Zukunft wird das Auto aufgrund seiner Flexibilität und Individualität der wichtigste Verkehrsträger sein. Daher zählt die Automobilindustrie zu den bedeutendsten Branchen weltweit und hat einen erheblichen Teil zum erfolgreichen wirtschaftlichen Aufstieg der Industrienationen beigetragen (Ebel et al. 2014). Seit Anfang dieses Jahrzehnts sieht sich die Automobilbranche allerdings mit neuen Herausforderungen konfrontiert (Zerres 2014). Durch die Globalisierung ist ein von Allianzen, Fusionen und Übernahmen geprägter Verdrängungswettbewerb entstanden. Zunehmende staatliche Reglementierungen, verstärkter Wettbewerbsdruck, Umweltbelastungen sowie sich verändernde ökologische und ökonomische Rahmenbedingungen stellen traditionelle Automobilhersteller vor neue Aufgaben und die Frage, wie sich die Branche zukünftig entwickeln wird (Ebel et al. 2014).

Einige der Herausforderungen für den Automobilmarkt sind langfristige und übergreifende Veränderungsprozesse, welche nur langsam auf die Märkte der Zukunft wirken (Abend 1992). Um weiterhin im Wettbewerb bestehen zu können, sind neue, sich auf diese Entwicklungen einstellende Geschäftsmodelle die logische Konsequenz. Den Ausgangspunkt für ein innovatives Geschäftsmodell bildet dabei die eigene Unternehmensstrategie, die im Wesentlichen von den gesellschaftspolitischen, natürlichen, technologischen und

---

M. Steiner (✉) · D. Rathe
Dr. Ing. h.c. F. Porsche AG
Porscheplatz 1, 70435 Stuttgart, Deutschland
E-Mail: maximilian.steiner@porsche.de

D. Rathe
E-Mail: daniela.rathe@porsche.de

© Springer-Verlag GmbH Deutschland 2018
P. Bungard (Hrsg.), *CSR und Geschäftsmodelle*, Management-Reihe Corporate Social Responsibility, https://doi.org/10.1007/978-3-662-52882-2_22

ökonomischen Umfeldbedingungen bestimmt wird (Krys 2011). Für auf die Zukunft ausgerichtete Geschäftsmodelle ist es damit unerlässlich zu prognostizieren, welche Trends und Strukturveränderungen die kommenden Jahrzehnte prägen und damit auch das strategische Vorgehen beeinflussen werden (Krys 2011; Bieger und Reinhold 2011).

Wichtige Einflussgrößen auf künftige Entwicklungen stellen in diesem Zusammenhang sogenannte Megatrends dar, deren große gesellschaftliche, ökonomische, politische und technologische Veränderungen schon heute in Erscheinung treten und einen Paradigmenwechsel einleiten. Im Verhältnis zu anderen Trends weisen sie dabei einen deutlich längeren Zeithorizont, eine größere Reichweite und eine stärkere Wirkungsweise auf (Naisbitt und Aburdene 1990). In ihrer Entwicklung greifen Megatrends häufig ineinander und beeinflussen sich somit gegenseitig (Gatterer 2012). Da jedes Geschäftsmodell auf einer Reihe von Annahmen beruht, kann die richtige oder falsche Einschätzung von langfristigen Veränderungen negative Folgen für Unternehmen nach sich ziehen (Magretta 2004). Um sich den wandelnden Rahmenbedingungen anzupassen, sollten daher die sich bereits heute im Unternehmensumfeld andeutenden Megatrends identifiziert und damit verbundene Chancen und Risiken ganzheitlich auf das aktuelle Geschäftsmodell reflektiert werden. Die aktive Auseinandersetzung mit den von Megatrends ausgehenden Konsequenzen auf die eigene Geschäftstätigkeit sowie die kontinuierliche und kritische Überprüfung von bestehenden Gegebenheiten ermöglichen es, sich den wandelnden Rahmenbedingungen anzupassen oder sogar ein vollkommen neues Geschäftsmodell zu entwickeln (Krys 2011).

2 Nachhaltigkeit als strategisches Instrument der Porsche AG

Ideen für neue Geschäftsmodelle oder -innovationen kommen bei Porsche aus verschiedenen Unternehmensbereichen. In diesem Rahmen werden verbindliche Strukturen und Prozesse regelmäßig auf den Prüfstand gestellt und damit kontinuierlich weiterentwickelt. Eine flexible Gestaltung des eigenen Geschäftsmodells und die stetige Verbesserung und Anpassung der Aufbau- und Ablauforganisation greifen dabei ineinander und bilden unter der Berücksichtigung von sich wandelnden internen und externen Faktoren das Fundament für die Erreichung der strategischen Unternehmensziele. Neben dem Kerngeschäft, der Entwicklung, Produktion und dem Vertrieb von Sportwagen, bildet auch das Nachhaltigkeitsmanagement einen der Unternehmensbereiche, die auf das unternehmerische Geschäftsmodell wirken und so kontinuierlich zu dessen Anpassung beitragen. Dies ist eine logische Konsequenz, da verantwortungsvolles Handeln im Sinne der Nachhaltigkeit für Porsche hohe strategische Priorität hat. In der Porsche Strategie 2025 hat das Unternehmen deshalb die Wahrnehmung der eigenen Verantwortung gestärkt. Das Strategiefeld *Innovationskraft und nachhaltiges Handeln* bildet eines von vier zentralen Elementen der Unternehmensstrategie. Nachhaltigkeit findet deshalb als Schnittstellenthema in allen Unternehmensbereichen – von der Entwicklung bis zum Vertrieb – umfassende Berücksichtigung. Wichtigste Basis bildet die konsequente Integration von Nachhaltigkeit in die

Abb. 1 Die vier Handlungsfelder im Bereich Nachhaltigkeit der Dr. Ing. h.c. F. Porsche AG. (Eigene Darstellung, Dr. Ing. h.c. F. Porsche AG 2016a, S. 10)

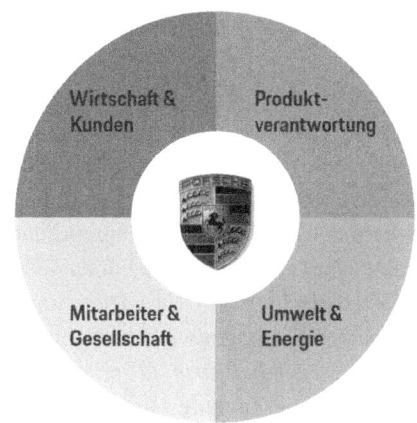

bestehenden und neuen Prozesse. Auf diese Weise lassen sich alle Aktivitäten im Bereich Nachhaltigkeit den vier Handlungsfeldern *Wirtschaft & Kunden*, *Produktverantwortung*, *Umwelt & Energie* und *Mitarbeiter & Gesellschaft* zuordnen (s. Abb. 1), nach denen auch die Querschnittsstrategie Nachhaltigkeit im Rahmen der neuen Unternehmensstrategie aufgebaut ist. So bildet neben dem Kerngeschäft die Übernahme von Verantwortung für Mensch, Umwelt und Gesellschaft eine zentrale Aufgabe und Zielsetzung des Unternehmens.

3 Die Integration von Megatrends in das strategische Nachhaltigkeitsmanagement

Für Porsche bedeutet nachhaltiges Handeln Zukunftsfähigkeit und damit einhergehend, dass Gesellschaft und Umwelt wichtige Rahmenbedingungen für das eigene ökonomische Wachstum darstellen. Damit Porsche auch in Zukunft der profitabelste Automobilhersteller sein kann, beobachtet das Unternehmen kontinuierlich sein Umfeld und identifiziert kurz-, mittel- und langfristige Herausforderungen. Um auf diese Veränderungen im Unternehmensumfeld reagieren zu können, implementiert Porsche die wichtigsten Einflussgrößen in sein Nachhaltigkeitsmanagement und analysiert diese kontinuierlich hinsichtlich potenzieller Chancen und Risiken. Als maßgeblich gelten dabei die Megatrends, die schon heute die eigenen Geschäftstätigkeiten beeinflussen und deren Folgen in den kommenden Jahrzehnten spürbar zunehmen werden. Anhand der vier Megatrends *Digitalisierung*, *Elektromobilität*, *Urbanisierung* und *gesellschaftlicher Wandel* stellen die nachfolgenden Abschnitte dar, welche wesentlichen Veränderungen und Herausforderungen diese im Einzelnen für Porsche und die gesamte Automobilindustrie mit sich bringen, aber auch welche Chancen und welch enormes Innovationspotenzial Megatrends für eine gesamte Branche und die unternehmerische Verantwortung haben können.

3.1 Megatrend Digitalisierung

Schon heute ist die zunehmende Vernetzung Teil des modernen Alltags und die Grenzen zwischen der realen und virtuellen Welt verschwimmen miteinander. Das alltägliche Leben unserer Gesellschaft wird mehr und mehr durch neue Technologien bestimmt. So werden bis zum Jahr 2020 weltweit etwa 50 Mrd. Geräte miteinander verbunden sein – Smartphones und Tablets, Kameras und Fernseher, Haushaltsgeräte, Maschinen und auch Fahrzeuge (Statista 2016a). Für dasselbe Jahr sind mehr als 5,6 Mrd. Mobilfunknutzer prognostiziert (Statista 2016b). Die schon heute alltägliche mobile Kommunikation wird sich zunehmend weiterentwickeln. Schlagwörter wie *Connectivity*, *autonomes Fahren*, *Smart Mobility* oder *Industrie 4.0* prägen aktuell die digitale Entwicklung und zeigen vor allem eines: die Zukunft. Die digitale Transformation verändert unsere Art zu arbeiten, zu kommunizieren und revolutioniert ganze Wirtschaftszweige, Wertschöpfungsketten sowie Industrieprozesse (Dr. Ing. h.c. F. Porsche AG 2016a). Auch die Automobilindustrie steht vor einem großen Umbruch. Neue Konkurrenten in Form von Software- und Datendienstleistern erweitern ihr Kerngeschäft und drängen auf den Markt. So forscht *Google* an einem selbstfahrenden Auto und *Apple* will mit dem *iCar Titan* in Kooperation mit *Magna* Mobilitätsanbieter werden. Die klassischen Autobauer sehen sich zu einem Umdenken gezwungen, um mit eigenen Produkten die Nachfrage der Kunden nach Konnektivität, Individualität und digitaler Mobilität zu befriedigen. Es muss eine Entwicklung stattfinden, von reinen Fahrzeugherstellern hin zu Anbietern von intelligenten Mobilitätskonzepten und -lösungen. Für die Branche gilt es, diese Herausforderung anzunehmen und das gebotene Innovationspotenzial als Chance zu sehen (Dr. Ing. h.c. F. Porsche AG 2016a).

Als Sportwagenbauer setzt Porsche auf die Verbindung von Tradition mit den Technologien von morgen. Sich schon heute signifikant im Bereich der Digitalisierung zu positionieren und die eigenen Kompetenzen weiter auszubauen, liegt im eigenen Interesse des Unternehmens. In der unternehmerischen Nachhaltigkeitsstrategie steht eine konsequente Kundenorientierung als Grundlage für den ökonomischen Erfolg im Vordergrund. Denn Porsche kann seiner Verantwortung gegenüber Gesellschaft und Umwelt nur dann gerecht werden, wenn das Unternehmen wirtschaftlich erfolgreich ist. Um die eigene Zukunftsfähigkeit zu stärken und die Wünsche der Kunden langfristig zu erfüllen, hat sich Porsche das Ziel gesetzt, führender Anbieter für digitale Mobilitätslösungen im automobilen Premiumsegment zu werden. Um die Digitalisierung aktiv mitzugestalten hat das Unternehmen in einem ersten Schritt mit der *Porsche Digital GmbH* hierfür ein eigenes Kompetenzzentrum und mit dem *Porsche Digital Lab* in Berlin eine Plattform für die Identifizierung und Erprobung von innovativen Informationstechnologien gegründet. Entlang der drei Dimensionen Produkt, Kunde und Unternehmen werden von den Tochtergesellschaften digitale Kundenerfahrungen, Produkte, Geschäftsfelder und -prozesse identifiziert und weiterentwickelt. Gemeinsam mit allen Unternehmensressorts testen und realisieren die Porsche-Töchter so neue Wertschöpfungsmodelle und innovative Produktangebote. Ziel ist es, bereichsübergreifend neue Trends zu erkennen, zu bewerten und frühzeitig relevante Technologien abzusichern, um das eigene Geschäftsmodell an die

Herausforderungen der Zukunft anzupassen. Porsche ist sich bewusst, dass das Unternehmen sich nicht alleine dem Megatrend Digitalisierung stellen kann, und setzt deshalb auf intensive Partnerschaften, um so ein digitales Milieu zu erschaffen. Daher bilden die *Porsche Digital GmbH* und das *Porsche Digital Lab* zwei Schnittstellen zwischen Porsche und global agierenden Technologieunternehmen und Innovatoren (Dr. Ing. h.c. F. Porsche AG 2016b, 2016c). Denn nur gemeinsam lassen sich Lösungen für eine nachhaltige Mobilität und lebenswerte Welt von morgen finden.

3.2 Megatrend Elektromobilität

Vor etwa hundert Jahren, kurz nach der Erfindung des Automobils, waren alternative Antriebe, wie etwa der Dampf- oder Elektromotor, keine Seltenheit. Eine hohe Energiedichte, niedrige Kosten und die damals fälschliche Einschätzung der unendlichen Verfügbarkeit des Energieträgers Öl ließen aber den Verbrennungsmotor zum vorherrschenden Antriebskonzept des 20. Jahrhunderts werden. Elektrofahrzeuge wurden zum Nischenprodukt und der Fortschritt führte zu wesentlichen Effizienzsteigerungen und einer deutlichen ökonomischen und technischen Überlegenheit des Verbrennungsantriebs (Spath und Pischetsrieder 2010). Durch verschärfte politische Ziele zur Reduzierung der CO_2-Emissionen und die gestiegenen Energiepreise für fossile Treibstoffe, aufgrund der zunehmenden Verknappung oder der weltweit wachsenden Nachfrage des individuellen Personenverkehrs in Nichtindustriestaaten, haben sich die Rahmenbedingungen in den letzten Jahren allerdings zugunsten alternativer Antriebstechnologien verschoben (Sammer et al. 2008). Trotz weiteren Optimierungspotenzials bei klassischen Verbrennungsmotoren stellen elektrisch betriebene Fahrzeuge in diesem Zusammenhang eine Schlüsseltechnologie für eine umweltschonendere und effizienter gestaltete Mobilität dar, insofern die genutzte Energie aus erneuerbaren Quellen stammt (Kampker et al. 2013). Die Bundesregierung hat sich das Ziel gesetzt, dass bis zum Jahr 2020 eine Million Elektrofahrzeuge auf deutschen Straßen unterwegs sein soll. Bei einer aktuellen Anzahl von 25.000 rein elektrischen Autos ist dieses Ziel nur zu erreichen, wenn sich die Eigenschaften der heutigen Fahrzeuge, die vorhandene Infrastruktur und das Konsumentenverhalten verändern (Statista 2016c; Lienkamp 2012). Die Automobilhersteller stehen somit vor der Herausforderung, marktfähige Produkte zu entwickeln, welche die wachsenden Anforderungen an Mobilität, Komfort und Individualität gleichermaßen erfüllen. Gleichzeitig muss die Entwicklung innovativer Infrastrukturlösungen zur Ladung von batteriebetriebenen Fahrzeugen voranschreiten. Auch die weitere Optimierung der Reichweite sowie die Ladegeschwindigkeit und -technik stellen entscheidende Erfolgsfaktoren für eine elektromobile Zukunft dar (Dr. Ing. h.c. F. Porsche AG 2016a).

Neben den Menschen stehen bei Porsche die eigenen Produkte im Vordergrund. Diese verkörpern hohe Leistung bei vergleichsweise niedrigen Verbrauchswerten und implizieren sorgfältig durchdachte Konzepte sowie bestmögliche Wirkungsgrade durch die Minimierung von Energieverlusten und den Einsatz intelligenter Technologien. Neben der immer effizienteren Gestaltung und der stetigen Kraftstoffreduktion der Porsche-Fahrzeuge setzt das Unternehmen schon heute mobile Visionen nachhaltiger Mobilität in die Praxis um (Dr. Ing. h.c. F. Porsche AG 2016a). Dabei besinnt sich Porsche auf seine Stärken, denn bereits im Jahr 1899 hat Ferdinand Porsche mit dem *Lohner-Porsche* das erste Automobil mit einem Hybridantrieb entwickelt. Auch heute hat Porsche als der erste und einzige Premiumhersteller drei Plug-in-Hybride serienmäßig im Programm. Die Technologie gilt aktuell als wichtiger Baustein zur Schonung der Ressourcen und Senkung des Energiebedarfs sowie der Emissionen und daher als Brückentechnologie bis zur reinen Elektrifizierung. Besonders im Stadtbetrieb ist auf diese Weise ein rein elektrisches Fahrerlebnis ohne lokale Emission möglich. Für die Zukunft gilt es, technologische Grenzen zu verschieben, weniger Kraftstoff zu verbrauchen und innovative Antriebe zu entwickeln. Die Deutlichkeit dieses Unternehmenskurses hat Porsche mit der Vorstellung der Konzeptstudie *Mission E*, einem rein elektrischen Sportwagen, gestärkt. Dieser wird Ende des Jahrzehnts auf den Markt kommen. In diesem Zusammenhang getätigte hohe Investitionen und die Schaffung von mehr als 1200 neuen Arbeitsplätzen zeigen, dass Porsche sich auf den Megatrend Elektromobilität vorbereitet, um Antworten auf die Frage nach dem Sportwagen der Zukunft zu finden.

3.3 Megatrend Urbanisierung

Unter dem Begriff der Urbanisierung wird der Zuwachs des Anteils von in Städten lebenden Menschen verstanden. Mit der zunehmenden Verstädterung gehen eine starke Ausdehnung der Siedlungsgebiete sowie eine stärkere Verbreitung urban geprägter Konsum- und Lebensstile einher (Siedentop 2015). Schon heute lebt in Europa sowie Nord- und Südamerika mit mehr als 70 % der überwiegende Teil der Bevölkerung in Städten (Spath und Pischetsrieder 2010). Für das Jahr 2050 wird prognostiziert, dass dieser Prozentsatz weltweit Gültigkeit hat und damit nur noch etwa 30 % aller Menschen ländliche Regionen bevölkern (Statista 2016d). Aus wirtschaftlicher Sicht gelten Städte als Zentren des kulturellen, sozialen und ökonomischen Fortschritts und erzeugen aktuell um die 80 % des globalen Bruttoinlandsprodukts (Seto und Dhakal 2014). Für die Umwelt bedeuten wachsende Städte dagegen einen großen Eingriff in die Natur. Verunreinigte Luft, schlechte Trinkwasserqualität, hoher Energie- und Ressourcenbedarf oder unzureichende Abwasserentsorgung sind nur einige Beispiele von Herausforderungen, die wachsende Städte begleiten (Pauleit et al. 2016). Global betrachtet nehmen Städte zwar nur zwischen zwei und drei Prozent der gesamten Erdoberfläche ein, beanspruchen dafür aber etwa drei Viertel des weltweiten Ressourcenbedarfs (Siedentop 2015; United Nations 2007). Weil Städte auch für schätzungsweise 70 % der Kohlenstoffemissionen verantwortlich sind, gelten sie in Bezug auf den Klimawandel oftmals schon jetzt als Risikogebiete (Kraas und Nitschke 2008; United Nations 2015). Die Verstädterung bewegt die Automobilbranche dazu, sich mit neuen Mobilitätskonzepten zu beschäftigen, denn der zunehmende Grad der Urbanisierung bündelt sich verstärkt in den Verkehrsströmen aus den Städten und in die

Städte. Trotz der Verfügbarkeit von öffentlichen Verkehrsmitteln wollen Stadtbewohner weiterhin individuell mobil sein, was zu einer steigenden Verkehrsbelastung im urbanen Raum führt (Spath und Pischetsrieder 2010). Mit innovativen Herangehensweisen gilt es daher, neue unternehmerische Denk- und Handlungsansätze zu nutzen.

Als im urbanen Raum angesiedeltes Unternehmen sieht sich Porsche direkt vor den eigenen Werkstoren mit dieser Herausforderung konfrontiert. Die Stadt Stuttgart, Hauptsitz des Autobauers, hat in der Folge von erhöhtem Verkehrsaufkommen als erste Stadt Deutschlands mehrfach Feinstaubalarm ausgelöst. Der Grenzwert an Feinstaub ist in der Landeshauptstadt Baden-Württembergs an mehr als 35 Tagen überschritten und beeinflusst die Luftqualität vor Ort erheblich (Amt für Umweltschutz der Landeshauptstadt Stuttgart 2016). Als standortverbundenes Unternehmen stellt sich Porsche deshalb selbst besondere Anforderungen an die eigene Mobilität und Infrastruktur, aber vor allem auch an das eigene Umwelt- und Energiemanagement. Den infrastrukturellen Herausforderungen der Urbanisierung begegnet der Sportwagenhersteller mit der Nutzung von alternativen Strecken für den Transport von Fahrzeugteilen und entlastet so die öffentlichen Verkehrswege. Beim Ausbau der Standorte werden weltweit durch energieeffiziente und ressourcenschonende Bebauung konsequent Nachhaltigkeitsanforderungen von internationalen und deutschen Zertifizierungssystemen für nachhaltiges Bauen befolgt und vor Ort umgesetzt. Aber auch für seine Kunden sieht Porsche sich in der Pflicht, neue Mobilitätskonzepte zu entwickeln, und wandelt sich daher von einem reinen Fahrzeughersteller zu einem ganzheitlichen Mobilitätsanbieter. Es werden Produkte und Dienstleistungen erarbeitet, um die Mobilität der Zukunft so flexibel und komfortabel wie möglich zu gestalten (Dr. Ing. h.c. F. Porsche AG 2016a). Mit der Beteiligung an dem Start-up-Unternehmen *Evopark* wird etwa das Parken in Ballungsräumen durch einen flächendeckenden digitalen Parkservice revolutioniert werden. Weil die Suche nach Parkplätzen etwa 30 % des innerstädtischen Verkehrs ausmacht, sieht Porsche hier einen positiven Beitrag zur Verbesserung der innerstädtischen Mobilität (Dr. Ing. h.c. F. Porsche AG 2016d). Daneben entwickelt das Unternehmen weitere innovative Ansatzpunkte für die nahtlose Anbindung an andere Verkehrsmittel oder die temporäre Bereitstellung von Porsche-Fahrzeugen, um seinen Kunden auch in Zukunft ein attraktives Mobilitätserlebnis zu bieten und den Stadtverkehr zu entlasten (Dr. Ing. h.c. F. Porsche AG 2016a). Porsche sieht sich in seiner unternehmerischen Pflicht, den ökopolitischen Herausforderungen der Urbanisierung mit intelligenten Lösungen, ressourceneffizienten Produktionsverfahren und Produkten sowie technologischen und sozialen Innovationen einen erheblichen Beitrag zur nachhaltigen Entwicklung von Städten zu leisten.

3.4 Megatrend gesellschaftlicher Wandel

Die Entwicklung unserer Gesellschaft war noch nie so rasant wie heute (Zeckra 2016). Auf der Erde leben aktuell knapp 7,5 Mrd. Menschen und bis zum Jahr 2050 gibt es eine zahlenmäßige Zunahme auf etwa 10 Mrd. Personen (Statista 2016e). In Schwellen-

und Entwicklungsländern im afrikanischen und asiatischen Raum wird sich die Bevölkerungszahl verdreifachen, insbesondere in Indien, China und Nigeria (Statista 2016f). Gegenläufig wird die Entwicklung in Europa sein, bis zum Jahr 2050 werden hier etwa 40 Mio. Menschen weniger leben als heute (Statista 2016g). Trotz der aktuell außergewöhnlich hohen Zuwanderungszahl – allein in Deutschland haben im Jahr 2015 etwa 1,1 Mio. Menschen Zuflucht vor Krieg und Gewalt gesucht – führt dies zu einer dauerhaften Veränderung der Arbeitnehmer- und Altersstruktur (Statistisches Bundesamt 2016). So steigt die Lebenserwartung der Menschen in Deutschland seit Jahrzehnten an, die Zahl der Kinder je Familie nimmt ab und damit das Durchschnittsalter kontinuierlich zu (Wolff 2000). Lag dieses 1970 noch bei 34 Jahren, so liegt das Medianalter heute bereits bei etwa 46 Jahren und wird bis 2050 weiter auf durchschnittlich 51 Jahre anteigen (Statistisches Bundesamt 2015). Diese Abnahme an jüngeren Arbeitnehmern führt dazu, dass Unternehmen ihren Bedarf an qualifizierten Fachkräften nicht immer decken können (Helmrich et al. 2012). Mit der gut ausgebildeten Generation Y, also die zwischen 1980 und 2000 Geborenen, findet gleichzeitig ein Wertewandel in der Arbeitswelt statt. Junge Arbeitnehmer suchen verstärkt Tätigkeiten, die im Einklang mit den eigenen Werten stehen und die sie als sinnvoll erachten. Ihre Motivation und Zufriedenheit sowie die eigenen Gestaltungs- und Wahlmöglichkeiten haben bei der Generation Y einen stärkeren Einfluss auf die Wahl des Arbeitgebers. Um qualifizierte Arbeitskräfte zu halten, gilt es für Unternehmen aller Branchen, sich auf diese Veränderungen und neuen Werte einzustellen und zu reagieren (Moskaliuk 2016).

In der Porsche-Kultur steht der Mensch an erster Stelle, die eigenen Mitarbeiter genauso wie die Gesellschaft, als deren Teil sich das Unternehmen versteht. Das Personalmanagement erfasst deshalb die auf die Mitarbeiter und Gesellschaft bezogenen unternehmerischen Gestaltungsmöglichkeiten und setzt diese strategisch um. Beim Deutschen Arbeitgeber Award 2015 wurde der Sportwagenhersteller als „Exzellenter Arbeitgeber" ausgezeichnet und belegte in der Finalrunde den zweiten Platz. Um auch weiterhin vielversprechende Nachwuchskräfte gewinnen zu können und der gesamten Belegschaft ein attraktiver Arbeitgeber zu sein, unterliegt die Personalstrategie von Porsche einer kontinuierlichen Weiterentwicklung. Hierfür bietet der Autobauer sichere Arbeitsplätze, permanente Fortbildungs- und Qualifizierungsmöglichkeiten sowie eine überdurchschnittliche leistungsgerechte Vergütung an. Mit flexiblen Arbeitszeiten, Home-Office-Angeboten oder Sabbaticals reagiert Porsche auf den Wertewandel bei jungen Abreitnehmern. Porsche setzt dabei auf Chancengleichheit und Vielfalt – in der eigenen Belegschaft arbeiten Menschen aus mehr als 60 Nationen. Das Unternehmen unterscheidet nicht nach Alter, Geschlecht, Herkunft oder gesellschaftlichem Status, sondern setzt auf die besten Ideen (Dr. Ing. h.c. F. Porsche AG 2016a). Mit dem neu gebauten Ausbildungszentrum in Stuttgart-Zuffenhausen hat sich Porsche im Jahr 2015 deutlich für die eigene Standortsicherung und die Förderung des Nachwuchses ausgesprochen. So entstehen Perspektiven – für die junge Generation und für Porsche. Etwa 40 % der jährlichen Ausbildungsplätze werden deshalb auch bewusst durch Jugendliche mit individuellen Defiziten, z. B. schulischer Art, besetzt (Dr. Ing. h.c. F. Porsche AG 2015). Porsche setzt die eigene gelebte unternehmerische Verantwortung nicht nur in Bezug auf seine Mitarbeiter um. Als lokal verankertes und international handelndes Unternehmen stellt Porsche sich auch den gesellschaftlichen Herausforderungen in Bezug auf die Standortgemeinden und dem nationalen und internationalen Umfeld. In diesem Zusammenhang initiiert Porsche eigene Projekte und unterstützt externe Partner bei der Wahrnehmung ihrer wichtigen gesellschaftlichen Aktivitäten. Das vielfältige Engagement umfasst dabei die Bereiche Soziales, Bildung, Wissenschaft, Kultur und Sport. Kinder zu stärken und Menschen eine Chance zu geben, das sind zwei weitere wesentliche Schwerpunkte im Bereich des sozialen Engagements (Dr. Ing. h.c. F. Porsche AG 2016a). Ziel von Porsche ist es, das unternehmerische Umfeld am eigenen Erfolg teilhaben zu lassen und mitarbeiterbezogene und gesellschaftliche Belange in die eigenen unternehmerischen Entscheidungen einzubeziehen, um auf diese Weise einen Blick für das Umfeld und die eigene Zukunft zu haben.

4 Fazit

Megatrends sind wahre Treiber der Transformation von Geschäftsmodellen. Die vier ausgewählten Megatrends *Digitalisierung*, *Elektromobilität*, *Urbanisierung* und *gesellschaftlicher Wandel* sind dabei nur ein Überblick der Herausforderungen der Zukunft. Alle Megatrends unterscheiden sich zwar je nach geografischer Lage und Institution in ihrem Einfluss und ihrer Wirkungsweise, doch sollten sie besser heute als morgen von sämtlichen beteiligten Akteuren der Wirtschaft erkannt und hinsichtlich ihrer Chancen und Risiken beurteilt werden. Gerade für die Automobilindustrie ist der Handlungsbedarf groß und erfordert viele innovative und mutige Ideen, um die Mobilität der Zukunft zu gestalten. Für das Unternehmen Porsche stellt die Integration von Megatrends in das Nachhaltigkeitsmanagement dabei einen lösungsorientierten Ansatz zur Reflexion der eigenen unternehmerischen Zukunft dar. Als Schnittstellenthema ist Nachhaltigkeit entlang aller Unternehmensbereiche aufgestellt und kann so kontinuierlich den Einfluss von langfristig wirkenden Megatrends identifizieren und Handlungsbedarfe aufzeigen. Nach vorne zu schauen und sich schon heute auf die Themen von morgen vorzubereiten, das ist es, was einen modernen und nachhaltigen Automobilhersteller ausmacht. Dieses Ziel verfolgt Porsche mit seiner Unternehmensstrategie und erschafft auf diese Weise einen Rahmen, innerhalb dessen das Unternehmen flexibel auf Megatrends und Herausforderungen der Zukunft reagieren kann.

Literatur

Abend JM (1992) Strukturwandel in der Automobilindustrie und strategische Optionen mittelständischer Zulieferer: Eine explorative Studie. VVF-Verlag, München

Amt für Umweltschutz der Landeshauptstadt Stuttgart (2016) Luftreinhalteplan Stuttgart. https://www.stadtklima-stuttgart.de/index.php?luft_luftreinhalteplan_stuttgart. Zugegriffen: 20. Juli 2016

Bieger T, Reinhold S (2011) Das wertbasierte Geschäftsmodell – Ein aktualisierter Strukturierungsansatz. In: Bieger T, zu Knyphausen-Aufseß D, Krys C (Hrsg) Innovative Geschäftsmodelle. Konzeptionelle Grundlagen, Gestaltungsfelder und unternehmerische Praxis. Springer, Berlin, Heidelberg, S 13–70

Dr. Ing. h.c. F. Porsche AG (Hrsg) (2015) Porsche eröffnet neues Ausbildungszentrum. Presse-Information Nr. 93/15

Dr. Ing. h.c. F. Porsche AG (Hrsg) (2016a) Nachhaltigkeitsbericht 2015. Stuttgart

Dr. Ing. h.c. F. Porsche AG (Hrsg) (2016b) Porsche gründet Kompetenz-Zentrum für Digitalisierung. Presse-Information Nr. 44/16. Porsche AG, Stuttgart

Dr. Ing. h.c. F. Porsche AG (Hrsg) (2016c) Porsche startet Digital Lab in Berlin. Presse-Information Nr. 79/16. Porsche AG, Stuttgart

Dr. Ing. h.c. F. Porsche AG (Hrsg) (2016d) Porsche beteiligt sich an Startup Evopark. Presse-Information Nr. 57/16. Porsche AG, Stuttgart

Ebel B, Hofer MB, Genster B (2014) Automotive Management – Herausforderungen für die Automobilindustrie. In: Ebel B, Hofer MB (Hrsg) Automotive Management. Strategie und Marketing in der Automobilwirtschaft, 2. Aufl. Springer, Berlin, Heidelberg, S 3–15

Gatterer H (2012) Megatrends bezeugen den Wandel. In: Granig P, Hartlieb E (Hrsg) Die Kunst der Innovation. Springer, Wiesbaden, S 25–39

Helmrich R, Zika G, Kalinowski M, Wolter MI (2012) Engpässe auf dem Arbeitsmarkt: Geändertes Bildungs- und Erwerbsverhalten mildert Fachkräftemangel. Neue Ergebnisse der BIBB-IAB-Qualifikations- und Berufsfeldprojektionen bis zum Jahr 2030. In: Bundesinstitut für Berufsbildung (Hrsg) BIBB Report. Forschungs- und Arbeitsergebnisse aus dem Bundesinstitut für Berufsbildung, Bd. 18/2012, S 1–10

Kampker A, Deutskens C, Meckelnborg A (2013) Aktuelle Herausforderungen der Elektromobilität. In: Kampker A, Vallée D, Schnettler A (Hrsg) Elektromobilität. Grundlagen einer Zukunftstechnologie. Springer, Berlin, Heidelberg, S 15–23

Kraas F, Nitschke U (2008) Megaurbanisierung in Asien: Entwicklungsprozesse und Konsequenzen stadträumlicher Reorganisation. In: Themenheft „Raum- und Stadtentwicklung in Asien". Informationen zur Raumentwicklung 8-2008, S 447–456

Krys C (2011) Ausblick – Megatrends und ihre Implikationen auf Geschäftsmodelle. In: Bieger T, zu Knyphausen-Aufseß D, Krys C (Hrsg) Innovative Geschäftsmodelle. Springer, Berlin, Heidelberg, S 369–384

Lienkamp M (2012) Elektromobilität. Hype oder Revolution? Springer, Berlin, Heidelberg

Magretta J (2004) Basic Management. Deutscher Taschenbuch Verlag, München

Moskaliuk J (2016) Generation Y als Herausforderung für Führungskräfte. Psychologisches Praxiswissen für wertorientierte Führung. Springer, Wiesbaden

Naisbitt J, Aburdene P (1990) Megatrends 2000: Zehn Perspektiven für den Weg ins nächste Jahrtausend, 1. Aufl. Econ-Verlag, Düsseldorf, Wien, New York

Pauleit S, Sauerwein M, Breuste J (2016) Urbanisierung und ihre Herausforderungen für die ökologische Stadtentwicklung. In: Breuste J, Pauleit S, Haase D, Sauerwein M (Hrsg) Stadtökosysteme. Funktion, Management und Entwicklung. Springer, Berlin, Heidelberg, S 1–30

Sammer G, Meth D, Gruber CJ (2008) Elektromobilität – Die Sicht der Nutzer. E I Elektrotechnik Informationstechnik 125(11):393–400

Seto KC, Dhakal S (2014) Human Settlements, Infrastructure, and Spatial Planning. In: Edenhofer O, Pichs-Madruga R, Sokona Y, Farahani E, Kadner S et al (Hrsg) Climate Change 2014: Mitigation of Climate Change. Working Group III Contribution to the Fifth Assessment Report of the Intergovernmental Panel on Climate Change. Cambridge University Press, Cambridge, S 923–1000

Siedentop S (2015) Ursachen, Ausprägungen und Wirkungen der globalen Urbanisierung – ein Überblick. In: Taubenböck H, Wurm M, Esch T, Dech S (Hrsg) Globale Urbanisierung. Perspektive aus dem All. Springer, Berlin, Heidelberg, S 12–21

Spath D, Pischetsrieder B (2010) Einleitung. Elektromobilität – Eine Technologie mit Historie und Zukunft. In: Hüttl RF, Pischetsrieder B, Spath D (Hrsg) Elektromobilität. Potenziale und wissenschaftlich-technische Herausforderungen. Springer, Berlin, Heidelberg, S 11–19

Statista (Hrsg) (2016a) Prognose zur Anzahl vernetzter Geräte weltweit in den Jahren 2003 bis 2020. http://de.statista.com/statistik/daten/studie/479023/umfrage/prognose-zur-anzahl-der-vernetzten-geraete-weltweit/. Zugegriffen: 01. Juli 2016

Statista (Hrsg) (2016b) Prognose zur Anzahl der Mobilfunknutzer weltweit von 2010 bis 2020. http://de.statista.com/statistik/daten/studie/253281/umfrage/anzahl-der-mobilfunknutzer-weltweit/. Zugegriffen: 01. Juli 2016

Statista (Hrsg) (2016c) Anzahl der Elektroautos in Deutschland von 2006 bis 2016. http://de.statista.com/statistik/daten/studie/265995/umfrage/anzahl-der-elektroautos-in-deutschland/. Zugegriffen: 03. Juli 2016

Statista (Hrsg) (2016d) Anteil der in Städten lebenden Bevölkerung weltweit im Zeitraum von 1950 bis 2050. http://de.statista.com/statistik/daten/studie/199605/umfrage/anteil-der-in-grossstaedten-lebenden-bevoelkerung-weltweit/. Zugegriffen: 05. Juli 2016

Statista (Hrsg) (2016e) Prognose zur Entwicklung der Weltbevölkerung von 2010 bis 2100. http://de.statista.com/statistik/daten/studie/1717/umfrage/prognose-zur-entwicklung-der-weltbevoelkerung/. Zugegriffen: 09. Juli 2016

Statista (Hrsg) (2016f) Die zehn Länder mit der größten Bevölkerung im Jahr 2050 als Prognose. http://de.statista.com/statistik/daten/studie/455473/umfrage/laender-mit-der-groessten-bevoelkerung-2050/. Zugegriffen: 09. Juli 2016

Statista (Hrsg) (2016g) Europäische Union: Gesamtbevölkerung in den Mitgliedsstaaten im Jahr 2015 und Prognosen für 2030 und 2050. http://de.statista.com/statistik/daten/studie/164004/umfrage/prognostizierte-bevoelkerungsentwicklung-in-den-laendern-der-eu/. Zugegriffen: 09. Juli 2016

Statistisches Bundesamt (Hrsg) (2015) Koordinierte Bevölkerungsvorausberechnung für Deutschland. https://www.destatis.de/bevoelkerungspyramide/#!y=2050. Zugegriffen: 08. Juli 2016

Statistisches Bundesamt (Hrsg) (2016) Nettozuwanderung von Ausländerinnen und Ausländern im Jahr 2015 bei 1,1 Millionen. Pressemitteilung Nr. 105. https://www.destatis.de/DE/PresseService/Presse/Pressemitteilungen/2016/03/PD16_105_12421pdf.pdf?__blob=publicationFile. Zugegriffen: 10. Juli 2016

United Nations (Hrsg) (2007) City planning will determine pace of global warming. UN-Habitat Chief tells second Committee as she links urban poverty with climate change. http://www.un.org/press/en/2007/gaef3190.doc.htm. Zugegriffen: 18. Aug. 2016

United Nations (Hrsg) (2015) World Urbanization Prospects. The 2014 Revision. https://esa.un.org/unpd/wup/Publications/Files/WUP2014-Report.pdf. Zugegriffen: 18. Aug. 2016

Wolff H (2000) Der Demografische Wandel – eine Herausforderung für alle Akteure am Arbeitsmarkt. Z Gerontol Geriatr 33(4):251–255

Zeckra C (2016) Gesellschaftlicher und demografischer Wandel: Wake-up Call für ein strategisches Corporate Volunteering. In: Doyé T (Hrsg) CSR und Human Resource Management. Die Relevanz von CSR für modernes Personalmanagement. Springer, Berlin, Heidelberg, S 231–246

Zerres C (2014) Notwendigkeit und Strategien eines Komplexitätsmanagements für variantenreiche Produkte – Ein Beitrag am Beispiel der Automobilbranche. In: Schoeneberg KP (Hrsg) Komplexitätsmanagement in Unternehmen. Herausforderungen im Umgang mit Dynamik, Unsicherheit und Komplexität meistern. Springer, Wiesbaden, S 289–308

Maximilian Steiner ist als Doktorand in der Abteilung Politik und Außenbeziehungen der Dr. Ing. h.c. F. Porsche AG tätig. Zuvor absolvierte er den Masterstudiengang Nachhaltiges Wirtschaften an der Universität Kassel. Forschungsschwerpunkt seiner Dissertation an der Friedrich-Alexander-Universität Nürnberg-Erlangen ist die partizipative Integration von internen Stakeholdern in den unternehmerischen Nachhaltigkeitsprozess. Der Fokus seiner Tätigkeit bei Porsche liegt in den Bereichen Stakeholderdialog und Nachhaltigkeitskommunikation.

Daniela Rathe leitet seit 2016 die Abteilung Politik und Außenbeziehungen der Dr. Ing. h.c. F. Porsche AG. Sie verantwortet die zentrale Koordination aller politischen Themen auf lokaler, nationaler, EU- sowie globaler Ebene. Darüber hinaus ist sie für die strategische Steuerung der Querschnittstrategie Nachhaltigkeit im Unternehmen zuständig. Sie hat Osteuropastudien, Ost- und Südosteuropäische Geschichte sowie Romanistik in Freiburg, Berlin und Paris studiert. Vor Ihrer Tätigkeit bei Porsche war sie unter anderem für die Robert Bosch Stiftung und das Goethe-Institut weltweit im Einsatz. Bis 2015 war sie bei der Universitätsstadt Tübingen als Fachbereichsleiterin tätig.

Nachhaltige Geschäftsmodelle im Einkauf: Eine Fallstudie

Vitali Gretschko und Florian Haas

1 Einleitung: Nachhaltige Geschäftsmodelle beginnen mit einem nachhaltigen Beschaffungsprozess

Beschaffung macht einen großen Teil der Wirtschaft aus. Das Bruttoinlandsprodukt der Europäischen Union wird allein zu über 19 % durch die Beschaffung von Gütern und Dienstleistungen der öffentlichen Hand erwirtschaftet. Der Anteil der Beschaffung in der Privatwirtschaft ist sogar als noch höher einzustufen. Beispielsweise geben Automobilhersteller häufig über 50 % ihres Umsatzes für die Beschaffung aus. Einkaufsorganisationen von Privatunternehmen und der öffentlichen Hand entscheiden somit in ihren Auswahlprozessen wesentlich über die Anreize der Lieferanten zu nachhaltigen Innovationen. Daraus ergibt sich zwingend, dass nachhaltiges Wirtschaften bereits mit dem Beschaffungsprozess beginnt.

In der von uns vorgestellten Fallstudie entscheidet AutoCom, ein weltweit erfolgreich agierender Automobilkonzern, über die Beschaffung einer Steuereinheit des Fahrzeugantriebs. Dabei handelt es sich um ein zentrales Bauteil des Antriebsstranges, das einen großen Anteil zu AutoComs Ziel beisteuern wird, die CO_2-Emissionen ihrer Fahrzeuge zu reduzieren und damit einen wesentlichen Beitrag im Kampf gegen den Klimawandel zu leisten.

Wir beschreiben die Elemente eines optimalen Beschaffungsprozesses und demonstrieren ihre erfolgreiche Ausführung anhand der Beschaffung bei AutoCom. Wir argumentieren, dass ein optimal ausgeführter Beschaffungsprozess es schafft, den Wettbewerb unter den Lieferanten so zu gestalten, dass das bestmögliche Angebot des nachhaltigsten Lieferanten ausgewählt wird. Somit ergibt sich kein Widerspruch zwischen Nachhaltig-

---

V. Gretschko (✉) · F. Haas
TWS Partners AG
Widenmayerstr. 38, 80538 München, Deutschland
E-Mail: gretschko@zew.de

keitszielen und anderen wichtigen Zielen, wie Sicherstellung der Produktqualität und Kontrolle der Kosten.

Der optimale Beschaffungsprozess bei AutoCom war wie folgt aufgebaut: Zuerst wurden die CO_2-Ziele in eine monetäre Bewertung überführt. Nur so konnte man sicherstellen, dass die Balance zwischen allen relevanten Dimensionen präzise gewahrt wurde. Die Bewertung wurde in ein Bonus/Malus-System übersetzt. Dies machte die Lieferanten vergleichbar und setzte Anreize, beim Design des Bauteils die zukünftigen CO_2-Emissionen zu berücksichtigen. Anschließend wurden die Lieferanten in einem optimierten Verhandlungsdesign dem Wettbewerb ausgesetzt. Zuvor hatte sich das Topmanagement durch Unterschriften verpflichtet, das Ergebnis der Verhandlung, wie es am Verhandlungstag entstehen würde, zu akzeptieren. Dies sicherte die Lieferanten gegen Nachverhandlungen ab und sorgte dafür, dass alle Lieferanten in der Verhandlung ihr bestes Angebot abgaben. Da zum Zeitpunkt der Verhandlung die finale Spezifikation des Produktes nicht feststand, wurde zu einem späteren Zeitpunkt überprüft, ob die Lieferanten die versprochenen CO_2-Reduktionen auch generieren konnten. Abweichungen wären entsprechend mit Geldstrafen belegt worden.

Insgesamt sorgte AutoCom nicht nur dafür, dass die Klimaschutzziele erreicht wurden, sondern setzte auch die richtigen Anreize für die Lieferanten, diese Ziele in ihrem Entwicklungsprozess zu berücksichtigen. Dies zeigt, dass ein optimaler Beschaffungsprozess, der Nachhaltigkeitsziele integriert, nicht nur zur Auswahl des optimalen Angebotes führt, sondern auch langfristige Anreize für die Lieferanten setzt, ihre Produktion an diesen Nachhaltigkeitszielen auszurichten.

2 Herausforderung: Sicherstellung der Nachhaltigkeit im Beschaffungsprozess

In diesem Abschnitt beschreiben wir die Herausforderungen, mit denen Unternehmen bei der nachhaltigen Beschaffung konfrontiert werden. Im zweiten Teil des Abschnittes stellen wir die Fallstudie vor, anhand derer wir die Elemente eines nachhaltigen Beschaffungsprozesses demonstrieren werden.

2.1 Allgemeine Herausforderungen

In der Beschaffung verfolgt ein Unternehmen eine Vielzahl unterschiedlicher Ziele. Einerseits möchte es für ein konkretes Produkt den Lieferanten desjenigen Zwischenproduktes auswählen, das am besten den Anforderungen entspricht. Faktoren wie Nachhaltigkeit, Qualität und Funktionalität spielen dabei eine wichtige Rolle. Andererseits ist der Preis bei der Beschaffung ein nicht unwesentlicher Faktor. Nur wenn die Beschaffungskosten niedrig bleiben, kann ein konkurrenzfähiges Produkt auf dem Markt angeboten werden.

Daraus ergibt sich, dass es eine der wesentlichen Herausforderungen in der nachhaltigen Beschaffung ist, eine Balance zwischen den vielfältigen Zielen zu halten. Hierfür ist es von besonderer Bedeutung, die Ziele eindeutig und überprüfbar monetär zu bewerten und anhand dieser Bewertung die bestmögliche Auswahl zu treffen. Dabei muss sichergestellt werden, dass die Lieferanten und ihre Produkte möglichst gut miteinander vergleichbar sind, um einen effizienten Wettbewerb unter ihnen herzustellen. Dieser Wettbewerb sorgt dann dafür, dass am Ende des Beschaffungsprozesses die Lieferanten ihre bestmöglichen Angebote abgeben und dass darunter das beste Angebot ausgewählt wird. Nachhaltigkeitsziele sind bei der Bewertung von großer Bedeutung und führen dazu, dass der Wettbewerb besonders nachhaltige Lieferanten belohnt.

Auf lange Sicht soll eine Lieferantenbasis aufgebaut werden, die eine vertrauensvolle und langfristige Zusammenarbeit ermöglicht. Dabei nehmen Innovationsanreize eine wichtige Rolle ein. Besonders wichtig ist es, zu überprüfen, dass die Zusagen eingehalten werden, die im Beschaffungsprozess gemacht wurden.

Zusammenfassend ergeben sich folgende Herausforderungen:

1. Bewerten aller Ziele des Beschaffungsprozesses, insbesondere der Nachhaltigkeitsziele
2. Schaffen von Vergleichbarkeit unter den Lieferanten anhand einer Bonus/Malus-Bewertung
3. Schaffen von Wettbewerb mit den richtigen Wettbewerbsanreizen
4. Nachhalten der Ergebnisse und Schaffen von Innovationsanreizen

2.2 Fallbeschreibung: CO_2-Reduktion der angebotenen Automobile bei AutoCom

Das gesellschaftliche Bewusstsein für die Folgen des Klimawandels und kurzfristiger, ausschließlich gewinnmaximierender Unternehmenspolitik hat im Verlauf der letzten Jahre kontinuierlich zugenommen. Der internationale Automobilkonzern AutoCom wollte sich vor dem Hintergrund dieser Entwicklung zukunftsorientierter und nachhaltiger ausrichten. Bei der Planung neuer Produkte sollte unter anderem größeres Gewicht auf deren ökologischer Verträglichkeit liegen.

Konkret setzte sich AutoCom deshalb Ziele für einen verringerten CO_2-Ausstoß bei allen zukünftigen Autoreihen. Diese Ziele mussten natürlich auch beim Einkaufsprozess, insbesondere bei der Beschaffung der Einzelkomponenten eines Fahrzeugs, berücksichtigt werden. Unter dieser Maßgabe wurde die anstehende Vergabe für eine Steuereinheit des Antriebsstranges, die bei vier neuen Fahrzeugmodellen zum Einsatz kommen sollte, neu strukturiert.

Das zu beschaffende Produkt stellt einen essenziellen Bestandteil des Antriebssystems dar, sodass sich dessen Effizienz direkt auf den Kraftstoffverbrauch und damit den CO_2-Ausstoß des Fahrzeugs auswirkt.

Der neue Vergabeprozess sollte also derart gestaltet sein, dass die drei von AutoCom in Betracht gezogenen Lieferanten Anreize hatten, nicht nur preiswerte, sondern auch im Hinblick auf ihre mögliche CO_2-Reduktion attraktive Angebote abzugeben.

3 Die Lösung: Der nachhaltige Beschaffungsprozess

In diesem Abschnitt beschreiben wir Schritt für Schritt die Elemente eines Beschaffungsprozesses, die die Erreichung von Nachhaltigkeitszielen sicherstellen, ohne die anderen Ziele der Beschaffung aus den Augen zu verlieren. Jedes der Elemente wird anhand des Beschaffungsprozesses von AutoCom illustriert.

3.1 Formulierung und monetäre Bewertung der Ziele

Wie bereits in Abschn. 2 erläutert, ist die wesentliche Voraussetzung für einen effizienten und nachhaltigen Einkaufsprozess eine eindeutige Bewertung der Ziele. Es muss also präzise zwischen den einzelnen Dimensionen abgewogen werden.

3.1.1 Allgemeine Überlegungen: Konkrete Bewertung ist die Voraussetzung für die Zielerreichung

Der Startpunkt der Bewertung ist zunächst einmal die vollständige Definition der einzelnen Zieldimensionen. Hierbei sollte zwischen abwägbaren und nichtabwägbaren Zielen unterschieden werden. Nichtabwägbare Ziele sind solche Ziele, die zu keinem Preis aufgegeben werden dürfen. Ein Beispiel hierfür ist, dass die Lieferanten faire Produktionsbedingungen an ihren Standorten nachweisen sollten. Abwägbare Ziele sind solche Ziele, die potenziell gegen andere Dimensionen getauscht werden können. Beispielsweise kann eine leicht höhere Fehlerrate bei der Produktion in Kauf genommen werden, wenn das angebotene Produkt im Gegenzug eine längere Lebensdauer verspricht.

Das Wichtigste bei der Bewertung der Ziele ist es, eine gemeinsame Einheit für die Bewertung zu schaffen. Nur so kann sichergestellt werden, dass die Ziele tatsächlich miteinander vergleichbar sind. Da der Einkaufspreis immer eine wesentliche Rolle bei der Zielerreichung spielen muss, kann die gemeinsame Einheit der Bewertung nur monetär sein. In vielen Unternehmen herrschen leider noch Punktesysteme für die einzelnen Qualitätsmerkmale vor. Diese lassen sich jedoch nicht auf die gleiche Skala bringen wie der Einkaufspreis und sind daher denkbar ungeeignet. Die monetäre Bewertung ermöglicht es für jede Kombination von Produktmerkmalen und Preisangebot, den Total Value of Ownership zu ermitteln. Dieser gibt an, welchen Wert die Auswahl des Zwischenproduktes eines bestimmten Lieferanten stiftet.

Die größte Herausforderung besteht hierbei darin, für die einzelnen Ziele eine monetäre Bewertung zu finden. Dies gilt insbesondere, wenn es um Nachhaltigkeitsziele geht, deren Wert oft auch außerhalb des Unternehmens entsteht. Hierzu hat es sich als hilfreich erwiesen, Heuristiken zu verwenden, die die Vermeidungskosten zur Bewertung heranziehen. Beispielsweise kann man bei einem Lieferanten mit einer hohen Fehlerrate auswerten, wie viel es kosten würde, Ingenieure anzustellen, die sich nur um die Produktkontrolle dieses Lieferanten kümmern. Dem wäre gegenüberzustellen, wie viele der Teile man anschließend zurückgeben muss. Anhand der Fallstudie werden wir im nächsten Abschnitt demonstrieren, dass solche Heuristiken auch für Nachhaltigkeitsziele sehr hilfreich sein können.

3.1.2 Fallstudie: Die Bewertung der Lösungskonzepte ist ausgerichtet an den Kosten, die durch CO_2-Emission entstehen

Ziel der Einkaufsorganisation von AutoCom war es, den CO_2-Ausstoß als Bewertungskriterium bei der Vergabe der Steuereinheit zu berücksichtigen. Damit dieses Bewertungskriterium Einfluss auf die Vergabeentscheidung nehmen konnte, musste die Bewertung monetärer Natur sein.

AutoCom ging in drei Schritten vor, um sein Nachhaltigkeitsziel in einen monetären Wert zu überführen:

1. Zunächst wurde der Einfluss der Steuereinheit auf den CO_2-Ausstoß des Fahrzeugs ermittelt. Die technische Abteilung identifizierte dabei zwei relevante Einflussfaktoren:
   - Gewicht: Ein erhöhtes Gewicht des Produkts steigert das Gesamtgewicht des Fahrzeugs und führt damit zu höherem Kraftstoffverbrauch und erhöhtem CO_2-Ausstoß
   - Effizienz: Ein verringerter Wirkungsgrad des Produkts (beispielsweise aufgrund minderwertiger Materialien, erhöhter Reibungsverluste oder einer suboptimalen technischen Umsetzung) führt bei gleichbleibender Nutzleistung zu erhöhtem Kraftstoffverbrauch und damit erhöhtem CO_2-Ausstoß
2. Der CO_2-Ausstoß, der als Ziel auf Fahrzeugebene definiert wurde, wurde dann in konkrete Zielwerte für die Einflussfaktoren der Steuereinheit übertragen. Der Zielwert für das Gewicht wurde dabei auf 1 kg[1] festgesetzt, der Zielwert für die Effizienz auf einen minimalen Wirkungsgrad von 65 %.
3. Schließlich wurde festgelegt, wie eine Abweichung von den Zielwerten bezüglich Gewicht und Effizienz monetär zu bewerten sei. Richtmaß war dabei unter anderem die Höhe potenzieller Strafzahlung im Falle der Nichterfüllung gesetzlicher Vorgaben zur Schadstoffemission. Aber auch andere Faktoren wie Reputationsverlust oder sinkende Verkaufszahlen in Ballungsräumen bestimmten die monetäre Bewertung eines erhöhten CO_2-Ausstoßes.[2] Die monetäre Bewertung wurde als absoluter Wert pro

---

[1] Alle Zahlenwerte der Fallstudie wurden aus Gründen der Anonymisierung geändert.
[2] Wir möchten darauf hinweisen, dass es auch andere Möglichkeiten einer monetären Bewertung gibt: CO_2-Schadstoffzertifikate beispielsweise machen eine interne monetäre Bewertung des Schadstoffausstoßes durch AutoCom überflüssig, denn der Preis wird hier durch einen Markt über Angebot und Nachfrage bestimmt. Zum Zeitpunkt der Fallstudie war jedoch der freie Handel von Schadstoffzertifikaten noch nicht etabliert und damit waren keine Informationen über einen Marktpreis vorhanden.

Steuereinheit ermittelt. Ein Überschreiten des Zielwertes für das Gewicht wurde mit einem finanziellen Verlust von 20 EUR/kg gleichgesetzt, ein Unterschreiten des Zielwertes für den Wirkungsgrad mit einem Verlust von 10 EUR pro Prozentpunkt.[3]

An der oben beschriebenen monetären Bewertung des CO_2-Ausstoßes waren verschiedene Unternehmensbereiche beteiligt. So ermittelte die Technik- und Entwicklungsabteilung den Einfluss der Steuereinheit auf den Schadstoffausstoß des Fahrzeugs. Die Marketing- und Finanzabteilung bestimmte, wie sich die Reaktionen des Marktes bzw. der Endkunden auf einen erhöhten/erniedrigten CO_2-Ausstoß finanziell auswirken würden. Der Einkauf schließlich unterstützte und koordinierte die monetäre Bewertung. Die Entscheidungsfindung war also notwendigerweise ein abteilungsübergreifender Prozess.

3.2 Bewertung der Lieferanten durch ein an den Zielen ausgerichtetes Bonus/Malus-System

Wenn die Bewertung der einzelnen Ziele feststeht, ist der nächste Schritt im effizienten und nachhaltigen Beschaffungsprozess die Schaffung von Vergleichbarkeit der Lieferanten durch ein Bonus/Malus-System.

3.2.1 Allgemeine Überlegung: Vergleichbarkeit von Lieferanten als Voraussetzung für eine effiziente Vergabe

Ziel der Bonus/Malus-Bewertung ist es, eine relative Vergleichbarkeit unter den Lieferanten zu schaffen. Dazu wird die Bewertung aus dem vorherigen Abschnitt zu einer einzigen Zahl verdichtet, dem sogenannten Vergleichspreis. Der Vergleichspreis wird ermittelt, indem der Angebotspreis des Lieferanten durch Boni oder Mali entsprechend der Bewertung erniedrigt beziehungsweise erhöht wird. Der Vergleichspreis reflektiert alle Bewertungskriterien, macht Lieferanten vergleichbar und schafft damit die Voraussetzung für einen effizienten Wettbewerb.

Einen Bonus auf den Angebotspreis bekommt ein Lieferant immer dann, wenn er bei einem Bewertungskriterium besser abschneidet als seine Wettbewerber. Beispielsweise könnte ein Lieferant, der ein Zwischenprodukt mit einer vergleichsweise langen Lebensdauer herstellt, einen Abschlag von seinem Angebotspreis in einer Höhe erhalten, die der Bewertung aus dem vorherigen Schritt entspricht.[4]

---

[3] Analog wurde ein reduzierter CO_2-Ausstoß mit einem entsprechenden Bonus belegt, denn Auto-Com war nicht nur an der Einhaltung, sondern auch an der Übererfüllung der Nachhaltigkeitsziele interessiert: So können beispielsweise andere Bauteile ihren individuellen Zielwert überschreiten, falls der Anteil am CO_2-Ausstoß durch die Steuereinheit geringer ausfällt als geplant. Des Weiteren schafft ein Fahrzeug mit niedrigem Schadstoffausstoß zusätzliche Reputation beim Kunden.
[4] Boni und Mali sind nur ein Ausdruck der relativen Unterschiede zwischen den Lieferanten. Deshalb spielt es grundsätzlich in der Vergabe keine Rolle, ob man einen bestimmten Bewertungsfaktor als Bonus oder Malus ausdrückt. Die Differenzierung ist manchmal hilfreich für die Lieferanten,

Einen Malus erhält ein Lieferant analog immer dann, wenn er bei einem Bewertungskriterium schlechter abschneidet als seine Wettbewerber. So könnte ein Lieferant, der in der Produktion einen höheren Verbrauch von nichtregenerativen Ressourcen hat als seine Wettbewerber, einen Malus in einer Höhe erhalten, die der Bewertung aus dem vorherigen Schritt entspricht.

Boni und Mali können dabei relativ oder absolut vergeben werden. Ein absoluter Bonus oder Malus reflektiert Bewertungskriterien, die unabhängig vom Preis sind. Er wird als absoluter Betrag auf den Angebotspreis addiert. Ein Beispiel hierfür sind Logistikkosten oder die Bewertung der beim Transport entstandenen Emissionen. Ein relativer Bonus oder Malus reflektiert Bewertungskriterien, die von dem angebotenen Preis abhängen, und wird als relativer Anteil mit dem Angebotspreis multipliziert. Ein Beispiel hierfür ist die Lebensdauer des angebotenen Produktes. Relative Boni oder Mali sind auch ein probates Mittel, um Bewertungskriterien abzubilden, die sich nicht einfach objektivieren lassen, wie beispielsweise die Innovationsfähigkeit eines Lieferanten.

3.2.2 Fallstudie: Lieferantenvergleich anhand von Gewicht und Effizienz der Bauteile

Die finale Vergabeentscheidung in der Verhandlung der Steuereinheit sollte also in gleichem Maße den angebotenen Stückpreis sowie das Nachhaltigkeitsziel in Form von Gewicht und Effizienz des finalen Produkts berücksichtigen. Dazu wurde für jeden Lieferanten ein Bonus/Malus-Wert bestimmt, der sich direkt aus dem Vergleich des technischen Angebots mit den Zielwerten von AutoCom und dem damit assoziierten finanziellen Verlust bzw. Gewinn ergab. Dies setzte bei den Lieferanten eine gewisse Reife im technischen Entwicklungsprozess voraus. Die Bonus/Malus-Bewertung erfolgte daher erst, nachdem die Lieferanten ein erstes kommerzielles Angebot – und, damit verbunden, eine erste technische Baubeschreibung – eingereicht hatten.

Der Bonus/Malus-Wert des Gewichts war dabei einfach zu ermitteln, da dieses direkt aus der Baubeschreibung abgelesen werden konnte.[5]

Der Bonus/Malus-Wert der Effizienz war nicht direkt aus der Baubeschreibung ersichtlich. Daher wurde der voraussichtliche Wirkungsgrad direkt bei den Lieferanten angefragt. AutoCom berücksichtigte dabei, dass der Entwicklungsprozess beim Lieferanten noch nicht abgeschlossen war und sich der Wirkungsgrad durch technische Verbesserungen noch erhöhen konnte. Es wurden daher zwei Werte für den Wirkungsgrad erfragt:

1. ein garantierter Wert, den der Lieferant auch in diesem Entwicklungsstadium bereits zusagen konnte,[6]

---

damit sie wissen, welche Faktoren als besonders positiv und welche als besonders negativ gesehen werden.
[5] Ein Gewicht von 1,5 kg führte also beispielsweise zu einem Malus von 10 EUR.
[6] AutoCom definierte auch Konsequenzen für die Nichteinhaltung des zugesagten Wertes; diese sind in Abschn. 3.4 beschrieben.

2. eine Vorhersage, welcher Wirkungsgrad aufgrund der technischen Zusammenarbeit bis zur Produktfinalisierung erreichbar schien. Diese Vorhersage musste durch zusätzliches Datenmaterial und Dokumente gestützt werden. AutoCom behielt sich im weiteren Lauf der Verhandlung vor, den Bonus eines Lieferanten aufgrund der Glaubwürdigkeit seiner Informationen über den garantieren Wert aus 1. hinaus zu erhöhen.

Der lieferantenbezogene Bonus/Malus-Wert ergab sich schließlich einfach als Summe der Bonus/Malus-Werte von Gewicht und Wirkungsgrad.

3.3 Verpflichtende Vergabe nach vorheriger Verpflichtung aller Stakeholder

Damit die Bewertung und der Bonus/Malus-Vergleich ihre Durchschlagskraft auf den Wettbewerb entwickeln können, muss der Vergabeprozess der Wettbewerbssituation angepasst werden und alle Stakeholder müssen sich glaubhaft an das Ergebnis des Prozesses binden.

3.3.1 Allgemeine Überlegung: Nur, wenn die Vergabe der Wettbewerbssituation angepasst wird und alle Stakeholder sich an das Ergebnis halten, können alle Potenziale gehoben werden

Ziel des Vergabeprozesses ist es, den Wettbewerb unter den Lieferanten zu maximieren. Da die Bewertung die wichtigsten Ziele, insbesondere die Nachhaltigkeitsziele, reflektiert und die Bonus/Malus-Bewertung die Angebote der Lieferanten vergleichbar macht, sorgt der Wettbewerb dafür, dass einerseits die Lieferanten die bestmöglichen Angebote abgeben und dass andererseits das beste Angebot auch ausgewählt wird.

Insbesondere ist es wichtig, dass bereits vor der Vergabe die Regeln des Vergabeprozesses umfassend festgelegt und für die Lieferanten transparent gemacht werden. Alle Stakeholder des einkaufenden Unternehmens müssen sich verpflichten, nicht von den Regeln der Vergabe abzuweichen. Nur dadurch entsteht für die Lieferanten eine Planbarkeit des Verfahrens. So können sich diese darauf konzentrieren, das beste Angebot für den Vergabeprozess vorzubereiten, und müssen nicht für eine potenzielle Nachverhandlung nach der Vergabe strategische Reserven in ihrem Angebot zurückhalten. Ohne verbindliche Vergaberegeln hätten Lieferanten, die nach den Regeln des Prozesses das beste Angebot abgeben und dann doch nicht berücksichtigt werden, außerdem in der Zukunft kein Vertrauen in die Vergaberegeln und würden in späteren Verhandlungen nicht mehr ihre besten Angebote abgeben.

Die Gestaltung der Regeln der Vergabe hängt sehr stark von der spezifischen Wettbewerbssituation ab und kann Elemente von verschiedenen Auktionstypen und sequenziellen Verhandlungen enthalten. Eine Beschreibung der einzelnen Überlegungen würde den Rahmen dieses Artikels weit sprengen.

3.3.2 Fallstudie: Verpflichtungszusage von allen Stakeholdern kombiniert mit einer Auktion

Der externe Vergabeprozess für die Steuereinheit gliederte sich in drei Schritte: die Lieferantenkommunikation, eine Wartephase und die finale kommerzielle Verhandlung mit anschließender Vergabe.

Kommunikation. Alle Lieferanten wurden zu einem persönlichen, mehrstündigen Treffen eingeladen und über den weiteren Verhandlungsverlauf informiert. Insbesondere wurden den Lieferanten die Regeln des Vergabeprozesses mitgeteilt, d. h. welche Auktionstypen und sequenziellen Verhandlungsstufen durchlaufen würden, um den Gewinner der Vergabe zu ermitteln.

Außerdem wurden alle Lieferanten über AutoComs Kriterien für die Vergabeentscheidung informiert. Zu den CO_2-Zielen wurde ihnen also mitgeteilt, wie sich ein erhöhtes Gewicht oder eine verringerte Effizienz direkt auf den Vergleichspreis auswirken.

Schließlich wurde den Lieferanten eine Verpflichtungszusage aller beteiligten Entscheidungsträger vorgestellt. Darin sagten alle Entscheidungsträger von AutoCom verbindlich zu, die Steuereinheit ausschließlich anhand der kommunizierten Regeln zu vergeben und das Ergebnis des Vergabeprozesses sowohl im Hinblick auf den ausgewählten Lieferanten als auch auf den finalen Preis als bindend anzuerkennen.

Die Lieferanten konnten sich also sicher sein, dass AutoCom nicht vom kommunizierten Vergabeprozess abweichen würde. Neben der Verpflichtungszusage als vertraglichem Dokument war hierbei insbesondere AutoComs Reputation von entscheidender Bedeutung: Die Einkaufsabteilung nutzte bereits seit Jahren den hier beschriebenen Vergabeprozess in einer Vielzahl unterschiedlicher Einkaufsprojekte. Dabei wich AutoCom nie vom kommunizierten Prozess ab, auch wenn dies mit einem Verzicht auf kurzfristige Vorteile verbunden war. AutoCom hatte sich somit bei seinen Lieferanten über einen längeren Zeitraum als verlässlicher, transparenter und fairer Verhandlungspartner etabliert.

Wartephase. An die Kommunikation schloss sich eine mehrwöchige Wartephase an, in der keine kommerziellen Gespräche zwischen AutoCom und den Lieferanten stattfanden. Diese Wartephase bildete einen essenziellen Bestandteil des Vergabeprozesses, denn sie gab den Lieferanten die Möglichkeit, ihr Produkt anhand der kommunizierten Entscheidungskriterien zu optimieren. So konnte ein Lieferant beispielsweise die technische Spezifikation seines Produkts überarbeiten, sodass sich der angebotene Preis zwar erhöhte, der aggregierte Vergleichspreis (bestehend aus angebotenem Preis und Bonus/Malus-Bewertung) aufgrund eines geringeren Gewichts jedoch sank.

Des Weiteren hatten die Lieferanten in dieser Zeit die Möglichkeit, ihre Bietstrategie und ihren internen Evaluationspreis zu bestimmen, sodass sie in der finalen Verhandlung auch innerhalb relativ kurzer Zeit in der Lage waren, bindende Angebote abzugeben oder anzunehmen.

Kommerzielle Verhandlung und Vergabe. Die Steuereinheit stellte ein neues technisches Produkt dar, dessen Entwicklung noch nicht vollständig abgeschlossen war. Weder AutoCom noch die Lieferanten konnten also zum Zeitpunkt der Vergabe die finalen Kosten des Produkts (nach Finalisierung der Produktentwicklung und eventuellen Spezifikationsänderungen) exakt bestimmen. Um den Lieferanten dennoch Vertrauen bezüglich ihrer Kostenkalkulation zu geben, ein nachhaltiges kommerzielles Ergebnis zu gewährleisten und dem „Fluch des Gewinners"[7] auf Lieferantenseite vorzubeugen, entschloss sich AutoCom, den Lieferanten im Laufe der Verhandlung Informationen über das aktuell durch den Markt erreichbare Vergleichspreisniveau bereitzustellen und ihnen die Gelegenheit zu geben, ihre interne Evaluation des Produktes gegebenenfalls zu korrigieren.

Dies wurde durch einen dynamischen Verhandlungsprozess erreicht, der aus mehreren Verhandlungsrunden bestand. Nach Abschluss einer jeden Verhandlungsrunde kommunizierte AutoCom das aktuell erreichbare Vergleichspreisniveau an die Lieferanten, die auf Grundlage dieser Information ihre Bietstrategie, ihre Kostenschätzung und ihre Produktspezifikation für die kommenden Verhandlungsrunden anpassen konnten.[8]

Während der Verhandlung tauschte AutoCom kommerzielle Angebote mit den Lieferanten ausschließlich auf Vergleichspreisbasis aus. So wurde sichergestellt, dass alle nichtkommerziellen Aspekte eines Lieferanten (und damit auch seine Bewertung hinsichtlich des CO_2-Ausstoßes) stets berücksichtigt wurden.

Für den Fall, dass kurzfristig Klärungsbedarf bezüglich bestehender technischer Spezifikationen oder neuer Vorschläge auftreten sollte, war ein Vertreter der Technik- und Entwicklungsabteilung während der Verhandlung anwesend. Fragen oder Unklarheiten beeinträchtigten somit nicht den vorab kommunizierten Verhandlungsablauf und AutoCom konnte direkt im Anschluss an die Verhandlung mit dem erfolgreichen Lieferanten einen Vertrag über die Vergabe unterzeichnen.

3.4 Nachhalten des Vergabeergebnisses

Ob ein Beschaffungsprozess zum Erfolg geführt hat, entscheidet sich oft erst Monate nach der Vergabe, wenn das Zwischenprodukt tatsächlich geliefert wird. Daher ist es von besonderer Bedeutung, dass die Zusagen, die während der Vergabe gegeben wurden, sowohl von den Lieferanten als auch von der Beschaffungsorganisation eingehalten werden.

---

[7] Engl. „winner's curse": Ein Verhalten in Auktionen, bei dem ein unerfahrener Bieter die Auktion gewinnt, da er den tatsächlichen Wert des versteigerten Gutes überschätzt. Der Fluch des Gewinners ist meist unerwünscht, denn hier erhält ein Bieter mit einer nichtnachhaltigen Kostenkalkulation den Zuschlag. Auf lange Sicht führt er außerdem dazu, dass die Bieter in ihren Geboten eine Risikoprämie aufschlagen.
[8] Eine genaue Beschreibung des Verhandlungsprozesses und der Überlegungen, die zu dem verwendeten Prozess geführt haben, würde den Rahmen des Artikels sprengen. Interessierte Leser seien an die Autoren verwiesen, die auf diesem Gebiet aktiv forschen und beraten.

3.4.1 Allgemeine Überlegung: Zusagen aus der Vergabe müssen eingehalten werden, um opportunistisches Verhalten während der Vergabe und in der Zukunft auszuschließen

Oft findet die Vergabe bereits in einer frühen Phase des Entwicklungsprozesses statt. Zu diesem Zeitpunkt ist weder für die Einkaufsorganisation noch für die Lieferanten endgültig abzusehen, welche Änderungen an dem Produkt noch vorgenommen werden beziehungsweise ob alles so entwickelt werden kann wie vorgesehen. Aus diesem Grund kann es vorkommen, dass Zusagen aus dem Vergabeprozess nicht eingehalten werden können. Deshalb ist es einerseits besonders wichtig, bereits vor der Vergabe zu definieren, wie die Konditionen des geschlossenen Vertrages sich ändern, wenn Änderungen auftreten. Andererseits darf die Beschaffungsorganisation auch nicht der Versuchung erliegen, eine solche Änderung zum Nachverhandeln des Ergebnisses zu nutzen.

Wenn Änderungen in den wichtigen Dimensionen nicht im Vertrag, der nach der Verhandlung geschlossen wird, vorhergesehen werden, werden die Lieferanten dies nutzen, um bei der Verhandlung unrealistische Spezifikationen abzugeben. Im Entwicklungsprozess werden sie dann die bewertungsrelevanten Dimensionen zu ihren Gunsten verändern. Da während der Entwicklung beziehungsspezifische Investitionen getätigt werden, befinden sich die Lieferanten bei einer eventuellen Nachverhandlung in der Position eines Monopolisten und können dies nutzen, um für sich bessere Preise zu erzielen.

Die Bonus- und Malus-Bewertung kann hervorragend dafür genutzt werden, um zu bestimmen, wie sich die Vertragskonditionen ändern, falls eine Änderung am Design des Produktes auftritt.

Genauso schädlich ist es auf lange Sicht, wenn die Einkaufsorganisation eine Änderung im Produktdesign dazu nutzt, um das Vergabeergebnis nachzuverhandeln. In einem solchen Fall werden die Lieferanten bei zukünftigen Vergaben dem Vergabeprozess kein Vertrauen schenken und dadurch nicht die bestmöglichen Angebote abgeben.

3.4.2 Fallstudie: Strafen für Nichterreichung von Zielen werden in die Vergaberegeln integriert

Die potenzielle Gefahr im Vergabeprozess der Steuereinheit bestand darin, dass die Lieferanten hinsichtlich Gewicht und Effizienz ihres Produkts falsche Angaben machen konnten, um sich in der Verhandlung einen Vorteil gegenüber ihren Wettbewerbern zu verschaffen. Da während der Verhandlung noch keine finale Spezifikation des Produkts vorlag, war eine solche Fehlinformation zum Vergabezeitpunkt nicht überprüfbar.

Aus diesem Grund fügte AutoCom eine Verhandlungsregel hinzu, die den Lieferanten bei der Kommunikation der Vergaberegeln mitgeteilt wurde: Das Gewicht und die Effizienz des finalen Produkts sollten nach der Vergabe zu einem festgelegten Zeitpunkt (d. h. in einem finalen technischen Stadium) mit den vom ausgewählten Lieferanten zugesicherten Werten verglichen werden. Fällt dann das Endprodukt hinter die Erwartungen zurück, würde der verhandelte Stückpreis automatisch verringert. Die Höhe der Preisreduktion entsprach dabei genau dem monetären Bonus in der Verhandlung.[9]

Die Lieferanten hatten somit keinen Anreiz, im Laufe der Verhandlung falsche Angaben zu machen: Der monetäre Wert, um den sich ein Lieferant durch solch ein Verhalten im Vergleich zu seinen Wettbewerbern verbessern könnte, hätte im Nachgang in Form eines erniedrigten Stückpreises an AutoCom zurückgeführt werden müssen.

Auch hier war der langjährige Reputationsaufbau des Vergabeprozesses von Bedeutung: Allen Lieferanten war zum Vergabezeitpunkt klar, dass die Nachhaltigkeitswerte zu einem späteren Zeitpunkt überprüft würden und jede Abweichung vom zugesagten Wert zwingend eine Anpassung des Stückpreises zur Folge hätte. Nur wahrheitsgemäße Angaben garantierten den Lieferanten also, im Falle der Zusage auch den Stückpreis zu erhalten, den sie in der Verhandlung angegeben hatten.

4 Diskussion des Prozesses: Im nachhaltigen Beschaffungsprozess wird das beste Preis-Leistungs-Verhältnis entlang der definierten Ziele erreicht

Um die Wirkungsweise des optimalen Beschaffungsprozesses am besten zu verstehen, lohnt es sich, den Prozess von hinten zu denken.

Durch die verpflichtende Vergabe und das Nachhalten der Vergabeergebnisse müssen die Lieferanten ihr bestmögliches Angebot unterbreiten, um ausgewählt zu werden. Die Verpflichtungszusagen durch die Einkaufsorganisation gewährleisten, dass die Lieferanten Vertrauen in den Vergabeprozess haben.

Die Bonus- und Malus-Bewertung sorgt dafür, dass den Lieferanten transparent gemacht wird, anhand welcher Kriterien gemessen und welches Angebot als das Beste ausgewählt wird. Somit versuchen die Lieferanten nicht nur, den bestmöglichen Preis anzubieten, sondern ihr Produkt auch in den anderen Dimensionen der Bewertung attraktiv zu machen. Dies schafft Innovationsanreize in den wichtigen Dimensionen und verhindert, dass Zwischenprodukte nur nach dem Preis ausgerichtet werden.

Aus diesem Grund sind sowohl die Aufstellung der Ziele als auch ihre Bewertung von herausragender Bedeutung. Die Einkaufsorganisation kann durch die Auswahl der Ziele und der Bewertungskriterien steuern, in welchen Dimensionen es sich für die Lieferanten besonders lohnt, Innovationen und Verbesserungen zu schaffen. Wenn Nachhaltigkeits-

---

[9] Wir möchten dies anhand eines fiktiven Beispiels veranschaulichen: Lieferant X gibt im Laufe der Verhandlung ein Stückpreisangebot von 100 EUR ab und verpflichtet sich zu einem Produktgewicht von 0,8 kg. Dafür erhält er einen Bonus von 4 EUR, d. h., sein Stückpreis wird artifiziell auf 96 EUR erniedrigt. Dieser fiktive Preis wird nun herangezogen, um die Angebote verschiedener Lieferanten zu vergleichen, und bildet die Grundlage für die Vergabeentscheidung. Wir nehmen nun an, dass Lieferant X das Geschäft gewinnt. Bei der Testmessung zu einem festgelegten Zeitpunkt nach der Vergabe wird ein Gewicht der Steuereinheit von 0,9 kg ermittelt. Der von AutoCom zu zahlende Stückpreis erniedrigt sich dadurch automatisch von 100 EUR auf 98 EUR.

ziele wie Emissionsreduzierung, Ressourcenschonung und faire Produktionsbedingungen bei der Bewertung eine herausragende Rolle spielen, werden auch die Lieferanten diese Kriterien bei ihren Angeboten besonders berücksichtigen.

Insbesondere entsteht im optimalen Beschaffungsprozess für *alle* Lieferanten der Anreiz, sich entlang der definierten Bewertungsdimensionen zu verbessern, um sich für den durch den Vergabeprozess induzierten Wettbewerb zu wappnen. Dadurch kann die Einkaufsorganisation trotz der Nachhaltigkeitsziele attraktive Preise erzielen, sodass sich nachhaltiges Wirtschaften und Kostensenkungen nicht widersprechen. Dies gilt vor allem, wenn Effizienz im Ressourceneinsatz ein Bewertungskriterium ist.

5 Fazit: Langfristig verändert nachhaltige Beschaffung die Märkte

Ziel eines jeden nachhaltigen Geschäftsmodells muss es sein, eine langfristige Änderung des Wirtschaftens zum Besseren herbeizuführen. Optimaler Wettbewerb ist ein mächtiges Instrument, das Marktteilnehmer dazu bringt, innovativ zu bleiben. Dies funktioniert allerdings nur, wenn der Wettbewerb entlang der richtigen Dimensionen wirken kann. Wenn beispielsweise nur der niedrigste Preis den Ausschlag gibt, kann Wettbewerb zerstörerisch wirken und enorme Mengen an Ressourcen verschwenden.

Das Besondere in der Beschaffung ist, dass der Einkäufer den Wettbewerb steuern kann. Durch das Bonus/Malus-System und das Verhandlungsdesign kann der Einkäufer die wichtigen Dimensionen bestimmen und steuern. Damit lässt sich die Kraft des Wettbewerbs in die richtige Bahn lenken. Die mächtigen Anreize zur nachhaltigen Innovation, die Einkaufsorganisationen setzen können, lassen sich gut ermessen, wenn man bedenkt, wie hoch der Anteil der Beschaffung an der gesamtwirtschaftlichen Leistung ist. Wenn Nachhaltigkeitsziele optimal in der Beschaffung berücksichtigt werden, schafft dies optimale Innovationsanreize und verändert die Märkte nachhaltig.

Prof. Dr. Vitali Gretschko ist Leiter der ZEW-Forschungsgruppe „Marktdesign", Professor für Marktdesign an der Universität Mannheim und Mitglied der DFG-Forschergruppe „Design and Behavior". Er studierte Mathematik an der Universität Münster. Im Anschluss an sein Studium war er als Unternehmensberater bei Accenture tätig. Von 2009 bis 2012 promovierte er in Volkswirtschaftslehre an der Universität zu Köln bei Prof. Wambach. Während dieser Zeit verbrachte er neun Monate als Gastforscher an der Yale University in Connecticut. Nach der Promotion war Vitali Gretschko als akademischer Rat an der Universität zu Köln und als Projektleiter bei TWS Partners beschäftigt.

Die Forschungsinteressen von Vitali Gretschko erstrecken sich über alle Gebiete des Markdesigns mit Schwerpunkten im Mechanism Design, der angewandten Auktionstheorie und der Vertragstheorie. Er hat unter anderem im RAND Journal of Economics, Economic Theory, Experimental Economics und im Journal of Mathematical Economics veröffentlicht. Darüber hinaus verfügt er über umfassende Erfahrung in der praktischen Umsetzung von Marktdesigns und der strategischen Beratung von Marktteilnehmern.

Dr. Florian Haas ist seit 2014 als Berater bei der Firma TWS Partners AG tätig, die sich auf die Anwendung spieltheoretischer Konzepte in Verhandlungssituationen spezialisiert hat. Hier betreut er vor allem Vergabeprojekte im Einkauf privater Großunternehmen.

Er studierte Physik an der Universität Regensburg und der École Normale Supèrieure in Paris. Anschließend promovierte er am Laboratoire Kastler Brossel in Paris im Bereich der Atomphysik und Quantenelektrodynamik zur Erzeugung nichtklassischer atomarer Zustände.

Grüne Logistik: Der gesellschaftliche Wertbeitrag von Unternehmen als Wettbewerbsfaktor am Beispiel von Deutsche Post DHL Group

Katharina Tomoff

1 CSR: Von der Ausgleichsleistung zum Geschäftsmodell – oder: Darf ein Unternehmen mit CSR Geld verdienen?

1.1 CSR als Ausgleichsleistung

Eine Frage wird auf Veranstaltungen, in schriftlichen Anfragen und im Rahmen von Ratings und Rankings immer wieder gestellt: *Wie viel Geld fließt bei Deutsche Post DHL Group in die Nachhaltigkeit?* Oder direkt: *Wie viel Prozent des Gewinns gibt das Unternehmen für Corporate Social Responsibility aus?*

Diesen Fragen liegt ein Verständnis von CSR zugrunde, bei dem das Geschäft eines Unternehmens und die Unternehmensverantwortung nebeneinander herlaufen. Das Unternehmen wirtschaftet und erzielt seine Gewinne. Je nach Großzügigkeit des Unternehmens und den Erwartungen der Stakeholder wird davon ein Anteil in Form von Spenden an die Gesellschaft oder als gute Tat für die Umwelt zurückgegeben. Wenn der Bedarf oder das Pflichtbewusstsein besteht, dass etwas *zurückgegeben* werden muss, hat nach dieser Logik das Unternehmen der Gesellschaft oder der Umwelt bereits im Zuge der regulären Geschäftstätigkeit etwas *weggenommen.* CSR hat demnach die Funktion eines Reparaturbetriebs – und die Aktivitäten, die ein Unternehmen im Zuge seiner CSR-Programme erbringt, haben den Charakter einer Ausgleichsleistung.

Etwas positiver formuliert, kann diesem CSR-Verständnis eine philanthropische Motivation zugrunde liegen. Die Unternehmen möchten neben ihrem Hauptzweck, Gewinn zu erzielen, auch etwas Gutes tun. Dazu passend ist die CSR-Definition von Carroll (Carroll 1999) aus den 1990er-Jahren. Ein Unternehmen zeichnet sich nach dieser durch CSR-Aktivitäten aus, wenn es das tut, was die Gesellschaft von ihm erwartet: Gewinne erzielen,

---

K. Tomoff (✉)
Deutsche Post DHL Group
Charles-de-Gaulle-Str. 20, 53113 Bonn, Deutschland
E-Mail: katharina.tomoff@dpdhl.com

die Gesetze befolgen, ethisches Verhalten zeigen und seiner gesellschaftlichen Verantwortung nachkommen.

Die Trennung von Geschäft und Nachhaltigkeit birgt mehrere Nachteile. Zum einen hängt das CSR-Engagement von der Höhe des Gewinns ab: Fällt dieser kleiner aus oder wird für geschäftliche Rücklagen oder dergleichen benötigt, werden die CSR-Aktivitäten entsprechend zurückgefahren. Zum zweiten bleiben in der Erfolgsmessung und Bilanzierung eines Unternehmens die finanziellen Ergebnisse getrennt von den sozialen oder umweltschutzrelevanten Kennzahlen. Auch in (Management-)Entscheidungen kann es zum Dilemma zwischen der monetär günstigeren und der sozial- oder umweltverträglicheren Option kommen.

Noch sichtbarer wird die Schwierigkeit dieser CSR-Betrachtungsweise in Ausnahmesituationen, in denen sich Geschäft und Unternehmensverantwortung begegnen *müssen*. Wenn etwa Skandale das Image des Unternehmens so sehr erschüttern, dass davon die Gewinnaussichten des Geschäftsmodells beeinträchtigt werden, verlangt (zumindest in einem eher anachronistischen Verständnis von CSR) die Unternehmensverantwortung, das Image wiederherzustellen. Abermals wird CSR auf die Funktion eines Reparaturbetriebs reduziert.

1.2 CSR als Geschäftsmodell

Diese sicherlich zugespitzte Darstellung zeigt, dass CSR ohne Kopplung mit dem Geschäftsmodell seine Glaubwürdigkeit und seine Wirkung verlieren kann. Im Umkehrschluss müssen daher CSR und damit die Unternehmensverantwortung als Teil des Geschäftsmodells verstanden werden.

In diesem Fall lautet die Frage also nicht mehr: Wie viel gibt Deutsche Post DHL Group für die Nachhaltigkeitsaktivitäten aus? Die deutlich interessantere Frage lautet vielmehr: *Welchen Beitrag leistet das Unternehmen mit seinen Produkten und Dienstleistungen zur Lösung oder Minderung sozialer Probleme und umweltrelevanter Herausforderungen?*

Verbunden mit dieser veränderten Betrachtungsweise ist das Bestreben der Unternehmen, soziale oder umweltschutzrelevante Herausforderungen in nachhaltige und faire Geschäftsmodelle umzuwandeln. Dieser Ansatz wurde unter der Bezeichnung *Shared Value* (Porter und Kramer 2011) oder *Corporate Shared Value* (CSV) bekannt. Hierbei fallen die von Carroll genannten Punkte Gewinnerzielung und gesellschaftlicher Beitrag zusammen. Somit werden basierend auf den Kernkompetenzen eines Unternehmens neue Produkte oder Dienstleistungen generiert, die Missstände im sozialen oder Umweltbereich adressieren und reduzieren. Beispielsweise hat Deutsche Post DHL Group bereits vor mehr als sieben Jahren registriert, dass Lärm und Luftverschmutzung in Innenstädten ein gesundheitliches und ein Umweltproblem darstellen. Für die Logistik gab es aufgrund mangelnder verfügbarer Elektrofahrzeuge keine guten Alternativen.

Die Idee wurde geboren, selbst ein Elektrofahrzeug für die Logistik bauen zu lassen. Aus der Idee wurde Wirklichkeit. Um weitere Kunden für Elektromobilität zu begeistern, wurde das Produkt „GoGreen Regional" entwickelt. Kunden aus einer Region schließen sich zusammen und stellen alle ihre Sendungen auf „GoGreen" um. Die Deutsche Post DHL setzt dafür in dieser Region nur per Fuß, Fahrrad oder Elektrofahrzeug zu. Gemeinsam machen Unternehmen und Kunden die Innenstädte dadurch sauberer.

Der geteilte Nutzen besteht darin, dass sich Deutsche Post DHL dadurch sowohl besser im Wettbewerb positioniert und eine enge Kundenbindung aufbaut, gleichzeitig durch die saubere und leise Zustellung einen positiven Effekt auf das gesellschaftliche und ökologische Umfeld hat.

Wenn – wie beispielsweise in der EU geplant und etwa in Mexiko (Phenix 2016) bereits temporär umgesetzt – Innenstädte durch Regulierung für Fahrzeuge mit Verbrennungsmotor geschlossen bleiben, ergibt sich ein weiterer Wettbewerbsvorteil für Deutsche Post DHL Group und ihre CSR-Strategie: Die Umstellung auf emissionsfreie Zustellung ist bereits erprobt und eingeführt – ein Prozess der je nach technischer Entwicklung und Infrastruktur einige Jahre dauern kann.

Ein positiver Nebeneffekt des Engagements für Elektromobilität kann eintreten, wenn Kunden, die mit Elektroautos beliefert werden oder diese in der Innenstadt sehen, dadurch erste Berührungspunkte mit dem Thema haben oder auch Bedenken abbauen können. Zusteller berichten häufiger, dass sie von Passanten oder Kunden angesprochen werden und befragt werden, ob die Zustellung per Elektroauto reibungslos funktioniert.

Die Motivation, sich großflächig und langfristig zu engagieren, ist ungleich größer, wenn sich die Erfolge für Umwelt, Bevölkerung auch im Unternehmensgewinn niederschlagen.

Allerdings bewegt sich das Thema CSR auch in einem ethischen Kontext und wird in diesem bewertet. Darf ein Unternehmen, das bereits Milliardengewinne erzielt, mit CSR noch mehr Geld verdienen? Deutsche Post DHL Group hat mit ihrem Shared-Value-Modell eine eindeutige Antwort auf diese Frage: Damit ein Unternehmen nachhaltige und langfristige Geschäftsmodelle in allen Bedeutungen des Wortes betreiben kann, soll es damit Geld verdienen.

Stellen wir uns vor, dass das Geschäftsmodell aller Unternehmen immer nachhaltiger wird. Dann gibt es keine Diskussionen, ob das Investment in eine CSR-Aktivität sich wirklich auszahlt. Dann *ist* CSR Teil das Kerngeschäfts oder zumindest ein signifikanter Teil davon.

2 Strategische Positionierung von CSR bei Deutsche Post DHL Group – oder: Wie ist CSR im Unternehmen positioniert?

Mit rund 510.000 Mitarbeitern und einer Präsenz in über 220 Ländern und Territorien ist Deutsche Post DHL Group der weltweit führende Post- und Logistikkonzern und erbringt Dienstleistungen, um Menschen und Märkte zu verbinden, ihr Leben zu verbessern. Bereits die Standardprodukte haben neben ihrem Gebrauchsnutzen eine gesellschaftliche Bedeutung. Der Brief steht für die verbindliche und vertrauliche Kommunikation. Die glo-

Ziele der Konzernstrategie

Abb. 1 Konzernstrategie Deutsche Post DHL Group

balen Logistiknetze schaffen die Voraussetzung dafür, dass Unternehmen und Menschen am Welthandel teilnehmen können. Auf diese Weise leistet Deutsche Post DHL Group einen Beitrag für den Wohlstand von Gesellschaften und Menschen auf der ganzen Welt.

Das Bewusstsein für Verantwortung gegenüber Mitarbeitern, Umwelt und Gesellschaft hat maßgeblichen Einfluss auf das unternehmerische Handeln von Deutsche Post DHL Group. Folgerichtig ist unternehmerische Verantwortung integraler Bestandteil der Konzernstrategie, nach der Deutsche Post DHL Group erste Wahl als Anbieter, Arbeitgeber und Investment werden will – und damit zum Maßstab für verantwortungsvolles unternehmerisches Handeln (DPDHL Group 2015).

Damit stehen die Geschäfts- und Nachhaltigkeitsziele von Deutsche Post DHL Group in einem direkten Zusammenhang, wie auch in Abb. 1 verdeutlicht wird. Sie zeigt ein Schaubild der Strategie, wie sie extern wie auch intern an Mitarbeiter kommuniziert wird und verdeutlicht, wie Kunden die Deutsche Post DHL als Referenz für Logistik betrachten werden und dass Menschen für DHL arbeiten, weil es ihr Leben bereichert. Stakeholder betrachten DHL als Unternehmen, welches hochgesteckte Ziele erreicht. Im Kern dieses Dreiklangs steht das Ziel, für all diese Gruppen zum Maßstab für verantwortungsvolles Handeln zu werden (Deutsche Post DHL Group 2017a, S. 4).

3 GoGreen – oder: Wie kann ein Umweltschutzprogramm zum Geschäftsmodell werden?

3.1 Grundlagen und Überblick über das Umweltschutzprogramm GoGreen

Der Klimawandel ist eine der größten Herausforderungen der Menschheit. Soll die globale Erderwärmung auf ein für Mensch und Natur erträgliches Ausmaß begrenzt werden, sind *jetzt* Maßnahmen zur Reduzierung von Treibhausgasemissionen gefordert. Demnach haben in der Logistik umweltfreundliche Logistikangebote das größte Potenzial für Shared Value.

Im Umweltschutz zählt Deutsche Post DHL Group zu den Pionieren und hat sich bereits im Jahr 2008 ein ehrgeiziges Klimaschutzziel gesetzt: Im Rahmen des Umweltschutzprogramms *GoGreen* arbeitet das Unternehmen daran, die CO_2-Effizienz bis zum Jahr 2020 gegenüber dem Basisjahr 2007 um 30 % zu verbessern. Dieses Ziel umfasst ebenfalls die Emissionen, die aus der Fremdvergabe von Transporten an Subunternehmer resultieren. Als Ergebnis der strategischen Ansätze und dank vieler Einzelmaßnahmen wurde das Ziel bereits 2016 vorzeitig erreicht.

Im März 2016 wurde daraufhin ein neues Konzernziel für den Bereich Umweltschutz/GoGreen bekanntgegeben (Deutsche Post DHL Group 2017b): Bis zum Jahr 2050 will die Deutsche Post DHL Group alle logistikbezogenen Emissionen netto auf null reduzieren.

Zu einer so ambitionierten langfristigen Mission braucht es auch mittelfristige Ziele für Mitarbeiter und Management. Bis 2025 misst der Konzern die konkrete Umsetzung zunächst anhand von vier Teilzielen:

1. Verbesserung der CO_2-Effizienz um 50 % gegenüber 2007. Das neue Ziel orientiert sich bereits am Ansatz der Science Based Targets Initiative.
2. Reduzierung des Ausstoßes lokaler Luftschadstoffe, indem die Zustellung (einschließlich der Abholung) zu 70 % mit sauberen Zustell- und Abholkonzepten wie Fahrradzustellung oder Elektromobilität durchgeführt wird.
3. Mehr als 50 % des Umsatzes beinhalten grüne Lösungen. Damit sollen auch die Lieferketten unserer Kunden umweltfreundlicher werden.
4. Zertifizierung von 80 % der Mitarbeiter mit spezifischen Trainingsmaßnahmen zu GoGreen-Experten und ihre Beteiligung an Umwelt- und Klimaschutzaktivitäten. Dazu zählt, jährlich mit Partnern eine Million Bäume anzupflanzen und sich damit für den Schutz der Wälder zu engagieren.

Bei den Maßnahmen geht Deutsche Post DHL Group strategisch vor. Angesetzt wird vorrangig dort, wo die größten Effizienzverbesserungen und Energie-/Emissionseinsparungen möglich sind. Transparenz über die Treibhausgasemissionen an allen Stationen einer Lieferkette ist daher die Voraussetzung jeder Optimierung. Diese folgt zwei Prinzipien: *Burn Less* und *Burn Clean*.

Über das Prinzip *Burn Less* wird durch Maßnahmen auf operativer, taktischer und strategischer Ebene der Ressourcenverbrauch reduziert, ohne dabei notwendigerweise die Energiequelle zu verändern. Dies geschieht operativ zum Beispiel durch die bedarfsgerechte Anpassung der eingesetzten Fahrzeuge und durch die Optimierung von Versandverpackungen und Ladungsträgern.

Auf taktischer Ebene wird durch die Anpassung von kundenspezifischen Bestellmengen und Lieferzyklen eine größere CO_2-Effizienz erzielt.

Auf strategischer Ebene gilt es, die Logistiknetze CO_2-effizient zu gestalten und fortwährend zu optimieren. Zu den Maßnahmen zählen die Standortwahl von Umschlagpunkten und Lieferzentren oder die Routenführung von internationalen Verbindungen.

Beim Prinzip *Burn Clean* werden herkömmliche Brenn- und Treibstoffe durch umweltfreundlichere Energiequellen und Kraftstoffe ersetzt. Ein Beispiel für dieses Prinzip ist der bereits angesprochene Einsatz von Elektroautos oder Fahrzeugen mit Erdgasantrieb in der Zustellung, ein anderes der Einsatz von grünem Strom in Logistikzentren.

3.2 GoGreen für Kunden

Seit dem Start von GoGreen als Umweltschutzprogramm hat Deutsche Post DHL umfangreiches Know-how darin erworben, Logistikprozesse klimaschonender zu gestalten. Über die *DHL GoGreen Solutions* bietet das Unternehmen diese Kompetenz seinen Kunden an. Dabei handelt es sich um Standardprodukte und kundenspezifische Lösungen, mit denen die Kunden ihre Logistik ressourcenschonender abbilden können. Im Angebot sind beispielsweise *Carbon-Report-Systeme*, mit denen die Kunden Transparenz über ihre logistikbedingten Emissionen erhalten. Mit *Green Optimization* erbringt Deutsche Post DHL Group individuelle Beratungsleistungen zur nachhaltigen Umgestaltung von Logistikketten, mit *Climate Neutral* werden unvermeidliche logistikbedingte Emissionen durch zertifizierte Klimaschutzprojekte ausgeglichen.

Beispiel für Green Optimization ist die Einführung von Teardrop-Trailern etwa für den Kunden Airbus (s. Abb. 2). Durch die aerodynamische Tropfenform mit dem kurvenförmigen Dach wird der Luftwiderstand reduziert und der Spritverbrauch sinkt im Vergleich zu konventionellen Schwerlastwagen bis zu 10 %. Damit senkt der Logistiker für seinen Kunden nicht nur die Umweltauswirkungen, sondern durch den geringeren Kraftstoffverbrauch auch die Kosten pro Fahrt und setzt sich für mehr umweltfreundliche Fahrzeuge ein. Der Antrieb mit komprimiertem Erdgas und Biogas sorgt für eine deutliche Senkung des Ausstoßes von Kohlendioxid und sonstigen Schadstoffen. Im Vergleich zu einem standardmäßigen Euro-6-Fahrzeug produziert das abgebildete Fahrzeug 68 % weniger Feinstaub und 39 % weniger Stickstoffoxid.

Im Schulterschluss mit dem Kunden werden so Lösungen umgesetzt, die langfristige positive Umweltauswirkungen haben. Dies kann zum Beispiel bedeuten, dass der Kunde

Grüne Logistik: Der gesellschaftliche Wertbeitrag von Unternehmen   383

Abb. 2 DHL Teardrop-Anhänger

bereit ist längere Verträge abzuschließen, um den „return on invest" zu garantieren oder gemeinsam andere Hürden zu überwinden.

Zusammenfassend sind DHL GoGreen Solutions nicht nur gut für die Umwelt, sie haben das Potenzial, Deutsche Post DHL Group einen Wettbewerbsvorteil zu verschaffen. Das Logistikunternehmen positioniert sich als innovativer Dienstleister, intensiviert in Optimierungsprojekten die Zusammenarbeit mit den Kunden und verbessert auf diese Weise die Kundenbindung. Außerdem kommt Deutsche Post DHL Group mit den grünen Logistiklösungen staatlichen Regulierungen zuvor.

Auf lange Sicht bieten die grünen Logistiklösungen obendrein Kostenvorteile. Grüne Logistikangebote sind oftmals mit Anlaufinvestitionen verbunden, vor allem in Zeiten niedriger Preise für fossile Brennstoffe. Aber wo Treibstoffe und Strom eingespart werden, sinken auf Dauer die Betriebskosten. Daher rechnen sich viele Investitionen in umweltfreundliche Technologien. Auf lange Sicht können daher auch die Kunden, die sich für grüne Logistiklösungen entscheiden, von Preisvorteilen profitieren.

3.3 Kreislaufwirtschaft als Geschäftsmodell der Zukunft

Für die Zukunft ist geplant, diese Kundenlösungen noch stärker auszubauen, sodass sie im Idealfall und bei entsprechender Kundennachfrage den entscheidenden Anteil am Geschäftserfolg von Deutsche Post DHL Group bilden. Für den Bereich Post, e-Commerce und Paket machten die klimaneutralen Sendungen einen Anteil von gut 10 % an den Gesamtsendungen aus (DPDHL Group 2015).

Neben dem Ausbau bestehender Lösungen, wie zum Beispiel dem eingangs erwähnten GoGreen-Regional-Produkt für saubere Innenstädte, sieht die Deutsche Post DHL Group Potenzial, Kunden bei der Einführung von *Kreislaufwirtschaftssystemen*, also ganzheitlichen Lösungen, die aus Umweltservices, Abfallvermeidung, Rückführungslogistik und Recycling bestehen, zu unterstützen. Abb. 3 zeigt, welche Rolle die Deutsche Post DHL Group in der Kreislaufwirtschaft bereits spielt.

Traditionelle lineare Verbrauchsmodelle durch eine Kreislaufwirtschaft zu ersetzen, ist eines *der* Zukunftsthemen für Industrie und Weltgemeinschaft. Den Kreislauf zu schließen erfordert maßgebliche Umorganisation von Materialströmen und Prozessen von der Herstellung bis zum „Lebensende" des Produktes. Die Logistik kann hierbei eine entscheidende Rolle spielen, sei es durch direkten Transport, zusätzliche Services, wie zum Beispiel Verpackungen, oder als Beratungspartner für Unternehmen. Kreislaufwirtschaft könnte damit zu einem neuen Geschäftsmodell für Deutsche Post DHL Group sowie seine Kunden werden.

Ein Beispiel, wie diese Geschäftsmodelle aussehen könnten, ist Reverse Logistics (dt. „Rückwärtslogistik"). Hierbei kann der Logistiker, in diesem Fall DHL, zusätzlich zur Transportleistung bei der Rückführung von Müll oder nicht mehr benötigten Artikeln auch weitere Schritte aus der Supply Chain übernehmen, wie zum Beispiel die Aufarbeitung gebrauchter Produkte, um sie anschließend an neue Besitzer zu liefern. Dies ist beispielsweise bei Elektronikgeräten bereits gängige Praxis, nicht nur bei DHL.

In vielen anderen Industrien – vor allem mit Produkten mit niedrigerem Restwert – ist dies eher Neuland. Diese könnten von ähnlichen Modellen der Integration von mehreren Schritten der Kreislaufwirtschaft profitieren.

Recyclingfreundliche Lastkraftwagen und Drehkreuze oder Lagerhallen könnten ein weiterer Schritt für die Kreislaufwirtschaft sein. In großen Städten nimmt das Logistikvolumen vor allem durch den Onlinehandel immer weiter zu. Ein Weg, um die damit verbundene Luftverschmutzung zu reduzieren, sind umweltfreundliche Fahrzeuge, wie z. B. Biogasfahrzeuge. Ein weiterer Schritt kann die Reduzierung der Fahrzeuge sein, die in eine Stadt fahren. Dies wäre möglich, wenn die Auslieferung von Waren oder Produkten auf der Hinfahrt beispielsweise clever mit der Abholung von recyclingfähigen Altprodukten auf der Rückfahrt kombiniert werden kann. Ein multifunktionaler Lastwagen könnte mit entsprechendem Innendesign den gleichzeitigen Transport von Waren und Recyclingmaterial ermöglichen, ohne dass beides in Berührung kommt. Mit fortschreitender Auslieferung würde der Teil für die neuen Produkte sich verkleinern, bis zum Schluss nur noch Recyclingstoffe geladen sind.

Passend hierzu sind multifunktionale Lagerhäuser oder Drehkreuze, wie DHL sie bereits beispielsweise im Elektronikbereich betreibt. Sie kombinieren Rückwärtslogistik direkt mit dem Recycling und Refurbishing (Überholen, Renovieren) von Produkten.

Ein Praxisbeispiel für integrierte Rückwärtslogistik am Flughafen betreibt DHL für British Airways in Großbritannien. DHL organisiert die komplette Lieferkette der Dienst-

Grüne Logistik: Der gesellschaftliche Wertbeitrag von Unternehmen 385

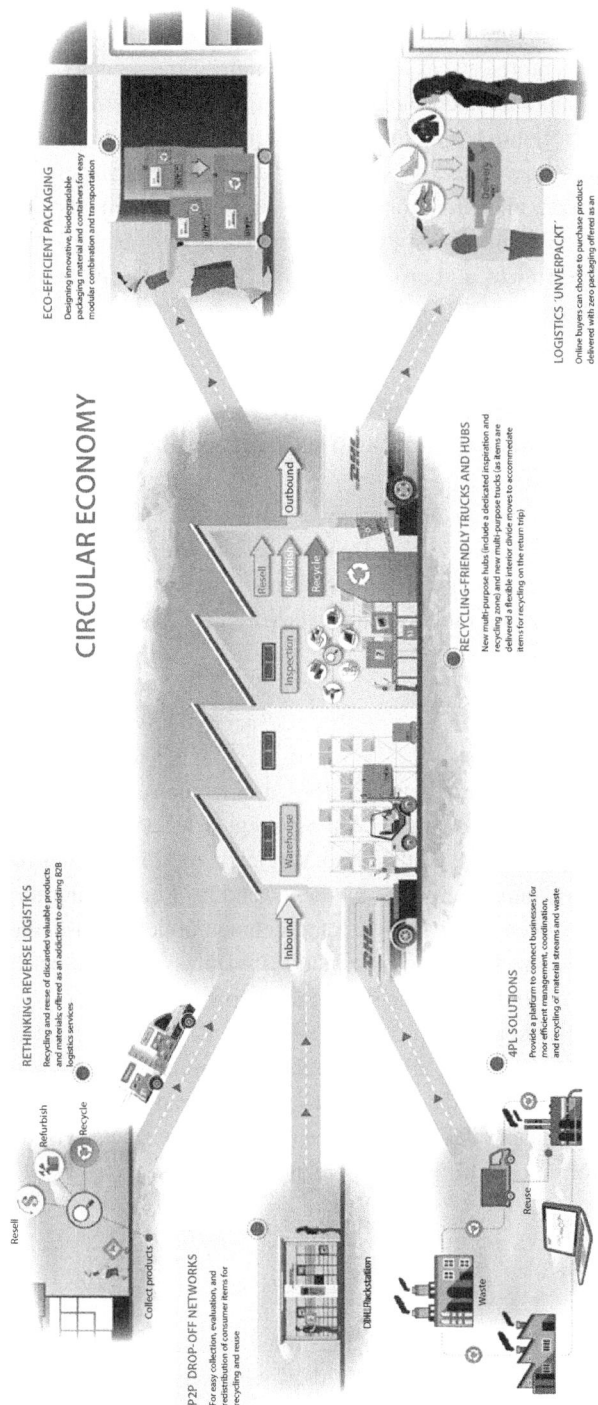

Abb. 3 Die Rolle der Logistik in der Kreislaufwirtschaft am Beispiel der Deutsche Post DHL Group. In Deutschland ist die Implementierung von Kreislaufwirtschaftssystemen im internationalen Vergleich weit fortgeschritten. Andere Länder stehen dagegen noch am Anfang. Für den internationalen Logistikkonzern Deutsche Post DHL Group ist dies ein Wachstumsmarkt mit Shared Value

leistungen an Bord – von der Küche bis ins Flugzeug. Neben dem Transport von bis zu 13 Mio. Speisen pro Jahr umfasst das auch den Warenverkauf und das Medienangebot an Bord sowie weitere Komfortservices für die Passagiere. Eine weitere DHL-Einheit, *Environmental Solutions*, kümmert sich darüber hinaus um die Geschirrreinigung und Abfallentsorgung mit dem Ziel, durch eine umweltfreundliche Lieferkette die Klimabilanz des gesamten Flugbetriebs zu verbessern. Das integrierte und spezialisierte Recyclingcenter ist in den innovativen, multifunktionalen Hub am Flughafen Heathrow integriert. Dadurch konnten das Abfallvolumen um 70 % reduziert, ein Zero-landfill-Ziel (äquivalent zu 100 % Recycling) erreicht und pro Jahr knapp 4 t CO_2 eingespart werden (DHL Customer Solutions & Innovation 2015).

4 Hemmende und fördernde Einflussfaktoren auf CSR-Geschäftsmodelle – oder: Wie kann es weitergehen?

Viele Argumente sprechen dafür, dass Unternehmen mit nachhaltigen Geschäftsmodellen großen wirtschaftlichen Erfolg erzielen. Dennoch ist der Weg zu einer nachhaltigen Wirtschaft nicht geradlinig. Es treten sowohl den Wandel fördernde als auch hemmende Faktoren auf. Einige von ihnen sind im Folgenden dargestellt.

4.1 Regulierung

Auch wenn CSR meist als freiwillige Leistung des Unternehmens definiert wird – beim Umbau der Wirtschaft ist die Lenkung durch den Staat einer der wirkmächtigsten Faktoren. Eine Regulierung durch Anreize ist dabei im Vergleich zu Verboten der motivierendere Weg. Häufig werden damit auch im Sinne des Ziels der Regulierung die besseren Ergebnisse erzielt. Bei Verboten versuchen die Unternehmen üblicherweise, die Regulierung mit Minimallösungen einzuhalten, während sie bei Anreizsystemen danach trachten, die staatlichen Angebote möglichst vollständig auszuschöpfen.

Daher fordert Porter in seinem Essay, dass eine Regulierung in Form von „command and control" (Befehl und Kontrolle) möglichst durch eine Anreizregulierung ersetzt wird (Porter und Kramer 2011). Es gibt jedoch auch Beispiele dafür, dass Verbote einen positiven Wandel erst in Gang setzen oder beschleunigen. Dies gilt beispielsweise für Schwefelgrenzwerte in Treibstoffen oder für Fahrverbote in Innenstädten.

4.2 Kundenverhalten

Eine der primären Einflussgruppen für eine nachhaltige Beschaffung und Marketingkommunikation stellen Kunden dar (Foerstel et al. 2015). Grüne und nachhaltige Lösungen sind zwar überall positiv besetzt, das Kundenverhalten jedoch ist nicht eindeutig.

- Ein Teil der Kunden gibt in Umfragen an, gerne mehr für grüne, nachhaltige oder fair produzierte Güter zu bezahlen, wenn die Herstellung des Produktes mit höherem Aufwand verbunden ist, und handelt auch danach.
- Ein anderer Teil der Kunden gibt in Umfragen an, mehr für grüne, nachhaltige oder fair produzierte Güter bezahlen zu wollen, greift aber bei der Kaufentscheidung (bewusst oder unbewusst) zu anderen Produkten.
- Ein dritter Teil der Kunden legt hingegen keinen Wert auf Nachhaltigkeit oder erwartet Nachhaltigkeit als Teil der Standardleistung und ist deshalb nicht bereit, für grüne, nachhaltige oder fair produzierte Güter mehr zu bezahlen.

Je nach Umfeld und Studie fallen diese drei Kundengruppen unterschiedlich groß aus. Nach einer Nielsen-Studie zählen weltweit 50 % der Kunden zu den ersten beiden Kategorien (Hower 2013). Von diesen sind vor allem Kunden unter wirtschaftlichen Gesichtspunkten besonders interessant, die auch nach ihren Überzeugungen handeln. Mit ihrem Kaufverhalten können sie Einfluss auf die Anbieterseite ausüben:

- Sie kaufen bevorzugt bei Anbietern, deren Geschäftsmodell gänzlich auf Nachhaltigkeit basiert, sodass diese wachsen und wesentliche Marktanteile gewinnen,
- sie kaufen nachhaltige Produkte bei Vollsortimentern, die beides im Programm haben – nachhaltige Produkte und Standardprodukte – und versuchen mit ihrer Kaufentscheidung, das Portfolio des Anbieters langsam zu drehen.

Anbieter müssen sich jedoch nicht nur auf diese erste Kundengruppe einstellen, sondern auch auf Kunden, für die Nachhaltigkeit lediglich ein Lippenbekenntnis ist und die im Ernstfall eben doch zum günstigsten oder für sie bequemsten Angebot greifen.

Es ist eine wichtige Aufgabe der Marketingkommunikation, (potenzielle) Kunden über grüne Produkte aufzuklären. Denn um die Wahl zu haben, muss der Kunde zuerst unterscheiden können. Im Logistikbereich kann der Kunde sehen, dass DHL mit *GoGreen* Sendungen klimaneutral zustellt. Er sieht eventuell ebenfalls, dass DHL mit dem Elektroauto zustellt, während ein Konkurrent dies möglicherweise (noch) nicht tut. Das alleine ist für eine Aufklärung zu grünen Produkten noch zu wenig, denn auch andere Logistikdienstleister werben mit grünen Logos auf ihren Produkten. Ein Vergleich ist für Kunden nicht ohne Aufwand möglich, somit ist eine fundierte Entscheidung über den „richtigen" Paketdienst mit dem „grüneren" Produkt schwierig. Im Zweifel verzichtet der Kunde darauf, Nachhaltigkeit oder Umweltschutz zum Entscheidungskriterium zu machen. Ein einheitliches, neutrales *Klassifizierungssystem* (wie z. B. nach dem Muster der Energieeffizienzklassen für Elektrogeräte) wäre ein hilfreiches Instrument, um auch Logistikleistungen und andere Produkte und Dienstleistungen vergleichbar zu machen. Hierfür sind gleiche Standards und Berechnungsrichtlinien sowie Unterstützung für deren Anwendung, insbesondere für kleinere Betriebe, eine wichtige Voraussetzung (Tomoff und Pütz 2014).

Wenn es um den ökologischen Umbau der Wirtschaft und insbesondere der Logistik geht, haben *Geschäftskunden* einen unmittelbareren Einfluss gegenüber Privatkunden.

In der Logistik kaufen Geschäftskunden oftmals maßgeschneiderte Lösungen, bei denen nachhaltige Komponenten wie die umweltfreundliche Gestaltung von Transporten oder Investitionen in die Lagerlogistik beauftragt werden können. Die meisten Lösungen zur Steigerung der Energieeffizienz wirken sich nicht nur positiv auf die Ökobilanz aus, sondern weisen auch über die Lebenszeit der Investition betrachtet eine positive Kapitalrendite auf. Allerdings haben Verträge in der Logistik heutzutage häufig nur noch Laufzeiten von weniger als zwei Jahren. Dieser Zeitraum ist zu kurz, als dass sich die Mehrkosten in der Beschaffung durch niedrigere Kosten während des Betriebs amortisieren würden.

Obwohl also viele große Unternehmen heute eigene Umwelt- und Klimaschutzziele verfolgen und dabei nach dem *Greenhouse Gas Protocol* auch die Emissionen von Logistikdienstleistern im sogenannten Scope 3 mit in die Berechnungen einfließen lassen, treten auch im Geschäftskundenbereich Vorbehalte gegenüber gemeinsam getragenen Investitionen zur Verbesserung der Nachhaltigkeit auf. Dabei fehlt den grünen Logistikkonzepten manchmal schlicht die Zeit, um gemeinsamen Nutzen entfalten zu können. Hier können die End- oder Privatkunden jedoch die Geschäftskunden wiederum in die Pflicht nehmen, indem sie nachhaltigen Transport ihrer Produkte einfordern. Geschäftskunden sind offener für grüne Logistiklösungen, wenn sie wissen, dass ihre Kunden das zu schätzen wissen.

4.3 Mitarbeiterverhalten

Die Mitarbeiter üben ebenfalls einen großen Einfluss darauf aus, dass nachhaltige Geschäftsmodelle entstehen. Dies wird für Unternehmen spürbar, wenn Mitarbeiter wie Bewerber Wert darauf legen, dass Unternehmen ihrer gesellschaftlichen Verantwortung nachkommen, und Talente abwandern oder gar nicht erst gewonnen werden können. Das zunehmende Interesse von Bewerbern an dieser Thematik liegt insbesondere in der zunehmenden Vernetzung von Berufs- und Privatleben begründet. Mitarbeiter möchten sich mehr mit dem Unternehmen identifizieren und voll hinter den Aktivitäten desselben stehen. CSR kann somit insbesondere in einem Arbeitsmarkt mit stark ähnlichen Arbeitgebern zum Differenzierungsfaktor werden. Im Rahmen der Logistik steht in Bezug auf Corporate Social Responsibility hierbei unter anderem das verstärkte Interesse an der Thematik „Green Logistics" im Fokus der Unternehmen, um in diesem Bereich ihr Image zu verbessern (VDI Nachrichten 2010).

Aber auch für Mitarbeiter, bei denen harte Faktoren des Arbeitslebens wie Einkommenserwartungen oder Arbeitsplatzsicherheit im Vordergrund stehen, kann es eine Rolle spielen, inwieweit ihr Arbeitgeber seiner Unternehmensverantwortung nachkommt. Diese Mitarbeiter nehmen anhand von CSR-Kriterien eine Risikoabwägung ihres Arbeitgebers und ihres Arbeitsplatzes vor.

In Studien, wie zum Beispiel der Kienbaum-Absolventenstudie (Kienbaum 2015), die Kriterien bei der Arbeitgeberwahl untersuchen, landet „Unternehmensverantwortung" jedoch selten in den Top 3.

Auch in der Universum-Absolventenstudie mit zwischen 20.000 und 45.000 Befragten verschiedenster Studienrichtungen wurde zwar 2009 bereits die Wichtigkeit von CSR hervorgehoben (Ludowig 2009), 2015 taucht sie nicht unter den Top-5-Treibern der Arbeitgeberattraktivität auf (Universum 2015).

4.4 Weitere Akteure und Stakeholder-Dialoge

Neben den genannten wichtigen Einflussgruppen Politik, Kunden und Mitarbeiter gibt es weitere beachtenswerte Gruppen. Investoren beispielsweise haben einen großen Einfluss auf börsengelistete Unternehmen. Aber auch Vereine, NGOs und andere Interessengruppen können ein Unternehmen bezüglich seiner Nachhaltigkeitsstrategie beeinflussen. Eindrückliche Beispiele gibt es zuhauf, etwa wie Greenpeace durch seine Kampagne maßgeblich dazu beitrug, dass die über 50-jährige Partnerschaft zwischen Lego und Shell, die laut Guardian 68 Mio. britische Pfund wert sein soll (Vaughan 2014), nicht verlängert wurde.

Es gibt in der jüngeren Vergangenheit viele Bemühungen der Wirtschaft, den Dialog mit anderen Vertretern der Wirtschaft, mit Akteuren der Politik, mit Investoren, Bürgern und Vertretern von NGOs zu verstärken. Der regelmäßige Austausch mit den Anspruchsgruppen hat für Deutsche Post DHL Group strategische Priorität und ist Bestandteil des Corporate-Responsibility-Managementansatzes. Der Stakeholder-Dialog ist ein wichtiges Instrument, um Lösungsansätze für zukünftige gesellschaftliche und unternehmerische Herausforderungen zu ermitteln und zu überprüfen, welche Themen für den Konzern als materiell einzustufen sind. Die grüne Logistik zählt zu diesen Themen.

Der Stakeholder-Dialog mit dem damit verbundenen Ausgleich von Interessen kann auch dazu beitragen, die Startchancen nachhaltiger Geschäftsmodelle zu verbessern. Während beispielsweise Einkäufer primär danach trachten, eine definierte Leistung zu einem vorteilhaften Preis zu beschaffen, haben Vertreter anderer Funktionen im Unternehmen abweichende Interessen mit einem stärkeren Fokus auf CSR-Themen. Ziel ist es daher, die Vertreter dieser Funktionen am Entscheidungsprozess zu beteiligen.

5 Fazit und Ausblick

Schon heute treffen viele Menschen ihre Kaufentscheidungen nach Nachhaltigkeitskriterien. In Zukunft wird sich die Bedeutung umweltfreundlicher Geschäftsmodelle voraussichtlich vergrößern. Der gesellschaftliche Wertbeitrag von Unternehmen wird dann zunehmend ein wichtiger Wettbewerbsfaktor. Dies bedeutet jedoch nicht, dass nachhaltige Geschäftsmodelle und Produkte – wie beispielsweise die grünen Logistikangebote von Deutsche Post DHL Group – automatisch und sofort zu Selbstläufern werden. Verschiedene äußere Einflussfaktoren fördern den Umbau der Wirtschaft hin zu mehr Nachhaltigkeit, andere haben eine bremsende Wirkung. Für die Umwelt und die Gesellschaft bleibt zu hoffen, dass Erstere sich durchsetzen werden.

Unternehmen, die anstreben, Unternehmensverantwortung nicht länger losgelöst vom Geschäft zu betrachten, werden in Zukunft erfolgreich bleiben. Ziel von Deutsche Post DHL ist es, dass Corporate Social Responsibility integraler Teil des Geschäfts und des Geschäftsmodells sein wird und dass das Unternehmen dies mit vielen seiner Kunden gemein haben wird.

Literatur

Carroll AB (1999) Corporate Social Responsibility: Evolution of a Definitional Construct. Bus Soc 38(3):268–293

Deutsche Post DHL Group (2017a) Strategie 2020. http://www.dpdhl.com/de/ueber_uns/strategie.html. Zugegriffen: 17. Mai 2017

Deutsche Post DHL Group (2017b) Deutsche Post DHL Group beschließt Null-Emissionen-Logistik bis 2050. http://www.dpdhl.com/de/presse/pressemitteilungen/2017/dpdhl_group_null-emissionen_logistik_2050.html. Zugegriffen: 01. Apr. 2017

DHL Customer Solutions & Innovation (2015) Fair and Responsible Logistics Trend Study DHL – A DHL perspective on how to create lasting competitive advantage. http://www.dhl.com/content/dam/downloads/g0/about_us/logistics_insights/dhl_trendreport_fairresp.pdf. Zugegriffen: 21. Juni

DPDHL Group (2015) Sustainability Report. http://cr-bericht2015.dpdhl.com/serviceseiten/downloads/files/gesamt_dpdhl_crb15.pdf. Zugegriffen: 10. Sept. 2016

Foerstel K, Azadegan A, Leppelt T, Hartmann E (2015) Drivers of supplier sustainability: Moving beyond compliance to commitment. J Supply Chain Manag 51(1):67–92

Hower M (2013) 50 % of Global Consumers Willing to Pay More for Socially Responsible Products. Sustainable Brands. http://goo.gl/CmGbaF. Zugegriffen: 07. Sept. 2016

Kienbaum Absolventenstudie (2015) http://www.kienbaum.com/Portaldata/1/Resources/downloads/brochures/Kienbaum_Absolventenstudie_2014_2015_Ergebnisbericht.pdf. Zugegriffen: 10. Sept. 2016

Ludowig K (2009) Bewerbung – Der Faktor Verantwortung zählt. www.zeit.de/online/2009/36/unternehmen-image-bewerbung. Zugegriffen: 10. Sept. 2016

Phenix M (2016) Should cities be car-free zones? http://www.bbc.com/autos/story/20160404-should-cities-ban-cars. Zugegriffen: 21. Apr. 2017

Porter ME, Kramer MR (2011) Creating Shared Value – How to reinvent capitalism – and unleash a wave of innovation and growth. Harv Bus Rev 89(1/2):62–77

Tomoff K, Pütz P (2014) Grüne Logistik messbar machen – Umweltreporting bei Deutsche Post DHL in CSR und Reporting. In: Fifka M (Hrsg) Nachhaltigkeits und CSR-Berichtersatttung verstehen und erfolgreich umsetzen. Springer Gabler, Berlin Heidelberg, S 213–226

Universum Arbeitgeberranking 2015 (2015) http://universumglobal.com/de/2015/04/universum-arbeitgeberranking-2015/. Zugegriffen: 10. Sept. 2016

Vaughan A (2014) Lego ends Shell partnership following Greenpeace campaign. https://www.theguardian.com/environment/2014/oct/09/lego-ends-shell-partnership-following-greenpeace-campaign. Zugegriffen: 05. Sept. 2016

VDI Nachrichten (2010) Green Logistics wird zum Wettbewerbsfaktor. http://www.vdi-nachrichten.com/artikel/Green-Logistics-wird-zumWettbewerbsfaktor/48063/2. Zugegriffen: 01. Sept. 2016

Katharina Tomoff leitet bei der Deutsche Post DHL Group die 2013 entstandene Abteilung Shared Value, welche ökonomische Erfolge durch gesellschaftliche und soziale Verantwortung zum Ziel hat. Bereits seit 2010 ist Katharina Tomoff als Vice President für das globale Umweltschutzprogramm GoGreen bei der Deutsche Post DHL Group verantwortlich. In Ihrer Rolle spricht sie sich für die Förderung von fairer und verantwortungsvoller Logistik aus und engagiert(e) sich als Mitglied in verschiedenen Gremien wie dem Global Agenda Council on Climate Change des Weltwirtschaftsforums (WEF), als Kuratoriumsmitglied beim Bundesdeutschen Arbeitskreis für Umweltbewusstes Management (B.A.U.M.) und der Stiftung Entwicklung und Frieden (sef).

Unternehmensverantwortung in der Tabakindustrie: Strategische Herausforderungen und Lösungsansätze

Ulf Henning Richter und Milan Klopprogge

1 Einleitung

Corporate Social Responsibility in der Tabakindustrie lässt sich nur schwer mit der gesundheitsschädlichen Natur von Tabakprodukten vereinbaren. In vielen Branchen heben Unternehmen ihre Bemühungen um mehr Nachhaltigkeit, soziale Standards oder hohe ethische Ansprüche mit Verweis auf ihre CSR-Strategien hervor. Tabakfirmen wie British-American Tobacco (BAT) oder Philip Morris erregen vielfach Kritik, wenn sie sich mit ihren CSR-Maßnahmen schmücken. Schon 2002/2003 veröffentlichte BAT seinen ersten CSR-Bericht und wurde für diesen ausgezeichnet. Auch Philip Morris International veröffentlichte im selben Zeitraum zum ersten Mal weitreichende Informationen über seine CSR-bezogenen Positionen und Aktivitäten auf der Firmenwebsite. Diese werden von NGOs vielfach mit „alternativen" CSR-Berichten oder Analysen beantwortet. Die Weltgesundheitsorganisation (WHO) stellt sozialverantwortliches Handeln seitens der Tabakindustrie kategorisch infrage, da sie dieses als inhärenten Widerspruch zur Geschäftstätigkeit sieht (Richter 2011). Selbst wenn gleiche oder sogar höhere CSR-Standards verwendet werden und CSR-Maßnahmen von Tabakfirmen erfolgreich sind, stoßen diese auf geringe Akzeptanz bei der Bevölkerung, Verbrauchschutzverbänden oder Antitabakaktivisten, bis hin zu Rufen nach völligem Verbot von Tabakprodukten und -unternehmen seitens der Weltgesundheitsorganisation.

U. H. Richter (✉)
Tongji University
1500 Siping Road, 200092 Shanghai, China
E-Mail: ulf.richter@tongji.edu.cn

M. Klopprogge
Airbus Defence and Space
Lindwurmstr. 177, 80337 München, Deutschland

© Springer-Verlag GmbH Deutschland 2018
P. Bungard (Hrsg.), *CSR und Geschäftsmodelle*, Management-Reihe Corporate Social Responsibility, https://doi.org/10.1007/978-3-662-52882-2_25

In diesem Artikel beleuchten wir den Ursprung dieser Problematik anhand einer kurzen Geschichte der Tabakindustrie.[1] Die Tabakindustrie steht aus zwei Gründen vor besonderen Herausforderungen:

1. Produkt. Die Interessen der Tabakindustrie laufen gegensätzlich zum öffentlichen Wohl (Michalos 1997). Heutzutage gibt es keinen wissenschaftlichen Zweifel daran, dass Rauchen abhängig macht und potenziell tödlich ist. Wissenschaftliche Untersuchungen haben gezeigt, dass einer von zwei Langzeitrauchern vorzeitig an den Folgen des Rauchens stirbt, die Hälfte von ihnen im mittleren Alter.
2. Strategische Positionierung. Der zweite Grund bezieht sich auf das Verhalten der Tabakindustrie in der Vergangenheit. Durch ihre Strategie, sämtliche negativen Effekte und Risiken des Rauchens zu verneinen und sogar Informationen zu manipulieren, hat sie viel Glaubwürdigkeit verspielt. Als Folge dessen stehen diese Firmen heute einem großen Argwohn der Öffentlichkeit gegenüber (Richter 2011).

Was also bedeutet sozialverträgliches Handeln in der Tabakbranche? Wir werden diese Frage auf den nachfolgenden Seiten genauer untersuchen, Gründe für den bisherigen Misserfolg aufführen und einen möglichen Lösungsansatz skizzieren. Wir diskutieren demnach die besonderen Herausforderungen von CSR in der Tabakindustrie und argumentieren, dass ein nachhaltiger CSR-Ansatz in der Tabakindustrie grundsätzlich anders konzeptualisiert werden muss.

2 Die Wissenschaftliche Debatte um die Tabakindustrie

Die erste wissenschaftliche Fallstudie über die Gesundheitseffekte von Tabak wurde von dem deutschen Epidemiologen Franz H. Müller (1939) durchgeführt, der eine positive Beziehung zwischen Lungenkrebs und dem Rauchen von Zigaretten feststellte. Allerdings fand die Studie aufgrund des beginnenden Zweiten Weltkriegs keinen Anklang in der Weltöffentlichkeit (Doll 2001). Erst 1950 wurde die Wissenschaft aufgerüttelt, nachdem das British Medical Journal eine kontrollierte Studie von Doll und Hill (1950) publizierte, in der ebenfalls eine Verbindung zwischen Lungenkrebs und Zigaretten hergestellt werden konnte. Nach einem Jahrzehnt intensiver Forschung veröffentlichte 1964 das U.S.-Surgeons General einen Bericht, der hervorhob, dass „Zigarettenrauchen einen erheblichen Einfluss auf die Sterblichkeit von gewissen Krankheiten und der generellen Todesrate hat" (U.S. Department of Health, Education, and Welfare 1964, S. 31). Die Veröffentlichung löste eine nationale Debatte über die Effekte des Tabakkonsums aus (Lanfranco 1970). Darüber hinaus befand Domino (1973), das Nikotin eine Substanz ist, die ein starkes Suchtverhalten auslöst. Auch Russell (1974, S. 254) betonte „die entscheidende Rolle

---

[1] Die Inhalte dieses Buchkapitels beziehen sich in weiten Teilen auf einen früheren Artikel zu dem Problemfeld der Unternehmensverantwortung in der Tabakindustrie veröffentlicht im Journal of Business Ethics von Guido Palazzo und Ulf Henning Richter (Palazzo und Richter 2005).

von Nikotin in der Herstellung und Erhaltung der Zigarettenabhängigkeit, die ‚Macht', die sicherstellt, dass nahezu jeder, der raucht, auch irgendwann anhängig wird." Heutzutage, nach der Veröffentlichung von über 70.000 wissenschaftlichen Artikeln, ist es ein anerkannter Fakt, dass Nikotin eine physiologisch aktive, süchtig machende Substanz ist und dass der Konsum von Tabak eine große Bedrohung für die öffentliche Gesundheit darstellt (U.S. Department of Health and Human Services 1988; WHO 1999, 2002, 2016). Es ist mittlerweile unbestritten, dass Tabakrauch 40 oftmals tödliche Krankheiten verursacht (Doll 2000; International Agency for Research on Cancer 2002), aktives, aber auch passives Rauchen krebserregend ist (International Agency for Research on Cancer 2002) und dass Frauen einem zusätzlichen Risiko ausgesetzt sind, da Rauchen während der Schwangerschaft nachhaltig negative Folgen auf das Baby haben kann (WHO 2016). Die WHO (2002, S. 36) ist überzeugt, dass „Zigaretten die Hälfte ihrer lebenslangen Konsumenten töten", und schätzt, dass die Todeszahlen im Zusammenhang mit Tabakkonsum von 1998 mit vier Millionen Toten pro Jahr auf über zehn Millionen im Jahr 2030 ansteigen werden. Auch wenn der Konsum in Europa und den USA rückläufig ist, so steigt er dennoch um etwa 3,4 % pro Jahr (Centers for Disease Control and Prevention 2016) in weniger entwickelten Ländern. Wenig überraschend sind daher auch die direkten Folgen für die betroffenen Volkswirtschaften: Für Deutschland schätzen Experten, dass Raucher durch direkte und indirekte Einflüsse den Staat jährlich 80 Mrd. Euro kosten, etwa 2,8 % des Bruttoinlandsproduktes (Deutsches Krebsforschungszentrum 2015). Diese Zahl konterkariert deutlich das Hauptargument der Tabaklobby, die behauptet, dass ihre Branche durch Beschäftigung und Steuern einen signifikanten Beitrag zur Volkswirtschaft liefert.

3 Reaktionen der Tabakindustrie

Sobald die Zigarettenfirmen bemerkten, dass sämtliche wissenschaftliche Studien die negativen Gesundheitseffekte von Tabakkonsum hervorhoben und ihr Geschäftsmodell dadurch bedrohten, begannen sie Zweifel über die Auswirkungen des Rauchens zu säen. So behaupteten sie, dass Sucht und Lungenkrebs in keinem Zusammenhang mit Rauchen oder Tabakkonsum ständen, und starteten groß angelegte Gegenkampagnen. 1953 trafen sich die Präsidenten der größten Tabakunternehmen mit der Öffentlichkeitsarbeitsfirma Hill & Knowlton, um eine Gegenkampagne über die positiven Effekte von Tabakkonsum zu starten (Goss 1953). Darüber hinaus bezahlten die Tabakfirmen auch „unabhängige" Wissenschaftler, damit diese tabakfreundliche Studien durchführten (Burch 1978; McDonald 1982; Sterling 1975). Eine der ersten Veröffentlichungen kam von Fisher (1957), der behauptete, es gäbe eine genetische Veranlagung zu rauchen und Lungenkrebs zu bekommen. Daher würde das Aufgeben des Zigarettenkonsums nicht den Krebs verhindern, weil das Risiko bereits genetisch vorveranlagt sei. Zudem bezweifelten sie die Wissenschaftlichkeit vorangegangener Studien, die die positive Beziehung zwischen Tabak und Lungenkrebs hervorgehoben hatten. So behauptete die Tabaklobby, diese Studien hätten keine repräsentative Auswahl getroffen, die Teilnehmer wären nicht zufällig ausgewählt gewesen, die Interviewer nicht erfahren genug und die Teilnehmer voreingenommen durch „Selbstauswahl" (British American Tobacco 1994). Die Tabakindustrie warf Regierungen ebenfalls vor, dass sie Prohibitionisten wären und diese Art von Nötigung für demokratische Staaten unzulässig sei (British American Tobacco 1994; Chapman und Carter 2003). Über Jahrzehnte betrieb die Branche massive Lobbyarbeit und Falschinformationskampagnen, um die wissenschaftliche Beweisführung bezüglich des Zusammenhangs zwischen Rauchen und Krebs zu unterminieren.

Die Hauptzielgruppe der Tabakindustrie waren stets Teenager. Sie sollten durch eine frühe Zigarettensucht an eine Marke herangeführt werden und dieser Marke dann im Idealfall ein Leben lang treu bleiben. Bereits in den 1970er-Jahren wusste Philip Morris, dass Marlboro allgemein die Lieblingsmarke von Teenagern war (Cummings et al. 2002). Philip Morris' interne Aussagen, aufgezeichnet Anfang der 1980er-Jahre, zeigen klar, dass der Marketingschwerpunkt auf dieser Zielgruppe lag: „Der heutige Teenager ist der potentielle Kunde von morgen, und die überwältigende Mehrheit der Raucher beginnt bereits in ihrer Teenagerzeit zu rauchen" (Johnston et al. 1981, S. 1). 1966 wurden die U.S.-Tabakfirmen erstmals verpflichtet weltweit Warnhinweise auf Zigarettenpackungen zu veröffentlichen (Chapman und Carter 2003). Allerdings fand die WHO schon 1970 heraus, dass diese Maßnahmen keinen Effekt auf den Konsum von Zigaretten hatten. Daher veranlasste die U.S. Federal Trade Commission (2016) im Januar 1971 ein Verbot von Zigarettenwerbung. 1992 beschloss die europäische Tabakindustrie Zigarettenpackungen mit ähnlichen Gesundheitswarnungen zu versehen, um weitere Sanktionen durch die European Economic Community (EEC) zu umgehen (Chapman und Carter 2003). Anfang der 1990er-Jahre wurde öffentlich, dass den Tabakunternehmen die Gesundheitsfolgen sowie der Suchtfaktor ihrer Produkte bereits seit Jahrzehnten bewusst waren. Aus diesem Grund besteht heute ein tiefes öffentliches Misstrauen gegenüber der Tabakbranche (Richter 2011).

4 CSR in der Tabakindustrie

Nachdem das Thema Unternehmensverantwortung in der Tabakindustrie jahrelang weitestgehend ignoriert wurde, sind sich Tabakfirmen ihrer sozialen Verantwortung in den vergangenen Jahren verstärkt bewusst geworden (Matten und Crane 2005; Richter und Arndt 2016). Die meisten Tabakfirmen sind multinationale Konzerne und stehen in Zeiten der Globalisierung besonders im Fokus der Öffentlichkeit (Richter 2010). Sie übernehmen heutzutage Aufgaben wie die Verbesserung der öffentlichen Gesundheit, Bildung, Menschenrechte oder den Kampf gegen Mangelernährung, Analphabetismus, Aids und Obdachlosigkeit, die ehemals in der Regierungsverantwortung der Gastländer lagen. Unternehmen engagieren sich in diesen Bereichen mit CSR-Projekten, da ihre globalen Wertschöpfungsketten es ihnen oft leichter erlauben, Lösungen zu finden, die über die Grenzen eines Landes hinausgehen (Margolis und Walsh 2003; Matten und Crane 2005). Dieses Engagement ist von großer Bedeutung, denn als Mitglieder der Gesellschaft sind Unternehmen dazu aufgerufen, das Allgemeinwohl in Betracht zu ziehen und zu verbessern (Kok et al. 2001), und können parallel dazu ihre Reputation verbessern und Risikomanagement betreiben (Joyner und Payne 2002, S. 299).

Tabakfirmen unterscheiden sich von Unternehmen mit einem weniger kritischen Produktportfolio durch die unterschiedlichen Anforderungen für das Erreichen von gesellschaftlicher Akzeptanz. Die Gesundheitsrisiken des Rauchens sowie das Verhalten der Tabakindustrie in der Vergangenheit führen dazu, dass einige der Schlüsselansätze von CSR bei diesem Geschäftsmodell nicht funktionieren. Im Folgenden besprechen wir vier Bereiche, die als essenziell für das Erreichen von gesellschaftlicher Legitimität angesehen werden: Philanthropie, Zusammenarbeit mit Stakeholdern, CSR-Reporting und Selbstregulierung (Palazzo und Richter 2005). In der Tabakindustrie können diese Maßnahmen allerdings im Gegensatz zu gewöhnlichen Branchen ineffektiv oder sogar kontraproduktiv sein (Richter und Arndt 2016).

5 Kernelemente von CSR

(1) Unternehmerische Philanthropie wird oft als Kernelement von CSR angesehen (Matten und Crane 2005; Porter und Kramer 2002). Für Tabakunternehmen hat ein philanthropischer Ansatz bei CSR mehrere Einschränkungen: Die erste wäre das Dirty-Money-Problem. Die Öffentlichkeit ist weitgehend skeptisch, wenn es um Spenden von Unternehmen aus umstrittenen Geschäftsfeldern geht. Ihrer Argumentation folgend ist es moralisch verwerflich, Geld anzunehmen, um etwas Gutes zu tun, wenn dieses aus zumindest umstrittenen Geschäftsfeldern stammt. Deswegen sind viele Wohltätigkeitsorganisationen starkem öffentlichen Druck ausgesetzt, wenn sie Geld aus der Tabakindustrie zu verwenden. Als BAT der University of Nottingham finanzielle Unterstützung für die Gründung des CSR Research Center garantieren wollte, löste die Firma innerhalb der Universität, aber auch in ihrem Umfeld eine aufgebrachte Debatte aus (Maguire 2000). Eine zweite Einschränkung im philanthropischen Kontext bezieht sich auf das „Strategiedilemma". Unternehmen sind dazu aufgerufen, einen strategischen Ansatz zum philanthropischen Engagement anzustreben. Zwei Aspekte charakterisieren einen strategischen Ansatz:

(i) Das philanthropische Engagement sollte auf den Kernkompetenzen der Firma basieren und es sollte die Reputation des Unternehmens verbessern (Porter und Kramer 2002). Microsoft zum Beispiel stützt sein CSR-Engagement auf IT-Ausbildung und lebenslanges Lernen. Für Tabakunternehmen ist dieser strategische Ansatz allerdings schwer realisierbar, da eine Spezialisierung auf Kernkompetenzen mit dem Ansatz von CSR selbst kollidieren würde (Palazzo und Richter 2005). (ii) Es besteht das Problem, dass selbst wenn sich ein Unternehmen für gesellschaftliche Belange außerhalb seines Geschäftsfeldes einsetzt, erzeugt es damit öffentlichen Widerstand, wie z. B. Philip Morris International, welches Geld für den Kampf gegen häusliche Gewalt spendete, oder BAT, das sich für den Kampf gegen Aids in Afrika und Asien einsetzt (Action on Smoking and Health 2015). Der Vorwurf ist, dass die Unternehmen lediglich Schönfärberei bzw. eine Verschleierungstaktik betreiben, um das ethische Problem des Kernproduktes zu verbergen. Folglich bleibt kein positiver Reputationseffekt bestehen (Palazzo und Richter 2005).

(2) Die Zusammenarbeit mit dem Stakeholder-Umfeld kann als einer der Grundpfeiler eines vertrauensvollen CSR-Engagements gewertet werden (Calton und Payne 2003; Swanson 1999; Wicks und Freeman 1998). Eine Zusammenarbeit führt nicht bloß zu einer höheren Glaubwürdigkeit der CSR-Aktivitäten, sondern hat auch positive Auswirkungen auf die Reputation einer Firma (Zimmerman und Zeitz 2002). In der Tabakindustrie ist dieser Grundsatz jedoch falsch, da eine Zusammenarbeit mit der Tabakindustrie für die beteiligten Akteure einen negativen Reputationseffekt hat. Ganz besonders gilt dies im wissenschaftlichen Bereich, in dem Wissenschaftler unter strenger Beobachtung stehen. Für Tabakunternehmen ist aber gerade dieses Gebiet von besonderer Bedeutung, um Glaubwürdigkeit zu schaffen. Folglich steht jeder Wissenschaftler, der mit der Tabakindustrie zusammenarbeitet, vor einem Interessenkonflikt und sieht sich dem Vorwurf der Manipulation ausgesetzt ist (Kaufman et al. 2004). Als Folge publizieren manche wissenschaftlichen Zeitschriften keinerlei von der Tabakindustrie finanzierten Studien. Darüber hinaus weigert sich beispielsweise die WHO sogar nur mit Vertretern der Tabakindustrie – zumindest öffentlich – zu sprechen (Ong und Glantz 2001).

Auch Antitabak-NGOs sind oft Gegenstand kritischer Berichterstattung. Ihnen wird vorgeworfen oftmals keinerlei Konzept über ein komplettes Verbot von Tabakkonsum hinaus zu haben, obwohl sich ein solches Verbot in der Vergangenheit als wenig effektiv herausgestellt hat. In der Vergangenheit verschwand der Zigarettenhandel nach gesetzlichen Verboten keineswegs von der Bildfläche, sondern folgte dem Weg der meisten illegalen Drogen. Auch besonders engagierte Antitabak-NGOs können daher kaum anstreben, dass die einfach zu kontrollierenden Tabakunternehmen, wie BAT oder Philip Morris, vom Markt verschwinden und der Handel stattdessen auf den Schwarzmarkt ausweicht. Festzuhalten bleibt, dass die Tabakindustrie bei der Implementierung von CSR diese möglichst isoliert und losgelöst vom Auge der kritischen Öffentlichkeit betreiben sollte (Palazzo und Richter 2005).

(3) Beim CSR-Reporting konzentrieren sich Unternehmen meist auf die positiven Auswirkungen ihres Engagements, manchmal sogar mit kleinen Ansätzen von Selbstkritik („was noch getan werden muss"). Wenn Tabakunternehmen dem Mainstreamansatz in dieser Frage folgen, kann es kaum ihre Glaubwürdigkeit steigern, sondern eher als Schönfärberei gesehen werden (Palazzo und Richter 2005). British American Tobacco war das erste Tabakunternehmen, das einen CSR-Report veröffentlichte, und wurde stark kritisiert, einen Hauptaspekt von BATs Geschäftsmodell zu verschleiern: den Tod von Millionen von Menschen (Burton und Rowell 2002). Solange die Transparenz innerhalb der Unternehmen nicht im ausreichenden Maße gegeben ist, muss die Branche mit der generellen Unterstellung leben, die Tapscott und Ticoll (2003, S. 283) wie folgt formuliert haben: „Niemand im Geschäft der Zigarettenherstellung kann wahrhaftig als offenes Unternehmen auftreten, weil das Produkt Schaden anrichtet." Darüber hinaus helfen professionelle CSR-Maßnahmen den Unternehmen in der Regel attraktiver für sozialverantwortliche Investitionsfonds zu werden. Dies ist für Tabakunternehmen eher selten der Fall. Sie werden

schlicht nicht als sozialverantwortliche Unternehmen wahrgenommen, unabhängig davon, wie sich ihre CSR-Politik im Einzelnen gestaltet (Yach et al. 2001). Tabakfirmen können aus diesem Grund nicht einfach den Ansatz von gewöhnlichen Unternehmen kopieren, sie müssen eigenständig alternative Wege für ihr CSR-Reporting finden. Nichts außer einer radikalen und konsequenten Transparenz kann ihrer Sache wirklich dienlich sein (Palazzo und Richter 2005).

(4) Freiwillige Unternehmensinitiativen und Selbstregulierung sind Teil der bevorzugten CSR-Strategien von multinationalen Unternehmen, die im Fokus der Öffentlichkeit stehen. Vielfach werden diese Initiativen aber stark von NGOs kritisiert, bei der Tabakindustrie ist dies noch einmal wesentlich komplizierter (Hammond und Rowell 2001). So wird ihnen auch in diesem Fall Schönfärberei und Ablenkung von wesentlichen Problemen vorgeworfen. Ohne echte Transparenz und Kontrolle eines außenstehenden Dritten kann das Engagement oftmals als schön formulierte, aber selten effektive Maßnahme verstanden werden. WHO Generaldirektor Harlem Brundlandt sagte dazu: „Wir haben keinerlei Beweise gesehen, dass Tabakfirmen in der Lage zu Selbstregulierung sind, und wir müssen wachsam bleiben bei jedem neuen Versuch uns von diesem Vorhaben zu überzeugen" (Kapp 2001, S. 58). Das generelle Misstrauen gegenüber freiwilligen Initiativen der Tabakindustrie ist ein Resultat der jahrelangen Täuschungsmanöver seitens der Tabaklobby. Dies zu überwinden, muss deshalb Hauptziel einer jeden CSR-Strategie der Unternehmen sein, da viele der Branche gegenüber weiterhin großes Misstrauen hegen und die neusten CSR-Versuche als Verschleierungstaktik ihrer wahren Motive sehen (Palazzo und Richter 2005).

6 Unheilige Geister der Vergangenheit

Viele NGOs nähren weiterhin den Verdacht, dass die PR-Maschinerie der Tabakunternehmen immer noch intakt ist und sich nicht so weitgehend verändert hat, wie oftmals von den Firmen behauptet. Dies wird vor allem durch zwei Beobachtungen untermauert: Im Jahr 1999 gab Philip Morris USA 75 Mio. US Dollar für Wohltätigkeitsmaßnahmen aus, aber 100 Mio. US Dollar für die Bewerbung dieser Maßnahmen (Porter und Kramer 2002). Zweitens: Die Tabakindustrie arbeitet weiterhin mit der PR-Firma Burson-Marsteller, die bereits ein vertrauensvoller Partner in Zeiten der systematischen Öffentlichkeitstäuschung war. Diese zeigte sich verantwortlich für sämtliche Aktivitäten, die zum heutigen Image der Tabakindustrie geführt haben. Beispielhaft kann man hier das geheime Whitecoat-Project aufführen, das Regulierungen reduzieren und die gesellschaftliche Akzeptanz für das Rauchen erhöhen sollte (Moodie et al. 2013).

BAT schrieb noch 2002/2003 in seinem Sozialbericht, dass Passivrauchen zwar ein Ärgernis für Nichtraucher wie Raucher sei, die generellen Gesundheitsrisiken, vorgebracht von Gesundheitsorganisationen, aber weit übertrieben wären. Auch das Suchtpotenzial wurde bewusst als gering gefährlich eingestuft, selbst bei öffentlichen Anhörungen wie vor dem UK House of Commons (United Kingdom Parliament 2000). Es ist genau diese Verschleierungs-, Vertuschungs- und Beschwichtigungsstrategie, die dem öffentlichen Ansehen von Tabakfirmen signifikant und nachhaltig geschadet hat. Antitabaklobbyisten behaupten darüber hinaus, dass je weniger Zigarettenmarketing von der Tabakindustrie betrieben wird, desto mehr versteckte Maßnahmen werden getroffen. Ein interessantes Beispiel hierfür ist der Gebrauch von Tabak in Hollywoodfilmen. Anders als im Master Settlement Agreement 1998 mit 46 US-Bundesstaaten vereinbart, ist der Tabakkonsum in den Filmen, die besonders von Jugendlichen geschaut werden, nicht gesunken, sondern sogar um 50 % gestiegen (King und Siegel 2001).

Tabakfirmen wurden lange Zeit verdächtigt kriminelle Aktivitäten zu unterstützen. So belegen interne Dokumente, dass die Unternehmen noch in den frühen 1990er-Jahren in Zigarettenschmuggel involviert waren und auch ansonsten keinerlei Maßnahmen ergriffen, etwas gegen diesen zu unternehmen (Action on Smoking and Health 2000; Tobaccofreekids 2004). In den letzten Jahren sind Tabakfirmen vor allem dadurch aufgefallen, dass sie Lobbyismus gegen Regulierungen beim Zigarettenverkauf betreiben. Zum Beispiel verzögerten Tabakunternehmen in Australien die Einführung von Gesundheitswarnungen über Suchtfaktoren auf Zigarettenschachteln (Chapman und Carter 2003). Ein wiederkehrendes Argument der Tabakindustrie ist hierbei, dass Steuererhöhungen das Rauchen generell nicht reduzieren, sondern lediglich Schmuggel, Zigarettendrehen und den Absatz von Billigmarken erhöhen (British American Tobacco Malaysia 2003). In der Tat gibt es Beweise für diese These. Kanada beispielsweise erhöhte die Steuern auf Zigaretten um ein Vielfaches in den späten 1980er- und frühen 1990er-Jahren. Als Resultat explodierte der Schwarzmarkt förmlich. Bis 1994 waren nahezu 40 % des kanadischen Schwarzmarktes durch Schmuggel versorgt, was zu einem jährlichen Steuerverlust von 2 Mrd. US Dollar führte (U.S. House of Representatives Committee on Commerce 1998). Als Reaktion senkte die kanadische Regierung die Steuern wieder deutlich. Einerseits lenkten Steuererhöhungen den generellen Tabakkonsum in staatlich unkontrollierte Märkte, andererseits führte der Anstieg des Steuersatzes zu einer generellen Reduktion des Tabakkonsums, besonders unter Teenagern mit geringen Einkommen und schwangeren Frauen – ein Fakt, der weitgehend von der Tabakindustrie verschwiegen wurde (Biener et al. 1998; Tauras et al. 2001; Scollo et al. 2003). Abseits der Öffentlichkeit wurde dieses Phänomen von den Verantwortlichen allerdings durchaus bestätigt. Manager von Philip Morris schrieben beispielsweise in einem internen Memo: „Das Problem mit Steuererhöhungen ist, dass es in der Tat den Konsum reduziert..." (Hammond und Rowell 2001, S. 76).

7 Antitabakinitiativen

Anfang der 1990er-Jahre begannen Tabakfirmen sich für jugendliche Präventionsprogramme einzusetzen, mit dem Ziel, Rauchen unter Teenagern zu unterbinden. So finanzierten Philip Morris International, BAT und Japan Tobacco International mehr als 120 Präventionsprogramme in über 70 Ländern zur Unterbindung des Tabakkonsums unter Jugendlichen. Allerdings stieß die Kampagne auf viel Kritik, da sie im Gegensatz zu einer ähnlich angelegten unabhängig durchgeführten Kampagne nicht denselben Effekt auf Jugendliche erzielte. Die Kampagnen hatten sogar die gegenteilige Wirkung. Kritiker warfen den Firmen daher vor, dass sie die „Coolness" von Rauchen unter Jugendlichen eher förderten (Farrelly et al. 2002), da sie aktiv das Bild einer Erwachsenentätigkeit projizierten, welches viele Jugendliche zum Rauchen animiert habe.

Wichtig zu betonen ist allerdings, dass es seit einiger Zeit auch hoffnungsvolle Ansätze gibt. Philip Morris International beispielsweise stimmte am 09.07.2004 einer Zahlung von 1,25 Mrd. US Dollar über zwölf Jahre zu. Diese sollten als zusätzliche finanzielle Quelle für Initiativen gegen Schmuggel eingesetzt werden (European Union 2004).

8 Schlussfolgerung und Lösungsansätze

CSR-Aktivitäten dienen den meisten Unternehmen als Reputationsgewinn, Risikomanagement und Erzeugung öffentlichen Respekts. Dies ist in der Tabakindustrie ungleich schwieriger, ihr bloßes Existenzrecht steht auf dem Spiel. Tabakunternehmen genießen nur geringe öffentliche Akzeptanz und je niedriger die wahrgenommene Legitimität eines Unternehmens ist, desto skeptischer werden seine Legitimitätsversuche von der Öffentlichkeit beobachtet (Ashforth und Gibbs 1990).

Können Tabakfirmen also als normale sozialverträgliche Unternehmen wahrgenommen werden? Nicht, solange sie die klassischen CSR-Ansätze anwenden bzw. imitieren. In der CSR-Literatur (Antonakis und House 2002; Palazzo und Richter 2005) und der Diskussion über Organisationsvertrauen (Mayer et al. 1995) werden drei verschiedene Ebenen unterschieden.

1. *Die instrumentelle Ebene* bezieht sich auf die *Fähigkeiten* eines Unternehmens. Firmen besitzen technische und organisationale Fähigkeiten und Kernkompetenzen, die notwendig sind um ihre Produkte oder Services in der erwarteten Qualität zu liefern.
2. *Die transaktionale Ebene* bezieht sich auf die *Integrität* eines Unternehmens. Die Firma verhält sich den rechtlichen und moralischen Regeln einer Gesellschaft entsprechend. Ihre Geschäfte sind transparent und ihr Verhalten kann als fair beschrieben werden. Das Unternehmen hält seine Versprechen und agiert mit entsprechender Beständigkeit.
3. *Die transformative Ebene* bezieht sich auf das *Wohlwollen* eines Unternehmens. Es zeigt, dass es bereit ist, das eigene Interesse hinter das Gemeinwohl anzustellen und somit dem Allgemeinwohl der Gesellschaft zu dienen.

Unternehmen versuchen mit ihrem CSR-Engagement zu beweisen, dass sie auf allen drei Ebenen die Erwartungen erfüllen. Dies gilt im selben Maße für Tabakfirmen. Allerdings sind ihre Bemühungen, sich als wohlwollendes, dem Allgemeinwohl verpflichtetes Unternehmen zu platzieren, unglaubwürdig. Eine CSR-Strategie auf dieser Ebene ist somit von Anfang an dem Scheitern ausgesetzt. Auch die zweite Ebene können sie nicht erfüllen und sollten somit auch hier den Versuch unterlassen, der Gesellschaft vorzugeben, sie könnten ihr Kerngeschäft mit dem Wohl der Gesellschaft vereinbaren. Stattdessen wäre es langfristig für Tabakunternehmen eher von Vorteil, wenn sie eine CSR-Strategie entwerfen, die sich vornehmlich auf ihre Integrität bezieht. Diese sollte auf radikaler Transparenz und einem klaren Bruch mit alten Grundsätzen basieren (Palazzo und Richter 2005).

Dennoch wäre die Schlussfolgerung, dass diese Unternehmen konsequenterweise auf CSR-Aktivitäten verzichten sollten, grundlegend falsch. Einzig wichtig für Tabakfirmen wäre ein Verständnis dafür, dass ihre Bemühungen auf die transaktionale Ebene begrenzt bleiben werden, sodass ihre CSR-Strategie hauptsächlich transaktionsgetrieben sein muss. Die aufgeklärte Öffentlichkeit verlangt maximale Transparenz, kritische Punkte müssen offen angesprochen werden und alte Gewohnheiten abgelegt werden. Nur dies kann die Glaubwürdigkeit der gesamten Branche erheblich steigern. Auch ein glaubwürdiges Engagement beim Verkauf von Zigaretten an Minderjährige kann substanziell helfen. Hier können große Unternehmen Druck auf Einzelhändler ausüben und ein solches Verhalten in keiner Weise tolerieren. Politische Lobbyarbeit trägt zur negativen Reputation bei und sollte eingestellt werden. Selbstverständlich zählen auch scheinwissenschaftliche Studien, die die Auswirkungen des Rauchens kleinreden zu Vorhaben, die nicht länger zu unterstützen sind. Philanthropische CSR, die von Tabakfirmen unterstützt wird, wie Philip Morris' Hilfe gegen häusliche Gewalt oder BATs Kampf gegen Aids in Afrika und Asien, kann durchaus weiterverfolgt werden. Allerdings sollte darüber nicht weiter öffentlich geredet werden. Transparenz kann im Weiteren auch als proaktives Handeln zu Themen, die bisher noch nicht an die Öffentlichkeit gedrungen sind, aufgefasst werden.

Ein Unternehmen, das den moralischen Anforderungen einer Gesellschaft entsprechen will, sollte eine klare Zukunftsvision haben, die über die normalen Geschäftspraktiken hinausgeht. Unternehmerische Transformation, von einem Marketing- zu einem forschungsdominierten Unternehmen mit gesundheitlich harmlosen Zigaretten, könnte ein Element dieser Vision sein. Tabakunternehmen müssen sich vollends auf ihre transaktionale Integrität berufen und das doppelte Spiel, das sie in der Vergangenheit betrieben haben, einstellen. Abschließend lässt sich feststellen, dass die Tabakindustrie ein hervorragendes Beispiel für die Fallstricke in der CSR-Debatte darstellt und einen tiefen Einblick in die gesellschaftlichen Herausforderungen im Umgang mit multinationalen Unternehmen gewährt.

Literatur

Action on Smoking and Health (ASH) (2000) Tobacco Industry Smuggling. Submission to the House of Commons Health Select Committee. http://www.ash.org.uk/index.php?navState=&getPage=http://www.ash.org.uk/html/./smuggling/html/smugglingbat.html. Zugegriffen: 17. Sept. 2016

Action on Smoking and Health (ASH) (2015) Tobacco and the developing world', Fact Sheet (August). http://www.ash.org.uk/files/documents/ASH_126.pdf. Zugegriffen: 18. Sept. 2016

Antonakis J, House RJ (2002) The Full-Range Leadership Theory: The Way Forward. In: Avolio BJ, Yammarino FJ (Hrsg) Transformational and Charismatic Leadership: The Road Ahead. JAI, Amsterdam, S 3–33

Ashforth BE, Gibbs BW (1990) The double-edge of organizational legitimation'. Organ Sci 1(2):177–194

Biener L, Aseltine RH, Cohen B, Anderka M (1998) Reactions of adult and teenaged smokers to the Massachusetts tobacco tax'. Am J Public Health 88(9):1389–1391

British American Tobacco (BAT) (1994) ‚Smoking Issues Claims & Responses Active Smoking, Bates: 2504094459–2504094497

British American Tobacco Malaysia (BATM) (2003) Taxation and Enforcement Against Illegal Cigarettes', Press Release (September 12). http://www.batmalaysia.com/CorporateInformation/PressRelease/2003/030912.htm. Zugegriffen: 16. Sept. 2016

Burch PRJ (1978) Smoking and lung cancer: The problem of inferring cause. J Royal Stat Soc 141(4):437–477

Burton B, Rowell A (2002) British American Tobacco's Socially Responsible Smoke Screen. PR Watch 9(4). http://www.prwatch.org/prwissues/2002Q4/bat.html. Zugegriffen: 17. Sept. 2016

Calton JM, Payne SL (2003) Coping With Paradox. Bus Soc 42(1):7–42

Centers for Disease Control and Prevention (CDC) (2016) Gateway to Health Communication & Social Marketing Practice – Global Smoking. http://www.cdc.gov/healthcommunication/toolstemplates/entertainmented/tips/globalsmoking.html. Zugegriffen: 18. Sept. 2016

Chapman S, Carter SM (2003) Avoid Health Warnings on All Tobacco Products for Just as Long As We Can: A History of Australian Tobacco Industry Efforts to Avoid, Delay and Dilute Health Warnings on Cigarettes. Tob Control 12(Suppl III):iii13–iii22

Cummings KM, Morley CP, Horan JK, Steger C, Leavell N-R (2002) Marketing to America's Youth: Evidence from Corporate Documents. Tob Control 11(Suppl I):i17–i5

Deutsches Krebsforschungszentrum (2015) Die Kosten des Rauchens in Deutschland. https://www.dkfz.de/de/tabakkontrolle/download/Publikationen/AdWfP/AdWfP_Die_Kosten_des_Rauchens_in_Deutschland.pdf. Zugegriffen: 18. Sept. 2016

Doll R (2000) Review – Fifty years of research on tobacco. J Epidemiol Biostat 5:321–329

Doll R (2001) Commentary: Lung Cancer and Tobacco Consumption. Int J Epidemiol 30:30–31

Doll R, Hill AB (1950) Smoking and Carcinoma of the Lung: Preliminary Report. Br Med J 2:1271–1286

Domino EF (1973) Neuropsychopharmacology of nicotine and tobacco smoking. In: Dunn WL (Hrsg) Smoking Behavior: Motives and Incentives. V. H. Winston and Sons, Washington, D.C., S 5–31

European Union (EU) (2004) Anti-Contraband and Anti-Counterfeit Agreement and General Release. European Union, Brussels

Farrelly MC, Healton CG, Davis KC, Messeri P, Hersey JC, Lyndon Haviland ML (2002) Getting to the Truth: Evaluating National Tobacco Countermarketing Campaigns. Am J Public Health 92(6):901–907

Fisher RA (1957) Alleged Dangers of Cigarette Smoking. Letters to the Editor. Br Med J II:43 (and II:297–298)

Goss BC (1953) Background Material on the Cigarette Industry Client, Minutes of Meeting, 15 Dec 1953, Hill & Knowlton, Bates: 82106769–82106774

Hammond R, Rowell A (2001) Trust Us: We're the Tobacco Industry. http://tobaccofreekids.org/campaign/global/framework/docs/TrustUs.pdf. Zugegriffen: 15. Sept. 2016

International Agency for Research on Cancer (2002) Tobacco Smoking And Tobacco Smoke. Summary of data reported and evaluation. Monographs on the Evaluation of the carcinogenic risks to humans Bd. 83. IARC, Lyon

Johnston M, Daniel HG, Levy CJ (1981) Young smokers – Prevalence, Trends, Implications and Related Demographic Trends, Philip Morris Companies, Inc., Bates: 1000390803–1000390855 Exhibit 1

Joyner BE, Payne D (2002) Evolution and implementation: A study of values, business ethics and corporate social responsibility. J Bus Ethics 41(4):297–311

Kapp C (2001) WHO demands tighter voluntary tobacco controls. Lancet 358(9293):1615

Kaufman PE, Cohen JE, Ashley MJ, Ferrence R, Halyk AL, Turcotte F, Kyle KL, Stewart DE (2004) Tobacco Industry Links to Faculties ofMedicine in Canada. Can J Public Health 95(3):205–208

King C III, Siegel M (2001) The Master Settlement Agreement with the tobacco industry and cigarette advertising in magazines. New Engl J Med 345(7):504–511

Kok P, Weile TVD, McKenna R, Brown A (2001) A Corporate Responsibility Audit within a Quality Management Framework. J Bus Ethics 31(4):285–297

Moodie R, Stuckler D, Monteiro C, Sheron N, Neal B, Thamarangsi T, Lancet NCD Action Group (2013) Profits and pandemics: prevention of harmful effects of tobacco, alcohol, and ultra-processed food and drink industries. Lancet 381(9867):670–679

Lanfranco A (1970) Smoking and Disease. St Luke's Hosp Gazette V(2):181–186

Maguire K (2000) Dons Furious Over Tobacco Cash. The Guardian (6. December 2000)

Margolis JD, Walsh JP (2003) Misery Loves Companies: Rethinking Social Initiatives by Business. Adm Sci Q 48(2):268–305

Matten D, Crane A (2005) Corporate Citizenship: Toward an Extended Theoretical Conceptualization. Acad Manag Rev 30(1):166–179

Mayer RC, Davis JH, Schoorman FD (1995) An Integrative Model of Organizational Trust. Acad Manag Rev 20(3):709–734

McDonald EJ (1982) Statement, U.S. Congress, House Committee on Energy and Commerce, Subcommittee on Health and the Environment, 1982 Hearing, 97th Congress, Second session, March 5, 11 and 12, 1982. Washington Printing Office, S 669–684, Appendix.

Michalos AC (1997) Issues for Business Ethics in the Nineties and Beyond. J Bus Ethics 16(3):219–230

Müller FH (1939) Tabakmissbrauch und Lungencarcinom. Z Krebsforsch 49:57–85

Ong EK, Glantz SA (2001) ‚Constructing', ‚Sound Science' and ‚Good Epidemiology': Tobacco, Lawyers, and Public Relations Firms. Am J Public Health 91(11):1749–1757

Palazzo G, Richter U (2005) CSR business as usual? The case of the tobacco industry. J Bus Ethics 61(4):387–401

Porter M, Kramer MR (2002) The Competitive Advantage of Corporate Philanthropy. Harv Bus Rev 80(12):57–68

Richter UH (2010) Liberal thought in reasoning on CSR. J Bus Ethics 97(4):625–649

Richter UH (2011) Drivers of change: A multiple-case study on the process of institutionalization of corporate responsibility among three multinational companies. J Bus Ethics 102(2):261–279

Richter UH, Arndt F (2015) Cognitive Processes in the CSR Decision-Making Process: An Operationalization of CSR as Sensemaking. J Bus Ethics. https://doi.org/10.1007/s10551-015-3011-8

Russell MAH (1974) Realistic Goals for Making and Health. Lancet I:254–258

Scollo M, Younie S, Wakefield M, Freeman J, Icasiano F (2003) Impact of Tobacco Tax Reforms on Tobacco Prices and Tobacco Use in Australia. Tob Control 12(Suppl II):59–66

Sterling TD (1975) A critical re-assessment of the evidence bearing on smoking as the cause of lung cancer. Am J Public Health 65(9):939–953

Swanson DL (1999) Towards an Integrative Theory of Business and Society: A Research Strategy for Corporate social Performance. Acad Manag Rev 24(3):508–521

Tapscott D, Ticoll D (2003) The Naked Corporation. Free Press, New York

Tauras JA, O'Malley PM, Johnston LD (2001) Effects of Price and Access Laws on Teenage Smoking Initiation: A National Longitudinal Analysis. NBER Working Papers, Bd. 8331. National Bureau of Economic Research, Inc, Cambridge, MA

Tobaccofreekids (2004) The Big Cigarette Companies and Cigarette Smuggling. http://tobaccofreekids.org/campaign/global/framework/docs/Smuggling.pdf. Zugegriffen: 06. Aug. 2004

U.S. Department of Health and Human Services (1988) The Health Consequences of Smoking: Nicotine Addiction. A Report of the Surgeon General. US Government Printing Office, Washington, D.C.

U.S. Department of Health, Education, and Welfare (1964) Smoking and Health: Report of the Advisory Committee of the Surgeon General of the Public Health Service. Public Health Service Publication, Bd. 1103. U.S Department of Health, Education, and Welfare, Washington, D.C.

U.S. Federal Trade Commission (2016) Federal Trade Commission Cigarette Report for 2013. https://www.ftc.gov/system/files/documents/reports/federal-trade-commission-cigarette-report-2013/2013cigaretterpt.pdf. Zugegriffen: 26. Juli 2017

U.S. House of Representatives Committee on Commerce (1998) Top Law Enforcement Officers Warn of Growing Cigarette Smuggling by Organized Crime. Tobacco Policy, Bd. 3. U.S. House of Representatives Committee on Commerce, Washington, D.C

United Kingdom Parliament (2000) Memorandum by British American Tobacco. http://www.publications.parliament.uk/pa/cm199900/cmselect/cmhealth/27/0011309.htm. Zugegriffen: 16. Sept. 2016

Wicks A, Freeman RE (1998) Organization Studies and the New Pragmatism: Positivism, Anti-Positivism, and the Search for Ethics. Organ Sci 9(2):123–149

World Health Organization (WHO) (1999) The World Health Report: Making a Difference. World Health Organization, Geneva

World Health Organization (WHO) (2016) Tobacco – Fact Sheet', Media Centre. http://www.who.int/mediacentre/factsheets/fs339/en/. Zugegriffen: 18. Sept. 2016

World Health Organization, (WHO) (2002) The Tobacco Atlas. World Health Organization, Geneva

Yach D, Brinchman S, Bellet S (2001) Healthy Investments and Investing in Health. J Bus Ethics 33(3):191–198

Zimmerman MA, Zeitz GJ (2002) Beyond Survival: Achieving New Venture Growth by Building Legitimacy. Acad Manag Rev 27(3):414–431

Dr. Ulf Henning Richter ist Associate Professor in Global Business and Strategy an der Tongji University in Shanghai, China. Er erhielt seine Doktorwürde der Wirtschaftswissenschaften an der HEC Lausanne, Schweiz, für seine Arbeit über Corporate Social Responsibility in einer globalisierten Welt und einen Abschluss als Diplom-Kaufmann an der European Business School in Oestrich-Winkel. Er war Visiting Fellow an der Harvard University und hat in China, Cote d'Ivoire, Deutschland, Peru, in der Schweiz, Singapur und in den USA unterrichtet. Er ist ein viel gefragter Redner, erfolgreicher Autor und Gewinner des World Bank Technoserve Business Plan Wettbewerbes und des Orange Social Venture Plan Wettbewerbs 2011. Zudem ist er Executive in Residence des INSEAD Social Innovation Centre und Mitglied der Geschäftsführung des AIB Sub-Saharan Africa Chapters.

Milan Klopprogge arbeitet als Controller im Information Management bei Airbus Defence and Space in München. Er absolvierte seinen Bachelor in Internationaler Betriebswirtschaftslehre an der Wirtschaftsuniversität Wien und seinen Master of Science in Investment and Finance an der britischen Nottingham University in Ningbo, China. Darüber hinaus sammelte er berufliche und akademische Erfahrungen in Frankreich, England, China und Österreich.

Handlungsempfehlungen

Wertebasierte Geschäftsmodellierung – Ein Werkzeugkasten für nachhaltigkeitsorientierte Gründer und Innovatoren

Henning Breuer und Florian Lüdeke-Freund

1 Einleitung

Innovation in all ihren Facetten ist zu einer Leitwährung der wissensbasierten Ökonomie geworden. Neue Technologien und Dienste (z. B. internetbasierte Plattformen; IBM 2015), die international wachsende Konkurrenz und die sich verändernden Ansprüche und Erwartungen seitens der Belegschaft erfordern die Fähigkeit zur fortwährenden Erneuerung fast aller Unternehmensbereiche. Zugleich wird erwartet, dass Unternehmen ihre Aktivitäten an den Bedürfnissen der Gesellschaft ausrichten. Diese gehen über die rein ökonomische Wertschöpfung und die Schaffung von Arbeitsplätzen und die Bereitstellung von Produkten und Services hinaus und umfassen eine Vielzahl an sozialen und ökologischen Anliegen (z. B. Carroll und Shabana 2010). Damit geht auch einher, dass Belange der unternehmerischen Gesellschaftsverantwortung (Corporate Social Responsibility, CSR) und der nachhaltigen Entwicklung von Unternehmen, Gesellschaft und natürlicher Umwelt (Corporate Sustainability, CS) zunehmend wettbewerbsrelevant werden und Eingang in das Kerngeschäft finden (müssen) (s. hierzu den Beitrag von Lüdeke-Freund in diesem Band sowie Schaltegger und Lüdeke-Freund 2013a, 2013b).

H. Breuer (✉)
HMKW Hochschule für Medien, Kommunikation und Wirtschaft
Ackerstraße 76, 13355 Berlin, Deutschland
UXBerlin – Innovation Consulting
Berlin, Deutschland
E-Mail: h.breuer@hmkw.de, henning.breuer@uxberlin.de

F. Lüdeke-Freund
Lehrstuhl für Corporate Sustainability, ESCP Europe Business School
Heubnerweg 8–10, 14059 Berlin, Deutschland
Professur für Kapitalmärkte und Unternehmensführung, Universität Hamburg
Von-Melle-Park 9, 20146 Hamburg, Deutschland
E-Mail: fluedeke-freund@escpeurope.eu

© Springer-Verlag GmbH Deutschland 2018
P. Bungard (Hrsg.), *CSR und Geschäftsmodelle*, Management-Reihe Corporate Social Responsibility, https://doi.org/10.1007/978-3-662-52882-2_26

Zwei Trends der Gegenwart laufen hier zusammen: Die *Notwendigkeit fortwährender unternehmerischer Erneuerung* und der Anspruch, gleichzeitig s*oziale und ökologische Belange zu berücksichtigen.* Innovation trifft auf CSR und unternehmerische Nachhaltigkeit (Kiron et al. 2013). Wie an anderer Stelle gezeigt, hat dies weitreichende Auswirkungen auf die Art und Weise, wie neue Prozesse, Produkte, Geschäftsmodelle und Netzwerke entwickelt werden (Breuer und Lüdeke-Freund 2017a, 2017b; Lüdeke-Freund 2017). Innovation ist dabei nicht lediglich als eine Antwort auf den Wettbewerb zur Sicherung des unternehmerischen Überlebens zu verstehen. Sowohl Forscher als auch Praktiker werden sich zunehmend darüber bewusst, dass die „kreative Zerstörung" durch innovatives unternehmerisches Handeln auch zugunsten von Umwelt und Gesellschaft eingesetzt werden kann (Schaltegger und Wagner 2011; zur „kreativen Zerstörung" siehe Schumpeter 1942/2006).

Innovation wird somit zu einem der zentralen Ansatzpunkte, um unternehmerisches Handeln auch über das aktuelle Marktgeschehen hinaus zu gestalten und sinnstiftend zu nutzen. Die Forschung zum nachhaltigen Unternehmertum belegt dies sehr umfassend (z. B. Hockerts und Wüstenhagen 2010; Schaltegger und Wagner 2011). Hierbei handelt es sich um innovative Unternehmer, Manager und Gründer, die z. B. die Energiewende vorantreiben, ohne auf politischen und gesetzlichen Beistand zu warten (z. B. Peder Hansen und Vestas, Michael und Ursula Sladek und die Elektrizitätswerke Schönau), die Angebote mit und für benachteiligte Menschen schaffen (z. B. Andreas Heinecke und Dialog im Dunkeln, Govindappa Venkataswamy und Aravind; s. den Beitrag zu Aravind von Gerckens, Lüdeke-Freund und Breuer in diesem Band) und die mit hochgesteckten Zielen scheinbar unveränderliche Produktions- und Konsumstrukturen aufzubrechen versuchen (z. B. Shai Agassi und Better Place, Elon Musk und Tesla). Diese Innovatoren erkennen Gestaltungsmöglichkeiten und Chancen nicht nur darin, angemessen auf Anforderungen der ökologischen und sozialen Nachhaltigkeit zu reagieren und absehbare Probleme vorausschauend zu vermeiden oder proaktiv zu bewältigen. Sie sehen in CSR- und Nachhaltigkeitserwägungen einen Hebel und Antrieb für Innovationen und die Erneuerung ihrer Produktionsprozesse, Produkte und Dienstleistungen, Geschäftsmodelle und Netzwerke (Breuer und Lüdeke-Freund 2017a, 2017b).

Um gegen die Konkurrenz zu bestehen und dabei nachhaltig zu wirtschaften, reicht die Erneuerung einzelner Prozesse oder Marketinginstrumente nicht aus. Die Aufmerksamkeit von Praktikern und Forschern hat sich daher in den letzten Jahren zunehmend auf eine strategische Ebene verlagert und den unterschiedlichen Modellen unternehmerischer Wertschöpfung zugewandt.

Lernen, Kreativität und methodisch geleiteter Gebrauch unterschiedlicher Wissensquellen schaffen neue Möglichkeiten, nachhaltig Werte zu schaffen. Die Notwendigkeit einer Neuausrichtung unternehmerischen Handelns wird vielerorts gesehen. Oft fehlen aber die Ansatzpunkte und Mittel, um neue Zielsetzungen so zu formulieren und ihnen gerecht zu werden, ohne die wirtschaftliche Basis des Unternehmens zu gefährden bzw. über eine Neuausrichtung sogar auch den wirtschaftlichen Mehrwert zu steigern. Dieses Kapitel befasst sich daher mit der Frage, wie die Entwicklung wertebasierter Geschäftsmodelle unterstützt werden kann. Das CSR- und Nachhaltigkeitsengagement von Unternehmern und Unternehmen ist im ersten Schritt eine normative und stark wertegeladene Angelegenheit. *Es stellt sich also die Frage, wie Werteorientierung einerseits und die strategische Frage der Geschäftsmodellierung andererseits sinnvoll miteinander verknüpft werden können.*

Etablierte Methoden und Instrumente zur Entwicklung von Geschäftsmodellen, allen voran der sogenannte Business Model Canvas (Osterwalder und Pigneur 2011), tragen Fragen der gesellschaftlichen Verantwortung und Nachhaltigkeit – oder allgemeiner formuliert: des Wertefundaments unternehmerischer Tätigkeit – nur unzureichend Rechnung. Dieser Umstand folgt aus den theoretischen, empirischen und strategischen Erwägungen und Zielsetzungen, die diesen Methoden und Instrumenten zugrunde liegen. Die Unterstützung eines explizit an CSR und Nachhaltigkeit ausgerichteten Unternehmertums und Managements gehört in der Regel nicht hierzu. An dieser Schwäche setzt unser Beitrag an. Das Ziel ist, CSR- und Nachhaltigkeitserwägungen nicht bloß nachträglich in bestehende Methoden und Praktiken zu integrieren, sondern sie systematisch als normativen und wertebasierten Ansatzpunkt und Antrieb für Innovation und die sie unterstützenden Methoden und Praktiken zu verstehen und zu nutzen.

Hierzu werden wir im Folgenden auf Sinn und Zweck der Geschäftsmodellierung eingehen, derzeit verfügbare Methoden und Instrumente zur nachhaltigkeitsorientierten Geschäftsmodellierung vorstellen und Fragen der Didaktik der Modellierung diskutieren (Abschn. 2). Es kann festgestellt werden, dass eine wesentliche Grenze derzeit verfügbarer Methoden und Instrumente darin besteht, dass sie nicht explizit auf die subjektiven und normativen Werte eingehen, die der unternehmerischen Tätigkeit zugrunde liegen. Abschn. 3 diskutiert daher, inwiefern eine Werteorientierung im Rahmen der Geschäftsmodellierung unterstützt und hierdurch direkte Bezüge zu Fragen der CSR und unternehmerischen Nachhaltigkeit hergestellt werden können. Vorgestellt werden insbesondere das „Business Innovation Kit" (Breuer 2013) und das zugehörige „Sustainability Innovation Pack" (Breuer und Lüdeke-Freund 2015, 2017a, 2017b) – zusammen bilden sie einen in der Praxis erprobten Werkzeugkasten mit aufeinander aufbauenden Instrumenten zur Gestaltung nachhaltigkeitsorientierter Geschäftsmodelle unterschiedlicher Reifegrade. Abschließend werden Anwendungsfelder und zukünftige Einsatzmöglichkeiten dieser Werkzeuge diskutiert (Abschn. 4 und 5).

2 Vom Sinn und Zweck der Modellierung und bestehende Methoden

Anders als Forschung und Entwicklung ist Innovation schlecht planbar. Zu Beginn von Projekten ist unklar, wer mit ins Spiel kommt und welche Regeln herrschen. Eine Herausforderung besteht darin, Beteiligte aus unterschiedlichen Wissenskulturen und mit unterschiedlichen Interessen in einen werteorientierten Gestaltungsprozess einzubinden. Hier setzen Methoden der wertebasierten Geschäftsmodellierung an. Zu ihnen zählen Ansätze zur Klärung grundlegender Wertvorstellungen im Rahmen von Innovationsvorhaben,

Werkzeuge zur explorativen Geschäftsmodellierung, sowie Methoden der iterativen Elaboration und Prüfung von Annahmen. Im Folgenden werden diese Methoden und die ihnen zugrunde liegenden Theorien vorgestellt und eine Reihe von Anwendungsfällen beschrieben.

2.1 Sinn und Zweck der Modellierung

Geschäftsmodelle sind in erster Linie eines: Modelle. Als Mittel des strategischen Managements, des Innovationsmanagements und der Entwicklung von Organisations- und IT-Strukturen sind Geschäftsmodelle vor allem deshalb wichtig, weil sie komplexe Sachverhalte der Unternehmensrealität vereinfacht darstellen (z. B. Wirtz 2011; Seelos 2014). Die Möglichkeit der Abstraktion zugunsten von Modellierungssprachen und visuellen Konzepten, die innerhalb einzelner Fachdisziplinen und über deren Grenzen hinweg genutzt werden können, um reale Sachverhalte vereinfacht zu rekonstruieren und zu gestalten, ist ein ganz wesentlicher Grund, weshalb Geschäftsmodelle in den vergangenen 15 Jahren zu einem zentralen Thema in Forschung und Praxis geworden sind (Baden-Fuller und Morgan 2010; Strategyzer 2015). In diesem Zusammenhang haben Osterwalder et al. (2005) wesentliche Funktionen von Geschäftsmodellen definiert. Sie ermöglichen z. B. das Erfassen, Weitergeben, Verstehen, die Analyse und das Management der Wertschöpfungslogik eines Unternehmens. Weitere Funktionen umfassen das Entwickeln von Szenarien sowie die rechtliche Absicherung von Geschäftsprinzipien, was insbesondere im Kontext von Internetwirtschaft und digitalen Unternehmen von Bedeutung ist. Allen Funktionen ist gemeinsam, dass sie auf den Prinzipien der Abstraktion, Rekonstruktion und Gestaltung basieren.

Baden-Fuller und Morgan (2010) nutzen in diesem Kontext auch den Begriff des „Rezepts" („to act as recipes"). Sie heben die Möglichkeit hervor, die Kreativität von Unternehmern und Managern durch die Vermittlung und Übertragung von Wertschöpfungslogiken und Geschäftsprinzipien verschiedener Industrien, Branchen oder Unternehmen zu unterstützen. Diese Logiken und Prinzipien werden hierdurch zu „Zutaten" für Innovationsprojekte. Neben weiteren Vorschlägen zu Geschäftsmodellfunktionen ist noch die Interpretation von Doganova und Eyquem-Renault (2009) zu erwähnen. Die Autoren stellen die Vermittlungsfunktion von Modellen ins das Zentrum ihrer Betrachtung („mediating device"). Ihnen zufolge begründet sich die Wichtigkeit von Geschäftsmodellen durch die Möglichkeit, mit ihnen die Kommunikation und Sinnstiftung zwischen verschiedenen Akteuren zu unterstützen. Narrative, die insbesondere in der Gründungsphase von essenzieller Bedeutung sind, werden unterstützt, verschiedene Marktakteure werden zusammengebracht und zur Aushandlung einer gemeinsamen Interpretation, z. B. von Unternehmenszweck, -stärken und -schwächen, motiviert.

Geschäftsmodelle können hierbei auf unterschiedlichen Ebenen betrachtet werden (Schallmo 2013): auf der Ebene abstrakter Typen (z. B. zweiseitige Onlineplattformen), auf der Ebene von Industrien (z. B. Onlinehandel), auf der Ebene von Unternehmen (z. B.

Amazons Geschäftsmodell), auf der Ebene einer Geschäftseinheit (z. B. Amazons Cloudgeschäft) und schließlich auf der Ebene einzelner Produkte oder Dienstleistungen (z. B. Amazons Prime-Music). Neben der Erfassung von Unternehmen auf diesen verschiedenen Ebenen bzw. Skalen kommt auch die Erfassung hybrider sowie nichtwirtschaftlicher Organisationen infrage (Dahan et al. 2010). Svejenova et al. (2010) betrachten Geschäftsmodelle auf der Ebene einzelner Unternehmerpersönlichkeiten und Clark et al. (2012) geben sogar eine Anleitung dafür, wie man sein ganz persönliches Geschäftsmodell auf Basis seiner individuellen Fähigkeiten und Vorlieben entwickeln kann.

Aus den verschiedenen Funktionen, Bezugsebenen und Kontexten, in denen die Modellierung von unternehmerischer (oder individueller) Wertschöpfung von Bedeutung ist, ergeben sich vielfältige Anwendungsmöglichkeiten für Methoden und Instrumente der Geschäftsmodellierung. Es wird jedoch auch deutlich, wie wichtig Klarheit über die zu unterstützenden Funktionen, Bezugsobjekte und Kontexte ist, um geeignete Methoden und Instrumente zu identifizieren und Innovationsprojekte zielgerichtet definieren zu können. Dies gilt insbesondere für die Entwicklung wertebasierter und nachhaltigkeitsorientierter Geschäftsmodelle.

2.2 Ausrichtung und Grenzen bestehender Methoden

Eine Auswahl an derzeit verfügbaren Instrumenten für die nachhaltigkeitsorientierte Geschäftsmodellierung wurde an anderer Stelle systematisch analysiert und verglichen (Breuer et al. im Erscheinen). Insgesamt wurden sechs Instrumente verglichen, die derzeit als gut sichtbare Beispiele gelten können.

- Das „Value Mapping Tool" ist im engeren Sinn kein Geschäftsmodellinstrument, sondern ein Instrument zur Entwicklung von Wertangeboten (engl. „value proposition"; Bocken et al. 2013). Unterstützt wird die Modellierung verschiedener Formen geschaffener, zerstörter und ignorierter Werte für die Stakeholder eines Netzwerkes.
- Der „Triple-Layered Business Model Canvas" nutzt den ursprünglichen Business Model Canvas direkt und ergänzt ihn um zwei Ebenen mit jeweils neun neuen Komponenten (Joyce und Paquin 2016). Es handelt sich hierbei um eine Stakeholder-Ebene zur Modellierung sozialer Aspekte und eine Umweltebene, die das Konzept der Lebenszyklusanalyse von Produkten und Dienstleistungen aufgreift.
- Der „Sustainable Business Canvas" ist ein erweitertes Canvas-Instrument, das für die Start-up-Initiative „StartUp4Climate" entwickelt wurde (Fichter und Tiemann 2015). Neben Ergänzungen in Form weiterer Komponenten wurden weitere Leitfragen für die Nutzer entwickelt, die eine Nachhaltigkeitsorientierung ermöglichen sollen.
- Der „Flourishing Business Canvas" ist ein Instrument, das auf der sogenannten Strongly Sustainable Business Model Ontology basiert (Upward und Jones 2016). Die wichtigste Erweiterung besteht darin, dass Umwelt, Gesellschaft und Wirtschaft zu expli-

ziten Bestandteilen des Geschäftsmodells werden. Zudem unterstützt das Instrument eine klare Stakeholder-Orientierung anstelle einer reinen Kundenorientierung.
- Der „Business Model Canvas Extended for Infrastructure" ist ein Instrument, das die Entwicklung von Geschäftsmodellen für Infrastrukturprojekte ermöglichen soll (Foxon et al. 2015). Private und öffentliche Entscheidungsträger werden dabei unterstützt, weitere Stakeholder und ihre ökologischen und sozialen Anliegen zu modellieren, wenn es um Infrastrukturprojekte geht (z. B. Wasserversorgung).
- „Business Innovation Kit" und „Sustainability Innovation Pack": Ein Merkmal dieser auf Moderationskarten basierenden Kombination von Methoden ist die Berücksichtigung der Werte der verschiedenen Geschäftsmodell-Stakeholder. Der Werkzeugkasten (engl. „toolkit") bietet ein didaktisches Konzept, das die (Selbst-)Moderation von Workshops unterstützt (Breuer 2013; Breuer und Lüdeke-Freund 2015, 2017a). Das ergänzende Sustainability Innovation Pack ermöglicht eine Konzentration auf Nachhaltigkeitsinnovationen und „Business Cases for Sustainability".

2.3 Ausgleich von Interessen und Verständnis von Werten

Während ein fairer Ausgleich der Interessen unterschiedlicher Anspruchsgruppen ein regelmäßig beachtetes Thema nachhaltigkeitsorientierter Unternehmensentwicklung ist, finden die Werteorientierungen der Beteiligten weit weniger Beachtung. Der wertebasierte Ansatz des Business Innovation Kit geht dagegen von einer Wertediskussion zu Beginn des Modellierungsprozesses aus und unterscheidet sich damit von Werkzeugen, die normative Fragen komplett ausblenden oder allein unterschiedliche Interessen externer oder interner Anspruchsgruppen in Betracht ziehen. Bevor wir diesen Werkzeugkasten genauer vorstellen, soll der Unterschied zwischen Interessen und Werten geklärt und auf Methoden zur Klärung von Wertvorstellungen eingegangen werden.

Interessen können aufgewogen und nach Art eines einfachen oder komplexen Tauschgeschäftes verhandelt werden. Werte dagegen sollten zunächst verstanden und gegebenenfalls in ihrer Unterschiedlichkeit akzeptiert werden, bevor sich die Parteien im Idealfall gemeinsam auf übergeordnete, verbindende Werte einigen. Die nominale Klärung, differenzierte Beschreibung und mögliche Synthese von Werten zu Beginn der Modellierung erleichtern die Zusammenarbeit und erhöhen die Chancen für eine effektive Umsetzung der gemeinsam entwickelten Ideen in tragfähige Geschäftsmodelle. Dazu müssen die entsprechenden Vorstellungen des Wünschenswerten der Beteiligten im Bezug auf das Gestaltungsfeld zunächst geklärt oder herausgearbeitet werden, bevor sie sich weiterentwickeln und für das gemeinsame Vorhaben konkretisieren lassen.

Wenn Individuen oder einer bestimmten Gruppe etwa Freiheit oder Privatsphäre wichtig sind, muss zunächst verstanden, konkretisiert und formuliert werden, was damit gemeint ist. In manchen Fällen reicht dazu eine einfache Sammlung, Beschreibung, Priorisierung und Diskussion der relevanten Begriffe. Bei komplexeren, etwa global ausgerichteten Vorhaben wäre zunächst zu untersuchen, was die jeweiligen Begriffe und die damit assoziierten oder artikulierten Werte in verschiedenen Kulturen bedeuten und warum sich die entsprechenden Normen und Rechtssysteme unterscheiden (z. B. das europäische Recht zur informationellen Selbstbestimmung und das US-amerikanische „right to be left alone"). Wenn diese Unterschiede deutlich gemacht werden können, lassen sich übergeordnete Werte bestimmen, kulturspezifische Wertversprechen formulieren und in eine innovative Ausgestaltung von Prozessen, Produkten, Diensten (Spiekerman 2016), Geschäftsmodellen und Netzwerken überführen.

Hilfreiche Werkzeuge und Methoden zur Klärung entsprechender Vorstellungen des Wünschenswerten sind zum Beispiel:

- individuelle Befragungen von Kunden, anonyme oder offene Befragungen von Mitarbeitern und anderen Stakeholdern,
- ethnografische und auf teilnehmender Beobachtung beruhende Studien, Interpretation von Geschichten,
- kollaborative Ausarbeitung von Werten der beteiligten Gruppen, etwa mithilfe von Kreativübungen, Techniken wie Attribute-Value Mapping (SIT 2007) oder Wanderausstellungen mit Plakatwänden, auf denen Teilnehmer ihre Vorstellungen skizzieren.

Eine entsprechende Klärung grundlegender Wertvorstellungen und Annahmen erleichtert die Zusammenarbeit an zukünftigen Geschäftsmodellen, die nicht zuletzt zur Realisierung dieser Vorstellungen beitragen sollen.

3 Das Business Innovation Kit: Ein Werkzeugkasten für die wertebasierte Geschäftsmodellierung

Innovationsmanager und Gründer sind mit wiederkehrenden Herausforderungen bei der Modellierung neuer oder der Optimierung bestehender Geschäftsfelder konfrontiert:

- Die jeweiligen Stärken und Schwachen aller Geschäftsmodellkomponenten (wie Kundengruppen und Anspruchsgruppen, Wertversprechen, Kontaktpunkte, Vertriebswege, Ertragsmodelle, Fähigkeiten, Partnerschaften und Kostenstruktur) müssen frühzeitig erkannt werden.
- Die Breite und Tiefe der Gestaltungsmöglichkeiten der Komponenten und damit Entwicklungsalternativen der Geschäftsmodelle sind zu erkennen und zu nutzen.
- Die Potenziale alternativer Anwendungsfälle und Modellierungen müssen benannt und verglichen werden.
- Ein gemeinsames Verständnis des Vorhabens ist zwischen den Beteiligten zu entwickeln, um eine effiziente Zusammenarbeit zu ermöglichen.

Das Business Innovation Kit hilft bei der Bewältigung dieser Anforderungen und unterstützt Moderatoren, Gründerteams, Innovatoren und Lernwillige bei der Entwicklung wertebasierter Geschäftsmodelle. Zentrale Innovationsthemen wie Ertragsmodelle, Potenziale nachhaltiger Geschäftsmodelle und die Ausgestaltung der Customer Journey und der einzelnen Kontaktpunkte mit Kunden und Anspruchsgruppen lassen sich spielerisch und ohne externe Hilfe im Team bearbeiten. Da es bei entsprechenden kreativen Austauschprozessen wichtig ist, sich in direkter Interaktion und ohne Sprachbarrieren zu verständigen, wurde der Werkzeugkasten als Set physischer Karten entwickelt und in mehrere Sprachen übersetzt (Deutsch, Polnisch, Spanisch, Englisch). Er wurde zunächst zur Unterstützung von Innovationsvorhaben durch den Bereich User-Driven Innovation an den Telekom Innovation Laboratories entwickelt und erprobt, und anschließend für Beratungsprojekte von UXBerlin mehrfach überarbeitet und erweitert (eine kostenfreie Basisversion ist online verfügbar unter www.uxberlin.com/starter_kit).

3.1 Didaktik, Gamification und Werteorientierung

Das Business Innovation Kit kombiniert ein didaktisches Konzept zur Durchführung von Workshops mit spielerischen Elementen (Gamification) und einer bewussten Ausrichtung an den Werten von Kunden und Unternehmen, wodurch eine grundlegende und weitreichende Nachhaltigkeitsorientierung ermöglicht wird.

Zunächst sind die Inhalte didaktisch soweit selbsterklärend aufbereitet, dass Grundlagen der Geschäftsmodellierung selbstgesteuert erschlossen werden können und damit Learning by Doing unterstützt wird. Vom Einstieg in den Workshop über die einzelnen Übungen bis zum Abschluss wird ein lernerzentriertes Vorgehen (Quintana et al. 2000) angeboten, dessen Grundstruktur aber an die Bedürfnisse einzelner Teams angepasst werden kann und soll. Die *didaktische Aufbereitung von Inhalten* und die *prozessorientierte Ausgestaltung* gehen über das hinaus, was einfache Projektionsflächen wie der Business Model Canvas zur Verfügung stellen. Auf solchen Vorlagen aufbauende Kartierungsübungen sind in der Regel auf professionelle Moderation angewiesen oder verlangen zumindest zuvor eine eingehende Auseinandersetzung mit der jeweils zugrunde liegenden Literatur.

Zum Zweiten wurde das Business Innovation Kit von vornherein als *Kooperationsmedium* entwickelt und mit *spielerischen Elementen* versehen, die die Zusammenarbeit fördern. Wie bei einem Gesellschaftsspiel versammeln sich die Beteiligten um eine Spielfläche, durchlaufen gemeinsam die auf den Karten beschriebenen Übungen, lösen Rätsel und gelangen über eine Bewertung der gesammelten Ideen zu einer Vorauswahl von möglichen Ankerpunkten für wirkliche Geschäftsmodelle. Vor allem die sogenannten Challengerkarten zur ersten Prüfung impliziter Annahmen regen oft unterhaltsame Kommentare und weiterführende Reflexionen an.

Von besonderer Bedeutung ist das dritte Merkmal des Toolkits – der *wertebasierte Ansatz zur Entwicklung von Geschäftsmodellen*. Er ist ein zentrales Element eines umfassenderen Ansatzes zum wertebasierten Innovationsmanagement (Breuer und Lüdeke-Freund 2017a) und geht von der theoretisch und empirisch begründeten Annahme aus, dass hinreichend verstandene Vorstellungen des Wünschenswerten eine unausgeschöpfte Quelle der Ideenfindung und eine verlässliche Richtlinie für Entscheidungen im Rahmen von Innovationsvorhaben bieten. Entsprechend wird eine Klärung der im Projektteam geteilten Werte als Ausgangspunkt und Referenz für die Entwicklung neuer Geschäftsmodelle definiert. Verantwortlichkeit, Gerechtigkeit oder Nachhaltigkeit können dabei durchaus übergeordnete Werte repräsentieren; für die Entwicklung individueller Geschäftsmodelle sind diese allerdings (etwa mit den oben genannten Methoden) zu konkretisieren. Gründungsmythen und Geschichten, aber auch formale Statements zu Vision, Mission und intern kommunizierten Unternehmenswerten dienen der Artikulation und Konkretisierung übergeordneter Werte.

Umgesetzt werden diese Prinzipien durch eine Reihe von Gestaltungselementen und aufeinander aufbauende Übungen, die in einer Anleitung beschrieben und auf Moderationskarten aufbereitet sind:

- Moderationskarten führen auch unerfahrene Geschäftsmodellentwickler durch einen selbsterklärenden Prozess. Dieser führt in fünf Schritten zu wertebasierten Geschäftsmodellen. Dabei werden auch Chancen und Risiken des Vorhabens deutlich. Jeder Schritt kann in einfacheren oder anspruchsvolleren Varianten durchlaufen werden.
- Am Anfang stehen eine Diskussion und Klärung gemeinsam verfolgter Wertvorstellungen, die Sinn und Zweck des Vorhebens beschreiben, und sich zum Beispiel als Vision oder Mission artikulieren lassen.
- Anhand von Beispielkarten werden dann Gestaltungsmuster für Geschäftsmodelle (s. a. Gassmann et al. 2013) und ihre einzelnen Komponenten verteilt und besprochen.
- In einem strukturierten Brainwriting werden erst individuell, dann in der Gruppe Ideen zu einzelnen Geschäftsmodellkomponenten generiert und in einem Ideenpool gesammelt. (Die acht Komponenten sind im Beitrag von Gerkens et al. in diesem Band beschrieben.) Einzelne Komponenten können mit Vertiefungskarten zu alternativen Ertragsmodellen oder zur Ausgestaltung der Customer Journey bearbeitet werden. So werden die Bandbreite und die Qualität der Möglichkeiten für jede Komponente erschlossen.
- Eine Auswahl der besten und zueinander passenden Ideen wird auf Modellierungsbögen zusammengeführt, um alternative Geschäftsmodellentwürfe zu einer Ausgangsidee zu erhalten und zu vergleichen.
- Mithilfe von Szenarien werden implizite Annahmen auf eine erste Probe gestellt. Zum Beispiel diskutieren die Beteiligten, wie sie auf den Wegfall ihres wichtigsten Vertriebskanals reagieren würden, wie sie einem konkurrierenden Open-Source-Angebot begegnen würden oder welches Foto und welche Schlagzeile sie einem Vertreter der Boulevardpresse mit auf den Weg geben würden.
- Auf einem Spielfeld (Abb. 1) sind die einzelnen Schritte und Moderationskarten für jede Übung sequenziell angeordnet. Für die Ideenfindung können ergänzend oder alternativ entsprechend den einzelnen Komponenten markierte Wände genutzt werden.

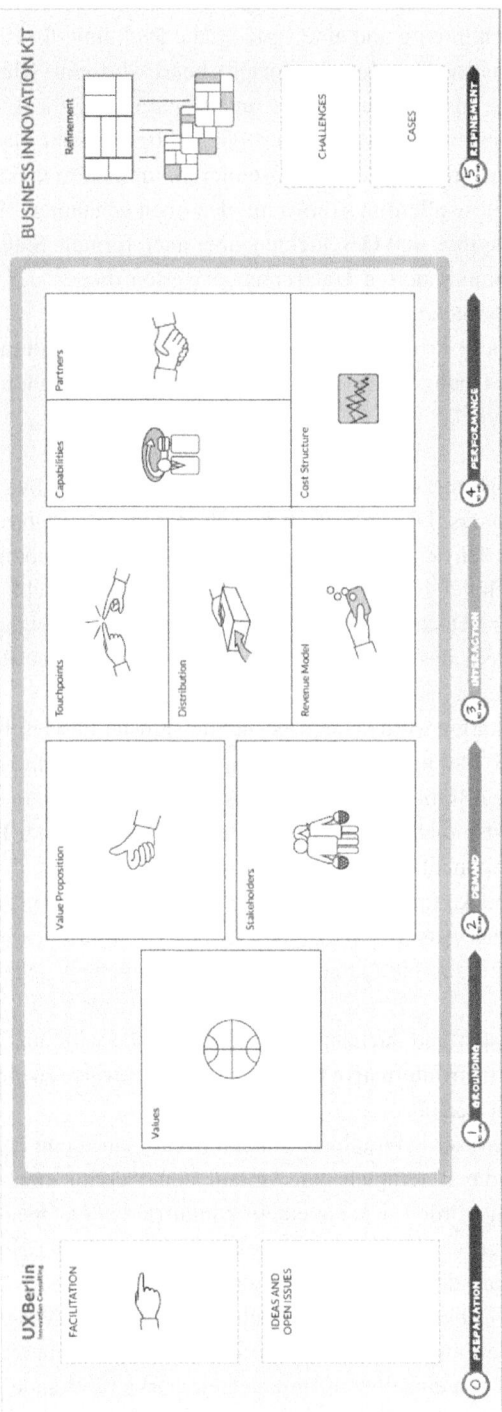

Abb. 1 Vorlage mit Übungen zur wertebasierten Modellierung von Geschäftsideen

3.2 Iterative Validierung und Entwicklung

Die Modellierung mit dem Business Innovation Kit ist nur der erste von weiteren Schritten zur Realisierung neuer Geschäftsmodelle. Das „Fünf E Modell" (Breuer 2013) beschreibt die Ausarbeitung und Umsetzung neuer Geschäftsmodelle als einen Lernprozess, den Start-ups und neue Geschäftseinheiten durchlaufen. Die Details dieses Prozesses übersteigen den Umfang dieses Kapitels. Entscheidend sind die fünf Prozessphasen bei der Ausarbeitung und Prüfung der auf das Geschäftsmodell bezogenen Annahmen:

- Exploration: Das Starter Kit dient vor allem der Erkundung oder Exploration von Geschäftsmodellen. Geschäftsideen sollten daher mehrere Male durchgespielt werden, mit unterschiedlichen Beteiligten und mit zeitlichem Abstand.
- Elaboration: Recherchen und Kreativübungen helfen, die ganze Bandbreite an Optionen für jede Geschäftsmodellkomponente zu erkennen, die besten zu wählen und eindeutig (wenn möglich auch mit Zahlen) zu beschreiben.
- Evaluation: Geschäftsmodellentwürfe sind als Annahmen zu verstehen. Jede einzelne Annahme ist zunächst in Gesprächen mit Experten zu prüfen. Daraufhin können die Geschäftsmodellideen angepasst und deren Risiken analysiert werden.
- Experimente: Einige kritische Fragen lassen sich nur mit Erfahrungsdaten prüfen, z. B. ob ein Preismodell für eine ausreichend große Zahl an Kunden attraktiv ist. Diese Untersuchungen sind so zu gestalten, dass die Gründe für das Gelingen oder Scheitern von Geschäftsmodellexperimenten erkannt werden können.
- Evolution: Die mit einem Modell verbundenen Ziele, die unterschiedlichen Möglichkeiten zukünftiger Entwicklung und die Rückmeldungen von Experten und Kunden geben Hinweise, wie das Geschäft nachhaltiger gestaltet werden kann.

3.3 Reifegrade der Nachhaltigkeitsorientierung

Das Business Innovation Kit wird durch das sogenannte Sustainability Innovation Pack (SIP) ergänzt (Breuer und Lüdeke-Freund 2015, 2017a). Das SIP besteht aus zwei Kartensets, die explizit für die Modellierung nachhaltigkeitsorientierter Geschäftsmodelle entwickelt wurden. Das erste Kartenset repräsentiert ein *Reifegradmodell für nachhaltigkeitsorientierte Innovationen* (Sustainability Innovation Maturity Model), mit dessen Hilfe sich das eigene Vorhaben unterschiedlichen Reifegraden zuordnen lässt. Das zweite Kartenset definiert wesentliche Treiber für nachhaltigen Geschäftserfolg und gibt Anregungen, wie Geschäftsmodelle nachhaltigkeitsorientiert optimiert oder neu gestaltet werden können. Hierbei werden die Potenziale einzelner Erfolgstreiber wie Kosten, Risiken, Markenwert oder Reputation als Arbeitgeber eruiert. Es wird der Frage nachgegangen, wie das Geschäftsmodell derart entwickelt werden kann, dass sich diese Treiber durch umwelt- und sozialorientierte Unternehmensmaßnahmen positiv entwickeln (siehe unten).

Das Reifegradmodell des SIP dient der Einordnung eines Vorhabens in fünf mögliche Ebenen nachhaltigkeitsorientierter Innovation. Reifegradmodelle sind ein in Forschung und Praxis etabliertes Instrument, um den Status quo und das gewünschte Zielniveau bestimmter Aktivitäten oder Organisationseigenschaften einzuschätzen. Sie können je nach Ausgestaltung sowohl zu Bewertungszwecken und als auch zur Planung zukünftiger Entwicklungsschritte genutzt werden (z. B. Müller und Pfleger 2014). Im Kontext des Nachhaltigkeitsmanagements werden Reifegradmodelle genutzt, um z. B. den Stand der Integration ökologischer und sozialer Aspekte in die Unternehmensaktivitäten und -organisation (Aktivitäts- und Organisationsperspektive) oder die Nachhaltigkeitsleistung von Unternehmen einzuschätzen (Ergebnisperspektive). Derartige Modelle definieren ein niedriges Ausgangsniveau und einen mehrstufigen Entwicklungspfad hin zu einem hohen Niveau. Dieser Pfad kann sich dabei aus zu erwartenden, erwünschten oder logischen Entwicklungsstufen zusammensetzen. Insbesondere dort, wo Erwünschtheit und Idealbilder eine Rolle spielen, kommen Werte und Normen ins Spiel und können zum Ankerpunkt für die Geschäftsmodellentwicklung werden (Breuer und Lüdeke-Freund 2017b).

Zum Beispiel definieren Cagnin et al. (2011) zentrale Aktivitätsbereiche des Managements (u. a. Strategie, operative Tätigkeiten, Kernkompetenzen und Partnerschaften) und schlagen fünf Stufen vor, entlang derer ein Unternehmen die Nachhaltigkeitsorientierung dieser Aktivitätsbereiche entwickeln kann. Die fünf Entwicklungsstufen sind „Ad-hoc-Management", „isolierte Planung", „integriertes Management", „Exzellenz auf Unternehmensebene" und „hohe Performance auf Netzwerkebene". Die Logik dieses Modells besteht darin, von eher ungeplanten und unsystematischen Nachhaltigkeitsaktivitäten auf ein Entwicklungsniveau zu gelangen, bei dem das Unternehmen und sein Netzwerk in der Lage sind, systematische Nachhaltigkeitsbeiträge zu leisten. In ähnlicher Weise, aber mit variierenden Schwerpunkten auf Aktivitäten, Strategien oder Management, finden sich weitere Vorschläge in der akademischen und Praxisliteratur (z. B. Deloitte 2012; Müller und Pfleger 2014).

In Anlehnung an das Modell von Cagnin et al. (2011) und unter Berücksichtigung der qualitativen Entwicklungsstufen weiterer Modelle (z. B. Deloitte 2012; Müller und Pfleger 2014) definiert das SIP fünf Reifegrade für die Evaluierung der Nachhaltigkeitsorientierung im Innovationsgeschehen eines Unternehmens. Die folgende Tab. 1 definiert diese Stufen. Zur Beschreibung werden die Aspekte *Motivation* (Was motiviert zur Auseinandersetzung mit dem Thema Nachhaltigkeit?), *Fokus* (Worauf bezieht sich das Innovationsgeschehen?) und *Integration* (Wie wird die Nachhaltigkeitsorientierung instrumentell unterstützt und institutionalisiert?) herangezogen. Ähnlich wie Cagnin et al. (2011), jedoch mit einem Fokus auf Innovationen, definiert das Reifegradmodell ein einfaches Ausgangsniveau, auf dem ad hoc und unsystematisch Innovationen in einzelnen Geschäftsmodellkomponenten stattfinden, und einen logischen Pfad bis zu systematischen Nachhaltigkeitsinnovationen auf der Ebene von Netzwerken. Das Modell definiert im Kern zwei Entwicklungsziele: zum einen die Systematisierung und Verankerung von Nachhaltigkeitsinnovationen im Unternehmen (von ad hoc bis systematisch und kooperativ) und zum anderen eine Erweiterung der Reichweite (von einzelnen Geschäftsmodellkomponenten bis zum Netzwerk).

Tab. 1 Reifegrade des Sustainability Innovation Maturity Model des SIP

Reifegrad	Definition	Charakterisierung
(1) Nachhaltigkeitsorientierte Innovationen in einzelnen Geschäftsmodellkomponenten	Ad-hoc-Innovationen in einzelnen Komponenten, z. B. Ersatz eines Produktes durch eine nachhaltige Alternative	**Motivation:** extern motiviert durch Markt- oder Regulierungsdruck oder als Möglichkeit, „grüne" Prämien zu realisieren **Fokus:** eine einzelne Komponente wie ein Prozess, Produkt oder Marktsegment **Integration:** Die Strukturen und Routinen der Organisation unterstützen Nachhaltigkeitsinnovationen nicht; ad hoc und lokal, keine Möglichkeit zum systematischen organisationalen Lernen
(2) Nachhaltigkeitsorientierte Innovationen in mehreren Geschäftsmodellkomponenten	Innovationen, die mehrere Komponenten gleichzeitig betreffen, z. B. Ersatz einer ganzen Produktkategorie oder Einführung eines neuen Logistiksystems	**Motivation:** eher extern motiviert, aber mit einem systematischen Blick z. B. auf Produktlinien, übergeordnete Prozesse und die Konsequenzen von Marktentwicklungen und Regulierung **Fokus:** umfasst mehrere Komponenten und deren Zusammenwirken; ggf. als Vorbereitung umfassender Geschäftsmodellinnovationen **Integration:** Grundlegende Strukturen und Routinen für Nachhaltigkeitsinnovationen werden etabliert, z. B. Datenmanagement und funktionsübergreifende Kommunikation; Lernen auf Basis individueller, persönlicher Erfahrung
(3) Innovationsprozess für Nachhaltigkeitsinnovationen	Nachhaltigkeitsinnovation als Kernelement der Unternehmensentwicklung und -strategie, z. B. Prozessmanagement für Geschäftsmodellinnovationen	**Motivation:** extern und intern motiviert, um Nachhaltigkeitsthemen gezielt mit Innovationen aufzugreifen; Ziel ist das systematische und kontinuierliche Balancieren von Nachhaltigkeitsrisiken und -möglichkeiten in allen Unternehmensbereichen **Fokus:** Nachhaltigkeitsinnovation als Unternehmensfunktion; der Fokus liegt auf wiederholbaren Innovationsprozessen und -aktivitäten **Integration:** definierte Strukturen und Prozesse (z. B. Datenmanagement, Kommunikation) für Nachhaltigkeitsinnovationen im Kerngeschäft; systematisches organisationales Lernen wird ermöglicht
(4) Nachhaltigkeitsorientierte Geschäftsmodellinnovationen	Einführung nachhaltiger Wertschöpfungslogiken durch neue Geschäftsmodelle, z. B. vom Produkt- zum Serviceanbieter	**Motivation:** Innovationen mit Schwerpunkt auf ökologisch und sozial vorteilhaften Wertschöpfungslogiken; über einzelne GM-Komponenten hinausgehend **Fokus:** das Geschäftsmodell als zentraler, strategischer Hebel für unternehmerische Nachhaltigkeit **Integration:** definierte Strukturen und Prozesse (z. B. Datenmanagement, Kommunikation) für nachhaltige Geschäftsmodellinnovationen im Kerngeschäft; systematisches organisationales Lernen wird ermöglicht
(5) Nachhaltigkeitsorientierte Netzwerkinnovationen	Nachhaltigkeitsinnovation über Geschäftsmodelle hinaus, z. B. neue Akteursnetzwerke auf Basis geteilter Wertvorstellungen	**Motivation:** Geteilte Nachhaltigkeitswerte und -visionen motivieren die Bildung von Netzwerken für gemeinsame Problemlösungen, auch mit ungewöhnlichen Partnern **Fokus:** Netzwerkinnovationen über die Geschäftsmodelle einzelner Akteure hinaus **Integration:** definierte Strukturen und Prozesse (z. B. Datenmanagement, Kommunikation) für Nachhaltigkeitsinnovationen mit mehreren Akteuren; gemeinsames organisationales Lernen wird ermöglicht

Das Reifegradmodell wird in der Regel zu Beginn eines Modellierungsworkshops verwendet, um die eigene Position und Perspektive zu klären. Haben die Beteiligten ihr Unternehmen auf einer der fünf Ebenen positioniert und geklärt, welche Ebene sie mit dem neuen Vorhaben anvisieren, können Beispiele anderer Firmen herangezogen werden, die sich zum Beispiel als Vorreiter für nachhaltigkeitsorientierte Geschäftsmodellinnovation einen Namen gemacht haben (Fallbeschreibungen wie die des US-amerikanischen Teppichherstellers Interface finden sich in Breuer und Lüdeke-Freund 2017a).

3.4 Treiber für nachhaltigen Unternehmenserfolg

Das zweite Kartenset des SIP definiert wesentliche *Treiber für nachhaltigen Geschäftserfolg* (sogenannte Business-Case-Treiber; Schaltegger et al. 2012), die zugleich als Leitlinien und als Zielgrößen für die nachhaltigkeitsorientierte Entwicklung von Geschäftsmodellen dienen können. Hierfür werden Erfolgstreiber wie Kosten, Risiken, Markenwert oder Unternehmensreputation definiert. Die Frage, die sich Geschäftsmodellentwickler bei der Nutzung der Treiberkarten stellen sollten, lautet: *Wie wirken sich Geschäftsmodellanpassungen oder -innovationen auf die wichtigsten Treiber des Unternehmenserfolgs aus?* Je nach Motivation und Unternehmenstypus (z. B. profitorientiert, Non-Profit-Organisation, sozialer Unternehmer) stehen Nachhaltigkeitsmaßnahmen und Erfolgstreiber in mehr oder weniger starken Spannungsverhältnissen. Zum Beispiel können die Kosten für ein Sozialprojekt die Gewinnmargen eines Unternehmens absorbieren, was für den einen Typus Unternehmer hinnehmbar oder sogar gewünscht sein mag, während es für einen anderen als schwieriger Trade-off interpretiert wird. Diese und ähnliche Wechselwirkungen, positive wie negative, sollen mithilfe der Treiberkarten soweit wie möglich antizipiert und im Rahmen der Modellierung bearbeitet werden.

Die Erfolgstreiber stellen also Zielgrößen dar, die einen direkten Einfluss auf den ökonomischen Erfolg eines Unternehmens haben. Sie stehen daher auch in einem engen Zusammenhang mit „konventionellen" Erfolgstreibern. Bei der nachhaltigkeitsorientierten Geschäftsmodellierung geht es jedoch nach Maßgabe der jeweiligen Unternehmensziele darum, diese Treiber durch freiwillige und unfreiwillige ökologische und soziale Maßnahmen möglichst zu verbessern. Gelingt dies, können sogenannte Business Cases for Corporate Social Responsibility oder Business Cases for Sustainability realisiert werden (s. den Beitrag von Lüdeke-Freund in diesem Band). Da sich die Zusammenhänge zwischen Umwelt- und Sozialmaßnahmen und Erfolgstreibern häufig deutlich von konventionellen Maßnahmen wie einfachen Produktupgrades oder der Optimierung von Logistikprozessen unterscheiden, bedürfen die Zusammenhänge zwischen nachhaltigkeitsorientierten Geschäftsmodellen und Erfolgstreibern besonderer Aufmerksamkeit.

Ein Blick in die Literatur zeigt, dass es eine Vielzahl direkt und indirekt wirkender Erfolgstreiber gibt. Zu den bedeutendsten direkt wirkenden Treibern gehören Kosten, Risiken, Umsätze und Gewinnmargen, Unternehmensreputation und Markenwert, die Attraktivität als Arbeitgeber sowie die Innovationsfähigkeit eines Unternehmens (z. B. Schaltegger und Burritt 2015; Schaltegger et al. 2012). Für die Entwicklung nachhaltigkeitsorientierter Geschäftsmodelle geht es darum, den Einfluss auf diese Treiber zu verstehen und das Modell derart zu gestalten, dass sich Nachhaltigkeitsmaßnahmen positiv auf sie auswirken. Ein häufig zitiertes Beispiel ist Interface, ein US-amerikanischer Spezialist für ökologisch nachhaltige Bodenbeläge. Interface hat sein Kerngeschäft und die damit verbundenen Prozesse, Produkte und Services grundlegend auf die Prinzipien geschlossener Stoffkreisläufe, den Ersatz von Produkten durch Services sowie maximale Ökoeffizienz und Ökoeffektivität umgestellt. Die Ziele von Interface bestehen des Weiteren in einer Umstellung auf 100 % erneuerbare Energien sowie die vollständige Vermeidung von Abfällen entlang der gesamten Lieferkette. Mit Umsätzen in einer Größenordnung von 900 Mio. Dollar pro Jahr und zweistelligen Millionengewinnen scheint Interface ein Modell entwickelt zu haben, das durchaus radikale und ökologisch getriebene Veränderungen des Unternehmens mit finanziellem Erfolg vereinen kann. Die Geschäftsmodellinnovation – vom Produktproduzenten zum Serviceanbieter – hat sich gleichzeitig positiv auf mehrere Erfolgstreiber ausgewirkt: das Umsatzwachstum ist solide, Interface genießt eine Reputation als Pionier- und Vorbildunternehmen im Bereich des ökologischen Produzierens und ist damit äußerst attraktiv für junge, motivierte und begabte Arbeitskräfte, was sich wiederum positiv auf die Innovationsfähigkeit des Unternehmens auswirkt.

Die folgende Tab. 2 definiert wesentliche direkte Treiber, die regelmäßig in der Literatur diskutiert werden und auf Basis von Schaltegger et al. (2012) und Hockerts (2015)

Tab. 2 Durch nachhaltigkeitsorientierte Geschäftsmodelle zu verbessernde Erfolgstreiber

Erfolgstreiber	Beschreibung
Kosten	Reduktion von Kosten für das Unternehmen und/oder dessen Kunden und weitere Stakeholder (z. B. durch reduzierten Energie- und Materialverbrauch)
Risiken	Antizipation, die Reduktion und/oder Vermeidung von Risiken für das Unternehmen, seine Kunden und weitere Stakeholder (z. B. reduzierte Risiken durch ökologisch und sozial verträgliche Produkte)
Umsatz	Umsatzwachstum, -stabilisierung und/oder die Entwicklung neuer Umsatzquellen durch neue Angebote (z. B. Aufbau und Skalierung von „Ökonischen")
Effizienz	Verbesserungen der operativen Effizienz sowie der Effizienz auf Kunden- und Stakeholder-Seite (z. B. durch Energie- und Materialeinsparungen, Abfallmanagement gemeinsam mit Partnern)
Reputation	Steigerung von Reputation und/oder Markenwert durch nachhaltigere Prozesse und Angebote (z. B. durch „100 %-Visionen", die umfassend kommuniziert und eingelöst werden, z. B. „100 % Fair Trade")
Arbeitskräfte	Steigerung der Attraktivität als Arbeitgeber, um begabte, gut ausgebildete und motivierte Arbeitskräfte anzuziehen und zu halten (z. B. durch Angebote, die insbesondere auf LOHAS wirken)
Innovation	Nachhaltigkeitsziele und -maßstäbe können als Kriterien für die Motivation, Evaluation und das Management von Innovation dienen (z. B. Produktangebote, die Kundenwerte, wie z. B. Gerechtigkeit, aufgreifen)
Netzwerk	Entwicklung wertebasierter Netzwerke und Kooperationen, um die eigenen Ressourcen und Fähigkeiten zu ergänzen (z. B. durch den Aufbau von wertebasierten Innovationsgemeinschaften)

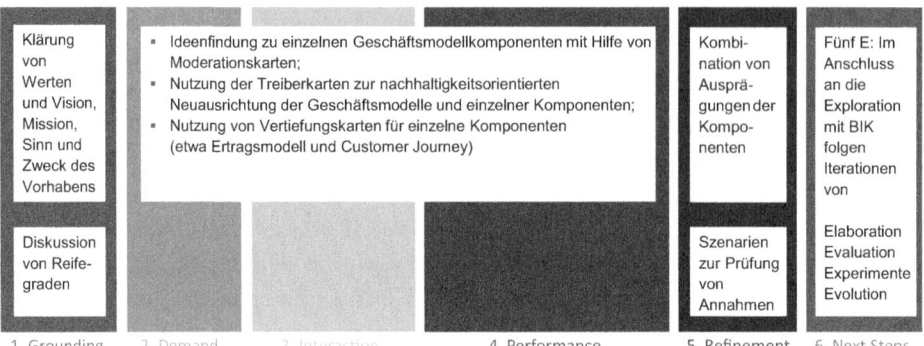

Abb. 2 Vorlage mit Übungen zur wertebasierten Modellierung von Geschäftsideen

zusammengestellt wurden. Diese acht Treiber machen das zweite Kartenset des SIP aus. Sie sind nicht final definiert und können je nach Kontext und besonderen Anforderungen der Nutzer ergänzt werden.

Für die praktische Nutzung der Treiberkarten sind verschiedene Kombinationen mit dem BIK möglich. Die drei Grundvarianten sind:

(1.) Berücksichtigung von ausgewählten Treibern während der Modellierung einzelner Geschäftsmodellkomponenten (z. B. der Risikominderungsbeitrag eines neuen Produktionsprozesses),

(2.) Berücksichtigung der Treiber während der Modellierung auf der Ebene des gesamten Geschäftsmodells (z. B. die Risikoexponiertheit des Modells hinsichtlich Marktpositionierung und gesetzlicher Regulierung),

(3.) Entwicklung eines Geschäftsmodells und anschließendes kritisches Hinterfragen der Modellannahmen anhand ausgewählter Treiber (z. B. Anpassungsmöglichkeiten eines Modells an den gesellschaftlichen Wertewandel).

Die Auswahl bzw. Ergänzung der zu nutzenden Treiber sowie die konkrete Kombination mit dem BIK hängen zum einen vom spezifischen Projekt und dessen Kontext und zum anderen vom jeweiligen Entwicklungsansatz ab (z. B. Nachhaltigkeitsorientierung von Grund auf oder nachträgliche Prüfung auf Nachhaltigkeitsrisiken). Abb. 2 gibt eine Übersicht der wichtigsten Schritte und Methoden bei der Arbeit mit dem Instrument.

4 Anwendungsfelder

In mehr als 100 Workshops mit Innovationsverantwortlichen, Start-ups, Corporate Ventures, Vertriebsmitarbeitern, Studierenden oder interessierten Laien konnten wir unterschiedliche Anwendungsfelder für Geschäftsmodellierung mit den beschriebenen Toolkits erkunden.

4.1 Entwicklung neuer Geschäftsmodelle aus Ideen oder Technologien

Im Ausgangsfall sollen einfach unterschiedliche Geschäftsmodelle für eine schon klar definierte Geschäftsidee oder Technologie entwickelt werden, um den unternehmerischen Spielraum auszuloten. Selbst wenn bereits Ideen zum Geschäftsmodell vorhanden sind, kann das Workshopformat zu völlig neuen und/oder nachhaltigkeitsorientierten Geschäftsmodellalternativen führen. So führte in einem Beispiel der Workshop weg von der Ausgangsidee, ein neues Open-Source-Telefon für preissensitive Jugendliche anzubieten, hin zu einem B2B-White-Label-Modell, bei dem Geschäftskunden unter eigener Marke spezialisierte Geräte an ihre Kunden weitergeben.

4.2 Optimierung bestehender Geschäftsmodelle und Konsolidierung diversifizierter Geschäftsmodelle

Oft ist nicht allen Verantwortlichen im Unternehmen das eigene Geschäftsmodell klar. Funktionsweisen von Unternehmen und die Art, wie sie Gewinne erwirtschaften, entwickeln sich oft eher „naturwüchsig" aus situativen Möglichkeiten und Anforderungen und entlang klar definierter Werte und Strategien. Die beschriebenen Werkzeuge erlauben, das eigene Geschäftsmodell zu rekonstruieren, Möglichkeiten zur Optimierung zu erkennen, stark diversifizierte Modelle zu vereinfachen. So bat uns ein in wenigen Jahren schnell gewachsener Cateringdienst, dessen Geschäftsmodelle aufzuarbeiten, um das Kerngeschäft und Ansatzpunkte für Outsourcing neu zu definieren.

4.3 Auswahl Erfolg versprechender Anwendungsfälle

Technische Entwicklungen ermöglichen oft eine Vielzahl unterschiedlicher Anwendungsfälle. Geschäftsmodelle zu den verschiedenen Anwendungsfällen zu entwerfen, gibt wertvolle Anhaltspunkte, sich für einen Anwendungsfall und ein Modell für den ersten Marktangang zu entscheiden. Zum Beispiel wurden in einem Projekt acht Geschäftsmodelle für unterschiedliche Anwendungsfälle eines virtuellen Routers skizziert. Am Ende war klar, dass zum gegebenen Zeitpunkt nur ein Geschäftsmodell tragfähig für die Vermarktung sein würde.

4.4 Win-win-Modelling

Kombiniert man die Geschäftsmodelle unterschiedlicher Unternehmen lassen sich Potenziale für strategische Partnerschaften oder den Vertrieb von Leistungen identifizieren. Ein Beispiel ist ein großes IT- und Telekommunikationsunternehmen, das Telematiklösungen für den Übergang zur Industrie 4.0 anbietet. Für einen potenziellen Geschäftskunden, der

Maschinen für die Landwirtschaft herstellt und vertreibt, richtete das Unternehmen einen Workshop aus, um zunächst das Geschäftsmodell des Landmaschinenherstellers zu rekonstruieren. Darauf aufbauend wurden die Geschäftsmodellkomponenten (wie Fähigkeiten oder Vertriebsmöglichkeiten) aufgezeigt, die der Maschinenhersteller mithilfe entsprechender IT-Angebote erweitern kann, um die „digitalisierte Landwirtschaft" umfassend zu unterstützen.

4.5 Nachhaltigkeitsorientierte Erschließung neuer Geschäftsfelder

Insbesondere ökologisch und sozial motivierte Gründer, die auf bestehenden und neuen Märkten Fuß fassen wollen, stehen vor mehrfachen Herausforderungen. Sie entscheiden sich z. B. bewusst für alternative Produktionsprozesse, die weniger umweltschädlich sind, oder gestalten ihre Lieferketten in besonderem Maße inklusiv und sozialverträglich (z. B. die „Fairphone"-Initiative, die ihre Lieferketten nutzt, um die Bedingungen der Gewinnung seltener Erden transparent zu machen und zu verbessern), was u. a. zu erhöhten Kosten und reduzierten Handlungsspielräumen führen kann. Junge und stark wertegetriebene Unternehmen, wie z. B. Viva con Agua oder Caté aus Hamburg, müssen ihre Geschäftsmodelloptionen sehr umfassend und wiederholt erkunden. Auf der einen Seite sollen bestimmte traditionelle Geschäftsmodellkomponenten bewusst vermieden werden (z. B. die Kooperation mit Großhändlern oder normalen Supermärkten), was Gestaltungsoptionen reduziert; auf der anderen Seite eröffnen sich aber vielleicht gerade durch das besondere Wertefundament dieser nachhaltigen Unternehmer Kooperationsmöglichkeiten, z. B. mit Szenelokalen oder lokalen Händlern, die auf üblichen Wegen nicht zustande kämen. Das Ziehen von wertebasierten Grenzen und das Ausloten von (Nicht-)Optionen wird durch den BIK-Werkzeugkasten gezielt unterstützt. Traditionelle Unternehmen nutzen vor allem die Treiberkarten, um die Ideenfindung anzuregen, wie Geschäftsmodellkomponenten erweitert und damit neue Geschäftsfelder erschlossen werden können.

4.6 Lösung vertrackter Probleme

Vertrackte Probleme – im Nachhaltigkeitskontext häufig als unlösbare Probleme, bzw. auf Englisch „wicked problems", diskutiert (Rittel und Webber 1973; Waddock 2013) – lassen sich meist nur in einem Netzwerk kooperativer Akteure angehen und erfordern dabei eine Veränderung der Geschäftsmodelle aller Beteiligten. In einem Projekt zur Förderung nachhaltiger Energiewirtschaft in einer norddeutschen Region wurden zunächst die unter den Beteiligten geteilten Werteorientierungen herausgearbeitet. Anschließend wurden nachhaltigkeits- und zukunftsorientierte Geschäftsmodelle für unterschiedliche Akteure (wie Energieerzeuger, Netzbetreiber, Produzenten-Konsumenten und Speicherbetreiber) entwickelt.

4.7 Studium Innovations- und Nachhaltigkeitsmanagement und -marketing

Das BIK und das SIP ermöglichen einen einfachen Einstieg in die akademische Auseinandersetzung mit (nachhaltigkeitsorientierter) Geschäftsmodellentwicklung. Ausgehend von einer schlichten Zuordnung der Beispielkarten, über ein einfaches Brainstorming zu einzelnen Komponenten, über die Konfrontation unterschiedlicher Geschäftsmodelle und Szenarien bis hin zur differenzierten Auseinandersetzung mit Nachhaltigkeitstreibern, Ertragsmodellen und der Customer Journey lassen sich die Komplexität und Tiefe der Auseinandersetzung langsam steigern. Mit teilweise spielerischen Übungen und oben beschriebenen Anwendungsfällen aus unterschiedlichen Industrien kann so selbstgesteuertes, kooperatives Lernen unterstützt und gefördert werden. Fähigkeiten des komplexen und vernetzten Denkens und der Kooperation sind erforderlich, um die nachhaltigen Unternehmer und Nachhaltigkeitsmanager der Zukunft auszubilden (vgl. Waddock 2013).

5 Implikationen und Ausblick

Der Erkenntnisgewinn der Beteiligten ist der zentrale Wert der Arbeit mit den besprochenen Modellierungswerkzeugen und Methoden. Mögliche Implikationen und die Bedeutung für Unternehmen lassen sich aber anhand von zwei Szenarien illustrieren. Beide beruhen auf tatsächlichen Erfahrungen, gehen aber auch darüber hinaus, um in ihrem Kontrast und in idealisierter Form den Mehrwert der Arbeit mit diesen Werkzeugen zu verdeutlichen.

Szenario A: Team A arbeitet mit 20 Leuten seit zwölf Monaten an einem Smart-Home-Angebot eines Telekommunikationsanbieters für eine ältere Zielgruppe. Da die beiden Projektleiter für Technologie und für das Geschäftliche unterschiedliche Werteorientierungen verfolgen und sich kaum darüber verständigt haben, gehen sie auch von unterschiedlichen Wertversprechen für die potenziellen Kunden des Angebots aus. Die Programmierer entwickeln eine Sicherheitslösung für Hochbetagte, während die Geschäftsentwickler ihre Marketingstrategie auf eine Komfort und Luxus schätzende Zielgruppe ausrichten und eine entsprechende Kampagne beauftragen. Immer wieder muss in der technischen Entwicklung nachgebessert werden, um zumindest oberflächlich eine Komfortlösung darstellen zu können. Dennoch verpufft die teure Werbekampagne – nach 24 Monaten Arbeitszeit wird das Projekt eingestellt – ein konkurrierendes Unternehmen hat mit einem neuartigen (auf Querfinanzierung und strategischen Partnerschaften beruhenden) Geschäfts- und Ertragsmodell den entscheidenden Marktanteil der frühen Anwender für sich gewonnen.

Szenario B: Team B beginnt ebenfalls mit 20 Leuten die Arbeit am Smart-Home-Produkt mit einer Serie von Geschäftsmodellworkshops. Projektbezogene Wertvorstellungen und die Bandbreite möglicher Wertversprechen, konkreter Kundengruppen, Kontaktpunkte, Vertriebswege und Ertragsmodelle wird systematisch erarbeitet, auch nötige Fähigkeiten, Partner und Kostenstrategien werden intensiv erörtert, bevor man drei realistische Geschäftsmodelle identifiziert, von denen zunächst eines erprobt werden soll. Alle 20 Beteiligten kennen dieses Modell und nehmen auch an der detaillierten Ausarbeitung eines neuartigen Ertragsmodells teil. Nach drei Monaten stehen die ersten Prototypen, nach sechs Monaten sind sie aufgrund von Experten- und Kundenfeedback komplett überarbeitet und reif für den Testmarktbetrieb. Nach bereits 18 Monaten hat man mit einem klaren Wertversprechen und einem potenten Partnernetzwerk das Angebot platziert. Neben den älteren Nutznießern des Angebots wurde die Zielgruppe der Kinder und Enkel dieser Senioren identifiziert, die sich um ihre den Komfort gewöhnten Eltern sorgen. Nicht nur, aber auch, da für diese sekundäre Zielgruppe, die den Großteil der ersten zahlenden Kunden ausmacht, Nachhaltigkeitsorientierung als Verkaufsargument zählt, wurden zudem die Treiber für nachhaltigkeitsorientierte Geschäftspotenziale zu Rate gezogen. Die Modellierer erkennen, dass sie die Treiber „Kosten" und „Effizienz" aufgreifen konnten, indem sie individualisierte Energieberatung für ihre Smart Homes und entsprechende energiesparende Leistungen mitanbieten. „Reputation" und „Arbeitskräfte" in einer Servicezentrale werden ebenfalls sofort als relevante Treiber für das Smart-Home-Projekt erkannt. Dementsprechend werden neue Möglichkeiten skizziert, um zusätzliche Peer-to-Peer-Betreuungs- und Kontaktangebote der Smart-Home-Bewohner untereinander über das System zu ermöglichen und mit kompetenten und regional etablierten Versorgungsdiensten zusammenzuarbeiten.

Die beiden Szenarien sind skizzenhaft und weitere Fallstudien (retrospektiv zur Entwicklung des Tata Nano siehe Breuer und Upadrasta 2017) und Längsschnittuntersuchungen zur Intervention mit dem Business Innovation Kit stehen noch aus. Eine unsere eigenen Workshops begleitende, systematische Evaluation mithilfe von Fragebögen haben wir begonnen. Den Mehrwert der Arbeit mit diesen Werkzeugen können diejenigen am besten nachvollziehen, die damit gearbeitet haben und so auf wegweisende, unternehmerisch ebenso wie sozial und ökologisch nachhaltige, neue Ideen oder Geschäftsmodelle gekommen sind. Zu den von uns selbst moderierten Workshops haben wir sehr positives Feedback erhalten, zudem auch von den zahlreichen Nutzern der Toolkits, die diese ohne externe Moderation einsetzen. Die Weiterentwicklung und die teilweise bereits erfolgte vergleichende und formative Evaluation dieser Werkzeuge sind zum einen ein aussagekräftiges Medium, das zentrale Ergebnisse der Diskussionen rund um Innovation und CSR bzw. Nachhaltigkeit komprimiert und anhand ihrer Übersetzung in handhabbare Methoden erprobt. Zum anderen liefern sie wirkliche, aufgrund ihrer selbsterklärenden Handhabbarkeit in der Praxis wertgeschätzte Werkzeuge. Gründern, Innovatoren und Verantwortlichen für CSR und Nachhaltigkeit helfen sie so bei der Definition und Operationalisierung eines an den Grundsätzen und Werten der ökologischen und sozialen Verantwortung orientierten Innovationsvorhabens, das den Aufwand wert ist.

Literatur

Baden-Fuller C, Morgan M (2010) Business models as models. Long Range Plann 43(2):156–171

Bocken N, Short S, Padmakshi R, Evans S (2013) A value mapping tool for sustainable business modelling, Corporate Governance. Int J Bus Soc 13(5):482–497

Breuer H (2013) Lean Venturing: Learning to create new business through exploration, elaboration, evaluation, experimentation, and evolution. Int J Innov Manag 17(3):Article No. 1340013

Breuer H, Lüdeke-Freund F (2015) „Sustainability Innovation Pack" – Facilitation Tool for Sustainable Business Model Innovation. http://www.uxberlin.com/sustainability-innovation-pack/. Zugegriffen: 16. Febr. 2016 (sowie http://blog.ssbmg.com/2015/02/26/sustainability-innovation-pack/)

Breuer H, Lüdeke-Freund F (2017a) Values-Based Innovation Management – Innovating by what we care about. Palgrave, Houndmills

Breuer H, Lüdeke-Freund F (2017b) Values-Based Business Model and Network Innovation. Int J Innov Manag 21(3):Art. 1750028

Breuer H, Upadrasta V (2017) Values-Based Product Innovation – The Case of Tata Nano. Proceedings of XXVIII ISPIM Conference. Wien.

Breuer H, Fichter K, Lüdeke-Freund F, Tiemann I (im Erscheinen) Sustainability-Oriented Business Model Development: Principles, Criteria, and Tools. Int J Entrep Ventur

Cagnin C, Loveridge D, Butler J (2011) Business Sustainability Maturity Model. Corporate Responsibility Research Conference 2011. University of Leeds, United Kingdom

Carroll A, Shabana K (2010) The business case for corporate social responsibility: a review of concepts, research and practice. Int J Manag Rev 12(1):85–105

Clark T, Osterwalder A, Pigneur Y (2012) Business Model You. A One-Page Method for Reinventing Your Career. Wiley, Hoboken, New Jersey

Dahan N, Doh J, Oetzel J, Yaziji M (2010) Corporate-NGO collaboration: Co-creating new business models for developing markets. Long Range Plann 43(2-3):326–342

Deloitte (2012) Towards Zero Impact Growth. Strategies of leading companies in 10 industries. Deloitte, Rotterdam

Doganova L, Eyquem-Renault M (2009) What do business models do? Innovation devices in technology entrepreneurship. Res Policy 38(10):1559–1570

Fichter K, Tiemann I (2015) Das Konzept „Sustainable Business Canvas" zur Unterstützung nachhaltigkeitsorientierter Geschäftsmodellentwicklung. Universität Oldenburg & Borderstep Institut, Oldenburg und Berlin

Foxon T, Bale C, Busch J, Bush R, Hall S, Roelich K (2015) Low carbon infra-structure investment: Extending business models for sustainability. Infrastructure Complex 2(4):1–13

Gassmann O, Frankenberger K, Csik M (2013) Geschäftsmodelle entwickeln. Hanser, München

Hockerts K (2015) A Cognitive Perspective on the Business Case for Corporate Sustainability. Bus Strategy Environ 24(2):102–122

Hockerts K, Wüstenhagen R (2010) Greening Goliaths versus emerging Davids – Theorizing about the role of incumbents and new entrants in sustainable entrepreneurship. J Bus Ventur 25(5):481–492

IBM (2015) Redefining Boundaries – Insights from the Global C-suite Study. IBM Global Business Services, Somers, NY

Joyce A, Paquin R (2016) The triple layered business model canvas: A tool to design more sustainable business models. J Clean Prod 135:1474–1486

Kiron D, Kruschwitz N, Haanaes K, Reeves M, Goh E (2013) The Innovation Bottom Line. MIT Sloan Management Review Research Report Winter 2013. Cambridge

Lüdeke-Freund F (2017) Geschäftsmodelle für unternehmerische Nachhaltigkeit – Eckpunkte eines nachhaltigkeitsorientierten Geschäftsmodellmanagements. In: Wunder T (Hrsg) CSR und strategisches Management. Springer, Berlin, S 111–135

Müller A-L, Pfleger R (2014) Business transformation towards sustainability. Bus Res 7(2):313–350

Osterwalder A, Pigneur Y (2011) Business Model Generation. Ein Handbuch für Visionäre, Spielveränderer und Herausforderer. Campus, Frankfurt

Osterwalder A, Pigneur Y, Tucci C (2005) Clarifying Business Models: Origins, Present and Future of the Concept. Communications of the Association for Information Systems 16(25):Article 1

Quintana C, Krajcik J, Soloway E (2000) Exploring a Structured Definition for Learner-Centered Design. In: Fishman B, O'Connor-Divelbiss S (Hrsg) Fourth International Conference of the Learning Sciences. Erlbaum, Mahwah, NJ, S 256–263

Rittel H, Webber M (1973) Dilemmas in a General Theory of Planning. Policy Sci 4(2):155–169

Schallmo D (2013) Geschäftsmodelle erfolgreich entwickeln und implementieren. Springer, Berlin, Heidelberg

Schaltegger S, Burritt R (2015) Business Cases and Corporate Engagement with Sustainability: Differentiating Ethical Motivations, Journal of Business Ethics. http://dx.doi.org/10.1007/s10551-015-2938-0 (Erstellt: 06. Nov. 2015)

Schaltegger S, Lüdeke-Freund F (2013a) Business Cases for Sustainability. In: Idowu S, Capaldi N, Zu L, Das Gupta A (Hrsg) Encyclopedia of Corporate Social Responsibility. Springer, Berlin, S 245–252

Schaltegger S, Lüdeke-Freund F (2013b) Von sozialer Verantwortung zu unternehmerischer Nachhaltigkeit: Bedeutung und Ausgestaltung von „Business Cases for Sustainability" [Business Cases for Sustainability – From Social Responsibility to Corporate Sustainability. In: Keuper F, Neumann F (Hrsg) Sustainability Management: Nachhaltige und Stakeholder-orientierte Wertsteigerung. Logos, Berlin, S 51–68

Schaltegger S, Wagner M (2011) Sustainable entrepreneurship and sustainability innovation: categories and interactions. Bus Strategy Environ 20(4):222–237

Schaltegger S, Lüdeke-Freund F, Hansen E (2012) Business cases for sustainability: the role of business model innovation for corporate sustainability. Int J Innov Sustain Dev 6(2):95–119

Schumpeter J (1942/2006) Capitalism, socialism and democracy. 1. Harper colophon ed. [repr.]. HarperPerennial, New York, NY

Seelos C (2014) Theorizing and Strategizing with Models: Generative Models of Social Enterprises. Int J Entrepreneurial Ventur 6(1):6–21

SIT (Systematic Inventive Thinking) (2007) SIT tool: Attribute value mapping. www.lansstyrelsen.se/ostergotland/SiteCollectionDocuments/Sv/naringsliv-och-foreningar/naringslivsutveckling/SIT%20Tool%20-%20Attribute-Value%20Mapping.pdf. Zugegriffen: 07. Febr. 2016

Spiekerman S (2016) Ethical IT innovation. A value-based system design approach. CRC Press, Boca Raton, FL

Strategyzer (2015) The Business Model Canvas – Why and how organizations around the world adopt it. Strategyzer, Zürich

Svejenova S, Planellas M, Vives L (2010) An Individual Business Model in the Making: a Chef's Quest for Creative Freedom. Long Range Plann 43(2-3):408–430

Upward A, Jones P (2016) An Ontology for Strongly Sustainable Business Models: Defining an Enterprise Framework Compatible With Natural and Social Science. Organ Environ 29(1):97–123

Waddock S (2013) The Wicked Problems of Global Sustainability Need Wicked (Good) Leaders and Wicked (Good) Collaborative Solutions. J Manag Glob Sustain 1(1):91–111

Wirtz B (2011) Business Model Management. Design, Instrumente, Erfolgsfaktoren von Geschäftsmodellen, 2. Aufl. Gabler, Wiesbaden

Henning Breuer ist Gründer der Unternehmensberatung UXBerlin – Innovation Consulting und Professor für Wirtschafts- und Medienpsychologie an der Hochschule für Medien, Kommunikation und Wirtschaft in Berlin. Zuvor hat er an Universitäten in Japan und Chile geforscht und unterrichtet. Seit 2001 berät er vor allem große Technologieunternehmen zu Innovationsthemen und wirtschaftspsychologischen Fragestellungen. Schwerpunkte seiner Beratungs- und Forschungstätigkeit sind wertebasiertes Innovationsmanagement, die Arbeit mit Zukunftsszenarien sowie neue Formen der Kundenintegration und ethnographischen Nutzerforschung.

Dr. Florian Lüdeke-Freund leitet den Lehrstuhl für Corporate Sustainability an der ESCP Business School in Berlin und ist Habilitand an der Professur für Kapitalmärkte und Unternehmensführung der Universität Hamburg. Als Research Fellow ist er zudem mit dem Centre for Sustainability Management (CSM), der Leuphana Universität Lüneburg und der Copenhagen Business School, Dänemark, verbunden. Er promovierte zum Thema „Business Models for Sustainability Innovation". Die Forschungsinteressen von Florian Lüdeke-Freund liegen u.a. in den Themenbereichen nachhaltiges Unternehmertum, Geschäftsmodelle sowie wertebasiertes Innovationsmanagement. Neben Forschungs- und Lehrtätigkeiten baut er die Themenplattform www.SustainableBusinessModel.org auf und ist Mitglied der Strongly Sustainable Business Model Group an der OCAD University, Toronto, Kanada.

Mit dem Sustainable Business Model Canvas Geschäftsmodelle nachhaltig gestalten

Maximilian Faust und Dennis Lotter

1 Einleitung

Die Themen Geschäftsmodelle und Nachhaltigkeit miteinander zu verbinden, ist der zentrale Gedanke im Sustainable Business Model Canvas. Diese Verknüpfung ist nach wie vor ein weitestgehend unangetastetes Forschungs- und Anwendungsfeld. Unternehmen stehen vor der Herausforderung, Nachhaltigkeit in ihren Geschäftsmodellen vollumfänglich zu verankern. Dazu fehlt es aber bislang an strukturierten Ansätzen, Methoden und Modellen, die bei der Gestaltung nachhaltiger Geschäftsmodelle helfen können (vgl. Christensen et al. 2009, S. 4 f.).

Es gibt lediglich eine Vielzahl an Methoden und Werkzeugen, die bei der visuellen und ökonomischen Gestaltung von Geschäftsmodellen helfen. Eines der bekanntesten Werkzeuge ist das Business Modell Canvas von Alexander Osterwalder und Yves Pigneur und wurde in der Publikation *Business Model Generation* veröffentlicht. Hauptproblem dieser Methoden ist die rein ökonomische Betrachtung eines Geschäftsmodells statt einer vollumfänglichen Sichtweise aller Dimensionen von Ökonomie, Ökologie und Soziales im Sinne der Nachhaltigkeitstheorie. Das Sustainable Business Model Canvas möchte genau diesen Anspruch nach einer vollumfänglichen Sichtweise und Integration aller Nachhaltigkeitsdimensionen erfüllen und konkret aufgreifen.

M. Faust (✉) · D. Lotter
Hochschule Fresenius
Limburger Str. 2, 65510 Idstein, Deutschland
E-Mail: Maximilian.Faust@hs-fresenius.de

© Springer-Verlag GmbH Deutschland 2018
P. Bungard (Hrsg.), *CSR und Geschäftsmodelle*, Management-Reihe Corporate Social Responsibility, https://doi.org/10.1007/978-3-662-52882-2_27

2 Grundlagen für die Entwicklung des Sustainable Business Model Canvas

2.1 Das Business Model Canvas als Grundlage

Grundlage für die Entwicklung des neuen Ansatzes zur Gestaltung von nachhaltigen Geschäftsmodellen ist das Business Model Canvas. Der von Alexander Osterwalder und Yves Pigneur entwickelte Ansatz beschreibt eine mögliche Variante, wie man Geschäftsmodelle visuell darstellen kann. Es ist ein Modell, womit die Darstellung von Geschäftsmodellen ermöglicht wird, und ist als konzeptionelles Werkzeug zu verstehen, um mithilfe von Elementen und Beziehungen die Logik eines Geschäftsmodells darzustellen. Dabei handelt es sich um einen weit verbreiteten Ansatz, der in der Praxis häufig Anwendung findet. Veröffentlicht wurde das Business Model Canvas in der Publikation *Business Model Generation* (vgl. Böhmann et al. 2013, S. 19).

Insgesamt besteht das Modell aus neun verschiedenen Bausteinen (dargestellt in Abb. 1), die jeweils im Zusammenhang betrachtet werden müssen. Bei diesem Modell wird der Kunde in den Mittelpunkt der Betrachtung gerückt. Zum Beispiel nimmt der Kunde dadurch konkret Einfluss auf die Kostenstrukturen, Ressourcen, Kommunikation, Beziehung oder Aktivitäten des gesamten Geschäftsmodells (vgl. Böhmann et al. 2013, S. 13).

Der erste Schritt im Business Model Canvas sieht die Untersuchung der Kundensegmente (*Customer Segments*) vor und es gilt, die Frage zu beantworten, für wen ein Nutzen angeboten wird bzw. wer die wichtigsten Kunden für das Geschäftsmodell sind. Zentraler Baustein in dem Business Model Canvas ist die *Value Proposition*. In diesem Element wird das Paket von Produkten und Dienstleistungen zum Ausdruck gebracht, die das Unternehmen gegenüber seinen Kundensegmenten anbietet. Dabei kann es sich um innovative oder bereits existierende Produkte oder Dienstleistungen handeln. Zentrale Fragestellung dahinter ist: Welchen Nutzen bietet bzw. welche Kundenbedürfnisse erfüllt das Unternehmen und welche Probleme der Kunden werden durch die angebotenen Produkte/Dienstleistungen gelöst (vgl. Osterwalder und Pigneur 2010, S. 22)? Mit *Channels* wird die Art und Weise beschrieben, wie das Unternehmen innerhalb ihres Geschäftsmodells die Kundensegmente anspricht und interagiert, um die Value Proposition den Kunden zu vermitteln. Damit sind Kommunikations-, Distributions- und Verkaufskanäle gemeint. Also alle Berührungspunkte zwischen Kunde und Unternehmen (vgl. Osterwalder und Pigneur 2010, S. 26). Die Kundenbeziehung (*Relationships*) beschreibt die Art von Beziehung, die das Unternehmen zu den jeweiligen Kundensegmenten aufbaut. Sie kann sowohl persönlich als auch automatisch gestaltet werden. Die Bedeutung liegt dabei auch auf der Kundenbindung, die durch die Beziehung aufgebaut werden kann. Damit verbundene Fragestellungen könnten sein: Welche Art von Beziehungen erwarten unsere Kundensegmente oder wie wird die Beziehung zu den Kunden gestaltet (vgl. Osterwalder und Pigneur 2010, S. 28 f.)? Die Einnahmequellen (*Outcomes*) sind die Umsätze, die das Unternehmen innerhalb des Geschäftsmodells von den jeweiligen Kundensegmenten

Mit dem Sustainable Business Model Canvas Geschäftsmodelle nachhaltig gestalten

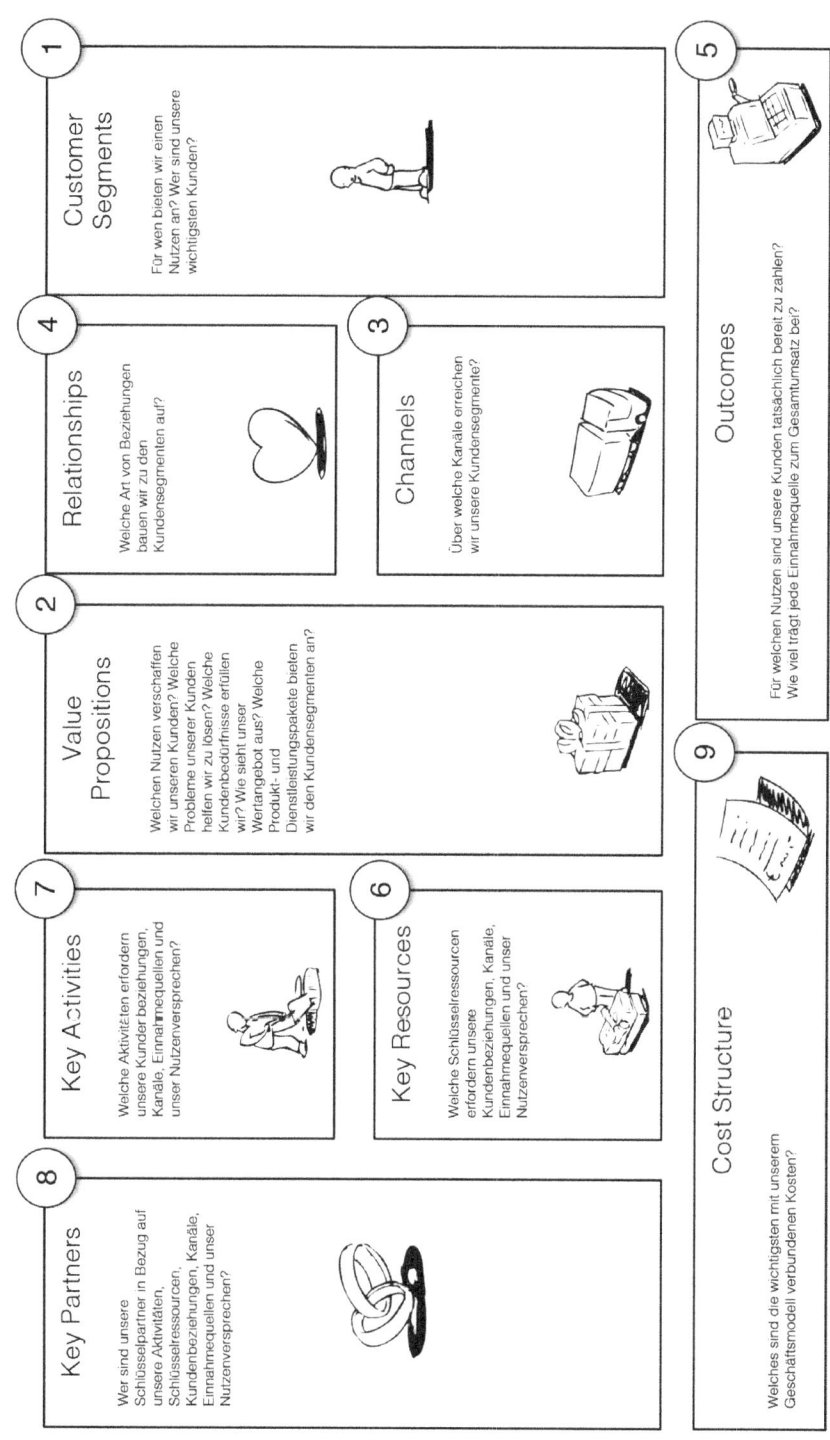

Abb. 1 Das Business Model Canvas. (Quelle: eigene Darstellung in Anlehnung an Osterwalder und Pigneur 2010, S. 16 ff.)

für die Produkte und Dienstleistungen erzielt. Mit diesem Baustein wird deutlich, welche verschiedenen Einnahmequellen es gibt und für welche Kundensegmente sie zutreffen bzw. durch welche Leistung die Einnahme erzeugt wird (vgl. Osterwalder und Pigneur 2010, S. 30 f.). Innerhalb der *Key Resources* wird sich mit der Fragestellung befasst, welche Schlüsselressourcen erfordert das Geschäftsmodell. Für die Leistungserstellung bzw. Erstellung des Wertangebotes werden Ressourcen gebraucht, um das Funktionieren des Geschäftsmodells sicherzustellen. Sie können sich aber auch auf die Bereitstellung der Kundenbeziehungen oder Kundenkanäle beziehen. Diese können physische, finanzielle, intellektuelle oder menschliche Ressourcen sein (vgl. Osterwalder und Pigneur 2010, S. 34 f.). Im 7. Element werden die *Key Activities* beschrieben. Sie beschreiben die wichtigsten Aktivitäten, die ein Unternehmen erledigen muss, damit das Geschäftsmodell, in Verbindung mit der Erstellung des Wertangebotes, der Kundenbeziehung, der Einnahmequellen und der Kundenkanäle, funktioniert (vgl. Osterwalder und Pigneur 2010, S. 36). Vorletzter zu untersuchender Baustein sind die *Key Partners*, die das Unternehmen für das Gelingen des Geschäftsmodells, in Verbindung mit allen anderen Elementen des Business Model Canvas, benötigt. Er zeigt das Netzwerk von Partnern auf, das das Unternehmen eingeht (vgl. Osterwalder und Pigneur 2010, S. 38). Abschließend werden die Kostenstrukturen (*Cost Structure*) als letztes Element betrachtet. Dabei werden die wichtigsten Kosten aufgeschlüsselt, die in Bezug auf das Geschäftsmodell anfallen und in Verbindung mit allen anderen Elementen stehen (vgl. Osterwalder und Pigneur 2010, S. 40).

Alle neun Elemente in einer Gesamtbetrachtung bzw. Gesamtvisualisierung lassen ein Geschäftsmodell eines Unternehmens aufzeigen. Grund für die Fokussierung des Business Model Canvas sind die Möglichkeit der ganzheitlichen Darstellung aller Wertschöpfungsaktivitäten eines Geschäftsmodells, das einfache Verständnis und die breite Anwendung in der Praxis. Die Kombination dieser Aspekte ermöglicht eine sehr gute Anwendung dieses Modells in z. B. Workshops. Allerdings war den Entwicklern auch immer bewusst, dass das Business Model Canvas eine rein ökonomische Sichtweise einnimmt und ein Geschäftsmodell hauptsächlich aus Sicht der Kunden betrachtet wird, statt eine vollumfängliche nachhaltige Betrachtung zu ermöglichen. Dieser Aspekt wurde von den Autoren als zentraler Kritikpunkt an dem Business Model Canvas bewertet. Zur Lösung dieses Problems haben sich die Entwickler darüber Gedanken gemacht, wie in das Business Model Canvas alle Nachhaltigkeitsdimensionen von Ökonomie, Ökologie und Sozialem integriert werden können, sodass ein Geschäftsmodell durch mehrere Perspektiven beurteilt und gestaltet werden kann.

2.2 Die Integration des Shared-Value-Ansatzes

Der Shared-Value-Ansatz von Michael E. Porter und Mark R. Kramer (2011) wurde mit den zentralen Gedanken und Aussagen in dem Artikel „Creating shared value – how to reinvent capitalism" im Harvard-Business-Review-Magazin erstmals veröffentlicht und beschreibt einen Managementansatz zur Interaktion zwischen Unternehmen und Gemeinschaft. Im Zuge der Entwicklung des Sustainable Business Model Canvas wurden diese Überlegungen aufgegriffen.

Der Shared-Value-Ansatz hat für große Aufmerksamkeit in der Wirtschaft gesorgt und vor allem in der Wissenschaft für eine breite Diskussion. Der Ansatz baut auf der Grundannahme auf, Unternehmen und Gesellschaft sind untrennbar miteinander verbunden und stehen in gegenseitiger Abhängigkeit. Sie können nicht als losgelöste Bereiche angesehen werden, sondern sind miteinander verwoben (vgl. Lotter und Braun 2014, S. 48 f.).

Porter und Kramer haben festgestellt, dass dieses Verständnis von gegenseitiger Abhängigkeit ein gegenwärtig existierendes Problem im Zusammenspiel zwischen Unternehmen und Gemeinschaft ist. Die Realität zeigt nämlich, dass es ein Auseinanderdriften zwischen Wirtschaft und Gemeinschaft gibt (vgl. von Liel und Lütge 2015, S. 182). Sie erkennen eine Tendenz, dass der Kapitalismus in der Praxis nicht so funktioniert, wie er in der Theorie offensichtlich vorgesehen ist (vgl. Porter und Kramer 2011, S. 2 ff.). Oft genug wird der Anschein erweckt, dass die Unternehmen für die ökonomischen und sozialen Probleme der Gesellschaft verantwortlich sind und sich auf Kosten der Gemeinschaft bereichern. Gleichermaßen wird aber auch konstatiert, dass die Unternehmen diese Denkweise selbst verschuldet haben und auch das unternehmerische Handeln nicht gerade vorbildlich vonstattengeht. Die Begründung liegt in einem Fehlverständnis des Wirtschaftens und das Gefangensein in einem überholten Verständnis der Wertschöpfung, so Porter und Kramer. Zum Beispiel sind viele Unternehmen darauf aus, kurzfristig ihre Finanzperformance zu steigern, ohne den langfristigen Unternehmenserfolg im Auge zu behalten. Diese kurzfristigen Ziele sind zum Beispiel verbunden mit dem Plündern von Ressourcen, mit dem Animieren von immer höherem Konsumverhalten oder mit der Verlegung von Standorten, sodass das Unternehmen sich global bezeichnen kann, aber mit keinem Standort mehr echte Beziehungen pflegt (vgl. Porter und Kramer 2011, S. 2 ff.). Dieses unternehmerische Handeln, aufgezeigt mit Beispielen der kurzfristigen Zielsetzung, hat Effekte zur Folge, die sich auf das soziale und ökonomische Umfeld auswirken und dieses beeinflussen. Dies führt nicht automatisch zu der Entstehung von Wohlstand für die Gesellschaft und hindert möglicherweise sogar bei dem Ausschöpfen der Potenziale. Porter und Kramer sehen die Lösung darin, dass ein neues Verständnis von der Gemeinsamkeit zwischen Gesellschaft und Unternehmenserfolg entwickelt werden muss (vgl. Porter und Kramer 2011, S. 2 ff.).

Nach dem Verständnis von Porter und Kramer sind Unternehmen und Gesellschaft miteinander verwoben, denn für die Existenzsicherung von Unternehmen bedarf es einer funktionierenden Gesellschaft und umgekehrt. Es kann demnach zu Recht als ein Nehmen und ein Geben bezeichnet werden, in einer gegenseitigen Abhängigkeit. Unternehmen brauchen z. B. den Zugang zu öffentlichen Gütern von der Gesellschaft und die Gesellschaft braucht wiederum Unternehmen für z. B. die Schaffung von neuen Arbeitsplätzen oder die Generierung von Wohlstand (vgl. Porter und Kramer 2011, S. 2 ff.). Diese wechselseitige Abhängigkeit von Unternehmen und Gemeinschaft kann auch als gegenseitige Effekte beschrieben werden, die sich von außen nach innen (Outsight-in-Effekte) bzw. von innen nach außen (Insight-out-Effekte) auswirken. Sie können positiv und negativ sein (dargestellt in Abb. 2). Diese sogenannten Insight-out-Effekte entstehen

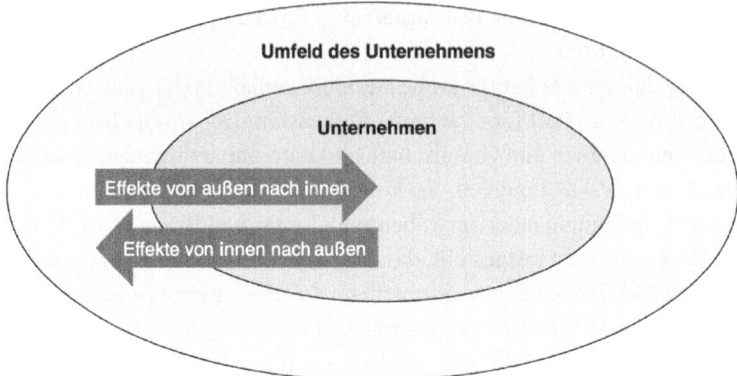

Abb. 2 Unternehmen und Gemeinschaft in gegenseitiger Abhängigkeit. (Quelle: eigene Darstellung in Anlehnung an Moore o. J., S. 3 ff.)

durch Wertschöpfungsaktivitäten, die das Umfeld des Unternehmens beeinflussen. Umgekehrt verstehen sich die Outsight-in-Effekte durch den Einfluss des Umfelds bzw. der Gesellschaft auf das Unternehmen (vgl. Moore o. J., S. 3 ff.).

Dieses Verständnis, die Verknüpfung von Unternehmen und Gesellschaft, ausgedrückt in Insight-out- und Outsight-in-Effekten, wurde im Sustainable Business Modell Canvas aufgegriffen und ist der zentrale Bestandteil. Sie können positiv und negativ sein. Dadurch können neue Chancen generiert, die Konkurrenzfähigkeit und der wirtschaftliche Erfolg erhöht werden. Denn mit dem Aufgreifen von Problemen des Umfelds können daraus neue Potenziale entstehen, die Innovationen, neue Märkte und neue Managementansätze fördern, statt neue Kosten zu verursachen. Hinzu kommt, dass Unternehmen die öffentliche Existenzberechtigung zurückerlangen können, die in den vergangenen Jahren zu kurz gekommen ist (vgl. Porter und Kramer 2011, S. 2 ff.).

Am Beispiel des Unternehmens Wiesenhof soll ein noch besseres Verständnis für diese Effekte entwickelt werden. Die Marke Wiesenhof ist in den letzten Jahren sehr stark durch Tierquälerei in Verruf gekommen. Nichtregierungsorganisationen (NGOs) wie PETA (People for the Ethical Treatment of Animals) haben sich für die Tierrechte bei Wiesenhof mit einer lautstarken Kampagne eingesetzt (vgl. PETA 2013). NGOs, wie zum Beispiel PETA, können zu den Ecosystem Actors & Resources von einem Geschäftsmodell gezählt werden. Sie werden als Interessensvertreter der Tiere durch das Geschäftsmodell indirekt beeinflusst, was als klassischer Insight-out-Effekt bezeichnet werden kann. Umgekehrt beeinflussen sie wiederum das Geschäftsmodell durch eine intensive und lautstarke Kampagne, die das Image von Wiesenhof verschlechtert. Dadurch kommt es zu Outsight-in-Effekten, die von außen auf ein Geschäftsmodell wirken. Bei diesem Beispiel werden hauptsächlich nur negative Effekte beschrieben. Natürlich können auch positive Effekte in diesen Bausteinen abgebildet werden.

2.3 Die Integration aller relevanten Anspruchsgruppen

Der vorherige Abschnitt hat gezeigt, dass der Umgang mit der Gemeinschaft von wichtiger Bedeutung ist. Analog zu den Erkenntnissen von Porter und Kramer im Zuge des Shared-Value-Ansatzes, haben die Autoren den Umgang mit Anspruchsgruppen für sehr wichtig eingestuft und als zentrale Einflussgröße für die Integration von Nachhaltigkeit in Geschäftsmodellen bewertet.

Für die Entwicklung des neuen Ansatzes, des Sustainable Business Model Canvas, wurden von den Entwicklern zwei neue Kategorien der Anspruchsgruppen (dargestellt in Abb. 3) definiert. Die neue Kategorisierung kommt sehr nah an die klassische Betrachtung der Stakeholder-Theorie heran, die eine Kategorisierung in interne und externe Anspruchsgruppen vorsieht. Sie wurden Ecosystem Actors & Resources und Business Model Actors genannt. Business Model Actors beziehen sich im Kern auf die Wertschöpfungsaktivitäten und -flüsse eines Geschäftsmodells.

Die Business Model Actors sind in ihrer Definition alle Akteure, die unmittelbar an der Wertschöpfung beteiligt sind bzw. diese unmittelbar beeinflussen. Dazu können z. B. Kunden, Mitarbeiter, Lieferanten oder Geldgeber zählen. Zu den Ecosystem Actors &

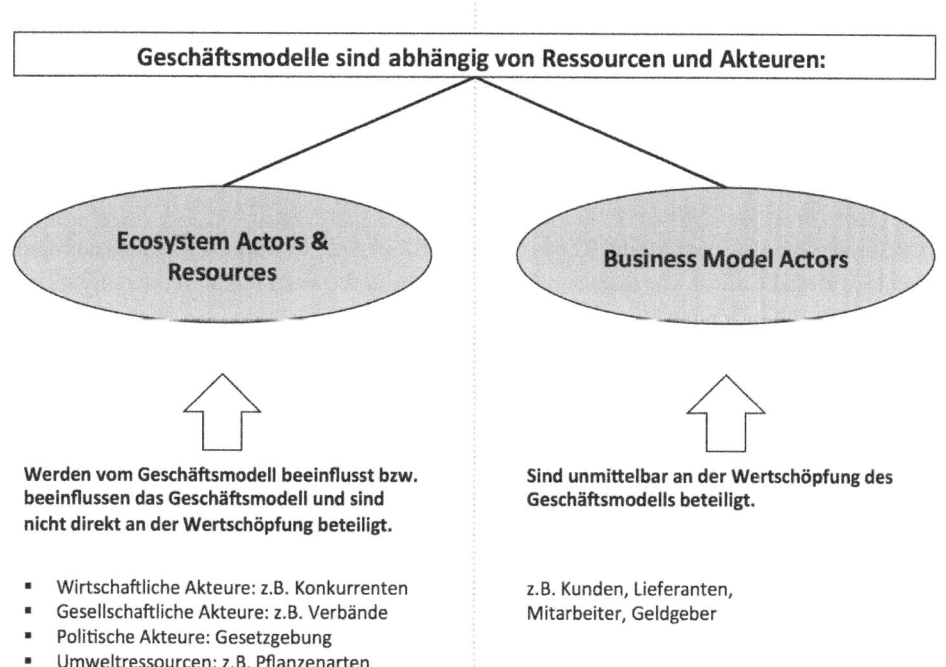

Abb. 3 Business Model Actors und Ecosystem Actors & Resources. (Quelle: eigene Darstellung)

Resources zählen alle Akteure und Ressourcen, die in irgendeiner Art und Weise vom Geschäftsmodell beeinflusst werden bzw. das Geschäftsmodell beeinflussen und nicht unmittelbar an der Wertschöpfung beteiligt sind und dadurch nur indirekt in Verbundenheit stehen. Dazu können z. B. Konkurrenten, politische Akteure, Nichtregierungsorganisationen, Nachbarn, Tiere oder Pflanzen zählen.

Durch Integration aller relevanten Anspruchsgruppen in einen neuen Ansatz kann der gegenseitigen Abhängigkeit von Unternehmen und Gesellschaft Rechnung getragen und eine nachhaltige Perspektive gefördert werden.

2.4 Die Integration des normativen Orientierungsrahmens

Der normative Orientierungsrahmen ist nicht von unwesentlicher Bedeutung für die Integration von Nachhaltigkeit in Geschäftsmodellen, denn er stellt die oberste Maxime dar und gibt der unternehmerischen Tätigkeit einen ethischen Rahmen durch z. B. Leitlinien, Werte, Prinzipien, Visionen, Missionen oder Normen. Damit prüft dieser normative Orientierungsrahmen die Legitimität jeder unternehmerischen Tätigkeit und gibt Antwort auf den eigentlichen unternehmerischen Sinn und Beweggrund (vgl. Schermann et al. 2013, S. 58).

Die Einbeziehung eines normativen Orientierungsrahmens basiert hauptsächlich auf den Erkenntnissen anderer Modelle zur Visualisierung von Geschäftsmodellen, wie z. B. das IOcTen-Modell, und sollte nach Auffassung der Autoren fester Bestandteil eines Ansatzes werden, der die Nachhaltigkeit vollumfänglich in ein Geschäftsmodell integriert (vgl. Doleski 2015).

3 Das Sustainable Business Model Canvas

Das Sustainable Business Model Canvas (dargestellt in Abb. 4) wurde aufbauend auf dem Business Model Canvas von Alexander Osterwalder und Yves Pigneur weiterentwickelt und hat die grundlegenden Überlegungen des Shared-Value-Ansatzes von Michael E. Porter und Mark R. Kramer mit integriert. Mit dieser Methode und der richtigen Anwendung (z. B. in Workshops) wird ein neuer Ansatz aufgezeigt, womit nachhaltige Geschäftsmodelle gestaltet werden können.

Dem Modell liegt folgendes Verständnis zugrunde: „A sustainable business model describes how an organization creates, delivers, and captures value for all its actors and natural resources in consideration of the interdependence of social and planet ecosystem." Dabei handelt es sich um die Definition eines nachhaltigen Geschäftsmodells, die von den Autoren im Zuge dieses Forschungsprojekts entwickelt wurde.

Den Kern dieses neuen Modells bildet das Business Model Canvas von Alexander Osterwalder und Yves Pigneur. Die insgesamt neun Elemente wurden im vorherigen Abschnitt beschrieben. Großer Kritikpunkt des Business Model Canvas sind die rein ökonomische Sichtweise und die eindimensionale Betrachtung der Elemente aus Sicht der

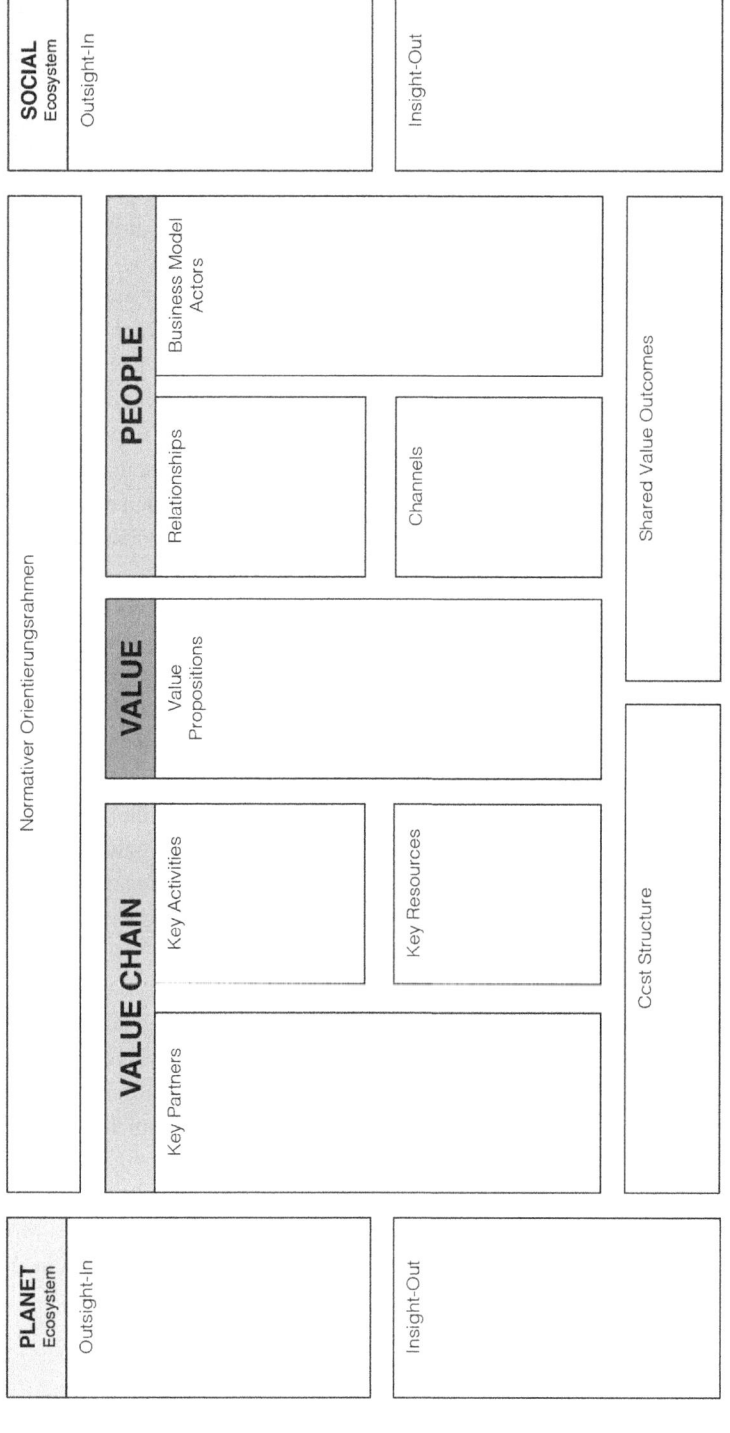

Abb. 4 Das Sustainable Business Model Canvas. (Quelle: eigene Darstellung)

Kunden. Da das Modell aber auch einige große Vorteile mit sich bringt, wie z. B. die einfache Anwendung in Workshops oder die schnelle bzw. leichte Verständlichkeit, hat sich das Business Model Canvas als grundlegendes Modell angeboten. Jedoch haben die Autoren das Modell erweitert und leicht modifiziert. Das Element „Customer Segments" wurde zu „Business Modell Actors" verändert. Damit soll der Überlegung Rechnung getragen werden, dass fortan das Geschäftsmodell nicht mehr nur aus Sicht der Kunden betrachtet wird, sondern aus der Sicht aller Akteure, die am Wertschöpfungsprozess unmittelbar beteiligt sind. Dazu gehören können z. B. Mitarbeiter, Lieferanten, Inhaber, Geldgeber oder natürlich auch Kunden.

Konkret bedeutet dies für die weiteren Bausteine nun, dass fortan die einzelnen Elemente auf Grundlage der *Business Model Actors* untersucht werden und nicht nur auf Grundlage der Kundensegmente. Zum Beispiel fragt man sich jetzt im Zuge der Value Proposition, welchen Nutzen erfüllt das Unternehmen z. B. gegenüber seinen Mitarbeitern, Lieferanten, Inhabern oder Geldgebern statt nur gegenüber seinen Kunden. In Bezug auf die Mitarbeiter könnte zum Beispiel das Nutzenversprechen sein, dass man ein familienfreundlicher Arbeitgeber sein möchte. Darauf aufbauend werden nun die Beziehungen, die Kanäle, die Key Activities, Key Resources und Key Partners analysiert und die damit verbundenen Kosten und Outcomes aufgezeigt.

Ein weiterer zentraler beschriebener Bestandteil des neuen Modells sind die Integration des Shared-Value-Ansatzes und die Betrachtung aller relevanten Anspruchsgruppen. Neben den Business Model Actors wurden auch die Ecosystem Actors & Resources in den Fokus gerückt. Um eine vollumfängliche Betrachtung eines nachhaltigen Geschäftsmodells zu ermöglichen, wurde das Business Modell Canvas um die Dimensionen Ökologie (*Planet Ecosystem*) und Soziales (*Social Ecosystem*) erweitert. In Bezug auf diese Dimensionen werden die Outsight-in- und Insight-out-Effekte ausgewählter Ecosystem Actors & Resources aufgezeigt, die im Zuge der Shared-Value-Theorie vorgestellt wurden. Gemeint sind also Effekte, die vom Geschäftsmodell (innen) ausgehen und auf das Unternehmensumfeld (außen) einwirken und natürlich auch umgekehrt. Diese Effekte können sowohl positiv als auch negativ sein.

Abschließend wurde der *normative Orientierungsrahmen* als Baustein dem Business Model Canvas hinzugefügt. Er beschreibt die oberste Maxime jeder unternehmerischen Tätigkeit. Leitlinien, Unternehmensethik und Werte werden im Zuge dieses Rahmens auf Legitimität geprüft. Er gibt ebenfalls eine Antwort auf den eigentlichen Beweggrund und Sinn der gesamten unternehmerischen Tätigkeit. Dieser Aspekt spielt gerade in Bezug auf das Thema Nachhaltigkeit eine bedeutende Rolle.

Der große Vorteil des Sustainable Business Model Canvas ist die breite Einsatzfähigkeit. Es kann zur Unterstützung der verschiedensten Bereiche dienen. Das Modell schafft eine Arbeits- bzw. Diskussionsgrundlage für das strategische Management. Mithilfe des Sustainable Business Model Canvas können z. B.:

- nachhaltige Geschäftsmodelle visualisiert werden,
- gegenseitige Abhängigkeiten veranschaulicht werden,

- Geschäftsmodelle kritisch reflektiert werden,
- der Reifegrad der Nachhaltigkeit analysiert werden,
- Zielkonflikte aufgezeigt werden,
- Soll-Ist-Vergleiche durchgeführt werden,
- Best Practices aufgezeigt werden,
- Maßnahmen und Handlungsfelder abgeleitet werden,
- Positionierungschancen (z. B. nachhaltige Innovationen) deutlich werden,
- Frühwarnsysteme bzw. das Risikomanagement unterstützt werden.

Literatur

Böhmann T, Warg M, Weiß P (2013) Service-orientierte Geschäftsmodelle. Erfolgreich umsetzen. Springer, Berlin

Christensen CM, Johnson MW, Kagermann H (2009) Wie Sie Ihr Geschäftsmodell neu erfinden. Harv Bus Manag 4:36–50

Doleski OD (2015) Integriertes Geschäftsmodell. Kein alter Wein in neuen Schläuchen. http://www.managementportal.de/inhalte/artikel/fachbeitraege/21-management-und-strategie/561-integriertes-geschaeftsmodell-kein-alter-wein-in-neuen-schlaeuchen.html. Zugegriffen: 06. Juli 2016

Von Liel B, Lütge C (2015) Creating Shared Value und seine Erfolgsfaktoren. Ein Vergleich mit CSR. http://www.zfwu.de/fileadmin/pdf/2_2015/zfwu_16_2_12.pdf

Lotter D, Braun J (2014) Der CSR-Manager. Unternehmensverantwortung in der Praxis. Altop, München

Moore C (o.J.) Leitfaden zur praktischen Umsetzung des Porter-Modells. Stärkung der unternehmerischen Wettbewerbsfähigkeit durch nachhaltiges gesellschaftliches Engagement, Wien

Osterwalder A, Pigneur Y (2010) Business Model Generation Bd. 2010. Wiley, Hoboken

PETA (2013) Der Wiesenhof-Skandal 2012. http://www.peta.de/wiesenhof#.V4z5Fcdt-gQ. Zugegriffen: 18. Juli 2016

Porter ME, Kramer R (2011) Die Neuerfindung des Kapitalismus. Harv Bus Manag 2011(2):58–75

Schermann M, Siller H, Volcic K (2013) Strategische Managementpraxis in Fallstudien. Umsetzung einer erfolgreichen Strategie in vier Schritten. Linde Verlag, Wien

Maximilian Faust ist wissenschaftlicher Mitarbeiter der Hochschule Fresenius in Idstein. Nach seinem abgeschlossenen Bachelorstudium im Bereich der Wirtschaftswissenschaft hat Maximilian Faust sein Masterstudium Sustainable Marketing & Leadership 2016 erfolgreich beendet und seine Masterthesis zu dem Thema „Sustainable Business Models. Geschäftsmodelle nachhaltig gestalten." geschrieben. Während seiner Studienzeit hat Maximilian Faust bereits vielfältige Berufserfahrungen gesammelt, unter anderem als persönlicher Referent / Büroleiter im Hessischen Landtag oder als Gründer des nachhaltigen Startup-Unternehmens Food Vegan.

 **Prof. Dr. Dennis Lotter** studierte Wirtschaftswissenschaften an der Hochschule Heidelberg mit den Vertiefungsrichtungen Marketing & Innovationsmanagement. Er promovierte über das Thema „verantwortliche Unternehmensführung in Familienunternehmen". Neben seiner Tätigkeit als Studiendekan des Masters Sustainable Marketing & Leadership für die Hochschule Fresenius ist er Managing Partner der Unternehmensberatung BENEFITIDENTITY GmbH. Als Seminarleiter ist er noch heute in der praktischen Weiterbildung von Fach- und Führungskräften an verschiedenen Instituten tätig. Herr Prof. Lotter ist Jury-Mitglied des Nachhaltigkeitsawards Green Brands und Buchautor. Sein Fachbuch „Der CSR-Manager: Unternehmensverantwortung in der Praxis" erschien 2014 in 3. Auflage.

CSR in Start-ups: Entwicklung nachhaltiger Geschäftsmodelle und neuer Formen der Zusammenarbeit

Katharina Pötz

1 Unternehmerische Verantwortung in Start-ups

Unternehmertum steht in einem unmittelbaren Zusammenhang mit wirtschaftlichen, sozialen und ökologischen Entwicklungen. Wahrnehmbare Phänomene wie Umweltverschmutzung und Klimawandel, soziale Unzufriedenheit und Armut sowie Korruption und schrumpfendes Wirtschaftswachstum haben dazu beigetragen, dass Unternehmen vermehrt auf einen nachhaltigen Umgang mit natürlichen Ressourcen, Menschen und Vermögenswerten achten müssen (Brundtland et al. 1987).

Der Diskurs zum Thema Unternehmensverantwortung (Corporate Social Responsibility, CSR; Caroll und Buchholtz 2014) hat sich dabei bis jetzt vor allem auf internationale Konzerne konzentriert. Diese haben durch ihre globalen Aktivitäten und Skandale in den 1990er-Jahren (Enron und Nike sind prominente Negativbeispiele) die Entwicklung von neuen Regelwerken und CSR-Standards vorangetrieben (Shaw 1999; Cohen et al. 2008; Constantinescu und Kaptein 2015) und danach die Wende in Richtung freiwillige CSR-Aktivitäten und strategische CSR („Tue Gutes und verdiene Geld dabei") maßgeblich geprägt (Prahalad 2005; Barnett und Salomon 2012).

Am Rande dieses Diskurses haben sich Forschung und Praxis auch mit CSR in Familienunternehmen und Klein- und Mittelbetrieben (KMUs) auseinandergesetzt. In diesen Betrieben ist verantwortungsvolles Handeln meist integrativer Bestandteil der Unternehmenslogik und wird oft mit traditionellen Werten und einem stärkeren Bezug zur lokalen Gesellschaft und Umwelt assoziiert (Gelbmann 2010; Spence und Painter-Morland 2010).

Die Fragen, in welchem Zusammenhang moderne Start-ups zu nachhaltiger Entwicklung stehen und wie Gründer unternehmerische Verantwortung wahrnehmen und unser

---

K. Pötz (✉)
Strategic Management
Oskar-Morgenstern-Platz 1, 1090 Wien, Österreich
E-Mail: katharina.anna.poetz@univie.ac.at

Verständnis von CSR prägen, haben erst kürzlich an Dynamik gewonnen, rücken jedoch durch die zunehmende Bedeutung und Förderung von Innovation und Entrepreneurship immer mehr ins Zentrum der CSR-Debatte (Hall et al. 2010; Hockerts und Wuestenhagen 2010; Harris et al. 2009).

Dieser Beitrag beschäftigt sich mit den Rahmenbedingungen für unternehmerische Verantwortung in Start-ups. Obwohl es keine einheitliche Definition von Start-ups gibt, werden mit dem Begriff meist Neugründungen und junge Unternehmen in Verbindung gebracht, die ein gesellschaftliches Problem lösen möchten, auf Innovation und rasche Skalierung angelegt sind und deren Gründer Unternehmergeist und klare Wachstumsambitionen in Bezug auf Umsatz, Mitarbeiter, aber auch sozialen und ökologischen Impact haben (s. z. B. Ripsas und Tröger 2015; Robehmed 2013; Carland et al. 1984). Bei Start-ups handelt es sich daher um eine neue Form von Unternehmertum, das durch den Fokus auf das Lösen von Problemen sowie die Skalierungslogik weitreichende Folgen für die nachhaltige Entwicklung unserer Gesellschaft haben kann.

Ziel des Beitrags ist es, den Aufbau nachhaltiger Geschäftsmodelle und Formen der Zusammenarbeit als Kernaspekte unternehmerischer Verantwortung in Start-ups jeglicher Art (gewinnorientiert, non-profit, hybrid) zu etablieren. Abschn. 2 setzt sich dazu mit Spannungsfeldern auseinander, auf denen diese Modelle aufgebaut werden müssen. Abschn. 3 verweist auf Handlungsansätze auf Basis aktueller Forschungsliteratur und ausgewählter Praxisbeispiele.

2 Spannungsfelder

2.1 Lösung komplexer Probleme

Offensichtlich erscheint zunächst, dass es aus der Sicht des Unternehmens Sinn macht, verantwortungsbewusste Handlungsweisen bereits bei der Gründung in das Unternehmen „einzupflanzen" – ganz besonders dann, wenn es sich um ein Unternehmen handelt, das rasch und umfangreich expandieren möchte. Die Logik dahinter: Wenn Verantwortung von Anfang an Teil der Unternehmenskultur ist, kann das Start-up einen wirtschaftlichen Mehrwert schaffen und dabei ökologische und soziale Risiken bei der zukünftigen Erfassung dieses Mehrwerts vermeiden.

Diese Sichtweise leitet sich von dem strategischen CSR-Verständnis bestehender Unternehmen ab: Wirtschaftlicher Erfolg steht im Vordergrund, ökologische und soziale Ziele müssen dabei berücksichtigt werden bzw. können zur Erreichung wirtschaftlicher Ziele beitragen (Hahn und Figge 2011). Da es für bestehende Unternehmen oft schwierig ist, CSR-Aktivitäten in etablierte Strategien und Strukturen zu integrieren, werden diese am sinnvollsten schon von Anfang an eingebunden.

Start-ups werden jedoch vermehrt als Mittel zur Lösung gesellschaftlicher Probleme gesehen, wodurch sich eine andere Logik ergibt. Heutzutage bringt ein ideales Start-up eine innovative und umweltfreundliche Technologie auf den Markt, schafft neue und qualitativ hochwertige Arbeitsplätze und trägt zur sozialen Zufriedenheit und Stabilität einer Region bei. Für die Gründer ist unternehmerische Verantwortung oft integrativer Bestandteil des täglichen Handelns, wobei Nachhaltigkeitsziele zu Motivation und Selbstverwirklichung beitragen und bei der Entwicklung des Geschäftsmodells im Vordergrund stehen (Maslow 1943; Haber 2016). Aufgrund dieser Sichtweisen rückt der wirtschaftliche Erfolg des Start-ups in den Hintergrund und wird zur *Conditio sine qua non*.

Eine enge Definition rein ökonomischer Unternehmensziele wird dadurch zunehmend aufgeweicht (Friedman 2007). Dieser Trend wirft jedoch die Frage auf, wie solche „lösungsorientierten" Start-ups entstehen und ob und in welcher Form sie tatsächlich in der Lage sind, komplexe gesellschaftliche Probleme wirkungsvoll und im großen Maßstab zu adressieren (Hardin 1968).

Momentan stellen Klimawandel und eine hohe Gefährdung der Integrität der Biosphäre (Arten- und Lebensraumverlust sowie Verlust der funktionalen Diversität) die größten ökologischen Herausforderungen dar (Steffen et al. 2015). Unfreiwillige Migration, Digitalisierung und Technologieentwicklung sowie Wirtschaftskrisen werden als größte soziale Herausforderungen eingestuft (WEF 2016). Um diese komplexen Probleme zu bewältigen, muss eine Vielzahl von interagierenden Prozessen gleichzeitig adressiert werden.

Aus betriebswirtschaftlicher Sicht kommt erschwerend hinzu, dass neue Herangehensweisen durch komplexe Zusammenhänge in bereits etablierten Technologien und Strukturen gehemmt werden. Im Laufe der Evolution von Produkten, Unternehmen und Industrien entstehen Lern- und Koordinationseffekte sowie Komplementaritäten, die zu Pfadabhängigkeiten führen können (Sydow et al. 2009). Dadurch kommt es zu Lock-ins, sodass andere Herangehensweisen nicht nur schwierig sind, sondern ohne gemeinsame Anstrengungen und hohen Kostenaufwand nicht bewerkstelligt werden können (Cowan und Gunby 1996; Unruh 2000).

Durch die Komplexität der Zusammenhänge können Start-ups daher oft nur ein Teil der Lösung gesellschaftlicher Probleme sein – und das auch nur, wenn andere Akteure ebenfalls Maßnahmen ergreifen. Die Diskrepanz zwischen Erwartungshaltung und Komplexität der Herausforderungen stellt somit ein erstes Spannungsfeld dar, auf dem moderne Start-ups nachhaltige Geschäftsmodelle aufbauen müssen.

2.2 Nachhaltiges Wachstum als Paradoxon

Wenn das Start-up einen Ansatzpunkt zur Lösung eines Problems findet, beginnt typischerweise ein iterativer Entwicklungsprozess. Gründer können ihre Ideen selten direkt umsetzen – Feedback von Kunden, Partnern, Investoren und anderen Interessengruppen führt dazu, dass die Idee mehrmals angepasst oder sogar vollständig umgekrempelt wird (Sarasvathy 2001). Weil sie klein und agil sind, können Start-ups auf Feedback reagieren und in dem Prozess ein erfolgreiches Geschäftsmodell entwickeln (Ries 2011).

Durch diesen evolutionären Prozess ist unternehmerische Verantwortung jedoch auch immer wieder mit neuen ökologischen, sozialen und wirtschaftlichen Aspekten konfrontiert. Für Start-ups, die ein Problem lösen und als neu entstehendes Unternehmen auf allen Nachhaltigkeitsebenen verantwortungsvoll agieren möchten, ergeben sich dabei oft Widersprüche, die sich nicht einfach in Einklang bringen lassen (Dudnik 2010; Redclift 2005).

Besonders paradoxe Situationen entstehen meist in Bezug auf *ökologische* Nachhaltigkeit. Obwohl die Sicherstellung funktionierender Ökosysteme höchste Priorität hat, müssen Start-ups bei ökologischen Aspekten oft Abstriche machen, wenn sich diese (noch) nicht rentieren oder nicht finanzierbar sind sowie um soziale und kulturelle Aspekte zu berücksichtigen.

Zudem ist gerade bei ökologischen Aspekten grundsätzlich nicht klar, was unternehmerisch nachhaltig ist bzw. welche Kriterien berücksichtigt werden müssen. Schutz natürlicher Ressourcen und Dematerialisierung sind zwar wesentlich für die Erreichung von Nachhaltigkeitszielen, der (zusätzliche) Verbrauch von natürlichen Rohstoffen und Lebensräumen fließt jedoch in bestehende Bewertungs- und Managementmodelle kaum ein (Whiteman et al. 2013). Dadurch fehlen Entscheidungsgrundlagen. Selbst wenn ein umweltfreundlicheres Produkt vermarktet wird, müssen die ökologischen Konsequenzen dieser Substitute, zum Beispiel der Ressourcenverbrauch bei Herstellung und Wiederverwertung, erst abgeschätzt werden bzw. werden die Langzeitfolgen oft erst im Laufe der Skalierung durch „Umweltfeedback" erkennbar (Steffen et al. 2015).

Auch in Bezug auf *soziale* Nachhaltigkeit können innerhalb des wachsenden Start-ups paradoxe Situationen entstehen. Werden erste Erfolge verzeichnet, müssen Gründer Mitarbeiter finden und eine Organisation designen, die das Geschäftsmodell in die Praxis umsetzt und belastbar genug ist, um Feedback und Wachstum auf verschiedenen Ebenen Stand zu halten (van der Vegt et al. 2015). Durch knappe finanzielle Ressourcen und hohen individuellen Einsatz ist ein Start-up im Vergleich zu einem etablierten Unternehmen besonderen Spannungen zwischen sozialen und wirtschaftlichen Zielen ausgesetzt. Gründern fehlt die Zeit und das Geld, um sich intensiver mit Personalwesen und positiver Gestaltung der Organisation zu beschäftigen (Cameron et al. 2003). Oft stehen sie selbst unter hohen emotionalen Belastungen (Shepherd 2003). Selbst wenn sich finanzielle Erfolge einstellen, zeigt eine aktuelle Studie, dass Talentsuche und Mitarbeiterbindung gerade bei sozialen Start-ups der einzige Bereich ist, der im Laufe der Skalierung schwieriger wird (Doherty und Polido 2016).

Schlussendlich entstehen in einem sich entwickelnden Start-up auch viele Widersprüche *ökonomischer* Natur. Selbst wenn der wirtschaftliche Erfolg nicht im Vordergrund steht, müssen Gründer einen Weg finden, ihre Start-ups zu finanzieren, und dabei bei der ohnehin schon schwierigen Akquise von Risikokapital und Förderungen noch ökologische und soziale Faktoren miteinbeziehen. Hier zeigen erste Ergebnisse einer neuen Studie, dass Investoren zwar gern in Start-ups investieren, die in einem sozial nachhaltigen Umfeld aufgebaut werden, jedoch wenig Interesse an „grünen" Start-ups zeigen sowie Regionen mit einem Fokus auf ökologischer Nachhaltigkeit tendenziell meiden (de Lange 2016). Gleichzeitig riskieren sozial orientierte Start-ups durch eine kommerzielle Ausrichtung die Abweichung von ihrer sozialen Mission (Ebrahim et al. 2014).

Unabhängig davon ist der Erfolg einer Neugründung mit wirtschaftlichen Unsicherheiten und Risiken verbunden (Knight 1921). Kombinationen aus unzureichender Geschäftsidee oder Geschäftsmodell, schlechtem Timing, fehlender Finanzierung und managementtechnischen sowie unternehmensinternen Problemen führen meist dazu, dass nur einige Start-ups überleben und sehr wenige auch wirklich erfolgreich skaliert werden können (Wasserman 2012). Wirtschaftliche Nachhaltigkeit ist daher in Bezug auf das individuelle Start-up per se ein Paradoxon.

In Summe wird klar, dass ökologische, soziale und wirtschaftliche Prozesse nicht nur eng miteinander verknüpft sind, sondern bei der Realisierung eines Start-ups miteinander konkurrieren können – sowohl bereichsübergreifend als auch innerhalb der drei Nachhaltigkeitsebenen. Da Start-ups ohnehin mit Risiken und sehr begrenzten Ressourcen arbeiten müssen, ist es daher fraglich, ob umfassende CSR-Bemühungen ihre Überlebens- und Erfolgschancen erhöhen (Jensen 2001). Durch diese paradoxe Situation entsteht ein zweites Spannungsfeld zwischen nachhaltiger Geschäftsidee und Implementierung, das sich vor allem auf Skalierung und Verantwortungsbewusstsein des dabei entstehenden Unternehmens auswirkt.

2.3 Werte und Institutionen

Welche Geschäftsideen Start-ups entwickeln und wie sie diese umsetzen und dabei Widersprüchlichkeiten adressieren, hängt dabei nicht nur von Erfahrungen und Kreativität der Gründer ab, sondern reflektiert typischerweise auch die momentan vorherrschenden institutionellen Rahmenbedingungen in unseren Gesellschaften. Diese beeinflussen nicht nur wie Start-ups unter unsicheren Bedingungen Entscheidungen treffen, sondern auch welche Faktoren überhaupt in die Entscheidungsgrundlage miteinfließen (Mair et al. 2012; Hardy und Maguire 2008).

Institutionelle Rahmenbedingungen lenken Wahrnehmung und Verhalten in kollektiven Systemen. Sie setzen sich aus drei Komponenten zusammen (Scott 2007):

- regulative Kräfte, die von rechtlichen Rahmenbedingungen und ordnungspolitischen Maßnahmen sowie Standards und Richtlinien ausgehen,
- normative Kräfte, die von gesellschaftlichen Werten und Normen ausgehen, und
- mimetische Kräfte, die von vorherrschenden Denkmustern und Handlungsweisen ausgehen, die wir von anderen übernehmen.

Wie Gründer auf diese Institutionen reagieren und unternehmerische Verantwortung umsetzen, kann die nachhaltige Entwicklung ihres Unternehmens und anderer Unternehmen auch langfristig beeinflussen. Wertesysteme und Handlungsweisen, mit denen sie das Start-up prägen, bleiben nämlich sehr lange bestehen (Simsek et al. 2015).

Die CSR-Debatte hat sich bis jetzt jedoch vor allem mit Veränderungen in regulativen (Gesetzänderungen, Umwelt- und Sozialstandards, Richtlinien, Zertifizierung etc.) und normativen Kräften (Unternehmen müssen freiwillig und proaktiv die wirtschaftlichen, sozialen und ökologischen Auswirkungen ihres Handelns abschätzen und berücksichtigen etc.) auseinandergesetzt. Mimetische Kräfte ändern sich erst langsam, unter anderem weil konkrete Handlungsweisen in vielen Bereichen noch fehlen bzw. von bisherigen überschattet sind.

Aus der Diskrepanz zwischen neuen rechtlichen und normativen Regelwerken und (noch) weitgehend altbekannten unternehmerischen Denkmustern und Verhaltensweisen ergibt sich daher ein drittes Spannungsfeld, das für Entwicklung und Aufbau nachhaltiger Start-ups und zukünftiger Unternehmensformen besonders relevant ist.

3 Handlungsansätze

3.1 Hybride Start-ups und innovative Geschäftsmodelle

Start-ups nehmen in der CSR-Debatte eine immer wichtigere Position ein: Sie sollen Probleme lösen, sind jedoch gleichzeitig nur Teil der Lösung und Quelle neuer CSR-Herausforderungen. Ein Handlungsansatz, der dazu im Zusammenhang mit Start-ups an Bedeutung gewonnen hat, sind hybride Organisationsformen.

Hybride Organisationen zeichnen sich dadurch aus, dass sie wirtschaftliche Nachhaltigkeit sowie die Erfüllung einer sozialen Mission als duale Ziele verfolgen. Sie bewegen sich in einer Grauzone zwischen Unternehmen und Wohltätigkeitsorganisation, indem sie bei der Entwicklung und Skalierung des Unternehmens finanzielle Ziele anstreben, ohne dabei Profitmaximierung in den Vordergrund zu stellen (Battilana und Lee 2014; Blanding 2013).

Dass das möglich ist, zeigen Praxisbeispiele im Bereich soziales Unternehmertum (z. B. Duckworth 2016). In diesen Start-ups geht es nicht darum, den strategischen „sweet spot" zwischen Profitdenken und Verantwortungsbewusstsein zu finden. Vielmehr ist unternehmerisches Denken integrativer Teil einer breiteren Nachhaltigkeitslogik. Wie es genau funktioniert und wann hybride Start-ups an ihre Grenzen stoßen, ist Gegenstand derzeitiger Forschung. Dabei wird untersucht, wie solche Organisationen innovative Geschäftsmodelle entwickeln, die durch das Überwinden von Gegensätzen Nutzen stiften und auf einer Synthese zwischen Marktlogik und Wohlfahrtsdenken aufbauen (Hahn und Figge 2011; Battilana und Lee 2014).

Abb. 1 und Tab. 1 illustrieren, wo es besonderes Potenzial für Entwicklung und Erforschung innovativer Geschäftsmodelle durch hybride Start-ups gibt. Abb. 1 stellt sozioökonomische Risikofaktoren Bereichen mit Innovationsbedarf gegenüber. Tab. 1 widmet sich einer Auswahl von Industrien und Sektoren mit Innovationsbedarf in Hinblick auf ökologische Nachhaltigkeit und planetarische Grenzen.

Diese Beispiele lassen Zusammenhänge zwischen/innerhalb der Nachhaltigkeitsebenen erkennen und verdeutlichen zwei Aspekte. Erstens, neue Geschäftsmodelle werden vielfach auf Technologien aufbauen, die es bereits gibt. Vergleichbar mit dem Internet, ge-

Tab. 1 Belastungsgrenzen des Planeten (nach Steffen et al. 2015) und Potenziale für hybride Start-ups

Belastungsgrenze	Status*	Sektoren/Industrien mit Innovationsbedarf	Nutzenpotenzial und mögliche Synergieeffekte
Klimawandel	Steigendes Risiko	– Land- und Forstwirtschaft – Energie, Transport, Konsum – Beratung und Zertifizierung, Marketing – Katastrophenmanagement	– Arten- und Lebensraumschutz – Schadensbegrenzung – Gesundheitsschutz – Dematerialisierung, Kostensenkungen, soziale Stabilität
Integrität der Biosphäre	Hohes Risiko	– Land- und Forstwirtschaft – Raumentwicklung – Tourismus – Genetik und Biomedizin	– Arten- und Lebensraumschutz – Ökosystemresilienz – Nachhaltige Produktivität – Lernen/Wissenskapital
Landnutzung (bes. Waldanteil)	Gesichert bis hohes Risiko *(je nach geografischer Lage)*	– Land- und Forstwirtschaft – Lebensmittelindustrie – Alternative Brennstoffe – Bottom-of-the-Pyramid – Ökosystemdienstleistungen	– Klima- und Artenschutz – Bodenerhalt – Armutsbekämpfung, funktionierende Regionalökonomien – Erhalt soziokultureller Werte
Süßwasserverbrauch	Gesichert bis hohes Risiko *(je nach geografischer Lage)*	– Landwirtschaft – Chemische Industrie – Wasser-/Abwassertechnik – Stromerzeugung und Kraftwerkskühlung	– Erhalt Grundwasserreserven – Klima- und Artenschutz – Nachhaltige Einkommensquellen – Regionale Stabilität
Biogeochemische Kreisläufe	Gesichert bis hohes Risiko *(je nach geografischer Lage)*	– Landwirtschaft – Geo-Engineering – Risikomanagement – Datenmanagement	– Phosphor- und Stickstoffumverteilung – Belastungsgrenzen für andere Elemente (z. B. Silizium)

Tab. 1 (Fortsetzung)

Belastungsgrenze	Status*	Sektoren/Industrien mit Innovationsbedarf	Nutzenpotenzial und mögliche Synergieeffekte
Übersäuerung der Ozeane	*Noch* innerhalb der Belastungsgrenze	– Land- und Forstwirtschaft – Nachhaltige Fischerei – Geo-Engineering – Datenmanagement	– Arten- und Lebensraumschutz – Nachhaltige Einkommensquellen – Erhalt soziokultureller Werte
Stratosphärischer Ozonabbau	*Wieder* innerhalb der Belastungsgrenze	– Monitoring – Altlastensanierung – Alternativtechnologien – Nachhaltigkeitsbildung	– Gesundheits- und Umweltschutz – Öffentlichkeitsarbeit – Lernen und Wissenskapital
Atmosphärische Aerosole	Unklar	– Alternative Brennstoffe – Filtertechnologien – Bottom-of-the-Pyramid	– Gesundheitsschutz – Stabile Wetterkreisläufe – Erhöhte Lebensqualität
Neue Substanzen und Materialien	Unklar	– Grüne Chemie – Konsumgüter – Abfallwirtschaft – Risikomanagement – Datenmanagement	– Substitution nichtnachhaltiger Materialien – Effizienzsteigerungen – Risikoprävention – Lernen und Wissenskapital

Gesichert (momentan innerhalb der Belastungsgrenze), *steigendes Risiko* (in Unsicherheitszone), *hohes Risiko* (Unsicherheitszone durchbrochen), *unklar* (Grenze noch nicht quantifiziert)

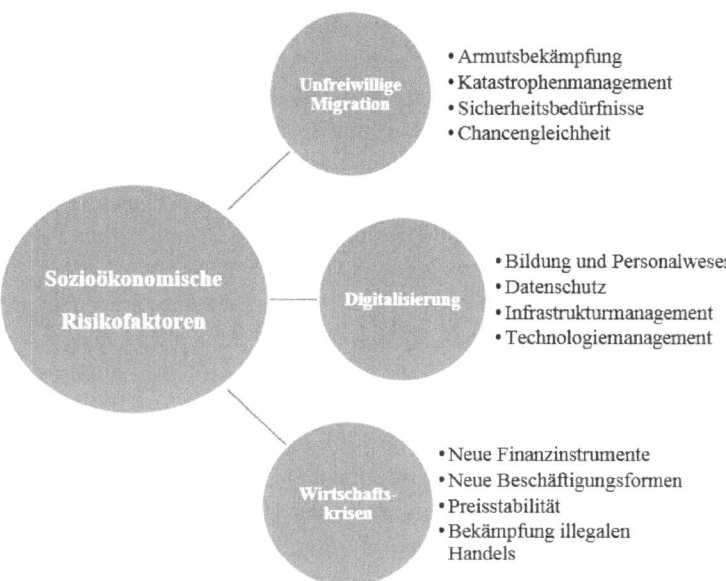

Abb. 1 Aktuelle sozioökonomische Risikofaktoren (nach WEF 2016) und Bereiche mit Potenzial für hybride Start-ups

hen bahnbrechende Technologien somit der Entwicklung von Geschäftsmodellen voraus (Teece 2010). Hybride Start-ups können dazu beitragen, die Verbreitung dieser Technologien nachhaltig zu gestalten.

Zweitens, hybride Start-ups werden in vielen dieser Bereiche vermehrt Lösungen und Services entwickeln, die andere Organisationen (Unternehmen, öffentliche Einrichtungen, Forschungsstätten usw.) unterstützen, nachhaltiger zu handeln. Durch das Erkennen der Grenzen unseres Planeten steigt z. B. die Nachfrage nach verlässlichen Datenquellen und Frühwarnsystemen, wodurch sich wichtige Betätigungsfelder im Daten- und Risikomanagement ergeben.

3.2 Verbesserte Formen der Zusammenarbeit

Bei der Umsetzung und Skalierung eines Geschäftsmodells kommt es immer wieder zu neuen Widersprüchen, die parallel zum entstehenden Tagesgeschäft erkannt, analysiert und mit verschiedenen Logiken vereinbart werden müssen. Um diese Aufgaben mit begrenzten Ressourcen erledigen zu können, ist jedes Start-up – und insbesondere hybride Start-ups – auf effektive Formen der Zusammenarbeit zwischen Gründern, Mitarbeitern und externen Partnerorganisationen und Interessengruppen angewiesen.

Themen wie effiziente Arbeitsteilung, Hierarchien, Motivation und Leadership sowie Innovationsmanagement haben daher in den letzten Jahren auch für Start-ups an Bedeutung gewonnen. Innerhalb des Start-ups geht es dabei vor allem um das Finden von geeigneten und komplementären Lösungen für die Auf- und Zuteilung von Aufgaben, die Art und Weise wie Mitarbeiter motiviert werden und einen effektiven Informationsaustausch (Puranam et al. 2014). Wie werden zum Beispiel Arbeitspakete geschnürt? Wem wird welche Rolle zugeteilt? Wie findet, fördert und motiviert das Start-up talentierte Mitarbeiter? Welche Hierarchien werden (nicht) eingezogen und wie werden Informationen so ausgetauscht, dass keine guten Ideen verloren gehen (Colombo et al. 2016; Cameron et al. 2003)?

Wird kein passendes Organisationsdesign als Antwort auf diese Fragen gefunden, kann das dazu führen, dass das Start-up durch zu wenig Struktur nicht effizienter wird, sich durch zu starre Strukturen nicht weiterentwickeln kann oder im schlimmsten Fall trotz eines vielversprechenden Geschäftsmodells auseinanderbricht (van der Vegt et al. 2015; Wasserman 2012). Eine neue Studie empfiehlt Gründern von hybriden Start-ups daher, sich näher mit Themen wie Organisationsdesign und Personalwesen auseinanderzusetzen und gegebenenfalls externe Unterstützung zu suchen (Doherty und Polido 2016).

Außerhalb des eigenen Unternehmens sind Start-ups auf verbesserte Formen der organisationsübergreifenden Zusammenarbeit angewiesen. Dabei geht es nicht nur um Informationsaustausch und Berücksichtigung verschiedener Interessengruppen, sondern um effektive Arbeitsteilung und Koordination mit anderen Organisationen (KMUs, Großbetriebe, öffentliche Einrichtungen), um Spezialisierungsvorteile zu erzielen, Skalen- und Diversifikationseffekte auszunutzen und gemeinsam nachhaltige Produkte (weiter) zu entwickeln bzw. Lösungen bereitzustellen, die diese Organisationen brauchen, um nachhaltiger handeln zu können. Neue Handlungsansätze, die in diesem Zusammenhang für (hybride) Start-ups an Bedeutung gewinnen, sind der regionale Ökosystemansatz (Funke und Zehrfeld 2016; Autio und Thomas 2014), hybride Wertschöpfungsketten und Business-to-Business-Lösungen (Duckworth 2016; Drayton und Budinich 2010) sowie Open Innovation (Chesbrough 2006) und neue Formen von Leadership (Haefliger und Poetz 2016; Scharmer und Kaufer 2013).

3.3 Institutionelles Unternehmertum

Institutionelles Unternehmertum, d. h. die aktive Mit- und Neugestaltung von Institutionen durch Gründer und deren Start-ups (s. z. B. Hardy und Maguire 2008), stellt einen dritten Ansatzpunkt dar, der in einem engen Zusammenhang mit erfolgreicher Innovation und Skalierung steht.

Institutionelles Unternehmertum ermöglicht Start-ups einerseits, ihre Geschäftsmodelle auf bestehenden (und sich gerade verändernden) institutionellen Rahmenbedingungen aufzubauen. Gerade im Hinblick auf ökologische Nachhaltigkeit bieten ein verbessertes Verständnis der Grenzen unseres Planeten sowie die zunehmende Relevanz von Managementansätzen, die den natürlichen Ressourcenverbrauch bewerten, Möglichkeiten für neue Geschäftsmodelle. Bei der Umsetzung ihrer Ideen können Start-ups neue Institutionen im

Bereich Organisation und Zusammenarbeit (z. B. hybride Organisationsformen, zunehmende Relevanz von Open Innovation) wirksam einsetzen.

Andererseits können Start-ups nicht nur von Institutionen profitieren, sondern auch aktiv an der Veränderung von Institutionen arbeiten, d. h. durch ihren Einsatz die jeweiligen rechtlichen, normativen und kulturell-kognitiven Rahmenbedingungen neu gestalten. Dieser Ansatz ist vor allem dann sinnvoll, wenn es institutionelle Leerstellen gibt (s. z. B. Mair et al. 2012). Gerade hybride Start-ups nehmen in diesem Zusammenhang eine wichtige Position ein: Sie müssen zwar einerseits oft gegen institutionelle Rahmenbedingungen ankämpfen, können aber gleichzeitig von regulativen und normativen Veränderungen profitieren und über ihren Erfolg neue mimetische Kräfte freisetzen (Adler 2016; Duckworth 2016).

Gründer können daher über komplementäre oder substituierende institutionelle Aktivitäten die Grundlage für erfolgreiche Geschäftsmodelle und nachhaltigere Organisationsformen sowie verbesserte Formen der Zusammenarbeit in (und mit) Start-ups schaffen (Gupta et al. 2016). Dadurch ergibt sich die Möglichkeit, dass Start-ups nachhaltige Entwicklung durch ihre Aktivitäten sowie die Schaffung eines inklusiveren CSR-Verständnisses positiv beeinflussen.

Literatur

Adler PS (2016) Alternative Economic Futures: A Research Agenda for Progressive Management Scholarship. Acad Manag Perspect 30:123–128

Autio E, Thomas LDW (2014) Innovation Ecosystems. Implications for innovation management? In: Dodgson M, Gann DM, Phillips N (Hrsg) The Oxford Handbook of Innovation Management. Oxford University Press, Oxford, S 204–228

Barnett ML, Salomon RM (2012) Does it pay to be really good? addressing the shape of the relationship between social and financial performance. Strateg Manag J 33:1304–1320

Battilana J, Lee M (2014) Advancing Research on Hybrid Organizing – Insights from the Study of Social Enterprises. Acad Manag Ann 8:397–441

Blanding M (2013) Entrepreneurs And The ‚Hybrid' Organization. Forbes Magazine. https://www.forbes.com/sites/hbsworkingknowledge/2013/08/12/entrepreneurs-and-the-hybrid-organization/#6b7981a662ae. Zugegriffen: 15. Juli 2017

Brundtland G, Khalid M, Agnelli S, Al-Athel S, Chidzero B, Fadika L, Hauff V, Lang I, Shijun M, de Botero MM (1987) Our common future (The Brundtland report). Oxford University Press, Oxford

Cameron KS, Dutton JM, Quinn RE (2003) Positive organizational scholarship: Foundations of a new discipline. Berrett-Koehler, San Francisco, CA

Carland JW, Hoy F, Boulton WR, Jo Ann CC (1984) Differentiating Entrepreneurs from Small Business Owners: A Conceptualization. Acad Manag Rev 9:354–359

Caroll AB, Buchholtz AK (2014) Business and Society: Ethics, Sustainability, and Stakeholder Management. Cengage Learning, Stamford, CT

Chesbrough HW (2006) Open innovation: The new imperative for creating and profiting from technology. Harvard Business Press, Boston, Mass

Cohen DA, Dey A, Lys TZ (2008) Real and Accrual-Based Earnings Management in the Pre- and Post-Sarbanes-Oxley Periods. Account Rev 83:757–787

Colombo MG, Rossi-Lamastra C, Matassini B (2016) The Organizational Design of High-Tech Entrepreneurial Ventures. Found Trends® Entrepreneursh 11:427–523

Constantinescu M, Kaptein M (2015) CSR Standards and Corporate Ethical Virtues: A Normative Inquiry into the Way Corporations Integrate Stakeholder Expectations. In: Idowu OS, Frederiksen SC, Mermod YA, Nielsen JME (Hrsg) Corporate Social Responsibility and Governance: Theory and Practice. Springer International Publishing, Cham

Cowan R, Gunby P (1996) Sprayed to Death: Path Dependence, Lock-in and Pest Control Strategies. Econ J 106:521–542

Doherty R, Polido A (2016) 3 Ways Social Entrepreneurs Can Solve Their Talent Problem. Harvard Business Review. https://hbr.org/2016/06/3-ways-social-entrepreneurs-can-solve-their-talent-problem. Zugegriffen: 30. Aug. 2016

Drayton B, Budinich V (2010) A New Alliance for Global Change. Harvard Business Review. https://hbr.org/2010/09/a-new-alliance-for-global-change. Zugegriffen: 30. Aug. 2016

Duckworth C (2016) ARZU's founder on shaping culture through social enterprise. Harvard Business Review. https://hbr.org/2016/09/arzus-founder-on-shaping-culture-through-social-enterprise (Erstellt: 09.2016). Zugegriffen: 30. Aug. 2016

Dudnik N (2010) Social Entrepreneurs' Tricky Issues of Sustainability and Scale. Harvard Business Review. https://hbr.org/2010/10/social-entrepreneurs-tricky-is (Erstellt: 18. Okt. 2010). Zugegriffen: 30. Aug. 2016

Ebrahim A, Battilana J, Mair J (2014) The governance of social enterprises: Mission drift and accountability challenges in hybrid organizations. Res Organ Behav 34:81–100

Friedman M (2007) The Social Responsibility of Business Is to Increase Its Profits. In: Zimmerli WC, Holzinger M, Richter K (Hrsg) Corporate Ethics and Corporate Governance. Springer, Berlin, Heidelberg, S 173–178

Funke T, Zehrfeld WA (2016) Abseits von Silicon Valley: Beispiele erfolgreicher Gründungsstandorte. Frankfurter Allgemeine Buch, Frankfurt

Gelbmann U (2010) Establishing strategic CSR in SMEs: an Austrian CSR quality seal to substantiate the strategic CSR performance. Sustain Dev 18:90–98

Gupta K, Crilly D, Greckhamer T (2016) Using CSR to Complement or Substitute National Institutions? The Value of Balancing Firm Attention. Academy of Management Conference 2016. Anaheim

Haber J (2016) Why Millennials May Just Be the Best Entrepreneurial Generation Ever. https://www.entrepreneur.com/article/271972. Zugegriffen: 28. Aug. 2016

Haefliger S, Poetz MK (2016) Leadership in Open and Distributed Innovation. Academy of Management Conference 2016. Anaheim

Hahn T, Figge F (2011) Beyond the Bounded Instrumentality in Current Corporate Sustainability Research: Toward an Inclusive Notion of Profitability. J Bus Ethics 104:325–345

Hall JK, Daneke GA, Lenox MJ (2010) Sustainable development and entrepreneurship: Past contributions and future directions. J Bus Ventur 25:439–448

Hardin G (1968) The Tragedy of the Commons. Science 162:1243–1248

Hardy C, Maguire S (2008) Institutional entrepreneurship. In: Greenwood R, Oliver C, Suddaby R, Sahlin-Andersson K (Hrsg) The Sage Handbook of Organizational Institutionalism. Sage, Thousand Oaks, S 198–217

Harris JD, Sapienza HJ, Bowie NE (2009) Ethics and entrepreneurship. J Bus Ventur 24:407–418

Hockerts K, Wuestenhagen R (2010) Greening Goliaths versus emerging Davids – Theorizing about the role of incumbents and new entrants in sustainable entrepreneurship. J Bus Ventur 25:481–492

Jensen MC (2001) Value Maximization, Stakeholder Theory, And The Corporate Objective Function. J Appl Corp Finance 14:8–21

Knight FH (1921) Risk, uncertainty and profit. Hart, Schaffner and Marx, New York

De Lange D (2016) Start-Up Sustainability: An Insurmountable Cost or a Life-Giving Investment? Academy of Management Proceedings. http://proceedings.aom.org/content/2016/1/10454.short. Zugegriffen: 15. Juli 2017

Mair J, Martí I, Ventresca MJ (2012) Building Inclusive Markets in Rural Bangladesh: How Intermediaries Work Institutional Voids. Acad Manag J 55:819–850

Maslow AH (1943) A Theory of Human Motivation. Psychol Rev 50:370–396

Prahalad CK (2005) The fortune at the bottom of the pyramid: Eradicating poverty through profits. Wharton, New Jersey

Puranam P, Alexy O, Reitzig M (2014) What's „New" About New Forms of Organizing? Acad Manag Rev 39:162–180

Redclift M (2005) Sustainable development (1987–2005): an oxymoron comes of age. Sustain Dev 13:212–227

Ries E (2011) The lean startup: How today's entrepreneurs use continuous innovation to create radically successful businesses. Crown Business, New York

Ripsas S, Tröger S (2015) 3. Deutscher Startup Monitor 2015. Bundesverband Deutsche Startups e. V. (BVDS), Berlin

Robehmed N (2013) What Is A Startup? Forbes Media & Entertainment. http://www.forbes.com/sites/natalierobehmed/2013/12/16/what-is-a-startup/#58c7f0024c63. Zugegriffen: 28. Aug. 2016

Sarasvathy SD (2001) Causation and effectuation: Toward a theoretical shift from economic inevitability to entrepreneurial contingency. Acad Manag Rev 26:243–263

Scharmer CO, Kaufer K (2013) Leading from the emerging future: From ego-system to eco-system economies. Berrett-Koehler, San Francisco

Scott WR (2007) Institutions and organizations: Ideas and interests. SAGE, Thousand Oaks, CA

Shaw R (1999) Just don't buy it: Challenging Nike and the rules of the global economy. *Reclaiming America: Nike, Clean Air, and the New National Activism*. University of California Press, Berkeley

Shepherd DA (2003) Learning from business failure: Propositions of grief recovery for the self-employed. Acad Manag Rev 28:318–328

Simsek Z, Fox BC, Heavey C (2015) „What's Past Is Prologue": A Framework, Review, and Future Directions for Organizational Research on Imprinting. J Manag 41:288–317

Spence L, Painter-Morland M (2010) Ethics in small and medium sized enterprises: A global commentary. Springer Science & Business Media, Netherlands

Steffen W, Richardson K, Rockström J, Cornell SE, Fetzer I, Bennett EM, Biggs R, Carpenter SR, de Vries W, de Wit CA, Folke C, Gerten D, Heinke J, Mace GM, Persson LM, Ramanathan V, Reyers B, Sörlin S (2015) Planetary boundaries: Guiding human development on a changing planet. Science 347. https://doi.org/10.1126/science.1259855

Sydow J, Schreyögg G, Koch J (2009) Organizational Path Dependence: Opening the Black Box. Acad Manag Rev 34:689–709

Teece DJ (2010) Business Models, Business Strategy and Innovation. Long Range Plann 43:172–194

Unruh GC (2000) Understanding carbon lock-in. Energy Policy 28:817–830

Van der Vegt GS, Essens P, Wahlström M, George G (2015) Managing Risk and Resilience. Acad Manag J 58:971–980

Wasserman N (2012) The Founder's Dilemmas: Anticipating and Avoiding the Pitfalls That Can Sink a Startup. Princeton University Press, Princeton

WEF 2016. Global Risks Report 2016. Geneva.

Whiteman G, Walker B, Perego P (2013) Planetary Boundaries: Ecological Foundations for Corporate Sustainability. J Manag Stud 50:307–336

Dr. Katharina Pötz war bis vor kurzem als Post-Doktorandin am Strategic Management Lehrstuhl der Universität Wien tätig. Sie hat 2014 an der Universität Kopenhagen zum Thema Entrepreneurship und Wachstum von afrikanischen Mikrounternehmen promoviert und zuvor den Masterstudiengang Natural Ressource Management and Ecological Engineering an der Universität für Bodenkultur in Wien absolviert. Gemeinsam mit einem internationalen Forschungsteam erforschte sie im Rahmen eines vom Österreichischen Wissenschaftsfonds geförderten Projektes neue Organisationsformen in Startups. Ihre Forschungsschwerpunkte liegen an den Schnittstellen zwischen Entrepreneurship, Organisationsdesign, und CSR. Aktuell leitet sie ein Innovationsprojekt in der Österreichischen Parlamentsdirektion.

Gleichklang von Vision, Strategie und Unternehmenskultur – Ein Blick auf CSR anhand der Mobilitätsberatung EcoLibro GmbH

Sabine Stoverock, Michael Schramek und Marcus Heidbrink

1 Einleitung

Was macht Unternehmen, die sich Corporate Social Responsibility auf die Fahne geschrieben haben, am Markt erfolgreich? Dieser Frage widmet sich der nachfolgende Artikel mit Blick auf eine internationale Studie der HPO Research & Consulting PartG zu jungen CSR-Unternehmen, die es erfolgreich über die Start-up-Phase hinausgeschafft haben. Anhand des darauf basierenden konkreten Fallbeispiels der EcoLibro GmbH aus Troisdorf wird betrachtet, wie das Mobilitätsberatungsunternehmen CSR auf verschiedenen Ebenen verankert, entsprechende Maßnahmen für den unternehmerischen Erfolg nutzt und welche Erkenntnisse für den Erfolg von CSR-Unternehmen daraus abgeleitet werden können.

In Abschn. 2.1 wird als erste Ebene zunächst das Geschäftsmodell von EcoLibro inklusive der sozialverantwortlichen Vision und der Unternehmensstrategie dargestellt. Es folgt mit Abschn. 2.2 ein Blick auf die Ebene der Unternehmenskultur, bei dem betrachtet wird, was CSR mit affektivem Commitment, Markt- und Zukunftsorientierung sowie transformationaler Führung zu tun hat – auch unter Einbindung weiterer aktueller Forschungsergebnisse. Als dritte Ebene werden die positiven Effekte von überbetrieblichem Engagement auf die Entwicklung des Unternehmens EcoLibro in Augenschein genommen.

Es werden fundierte Hinweise zu theoretischen Hintergründen und praktischen Handlungsempfehlungen gegeben, wie nachhaltiges Unternehmertum auf verschiedenen Ebenen gelingen und zum Unternehmenserfolg beitragen kann.

S. Stoverock (✉) · M. Heidbrink
HPO Research & Consulting PartG
Vogelsanger Weg 30, 50858 Köln, Deutschland
E-Mail: sabine.stoverock@hpo-research.org

M. Schramek
EcoLibro GmbH
Lindlaustr. 2c, 53842 Troisdorf, Deutschland

© Springer-Verlag GmbH Deutschland 2018
P. Bungard (Hrsg.), *CSR und Geschäftsmodelle*, Management-Reihe Corporate Social Responsibility, https://doi.org/10.1007/978-3-662-52882-2_29

2 Nachhaltiges Unternehmertum auf verschiedenen Ebenen

2.1 Ebene 1: Das Geschäftsmodell der EcoLibro GmbH

Mobilität von der Zukunft her gestalten, von der Gegenwart begreifen – diese Vision verfolgt das strategische und operative Mobilitätsberatungsunternehmen EcoLibro GmbH. Die Mobilität verändert sich so schnell wie seit Einführung des Pkw als Massenfortbewegungsmittel nicht mehr. EcoLibro unterstützt Unternehmen und öffentliche Verwaltungen dabei, die Vorteile, die sich aus der Mobilitätswende ergeben, frühzeitig für sich nutzbar zu machen und so die eigene Wettbewerbsfähigkeit langfristig zu steigern. Dabei geht es nicht nur um die Senkung der Kosten und des CO_2-Ausstoßes sowie anderer umweltschädlicher Auswirkungen. Besonderes Augenmerk wird gleichzeitig auf die Attraktivität des Mobilitätssystems für aktuelle und zukünftige Mitarbeiter sowie auf einen möglichst hohen Beitrag zum betrieblichen Gesundheitsmanagement gelegt.

EcoLibro besteht aus einem interdisziplinären, 25-köpfigen Team mit langjähriger Erfahrung im Bereich der betrieblichen Mobilität. Aus einem der größten und komplexesten Fuhrparkmanagementunternehmen Deutschlands stammend, haben sich die vier Gründer frühzeitig den Themen Geschäftsreisen und Mitarbeitermobilität zugewandt und daraus einen ganzheitlichen Ansatz entwickelt (s. Abb. 1). Heute ist EcoLibro einer der Vordenker zukunftsfähiger betrieblicher Mobilität in Deutschland. Alle Mitarbeiter, von der Geschäftsleitung bis zum Junioranalysten, leben die eigene Vision vom intelligenten Mobilitätsmix tagtäglich, mit allen Vorteilen und Herausforderungen. Sie können somit aus dem eigenen Erfahrungsfundus schöpfen. Keiner besitzt ein eigenes Auto, manche haben im Haushalt einen Pkw, den sie ab und zu mal mitnutzen, oder sie greifen auf das wachsende Carsharingangebot zurück. Der Firmenfuhrpark besteht aus vier elektrischen und einem konventionellen Faltrad, einem E-Roller, einem Pedelec, drei Bahncards 100 und vielen Bahncards 50 sowie einem kleinen Tretroller. Einen fünfsitzigen Kleintransporter gibt es auch, aber davon mehr in Abschn. 2.3.

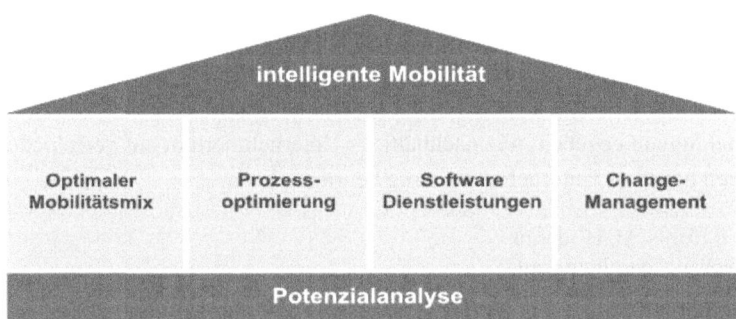

Abb. 1 EcoLibro bietet ein ganzheitliches Angebot zur intelligenten Gestaltung von Mobilität an

Die Beratung von EcoLibro stützt sich auf fundierte Analysen in den unterschiedlichen Handlungsfeldern der betrieblichen Mobilität. In den meisten Projekten kommen die *FLEETRIS-Fahrzeugbedarfsanalyse* sowie die *JobMOBILEETY-Wohnstandortanalyse* zur Anwendung. Für beide hat das Unternehmen eigene Analysesoftwares entwickelt. Mit FLEETRIS wird die für eine Organisation wirtschaftlich und ökologisch optimale Anzahl an eigenen Fahrzeugen unterschiedlicher Größe ermittelt, abgestimmt auf die Möglichkeiten der Bedarfsdeckung durch Carsharing, Pedelecs, öffentliche Verkehrsmittel etc. Als Datengrundlage werden die Fahrten eines repräsentativen Zeitraums mittels Fahrtenbücher oder GPS-Logger erfasst mit allen zur Analyse erforderlichen Parametern wie Anfangs- und Endzeitpunkt der Fahrt, zurückgelegte Strecke und Weiteres mehr. Mit JobMOBILEETY werden im ersten Schritt die Wohnorte der Mitarbeiter kartografisch dargestellt sowie die Anzahl von Mitarbeitern je Entfernungscluster berechnet. Im zweiten Schritt folgt die Ermittlung, aus welchen Regionen wie viele Mitarbeiter mit welchen Verkehrsmitteln wie schnell, wie kostengünstig, wie umweltfreundlich und wie gesund zur Arbeit kommen können.

Gemeinsam mit dem Kunden werden auf Basis der Analyseergebnisse – in einem partizipativen Ansatz – die individuell zur Organisation und ihren Mitarbeitern passenden Strategien und ein zugeschnittener Mobilitätsmix, ggf. differenziert nach den verschiedenen Phasen des Veränderungsprozesses, entwickelt. Prozesse und Richtlinien werden einfach und nutzerfreundlich so gestaltet, dass sie zur Nutzung der situativ optimalen Verkehrsmittel motivieren. Innovative Softwareprodukte kommen dort zum Einsatz, wo sie entweder den Prozess vereinfachen und den Nutzer in geeigneter Weise unterstützen und/oder wo es sich um komplexe Optimierungsfragestellungen handelt, die den Menschen mit seinen für andere Aufgaben geschaffenen Fähigkeiten überfordern. Durch gezielte Informationen, Schulungen und ein geeignetes Anreizsystem werden die Mitarbeiter in der Nutzung des optimalen Mix bestärkt. Darunter fällt sowohl die Art der Ausgestaltung der Mobilitätsangebote, Prozesse und Richtlinien als auch die Schaffung von monetären und anderen Vorteilen.

Weitere Stichworte, zu denen EcoLibro berät, sind Elektromobilität, Zweiradmobilität, multimodale Fahrten- und Reiseplanung, Tourenplanung, Mobilitätscontrolling und Fahrzeugdisposition. Das Angebotsportfolio umfasst den gesamten Veränderungsprozess von der Erarbeitung einer Mobilitätsstrategie über die Erstellung von Gesamt- und Teilkonzepten bis hin zur Begleitung bei der Umsetzung. Die Kunden profitieren in mehrfacher Weise von der gemeinsamen Umsetzung einer nachhaltigen und zukunftsorientierten Mobilitätsstrategie: Die Kosten sinken, die Attraktivität für Mitarbeiter und Kunden steigt durch gelebte Markenidentität, die eigene Mobilität wird energieeffizienter und umweltschonender.

Die Zielgruppen sind mittlere bis große privatwirtschaftliche und öffentliche Organisationen, genauso aber auch Gruppen kleinerer Betriebe, z. B. in Form von Gewerbegebieten.

Bis Anfang 2015 hat EcoLibro ausschließlich Beratungsleistungen erbracht und diese gegen – meist pauschale – Beratungshonorare angerechnet. In einem noch sehr neuen

Markt, der auf der Nachfrageseite stark von öffentlichen Auftraggebern geprägt ist, die eher geringe Tagessätze bezahlen, und der auf der Anbieterseite vor allem Kleinstunternehmern mit 1–2 Beratern aufweist, die im Regelfall ohne spezialisierte Analysetools deutlich oberflächlicher arbeiten und eine niedrige Kostenstruktur aufweisen, sind verglichen mit anderen Branchen und Geschäftsprozessen deutlich niedrigere Tagessätze durchsetzbar. Wenn dann noch eine schwankende Auftragslage hinzukommt, stellt es eine echte Herausforderung dar, ein solches Unternehmen allein aus Beratungshonoraren profitabel zu führen.

Deshalb hat EcoLibro Anfang 2015 damit begonnen, neben den Beratungsleistungen auch eigene kleinere Produkte zu entwickeln, die mit der Zeit die Einnahmesituation unabhängig vom aktuellen Beratungsgeschäft verstetigen sollen. Dazu gehört zum Beispiel das Data-Warehouse- und Business-Intelligence-System *Mobilitätsmanagement-Informationssystem MoMiS*, mit dem Unternehmen ihre Kosten für Mobilität, aber auch andere Parameter wie CO_2-Ausstoß, körperliche Bewegung über alle Verkehrsmittel hinweg transparent und steuerbar machen können. Außerdem dient es der Berechnung von Mobilitätsbudgets, dem zweiten unter dem Namen MOBILEETY-Budget angebotenen Produkt. Mitarbeiter, die ihren Firmenwagen verkleinern, effizienter oder weniger nutzen und stattdessen auf andere Verkehrsmittel umsteigen oder diesen sogar ganz abschaffen, bekommen die Einsparungen oder zumindest einen Teil davon zur privaten Verfügung auf die MOBILEETY-Card überwiesen, quasi als Gehaltserhöhung, aber über Ausnutzung der steuerlichen Möglichkeiten als Sachleistung pauschal versteuert. So wird ein monetärer Anreiz für eine nachhaltigere Mobilität geschaffen, die so ähnlich wie beim privaten Pkw wirkt, bei dem ja auch der Mensch die Kosten der Nutzung selbst trägt.

2.2 Ebene 2: Die Unternehmenskultur

Als die HPO Research & Consulting PartG 2015 in einer eigens aufgesetzten internationalen Studie zwölf junge Unternehmen (Durchschnittsalter: sechs Jahre) hinsichtlich ihrer Erfolgsfaktoren, mit denen sie es gut über die Start-up-Phase hinaus geschafft hatten, untersuchte, erklärte sich auch EcoLibro zu einer genauen Betrachtung des eigenen Werdegangs als Unternehmen bereit. Wie bei allen anderen elf teilnehmenden Unternehmen (u. a. Karün, die Materialien recyceln, um Designsonnenbrillen daraus herzustellen, oder Best Energy, die Solarpaneele zur Wassererhitzung in sozial benachteiligten Regionen in Chile installieren) fußt das bereits beschriebene Geschäftsmodell von EcoLibro auf einem hohen innovativen, gesellschaftlich-sozialen Anspruch, bei dem Corporate Social Responsibility im grundlegendsten Sinn als Value-Strategie für alle Stakeholder verstanden wird, also nicht Mittel zum Zweck, sondern Zweck selbst ist.

Neben einer quantitativen Kulturmessung mittels *HPO Analyzer* in jedem der zwölf Unternehmen ($n = 610$) wurden insgesamt 81 qualitative Interviews zu unternehmerischen Erfolgsfaktoren mit Geschäftsführern und Mitarbeitern geführt. Dass neben den vier Gründern von EcoLibro auch alle bis dato angestellten Mitarbeiter für die Studie bereitstanden, ließ bereits erahnen, welche Art von Unternehmenskultur zu erwarten wäre. Im Rahmen der Studie zeigte sich, dass sich ein Aspekt unabhängig von der Dauer der Firmenzugehörigkeit wie ein roter Faden durch die Firmengeschichte zieht: ein hohes *affektives Commitment*.

2.2.1 Gelebte CSR als Verstärker von affektivem Commitment

Das hohe affektive Commitment, also im Wesentlichen das Maß, in dem ein Mitarbeiter Sinn darin sieht, für ein Unternehmen zu arbeiten (vgl. Meyer und Allen 1991), schlägt sich bei EcoLibro zum einen als starke Identifikation mit dem Unternehmen und Begeisterung für die Unternehmensvision nieder. Zum anderen zeigt es sich in einer stabilen Kollaboration des Teams, die auf Offenheit, geringen Machtunterschieden und Zusammenhalt basiert.

Auf die Frage, warum sie sich für die Arbeit in diesem Unternehmen entschieden haben, ist die Antwort der Gründer und Mitarbeiter von EcoLibro weitestgehend einhellig: die Inhalte – Nachhaltigkeit, Ökologie, Innovation – und dass diese Dinge nicht nur den Kunden angeboten werden, sondern sie – im Sinne des geflügelten Wortes „walk your talk" – auch tatsächlich Tag für Tag gelebt werden. Wie bereits angedeutet, ist der Firmenparkplatz tatsächlich so gut wie leer. Dafür stapeln sich die Fahrräder in den Büroräumen und auch im Privatleben nutzen alle Pedelecs, Fahrrad oder Bus und Bahn. Das begeistert, neben dem großen fachlichen Know-how, auch die Kunden. Und auf die Frage, was sie an EcoLibro bindet, antworten die Mitarbeiter stets mit einem Hinweis auf den tollen Zusammenhalt im Team, die Offenheit untereinander und die Möglichkeit, an Entscheidungen aktiv mitwirken zu können. Auch der Gestaltungswille ist für viele hier ein Motivator. Neues lernen, sich einbringen und Selbstwirksamkeit erleben, beschreiben viele der Mitarbeiter als persönliche Zufriedenheitsfaktoren. Was haben die Gründer von dieser *internen Demokratisierung*? Mehr unternehmerisches Denken und mehr Eigenverantwortung bei den Mitarbeitern, erhöhte Effizienz und damit Produktivität sowie persönliche Entlastung durch die Verteilung von Entscheidungen auf mehrere Schultern – durch ein hohes affektives Commitment als Basis.

Ein Blick auf die Ergebnisse der HPO-Gesamtstudie verstärkt die hohe Bedeutung der erlebten Sinnhaftigkeit des eigenen beruflichen Tuns für den unternehmerischen Erfolg, die beispielsweise durch die regelmäßige Betonung der Unternehmensvision durch die Unternehmensleitung, durch inspirierende Vorträge vor Kunden oder das Einholen von Kundenfeedback spürbar wird. Es zeigt sich, dass der jeweilige sozial wertvolle Unternehmenszweck sich als individuell sinnstiftend für die eigene berufliche Tätigkeit darstellt. Diese erlebte Sinnhaftigkeit wiederum sorgt bei den Studienteilnehmern für eine signifikante Steigerung des Commitments zum Unternehmen sowie zu erhöhter Zufriedenheit. Erwähnt sei hierbei noch, dass die erlebte Sinnhaftigkeit mit dem Anstieg der Unternehmensgröße laut der HPO-Studie abnimmt (s. Abb. 2), was als Hinweis für die erhöhte Wichtigkeit von sinnstiftenden Maßnahmen in größeren Unternehmen angesehen werden kann (z. B. Unternehmenszweck/-vision immer wieder inspirierend kommunizieren).

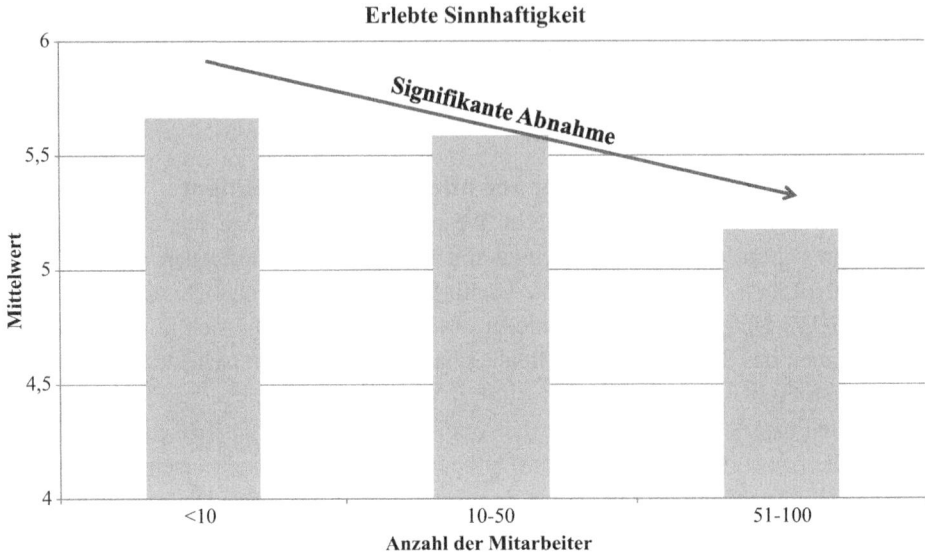

Abb. 2 Erlebte Sinnhaftigkeit – eine Frage der Unternehmensgröße

Viele der wissenschaftlichen Studien, die sich in den letzten Jahren mit der Bedeutung von Corporate Social Responsibility im unternehmerischen Kontext befasst haben, kommen zu ähnlichen Ergebnissen bezüglich des Erfolgsfaktors Commitment. Ausgehend von der Theorie der sozialen Identität nach Tajfel und Turner (1979), dass Menschen als Mitglieder einer Gruppe (z. B. eines Unternehmens) nach Erhöhung des eigenen Selbstwerts und der Abgrenzung gegenüber anderen Gruppen streben, kann gelebte Corporate Social Responsibility als commitmentsteigernder Faktor angesehen werden. Meynhardt und Gomez (2016) deklarieren in ihrem Grundlagenmodell der Corporate Social Responsibility diese dementsprechend sogar als einen Spiegel grundlegender Bedürfnisse des Menschen, wie z. B. das Bedürfnis nach Gerechtigkeit oder nach moralischem Handeln. Dies unterstützt die These, dass Corporate Social Responsibility ein Anker für Identifikation sein kann. So zeigen auch Kim et al. (2010) auf, dass CSR-Aktivitäten seitens der Unternehmen die Identifikation der Mitarbeiter mit dem jeweiligen Unternehmen erhöhen und somit eine positive Beziehung der Mitarbeiter zum Unternehmen unterstützen. Sie zeigen außerdem, dass von außen wahrgenommenes Prestige aufgrund der Corporate Social Responsibility zudem das Commitment zum Unternehmen erhöht. Die Wichtigkeit dessen, dass sich die CSR-Aktivitäten nicht nur auf Unternehmen und Mitarbeiter selbst beziehen, sondern zum Kunden und zu sonstigen Stakeholdern getragen werden (s. auch Abschn. 2.3), wird auch von der Studie von Turker (2009) betont. Anhand einer Stichprobe von 269 Angestellten aus dem Wirtschaftskontext verdeutlichte Turker (2009), dass organisationales Commitment eben auch durch unternehmensexterne CSR-Aktivitäten gestärkt wird.

In einer groß angelegten Untersuchung mit 1084 Teilnehmern aus 17 Ländern legten Müller et al. (2012) nicht nur die positive Korrelation von Corporate Social Responsibility und affektivem Commitment dar, sondern lieferten darüber hinaus Hinweise darauf, wie diese positive Korrelation noch bestärkt werden kann. Wie auch hinsichtlich der Demokratisierung bei EcoLibro beschrieben, unterstützen laut Müller et al. (2012) eine kollektivistische Kultur, flache Hierarchien und Mitarbeiterorientierung einen hohen Grad an affektivem Commitment.

Was bringt den sozial verantwortlichen Unternehmen nun das starke affektive Commitment? Die Geschichte von EcoLibro oder auch die bisher beschriebenen Studien verweisen auf eine Vielzahl von erfolgsrelevanten Aspekten:

- hohe Mitarbeiterbindung,
- hohe Mitarbeiterzufriedenheit,
- hohe Eigenverantwortung aller Unternehmensmitglieder,
- unternehmerisches Denken/Denken im Sinne des Unternehmens,
- starkes Engagement gegenüber den eigenen Kollegen und den Kunden.

Meyer et al. (2004) sprechen darüber hinaus von einer erhöhten Motivation bei der Zielverfolgung. Meyer et al. (2002) verweisen mit ihrer Metaanalyse außerdem auf eine geringere Fluktuation, weniger Abwesenheitstage, einen geringen Krankenstand sowie eine Leistungssteigerung im Zusammenhang mit affektivem Commitment.

2.2.2 Weitere unternehmenskulturelle Erfolgsfaktoren

Betrachtet man die Arbeitsweise der EcoLibro GmbH, fallen noch weitere unternehmenskulturelle Elemente ins Auge, die den Erfolg als sozialverantwortliches Unternehmen begünstigen.

Gründer und Mitarbeiter denken bei der Gestaltung ihrer Produkte vom Markt her und nutzen auftretende Schwankungen und Weiterentwicklungen im Sinne einer lernenden Organisation für sich (vgl. Argyris und Schön 2008). Auch wenn diese Art der Arbeit sicherlich ein hohes Maß an Flexibilität mit sich bringen muss, schafft es das Team von EcoLibro so, in einer volatilen Welt neue Bedarfe am Markt schnell zu erkennen und – gerne auch mal gemeinsam mit den Kunden – neue Möglichkeiten zu entwickeln und das Produktportfolio zu erweitern bzw. anzupassen. Ziel der Geschäftsführung ist es, immer im Fluss zu bleiben und die Dynamik des Marktes aufzugreifen, um Speerspitze für das Thema zu sein und zu bleiben – ein Ziel, das auch bei vielen Mitarbeitern Anklang findet. Dass Nachhaltigkeit in Kombination mit *Markt- und Zukunftsorientierung* betriebswirtschaftliche Vorteile bringt, unterstützen auch Jansson et al. (2015), die kleine und mittelständische Unternehmen in Schweden mit Blick auf Nachhaltigkeit und Geschäftserfolg untersucht haben.

Waldman et al. (2004) geben mit ihrer Untersuchung von US-amerikanischen Unternehmen einen Hinweis auf einen weiteren kulturellen Faktor, der den Erfolg von CSR-Aktivitäten unterstützt und damit, wie oben beschrieben, das Commitment stärkt: *trans-*

formationale Führung (vgl. Bass 1985). Diese Hinweise finden sich auch in der beschriebenen HPO-Studie wieder, wobei in den zwölf untersuchten Unternehmen besonders die Aspekte Inspirational Motivation und Idealized Influence zu einer Steigerung von Zufriedenheit und Commitment führen. Und auch bei EcoLibro hat die Entwicklung hin zu einer transformationaleren Unternehmenskultur einen Mehrwert für den Unternehmenserfolg gebracht. Während in der Zeit der Gründung das stark transaktionale Führungsverständnis aus den Bundeswehrzeiten der Gründer im Vordergrund stand, setzten Mitarbeiter und Gründer nach einer internen Revolution der Zusammenarbeit im Rahmen des Projektes EcoLibro 2.0 Spielregeln auf, die einen deutlich transformationaleren Geist ins Unternehmen einkehren ließen (z. B. transparente Informationspolitik, mehr Einbindung in Entscheidungen). Diese bereits erwähnte demokratischere Form der Unternehmenskultur, in der sich die Führungskräfte mehr als Coachs, Inspiratoren und Visionsgeber verstehen, führte gleichermaßen zu einem erhöhten Commitment, der Übernahme von Eigenverantwortung sowie gesteigerter Offenheit im Umgang miteinander.

2.3 Ebene 3: Überbetriebliches Engagement

Transformationale Führung in CSR-Unternehmen hat, auch nach Waldman et al. (2004), einen zusätzlichen positiven Effekt: Transformationale Führer nehmen eher eine Perspektive ein, die über die Grenzen des Unternehmens hinausgeht und die Gesellschaft mit einbindet. Dass die äußere Anerkennung gut für das affektive Commitment ist, wurde bereits erläutert. Wie kann das überbetriebliche Engagement praktisch aussehen?

Der Geschäftsführer von EcoLibro ist seit fünf Jahren Vorsitzender des *Netzwerks intelligente Mobilität e. V.* (www.nimo.eu), dem mit über 60 Mitgliedern aus fast allen Bereichen der Mobilität größten interdisziplinären Mobilitätsnetzwerk Deutschlands. Vom Fahrrad bzw. Pedelec über Carsharing und öffentliche Verkehrsmittel bis hin zu konventionellen und elektrischen Fahrzeugen sind fast alle Mobilitätsarten vertreten, außerdem viele IT- und Beratungsdienstleister aus den Bereichen Fuhrpark, Travel und Mitarbeitermobilität. Das Netzwerk profitiert stark von den Aktivitäten der EcoLibro GmbH, umgekehrt verdankt aber auch das Beratungsunternehmen dem Netzwerk viel Aufmerksamkeit, Marktkenntnis, Know-how und Kontakte. Durch die Mitgliedschaft und führende Rolle im Netzwerk intelligente Mobilität e. V. und viele weitere Kontakte in den ganzen Mobilitätsmarkt bleibt das Team von EcoLibro laufend am Ball der Veränderungen im Markt.

Unter Leitung des Vorsitzenden hat sich das Netzwerk in den letzten zwei Jahren stark dem Thema des selbstfahrenden Autos und den dadurch zu erwartenden Veränderungen unserer Mobilität, aber auch unserer Gesellschaft und unserer Städte angenommen. Durch die interdisziplinäre Zusammensetzung des Netzwerks gelingt es hier besser als in vielen anderen Gremien, die Zusammenhänge in der Mobilität richtig zu verstehen. Fuhrparkleiter unter sich werden Mobilität immer aus der Autofahrersicht interpretieren, genauso wie auch passionierte Fahrrad- oder ÖPNV-Nutzer ihre eingeschränkte Sicht auf die Welt haben. Durch die heterogene Zusammensetzung von NiMo werden die Scheuklappen der einzelnen Verkehrsmittel überwunden und Mobilität als Ganzes gesehen.

Gemeinsam mit zwei Vorstandskollegen aus dem NiMo haben die drei aktiven Gesellschafter von EcoLibro Mitte 2016 ein neues Unternehmen gegründet, welches in Kürze die ersten Kleinbusse mit neun Sitzen an Fahrgemeinschaften in großen Gewerbegebieten vermietet. Zielgruppe sind insbesondere Mitarbeiter von großen Unternehmen, die für nicht zu hohe Gehälter in Schichtarbeit tätig sind. Hier spielt die zeitliche Flexibilität auf dem Arbeitsweg eine geringe Rolle, außerdem lassen sich solche Mitarbeiter in ihrer Verkehrsmittelwahl stärker als Besserverdienende von den Kosten leiten. Die 9-Sitzer werden während der Arbeit an sogenannte Konutzer vermietet, ebenso nach Rückkehr am Heimatort bzw. an den Wochenenden. Die Idee zu diesem besonders nachhaltigen Mobilitätsangebot ist in der gemeinsamen Auseinandersetzung mit dem selbstfahrenden Auto und den damit kommenden Veränderungen in der Mobilität entstanden. Sie füllt die mit klassischen Mitteln nicht schließbare Angebotslücke für den Arbeitsweg. Die Vermarktung hat gerade erst begonnen, die bisherige Resonanz an verschiedenen Stellen in Deutschland ist sehr positiv.

Der Geschäftsführer von EcoLibro hat außerdem in seinem Heimatdorf in Nordhessen, Jesberg mit 2600 Einwohnern, den *Mobilitätsverein Vorfahrt für Jesberg e. V.* (www. vojes.de) initiiert, der für die Bewohner des Ortes zehn Alternativen zur Nutzung des eigenen Autos anbietet. Noch ist der Aufbau der überwiegend aus Spenden von ortsansässigen Unternehmen und NiMo-Mitgliedern finanzierten Mobilitätsalternativen nicht ganz abgeschlossen, aber die ersten Erfolge stellen sich bereits ein. Der Abholservice für Grünabfälle zum Bauhof per E-Lastenrad wird schon gut angenommen. Somit brauchen die Bürger den Abfall nicht mehr mit dem eigenen Pkw dorthin bringen. Und gerade in der Woche, in der diese Zeilen geschrieben wurden, erfolgte die erste richtige Vermietung der Carsharingfahrzeuge, von denen eines von EcoLibro finanziert wird.

Was noch? Das Unternehmen hat einen der im Dorf lebenden Flüchtlinge aus Pakistan eingestellt. Einen Tag pro Woche arbeitet Zahid im Büro in Troisdorf, von Abfahrt bis Rückkehr ist er dafür insgesamt fast 16 h unterwegs. Mittlerweile ist der ehemalige Bauer aus dem Norden Pakistans in der Erfassung von Daten halbwegs eingearbeitet und trägt schon ein wenig zum Umsatz bei. Die übrige Zeit arbeitet er teils im Home-Office und teils für den Mobilitätsverein VoJes. Im ganzen Dorf sehr beliebt, ist er einer der besten Werbeträger für den Verein. Die Hälfte der Lastenradkunden sind seinen eigenen Kontakten zu verdanken.

3 Fazit und Handlungsempfehlungen

Die Studie der HPO Research & Consulting PartG gibt Hinweise darauf, dass Corporate Social Responsibility zahlreiche unternehmensinterne Vorteile bieten kann. Unter Einbezug der Arbeit von EcoLibro und weiterer aktueller wissenschaftlicher Erkenntnisse zeigt sich, dass CSR insbesondere dann zum Unternehmenserfolg beitragen kann, wenn sie als Unternehmenszweck verstanden und auf verschiedenen Ebenen wie dem Geschäftsmodell, der Unternehmenskultur oder aber im überbetrieblichen Engagement verankert und gelebt wird. Dann kann CSR für ein starkes affektives Commitment bei den Organisationsmitgliedern sorgen und somit betriebswirtschaftlich relevante Erfolgsfaktoren wie unternehmerisches Denken, individuelle Leistung, Mitarbeiter- und Kundenzufriedenheit deutlich begünstigen.

Als besonders wichtiger Faktor für eine erfolgreiche Etablierung als CSR-Unternehmen wurde die Definition einer nachhaltigen, sozialverantwortlichen Vision, die inspirierend kommuniziert und gelebt wird (i. S. v. „walk your talk"), benannt – dies im Gegensatz zu CSR als Marketingbeiwerk. Die Sinnhaftigkeit des Tuns erweist sich als zentrale Antriebskraft, die als Basis für operative Handlungen und Ziele immer wieder spürbar gemacht werden sollte. Wesentlich ist also die Vermittlung des Zwecks, der Daseinsberechtigung einer Organisation, nicht nur eines kurz- oder langfristigen Ziels. Allerdings gibt es Hinweise, dass die Strahlkraft eines CSR-orientierten Zwecks der Organisation mit wachsender Größe der Organisation abnimmt. Die Gefahr, aus der Sicht der Mitarbeiter als ein gewöhnliches Unternehmen zu gelten, könnte mit wachsender Mitarbeiteranzahl steigen. Dementsprechend stellt die Kommunikation des CSR-Zwecks der Organisation eine kontinuierliche Managementaufgabe dar, welche noch bedeutender wird, je größer die Organisation wird. Ein kraftvoller Nachhaltigkeitszweck einer Organisation bietet dabei alle Möglichkeiten zu einer inspirierenden und identifizierenden Ansprache der Mitarbeiter. Hierbei hilft ein transformationaler Führungsstil, bei dem begeisternde Führung im Fokus steht statt operatives Management.

Eine unbedingte Marktorientierung von Geschäftsmodell und Strategie, eine insgesamt transformationalere Unternehmenskultur, die sich u. a. durch geringe Machtunterschiede, Eigenverantwortung und die Förderung der Menschen mit den zur Unternehmensvision passenden Werten auszeichnet, sowie überbetriebliches Engagement, das zu Innovationen anregt und den CSR-Gedanken nach außen trägt, – all dies lässt sich als Basis für ausgewogenen Erfolg als CSR-Unternehmen begreifen.

Literatur

Argyris C, Schön DA (2008) Die lernende Organisation – Grundlagen, Methode, Praxis, 3. Aufl. Schäffer-Poeschel, Stuttgart

Bass BM (1985) Leadership and performance beyond expectations. Free press, New York

Jansson J, Nilsson J, Modig F, Vall GH (2015) Commitment to Sustainability in Small and Medium-Sized Enterprises: The Influence of Strategic Orientations and Management Values. Bus Strategy Environ. https://doi.org/10.1002/bse

Kim H-R, Lee M, Lee H-T, Kim N-M (2010) Corporate Social Responsibility and Employee-Company Identification. J Bus Ethics 95:557–569

Meyer JP, Allen NJ (1991) A three-component conceptualization of organizational commitment. Hum Resour Manag Rev 1:61–89

Meyer J-P, Stanley DJ, Herscovitch L, Topolnytsky L (2002) Affective, Continuance, and Normative Commitment to the Organization: A Meta-analysis of Antecedents, Correlates, and Consequences. J Vocat Behav 61(11):20–52

Meyer JP, Becker TE, Vandenberghe C (2004) Employee Commitment and Motivation: A Conceptual Analysis and Integrative Model. J Appl Psychol 89(6):991–1007

Meynhardt T, Gomez P (2016) Building Blocks for Alternative Four-Dimensional Pyramids of Corporate Social Responsibilities. Bus Soc :1–35

Müller K, Hattrup K, Spiess S-O, Lin-Hi N (2012) The Effects of Corporate Social Responsibility on Employees' Affective Commitment: A Cross-Cultural Investigation. J Appl Psychol 97(6):1186–1200

Tajfel H, Turner JC (1979) An integrative theory of inter-group conflict. In: Austin WG, Worchel S (Hrsg) The social psychology of inter-group relations. Brooks/Cole, Monterey, CA, S 33–47

Turker D (2009) How Corporate Social Responsibility Influences Organizational Commitment. J Bus Ethics 89:189–204

Waldman DA, Siegel D, Javidan M (2004) Transformational Leadership and Corporate Social Responsibility. Rensselaer Work Pap 415:1–40

Sabine Stoverock ist Wirtschaftspsychologin und seit 2015 Mitglied der HPO Research & Consulting PartG. Die HPO Research & Consulting PartG forscht anwendungsbezogen in Unternehmen zu Fragen der Organisationskultur und Führung. Frau Stoverock absolvierte ihr Masterstudium der Wirtschaftspsychologie an der Hochschule Fresenius in Köln, wo sie seit 2016 auch zum Thema Kommunikationsmanagement doziert.

Im Rahmen einer internationalen Studie zu Erfolgsfaktoren von „adolescent companies" beschäftigte sie sich intensiv mit Erfolgsstrategien nachhaltiger, sozial engagierter Unternehmen.

Michael Schramek ist geschäftsführender Gesellschafter der EcoLibro GmbH, Vorsitzender des Netzwerks intelligente Mobilität e.V. sowie Mitglied im Senat der Wirtschaft. Als geschäftsführender Gesellschafter liegen die Schwerpunkte des Diplomkaufmanns in der persönlichen Betreuung der Beratungsprojekte mit herausragender Bedeutung für innovative Mobilitätskonzepte, in der Geschäftsentwicklung und der Großkundenakquise. Ehrenamtlich leitet er als Vorstandsvorsitzender das „Netzwerk intelligente Mobilität e.V." (NiMo). Als Logistikoffizier der Bundeswehr und in seinen vielfältigen Führungsaufgaben bei der BwFuhrpark GmbH erwarb sich der Major der Reserve und zertifizierte Fuhrparkmanagementberater eine weitreichende Fachexpertise.

 **Dr. Marcus Heidbrink** ist Diplom-Psychologe, Gründer der HPO Research & Consulting PartG in Köln, Fakultätsmitglied der Executive School der Universität St. Gallen sowie Dozent an der International Academy der RWTH Aachen. Seine Schwerpunkte in Forschung und Lehre liegen insbesondere auf den Themen High-Performance Organisationen, Führung und Unternehmenskultur. Dr. Heidbrink arbeitet seit nunmehr 15 Jahren als selbstständiger Berater und Coach für Organisations- und Führungskräfteentwicklung.

Nachhaltige Managementausbildung in Business Schools: Beispiel der Implementierung einer zukunftsfähigen Managementlehre an der Cologne Business School

Monika Kolb

1 Einleitung

Die Finanz- und Wirtschaftskrisen der vergangenen Jahre, ebenso wie die Skandale um VW, Enron, Fifa etc., erschüttern das theoretische und praktische Managementfundament. Zudem deuten die aktuellen gesamtgesellschaftlichen Entwicklungen und die drängenden Probleme der Weltwirtschaft auf ein Versagen der vorherrschenden Managementpraxis auf Basis von purem ökonomischen Wachstum hin und erweisen sich daher größtenteils als nicht zukunftsfähig. Lange Zeit herrschte in der Managementlehre der Glaube, dass Nachhaltigkeit und ökonomischer Erfolg unabhängig voneinander sind, sich sogar gegenseitig ausschließen. Dabei können Unternehmen mit nachhaltigen Geschäftsmodellen große Gewinne erwirtschaften. Insbesondere weil sie das Nachhaltigkeitsprinzip zum Kern ihrer Unternehmensstrategie erklären (Schmidpeter 2016). Dadurch leisten Unternehmen mit ihrem Kerngeschäft einen Beitrag zur nachhaltigen wirtschaftlichen Entwicklung.

Der Nachhaltigkeitsgedanke sowie nachhaltige und somit zukunftsfähige Managementkonzepte entstehen jedoch nicht von allein. Es bedarf einer Aus- und Fortbildung von allen Akteuren innerhalb einer Unternehmung. Ebenso wie Unternehmen sich verändern müssen, um in Zukunft erfolgreich bleiben zu können, muss dies folglich auch in der Ausbildung von Managern geschehen. Ein zukunftsfähiges Management kann durch eine nachhaltige Managementausbildung in Business Schools von Absolventen in Unternehmen eingeführt werden. Denn die heutigen Studenten sind die Entscheidungsträger von morgen. Daher ist es wichtig, dass Studierende im Rahmen ihres Studiums eine alternative Managementperspektive erhalten, die über den Ansatz der Gewinnmaximierung

---

M. Kolb (✉)
CBS/CASM
Hardefuststraße 1, 50677 Köln, Deutschland
E-Mail: m.kolb@cbs.de

© Springer-Verlag GmbH Deutschland 2018
P. Bungard (Hrsg.), *CSR und Geschäftsmodelle*, Management-Reihe Corporate Social Responsibility, https://doi.org/10.1007/978-3-662-52882-2_30

hinausgeht (Lozano 2006). Hierfür muss sich auch das Geschäftsmodell von Business Schools verändern und den neuen Bedingungen anpassen.

Wie dies konkret umgesetzt werden kann, stellt Business Schools ebenso wie andere Institutionen vor große Herausforderungen. Daher beschäftigt sich dieser Artikel mit der Implementierung einer nachhaltigen Managementausbildung an der Cologne Business School. Er dient dazu, die Erfahrungen innerhalb des Umsetzungsprozesses zu teilen, einen Beitrag zu dem Forschungsfeld nachhaltiger Managementausbildung, insbesondere in Business Schools, zu leisten und mögliche Ansatzpunkte zur Umsetzung innerhalb der eigenen Institution zu schaffen.

2 Nachhaltige Managementausbildung in Business Schools

2.1 Rolle und Verantwortung von Business Schools

Neben der wachsenden Bedeutung von Nachhaltigkeit in den Bereichen Gesellschaft und Wirtschaft steigt auch die Anforderung zu einer nachhaltigen Entwicklung in Wissenschaft und Bildungssektor (UNESCO 2004). Hochschulen als (primärer) Ort der Bildung besitzen eine gesellschaftliche Vorbildfunktion. Business Schools tragen als Bildungsstätte für zukünftige Entscheidungsträger in Unternehmen eine besondere Verantwortung den Studierenden, der Gesellschaft und den Arbeitgebern gegenüber.

Das aktuelle Modell der Business Schools muss einen fundamentalen Veränderungsprozess durchlaufen, um Anbieter für Lösungen der vielschichtigen wirtschaftlichen Probleme zu werden. Dies trifft insbesondere zu, da die Arbeit von Managern und Unternehmern als Ursache und Beschleuniger für die Nachhaltigkeitskrisen angeführt werden (Orr 2004). Somit gilt, dass die Herausforderungen im Rahmen einer nachhaltigen Entwicklung nicht mit derselben Art von Managementausbildung gelöst werden können, wie sie entstanden sind. Anstatt als Verursacher einer traditionellen Managementlehre zu gelten, die Manager indoktriniert auf steigende Profite zu achten und dabei soziale sowie ökologische Aspekte zu vernachlässigen, können Business Schools einen Beitrag zur Lösung globaler Herausforderungen und einer nachhaltigen Entwicklung leisten.

2.2 Nachhaltiges Management

In diesem Zusammenhang wurde ein nachhaltiges Management zu einem neuen Denkmodell für Unternehmen (Anninos und Chytiris 2012). Dieses berücksichtigt den unternehmerischen Einfluss in einem umfassenderen Kontext, da über das Ökonomische hinaus auch ökologische und gesellschaftliche Aspekte in die Erfolgsbetrachtung einbezogen werden. Ebenso strebt ein nachhaltiges Management eine Entwicklung an, die sowohl die Bedürfnisse der jetzigen Generationen erfüllt als auch die der künftigen Generationen. Zusammengefasst beruht ein zukunftsfähiges Managementmodell auf den Prinzipien der nachhaltigen Entwicklung, der unternehmerischen Verantwortung (CSR) und verbindet diese mit den verschiedenen Managementkonzepten. Nachhaltiges Management lässt sich somit als unternehmerische Praxis bezeichnen, welche Nachhaltigkeitskonzepte anwendet und dadurch einen Mehrwert für Unternehmen, die Gesellschaft und die Umwelt schafft. In Anbetracht der Transformation des traditionellen Wirtschaftens hin zu einem nachhaltigen Wirtschaften ist eine zukunftsorientierte Ausrichtung der Managementlehre essenziell.

2.3 Schlüsselelemente

Business Schools können den Wandel zum nachhaltigen Management aktiv gestalten. Dabei gilt es, vorherrschende Denkmuster zu erkennen, diese zu überprüfen und an die neue Realität anzupassen. In diesem Zusammenhang spielen Kompetenzen als ein Schlüsselelement für die Transformation zu einer nachhaltigen Managementausbildung eine übergeordnete Rolle (de Haan 2006). Kompetenzen werden als die selbstorganisierte Handlungsfähigkeit von Individuen beschrieben (Erpenbeck und von Rosenstiel 2003). Dabei zielt Kompetenz stets auf die Fähigkeit ab, sich in offenen Situationen selbstorganisiert zurechtzufinden. Die Fähigkeiten, die komplexen Zusammenhänge einer globalisierten Lebens- und Arbeitswelt zu verstehen und neue Handlungsoptionen zu entwickeln, werden für ein zukunftsfähiges Management immer wichtiger.

Business Schools können Studierende mit dem notwendigen **Wissen** über nachhaltiges Management ausstatten sowie die **Kompetenzen** und die persönliche **Motivation** und Erfahrungen, nach diesen Grundsätzen zu entscheiden und zu handeln, fördern (Erpenbeck und Heyse 2007; Shepard 2007). Hierfür wird eine

- Neuorientierung des Curriculums,
- Reformierung der formalen und informalen Lernsettings,
- Neuausrichtung von Unterrichts- und Lehrmethoden benötigt.

Darüber hinaus, ist die Implementierung und systemische Umsetzung einer nachhaltigen Managementausbildung insbesondere dann wirkungsvoll und glaubhaft, wenn sie in allen Bereichen einer Hochschule umgesetzt wird (Sterling 2003). Deshalb werden weitere Forderungen an Business Schools gestellt:

- Forschung betreiben, um CSR als Managementansatz zu fördern,
- Steigerung der öffentlichen Wahrnehmung von nachhaltiger Entwicklung,
- Angebot von CSR-Ausbildung für Unternehmer,
- Entwicklung von CSR-Wissen für bestimmte Industriezweige,
- Förderung von Ausbildung und Fortbildung der Mitarbeiter,

- Umsetzung von nachhaltigem Management innerhalb der eigenen Organisation (Læssøe et al. 2009; Wals 2009; Matten und Moon 2004).

Ansätze zur Umsetzung dieser Forderungen werden in Abschn. 3 aufgezeigt.

2.4 Einblick in die Studie

Der aktuelle Beitrag basiert auf den Ergebnissen einer Masterarbeit am Dr. Jürgen Meyer Stiftungslehrstuhl für Internationale Wirtschaftsethik und CSR an der Cologne Business School mit dem Titel: „Educating the leaders of the future: How the new paradigm of sustainable Management can be implemented in organizational learning". Diese Arbeit befasst sich mit der Implementierung von einem nachhaltigen Managementansatz. Zielsetzung dieser Arbeit ist es, aufzuzeigen, wie eine deutsche Business School Kompetenzen für ein zukunftsfähiges Management in ihre Aktivitäten integriert. Hierzu wurde eine Analyse auf drei zentralen Dimensionen (Curriculum, außercurricularen Aktivitäten und Institution) durchgeführt. Im Rahmen dieser Case Study wurden sowohl qualitative als auch quantitative Forschungsmethoden angewandt. Teilergebnisse der Forschungsarbeit werden in diesem Artikel veröffentlicht.

3 Nachhaltige Managementausbildung an der Cologne Business School

Die **Cologne Business School** (CBS) ist eine international ausgerichtete, staatlich anerkannte Hochschule und zählt zu den besten privaten Wirtschaftshochschulen Deutschlands (CBS 2016). Das Programmportfolio der CBS umfasst alle Bildungsstufen vom Bachelor bis hin zum Executive Master of Business Administration. Die Abschlüsse an der CBS werden entweder in Vollzeit oder in der berufsbegleitenden Variante erlangt. Die Mehrheit der Studiengänge wird in englischer Sprache gelehrt.

3.1 Mission Statement

Das Mission Statement der CBS positioniert den Wertschöpfungsprozess der Organisation (Bildung, Innovation und Forschung) auf dem Fundament der Verantwortung (Abb. 1).

Damit bilden soziales, ökologisches sowie ökonomisches Verantwortungsbewusstsein die Basis des ganzheitlichen CBS-Ansatzes, um Exzellenz in den drei Bereichen aufzubauen.

Durch die Anwendung praxistauglicher Strategien und Methoden werden Studierende in die Lage versetzt, sich den permanent wandelnden Herausforderungen einer modernen Wissensgesellschaft erfolgreich zu stellen. Corporate Social Responsibility (CSR) und

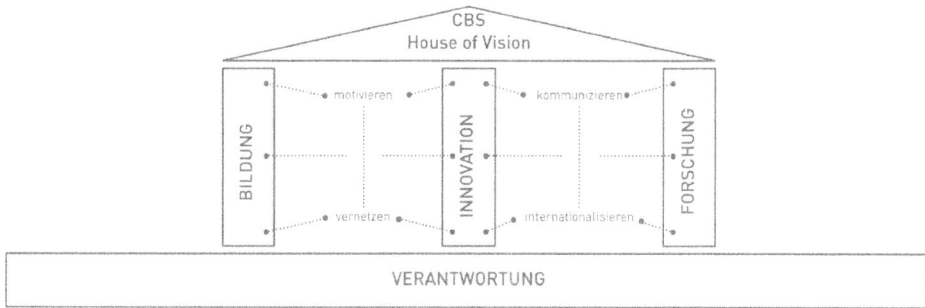

Abb. 1 House of Vision. (Quelle: CBS 2014, S. 10)

nachhaltiges Management sind daher fest in der betriebswirtschaftlichen Forschung sowie der Managementausbildung verankert (CBS 2014). Durch die fortschreitende Integration von gesellschaftlicher Verantwortung und Nachhaltigkeit in die Organisation der Hochschule möchte die CBS eine innovative Vorreiterrolle in der deutschen Bildungslandschaft einnehmen und ihre Kompetenzen im Bereich nachhaltige Managementausbildung kontinuierlich ausbauen. Die CBS orientiert sich daher konsequent in Lehre, Forschung und Management am Leitbild der nachhaltigen Entwicklung und der UN-Dekade „Bildung für nachhaltige Entwicklung". Für ihre Vorreiterrolle ist die CBS von der UN-Initiative „Principles for Responsible Management Education" (UN PRME) als eine von zwei PRME-Champion-Hochschulen in Deutschland ausgezeichnet worden. Damit verpflichtet sie sich ihre Kernkompetenzen in Lehre und Forschung sowie ihre Strategie und Unternehmenswerte an den von den United Nations getragenen sechs Prinzipien der PRME auszurichten und weiterhin eine verantwortungsvolle Managementausbildung an Hochschulen voranzutreiben.

3.2 Curriculum

In diesem Abschnitt wird das Curriculum des Masterstudienganges International Business Management vorgestellt. Dabei finden die Art der Integration einer nachhaltigen Managementlehre ebenso wie die Neuausrichtung von Unterrichtsmethoden eine besondere Betrachtung. Der Studiengang International Business Management ist ein vier Semester langes Vollzeitstudium in englischer Sprache, besteht aus 120 ECTS-Punkten und schließt mit dem Abschluss Master of Arts ab. Mit dem Ziel, eine nachhaltige Managementausbildung zu etablieren, wurde der Studiengang im Jahr 2016 überarbeitet und neuakkreditiert (CBS 2015, S. 3).

In Summe besteht das Curriculum aus 74 verschiedenen Kursen. Diese lassen sich in allgemeine Wirtschaftskurse, Spezialisierungen, interdisziplinäre Kurse und Wahlkurse unterteilen. Je nach individuellen Vorlieben und Karrierewünschen stellen sich die Studierenden ein Programm aus 28 Kursen zusammen. Durch diese Wahlmöglichkeiten entscheiden die Studierenden selbstbestimmt über die Lerninhalte und Studienschwerpunkte. Dies fördert die Fähigkeit, eigenständige Entscheidungen zu treffen und so die Verantwortung für das eigene Studienprogramm zu übernehmen (Barth et al. 2007).

Die Curriculum-Analyse zeigt, dass 61 % aller Kurse einen nachhaltigen Managementansatz beinhalten. Je nach Kurszusammensetzung schwankt dieser Wert zwischen 57 und 79 %. Somit ist in mindestens der Hälfte aller besuchten Kurse die unternehmerische Verantwortung ein fester Bestandteil. Dabei unterscheidet sich die Art der Integration einer verantwortungsvollen Managementlehre enorm. Im Folgenden werden die an der CBS erschlossenen Formen in Archetypen kategorisiert.

Nachhaltiges Management als normativer Rahmen
Die klassischen wirtschaftswissenschaftlichen Lehrbereiche enthalten die stärkste Integration von einer nachhaltigen Managementlehre. Die Integration findet hier hauptsächlich in der Art statt, dass nachhaltiges Management das Kursfundament und einen **normativen Rahmen** für die Lehre bildet. Hierbei ist ein zukunftsfähiges Management in generelle Wirtschaftsthemen eingebettet. Diese Art von Integration zeigt auf, dass CSR und nachhaltiges Management nicht als Stand-alone-Themen betrachtet werden. Weder in der Lehre noch in der Unternehmenspraxis kann Nachhaltigkeit als abgekoppelt von Funktionen und Themen gesehen werden. Diese Verbindung von Fachwissen mit den Konzepten der CSR und einer nachhaltigen Managementpraxis bietet eine neue Perspektive in konventionellen Wirtschaftskursen. Die integrierten Kurse ermöglichen Studierenden Nachhaltigkeitsthemen in der jeweiligen Fachsprache (Personal, Finanzen, Marketing etc.) zu erklären und vereinfachen es zukünftig, Abteilungsleiter von Nachhaltigkeitsvorhaben zu überzeugen. Darüber hinaus kann der normative Rahmen des nachhaltigen Managements eine Plattform für ein systemisches und holistisches Managementverständnis bieten, welches die verschiedenen funktionalen Disziplinen überbrückt. Diese Kurse befähigen Studierende zu systemischem und kritischem Denken in globalgesellschaftlichen Zusammenhängen. Eine der wichtigsten Anforderungen, die in diesem Zusammenhang auftreten, ist es, Kompromisse zwischen den widersprüchlichen Zielen verschiedener Stakeholder-Gruppen machen zu können (Aspen Institute 2003). Die Verbindung von CSR und Management fördert das hierfür nötige Bewusstsein und Verständnis über Zielkonflikte verschiedener Stakeholder-Gruppen, befähigt zu einer ganzheitlichen Problemlösungskompetenz sowie Entscheidungskompetenz.

Nachhaltiges Management als Partnerfunktion
Aufbauend auf diesem Fundament folgen die verschiedenen Schwerpunktbereiche, welche die Studierenden auf ihre individuelle Karriere vorbereiten. Diese Kurse werden über die gesamte Studienzeit hinweg besucht und haben daher eine hohe Gewichtung in der Studienleistung. In der selbstgewählten Spezialisierung zeigen Studierende ein hohes Engagement und Motivation. In den Schwerpunktfächern ist eine zukunftsorientierte Managementlehre entweder als normativer Rahmen wie oben beschrieben oder als Partnerfunktion umgesetzt. Von **CSR als Partnerfunktion** wird gesprochen, wenn einer

oder mehrere Kursinhalte in einem direkten Zusammenhang zu CSR unterrichtet werden und zusätzlich die Relevanz von einem verantwortungsvollen und nachhaltigen Verhalten in allen Kursinhalten hervorgehoben wird.

Nachhaltiges Management als Thema
Eine dritte Art der Integration bezieht sich auf die Integration von CSR in bestimmten Vorlesungen/Kursinhalten, während die anderen Kursinhalte ohne Verbindung zu CSR unterrichtet werden. Diese Art der Integration wird vor allem bei Wahlkursen und interdisziplinären Kursen umgesetzt. Beispielhaft für die Umsetzung von einem nachhaltigen Managementansatz in einem Teil der Vorlesungsinhalte ist der Kurs „Geschäftsreisen". Hier wird in einer Vorlesung kritisch der Einfluss von Geschäftsreisen auf die Entwicklung der Region betrachtet. Ein weiteres Beispiel stellt der Kurs „Risiko Management" dar, welcher einen Fokus auf die ökologischen Risiken, die durch ökonomische Aktivitäten entstehen, legt.

Neben diesen drei Typen der Integration gibt es an der CBS auch Kurse ohne eine Verbindung zu nachhaltigem Management, insbesondere bei den Sprachkursen.

CSR-Kurs
Im **CSR-spezifischen Kurs,** welcher ein Pflichtkurs für alle Studierenden ist, erhalten Studierende ein breites Wissen rund um das Thema nachhaltiges Management, detaillierte Kenntnisse der unterschiedlichen Nachhaltigkeitskonzepte und einen Überblick über gesellschaftliche, politische und soziale Entwicklungen. Neben der Wissens- und Theorievermittlung steht insbesondere die Kompetenzentwicklung als Vorbereitung auf die unternehmerische und persönliche Verantwortung in der Gesellschaft im Fokus. Dabei ist hervorzuheben, dass verantwortungsvolles Wirtschaften als Lösung für viele gesellschaftliche Problemstellungen verstanden wird.

Neben der Neuausrichtung des Curriculums für die erfolgreiche Umsetzung einer zukunftsorientierten Managementausbildung sind auch **neue Unterrichtsmethoden** notwendig, um Studierende beim Kompetenzerwerb zu unterstützen. Im Rahmen der Lehre werden sowohl formale als auch informale Lernsettings genutzt. Angefangen bei der klassischen Vorlesung, welche insbesondere für die Vermittlung von Theorien und Konzepten genutzt wird, hin zu interaktiven Formaten, wie beispielsweise Diskussionen, Rollenspielen, Präsentationen, Fallstudien und Projektarbeiten. Diese bieten Studierenden die Möglichkeit, sich sowohl kognitiv als auch emotional mit Themen auseinanderzusetzen, und fördern dadurch das gemeinsame Lernen. Besonders hervorzuheben ist in diesem Zusammenhang das Businessprojekt. Innerhalb dieses Studentenprojekts, für welches sechs ECTS-Punkte vergeben werden, erhalten Studierende die Möglichkeit, ihr erlerntes Wissen in die Praxis umzusetzen. Sie beraten ein Unternehmen in einer bestimmten Fragestellung und arbeiten gemeinsam an der Analyse der Kundensituation, entwickeln mögliche Szenarien und Strategien. Am Ende präsentieren sie ihre Ergebnisse dem Kunden. Die Studierenden arbeiten hierbei selbstständig und tragen die volle Verantwortung für ihr reales Kundenprojekt. Dabei gestalten sie ihren eigenen Lernprozess und entwickeln ein ganzheitliches und systemübergreifendes Verständnis für Problemstellungen. Die Arbeit der Studierenden ist somit eine Verbindung aus Theorie und Praxis.

3.3 Aktivitäten des Center for Advanced Sustainable Management (CASM)

Das Center for Advanced Sustainable Management (CASM) wurde im August 2016 an der CBS gegründet und geht aus dem Dr. Jürgen Meyer Stiftungslehrstuhl für Internationale Wirtschaftsethik und CSR hervor. Die Zielsetzung des Centers ist, die Verankerung von Nachhaltigkeit in der Wirtschaft zu fördern und eine zukunftsorientierte Managementausbildung für jetzige und zukünftige Unternehmensmanager anzubieten.

Die Aktivitäten des CASM gehen über den formellen Rahmen der Lehre hinaus und ermöglichen Lernsituationen außerhalb des Curriculums. Diese bieten informelle Lernprozesse und ermöglichen dadurch einen vereinfachten Erwerb von Kompetenzen. Die Angebote des Centers fördern das Wissen, das Verständnis, die Kompetenz und die Motivation, verbunden mit verantwortungsvollem Unternehmertum.

Das CASM orientiert sich an den ethischen, sozialen und ökologischen Problemstellungen, die im wirtschaftlichen Alltag auftreten. Der Lehrstuhl ist daher sehr aktiv in der Wissensgenerierung und dem Wissenstransfer zwischen Theorie und Praxis sowie Wissenschaft und Wirtschaft. Der Fokus liegt darauf, wirtschaftlichen Erfolg und gesellschaftliche Verantwortung nicht als Gegensatz zu sehen, sondern CSR als einen betriebswirtschaftlichen Ansatz zu betrachten, der die Wettbewerbs- und Innovationsfähigkeit von Unternehmen erhöht. Um diese Maxime weiterzuverbreiten, unternimmt der Lehrstuhl eine Vielzahl von Anstrengungen, Praxis und Theorie zu verknüpfen. Im Folgenden sind einige Beispiele zur Integration einer nachhaltigen Managementausbildung beschrieben.

Die **Forschung** des CASM orientiert sich an einer konzeptionellen Theorieentwicklung der gesellschaftlichen Verantwortung von Unternehmen (CSR). Ein Großteil der Arbeit und Forschung beschäftigt sich mit der Anwendung theoretischer Modelle auf aktuelle ökonomische Sachverhalte und Missstände. Aus diesem Grund ist die Einbeziehung und Betrachtung der Praxis von integraler Bedeutung. Die Forschungsarbeit konzentriert sich dabei auf die Frage, wie Unternehmen Teil der Lösung gesellschaftlicher Probleme werden können. In dieser stellt das Forschungscluster „Sustainable Management" den zentralen verbindenden Schwerpunkt der Forschung und Lehre an der Cologne Business School dar. Nachhaltiges Management als Querschnittsbereich steht hierbei im direkten Bezug zu den vielfältigen Forschungsarbeiten und -ergebnissen der anderen Cluster. Im Forschungscluster „Sustainable Management" wird somit auf das gesamte BWL- und Managementwissen sowie die aktuellen Forschungsergebnisse der Cologne Business School (CBS) zugegriffen. Innerhalb des internationalen CSR-Netzwerks wird dieses Wissen gemeinsam weiterentwickelt und gestreut. Im August 2016 fand hierfür eine der weltweit größten CSR-Konferenzen statt. Professoren international führender Universitäten nahmen an der Veranstaltung teil, ebenso Verantwortungsträger führender Wirtschafts- und

Industrieunternehmen. Die Internationalisierung und der akademische Austausch führen zur Verbreitung des Managementwissens innerhalb des Netzwerks und bieten Skalierungseffekte.

Die **Graduate School of Sustainable Management** wird vom CASM, der Cologne Business School und der katholischen Universität Eichstätt-Ingolstadt gestaltet und koordiniert. In enger Zusammenarbeit mit einem Netzwerk internationaler Hochschulen erarbeiten Promovenden der Graduate School im Rahmen ihrer Doktorarbeiten konkrete Management-, Steuerungs- und Messinstrumente für die Weiterentwicklung des CSR-Managements von Wirtschaftsunternehmen. Unter den teilnehmenden Unternehmen befinden sich Dax-Unternehmen sowie namhafte mittelständische Unternehmen. Die individuellen Rahmenbedingungen und Zielsetzungen dieser Unternehmen stehen im Fokus der Forschungsarbeiten. Die Forschungsergebnisse sollen perspektivisch auch auf andere Unternehmen und Branchen übertragbar sein und weiterentwickelt werden. Um die Promovenden während ihrer Forschungsarbeiten bestmöglich zu betreuen, werden sie im Rahmen unterschiedlicher Seminare und Veranstaltungen kontinuierlich von Experten aus Wissenschaft und Praxis unterstützt. Die Graduate School bietet eine umfassende Infrastruktur zur Vernetzung der Promovenden untereinander sowie mit externen Fach- und Praxisexperten. Im Rahmen der Graduate School wird praxisorientierte Forschung betrieben, um CSR als Managementansatz zu fördern, und spezielles CSR-Wissen für Industriezweige entwickelt. Die Doktorarbeit bietet die Möglichkeit, die aktuelle Wirtschaftspraxis kritisch zu untersuchen und alternative Managementansätze maßgeschneidert für das Unternehmen zu entwickeln.

Die **Executive Masterclass Sustainable Management** ist eine Vorlesungsreihe mit Gastvorträgen – offen für alle Studierenden, Mitarbeiter und Professoren. Seit dem Sommersemester 2015 werden pro Semester drei Unternehmerpersönlichkeiten eingeladen, um die Rolle von Wirtschaft in der Gesellschaft zu diskutieren und die praktische Umsetzung eines nachhaltig agierenden Managements in der Unternehmenspraxis vorzustellen. Dabei erhalten die Studierenden einen Einblick, wie dieses neue Managementparadigma Kundennutzen generiert, die Mitarbeiterzufriedenheit erhöht, die Ressourcennutzung optimiert und zum langfristigen ökonomischen Erfolg beiträgt. Die Teilnehmer lernen anhand von Praxisbeispielen, welchen Beitrag Unternehmen durch ihr Kerngeschäft zu einer nachhaltigen Entwicklung leisten können. Zudem erfahren sie, wie Unternehmen ihre Geschäftsmodelle neu auf die geänderten Anforderungen ausgerichtet haben, um soziale und ökologische Verantwortung im Unternehmensgeschehen umzusetzen. Die Vorlesungsreihe ermöglicht einen Austausch zwischen den Unternehmensexperten, den Studierenden und der Fakultät. Hierbei stehen auch immer wieder Zielkonflikte, die bei der Implementierung von CSR in der Organisation auftauchen, im Fokus. Die Darstellung von CSR als eine Kombination aus Theorie und Praxis hat zum Ziel, die Kontroversen zwischen Gewinnmaximierung und Nachhaltigkeit aufzulösen.

Jährlich vergibt die Dr. Jürgen Meyer Stiftung gemeinsam mit der Cologne Business School (CBS) den mit insgesamt 4000 EUR dotierten „Ethics and Sustainability Award". Die Zielsetzung des Awards ist es, soziales und ethisches Engagement zu fördern und

Studenten für das Thema Nachhaltigkeit zu begeistern. Der Award bietet Studierenden die Möglichkeit, sich sowohl akademisch als auch praktisch mit den Themen Ethik und nachhaltiges Management auseinanderzusetzen. Die intensive Konfrontation mit diesem Bereich im Rahmen einer Bachelor-, Masterarbeit oder in einem Praxisprojekt führt zu einem hohen Level an kognitivem Lernen. Die meisten eingereichten Arbeiten behandeln CSR als einen interdisziplinären Ansatz und als Instrument, um die Unternehmenspraxis zu analysieren. Insbesondere die Praxisprojekte ermöglichen es Studierenden, Nachhaltigkeit zu erleben und umzusetzen. Unter den Studierenden erhöht der Award die Wahrnehmung für das Konzept nachhaltiges Management und nachhaltige Entwicklung. Gleichzeitig wird das ethische und soziale Engagement von Studierenden gefördert und belohnt. Das Preisgeld ebenso wie die Unterstützung durch CASM erhöht die Motivation, sich zu engagieren und Projekte umzusetzen. Einige der finanzierten Projekte werden nach der Startphase fester Bestandteil der Hochschullandschaft. Hierzu gehören z. B. eine studentische Unternehmensberatung im Bereich nachhaltiges Management und die Freiwilligeninitiative „Work for Good".

Um Nachhaltigkeit auch innerhalb des Hochschulmanagements umzusetzen, hat sich die Initiative **CBS Sustainable University** gegründet. Ausgangspunkt für die intensivierte Beschäftigung mit dem Thema in der Verwaltung ist das Projekt ÖKOPROFIT. Das Wirtschaftsförderungsprogramm ÖKOPROFIT (ökologisches Projekt für integrierte Umwelttechnik) hilft bei der optimalen Ressourcenverwendung und der Senkung der Betriebskosten durch Umwelt- und Klimaschutzmaßnahmen. Es ist ein Kooperationsprojekt zwischen der Stadt Köln, der lokalen Wirtschaft und weiteren Partnern. Das Projekt unterstützt Unternehmen bei der Senkung von Betriebskosten und dient somit der nachhaltigen Wirtschaftsförderung. Nach einjähriger Projektlaufzeit wurde die CBS im Frühjahr 2016 als Ökoprofit-Betrieb ausgezeichnet. Im Rahmen einer nachhaltigen Hochschulentwicklung verfolgt die CBS das Ziel, durch innovative und praxisorientierte Ansätze das Thema Nachhaltigkeit in den Kernbereichen Mitarbeiter, Studierende und Umwelt weiter erfolgreich umzusetzen. Neben technischen Lösungen wurden auch Maßnahmen zur nachhaltigen Verhaltensänderung bei Mitarbeitern und Studenten umgesetzt, wie beispielsweise der erste Nachhaltigkeitstag an der CBS. Der erste hochschulweite Nachhaltigkeitstag bot Studierenden und allen Mitarbeitern die Gelegenheit zum Zuhören, Mitreden und Zukunftgestalten. Die Zielsetzung war, alle Beteiligten dazu anzuregen, sich Gedanken zu machen, wie sie in dem sich heute so rasant ändernden Umfeld zu einer nachhaltigen Entwicklung beitragen können. Der Tag bestand aus Vorträgen, Unternehmensworkshops und einem Karriereevent. Im Projektverlauf wurden unterschiedliche Entwicklungsstufen der Implementierung entdeckt, insbesondere zwischen der Hochschulverwaltung und der Fakultät. Dabei wurde festgestellt, dass einzelne Personen und Gruppen an der Fakultät die Treiber einer nachhaltigen Managementbildung für die gesamte Hochschule sind.

Das Center engagiert sich an einem **Praxisaustausch** mit der IHK Köln „Nachhaltigkeit und ökonomischer Erfolg – betriebswirtschaftliche Perspektiven" mit der Zielsetzung, dem regionalen Mittelstand, praxisnahe Lösungen und Kompetenzen zu vermitteln. Im Rahmen dieser Veranstaltungsreihe geben Praktiker und Experten Tipps und unternehmerische Erfahrungen weiter, sodass Nachhaltigkeit und ökonomischer Erfolg Hand in Hand gehen können. Von der Beschaffung über die Produktion bis hin zum Vertrieb werden innovative Wege aufgezeigt, wie Unternehmen mit dem Thema Verantwortung am Markt bestehen und sich im Wettbewerb positionieren können (IHK 2016). Diese Plattform ermöglicht Managern Zugang zum aktuellsten CSR-Wissen und den Erfahrungsaustausch mit anderen Unternehmensvertretern.

4 Ergebnisse und Empfehlungen

Zusammenfassend wird deutlich, dass das Curriculum mit den verschiedenen Arten der Umsetzung einer verantwortungsvollen Managementausbildung sowie neuen Formen des Lernens darauf ausgerichtet ist, Studierende auf ihre professionelle und persönliche Verantwortung vorzubereiten. Darüber hinaus fördern die außercurricularen Aktivitäten des CASM das Engagement und die Kompetenz von zukünftigen, aber auch jetzigen Managern im Bereich verantwortungsvolles Unternehmertum in den drei Bereichen Wissenstransfer, Forschung und Hochschulmanagement.

Die folgende Tab. 1 zeigt eine zusammenfassende Gegenüberstellung der neuen Anforderungen an das Geschäftsmodell von Business Schools aus Abschn. 2 und ausgewählte Beispiele, wie die Umsetzung an der CBS fokussiert wird.

Tab. 1 Beispiele für die Umsetzung der gestiegenen Anforderungen an das Geschäftsmodell von Business Schools. (Quelle: eigene Darstellung)

Anforderungen an Business Schools	Umsetzungsbeispiele CBS
Neuorientierung des Curriculums	Starke Integration nachhaltigen Wirtschaftens in unterschiedlicher Art, CSR als Verbindungselement versch. Wirtschaftskurse
Reformierung der formalen und informalen Lernsettings und Unterrichtsmethoden	Neue Unterrichtsformate, Businessprojekt, Workshops, Rollenspiele, Lernen durch Erfahrung
Forschung betreiben, um CSR als Managementansatz zu fördern	Forschungscluster „Nachhaltiges Management", internationales wissenschaftliches Netzwerk
Steigerung der öffentlichen Wahrnehmung von nachhaltiger Entwicklung	Ethics and Sustainability Award, Sustainable University
Angebot von CSR-Ausbildung für Unternehmer	IHK-Workshops, Unternehmenskooperationen
Entwicklung von CSR-Wissen für bestimmte Industriezweige	Graduate School of Sustainable Management
Förderung von Ausbildung und Fortbildung der Mitarbeiter	–
Umsetzung von nachhaltigem Management innerhalb der eigenen Organisation	Sustainable University, Ökoprofit, CSR-Studententeam

Während alle genannten Anforderungen an Hochschulen durch Maßnahmen und Projekte an der CBS umgesetzt werden, fällt auf, dass der Punkt Aus- und Fortbildung der eigenen Mitarbeiter im Rahmen einer nachhaltigen Entwicklung noch nicht erfüllt ist. Hier wird eine zielgerichtete und umfassende Maßnahme für Fakultäts- und Managementmitarbeiter benötigt. Dies gilt insbesondere, da Nachhaltigkeit innerhalb der Hochschule sowohl von Mitarbeitern als auch von Studierenden als ein eher technischer/umweltbewusster Ansatz verstanden wird, nicht jedoch als Managementansatz. Hierdurch lassen sich unterschiedliche Entwicklungsstufen bei der Integration von Nachhaltigkeit zwischen den Bereichen Hochschulmanagement und Fakultät erklären. Studenteninterviews und Mitarbeitergespräche haben zusätzlich eine Abneigung gegenüber Begriffen wie Nachhaltigkeit, CSR, nachhaltiges Management aufgeführt. Daher empfiehlt es sich, diese Begriffe zu vermeiden. Als Ersatz wären folgende Begriffe denkbar: zukunftsorientiertes Management, verantwortungsvolles Unternehmertum oder neue Managementlehre. Kursinhalte können einfacher vermittelt werden, wenn Nachhaltigkeit in die Wirtschaftssprache übersetzt wird.

Eine weitere Überlegung ist, akademische Arbeiten auf ihre langfristige und umfassende Erfolgsbetrachtung im Rahmen der nachhaltigen Entwicklung zu prüfen. Ebenso können Studentenprojekte und akademische Arbeiten auf die Umsetzung von nachhaltigem Management innerhalb der eigenen Hochschulorganisation und Wirtschaftsunternehmen ausgerichtet werden. Hierdurch kann Lernen durch Erfahrungen in der internen/externen Umsetzung von Nachhaltigkeitsinitiativen ermöglicht werden, welche darüber hinaus auch zu Veränderungen innerhalb von Unternehmen führen. Jones et al. (2010, S. 7) veranschaulichen, dass Studierende so ihre eigene Organisation mitgestalten können.

5 Einfluss einer nachhaltigen Managementausbildung

Die Managementausbildung in Business Schools kann ein wichtiger Treiber von Nachhaltigkeit in Organisationen sein (Matthew 2011). CEOs fordern zunehmend Manager, welche die zahlreichen Herausforderungen verbunden mit Globalisierung, Governance und nachhaltiger Entwicklung meistern können. Aus unternehmerischer Perspektive betrachtet, können nachhaltig wirtschaftende Mitarbeiter zur erfolgreichen Entwicklung des Unternehmens beitragen, indem sie helfen Einsparungen zu erzielen, Risiken abzudecken und die Anforderungen von Stakeholdern befriedigen. Zusätzlich können Unternehmen durch nachhaltige Innovationen neue Märkte und Zielgruppen erschließen, ihre Lieferkette zukunftsfähig machen und Gewinne generieren. Für Studierende wird somit eine Ausbildung, die Nachhaltigkeit als ganzheitliches Managementkonzept integriert, zum Wettbewerbsvorteil.

Ein klares Bekenntnis von Business Schools zur Ausbildung von verantwortungsvollen und nachhaltigen Führungskräften führt somit zu einer zukunftsfähigen gesellschaftlichen Entwicklung. Eine verantwortungsvolle Managementausbildung kann zu verantwortungsvollen Managern führen, welche wiederrum zu einer verantwortungsvollen Unternehmenspraxis beitragen.

Das Ziel von Business Schools muss es daher sein, ihr Businessmodell darauf auszurichten, eine neue Generation von Unternehmerpersönlichkeiten auszubilden, Personen, die in der Lage sind, die komplexen Herausforderungen in Verbindung mit der Globalisierung, instabilen Märkten und nachhaltiger Entwicklung nicht nur zu bewältigen, sondern aktiv zu gestalten. Um in diesem Wandel als Unternehmen erfolgreich bestehen zu können, braucht es vor allem mehr Wissen, Kompetenzen und ein stärkeres Bewusstsein für die Notwendigkeit von Veränderungen. Daher müssen Business Schools ihr Businessmodell immerfort an die sich verändernden Umweltbedingungen (z. B. Digitalisierung) anpassen, um ihre Daseinsberechtigung zu behalten und einen Beitrag zur Gestaltung der Wirtschaft und Gesellschaft zu leisten. Die Herausforderungen einer neuen Managementlehre sind groß. Daher bedarf es innovativer Lösungen und Modelle sowie starker Partnerschaften mit Unternehmen und Hochschulen, um gemeinsam die Wirtschaft von morgen zu gestalten. Dieser Artikel zeigt exemplarisch, wie die Cologne Business School dies tut, und kann daher erste Anregungen geben, wie Business Schools eine verantwortungsvolle Managementlehre umsetzen können.

Literatur

Anninos LN, Chytiris LS (2012) The sustainable management vision for excellence: implications for business education. Int J Qual Serv Sci 4(1):61–75

Barth M, Godemann J, Michelsen G (2007) Nachhaltige Entwicklung in der Hochschullehre: Herausforderungen, Chancen und Erfahrungen. In: Berendt B, Voss H-P, Wildt J (Hrsg) Neues Handbuch Hochschullehre. Raabe Fachverlag für Wissenschaftsinformation, Berlin (Kap. J 3.4.)

CBS = Cologne Business School (2014) Forschungsbericht 2014. http://www.cbs.de/fileadmin/cbs/pdf/Forschung/FORSCHUNGSBERICHT_2014_Executive_Summary.pdf. Zugegriffen: 22. Sept. 2016

CBS = Cologne Business School (2015) Lehrstuhlreport 2014/15 Dr. Jürgen Meyer Stiftungslehrstuhl für Internationale Wirtschaftsethik und CSR. CBS, Köln

CBS = Cologne Business School (2016) Cologne Business School. http://www.cbs.de/de/cbs/. Zugegriffen: 22. Sept. 2016

Erpenbeck J, Heyse V (2007) Die Kompetenzbiographie: Wege der Kompetenzentwicklung. Waxmann, Münster

Erpenbeck J, von Rosenstiel L (2003) Handbuch Kompetenzmessung. Erkennen, verstehen und bewerten von Kompetenzen in der betrieblichen, pädagogischen und psychologischen Praxis. Schäffer-Poeschel, Stuttgart

de Haan G (2006) The BLK 21' programme in Germany: a Gestaltungskompetenz-based model for education for sustainable development. Environ Educ Res 12(1):19–32

Institute Aspen (2003) Where will they lead? MBA student attitudes about business and society. https://www.aspeninstitute.org/sites/default/files/content/docs/bsp/SAS_PRINT_FINAL.PDF. Zugegriffen: 22. Sept. 2016

Jones P, Selby D, Sterling S (2010) More than the Sum of their Parts? Interdisciplinarity and Sustainability. In: Jones P, Selby D, Sterling S (Hrsg) Sustainability Education –Perspectives and Practice Across Higher Education. Earthscan, London & Washington, DC, S 39–54

Köln IHK (2016) CSR (Corporate Social Responsibility). https://www.ihk-koeln.de/CSR__Corporate_Social_Responsibility_.AxCMS. Zugegriffen: 22. Sept. 2016

Lozano R (2006) Incorporation and institutionalization of SD into universities: Breaking through barriers to change. J Clean Prod 14(9–11):787–796

Læssøe J, Schnack K, Breiting S, Rolls S (2009) Climate change and sustainable development. The response from education. Cross-national reports. IALEI, International Alliance of Leading Education Institutes, Aarhus

Matten D, Moon J (2004) Corporate Social Responsibility Education in Europe. J Bus Ethics 54(4):323–337

Matthew G (2011) CEO perspectives: management education in a changing context. Corporate Governance. Int J Bus Soc 11(4):501–512

Orr D (2004) Earth in Mind: On Education, Environment, and the Human Prospect. Island Press, Washington DC

Schmidpeter R (2016) Nachhaltigkeit als Wirtschaftsmotor. http://www.ihkplus.de/Nachhaltigkeit_als_Wirtschaftsmotor.AxCMS. Zugegriffen: 22. Sept. 2016

Shepard K (2007) Higher education for sustainability: seeking affective learning outcomes. Int J Sustain High Educ 9(1):87–98

Sterling S (2003) Whole systems thinking as a basis for paradigm change in education: explorations in the context of sustainability. PhD thesis. University of Bath

UNESCO = United Nations Educational, Scientific and Cultural Organization (2004) Higher Education for Sustainable Development. Education for Sustainable Development Information Brief. UNESCO, Paris

Wals A (2009) Review of contexts and structures for education for sustainable development. UNESCO, Paris

Monika Kolb ist Projektmanagerin und Wissenschaftliche Mitarbeiterin am Center for Advanced Sustainable Management (CASM) an der Cologne Business School. Ihre Arbeit und Forschung fokussiert sich auf die Bereiche nachhaltige Management Ausbildung, Digitalisierung und Innovation. Seit 2014 arbeitet und leitet sie in verschiedenen Projekten (Nachhaltige Hochschule, Graduate School Sustainable Management) um heutige und zukünftige Manager verantwortungsvolle auszubilden. Ebenso ist sie aktiv in internationalen Netzwerken zur Förderung von verantwortungsvollem Management (PRME; ABIS, CEEMAN). Sie verfügt über mehrjährige Berufserfahrung in der Konsumgüterindustrie und ist ausgebildeter Coach und Trainer.

Mindset als Form der Implementierung von CSR in das Business Model

Klaus Motoki Tonn und Manaén Yosef Stürenberg Herrera

1 Einleitung – Nachhaltigkeit (CSR) als neues Mindset

1.1 Die Herausforderungen von CSR für die Unternehmensstrategie

Wie kann Nachhaltigkeit in Unternehmen erzeugt werden? Nachhaltigkeit im Unternehmen entsteht, wenn es diesem gelingt, Systeme zu etablieren, die Bewahrung, Stabilität und natürliche Regenerationsfähigkeit von Werten zugleich mit Wachstumspotenzialen in Einklang bringen. Und eben diese Gleichzeitigkeit stellt heutige Unternehmen auf eine harte Probe.

Unbestritten bezieht sich Nachhaltigkeit auch auf soziale Faktoren, wie die Europäische Kommission im Jahr 2002 mit ihrer Definition von Nachhaltigkeit bereits feststellte: „CSR can be defined as the voluntary integration of social and environmental concerns in to business operations and in to their interaction with stakeholders" (Europäische Kommission 2001).

Wenn von Stakeholder die Rede ist, dann wird vielen Managern klar, dass es sich hierbei um einen komplexen Prozess handeln muss. Schließlich sehen sich Unternehmen heutzutage mehr denn je unter Druck, ihr Handeln vor den verschiedenen Interessengruppen rechtfertigen zu müssen. Manche Autoren gehen sogar so weit und behaupten, die Anerkennung der Leistungen eines Unternehmens in puncto Nachhaltigkeit sei eine Art Lizenz für unternehmerische Tätigkeit (Angus-Leppan et al. 2010).

Vilanova et al. (2009) erkennen fünf Dimensionen von Corporate Social Responsibility (CSR): (1) Vision, (2) Community Relations, (3) Workplace, (4) Accountability und (5) Marketplace. Hansgrohe (Gänßlen 2012) – als Beispiel dafür, wie Unternehmen Nachhaltigkeit für sich operativ definieren – benennt nur vier Dimensionen von Nachhal-

---

K. Motoki Tonn (✉) · M. Y. Stürenberg Herrera
CBS
Hardefuststraße 1, 50677 Köln, Deutschland
E-Mail: motoki@lumen-design.de

© Springer-Verlag GmbH Deutschland 2018
P. Bungard (Hrsg.), *CSR und Geschäftsmodelle*, Management-Reihe Corporate Social Responsibility, https://doi.org/10.1007/978-3-662-52882-2_31

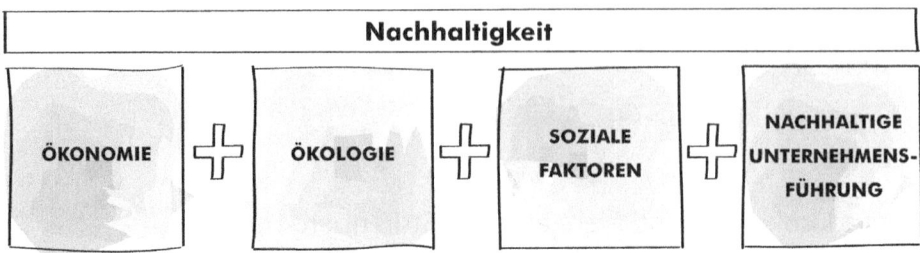

Abb. 1 Die vier Dimensionen der Nachhaltigkeit bei Hansgrohe. (Entnommen aus Gänßlen 2012, S. 206)

tigkeit (s. Abb. 1), wobei diese Definition einen besonderen Schwerpunkt auf die Rolle der Führungskräfte und deren Einfluss bei der Implementierung von Nachhaltigkeit im Unternehmen legt.

Um all diese Dimensionen von CSR anzusprechen, bedarf es mehr als der Gründung eines Programms oder einer Abteilung für Nachhaltigkeit, die nachhaltige Prozesse im Unternehmen beschreibt. Oft sind solche singulären Maßnahmen auch der Grund dafür, dass man Unternehmen unterstellt, es handle sich hierbei um pure Nachhaltigkeitskosmetik. „[O]ne of the key issues in the current CSR agenda is the debate between cosmetic and strategic approaches to CSR" (Vilanova et al. 2009, S. 59). Der Anspruch, der heute an Unternehmen erhoben wird, lautet somit: CSR muss Teil der Unternehmenskultur werden, d. h. im Business Model integriert werden.

Nur durch die Implementierung eines nachhaltigen Mindsets können die teilweise gegenläufigen Tendenzen einer expliziten CSR und einer impliziten CSR im Unternehmen harmonisiert werden (Angus-Leppan et al. 2010). Unternehmen mit einer expliziten CSR nutzen das Reden von und über Nachhaltigkeit als strategisches Instrument, um sich die Legitimation für ihr unternehmerisches Handeln bei ihren Stakeholdern einzuholen. Dagegen sehen Unternehmen mit einer impliziten CSR keinen Bedarf darin, CSR-Prozesse zu beschreiben oder zu definieren, da Nachhaltigkeit integraler Bestandteil ihrer Unternehmenskultur ist (Angus-Leppan et al. 2010, S. 191). Sind implizite und explizite CSR zudem mit unterschiedlichen Führungsstilen innerhalb des Unternehmens (authentisch vs. autokratisch) gekoppelt, stehen sich diese irgendwann im Konflikt gegenüber. Dieses Konfliktpotenzial zwischen expliziter und impliziter CSR kann durch eine konsequente und methodische Implementierung des neuen Mindsets nutzbar gemacht werden – als „precursor for team or even organisational innovation" (Angus-Leppan et al. 2010, S. 208).

Die Unternehmenskultur ist ein essenzieller Bestandteil und Wettbewerbsfaktor für Unternehmen und damit Kernelement des strategischen Programms der Unternehmensführung. Analog zu den fünf Dimensionen von CSR beschreiben Vilanova et al. (2009) auch die fünf Dimensionen der Wettbewerbsfähigkeit (Competitiveness): (1) Performance, (2) Quality, (3) Productivity, (4) Innovation und (5) Image. Diese fünf Dimensionen sind oftmals immateriell und somit auch in besonderer Weise von der

Unternehmenskultur oder dem Mindset abhängig. Hieraus folgt, dass eine nachhaltige Unternehmenskultur sich in positiver – nämlich nachhaltiger – Art und Weise auf die Wettbewerbsfähigkeit des Unternehmens auswirkt. Anders ausgedrückt ist Nachhaltigkeit als integraler Bestandteil der Differenzierungsstrategie des Unternehmens auch immer eine Quelle für Innovation.

1.2 Mindset als gemeinsamer Nenner für die Unternehmenskultur

In der Praxis ist für viele Mitarbeiter und Führungskräfte die Unternehmenskultur ein vager Begriff deskriptiven Charakters. Über Unternehmenskultur wird viel gesprochen und häufig existiert ein ganzer Kanon von beschreibenden Werken in Unternehmen dazu: Werte, Führungsregeln, Kodex, Compliance-Regeln, Leitbilder und vieles mehr. Gemeinhin gilt als Unternehmenskultur die Summe an von allen Mitarbeitern gelebtem Verhalten, bestehend aus dem schlimmsten Verhalten, dass das Unternehmen toleriert, und dem besten Verhalten, dass das Unternehmen fördert.

Ein sogenannter Corporate Mindset kann ein zentrales Herzstück für die aktive Prägung und Initiierung eines Reflexionsprozesses in der Unternehmenskultur werden. Durch aktive und positive Beschreibungen, unterstützt durch Praxishilfen zur Reflexion, können notwendige Veränderungsprozesse angestoßen und unterstützt werden. Entscheidend sind dabei, aus Erfahrung der Autoren, die klare Artikulierung, Definition, eine aktivierende Sprachform und eine visuelle Ausarbeitung.

Betrachten wir nun Unternehmen als Moral Communities und Identitätsstifter (Bolton et al. 2011), bietet das Mindset einen Identifikationsmoment der Angestellten mit den Werten und (strategischen) Zielen des Unternehmens. Da diese Identifikation des einzelnen Angestellten, früher oder später auch dessen Mitwirkung bei der Erhaltung und der fortwährenden Entwicklung und Anpassung des Mindsets unerlässlich sind, müssen die Mitarbeiter als interne Stakeholder und nicht nur als Objekte der Implementierung für die Entwicklung, Kommunikation und Implementierung des Mindsets einbezogen werden. Dies ist selbst oder insbesondere dann der Fall, wenn der Anlass für die Implementierung von CSR dem Druck externer Stakeholder geschuldet ist (s. Volkswagen, Deutsche Bank usw.).

Der Prozess der CSR-Implementierung, bestehend aus den drei Phasen Initiierung, Implementierung und Reifung (Bolton et al. 2011), weist Parallelen zu der Übernahme einer Markenidentität als individuelle, subjektive Identität auf. Deshalb kann dieser Prozess auch als Prosumption eines Mindsets beschrieben werden. Prosumption meint die Produktion eines Gutes (materiell oder immateriell), welches von dem Produzenten selbst zur Befriedigung der eigenen Bedürfnisse konsumiert wird (Toffler 1980). Dies trifft insbesondere auf ein nachhaltiges Mindset insofern zu, als dass die Beteiligung der Mitarbeiter für den Erhalt eines solchen Mindsets oder einer impliziten CSR unerlässlich ist. Da CSR auch als Marke nicht nur nach außen, in den Markt hinein, sondern auch nach innen wirksam wird (Employer Branding), die auch in Form eines Narrativs vermittelt wird, ist es zu erwarten, dass Unternehmen und Markenmanager über kurz oder lang vor denselben Herausforderungen stehen werden, die auch bei der Gestaltung, Kommunikation und Prosumption einer Marke auf dem Markt auftreten (vgl. Stürenberg Herrera 2016). Entsprechend weisen die Instrumente der Implementierung eines Mindsets unverkennbare Parallelen zu denen des Brandmanagements auf (vgl. Abschn. 2).

1.3 Generation Y und der War for Talents – oder: Die Konstante von Komplexität und Wandel

Nachhaltigkeit ist ein starkes Argument für die sinn- und identitätssuchende Generation Y. Ulrich Becks Analysen der fortschreitenden Individualisierung sowie der transitorischen Verfassung unserer Risikogesellschaft (Beck 2008, 2012; Beck und Beck-Gernsheim 2012) bieten uns eine Schablone, um nachzuvollziehen, warum sich eine ganze Generation auf die Sinnsuche begibt.

Individualisierung meint nicht die Zunahme des Egoismus und Hedonismus – Charakteristiken, die nur allzu gerne der Generation Y zugeschrieben werden –, sondern vielmehr das Versagen traditioneller Institutionen. Diese Institutionen, wie etwa die traditionelle Familie, Religion, Parteien, Vereine, Gewerkschaften, sind nicht mehr in der Lage, das Individuum vom Anfang bis zum Ende seines Lebenslaufs zu begleiten und zu leiten. Dieser Umstand hat sehr wohl Vorzüge: Der Sohn des Bäckermeisters muss nicht mehr den elterlichen Betrieb übernehmen, kann sich stattdessen entscheiden, ob er lieber Künstler, Banker, Abenteurer etc. werden will. Andererseits muss sich dieser aber nun für eine Option aus dem Universum einer schier unbegrenzten Auswahl entscheiden.

Und diese Wahl überfordert nicht selten das Individuum, welches nach Sicherheit und Verlässlichkeit strebt (Schwartz 2004). Ohne explizit von der Generation Y zu sprechen, diagnostizierte Beck ein Gefühl der Ohnmacht und des Risikos. Folglich beschrieb er die Gesellschaften der dritten Moderne als Risikogesellschaften (Beck 2012). Was die Risikogesellschaft auszeichnet, ist ihr transitorischer Status zwischen der zweiten und noch nicht klar definierbaren, anderen, dritten Moderne. Die Anschläge vom 11.09.2001 und die Zunahme globaler Katastrophen als Konsequenzen lokalen Handelns Einzelner inspirierten Beck zur Globalisierung des Risikos und Erweiterung der Risikogesellschaft hin zu einer Weltrisikogesellschaft (Beck 2008).

Bei genauer Betrachtung der Argumentation kann zu Recht hinterfragt werden, ob diese Veränderung nur eine, nämlich die Generation Y betrifft oder ob diese Generation die erste ihrer Art ist, die anders mit der sich wandelnden Gesellschaft umgehen muss, als es die Etablierten vor ihr konnten. Allein die fortschreitende Digitalisierung der Gesellschaft, zusammengefasst unter dem Stichwort Industrie 4.0, scheint das Potenzial zu haben, nicht nur die nachkommende Generation zu betreffen, sondern auch die etablierten Arbeitnehmer jeglichen Alters einzuholen.

Doch welche Rolle spielen Unternehmen in der Sinn- und Identitätsstiftung in einer Weltrisikogesellschaft? Wie reagieren Unternehmen auf die immer komplexer werdende

Umwelt? Angus-Leppan et al. beschreiben eine Grundtendenz: „Faced with ambiguity, uncertainty and complexity, we select sensemaking with its focus on interpretation reinforced by action rather than linear decision-making processes with their focus on rational evaluation and choice" (Angus-Leppan et al. 2010, S. 191). Wenn man sich aktuelle Umfragen zu den Anforderungen der Generation Y an ihre Arbeitgeber vor Augen führt, kristallisiert sich eine Rolle, die diese ihren Arbeitgebern zuordnen: „Mein Arbeitgeber, meine Arbeit und alle damit verbundenen Tätigkeiten sollen mich mit Sinn erfüllen."

Zwar mag die Definition des Sinns individuell und subjektiv sein. Dies ist jedoch kein Argument, welches Unternehmen aufführen können, um sich aus der ihnen (nicht wirklich neu) zugeschriebenen Verantwortung zu entziehen. Schließlich sind die Unternehmen diejenigen, die das größte Interesse an sinngebenden Tätigkeiten und Prozessen besitzen. „Sensemaking describes how we create a consistent set of understandings for ourselves in the face of uncertainty, when we are confronted by contradictory or confusing events and circumstances not of our own making" (Angus-Leppan et al. 2010, S. 191). Oder anders ausgedrückt: In sich rasch verändernden Zeiten sollten Unternehmen, sofern sie wettbewerbsfähig, d. h. agil, flexibel, kreativ, innovativ usw. bleiben wollen, an den Punkt kommen, wo sie als eine Quelle für Sinn und Identität proaktiv agieren. Nicht umsonst sind Schlagworte wie Employer Branding oder War for Talents in aller Recruiter-Munde.

Für Angus-Leppan et al. ist es insbesondere die Verantwortung der Führungskräfte, die Sinnfindung der Mitarbeiter zu gestalten: „[T]he key responsibility of leadership is sensemaking of the external environment" (Angus-Leppan et al. 2010, S. 194). Hier wird noch einmal der Unterschied zwischen expliziter und impliziter CSR deutlich. Zwar kann eine strategische, d. h. explizite CSR-Strategie bei der Erschließung neuer Revenue Streams oder auch neuer Nachwuchskräfte entscheidend oder gar notwendig sein. Sie ist aber alleine nicht ausreichend. Schließlich braucht der Generation-Yler ein authentisches, wertorientiertes Vorbild, dessen Verhalten er imitieren kann.

Wenn es in den internen Strukturen keine nachweisbare implizite CSR mit dem entsprechenden authentischen Führungsstil gibt, wird das Unternehmen die angeworbenen Arbeitskräfte über kurz oder lang nicht halten können: „[T]he explicit CSR system was deployed to recruit staff who were the authentically socially responsible, which then reinforced the implicit CSR system. However ... the explicit CSR system along with its associated bureaucratic/autocratic leadership could ‚wear down' these staff and cause them to leave, or contemplate leaving, the organization" (Angus-Leppan et al. 2010, S. 208).

Nicht selten liest oder hört man Akademiker und Personaler darüber debattieren, ob es sich bei der Generation Y nicht um ein reines Konstrukt handelt. Schließlich kann man in eben dieser Generation auch solche Phänomene wie das Streben nach Sicherheit, Sesshaftigkeit oder Familie beobachten. Schauen wir aber auf die immer kürzeren Lebenszyklen und Innovationszyklen von Produkten und Dienstleistungen, stellt sich die Frage, ob diese fast schon willkürliche Zuschreibung eines neuen Lebensgefühls auf nur eine Generation ausreicht. Die Industrie 4.0 betrifft, wie schon erwähnt, nicht nur die Generation Y. Diese können als Digital Natives noch eher begreifen, was die Digitalisierung der Lebens- und Arbeitswelt bedeutet. Vielmehr stellt sich die Frage, wann die älteren Generationen von diesem Lebensgefühl erfasst werden. Denn schließlich ist sicher, dass nichts so bleiben wird, wie es ist, und dass der Wandel eher morgen als übermorgen vor unserer Tür stehen wird.

Was vielen Unternehmen fehlt, ist ein Mindset, welches ihnen ermöglicht einerseits flexibel auf die Veränderung der Außen- und Innenwelt zu reagieren, ohne andererseits dabei ihre Identität, d. h. ihr Alleinstellungsmerkmal, Differenzierungspotenzial, ihre Kreativität, oder Innovationskraft – ihre Wettbewerbsfähigkeit – im Wandlungsprozess auf halber Strecke zu verlieren. Sich passiv wandeln kann und wird jeder. Proaktiv den Wandel zu antizipieren oder gar hervorzubringen, ist mehr als eine Kunst – es ist eine Frage des richtigen Mindsets, von der Führungsetage bis zu den Aushilfskräften.

2 Mindset

Die folgenden Abschnitte beschreiben die Implementierung eines neuen Mindsets, so wie es bei einem großen internationalen Pharmakonzern vollzogen wurde. Dieser Prozess wurde von einem der Autoren geplant und durchgeführt und dient hier als eine Schablone, die Managern helfen soll zu verstehen, wie die Prozesse im Einzelnen für eine erfolgreiche Implementierung eines neuen Mindsets gestaltet werden können.

2.1 Entwicklung und Implementierung

Anforderungsanalyse: Die Entwicklung eines Mindsets gliedert sich in klassische Projektphasen, beginnend mit der Anforderungsanalyse, in der beispielsweise durch Einzel- und Gruppeninterviews sowie Workshops die relevanten Themen für das Mindset ermittelt werden. Diese sind aus unserer Sicht stark mit der Strategie zu verbinden – und aus ihr konsequent abzuleiten. Oft ergibt sich in diesem Prozess mit Leitungsgremien eine erneute Reflexion über die vorhandene Strategie. Dabei kommt es auch zu einer Evaluation über die Rezeption der Kernelemente der Strategie. Schwächen in der Definition und der Kommunikation sind aus unserer Sicht dann zunächst zu beheben, bevor eine Mindset-Entwicklung und -Implementierung voranschreiten kann, da Unklarheiten, Unvollständigkeit und auch Widersprüche in der Strategie sich sonst spätestens im Rahmen des Rollouts des Mindsets zeigen.

Definitionsphase: Im Anschluss an die Anforderungsanalyse schließt sich die Definitionsphase an. Hierbei werden zentrale Thesen gebildet, ein Bild von der Zukunft gezeichnet (Welches Verhalten unterstützt die Umsetzung der Funktionalstrategien?) und auf diesem Weg durch Reduktion auf das Wesentliche Kernelemente für das Mindset definiert. Dieser Prozess dauert mehrere Monate und benötigt immer wieder Austausch im Rahmen einer Projektgruppe und der Leitungsgremien. In dieser Phase werden auch die Anforderungen für einen Rollout (bspw. Mehrsprachigkeit) bereits festgelegt, kulturelle

Barrieren ermittelt und unterschiedliche Interessengruppen hinsichtlich ihrer Rezeptions- und Adaptionspotenziale analysiert.

Kreativphase: Bei unserer Arbeit hat sich die Entwicklung eines positiven, klaren, für die Verständlichkeit von visuellen Elementen geprägten Konzeptes etabliert. Diese sind nicht nur für den Rollout im Rahmen der Unternehmenskommunikation von strategischer Bedeutung, sondern bieten auch eine Validierung der Definitionsphase: Wurden die richtigen Elemente definiert? An Bildern zeigen sich die Klarheit, Verständlichkeit und Wirkung der Kernelemente.

Im Rahmen der Kreativphase werden auch erste individuelle Konzepte für den Rollout erarbeitet. Welche Kommunikationselemente und Werkzeuge, bspw. zur Reflexion, werden für das Mindset benötigt? Eine frühzeitige Konzeption hilft, bereits in dieser Phase das Mindset mit einer Peer-Gruppe zu evaluieren.

Rollout: Im Rahmen des Rollouts sind nach unseren Erfahrungen alle Leitungsebenen gefordert. Im Falle eines kaskadierenden Rollouts ist sicherzustellen, dass der Umgang mit den Themen des Mindsets und die Anwendung der Werkzeuge gewährleistet sind. Eine Begleitung durch Facilitators, die Erstellung von Guides für Leitungsebenen, Gruppendiskussionen etc. und ein zentraler Ansprechpartner für Rückfragen, Coachings sind erfolgsrelevant.

Evaluation: Eine systematische Evaluation vor und nach der Mindset-Phase ist für die Messbarkeit der Maßnahme von zentraler Bedeutung. Hierbei sind frühzeitig im Rahmen der Anforderungsanalyse Erfolgsfaktoren und Kennzahlen zu definieren. Bei unseren Erfahrungen hat sich insbesondere bewährt, im Prozess des Rollouts eine kontinuierliche Rückkoppelung zu implementieren. So kann im Rahmen des Rollouts korrigierend eingegriffen werden – hierfür ist erforderlich, dass jede Leitungskraft unmittelbar nach Durchführungen von Workshops, Gruppen- und Einzelgesprächen ihre Ergebnisse, Rückfragen, Herausforderungen dokumentiert und der Mindset-Rollout als offenes System konzipiert wurde, um Veränderungen zu ermöglichen.

Ein Corporate Mindset ist aus unserer Sicht vollständig bestimmt, wenn die zentralen Kernelemente abschließend bestimmt und in ihrer Ausgestaltung definiert wurden und eine Tonalität und (Bild-)Sprache hierfür gefunden wurde. Neben dem Mindset ist die Konzeption von Rollout-Elementen entscheidend. Hierzu im Einzelnen:

- **Kernelemente:** Hierbei hilft der Grundsatz, sich auf das Wesentliche zu konzentrieren und drei bis maximal fünf zentrale Elemente zu bestimmen, die für die (momentane) Situation des Unternehmens und seine Herausforderungen wesentlich sind. Eine Rolle können dabei Veränderungen wie globale Anforderungen, System- und Strukturwechsel und Veränderungen des Geschäftsmodells sein (bspw. Veränderung von einer Produkt- zu einer Serviceorganisation).

- **Definition:** Die Kernelemente benötigen eine praxisnahe Definition, die einerseits die Anwendung auf eine Vielzahl von Anwendungsfällen ermöglicht und zugleich hinreichend konkret für eine Anwendung auf die persönliche und gemeinsame Situation (Abteilung, Bereich, Unternehmen) ist.
- **Sprache:** Die Tonalität ist ein weiterer, entscheidender Faktor für die Akzeptanz eines Mindsets. Moralisierende Töne wie aus Regelwerken sind wenig hilfreich. Hierbei spielt auch der kulturelle Kontext eine starke Rolle – eine Übersetzung und Adaption für internationale Mindsets ist bei höherer Diversität unvermeidbar. Während wir tatsächlich im angloamerikanischen Raum häufig mit einer direkten und imperativnahen Sprache arbeiten konnten, war die Tonalität in europäischen und insbesondere in asiatischen Ländern deutlich zurückhaltender formuliert – zum Erfolg der Gesamtkampagne, die das Mindset unternehmensweit initial ausrollte.
- **Visuell:** Unternehmensweit existieren in der Regel bereits eine Reihe von textintensiven Verhaltensregeln und im Rahmen der Strategie werden vor allem zahlreiche PowerPoint-Slide-Decks erzeugt. Nach unseren Erfahrungen war die Rezeption von Mindsets gegenüber aller weiteren Corporate- und Strategiekommunikation wesentlich höher, wenn das Mindset visuelle Elemente enthielt (s. Abb. 2).
- **Implementierungskonzept:** Für den Rollout bedarf es (kreativen) Materials. Je nach Inhalten können interaktive, spielerische Elemente neben begleitendem Kampagnenmaterial helfen. Diese ermöglichen entsprechend frühzeitig Feedback- und Rückkoppelungsprozesse schon in der Rollout-Phase. Voraussetzung für eine Implementierung ist eine Rezeption des Mindsets über die gesamte Führungsebene. Widersprüche in

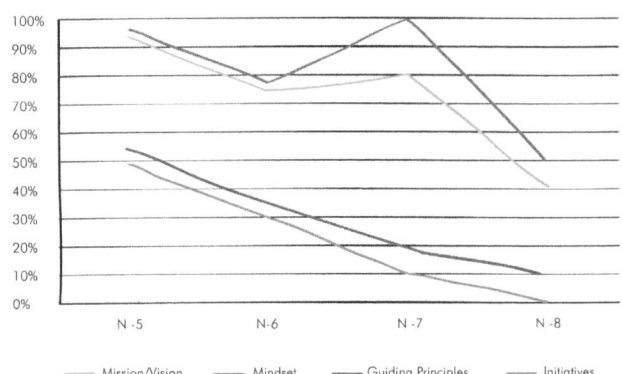

Abb. 2 Visuelle Mindset-Rezeption gegenüber herkömmlicher Strategiekommunikation

Implementierung Mindset
Übersicht Timeline

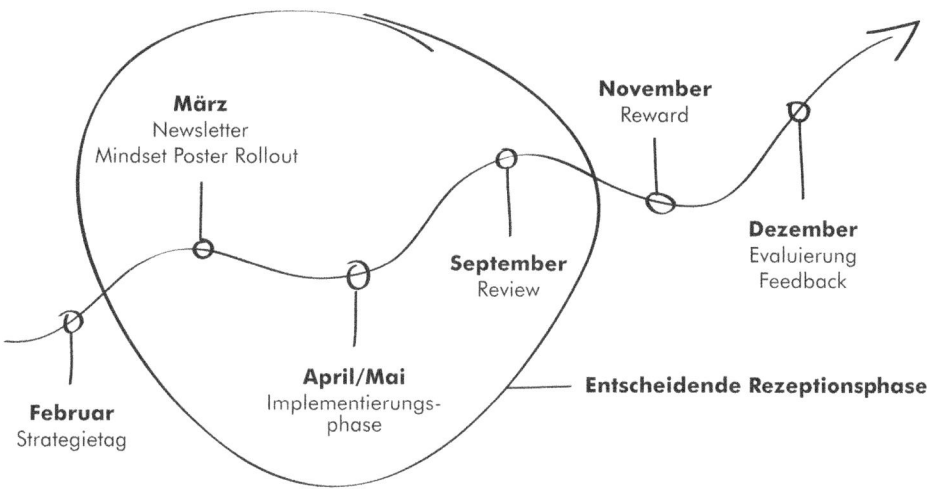

Abb. 3 Beispiel für die Implementierung eines neuen Mindsets in einem großen Pharmakonzern

der obersten Leitungsebene vervielfachen sich bei dem Rollout auf weitere Leitungsebenen. Daher ist ein iterativer Entwicklungsprozess, in dem die erste Leitungsebene kontinuierlich eingebunden ist, unerlässlich (s. Abb. 3).

2.2 Auswirkungen auf HR und Corporate Culture

Ein Corporate Mindset leistet neben der Adressierung der Unternehmenskultur auch für die gesamte HR-Arbeit eines Unternehmens einen zentralen Beitrag. So wird das Employer Branding nachhaltig gestärkt und Entscheidungsprozesse (Promotion, Trennung) können klarer und transparenter gestaltet und kommuniziert werden.

- **Employer Branding:** Eines der zentralen Themen der Personalarbeit ist heute die Personalakquise. Dabei spielt das Employer Branding zunehmend eine herausgehobene Rolle. Es entwickelt sich zu einer eigenständigen Marketingdisziplin bis dahin, dass teilweise Kampagnen und Claims im Employer Branding über die eigentliche Dachmarke hinaus an Bedeutung gewinnen können. Fest steht heute, dass jegliche Employer-Branding-Aktivität nur von Bedeutung ist, wenn sie ein authentisches Abbild der Unternehmenskultur darstellt. Hier hilft das Corporate Mindset, da es explizit die Unternehmenskultur definiert und so auch in der Kommunikation externe Inhalte be-

reitstellt. Zudem ist allein die Tatsache des Bewusstseins und der Reflexion über die Unternehmenskultur mit der Bereitschaft, die Unternehmenskultur gezielt zu adressieren, ein Wettbewerbsvorteil in der Personalakquise.
- **HR-Entscheidungen:** Das Mindset liefert eine Grundlage für Personalentscheidungen: Anstellungen, Promotionen und Trennungen erfolgen nicht mehr ausschließlich auf Basis von Fachlichkeit. So wird dem Mitarbeitenden deutlich, dass sein Verhalten einen Unterschied für seine persönliche Entwicklung macht. Dies fördert Verantwortungsübernahme jedes Einzelnen für die Unternehmenskultur (Summe des tolerierten schlimmsten Verhaltens und des geförderten, vorbildlichsten Verhaltens).

3 Case Studies – Mindset-Implementierung

3.1 Profitorganisation

Ein Beispiel kann ein internationales Pharmaunternehmen geben, bei dem das obige Konzept angewendet wurde. Hier wurden in unterschiedlichen Businesses individuelle Mindsets für die spezifischen Herausforderungen der jeweiligen Business Areas entwickelt. Die Bereiche hatten bis zu 8000 Mitarbeitende, von Ingenieuren bis zu Hilfskräften und Blue Collar Worker. Für die Entwicklung wurde ein Zeitraum von etwa einem knappen Jahr benötigt – die Kernzeit der Implementierung betrug ein weiteres Jahr. Hierfür wurden Werkzeuge zur Gruppendiskussion, visuelle, digitale und analoge Medien wie Posterkampagnen, Tassen, Erläuterungskarten, Zitate u. v. m. entwickelt.

Der Erfolg bestand insbesondere in der hohen Rezeption, der Verstärkung von Strategieelementen und der kontinuierlichen Diskussion und Rezeption des Mindsets, auch nach der Kernzeit der Implementierung. Das Mindset ist in diesem Case fest im HR-Wesen verankert und wird aktiv in Personalprozessen adressiert (Auswahl von Mitarbeitenden, Talent Pools, Promotionen usw., s. Abb. 4).

Abb. 4 Grafische Darstellung des neuen Mindsets in einem großen Pharmakonzern

3.2 Non-Profit-Organisationen

Im Rahmen eines evangelischen Trägers mit über 800 Mitarbeitern und Mitgliedern wurde ein zentrales Leitbild mit Mindset-Werten definiert. Dieses sollte insbesondere den Wachstumspfad der Organisation aufzeigen und ein „Growth Mindset" als zentrale Haltung etablieren. Hierfür wurden eine Predigtserie, FAQs und diverse Medien (Broschüre etc.) konzipiert.

4 Fazit

Ein Corporate Mindset bietet die Möglichkeit, die Unternehmenskultur aktiv zu gestalten, Herausforderungen und auch Missstände aktiv zu adressieren und eine nachhaltige, systematische Reflexion über alle Leitungsebenen zu etablieren. Ein Corporate Mindset erzeugt einen kontinuierlichen Prozess, der den Leitungsebenen ermöglicht, die Unternehmenskultur als strategisches Element zur effektiven Umsetzung der Strategie zu nutzen. Ein Corporate Mindset liefert zentrale Inhalte für eine nachhaltige Personalarbeit dadurch, dass die Personalentscheidungen systematisch – unter der Berücksichtigung von kulturellen Aspekten – getroffen werden können. Eine gesunde Unternehmenskultur wird dabei als soziales Element das nachhaltige Wirken und Arbeiten der Organisation zentral unterstützen und erstreckt sich auf gemeinnützige und profitorientierte Unternehmen.

Unternehmen, die eine explizite CSR-Strategie verfolgen, werden sich über kurz oder lang mit dem Anspruch einer authentischen Spiegelung der äußeren Kommunikation in den inneren Führungsstrukturen und der Unternehmenskultur – des Corporate Mindsets – durch die Mitarbeiter konfrontiert sehen. Es ist zu erwarten, dass die Pflege dieses Mindsets im Sinne des nachhaltigen Employer Branding eines strukturell ähnlichen Aufwands bedarf, wie es aus der Markenführung bekannt ist. Eine Herausforderung ist insbesondere der höhere Bedarf an Kommunikation und der Beteiligung der Mitarbeiter, die von den Führungskräften aktiv gestaltet werden müssen. Der Erfolg und die Nachhaltigkeit solch eines Prozesses ist nicht zuletzt a) von der Führungskultur abhängig, die bis zum Zeitpunkt der Implementierung eines nachhaltigen Mindsets im Unternehmen vorherrscht, b) dem Umgang mit konfligierenden CSR-Systemen (explizit vs. implizit) und Führungsstilen (autokratisch vs. authentisch) im Unternehmen sowie c) der Ausführung des Implementierungsprozesses. Die Autoren empfehlen deshalb Unternehmen und Managern eine proaktive Implementierung eines nachhaltigen Mindsets, welche offen für Impulse externer und interner Stakeholder bleibt, um so das innovative Potenzial des Wandlungsprozesses schöpfen zu können.

Literatur

Angus-Leppan T, Metcalf L, Benn S (2010) Leadership Styles and CSR Practice: An Examination of Sensemaking, Institutional Drivers and CSR Leadership. J Bus Ethics 93(2):189–213

Beck U (2008) Weltrisikogesellschaft. Suhrkamp, Frankfurt am Main

Beck U (2012) Risikogesellschaft – Auf dem Weg in eine andere Moderne. Suhrkamp, Frankfurt a. M.

Beck U, Beck-Gernsheim E (2012) Riskante Freiheiten. Suhrkamp, Frankfurt am Main

Bolton SC, Chung-hee KR, O'Gorman KD (2011) Corporate Social Responsibility as a Dynamic Internal Organizational Process: A Case Study. J Bus Ethics 101(1):61–74

Europäische Kommission (2001) *Green Paper: Promoting a European framework for Corporate Social* Responsibility. http://europa.eu/rapid/press-release_DOC-01-9_en.pdf. Zugegriffen: 01. Okt. 2016

Gänßlen S (2012) Controlling – Relevance lost?: Perspektiven für ein zukunftsfähiges Controlling. In: Gleich R, Mayer R, Möller K, Seiter M (Hrsg) Green Controlling @ Hansgrohe – Praxis des Nachhaltigkeitscontrolling bei Hansgrohe. Vahlen, München, S 203–219

Schwartz B (2004) The Paradox of Choice: Why More is Less. Harper Collins Publisher, New York

Stürenberg Herrera MY (2016) The Prosumption of Identity – A Review of the Literature on Prosumption, Identity Construction, and Brands, BA thesis, Universität Duisburg-Essen. https://www.researchgate.net/publication/291986419_The_Prosumption_of_Identity_-_A_Review_on_the_Literature_on_Prosumption_Identity_Construction_and_Brands. Zugegriffen: 01. Okt. 2016

Toffler A (1980) The Third Wave. William Morrow and Company, New York

Vilanova M, Lonzano JM, Arenas D (2009) Exploring the Nature of the Relationship between CSR and Competitiveness. J Bus Ethics 87(suppl 1):57–69

Klaus Motoki Tonn ist studierter Jurist und Geschäftsführer der Lumen GmbH. Außerdem leitet er das Marketing für einen diakonischen Komplexträger. In den letzten 15 Jahren hat er eine ausgezeichnete Expertise in den Themen Kommunikation, Strategie und Implementierung von neuartigen Geschäftsmodellen und Mindsets entwickelt. Zurzeit berät er mittlere bis große Profit- und Non-Profit-Organisationen in der Implementierung neuer Geschäftsmodelle und Mindsets. Zurzeit promoviert er zum Thema Diakoniemanagement.

 **Manaén Yosef Stürenberg Herrera** hat Soziologie (B.A.) an der Universität Duisburg-Essen studiert. Seine Schwerpunkte sind die Methoden empirischer Sozialforschung, sowie die Konsumsoziologie. Er arbeitet an der Cologne Business School als B2B (Industrial Relations) Officer und ist an der Universität zu Köln für den Master Sociology and Social Research eingeschrieben. Sein Interesse gilt der Prosumption sowie der Transformation und Entwicklung von nachhaltigen Geschäftsmodellen für Profit- und Non-Profit-Organisationen.

Neue Geschäftsmodelle und kooperative Innovation – vom Crowdfunding zum Crowd Founding

Franz Wenzel und René Schmidpeter

1 Globalisierung und Digitalisierung als Treiber wirtschaftlichen Wandels

Angetrieben von den Megatrends Globalisierung und Digitalisierung wandelt sich unsere Wirtschaft derzeit mit einer hohen Dynamik. Big Data, Internet der Dinge, weltweite Supply Chains, globale Märkte und Industrie 4.0 beschäftigen derzeit Unternehmer und Politiker gleichermaßen. Unternehmen und ihre Geschäftsmodelle befinden sich in tief greifenden Veränderungsprozessen und es entsteht eine neue Gründerszene, die mit innovativen Geschäftsmodellen versucht sich erfolgreich am Markt zu platzieren (Hildebrandt und Landhäußer 2017).

Die meisten Start-up-Unternehmen folgen dabei meist einem disruptiven Innovationsmuster. Ihre Geschäftsmodelle sind auf Konkurrenz ausgelegt und auch die Verhaltensweisen der Gründer sind oft wenig kooperativ (Wenzel 2014). Denn die herrschende Meinung sieht den disruptiven Charakter als Voraussetzung für erfolgreiche Innovationen. Start-ups verstehen sich als kreative Zerstörer, frei nach Schumpeter (1912, 1942), deren Veränderung in einer oft radikalen Beseitigung bestehender alter Lösungen und der Einsetzung neuer, oft allerdings digitaler Lösungen besteht.

Die neuen Geschäftsmodelle konkurrieren sowohl mit denen von Bestandsunternehmen als auch mit denen anderer neuer Unternehmen (Keese 2014). Es entsteht immer mehr der Eindruck, dass eine Gründerkultur entsteht, die vorwiegend nicht die neue und

F. Wenzel (✉)
Digital Frontier Academy
Kreuzstraße 14, 85049 Ingolstadt, Deutschland
E-Mail: franz.wenzel@cooperative-innovation.com

R. Schmidpeter
Dr. Jürgen Meyer Stiftungslehrstuhl, Internationale Wirtschaftsethik und CSR, Cologne Business School
Hardefusstr. 1, 50677 Köln, Deutschland

langfristig überlegene Lösung im Blick hat, sondern die nur kurzfristig die Unternehmensperformance optimiert und den schnellen und möglichst kurzfristig profitablen „Exit" nach der Disruption zum Ziel hat. So ist oft ein kurzfristiges Denken in der Gründerszene zu beobachten, welches dem zu Recht kritisierten eindimensionalen Shareholder-Value-Denken in nichts nachsteht.

Unterstützt wird dieses Denken oft von Politikern, die in der Totalität einer Anything-goes-Gründerkultur ihr eigenes wirtschaftliches bzw. politisches Heil suchen. So richtet sich die staatliche Förderung – oft vom internationalen Wettbewerb ohne Blick auf kulturelle, gesellschaftliche oder staatliche Wertemuster getrieben – weniger auf eine nachhaltige Lösung (Sustainable Entrepreneurship) als vielmehr auf das Potenzial radikaler Brüche aus. In dieser Entwicklung werden schließlich mittelständische Unternehmen viel stärker angegriffen als Großunternehmen, weil sie aufgrund ihrer Regionalität oder ihres beschränkten Tätigkeitsbereichs direkt und damit oft vollständig von der Disruption betroffen sind und dieser nicht ausweichen können. Um eine Digitalisierung nachhaltig voranzutreiben, ist daher eine nachhaltige Weiterentwicklung im Mittelstand notwendig (Julius Raab Stiftung 2017; Wirtschaftskammer Österreich 2017).

Im Unterschied zu Großunternehmen haben Mittelständler oft einen relativ schlechten Zugang zu Finanzmitteln und damit nur begrenzte Möglichkeiten, eine Entwicklung abzuwarten und ggf. Innovationen – wenn notwendig – teuer zuzukaufen. Daher werden insbesondere im Mittelstand folgende Fragen immer wichtiger.

- Wie können kooperative Ansätze vermittelt, verstanden und eingesetzt werden, um Innovation gesellschaftlich nützlicher und unternehmerisch erfolgreicher zu gestalten?
- Wie können Entrepreneurship und Gründergeist im Sinne gesellschaftlicher Wertschöpfung entwickelt werden und zugleich neue als auch etablierte Unternehmen am Wirtschaftsstandort fördern?
- Wie können mittelständische Unternehmen (Motor der deutschen Wirtschaft, Langfristinnovatoren, Beschäftigungstreiber) in die gesellschaftlichen und wirtschaftlichen Transformationsprozesse (Digitalisierung, Automation) eingeschlossen werden?
- Wie können Start-ups durch kooperative(re) Ansätze profitieren, schneller und mit niedrigeren Kosten (Wettbewerbskosten) wachsen und nachhaltig und damit erfolgreich im umfassenden Sinne sein?

2 Menschliche Bedürfnisse und Eigenverantwortung als Leitplanken der Innovation

In dieser Diskussion zeigt sich, dass ein wichtiger Erfolgsfaktor, um die digitalisierten Geschäftswelten von morgen effizient, effektiv und entlang der menschlichen Bedürfnisse zu gestalten, ein nachhaltiges Wirtschaftsparadigma ist. Jedoch orientiert sich die gegenwärtige Gründermentalität oft ausschließlich an monetären Zielen und ist damit mehr denn je am Profitability-Ansatz der 1990er-Jahre orientiert. Durch solche Anreizsysteme, die einer The-winner-takes-it-all-Logik entstammen, entstehen aber eine für die gesellschaftliche Entwicklung eher schädliche Konkurrenz, Silodenken und ausschließlich für eigene Interessen instrumentalisiertes Wissen.

Um in der digitalisierten Arbeitswelt auch als Gesellschaft zu bestehen, ist ein fundamentaler Kulturwandel notwendig, der Vertrauen und Eigenverantwortung fördert (Schmidpeter 2017). Damit dieser Wandel gelingt, sollte nachhaltiges Wachstum ins Zentrum neuer Geschäftsmodelle rücken. Managementparadigmen wie Corporate Social Responsibility (CSR) sind hierfür ein wichtiger Erfolgsfaktor (Schneider und Schmidpeter 2015). Nur durch ein neues integratives Denken werden technologische und menschliche Perspektiven nicht losgelöst voneinander, sondern wechselseitig verschränkt analysiert. Damit wird das klassische Trade-off-Denken der BWL aufgelöst und ein neuer Blick auf die Digitalisierung ermöglicht, der neue digitale Lösungen für bestehende gesellschaftliche Herausforderungen systematisch fördert. Dabei gibt es vier Grundstrategien einer verantwortungsvollen Digitalisierung.

(I)   Veränderungen, die aus gesellschaftlicher Sicht gewünscht und technisch möglich sind, sollten skaliert werden.
(II) Sozial erwünschte Veränderungen, die technisch noch nicht umsetzbar sind, sollten nicht komplett von der Agenda gestrichen werden.
(III) Innovationen, die weder gesellschaftlich gewünscht, noch technisch umsetzbar sind, sollten beobachtet werden, sodass plötzliche Veränderungen nicht überraschend eintreten.
(IV) Für technisch mögliche Entwicklungen, die sich negativ auf die Gesellschaft auswirken, sollten rechtzeitig Rahmenbedingungen geschaffen werden, die einen positiven gesellschaftsfähigen Fortschritt sichern.

Es geht nunmehr darum, neue Wege der Unternehmensgründungen aufzuzeigen, die gesellschaftlich erwünschte Geschäftsmodelle umsetzen. Die Idee der sozialen Marktwirtschaft ist dabei als Leitheuristik zentral.

3   Innovation (in) der sozialen Marktwirtschaft

3.1   Ausgangslage und aktuelle Entwicklungen

Anders als in der angelsächsischen Wirtschaftswelt folgen unsere Unternehmen grundsätzlich der Idee der sozialen Marktwirtschaft (Habisch 2013). Die soziale Marktwirtschaft ist keine sozialromantische Illusion. Vielmehr finden wir mit dieser Wirtschaftsordnung eine Ausgangslage vor, die es den Bürgern möglich macht, eigenverantwortlich und in fairem Wettbewerb Lösungen zu erstellen, die ihre Versorgung mit Waren und Dienstleistungen in jeder wirtschaftlichen Lage und vor jedem soziokulturellen Hintergrund möglich macht und die genau diese Leistungsfähigkeit in den Jahren der Transformation und des Wiederaufbaus eindrucksvoll bewiesen hat.

Erdacht von Alfred Müller-Armack, entstand 1946 eine ordoliberalbasierte Wirtschaftsordnung, die einen ökonomischen und sozialen Neustart aus dem Nichts der Nachkriegszeit ermöglichte (Müller-Armack 1947).

Die ordoliberale Basis definiert einen vom Staat geschaffenen und aufrechterhaltenen Ordnungsrahmen für den freien ökonomischen Austausch der Marktteilnehmer, für Unternehmen und Bürger, für Angebot und Nachfrage. Im ordoliberalen Wirtschaftskonzept, wird die Entscheidungs- und Gestaltungsfreiheit der Marktteilnehmer in den Vordergrund gestellt und in der Art ermöglicht, dass der Staat eine Rahmenordnung vorgibt, die den Wettbewerb der jeweiligen unternehmerischen Ansätze ebenso ermöglicht, wie sie die Wettbewerbsfreiheit sichert (Müller-Armack 1947).

Ludwig Erhard, zweiter Bundeskanzler der Bundesrepublik Deutschland, verwirklichte geschickt und zu günstiger Stunde das bahnbrechende Konzept als Gegenentwurf zur Planwirtschaft. Zu jener Zeit konnte eine nie gesehene Wirtschaftsleistung erreicht werden und ein „Wohlstand für alle" (Erhard 1957), der freies Wirtschaften (damit verbunden tragfähige Innovationen und internationale Wettbewerbsfähigkeit) und soziale Entwicklung (beispielsweise Teilhabe, Mitspracherechte und funktionsfähige soziale Sicherungssysteme) miteinander verband.

> Ich vertraue der privaten Initiative und glaube, dass sie die stärkste Kraft ist, um aus den jeweiligen Gegebenheiten den höchsten Effekt herauszuholen (Ludwig Erhard).

Schließlich wird ein langer Weg fortgesetzt, den Adam Smith (1776) mit seinem Werk „Wohlstand der Nationen – Eine Untersuchung seiner Natur und seiner Ursachen" begonnen hat und der den freien Wettbewerb als den zentralen Antrieb der Arbeitsteilung definiert und darin wiederum die Grundlage gesellschaftlichen Wohlstands findet.

> Die Welt ist schon zu sehr integriert, zu sehr miteinander verflochten, als dass irgendein Land für sich sein Schicksal gestalten kann (Ludwig Erhard).

Ludwig Erhard erkannte damals bereits ganz deutlich sowohl die bereits etablierte internationale Dimension der wirtschaftlichen Verflechtung als auch die weitreichende Schicksalsgemeinschaft der vernetzten Wirtschaftspartner. Die Vernetzung bedeutet auch Abhängigkeit: Ist es auf der einen Seite die Rohstoffabhängigkeit, so ist es andererseits die Abhängigkeit von Absatzmärkten. Neben den Waren- und Geldströmen ist zunehmend auch der Wissensaustausch von enormer Bedeutung. Längst geht es nicht mehr nur um die Versorgung mit Rohstoffen, den Handel mit Energie oder Waren und Dienstleistungen. Die moderne Wissensgesellschaft ist auf der Freizügigkeit talentierten Personals aufgebaut, Fortschritt und Innovation sind davon maßgeblich abhängig. Neben Waren und Dienstleitungen werden vermehrt auch Informationen und Medien gehandelt, jüngere Generationen setzen den freien Zugang zu digitalen Netzwerken quasi voraus. Schließlich sind die Menschen miteinander verbunden.

Die soziale Marktwirtschaft war lange Zeit ein Biotop für solche Geschäftsmodelle, die einerseits die Innovativkraft des Wettbewerbs mit andererseits den sozialen Bedürfnissen einer sich entwickelnden aufgeklärten Gesellschaft verbanden. Auch in schwierigen Zeiten konnte der Sozialstaat stets alle vernünftigen Bedürfnisse erfüllen und alte Verbindlichkeiten gut bedienen.

> Der Markt ist der einzig demokratische Richter, den es überhaupt in der modernen Wirtschaft gibt (Ludwig Erhard).

Auch erwies sich der ordoliberale Systemkern lange Zeit als an sich stabil. Die soziale Marktwirtschaft konnte sogar zu einem europäischen „Exportschlager" avancieren und ist heute im Lissabonner Vertrag der Europäischen Gemeinschaft[1] als gemeinsames Wirtschaftsziel festgeschrieben.

> Ich kann mir nicht vorstellen, dass es einen Menschen gibt, der nicht immer neue Bedürfnisse hat (Ludwig Erhard).

Jedoch verändert sich unsere Welt fortwährend und eine Weiterentwicklung der sozialen Marktwirtschaft ist ein Gebot der Stunde. Waren im Nachkriegsdeutschland der Aufbau sozialer Sicherungssysteme und die Integration großer Flüchtlings- und Vertriebenenströme ein erster Schritt, so folgte der Aufbau einer leistungsfähigen und modernen Industrieproduktion bei gleichzeitig immer besseren Arbeitsbedingungen. In einer globalisierten Welt werden jetzt die Auswirkungen der Digitalisierung (disruptive Geschäftsmodelle), die neue automatisierte Industrieproduktion (Smart-/Speedfactory) und das Voranschreiten digitaler Güter (Digitalisierung des Handels) sowie die Veränderung der Gesellschaft (e. g. älter werdende Gesellschaft) wichtige neue Herausforderungen definieren. Vor dem Hintergrund endlicher Ressourcen und einer zunehmenden Ungleichverteilung des Wohlstandes wird zudem der ökosoziale Gesichtspunkt eine bedeutendere Rolle einnehmen müssen: neue Flüchtlingsströme, Tendenzen wirtschaftlicher und gesellschaftlicher Abschottung, uneinsichtige Finanzmärkte usw. skizzieren die Dimensionen gegenwärtiger und zukünftiger Herausforderungen vor dem Hintergrund voranschreitender Transformation.

---

[1] Es könnte eine zentrale Herausforderung der Europäischen Gemeinschaft sein, dass sie als Staatenbund verstanden wird bzw. sich selbst, z. B. durch entsprechende gemeinsame Gesetze, so definiert. Die Europäische Gemeinschaft ist aber eine Wirtschaftsgemeinschaft, vielleicht auch eine Gesellschafts- oder Schicksalsgemeinschaft. Wer den Staatenbund mit all seinen Konsequenzen will, müsste jedoch die Vereinigten Staaten von Europa demokratisch legitimiert neu gründen.

3.2 Disruption als falsch verstandene Kraft wirtschaftlicher Veränderung

Charakterisierend für das Ende der zweiten Dekade dieses Jahrhunderts dürften das erste Überborden der Disruption und ihre fortwährende Intensivierung sein. Auf den Welleneffekten der Megatrends findet Wandel bzw. Transformation in zunehmendem Tempo statt.

> **Disruption** Geschäftliche Tätigkeit, meist innovationsgetrieben, die eine bestehende meist etablierte Geschäftstätigkeit in der Art angreift, dass sie vom Konsumenten als schneller oder besser wahrgenommen wird und in der Regel günstiger angeboten werden kann (Christensen 1997).

> **Megatrends** Große Trends, die eine lange Laufzeit haben, welt- oder systemweit stattfinden und die alle Beteiligten betreffen bzw. derer man sich nicht entziehen kann (Naisbitt 1982): beispielsweise Globalisierung, Vernetzung und Digitalisierung.

So wie vorausgesagt geschieht das international wirtschaftlich vernetzt, leider aber oft auch ohne freiwillige Bindung an nationale Regelwerke[2], an gesellschaftliche Normen[3] oder an etablierte soziale Standards[4]. Die Protagonisten haben sich kurzsichtig und mit gefährlichen eigennützigen Zielen in Stellung gebracht: Der Disruptionsmotor der Hightechstandorte[5] läuft fleißig, angetrieben durch neoegozentrisches Pseudounternehmertum[6], den Konsumdrang[7] der Massen mit dem allein individuellen Wunsch nach immer Neu-

---

[2] Große Social-Media-Plattformen und Chatdienste können als Beispiele dafür gesehen werden, wie ein Dienstleister Telekommunikationsfunktionen anbietet, sich aber nicht an die nationalen Regeln in diesem Bereich gebunden fühlt.

[3] Onlineversandhäuser bieten als Plattform oder im Eigenangebot allerlei Leistungen an. Der Gewinn wird oft mit einem erstaunlichen Selbstverständnis ins Ausland verlagert. Die externen Effekte des Plattformbetriebs, die disruptiven Konsequenzen der neuen Angebote, z. B. auf bestehende Arbeitsplätze oder den Wettbewerb, belasten die Bürger.

[4] Es gilt gemeinhin als üblich, Sozialstandards bei seinen Beschäftigten einzuhalten. Abgesehen von einer sichtbaren generellen Erosion dieser Standards, brechen in vielen Bereichen Plattformen für Mitfahrgelegenheiten oder Mitwohnplattformen diese Konzepte regelmäßig. Die soziale Absicherung der „Beschäftigten" wird schließlich an den Sozialstaat ausgelagert. Im Übrigen werden die im gewerblichen Bereich fälligen Steuern oft (noch) nicht abgeführt.

[5] Gemeint ist hier der Innovationsansatz des Silicon Valley und anderer Standorte mit vergleichbarem Mindset sowie die neue wertefreie Bildungstradition an vielen Hochschulen im technisch-wirtschaftlichen Bereich.

[6] Der neuzeitliche Entrepreneur war stets als ein Unternehmer charakterisiert, der sowohl den Eigen- als auch den Gemeinnutzen angestrebt hat. Es war in dieser Denkweise nie ausreichend, ein am Markt verwertbares Produkt oder eine Dienstleistung mit einem bestimmten Kundennutzen zu erstellen, vielmehr wurde auch die gesellschaftliche Dimension sowohl der erstellten Leistung als auch der Leistungserstellung berücksichtigt.

[7] Unabhängig davon, wie schlecht die Mitarbeiter behandelt oder entlohnt werden, floriert das Business der einschlägigen Versandplattformen und Versanddienstleister. Weil die Kunden es durch ihren Einkauf möglich machen.

em sowie geschmiert durch historische Gleichgültigkeit[8] der neuen und manchmal auch älteren Generationen.

Eine Charakterisierung der Auswirkungen:
Längst wird das Schumpeter'sche Konzept der kreativen Zerstörung vorwiegend als Zerstörung der bestehenden Anbieterstrukturen (also als Disruption) verstanden, der kreative Konzeptteil, der eine Verwendung der frei werdenden Ressourcen (zum Beispiel der Arbeitskraft) in einer besseren (fortschrittlicheren, menschlicheren) Allokation vorsieht, fällt dagegen in den Hintergrund zurück oder wird aus den Diskussionen ausgeklammert.

Ein rein marktwirtschaftliches (oder kapitalistisches) Wirtschaftsmodell wird die Disruption insgesamt gutheißen und Innovationssprünge oder das Innovationstempo und den weitreichenden Effekt dieser Innovationen in Geld und Aktienkursen wertschätzen. Zumal zunächst der Wohlstand breiter Bevölkerungsteile wächst (etwa eine Entlastung bei körperlicher Arbeit stattfindet), grundsätzlich mehr möglich wird (zum Beispiel fremde Orte kostengünstig erreichbar sind), jeder in Reichweite der Innovation steht (man moderne Geräte tatsächlich selbst immer wieder neu besitzen kann) und Konsum zuerst brutto günstiger wird (die Preise im Wettbewerb fallen). Disruption bedeutet an dieser Stelle eine Verschärfung des Wettbewerbs. Bestehende Anbieter werden von „günstigeren" neuen Anbietern herausgefordert und der Wettbewerb wird sich dann sogar noch verschärfen, wenn der disruptive Effekt eine Branche an ihren existenziellen Rand bringt. Im Überlebenskampf werden die Preise sogar in die Verlustzone der Anbieter absinken und der (kurzfristige) Preisvorteil für die Kunden wird umso deutlicher sichtbar sein.

Nur wenigen wird sofort klar sein, dass netto ein Qualitätsverlust stattfindet (etwa die fachliche Qualifikation und Innovations- bzw. Lösungskompetenz vieler Discountanbieter bei besonderen Anforderungen), sich Kostenstrukturen stark verändern und sich in der Regel im Gesamteffekt nachteilig verändern (oft niedrige Anschaffungskosten und damit fest verbunden unüberschaubare Abonnementgebühren bzw. unvorteilhafte Total Costs of Ownership) und auch externe Effekte mit teilweise gravierend negativer Wirkung entstehen (beispielsweise Arbeitsplatzniveauverluste, Umweltschäden, Verantwortungsumverteilungen). Im Preiswettbewerb müssen und werden immer Kosten eingespart. Bestehende Leistungsbündel werden in diesem Szenario oft aufgeschnürt und die Wettbewerbsprodukte auf den Wahrnehmungs- oder Leistungskern reduziert. Es ist auch ein Qualitätsverlust, wenn die Verwendbarkeit oder die Verfügbarkeit (z. B. die Lagerverfügbarkeit) einzelner neuer Produkte im Vergleich zu älteren Produkten geringer ausfällt bzw. neue kostenpflichtige Zusatzleistungen berechnet werden.

Ein Wirtschaftssystem, das sich auf diese Weise entwickelt, wird zudem immer zu einem Monopol streben. Ein Anbieter wird immer so ein Set-up suchen (müssen), das

---

[8] Als Beispiel ein Blick auf die Privatisierung und Digitalisierung öffentlich geregelter Infrastrukturen, etwa der Gedanke an einen Energiehandel basierend auf der Block Chain: In Zeiten der hohen Knappheit steigen die Preise knapper Güter bekanntlich stark an. Ohne öffentliche Gestaltungsoptionen sind dann nur noch bestimmte – beispielsweise wohlhabende oder mächtige Bevölkerungsteile versorgt.

ihn (zumindest für eine gewisse Zeit) in die Alleinanbieterposition (mit maximaler Gewinnaussicht) bringt. Das befeuert das Entstehen großer Unternehmen, die in der Regel zuerst über Marktplätze und dann im Alleinangebot beherrschende Positionen einnehmen. Ein nichtstaatlicher (also gewinnmaximierender) Monopolanbieter wird z. B. schwächer bevölkerte Regionen nachrangig versorgen und die mit besserer Infrastruktur ausgestatteten und damit leichter bzw. kostengünstiger erreichbaren Bevölkerungszentren bevorzugt im Blick haben, er wird individuellere Lösungen (für eine vielfältige Gesellschaft) nicht oder nur nachrangig und zu deutlich höheren Preisen anbieten als seine einfachen Mainstreamangebote, er wird menschliche Arbeitskraft (früher) durch (intelligente) Maschinen ersetzen und er wird auch Einfluss auf die Gesellschaft nehmen. Schließlich wird so ein Wirtschaftssystem auch weniger Innovationen hervorbringen und das Entstehen so einer Gesellschaft fördern, die Insider über den Konsum definiert und Konsumoutsider ausgrenzt oder sie an den Sozialstaat verweist (sofern dieser Sozialstaat noch existiert oder funktioniert).

Leider ist zu beobachten, dass eine große Zahl verantwortlicher Politiker, wohlhabendere Bevölkerungsschichten und auch ein nicht unbedeutender Teil der Bildungs- und Informationsschaffenden die Effekte ignorieren oder negieren. Es heißt dann meist vereinfachend, die betroffene Bevölkerung oder unterlegene Unternehmen im Monopolwettbewerb sollen sich nicht zieren, weil sie nun ihre Komfortzone verlassen müssen. Die Gründe dafür sind sicher vielfältig: Im politischen Bereich könnte der Political Entrepreneur – der Wahlkämpfer, der wiedergewählt werden möchte oder persönliche Ziele verfolgt – das Aushebeln eines gleichgewichtigen Systems vorantreiben. Aus einer rein monetären oder kurzfristig lösungsorientierten Perspektive könnte die langfristige soziale Rendite uninteressant erscheinen, weil den jeweiligen Entscheidern die langfristigen Rückflüsse nicht direkt zufließen.

3.3 Lösungsansatz: Crowd Founding

Die soziale Marktwirtschaft ist aber keine nur marktwirtschaftliche Ordnung. Sie stellt vielmehr die Wirtschaft in den Dienst der Bürger und garantiert (den Bürgern und den Unternehmen) den freien Wettbewerb (Müller-Armack 1976). Auch ist Disruption nur der eine Teil der kreativen Zerstörung – die Kreativität, hin zu einer (gesellschaftlich) besseren Lösung, ist der zweite und untrennbare Teil. Es reicht also beispielsweise nicht aus, eine kurzfristig kostengünstigere Warendistribution (z. B. Onlinehandel) zu etablieren und dabei Produktionsfaktoren (z. B. die Arbeitskraft geschulten Verkaufspersonals) freizusetzen. Vielmehr ist die kreative Zerstörung (in einer sozialen Markwirtschaft) erst dann vollständig abgeschlossen, wenn frei gewordene Produktionsfaktoren wieder rekombiniert wurden und produktiv in einem höherwertigen System (z. B. bessere Fachberatung, Zugänglichkeit der Waren und Dienstleistungen auch in ländlichen Regionen, bessere Arbeitsbedingungen, bessere Work-Life-Balance, Abbau von Informationsasymmetrien) verwendet werden (Suchanek 2008).

Es geht also nicht um Maximierung des Ertrags oder Minimierung der Kosten, vielmehr um eine unternehmerische Tätigkeit, die den Nutzen des Unternehmers, den Nutzen der Kunden und den Nutzen der Gesellschaft optimiert. Ein Optimum unterscheidet sich oft deutlich von einem Minimum oder einem Maximum, auch und gerade deshalb, weil Nutzen nicht nur Ertrag ist.

Mit freiem Wettbewerb kann in der sozialen Marktwirtschaft kein Monopolstreben gemeint sein. Vielmehr sollte entscheidend sein, ob Innovation für jeden möglich ist, ob Strukturen bestehen, die es auch kleineren oder neuen Anbietern möglich machen, den Markt zu betreten oder im Markt zu bleiben und z. B. Versorgungs- oder Innovationslücken mit individuellen Nutzenangeboten für Kunden jeder vielfältigen Art (Alter, Gesundheit, Herkunft, Ausstattung, Wohnort usw.) zu bedienen. Eine Gesellschaft mit einem solchen Wirtschaftssystem wird Zerstörung grundsätzlich nicht zulassen, besser passt sicher ein Bild des kreativen und zukunftssicheren Umbaus. Eine funktionsfähige soziale Marktwirtschaft wird den Menschen und die Gesellschaft im Blick halten und eine bloße Verwendung von Humankapital ausschließen. Sie wird ihr Humankapital nicht als bloßen Produktionsfaktor, sondern als (ein besonderes) Asset verstehen und es fördern und pflegen. Diese Form der Wirtschaft steht im Dienst der Menschen (der Mitarbeiter, der Kunden, der Stakeholder), sie wird langfristig nachhaltig wirken und langfristig auch ertragreicher (monetäre und nichtmonetäre Größen) sein.

Im Unterschied zum Crowdfunding, das allein die Finanzierung einer Idee oder Sache durch eine verteilte Personengruppe in den Mittelpunkt der Überlegungen stellt, liefert Crowd Founding einen Lösungsansatz zum gemeinsamen Gründen und Ausführen einer Unternehmung. Es schließt auch bestehende Strukturen nicht aus.

Der Kern des Konzepts ist der gemeinsame Schritt einer (betroffenen) Personengruppe zur unternehmerischen Überwindung einer bestimmten Herausforderung (idealer-, aber nicht notwendigerweise) mit einem persönlichen oder lokal-regionalen Bezug. Im Besonderen können auch solche Herausforderungen adressiert werden, die (zunächst) marktwirtschaftlich nicht, nur mit hohen (Begleit-)Investitionen oder mit ungewissen Erfolgsaussichten von einzelnen Anbietern realisiert werden können, weil die Gründergruppe bereits in der Gründung durch ihren eigenen Bedarf die (erste) Kundengruppe stellt.

Die Crowd liefert zudem gemeinschaftlich bereits zur Gründung alle erforderlichen Marktdaten, ein eindeutiger Bedarfsrahmen mit allen Erwartungen der (ersten) relevanten Kunden wird definiert, eine reale Kosten- und Ertragskalkulation wird vor Unternehmensstart möglich und die Finanzierung kann mit verteiltem Eigenkapital unabhängig von der Einflussnahme oder Anhängigkeit Dritter erfolgen. Die Crowd Founder verifizieren gewissermaßen die bereitgestellten Daten durch ihre Investitionszusage und bestätigen durch ihre Investition (de facto) auch den zuvor von ihnen selbst definierten Bedarf. Eine weitere Besonderheit des Konzepts ist die Vermeidung von Fehlallokationen, die in der Regel bei Gründungen sehr häufig auftreten – im Crowd Founding wird nur dafür investiert und nur das bereitgestellt, was auch nachgefragt wird. Crowd Founding unterstreicht und erneuert das Konzept der sozialen Marktwirtschaft, weil einzelne Personen gemeinschaftlich und privatwirtschaftlich mit den modernen Anbietern in Wettbewerb treten können, dies vor dem Hintergrund der sozialen Beteiligung geschieht und der Ressourceneinsatz minimiert wird. Crowd-Founding-Unternehmen können in ihrem spezifischen Anforderungsfeld von Anfang an sehr effizient arbeiten, sie sind wettbewerbsfähig und sie dienen den Menschen ganz direkt.

Crowd Founder werden meist nicht selbst im Unternehmen arbeiten oder die notwendigen Fähigkeiten einbringen können, um bestimmte Funktionen zu übernehmen. Crowd Founding sieht deshalb grundsätzlich die Professionalisierung des Unternehmens vor, z. B. die Einstellung einer qualifizierten Geschäftsführung oder die Ausstattung des Unternehmens mit geschultem Personal. Grundsätzlich sind aber alle Konstellationen denkbar, beispielsweise auch Lösungen, die der Crowd die Auswahl der (vor Ort) besten geeigneten Personen (aus der Founders Crowd) ermöglicht. Face-to-Face-Kontrolle ist (in diesem Fall) ein wirksames (Selbst-)Verpflichtungssystem.

Im laufenden Betrieb eines Unternehmens muss die Qualität der erstellten Lösung laufend nachjustiert werden. Ein Crowd-Founding-Unternehmen wird einen viel einfacheren und direkteren Zugang zu Kundenfeedback haben und die erstellte Lösung auch viel einfacher auf andere Kunden (außerhalb der Founders Crowd) ausweiten oder übertragen können. Die Crowd Founder sind immer auch Botschafter für das eigene Unternehmen, die dessen Leistungen in ihr Umfeld tragen sowie den Umfeldbedarf für das Unternehmen zugänglich machen bzw. ihn zum Unternehmen bringen. Ein Unternehmen dieser Art wird ein Gemeinschaftserlebnis ermöglichen, das glaubhaft und nachvollziehbar den Nutzen jenseits des Ertrags aufzeigt und nachweist. Das Konzept wird erweiterbar und (andernorts) replizierbar sein, weil der unternehmerische und gesellschaftliche Erfolg sofort greifbar und für andere (betroffene) Personengruppen verständlich sein wird. Darüber hinaus werden Crowd-Founding-Lösungsansätze sehr transparent und für andere Crowd-Founder replizierbar sein.

> Ich habe in meinem Leben die Erfahrung gemacht, dass man mit kleinen Dingen allzu leicht scheitert, dass aber große Pläne von jener Faszination erfüllt sind, die auch die Menschen rührt und die schon einen Teil des Gelingens ausmacht (Ludwig Erhard).

Für die Entwicklung einer zukunftsfähigen Gesellschaft könnte das Gemeinschaftserlebnis ausschlaggebend sein. Längst ist diese Denkweise zur stillen Maxime der jüngeren Generationen geworden und sie beflügelt die Visionskraft auch solcher Gesellschaftsteile, die entweder aus den verschiedensten Gründen nicht selbst die notwendige persönliche Energie zu einer Gründung aufbringen können oder die aus individueller Sicht oder Lage eine entsprechende Risikoaversion aufweisen. Crowd Founding verteilt das unternehmerische Risiko und bündelt sowohl die Sach- und Lösungskompetenz als auch die Kauf- und Investitionskraft einer Gründungsgemeinschaft.

> Eine starke Triebkraft der wirtschaftlichen Leistung ist das Streben nach Eigentum. Es ist darum ein bedeutsames politisches Ziel, möglichst vielen Menschen die Eigentumsbildung in eigener freier Verfügung zu ermöglichen (Ludwig Erhard).

Rechtlich kommen sowohl bewährte als auch neuartige Konstruktionen infrage. Das neue Unternehmen kann als Genossenschaft gegründet werden und organisatorisch auf die bestehenden Erfahrungen seit Friedrich Wilhelm Raiffeisen (1847, 1864) sowie Hermann Schultze-Delitzsch (1849, 1850) zurückgreifen oder Beteiligungen z. B. über stille Beteiligungen oder partiarische Darlehen realisieren. Hier ergibt sich eine Zukunftschance für die Geschäftsbanken, die solche Beteiligungen (vor Ort) sicher und nachhaltig vermitteln, realisieren und begleiten können (Wenzel 2017). Insbesondere bei der Skalierung der Konzepte entsteht zudem eine sehr interessante Anlagechance für andere Personengruppen (bzw. Kunden der Bank). Crowd Founding erfüllt schließlich die freiheitliche Eigentumsvision der sozialen Marktwirtschaft und entwickelt die Gesellschaft kooperativ weiter (vgl. www.cooperative-innovation.com).

Jedes Crowd-Founding-Projekt hat das Potenzial, der Gesellschaft zu dienen und sie auch ein Stück in eine nachhaltige Zukunft zu führen. Für etablierte Unternehmen entsteht neben der Option zur Kooperation (Wenzel 2014) mit den Crowd-Founding-Unternehmen selbstverständlich auch die Chance, von den Projekten zu lernen und wiederum Innovation für ihre Geschäftsmodelle oder unternehmerischen Ansätze zu finden oder nachhaltige Ansätze mit ihren Geschäftsmodellen zu verbinden (Laszlo und Zhexembayeva 2011).

4 Minicases und Crowd-Founding-Plattform

In Minicases wird der Crowd-Founding-Ansatz exemplarisch aufgezeigt (Wenzel 2014). Aus den Minicases lassen sich auch die bestehenden wissenschaftlichen Forschungslücken und der praxisseitige Erkenntnisbedarf ableiten. Beides wird noch zu befüllen und mit einer Plattform zur Zusammenarbeit interessierter Personen und Crowd Founder auszustatten sein (vgl. www.crowd-founding.eu).

4.1 Minicase: Ökosoziale Erschließung ländlicher Räume

In Deutschland (und in anderen europäischen Ländern) erhalten die großen Städte einen stetigen Personenzustrom und in ländlichen Gegenden fehlen Einwohner. Der Andrang in den Städten führt zu Wohnungsnot, hohen Lebenshaltungskosten, Fehlallokationen in verschiedenen Wirtschafts- und Lebensbereichen (Immobilien, Infrastruktur, Freizeitverhalten, sozialer Austausch usw.). Meist fehlt es in ländlichen Räumen an einer geeigneten Mobilitäts-, Arbeits-, Gesundheits- und/oder Freizeitinfrastruktur, was diese Regionen für jüngere Menschen, junge Familien, Berufstätige oder auch Rentner unattraktiv macht.

Eine Gemeinde (oder auch Region) könnte ihre Ressourcen in einer Crowd-Founding-Initiative zusammenführen und vergleichsweise einfach eine eigene Infrastruktur aufbauen oder sich an ein Infrastruktursystem angliedern, das genau die fehlende Ausstattung adressiert. Die Crowd Founder könnten beispielsweise eine öffentliche (für alle zugängliche, ggf. mit sozialen Komponenten konstruierte) aber privatwirtschaftlich (und entsprechend modern und leistungsfähig) organisierte Mobilitätsinfrastruktur aufbauen und einen exzellenten öffentlichen Personen- und Güternahverkehr organisieren. Der Bedarf könnte sehr flexibel bedient werden, mit einem System, das Kinder an Schulen anbindet, in der Zeit freier Kapazitäten am Vormittag und Nachmittag Einkaufs- und Krankenfahrten abbildet und am Abend und in der Nacht Versorgungs- oder Freizeitfahrten bereitstellt. Ein flexibles System könnte zudem touristisch und beruflich/gewerblich genutzt werden und nach Bedarf die verschiedensten Dienste bereitstellen.

Wird das Modell weitergedacht, könnte für die Region ein Beschäftigungseffekt realisiert werden, die Gemeinde/Region könnte für neue Arbeitgeber und für neue Einwohner interessant werden, es könnte Tourismus entstehen usw.

Ein zusätzlicher Schritt wäre die Integration der Mobilitätsinfrastruktur in eine Energieinfrastruktur. Elektrofahrzeuge könnten die Kapazitäten in einem Smart Grid erweitern bzw. freie Kapazitäten intelligent nutzen. Die Mobilitätsinitiative könnte ein Hub für die Entwicklung anderer Infrastrukturlösungen sein (z. B. den Aufbau eines eigenen Smart Grid, ggf. eines gemeinsamen Blockheizkraftwerkes oder einer Windanlage) bzw. neue Infrastrukturangebote fördern (gemeinsame Erstellung neuer Freizeitangebote, den Aufbau von Gesundheitsservices oder die Einrichtung privater Bildungseinrichtungen etc.).

Die Bürger hätten hier die Chance, in ihre eigene Infrastruktur zu investieren. Die Investments könnten die Maßnahme so steuern, dass genau der erforderliche Bedarf abgebildet wird und auch über die Zeit immer solche Angebote vorgehalten würden, die die jeweilige Gemeinschaft auch braucht. Die professionelle Transportdienstleistung könnte um eine soziale (Freiwilligen-)Komponente ergänzt werden, die spezielle oder gesonderte Leistungen (zusätzlich) abbildet. Eine Solidargemeinschaft ergänzt die Investitionsgemeinschaft und die Erträge werden schließlich nicht nur in der jeweiligen Gemeinschaftsunternehmung realisiert, sondern es einsteht ein Vorteil für die gesamte beteiligte Region (der sich wiederum in besseren Lebensbedingungen und einem höheren Lebens- bzw. Wohnwert abbildet, die Wettbewerbsfähigkeit der Region unterstützt, die Attraktivität der Region erhöht usw.).

Die ersten Maßnahmen sind bereits mit relativ geringen Mitteln möglich. Ein Modell, das sich selbst unter Beweis gestellt hat, könnte dann sowohl durch zusätzliche beteiligte Personen als auch um zusätzliche Services mit weiteren Finanzmitteln erweitert werden. Bei Infrastruktur- oder Gesundheitsangeboten besteht zudem die Chance auf Querfinanzierung durch Dritte. Eine Mobilitätsinfrastruktur, die z. B. für Krankenfahrten oder Schülerbeförderung geeignet ist, könnte ggf. durch öffentliche Mittel mitfinanziert werden (wobei es in erster Linie nicht um eine öffentliche Finanzierungsbeteiligung geht, vielmehr die Weiterverrechnung der Kosten eine vielfältige Chance darstellt).

4.2 Minicase: Studentenwohnungen und Standortverbundenheit

An amerikanischen Universitäten ist es üblich, sich entweder über hohe Studiengebühren oder auch über Spenden und Stipendien an der Bildung bzw. den Rahmenbedingungen des Studierens zu beteiligen. Wenn eine Gesellschaft Chancengleichheit anvisiert, sind andere Ansätze erforderlich. Ein Alternativmodell, das sich ggf. hervorragend zur Lösung der gewaltigen Herausforderungen um bezahlbare Studentenwohnungen z. B. an vielen deutschen Hochschulstandorten eignen könnte, wäre die gemeinsame Erstellung von Studentenwohnungen durch die Studierenden, deren familiäres Umfeld und durch die Alumni der Bildungseinrichtungen vor Ort.

Die Betroffenen könnten ihren genauen Bedarf selbst definieren (so könnten bedarfsgerechte Wohnungsarten und Wohnungsgrößen entstehen, sinnvolle Gemeinschaftsflächen berücksichtigt und realistische Serviceangebote dimensioniert werden) und in ihre Wohnsituation während des Studiums (und darüber hinaus) investieren. Um den relativ hohen Finanzbedarf einer solchen Maßnahme zu decken, könnten zu Beginn und über die Zeit die Alumni einer Bildungseinrichtung aktiviert und beteiligt werden.

Die Gemeinschaft hätte zudem die Chance, ihr Investment mit bestimmten Förderabsichten zu verbinden. So könnten finanziell schwächere Studierende gefördert werden, Kapazitäten für Austauschstudierende bereitgestellt oder Bildungsmaßnahmen gezielt unterstützt werden.

Durch die privatwirtschaftliche Organisation mit einem gemeinsamen Zweck ergeben sich zudem Optionen im Bereich des Gebäude- und Auslastungsmanagements. Studierende könnten sich als studentische Mitarbeiter am Gebäudemanagement beteiligen (und neben dem Studium ihre sozialen und praktisch-organisatorischen Fähigkeiten entwickeln), freie Kapazitäten könnten über eine Zeitbörse für andere Studierende (Praktika, Auslandsaufenthalte etc.) zur Verfügung gestellt werden (und auf diese Weise könnte von der Hochschule Innovation in die Lebenspraxis rückgespiegelt werden).

Das Modell könnte zudem die Verbundenheit der Studierenden mit ihrer Bildungseinrichtung erhöhen und über die Zeit fördern. Gerade aus dem Alumnikreis könnte Expertise an die Bildungseinrichtung herangetragen werden bzw. es könnten sich solche Experten finden lassen, die sich auch in das Projekt einbringen wollen. Der Transfer aus der Praxis in die Wissenschaft (und umgekehrt) könnte gefördert werden.

Aus dem entstandenen Beteiligungshub (Personenkreis der Founder) könnten weitere Initiativen entstehen, so z. B. im Bereich des lebenslangen Lernens, bei Bildungsreisen, in der Mobilität oder auch bei der Unternehmensgründung aus der Hochschule heraus.

5 Fazit: Vom Crowdfunding zum Crowd Founding

Der Begriff Crowdfunding ist in der Literatur hinreichend definiert und das Konzept ist einer breiten Öffentlichkeit bekannt (Howe 2016; Harms 2017). Längst ist der Proof of Concept erbracht und dieses Finanzierungsmodell erfreut sich einer wachsenden Beliebtheit. Finanziert werden sowohl einzelne Projekte als auch – dann meist in professionalisierter Form – die verschiedensten Geschäftsideen und Geschäftsmodelle (Rhoert und Zwinge 2017; Sauer 2017).

Eine besondere Wirkung, um Veränderung voranzutreiben, entfaltet das Crowdfunding dort, wo disruptive (digitale) Geschäftsideen bzw. -modelle auf eine interessierte (digitale) Crowd treffen. Hier wird auch das besondere Potenzial der Crowd deutlich, um Ideen und Innovation zu beschleunigen und zu fördern. Schumpeter (1912, 1942) definiert sein Konzept der kreativen Zerstörung als Grundlage jeder ökonomischen Entwicklung. Bestehende Konzepte und Strukturen werden schließlich durch eine neue, erfolgreichere Produktionsfaktorrekombination ersetzt. Disruptiv wirkt dieses elementare Konzept sich dann aus, wenn die Änderung sowohl sehr schnell geschieht (sich etwa Menschen nicht oder nur sehr langsam an die Veränderung anpassen können) als auch alte Produktionsfaktoren (hier vornehmlich die menschliche Arbeitskraft in der neuen Leistungserstellung) nicht mehr oder nur noch stark reduziert wieder- oder weiterverwendet werden.

Eine Crowd, die digital vernetzt ist, wird bei entsprechender Interessenslage eine digitale Disruption stark befeuern und den Veränderungsprozess entsprechend vorantreiben und beschleunigen. Im Netzwerk wird sich die digitale Veränderung zudem potenzieren und schnell verbreiten.

Eine gewisse Anonymität ist meist Teil des Crowdfundings: Geldgeber und Geldnehmer sind oft räumlich weit voneinander getrennt und der Impact der geförderten Sache hat oft einen speziellen oder sogar exotischen Charakter oder stellt als Ergebnis eine spezifische Besonderheit für eine (weit) verteilte Gruppe zur Verfügung. Allein darin zeigen sich bereits die ersten Grenzen des Crowdfundings. Nicht jede so erstellte Lösung liefert einen nachhaltigen gesellschaftlichen Mehrwert (vielmehr stehen kurzfristige oder sogar spezielle Ziele im Vordergrund und es soll ggf. sogar ein Problem wirtschaftlich ausgenutzt werden) oder sie hat keinen entsprechend langfristigen Bestand (etwa werden die anonyme Beteiligungsstruktur und die fehlende sachliche oder persönliche Bindung bei ersten wirtschaftlichen Herausforderungen kaum einen größeren Zusammenhalt der Investoren erzeugen). Auch wird ein lokaler Bezug (der ein Problemlösungsszenario nachvollziehbar macht) nur sehr selten hergestellt.

Vielmehr geht es (insbesondere bei Investitionen in ein einfaches Disruptionsmodell) oft nur um eine Umverteilung der bestehenden Versorgungsgefüge oder um eine Ausnutzung bestimmter Vorteilslagen (beispielsweise werden Lieferdienste, die bestehende niedergelassene Gewerbe angreifen, oft zuerst oder sogar ausschließlich in den profitversprechenden Bevölkerungszentren etabliert, das weniger profitable Umland bleibt in der Versorgungslücke).

Das Crowd-Founding-Konzept ist eine kreative und kooperative Reaktion (Wenzel 2014) auf die (digitale) Disruption unserer Zeit. Es verbindet ältere und neuere etablierte Ansätze, Professionalisierung sowie Innovation zu einer skalierbaren Lösung für moderne Gesellschaften. Hervorzuheben ist von Beginn an, dass Crowd Founding jeder Personengruppe die Möglichkeit eröffnet, Versorgungsdefizite sehr schnell eigenverantwortlich und mit eigenen Mitteln zu verbessern oder sogar zu lösen. Die erstellten Lösungen bieten zudem die Chance, gemeinsam eine Gesellschaft zu bauen, die sozial schwächere Personengruppen inkludiert, die Teilhabe neu definiert, die Gemeinschaften auf ein neues Fundament stellt, die zukunftsfähig ist und die sich den großen Herausforderungen unserer Zeit, z. B. den Megatrends (Naisbitt 1982) der voranschreitenden Urbanisierung, der älter werdenden Gesellschaft, der ökologischen Nachhaltigkeit, der Digitalisierung, der Globalisierung, den Veränderungen in der Arbeitswelt, problemlos stellen kann. Crowd Founding hat das Potenzial, die soziale Marktwirtschaft um eine Beteiligungskomponente zu erweitern, die bisher nicht in diesem Umfang und einer derart breiten Bevölkerungsgruppe zur Verfügung stand. Damit ist es ein Instrument, welches insbesondere nachhaltiges Unternehmertum, Sustainable Entrepreneurship (Weidinger et al. 2014) stärkt.

Literatur

Christensen C (1997) The Innovator's Dilemma: When New Technologies Cause Great Firms to Fail, 1. Aufl. Harvard Business Review Press, Boston

Erhard L (1957) Wohlstand für alle, 1. Aufl. Econ Verlag, Düsseldorf

Habisch A (2013) Soziale Marktwirtschaft in der demografischen Krise: Neue Gerechtigkeitsprobleme und Wege zu ihrer Überwindung. In: Hinte H, Zimmermann KF (Hrsg) Zeitenwende auf dem Arbeitsmarkt: wie der demografische Wandel die Erwerbsgesellschaft verändert. bpb, Bonn, S 168–183

Harms M (2017) Crowdfunding. http://www.crowdfunding.de/. Zugegriffen: 04. Mai 2017

Hildebrandt A, Landhäußer W (2017) CSR und Digitalisierung. Springer Gabler, Wiesbaden

Howe J (2016) The Rise of Crowdsourcing. https://www.wired.com/2006/06/crowds/. Zugegriffen: 04. Mai 2017

Julius Raab Stiftung (2017) Unternehmerische Verantwortung und Digitaler Wandel. Sind Unternehmer Teil der Lösung oder der Probleme? http://www.juliusraabstiftung.at/unfck-theeconomy/. Zugegriffen: 04. Mai 2017 und www.einfachdigital.at. Zugegriffen: 04.05.2017

Keese C (2014) Silicon Valley. Was aus dem mächtigsten Tal der Welt auf uns zu kommt. Knaus, München

Laszlo C, Zhexembayeva N (2011) Embedded Sustainability: The Next Big Competitive Advantage, 1. Aufl. Stanford University Press, Stanford

Müller-Armack A (1947) Wirtschaftslenkung und Marktwirtschaft. Verlag für Wirtschaft und Sozialpolitik, Hamburg

Müller-Armack A (1976) Wirtschaftsordnung und Wirtschaftspolitik. Studien und Konzepte zur Sozialen Marktwirtschaft und zur Europäischen Integration. Rombach, Freiburg

Naisbitt J (1982) Megatrends: ten new directions transforming our lives, 1. Aufl. Warner Books, New York

Rhoert D, Zwinge T (2017) Companisto. https://www.companisto.com/. Zugegriffen: 04. Mai 2017

Sauer J-U (2017) Seedmatch. https://www.seedmatch.de/. Zugegriffen: 04. Mai 2017

Schmidpeter R (2017) Die Digitale Arbeitswelt und der Mensch. In: Scheer Innovation Review. www.scheer-innovation-review.de/digitalisierung/die-digitale-arbeitswelt-und-der-mensch/. Zugegriffen: 04. Mai 2017

Schneider A, Schmidpeter R (2015) Corporate Social Responsibility, 2. Aufl. Springer, Heidelberg, Berlin

Schumpeter JA (1912) Theorie der wirtschaftlichen Entwicklung, 1. Aufl. Duncker Humblot, Berlin

Schumpeter JA (1942) Capitalism, socialism and democracy. Harper, New York, London

Smith A (1776) An inquiry into the Nature and Causes of the Wealth of Nations. 1. Aufl. l. Strahan Cadel, London

Suchanek A (2008) Ethik der Sozialen Marktwirtschaft. Wittenberg Zentrum für Globale Ethik, Wittenberg

Weidinger C, Fischler F, Schmidpeter R (2014) Sustainable Entrepreneurship. Springer, Heidelberg, Berlin

Wenzel F (2014) Cooperative Innovation: paradigm shift for disruptive innovators towards sustainable digital business. http://www.cooperative-innovation.com. Zugegriffen: 04. Mai 2017

Wenzel F (2017) Crowd Founding: A new cooperative Innovation and Solution Culture in the Social Market Economy. http://www.crowdfounding.eu. Zugegriffen: 04. Mai 2017

Wirtschaftskammer Österreich (2017) KMU Digital Initiative der WKO. https://www.wko.at/Content.Node/kampagnen/KMU-digital/. Zugegriffen: 04. Mai 2017

Franz Wenzel, geboren 1974, ist Forscher, Dozent und Unternehmer.

Er hat Wirtschaftswissenschaften und Management mit den Vertiefungen Marketing, Informatik, Psychologie und Erwachsenenbildung an der Katholischen Universität/Wirtschaftswissenschaftlichen Fakultät Ingolstadt studiert. Forschung in den Themenfeldern Innovation und Management, sowohl mit einem Fokus auf Kleine und Mittelständische Unternehmen als auch auf Start-Ups, bilden das Zentrum seiner akademischen Arbeit. Mit Expertise in Managementstrategie, Leadership und Sozio-Ökonomie (betrachtet aus dem besonderen Blickwinkel nachhaltiger Entwicklung) hat Franz einen innovativen Megatrend-Zugang und sein Konzept „Kooperative Innovation" entwickelt. Er ist Unternehmer (Inhaber eines Immobilienunternehmens mit mehr als 25 Jahren eigener Erfahrung) und selbstständig in den Bereichen Bildung, Medien und Digitalisierung tätig. Franz ist Geschäftsführer eines internationalen E-Commerce-Unternehmens, Geschäftsführer eines Forschungsinstituts, Wissenschaftlicher Direktor eines Innovations-Think-Tanks und Start-up-Investor.

Prof. Dr. René Schmidpeter ist ein international anerkannter Stratege für neue Managementansätze, insbesondere für Corporate Social Responsibility (CSR), Berater und Bestsellerautor. Er hat den Dr. Jürgen Meyer Stiftungslehrstuhl für internationale Wirtschaftsethik und CSR an der Cologne Business School (CBS) inne. Seit über 15 Jahren arbeitet und forscht er im Bereich gesellschaftliche Verantwortung von Unternehmen. Dafür bereiste er alle Kontinente und über 30 Staaten, um die länderspezifischen Unterschiede einer nachhaltigen Unternehmensführung zu beleuchten. René Schmidpeter vermittelt den Zuhörern in seinen praxisbezogenen Vorträgen, Referaten und Workshops neue Sichtweisen auf aktuelle Herausforderungen im Management. Er arbeitete bereits mit namhaften Unternehmen aus der Finanz-, Medien- und Technologiebranche sowie mit Wirtschaftsverbänden zusammen. René Schmidpeter ist Gastlektor/-professor an renommierten Universitäten im In- und Ausland (Krems, Nanjing, Perth, London). Als Herausgeber der innovativen Managementreihe Corporate Social Responsibility bei Springer Gabler gehört René Schmidpeter zu den jungen Vordenkern der modernen Managementlektüre.

Wertebasiertes Design Thinking – nachhaltige Innovation und neue Geschäftsmodelle

Martina Uster und René Schmidpeter

1 Gesellschaftlicher Wandel als unternehmerische Chance

Disruptive Technologien verändern gerade die Welt und werfen viele gesellschaftliche und ethische Fragen auf: Wie weit geht die Entwicklung humanoider Roboter? Wie sehr wird jeder Einzelne von der Vernetzung durch das Internet der Dinge erfasst? Welche Wachstumspotenziale und -grenzen öffnet die Industrie 4.0? Wie nützt und bedroht die Flut von Big Data das Individuum? Wie kontrollierbar sind Systeme künstlicher Intelligenz? Welche Chancen entstehen dadurch?

So die Gesellschaft die Gefahr der Schrankenlosigkeit als Lehre aus der Finanzkrise gezogen hat, muss sie an die ungeahnten Möglichkeiten der Digitalisierung sehr überlegt herangehen. Es geht um ein neues Denken in Unternehmen, um ganzheitliche Businessmodelle, um eine Transformation in eine innovative und enkeltaugliche Zukunft.

Wie können Unternehmen zur Bewältigung aktueller gesellschaftlicher Herausforderungen gerade jetzt noch stärker beitragen, um so durch ihr Handeln soziale Innovationen voranzutreiben und einen Mehrwert für Gesellschaft und Umwelt zu erzielen? Wirtschaft neu denken und neue Wege jenseits von Gut und Böse bzw. Schwarz und Weiß aufzeigen, bei denen Unternehmen als gesellschaftliche Innovatoren handeln, sind gefragter denn je. Entwicklungen können so faszinierend wie abschreckend sein. Ethik stellt dazu keinen moralischen Zeigefinger auf, aber Fragen, ob Innovationen mit Werten der Gesellschaft

---

M. Uster (✉)
Wirtschaftsethik Institut WEISS GmbH
8. Mai Straße 26, 9020 Klagenfurt am Wörthersee, Österreich
E-Mail: martina.uster@ethik.at

R. Schmidpeter
Dr. Jürgen Meyer Stiftungslehrstuhl, Internationale Wirtschaftsethik und CSR, Cologne Business School
Hardefusstr. 1, 50677 Köln, Deutschland

© Springer-Verlag GmbH Deutschland 2018
P. Bungard (Hrsg.), *CSR und Geschäftsmodelle*, Management-Reihe Corporate Social Responsibility, https://doi.org/10.1007/978-3-662-52882-2_33

einhergehen. Nur was darauf ausgerichtet ist, hat auch ökonomisch nachhaltigen Wertbestand.

Managementparadigmen wie Corporate Social Responsibility (CSR) sind hierfür ein wichtiger Erfolgsfaktor (vgl. Beiträge in Schneider und Schmidpeter 2015). Nur durch ein neues integratives Denken werden technologische und menschliche Perspektiven nicht losgelöst voneinander, sondern wechselseitig verschränkt analysiert. Damit wird das klassische Trade-off-Denken der BWL aufgelöst und ein neuer Blick auf Innovation ermöglicht, der neue Lösungen für bestehende gesellschaftliche Herausforderungen systematisch fördert (Schmidpeter 2017a).

Abb. 1 zeigt die vier Grundstrategien einer verantwortungsvollen Digitalisierung:

1. Veränderungen, die aus gesellschaftlicher Sicht gewünscht und technisch möglich sind, sollten skaliert werden.
2. Sozial erwünschte Veränderungen, die technisch noch nicht umsetzbar sind, sollten nicht komplett von der Agenda gestrichen werden.
3. Innovationen, die weder gesellschaftlich gewünscht noch technisch umsetzbar sind, sollten beobachtet werden, um nicht durch plötzliche Veränderungen überrascht zu werden.
4. Für die technisch möglichen Entwicklungen, die sich negativ auf die Gesellschaft auswirken, sollten rechtzeitig Rahmenbedingungen geschaffen werden, die einen positiven gesellschaftsfähigen Fortschritt sichern.

Das Ziel ist es, ein neues Verständnis von Innovation zu entwickeln, bei dem die positive Rolle des Unternehmers gestärkt wird, welcher gesellschaftlich erwünschte Veränderungen schafft und diese unternehmerisch skaliert. Damit dieser positive Impact für Umwelt und Gesellschaft auch in Zukunft ermöglicht wird, braucht es neue Perspektiven für gesellschaftliche Herausforderungen und unternehmerische Zugänge für deren Lösung.

Derzeit scheint es jedoch, dass viele Unternehmen weiterhin einem überkommenen Wachstumskreislauf von Produzieren, Verbrauchen und Wegwerfen verhaftet sind.

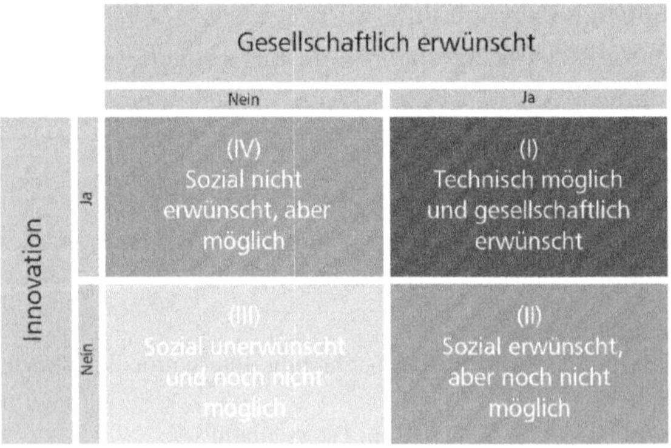

Abb. 1 Verantwortungsmatrix der Innovation. (Schmidpeter 2017b)

Im Mittelpunkt von erfolgreichen Innovationen der Zukunft werden jedoch regenerative Kreisläufe stehen, nutzerorientierte Produkte und Dienstleistungen, die nachhaltig wirken. Jedes Unternehmen sollte daher beginnen zu prüfen, ob es für diesen neuen Gründergeist und die notwendigen Skills für das innovatorische Zeitalter der Digitalisierung gerüstet ist.

Diese Herausforderungen bedingen zwei Ansätze, die Handlungsmöglichkeiten für *zukunftsfähigen und enkeltauglichen Unternehmenserfolg* eröffnen:

1. Ethicpreneurship, das *wert(e)volles Führen* mit ethischen Grundsätzen für eine zukunftsfähige verantwortungsvolle Unternehmensführung in Unternehmen und Organisationen umsetzt,
2. *wertebasiertes Design Thinking* als neue Methode für das Vorantreiben und Umsetzen von nachhaltigen Innovationen.

Die langjährigen Erfahrungen aus den Managementkursen und Praxisprojekten des Wirtschaftsethik Instituts WEISS zeigen, dass ein hoch energetisches innovatorisches Klima mit einer ebenso dichten Hülle an Werten verbunden sein muss, damit eine nachhaltige Erfolgsatmosphäre für Innovationen und Unternehmen gewährleistet ist.

2 Verantwortungsvolles Unternehmertum – der Ethicpreneur

Ethicpreneurs sind innovative, verantwortungsvolle und proaktive Unternehmer, welche ökologisch, ökonomisch und gesellschaftlich mutig und weise die Zukunft gestalten, ohne dabei ihre Wertetradition zu vergessen, und dabei auf die Interessen der Stakeholder achten. Sie stehen für starkes Unternehmertum, welches die Vielfalt der Wirtschaft fördert (Schmidpeter 2017a).

Die europäische Corporate-Social-Responsibility-(CSR-)Diskussion hat über die letzten Jahre – aus der unternehmerischen Praxis heraus – wichtige Antworten auf zentrale Fragen der Wirtschaftsethik und Nachhaltigkeitsdiskussion entwickelt. In der Praxis zeigt sich, dass gerade die Tradition der ökosozialen Marktwirtschaft und des verantwortungsvollen KMU-Unternehmers (Ethicpreneur) hilft, die Wettbewerbs- und Innovationsfähigkeit unserer Wirtschaft zu erhöhen. Wirtschaftlicher Erfolg und Ethik sind hierbei kein Gegensatz, sondern bedingen einander. In der unternehmerischen Überwindung von gesellschaftlichen Trade-offs liegt somit ein proaktives Instrument, um den gesellschaftlichen Wandel positiv zu gestalten und gleichzeitig neue Marktchancen und Geschäftsmodelle für die Wirtschaft zu entwickeln.

Für Ethicpreneurs ist es offensichtlich, dass sich die Übernahme von wirtschaftlicher, sozialer und ökologischer Verantwortung für das Unternehmen lohnen darf und langfristig gesehen auch muss. Insbesondere die neueren, chancenorientierten betriebswirtschaftlichen Ansätze in der BWL fördern daher sowohl die Wettbewerbs- als auch die Ethikorientierung gleichermaßen. *Ethicpreneurs sind geprägt durch Werte, zukunftsfähige Strategie,*

Innovation und Wertschöpfung, welche Nutzen sowohl für die Gesellschaft als auch für das Unternehmen generieren. Ethicpreneurs zeigen, dass durch aktive Verantwortungsübernahme Innovationen und neue unternehmerische Lösungen in ganz unterschiedlichen Bereichen gefördert werden: z. B. in den Bereichen Personal, Finanzen und Beschaffung.

Diese progressive Verantwortungsübernahme ist den „alten", rein defensiv orientierten Ansätzen überlegen und führt zu einer Form des Unternehmertums, welche neue Dimensionen erschließt. Das Ziel von Ethicpreneurship ist es, unter Bezugnahme der verschiedenen betriebswirtschaftlichen Disziplinen ethisches, innovatives und nachhaltiges Handeln in das betriebswirtschaftliche Denken zu integrieren. Auf diesem Weg hilft die Idee von Ethicpreneurs – sozusagen – das „Können" zu verbessern, um das „Sollen" erst zu ermöglichen.

Die Ethik ist hierbei nicht nur in den Rahmenbedingungen (soziale Marktwirtschaft), sondern auch in den Geschäftsmodellen der Unternehmen zu verorten. *Der Dreiklang zwischen Ordnungsrahmen, Managementsystemen und Geschäftsmodellen sowie den handelnden Menschen hat dabei das Potenzial, die Wirtschaft zu stärken.* Anders als bei der Gemeinwohlökonomie oder anderen rein ethischen Ansätzen geht es den Ethicpreneurs nicht um einen radikalen Systemwechsel, sondern um die Erweiterung des bewährten unternehmerischen Instrumentariums, um Innovationen, Werte und Fragen der sozialen, ökologischen, aber insbesondere auch in der wirtschaftlichen Nachhaltigkeit effizienter und effektiver zu adressieren. Die offene Gesellschaft und soziale Marktwirtschaft sollen gerade nicht durch sozialistische oder antiökonomische Ansätze ersetzt werden. Ganz im Gegenteil: *Die Potenziale des freien Unternehmertums sollen durch innovative und wertebasierte Managementansätze vielmehr effizient und effektiv dazu genutzt werden, um durch gesellschaftliche Innovation (Social Innovation) die drängenden gesellschaftlichen Herausforderungen unternehmerisch zu lösen.* Dafür stehen Ethicpreneurs!

3 Wertebasiertes Design Thinking als Innovationstreiber

Fortschrittliche Unternehmen und Organisationen wenden als moderne Innovationsmethode das seit 1990 an der Stanford University von Prof. David Kelly entwickelte Design Thinking an (vgl. zum Design Thinking: Plattner et al. 2009; Brown 2009). Es richtet den Blick geradewegs auf den Kundennutzen und schafft mit interdisziplinären Teams in experimentellen Räumen mit frühem Prototyping ein höchst innovationsförderndes Klima. Design Thinking überwindet analytische Profitorientierung mit kreativer Denkkultur, die Probleme löst, indem Kundenbedürfnisse im Mittelpunkt stehen (vgl. auch Schmolze 2011). Es ist ein Wesenszug von Design Thinking, das es den Menschen über die Technologie stellt (vgl. Meinel et al. 2015).

Das bedeutet auch, dass die Bedürfnisse der Menschen berücksichtigt werden. Die vom unternehmerischen Handeln betroffenen Stakeholder stellen dabei immer größere Anforderungen. Insbesondere die Konsumenten verlangen die Rückverfolgbarkeit von Produkten und Transparenz in der Geschäftsbeziehung. Unternehmen werden daher in

Zukunft ein wirksames System benötigen, mit dem sie innerhalb ihrer Organisation nachvollziehbare und verlässliche Strukturen für nachhaltiges Wirtschaften aufbauen können. Konsumenten möchten mehr über die Produkte, deren Herkunft und über das Unternehmen wissen.

Ethisches Management bekommt dabei eine immer größere Bedeutung und auch große Chancen im Umsetzen von unternehmerischer Verantwortung im Geschäftsleben sowie in der nachhaltigen und zukunftsfähigen Wertschöpfungskette. Durch die mit der Digitalisierung verbundenen Megatrends realisieren Unternehmen, dass sich die Kundenbedürfnisse und die Rahmenbedingungen sehr stark verändert haben. Sie werden daher lernen müssen, stärker auf die Bedürfnisse der Kunden einzugehen und vernetzt zu denken bzw. zu arbeiten – z. B. Maschinenbauer arbeiten mit Biologen zusammen.

Im Zentrum von Design-Thinking-Prozessen stehen der Nutzer und die ganzheitliche Suche nach seinen Bedürfnissen. Die Erkenntnisse werden nicht aus Datensätzen der Vergangenheit abgeleitet, sondern es wird versucht, die neu entstehenden Bedürfnisse in zukünftigen Lebenslagen besser zu verstehen. Dabei wird Design Thinking nicht als punktuelle Lösung gesehen, sondern es ermöglicht, dass das unternehmerische Ökosystem langfristig mit eingebunden und im Idealfall mitverändert wird. In Zukunft sollten Unternehmen ihren Fokus vom singulären Produkt abwenden und sich stärker am Nutzen und an den Bedürfnissen der Kunden orientieren.

WEISS entwickelte nach der Methode und in Kooperation mit dem Hasso Plattner Institute for Design Thinking aus Potsdam ein Mindset für *wertebasiertes Design Thinking*, welches hilft, traditionelle Denkmodelle zu überwinden und das wertebasierte nutzerorientierte Denken in den Mittelpunkt zu stellen. Mithilfe dieser Methode können komplexe Probleme identifiziert und mit interdisziplinären Teams sowie der Unterstützung von vernetztem Denken in einer flexiblen Arbeitsumgebung gelöst werden. Man kann damit neue Wege beschreiten und kundenorientiert nachhaltige, langlebige und regenerierende Produkte und Dienstleistungen erzeugen.

Design Thinking ist ein Ansatz, der zum Lösen von Problemen und zur Entwicklung neuer Ideen führen soll. Ziel ist dabei, Lösungen zu finden, die aus Anwendersicht (Nutzersicht) überzeugend sind. Design Thinking ist lösungsorientiert und fokussiert nicht auf Probleme. Der Ansatz ist grundsätzlich offen und explizit ohne normative Einschränkungen (dysfunktionale Überzeugungen), welche den Innovationsprozess einschränken. Er ist damit bestens geeignet, um radikale Lösungen aus der Perspektive des Kunden zu generieren.

Aus der Perspektive eines wertebasierten Unternehmertums (Ethicpreneur) stellt sich jedoch auch die Frage nach den sozialen, ökologischen und ethischen Auswirkungen von Innovationen und unternehmerischen Lösungen. Ziel des ethischen Managementansatzes ist es, innovative, verantwortungsvolle und proaktive Unternehmer dabei zu unterstützen, ökologisch, ökonomisch und gesellschaftlich mutig und weise die Zukunft zu gestalten, ohne dabei ihre Wertetradition zu vergessen, und dabei auf die Interessen aller Stakeholder zu achten.

Aus diesen beiden Perspektiven ergibt sich die Frage nach der Gestaltung eines wertebasierten Design-Thinking-Ansatzes. Erste Schnittmengen und konkrete Instrumente zur Verbindung dieser beiden Sichtweisen können entlang des Design-Thinking-Prozesses (s. Abb. 2) wie folgt verortet werden.

Zunächst ist es notwendig, das Bedürfnis zu verstehen und den Status quo mit einem interdisziplinären Team zu eruieren. Bei der Beobachtung des Status quo geht es darum herauszufinden, wo man steht. Dazu ist es wichtig, wie ein Designer zu denken und sich von vorgefertigten Meinungen (dysfunktionalen Überzeugungen) zu lösen. Es geht darum, ein Problem genauer zu untersuchen, um ein passendes Problem zu finden und darauf aufbauend eine Lösung zu designen. Wichtig dabei ist, alles zu respektieren und nicht vorschnell zu urteilen. Erst aus der Beobachtung heraus wird ein Problem formuliert. Nicht die Antworten, sondern die Fragen sind entscheidend, um ein geeignetes Problem zu identifizieren.

Wertebasiertes Design Thinking bedeutet, dass es bei den Fragen und der Beobachtung auch darum geht, die Wechselwirkung des potenziellen Nutzers mit dem Umfeld genau zu beobachten. Es gilt die Regel, nicht allein, was die Menschen wollen, sondern was sie wirklich brauchen, ist entscheidend für die Problemformulierung.

Beim Framing des Problems ist somit durchaus Gestaltungsspielraum – je nachdem welches Menschenbild der Beobachtende hat. Bei der Problemfindung ist zudem zu analysieren, um welche Art von Problem es sich handelt. Auch hier ist eine Entscheidung seitens des Design Thinker zu treffen, inwieweit die Herausforderung ein Schwerkraftproblem (unlösbare Herausforderung) oder ein Ankerproblem ist (eine Vision, die nicht realisierbar ist und somit von einer möglichen Lösung ablenkt).

Für die Beantwortung dieser Fragen ist oft ein Wertekompass notwendig. Warum tue ich das? Warum ist es für mich von Bedeutung? Was ist meine Bestimmung? Was für einen Sinn hat das Ganze? Dieser Wertekompass ist abhängig davon, wer man ist, was man glaubt und was man tut! Eine Reflexion über die eigenen Werte und Vorstellungen ist daher bereits in der Problemformulierung sinnvoll und für die eigene Motivation und

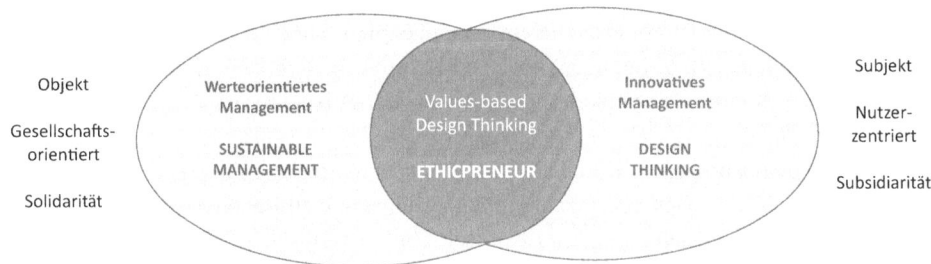

Abb. 2 Schnittmenge aus Verantwortung und Innovation

Sinnfindung wohl unumgänglich! Nach der Formulierung der Herausforderung werden die eigenen Werte, insbesondere basierend auf verantwortungsvollem Management, genutzt, um das Problem zu reframen. Wichtig ist es, ein Problem zu identifizieren, dessen Lösung sowohl für den Nutzer als auch für die Gesellschaft positiven Impact generiert.

In der Recherchephase sind insbesondere die Wechselwirkungen von Nutzer und Gesellschaft mitzubeobachten bzw. zu analysieren. Auch die Wertebasis der Nutzer gilt es, ausreichend zu analysieren und im späteren Verlauf mitzuberücksichtigen. Zudem ist auch die Frage nach der gesellschaftlichen Reichweite des Problems relevant für den weiteren Innovationsprozess.

Die anschließende Ideengenerierung sollte möglichst wertfrei sein, einzig das Ziel einer großen Zahl von Ideen ist gegeben. Quantität zählt! Jedoch sollten bei der anschließenden Fokussierung und Filterung der Ideen, die weiterbearbeitet werden, neben der Realisierbarkeit, dem Kundennutzen auch der gesellschaftliche Impact und das eigene Werteverständnis mitberücksichtigt werden. Qualität zählt – verantwortungsbewusstes Handeln ist ein integratives Element des Qualitätsverständnisses!

Und auch bei der Konzeption der ersten Prototypen können schon die möglichen Auswirkungen auf die Ökologie, Soziales und Ökonomie mitbedacht werden. Auch die Haptik des Design-Thinking-Prozesses (Verwendung der Materialien, Space etc.) bedarf einer Reflexion, da die verwendeten Materialien als Artefakte den Innovationsprozess kontinuierlich beeinflussen.

Im Innovationsprozess sollte auf bereits vorhandene Ideen des verantwortungsbewussten Unternehmertums aufgebaut werden und neue ökonomische Zugänge sollten mitbedacht werden (z. B. Circular Economy). Hierzu kann parallel zum Design-Thinking-Prozess Best Practice vermittelt werden, um auf bereits gelingenden Lösungsansätzen aufzubauen.

Im weiteren Verlauf ist die kontinuierliche Zusammenarbeit mit externen Partnern wichtig, vor allem auch für die Generierung von Ideen nachhaltiger Geschäftsmodelle. Um die Realisierbarkeit der Idee von möglichst vielen Perspektiven zu beleuchten, sind Stakeholder-Workshops und kollaborative Innovationsprozesse zielführend. Diese Instrumente sind im Sustainable Management bereits entwickelt und können in den Design-Thinking-Prozess an geeigneter Stelle integriert werden.

Es ist wichtig, die Expertise der eigenen Mitarbeiter breit miteinzubeziehen. Um die Materialität der Ideen rechtzeitig zu eruieren und die Perspektive der Mitarbeiter miteinzubeziehen, sind zum Beispiel eine mitarbeiterbasierte Materialitätsbefragung oder Mitarbeiterworkshops als Instrument geeignet. Hier existieren fundierte Instrumente, wie das Know-how der Mitarbeiter vollumfänglich in den weiteren Strategieprozess einbezogen werden kann.

Erfolge messen: Hier gilt es, bei den Key-Performance-Indikatoren auch Indikatoren zu bestimmen, die die ökologischen und sozialen Auswirkungen der Innovation erfassen. Grundlage dafür können bereits existierende nichtfinanzielle Kennzahlen sein.

Ein wertebasierter Design-Thinking-Ansatz könnte wie folgt aussehen (vgl. Abb. 3).

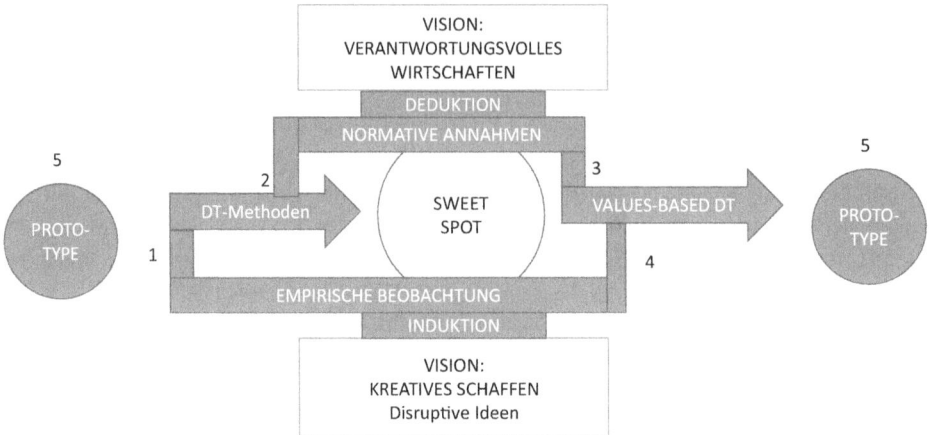

Abb. 3 Wertorientierter Design-Thinking-Prozess

Ausgehend von der Vision, Neues zu schaffen und disruptive Ideen zu entwickeln, werden der Design-Thinking-Prozess und die bereits existierenden Methoden genutzt, um Innovationen zu generieren. Dieser Prozess läuft aufbauend auf empirischen Beobachtungen und hat damit einen sehr stark induktiven Charakter. Beim wertebasierten Design Thinking wird dieser Prozess um die Vision des verantwortungsvollen Wirtschaftens erweitert. Das bedeutet, es werden an neuralgischen Punkten des Design-Thinking-Prozesses normative Annahmen – wie im Artikel oben ausgeführt – deduktiv in die einzelnen Schritte des Prozesses integriert. Dadurch wird der Innovationsprozess auf den Sweet Spot hin ausgerichtet. Der Sweet Spot ist die Schnittstelle, in welcher die Interessen des Unternehmers und die Interessen der Gesellschaft zugleich in der Lösung/Innovation berücksichtigt sind. Dieses Wechselspiel von empirischen Beobachtungen und normativen Annahmen schafft „neues Können" basierend auf „ethischem Sollen". Aus diesem Prozess heraus werden neue nachhaltige Lösungen/Produkte als Prototypen entwickelt und getestet. Diese Prototypen werden wie im klassischen Design Thinking in einem iterativen Prozess kontinuierlich weiterentwickelt. Dabei werden neue nachhaltige Marktlösungen generiert, die sowohl wirtschaftlich sinnvoll als auch gesellschaftlich erwünscht sind. Somit liefert das wertebasierte Design Thinking (Values-based Design Thinking) einen wertvollen Beitrag zur Transformation unserer Wirtschaft und gleichermaßen zur Weiterentwicklung unserer Gesellschaft.

4 Gründe für ein wertebasiertes Design Thinking

Gründe, warum Design Thinking gerade jetzt wichtig für ein verantwortungsbewusstes und nachhaltiges Management ist

- Es geht nicht mehr allein um Profitorientierung
- Das alte Managementdenken hat sich geändert und genügt nicht mehr. Es geht darum, ein neues Mindset und neue innovative Arbeitsmethoden in Unternehmen zu bringen
- Die junge Generation wächst mit ganz anderen technischen Lösungen auf (Apple Devices). Design Thinking ermöglicht mit kundenzentriertem Denken ein vergleichbares Erlebnis
- Viele Unternehmen wissen nicht, wie sie den Schritt in das neue Zeitalter der Digitalisierung angehen können. Design Thinking hilft ihnen dabei, die Bedürfnisse ihrer Stakeholder besser zu verstehen und diese dann auch umzusetzen
- Mit Design Thinking werden durch das sofortige Prototyping und Ausprobieren die Produkteinführungszeiten verkürzt und Kosten gesenkt
- Mithilfe von Design Thinking kommt eine neue Arbeitskultur, welche auf interdisziplinären Teams und flachen Hierarchien aufgebaut ist, in die Unternehmen
- Die Verschränkung des innovativen Design Thinking mit dem ethischen Unternehmertum schafft neue Win-win-Situationen, die sowohl wirtschaftlichen als auch gesellschaftlichen Mehrwert generieren

Daraus entstehen neue Businessmodelle, welche auf einer klaren wertebasierten und übergreifenden Vision sowie einem kundenorientierten Ansatz basieren. Kundengerechte einfache Lösungen stehen im Vordergrund, nicht komplizierte technische Details. Die Bedürfnisse des Kunden stehen im Mittelpunkt. Aber auch die Wertschöpfungskette spielt dabei eine wichtige Rolle – woher kommen die Rohstoffe und wie können Ressourcen geschont werden.

Fazit: Verantwortungsbewusstes zukunftsorientiertes neues Denken kann nur dann umgesetzt werden, wenn sich das beteiligte Management auf diese neuen Möglichkeiten einlässt. Mehr Mut zu neuem Denken in einer immer komplexeren Welt. Weg vom „Ja, aber ..."-Denken hin zum „Ja, und ..."-Denken.

Ad Wirtschaftsethik Institut WEISS – We Enable Innovative Sustainable Solutions
Value-based Design Thinking create new Business Solutions

In einer sich radikal verändernden Welt mit ständig wandelnden Herausforderungen, unterstützt das WEISS Institut Unternehmen dabei, ein neues zukunftsorientiertes Denken, welches auf Werten aufgebaut ist und Wirkung mit erfolgsorientierten Zielen ermöglicht, in die Unternehmen zu bringen. Dabei prüft das WEISS das zukunftsfähige und verantwortungsbewusste Handeln im Unternehmen und unterstützt das Management dabei, dass die gewinnorientierte und innovative Ausrichtung im Unternehmen zukunfts- und erfolgsorientiert ausgerichtet wird. Mit wertebasiertem Design Thinking werden nutzerorientierte innovative Lösungen für einen nachhaltigen Unternehmenserfolg sowie für eine enkeltaugliche gesellschaftliche Entwicklung umgesetzt.

Literatur

Brown T (2009) Wie Design Thinking Organisationen verändert und zu mehr Innovationen führt. Vahlen, München

Meinel C, Weinberg U, Krohn K (2015) Design Thinking Live. Murmann Publishers GmbH, Hamburg

Plattner H, Meinel C, Weinberg U (2009) Design Thinking, Innovation lernen – Ideenwelten öffnen. mi-Wirtschaftsbuch. FinanzBuch Verlag GmbH, München

Schmidpeter R (2017a) Corporate Social Responsibility – Neue Perspektiven für die Weiterentwicklung der Betriebswirtschaftslehre. In: Wunder T (Hrsg) CSR und strategisches Management. Springer, Heidelberg, S 381–390

Schmidpeter R (2017b) Die Digitale Arbeitswelt und der Mensch. Scheer Innovation Review. www.scheer-innovation-review.de/digitalisierung/die-digitale-arbeitswelt-und-der-mensch/. Zugegriffen: 4. Mai 2017

Schmolze R (2011) Unternehmen Idee – Wie kundenorientierte Produktentwicklung zum Erfolg führt. Campus, Frankfurt a. M.

Schneider A, Schmidpeter R (2015) Corporate Social Responsibility, 2. Aufl. Springer, Heidelberg

Mag. Martina Uster MSc ist akademisch geprüfte CSR Managerin mit Masterabschluss in CSR & Ethischem Management. Sie ist Betriebswirtin, Kulturmanagerin, Kommunikations- und Marketingexpertin, Wirtschaftscoach und hat 20 Jahre Erfahrung im internationalen strategischen und operativen Marketing sowie in der Abwicklung von zum Teil mehrjährigen Großevents. Ebenso verfügt sie über eine langjährige Praxis in der Organisation und Durchführung von internationalen CSR-Projekten. Sie hat gemeinsam mit internationalen Ethikprofessoren das in Österreich anerkannte Wirtschaftsethik Institut Stift St. Georgen gegründet und aufgebaut und hat es jahrelang als Geschäftsführerin geleitet. Somit hat sie mit diversen Ausbildungsprogrammen und Umsetzungstools das Thema ethisches Management sehr praxisorientiert zu Unternehmen in ganz Österreich und darüber hinaus gebracht. Sie ist Absolventin des Professional Tracks von der HPI School of Design Thinking.

Prof. Dr. René Schmidpeter ist ein international anerkannter Stratege für neue Managementansätze, insbesondere für Corporate Social Responsibility (CSR), Berater und Bestsellerautor. Er hat den Dr. Jürgen Meyer Stiftungslehrstuhl für internationale Wirtschaftsethik und CSR an der Cologne Business School (CBS) inne. Seit über 15 Jahren arbeitet und forscht er im Bereich gesellschaftliche Verantwortung von Unternehmen. Dafür bereiste er alle Kontinente und über 30 Staaten, um die länderspezifischen Unterschiede einer nachhaltigen Unternehmensführung zu beleuchten. René Schmidpeter vermittelt den Zuhörern in seinen praxisbezogenen Vorträgen, Referaten und Workshops neue Sichtweisen auf aktuelle Herausforderungen im Management. Er arbeitete bereits mit namhaften Unternehmen aus der Finanz-, Medien- und Technologiebranche sowie mit Wirtschaftsverbänden zusammen. René Schmidpeter ist Gastlektor/-professor an renommierten Universitäten im In- und Ausland (Krems, Nanjing, Perth, London). Als Herausgeber der innovativen Managementreihe Corporate Social Responsibility bei Springer Gabler gehört René Schmidpeter zu den jungen Vordenkern der modernen Managementlektüre.

The manufacturer's authorised representative in the EU is Springer Nature Customer Service Centre GmbH, Europaplatz 3, 69115 Heidelberg, Germany. If you have any concerns regarding our products, please contact ProductSafety@springernature.com

Printed and bound by CPI Group (UK) Ltd, Croydon, CR0 4YY

25/03/2026

02078218-0007